Peter Longerich (Hrsg.)
Die Erste Republik

SERIE PIPER
Band 1429

Zu diesem Buch

Die Weimarer Republik war der erste Versuch, einen demokratischen Staat in Deutschland zu errichten. In diesem Lesebuch aus der erfolgreichen Reihe »Serie Piper Dokumentation« wird die erste deutsche Republik in zeitgenössischen Texten belegt, wird gezeigt, wie dieser Versuch verlief und warum er nicht gelang. In erster Linie werden politische Texte und – z. T. unveröffentlichte – Quellen herangezogen, es finden aber auch Texte aus Kultur und Wirtschaft Verwendung. So entsteht ein unverzichtbares Hilfsmittel für alle, die sich mit der Weimarer Republik beschäftigen wollen.

Peter Longerich, Dr. phil., geboren 1955 in Krefeld, war Mitarbeiter am Institut für Zeitgeschichte in München und beschäftigt sich vornehmlich mit der Geschichte des Dritten Reiches (»Die braunen Bataillone«, 1989). In der »Serie Piper Dokumentation« liegt von ihm herausgegeben vor: »Die Ermordung der europäischen Juden« (SP 1060).

Die Erste Republik

Dokumente zur Geschichte des Weimarer Staates

Herausgegeben von Peter Longerich

Piper
München Zürich

In der Reihe »Serie Piper Dokumentation«
liegen außerdem vor:
Die Ermordung der europäischen Juden (1060)
Was ist des Deutschen Vaterland? (1269)
Weitere Werke sind in Vorbereitung.

ISBN 3-492-11429-6
Originalausgabe
Januar 1992

Umschlag: Federico Luci,
unter Verwendung des Gemäldes »Republikanische Automaten« (1920)
von George Grosz

Gesamtherstellung: Clausen & Bosse, Leck
Printed in Germany

Inhalt

Einleitung

I.

Die Geschichte der ersten deutschen Republik steht im Schatten der nationalsozialistischen Diktatur. Der Weimarer Staat war der Nährboden, auf dem die NSDAP entstand und in kurzer Zeit zu einer Massenbewegung wurde. Angesichts der verheerenden Erfolge der NS-Bewegung stehen die Schwächen und Defizite der ersten deutschen Republik im Vordergrund des historischen Interesses, ja der Untergang Weimars wird geradezu als ein paradigmatischer Fall für den »Machtverfall«, die »Selbstpreisgabe«, die »Auflösung« eines demokratischen Gemeinwesens behandelt. Ein Katalog der in der Literatur genannten »Belastungsfaktoren«, den einer der führenden Weimar-Historiker vor einigen Jahren aufgestellt hat, umfaßt denn auch über 120 Punkte.

Auch wenn sich die Gründe für das Scheitern der ersten Republik so eindrucksvoll summieren lassen, soll der vorliegende Band doch nicht einseitig nur die Ursachen für das Scheitern der ersten deutschen Republik dokumentieren. Der Untergang Weimars war, trotz aller Belastungen, struktureller Defizite und Krisen, nicht unvermeidbar von Anfang an; die Weimarer Republik war mehr als die Vorgeschichte des »Dritten Reiches«. Diese Dokumentensammlung soll deshalb auch die vielfältigen demokratischen und emanzipatorischen Ansätze der Weimarer Jahre verdeutlichen, sei es auf dem Gebiet der politischen Verfassung, in der Sozialpolitik, in den Beziehungen der Geschlechter und Generationen zueinander oder im Bereich des kulturellen Lebens und der Freizeit.

Durch die Zusammenstellung der Dokumente soll gerade das schroffe Nebeneinander traditioneller, obrigkeitsstaatlicher Strukturen und moderner, zum Teil aber durch die NS-Diktatur verschütteter Denkansätze und Verhaltensweisen veranschaulicht werden. Daher befaßt sich der Band nur zu einem Teil mit politischer Ereignisgeschichte; um die Vielfalt und Widersprüchlichkeit der Epoche zu dokumentieren, erschien es daneben vor allem wesentlich, Entwicklungen auf wirtschaftlichem, gesellschaftlichem und kulturellem Gebiet wenigstens schlaglichtartig zu beleuchten. Diese Schwerpunktsetzung ließ hingegen kaum Raum für die Dokumentation der außenpolitischen Beziehungen und der internationalen Rahmensituation. Dies schien jedoch vertretbar, da Dokumente zu dieser Thematik in mehreren, leicht zugänglichen Veröffentlichungen auffindbar sind (einige dieser Publikationen sind im Literaturverzeichnis am Ende dieses Bandes nachgewiesen).

Die Gliederung des Bandes lehnt sich an die übliche Periodisierung der Weimarer Republik an: Der erste Teil befaßt sich mit der Formierung der Republik und mit den sich aus Krieg und Nachkrieg ergebenden Belastungen. Der zweite Teil, der die Struktur der Republik thematisiert, enthält vor allem Dokumente aus der »mittleren«, der sogenannten Stabilitätsphase, während der dritte Teil sich auf die turbulente Periode der Krise und des Untergangs in den Jahren 1929 bis 1933 bezieht.

II.

Am Beginn der Geschichte der Weimarer Republik steht die Revolution von 1918/19. Die Revolution wurde aus der militärischen Niederlage geboren. Versucht man, die revolutionäre Bewegung nach Trägergruppen und nach einzelnen Phasen zu differenzieren, so ergibt sich folgendes Bild:

1. Als die Oberste Heeresleitung Ende September 1918 überraschend verlangte, mit einem Waffenstillstandsersuchen an die alliierten Kriegsgegner heranzutreten und ihnen als Verhandlungspartner auf deutscher Seite eine Regierung auf parlamentarischer Grundlage anzubieten, ergab sich für die demokratische Parlamentsmehrheit aus Sozialdemokraten, Linksliberalen und Zentrum unverhofft die Chance, ihre Pläne zur Parlamentarisierung der Verfassung und zur Bildung einer demokratischen Regierung zu realisieren.

Gleichzeitig aber hatten sie die Last der Verantwortung für die nun folgende innen- wie außenpolitische Liquidierung des Krieges übernommen und mußten alsbald erleben, wie die alte Führung ihr in Gestalt der Legende vom »Dolchstoß« auch die Schuld an der militärischen Niederlage zuschob. Die Ernennung des liberal gesinnten Prinzen Max von Baden zum Reichskanzler und die Verfassungsreform im Oktober 1918 schienen den Weg eines Übergangs in verfassungsmäßig geordnetem Rahmen anzudeuten. Die Ereignisse vom Oktober 1918 bildeten somit die konstitutionelle Vorphase der eigentlichen revolutionären Ereignisse.

2. Hatten in dieser Phase die demokratischen Parteien im Vordergrund der Ereignisse gestanden, so schien in den ersten Novembertagen die Initiative an eine sich spontan bildende Protestbewegung überzugehen, deren oberstes Ziel die sofortige Beendigung des Krieges war. Ausgehend von dem Matrosenaufstand in Kiel am 3. und 4. November, übernahm diese Bewegung innerhalb weniger Tage die Macht in den meisten Städten des Reiches und setzte Arbeiter- und Soldatenräte als revolutionäre Organe ein. Diese Bewegung schuf die Voraussetzung für die Übernahme der Regierung durch den Führer der Mehrheitssozialdemokratie, Friedrich Ebert, dem es wiederum vor allem darum zu tun war, eine weitere unkontrollierte Ausbreitung der revolutionären Entwicklung zu verhindern. Ebert legte größten Wert darauf, eine Machtübernahme in ruhigen Bahnen, ohne weitere Gefährdung der öffentlichen Ordnung, vorzunehmen: Er ließ die Regierungsverantwortung vom amtierenden Reichskanzler auf sich übertragen, sorgte dafür, daß der Geschäftsgang der Reichsregierung kontinuierlich im Fluß blieb, indem er u.a. die alten Ressortleiter, die kaiserlichen Staatssekretäre, im Amt beließ, und schloß sogleich ein »Bündnis« mit der militärischen Führung. Andererseits sorgte Ebert auch für die Legitimierung der von ihm geführten Regierung durch einen »revolutionären« Akt, indem er am 10. November den »Rat der Volksbeauftragten«, gebildet aus je drei Vertretern der beiden sozialistischen Parteien, durch den Kongreß der Berliner Arbeiter- und Soldatenräte bestätigen ließ. Grundlegend für die weitere Entwicklung der begonnenen Umwälzung war Eberts Entscheidung, möglichst

bald eine Nationalversammlung einzuberufen und ihr alle weiteren Umgestaltungsmaßnahmen zu überlassen. Diese Grundentscheidung wurde von dem Reichsrätekongreß am 16. Dezember bestätigt, der gleichzeitig auch die Existenz des Rats der Volksbeauftragten anerkannte. Daß die »Novemberrevolution« sehr schnell den Charakter eines in sehr geordneten Bahnen verlaufenden Übergangs annahm, ist neben Eberts Politik auch auf das Verhalten der Gewerkschaften zurückzuführen, die am 15. November 1918 gemeinsam mit den Vertretern der Arbeitgeber eine sozialpolitische Basisvereinbarung, das »Stinnes-Legien-Abkommen«, unterzeichneten: Hier wurde u.a. der Anspruch der Soldaten auf ihre alten Arbeitsplätze garantiert, das Tarifvertragssystem anerkannt und der Achtstundentag eingeführt; ferner wurde eine paritätisch von Arbeitgeber- und Arbeitnehmervertretern gebildete »Zentralarbeitsgemeinschaft« vereinbart.

3. Das Abstoppen der revolutionären Bewegung durch die Führer der Mehrheitssozialdemokratie führte zu schweren Belastungen in ihrem Verhältnis zu den Unabhängigen und zu den radikaleren Teilen der Rätebewegung. Die Weihnachtsunruhen in Berlin und der Austritt der USPD aus der Regierung, die Gründung der KPD durch die Spartakusgruppe und andere linkssozialistische Kräfte Anfang 1919 und schließlich die Januar-Kämpfe, die blutig niedergeschlagen wurden und mit der Ermordung von Liebknecht und Luxemburg endeten, leiteten eine neue Phase der Revolution ein.

In den folgenden Wochen radikalisierte sich die Rätebewegung und stellte die Forderung nach kontinuierlicher Teilhabe an der Machtausübung sowie vor allem nach baldiger Sozialisierung des Bergbaus auf. Auf die Aufstandsbewegung an der Ruhr, in Mitteldeutschland und in Bayern, wo sich eine Räterepublik bildete, reagierte die zentrale Regierung mit der Anwerbung von Freikorps, die sich bis Anfang Mai 1919 überall auf äußerst brutale Weise durchsetzten. Das Entstehen einer separatistischen Bewegung im Rheinland stellte einen weiteren Unsicherheitsfaktor dar.

4. Mit den Freikorps, die bei ihren Einsätzen im Inneren Deutschlands, an der Ostgrenze und im Baltikum immer selbständiger agiert hatten und glaubten, sich der von den Alliierten

verfügten Truppenreduzierung widersetzen zu können, hatte sich die Regierung ein neues Problem geschaffen: Der Putsch von Freikorpsverbänden unter Kapp und Lüttwitz im März 1920, der hierauf ausgerufene Generalstreik, die sich anschließende Aufstandsbewegung im Ruhrgebiet und in Mitteldeutschland und ihre Niederschlagung bildeten den Nachhall der eigentlichen Revolution.

Der kurze Abriß der wichtigsten Phasen der im Ansatz steckengebliebenen Revolution führt zu der Frage, welche Erfahrungen der Revolutionszeit für das weitere Schicksal der Republik von Bedeutung sein sollten.

– Die blutige Konfrontation von mehrheitssozialdemokratischer Regierung und sich radikalisierender Rätebewegung zementierte die Spaltung der Arbeiterbewegung, führte zu tiefgreifender Frustration und Staatsverdrossenheit innerhalb der Arbeiterschaft. Die Enttäuschung vergrößerte sich, als deutlich wurde, daß die Sozialisierungsbestrebungen relativ schnell verebbten. Zwar erleichterte die Abspaltung ihres linken Flügels der Sozialdemokratie ein Zusammengehen mit bürgerlichen Kräften, doch wurde dieser vergrößerte Handlungsspielraum andererseits durch die lähmende Wirkung, die das zermürbende Konkurrenzverhältnis von Sozialdemokratie und Kommunisten auf beide Parteien haben mußte, wieder erheblich eingeschränkt. Innerhalb des Bürgertums reichte andererseits auch die im Ansatz steckengebliebene Revolution aus, um eine starke Verunsicherung und traumatische Revolutionsfurcht auszulösen.

Neben der eigentlichen Revolution lassen sich in den Anfangsjahren eine Reihe von Ereignissen und Tendenzen benennen, die auf Dauer zu einer Belastung für die Republik wurden.

– Die bereits unmittelbar nach den Januarunruhen von 1919 stattfindenden Wahlen zur Nationalversammlung verschafften den demokratischen Parteien zwar eine deutliche Mehrheit, brachten im Ergebnis jedoch keine Zustimmung für sozialistische Reformen. Überschattet wurden die Beratungen der Nationalversammlung, die nach Weimar ausweichen mußte, von den weiteren revolutionären Unruhen Anfang 1919. Die wesentlichen Elemente des Verfassungsaufbaus waren durch die Ereignisse vom

November/Dezember 1918 bzw. durch das gemeinsam mit den Ländern vorbereitete, im Februar 1918 verabschiedete Gesetz über die vorläufige Reichsgewalt vorherbestimmt. Das Ergebnis der Beratungen der Nationalversammlung führte zu einer Verfassung der Kompromisse. Die einem konstitutionellen Monarchen nachgebildete starke Stellung des Reichspräsidenten (unter anderem ausgestattet mit dem Ausnahmerecht des Artikels 48, einem weitgehenden Handlungsspielraum bei der Ernennung und Entlassung des Reichskanzlers sowie dem Recht zur Parlamentsauflösung) sollte zu einem Dualismus zwischen Reichstag bzw. Reichsregierung einerseits und dem Staatsoberhaupt andererseits führen und die Tendenz begünstigen, in Krisensituationen anstelle des parlamentarischen Kompromisses autoritäre Lösungen zu bevorzugen. Die Frage der künftigen Stellung des übermächtigen Preußen innerhalb des Reiches wurde nicht befriedigend gelöst. Die unterschiedlichen Ansprüche der verschiedenen sozialen Gruppen führten zu einem additiven Katalog von Grundrechten. Die inhaltliche Überfrachtung der Verfassung und die wenig glanzvolle, geschäftsmäßige Abwicklung der Beratungen waren wenig dazu geeignet, das schwache Prestige der republikanischen Staatsform zu erhöhen.

– Zu den Hypotheken der Revolutionsphase wird man die ungebrochene Kontinuität der alten Führungseliten in Militär, Justiz und Verwaltung, in den Hochschulen und in anderen Spitzenpositionen rechnen müssen. Die »Neutralität« der Reichswehr in späteren Krisensituationen, die Rechtslastigkeit der politischen Rechtsprechung, die mangelnde Abwehrbereitschaft des Staatsapparates gegenüber der wachsenden nationalsozialistischen Bedrohung, die frühe Ausbreitung des Nationalsozialismus und anderer antidemokratischer Ideen an den Universitäten waren u.a. Folge dieser mangelnden personellen Erneuerung.

– Durch den Übergang zur Republik im Moment der sich anbahnenden militärischen Katastrophe sollte die neue Staatsform – völlig zu Unrecht – mit der »Schmach« der Niederlage und deren völkerrechtlicher Abwicklung belastet werden. Tatsächlich führte der am 10. Januar 1920 in Kraft tretende Versailler Vertrag zwar zu einer erheblichen Schwächung des Reiches, er bedeutete jedoch kein definitives Ende einer deutschen Hegemonialstellung in Zentraleuropa. Die verfügten territorialen Verluste gingen nicht an die Kernsubstanz des Reiches. Die Reparationen stellten zwar eine erhebliche ökonomische Belastung dar, bedeuteten jedoch keineswegs eine völlige Verarmung Deutschlands; schwerer als die materielle Belastung sollten sich die mit dem Kapitaltransfer verbundenen Probleme für die internationalen Finanzmärkte auswirken. Auf der anderen Seite offerierte der Vertrag durch die territoriale Neugliederung Ostmittel- und Südosteuropas dem Reich Chancen für eine informelle Hegemonie in diesen Räumen; langfristig arbeitete die Zeit gegen die Aufrechterhaltung der diskriminierenden Bestimmungen des Vertrages. Die verheerenden psychologischen Wirkungen des eigentlich erträglichen »Friedensdiktats« auf die deutsche Bevölkerung, etwa die Empörung gegen die einseitigen Entwaffnungsbestimmungen oder den zur Begründung der Reparationen eingefügten Kriegsschuldparagraphen, sind nur verständlich, wenn man sich das nationalistische Überheblichkeitsgefühl der Vorkriegs- und Kriegszeit sowie die jahrelang unterhaltenen Hoffnungen auf einen maßlosen »Siegfrieden« vergegenwärtigt.

– Zu den Kriegsfolgen ist des weiteren die Inflation zu rechnen, die bereits 1914 als Folge der Kriegsfinanzierung einsetzte und sich 1922/1923 zur Hyperinflation mit ihren absurden Wirkungen steigerte. Die Tatsache, daß unmittelbar nach Kriegsende auf den eigentlich fälligen Währungsschnitt verzichtet wurde, ja der Staat die neuen Anforderungen der Umstellungsperiode mit Hilfe der Notenpresse finanzierte, erleichterte zwar die Anpassung während der Demobilisierungsphase, schob jedoch das Problem der Währungsstabilisierung so lange auf, bis die Hyperinflation schließlich zum Kollaps der Wirtschaft führte. Die Inflation hatte weitreichende Umschichtungsprozesse zur Folge, die zum Teil quer zu den sozialen Schichtungslinien verliefen. Quasi enteignet wurden diejenigen, die von Einkünften aus Geldvermögen lebten, also vor allem Sparer, Hypothekengläubiger, Inhaber öffentlicher Anleihen. Betroffen waren daneben vor allem auch Hausbesitzer, soweit die entwerteten Mieteinnahmen nicht durch die Abwertung von Hypotheken kompensiert wurden, aber auch, wegen der schnellen Geldentwertung, diejenigen, die auf monatliche Bezüge angewiesen waren, also Rentner und Gehalts- und Versorgungsempfänger. Begünstigt wurden hingegen generell Schuldner und die Inhaber von Produktionsmitteln. Neben den realen, unterschiedlich gestreuten Inflationsverlusten mit der faktischen Verarmung von Teilen des Mittelstandes war es vor allem das Trauma der Hyperinflation, das sich nachhaltig psychologisch auswirken sollte: Die offenkundige Ungerechtigkeit, mit der fleißige Sparer bestraft, Schuldenmacher hingegen belohnt wurden, der Verlust der in Jahrzehnten aufgebauten wirtschaftlichen Existenz, daneben Begleiterscheinungen, wie etwa der Irrsinn der waschkörbeweise produzierten Banknoten, wie eine erhebliche Notkriminalität, Schwarzmarkt- und Schiebergeschäfte, dies alles führte zu einem schwerwiegenden Vertrauensverlust in das politische und ökonomische System der jungen Republik.

– Zu den Erscheinungen der unmittelbaren Nachkriegsphase, die sich belastend auf die weitere Geschichte der Weimarer Republik auswirkten, gehört auch eine starke Militarisierung der Politik, die sich vor allem in der Herausbildung von Wehr- und Kampfverbänden (teilweise als Nachfolger der Freikorps) äußerte. Von hier führten zahlreiche Querverbindungen zu der radikalen völkisch-antisemitischen Bewegung. Innerhalb dieser Gruppierung bildete sich in München mit den Nationalsozialisten ein besonders aktiver Kern heraus.

Die Unruhen der Nachkriegsphase kulminierten im Krisenjahr 1923: Der Höhepunkt der Inflation war erreicht, das Ruhrgebiet war durch französische Truppen besetzt, der passive Widerstand mußte nach einigen Monaten abgebrochen werden; in den besetzten Gebieten machten sich verstärkt separatistische Strömungen bemerkbar. Im Herbst kam es in Hamburg zu einem kommunistischen Aufstandsversuch, während die Linksregierungen in Sachsen und Thüringen durch Einsatz der Reichswehr abgesetzt wurden. In München glaubten Hitler und Ludendorff den sich zuspitzenden Konflikt zwischen der bayerischen Regierung und dem Reich zu einem Putsch ausnutzen zu können. Daß es der Republik gelang, alle diese Krisen und Bedrohungen zu überleben, ja teilweise zu überwinden, kann man nur als phänomenal bezeichnen; die bewältigte Krise von 1923 zeigt sehr anschaulich, wie fragwürdig die These von der Unvermeidbarkeit des Scheiterns der Weimarer Demokratie ist.

III.

Neben den Belastungen der Gründungsphase wird man erhebliche strukturelle Probleme für das Scheitern des demokratischen Experiments Weimar verantwortlich machen müssen.

Im vorliegenden Band wird versucht, diese strukturellen Probleme in fünf Abschnitten zu thematisieren: Geschlechter- und Generationskonflikte, Auflösungstendenzen innerhalb der sozialen Milieus, wirtschafts- und sozialpolitische Probleme, innenpolitische Auseinandersetzungen sowie Tendenzen und Strömungen im kulturellen Bereich.

1. Spannungen und Konflikte zwischen den Geschlechtern und Generationen, die schon in der Gesellschaft des Kaiserreiches aufgetreten waren, machten sich in der Weimarer Zeit in besonderer Weise bemerkbar.

Seit Ende des 19. Jahrhunderts tritt »die Jugend« verstärkt ins öffentliche Bewußtsein: Jugendpathos, Jugendstil und Jugendbewegung wurden Ausdruck eines Aufbruchs der jungen Generation, auf die die Gesellschaft u.a. mit jugendspezifischen Kontrollmaßnahmen und Organisationsangeboten reagierte. Die geburtenstarken Jahrgänge von Ende der 1890er Jahre bis zum Beginn des Weltkriegs, also diejenigen, die noch nicht durch den Krieg dezimiert wurden, stellten die Jugendlichen der Weimarer Zeit. Das Leben dieser Jugend war geprägt durch einen verschärften Konflikt mit der älteren Generation, verstärkt durch die Autoritätseinbußen, die sich aus der Abwesenheit der Väter im Krieg, dem Chaos der Nachkriegsjahre und nicht zuletzt dem Zusammenbruch mittelständischer Existenzen in der Inflation ergaben. Die Jugendlichen stießen nach ihrer Ausbildung auf einen Arbeitsmarkt, der schon vor dem Ausbruch der Massenarbeitslosigkeit überfüllt war. Die Schulabgänger (aber auch die zu Opfern der »Akademikerschwemme« werdenden Universitätsabsolventen) fielen in der Regel durch das soziale Netz, sie litten zuerst unter der wirtschaftlichen Stagnation. Jugendliche wurden verstärkt »auffällig«, ein »Jugendproblem« wurde definiert und mit Hilfe von Jugendfürsorge, Jugendpädagogik und Jugendgerichtsbarkeit bekämpft. Durch die Senkung der Arbeitszeit erweiterte sich der Freizeitspielraum der Jugendlichen, die ihre arbeitsfreie Zeit vor allem außer Haus verbrachten, sei es auf Wanderfahrten, mit kommerziellen Freizeitvergnügungen oder in den verschiedenen Jugendverbänden. Die Weimarer Jugend war hochgradig organisiert: Das Spektrum umfaßte u.a. die Bündische Jugend, die Arbeiterjugendbewegung, die verschiedenen anderen politisch oder »wehrsportlich« ausgerichteten Organisationen, Sportvereine und die konfessionelle Jugend. Gegen fremdbestimmte Organisierungsversuche wandten sich alternative Formen, wie etwa die von proletarischen Jugendlichen gebildeten »wilden Cliquen«.

Der Typus der »Neuen Frau« beherrschte die öffentliche Wahrnehmung der Epoche. Tatsächlich jedoch war der Alltag der weitaus meisten Frauen weit entfernt von diesem Ideal des in einem der neuen Frauenberufe arbeitenden, selbstbewußten Bubikopf-Typs.

Frauenarbeit war nach wie vor unterbezahlt und unterbewertet, wie sich etwa an der permanenten Kritik des »Doppelverdienertums« zeigte. Die propagierte Rationalisierung der Hausarbeit durch technische Hilfen und hauswirtschaftliche Arbeitsmethodik brachte einen zweifelhaften Entlastungseffekt mit sich, sollte die Hausfrau auf diese Weise doch in erster Linie für andere Arbeiten innerhalb und außerhalb des Hauses freigestellt werden. Die »kultische Verehrung«, die Frauen am neu erfundenen »Muttertag« erfuhren, erinnert an die nach wie vor bestehende Mehrfachbelastung der Frauen.

In der Einstellung zur Sexualität wurden verstärkt Tabus in Frage gestellt und vor allem auf zweierlei Weise rationalere Verhaltensweisen gefordert: Während die Aufklärungsbewegung besseres Wissen um die Sexualität und einen vernünftigeren Umgang mit ihr propagierte, wurde in der Eugenik und Rassehygiene versucht, sexuelles Verhalten im Sinne bevölkerungspolitischer Programme zu optimieren.

2. Mit dem Begriff »Soziale Milieus« werden Subkulturen umschrieben, deren Zusammenhalt sich nicht allein aus einer ähnlichen sozialen Lage ihrer Mitglieder erklärt, sondern aus einer Überlagerung verschiedener gemeinsamer Faktoren, wie religiöse oder weltanschauliche Einstellung, kulturelle Orientierung, wirtschaftliche Interessen und anderes mehr. Innerhalb dieser sozialen Milieus entstanden die politischen Parteigruppierungen – Sozialdemokratie, politischer Katholizismus, Liberale und Konservative –, die seit Gründung des Kaiserreichs bis in die zwanziger Jahre hinein ihrem ursprünglichen sozialen Umfeld eng verhaftet blieben, ja mit dazu beitrugen, die zumeist aus dem 19. Jahrhundert stammenden milieubezogenen Mentalitäten und Verhaltensweisen zu perpetuieren, während der Transformationsprozeß in Richtung auf eine egalitäre und mobile Industriegesellschaft zunehmend die Milieugrenzen in Frage stellte. Dieser Auflösungsprozeß führte in den zwanziger Jahren insbesondere zu einem folgenschweren kumulativen Entfremdungsprozeß zwischen den liberalen und konservativen Parteien und den sozialen Milieus, aus denen sie ursprünglich hervorgegangen waren.

Der alte Mittelstand, Handwerker und Einzelhändler, traditionell unter der Führung bürgerlicher Honoratioren zum Liberalismus neigend, war besonders hart durch die Inflation und den folgenden Konzentrationsprozeß getroffen und von Existenzängsten gepeinigt; orientiert an der Harmonie einer vorindustriellen, ständestaatlichen Ordnung, konzentrierte man sich auf die Bewahrung von staatlich garantierten Standesprivilegien.

Dem »neuen Mittelstand«, den Angestellten, gelang es in der Weimarer Zeit, trotz Tendenzen zur Proletarisierung, ein Sonderbewußtsein ihrer gesellschaftlichen Stellung weiterzuentwickeln. Aufstiegsorientierung, Etablierung einer an bürgerlichen Werten orientierten, jedoch betont modernen »Angestelltenkultur« und zähe Verteidigung von Statusprivilegien kennzeichnen diese Einstellung.

Das nichtkatholische ländliche Milieu, traditionell eher konservativ wählend, mißtrauisch und distanziert gegenüber der staatlichen Obrigkeit, andererseits durch Elektrifizierung, Motorisierung und Verdichtung der Kommunikation wie nie zuvor mit den städtischen Zentren vernetzt und in den politischen Willensbildungsprozeß einbezogen, reagierte auf die 1927 einsetzende Agrarkrise mit Fundamentalopposition. Das Eindringen völkischer Blut-und-Boden-Ideologie in die Landbevölkerung sowie die sich wie ein Lauffeuer ausbreitende Protestbewegung des »Landvolks« boten der NS-Agitation besonders gute Ansatzpunkte.

Das katholische Milieu, das seine Integrationskraft und Stärke in der Abwehr des Bismarckschen Kulturkampfes entwickelt hatte, zeigte in der Weimarer Zeit, nicht mehr durch den Staat bedroht, aber ungeschützt Säkularisierungstendenzen ausgesetzt, erhebliche Schwächeerscheinungen. Sie äußerten sich in einem kontinuierlichen Wählerschwund, wenn auch das katholische Elektorat dem Nationalsozialismus gegenüber weit weniger anfällig war als das protestantische.

Auch wenn die Organisation der Arbeiterschaft in den sozialistischen Parteien, in den Gewerkschaften, den Konsumgenossenschaften und einer breit gefächerten Palette von Vereinen während der Weimarer Zeit noch einmal einen Höhepunkt erlebte, so ergriff die in der Revolution eingetretene politische Spaltung der Arbeiterbewegung zunehmend das gesamte Milieu und führte zu einem Polarisierungsprozeß zwischen sozialdemokratischem und kommunistischem Teilmilieu, die sich nicht nur in ihrer politischen Einstellung, sondern auch in mentaler Hinsicht und in ihrer Alters- und Qualifikationsstruktur erheblich unterschieden. Die Enttäuschung über die im Ansatz steckengebliebene Revolution von 1918, die weit in die sozialdemokratische Anhängerschaft hineinreichte, der teilweise Abbau sozialpolitischer Errungenschaften nach 1923, die offenkundige Handlungsunfähigkeit der politischen Linken und nicht zuletzt die schlechte materielle Lage (erst Ende der zwanziger Jahre wurde vorübergehend der Lebensstandard der Vorkriegszeit erreicht) führten zu einer weitgehenden Lähmung innerhalb des sozialistischen Lagers.

3. Die Inflation hatte es den Unternehmern erlaubt, die gesteigerten Kosten, die sich aus der in der Revolutionsphase durchge-

setzten Verbesserung der Position der Arbeitnehmer ergaben, abzuwälzen und zu neutralisieren. Nach der Währungsstabilisierung stellte sich jedoch das Verteilungsproblem in voller Schärfe und führte zu einem abrupten Ende der in der unmittelbaren Nachkriegszeit begründeten korporativen Zusammenarbeit zwischen Arbeitgebern und Gewerkschaften: Die Arbeitgeber drängten massiv darauf, die Arbeitszeit zu verlängern, die Arbeitsleistung zu intensivieren sowie die Zahl der Arbeitskräfte durch Rationalisierungsmaßnahmen zu verringern.

1923/24 gelang es der Unternehmerseite, in weiten Teilen der Wirtschaft die Arbeitszeit über die Grenze von acht Stunden hinaus auszudehnen; als unmittelbare Folge wurde die 1918 gegründete Zentralarbeitsgemeinschaft aufgelöst. Die vor allem in den Jahren 1925 bis 1928 vorangetriebene Rationalisierung der Wirtschaft veränderte den Arbeitsalltag nachhaltig durch wissenschaftliche Analyse des Arbeitsablaufs, optimale Zerlegung der Produktionsvorgänge, weitestgehende Mechanisierung (nicht nur in der Produktion, sondern auch in den Büros), Fließbandarbeit und leistungsgerechte Entlohnung.

Rationalisiert wurde eine Wirtschaft mit chronischer Wachstumsschwäche; ein relativ hoher Sockel von Arbeitslosen war die Folge. In den meisten Jahren der Weimarer Zeit lag die Industrieproduktion erheblich unter dem Stand von 1913, nur in den Jahren 1927 bis 1929 überschritt sie diese Marge in geringem Umfang. Die Ursache für die Stagnation der Volkswirtschaft lag zum einen in generellen Problemen der Weltwirtschaft, deren Erschütterung infolge des Ersten Weltkriegs Deutschland in besonderer Weise traf, zum anderen aber auch in binnenwirtschaftlichen Problemen, hervorgerufen durch eine geringe Investitionsbereitschaft, die teilweise Ausschaltung von Marktmechanismen infolge eines rapide fortschreitenden Konzentrationsprozesses und – Hauptpunkt der Unternehmer-Argumentation – relativ hohen Löhnen und Sozialausgaben.

In der Tat verhinderte das Instrument der staatlichen Zwangsschlichtung, 1923 durch Verordnung festgeschrieben, massive Lohneinbrüche zu Lasten der Arbeitnehmer. Diese staatliche Regulierung der Löhne wurde in Frage gestellt, als die Arbeitgeber der Eisenindustrie des Ruhrgebiets 1928 den durch den (sozialdemokratischen) Reichsarbeitsminister für verbindlich erklärten Schiedsspruch mit einer flächendeckenden Aussperrung beantworteten. Der »Ruhreisenstreit« markierte eine Wende in der Haltung der Schwerindustrie gegenüber der Weimarer Republik: Das Vorgehen gegen die Zwangsschlichtung war ein Angriff auf das Prinzip der sozialpolitischen Staatsintervention und damit auf einen der Eckpfeiler der 1918/19 geschaffenen Gesellschaftsordnung.

Seit dem Ende des Ersten Weltkriegs war die staatliche Sozialpolitik, aufbauend auf den Reformen des Kaiserreiches, erheblich erweitert worden. Neben der Ausgestaltung des Sozialversicherungssystems wurde vor allem die öffentliche Wohlfahrt erheblich ausgebaut und differenziert, etwa im Bereich der Alten- und Jugendfürsorge, der Familienförderung, der Versorgung der Kriegsversehrten und -hinterbliebenen, der Sozialpädagogik und Sozialhygiene; besonders hervorgehoben werden muß die 1917 geschaffene Arbeitslosenversicherung und öffentliche Arbeitsvermittlung. Im Bereich des sozialen Wohnungsbaus wurden Anstrengungen unternommen, um der zum Teil katastrophalen Überbelegung von Wohnungen zu begegnen.

Der sich hier abzeichnende Anspruch eines umfassenden Wohlfahrtsstaates konnte aber in der Praxis, auch in der Phase relativer Stabilität vor Ausbruch der Wirtschaftskrise, wegen der zu engen finanziellen Spielräume nicht eingelöst werden: Erbärmlich geringe Leistungen und eine kleinlich-bürokratische Überprüfung des einzelnen Bedarfsfalls standen in groteskem Widerspruch zum postulierten sozialstaatlichen Ideal. Die Überlastung des Sozialstaates war mit dafür verantwortlich, daß zunehmend in »rassehygienischen« und (pseudo-)erbbiologisch inspirierten Überlegungen eine auf »Auslese« und »Ausmerze« konzentrierte Eugenik propagiert wurde.

4. Das Grundproblem der politischen Kultur der Republik bestand in der geringen Verankerung demokratischer Überzeugungen und Verhaltensweisen innerhalb der Bevölkerung. Die drei demokratischen Parteien SPD, DDP und Zentrum verloren ihre Mehrheit bereits bei den Reichstagswahlen von 1920. 1925 wählte eine Mehrheit den Generalfeldmarschall v. Hindenburg als eine

Art Ersatzmonarch zum Reichspräsidenten. Bei den Streitigkeiten um die Symbole des Weimarer Staates, um Hymne oder Flagge, wurde die Legitimation des demokratischen Systems immer wieder in Frage gestellt.

Die sogenannten stabilen Jahre der Weimarer Republik waren durch massive innenpolitische Auseinandersetzungen gekennzeichnet: Die Kampagne der Rechten gegen den Dawes-Plan 1924, der gemeinsam von KPD und SPD getragene Volksentscheid zur Enteignung der ehemaligen Reichsfürsten im Jahre 1926, die Auseinandersetzungen um den Neubau eines Panzerkreuzers (1928), schließlich das von Nationalsozialisten und Rechtskonservativen getragene Volksbegehren gegen den Young-Plan (1929) bestimmten, zusammen mit aggressiv geführten Wahlkämpfen, das Klima. Während der »Parteienstaat« und parlamentarische Prinzipien massiver Kritik ausgesetzt waren, traten die auf der politischen Rechten agierenden Wehr- und Kampfverbände zunehmend als Konkurrenz der Rechsparteien auf und trugen so erheblich zur Radikalisierung der innenpolitischen Auseinandersetzung bei.

Vor diesem Hintergrund stellte der Niedergang der liberalen Parteien DVP und DDP und der rechtskonservativen DNVP in der »Stabilitätsphase« ein alarmierendes Signal dar: Die DDP sank zwischen 1920 und 1928 von 8,3 auf 4,9%, die DVP ging von 13,9 auf 8,7% zurück, die DNVP zwischen 1924 und 1928 von 20,5 auf 14,2%. Dem stehen vor allem Gewinne von Splitterparteien gegenüber, die 1928 insgesamt fast 15% der Stimmen gewannen. Hier zeigte sich ein neuer Typ von mittelständischen Kampfverbänden, die für sektorale Interessen eintraten, so vor allem die verschiedenen Agrarparteien, die Volksrechtspartei, die die Interessen inflationsgeschädigter Sparer vertrat, oder die Wirtschaftspartei, die vor allem für Hausbesitzer eintrat. In diesem zersplitterten Votum kam deutlich der bereits erwähnte Zerfall der ehemals liberal bzw. konservativ orientierten sozialen Milieus zum Ausdruck. Der NSDAP wiederum gelang es, trotz zunächst noch ausbleibender Wahlerfolge, im Zeitraum der »stabilen« Weimarer Jahre sich als festgefügter organisatorischer Kern innerhalb des rechtsradikalen Spektrums zu festigen.

5. Die Kultur der Weimarer Zeit ist durch eine Vielfalt neuer Ansätze, aber auch durch starke Gegenreaktionen gekennzeichnet. Avantgardistische Strömungen, wie der – durch die Kriegserfahrung gesteigerte – Expressionismus, der Dadaismus oder die Neue Sachlichkeit, die in diesem Band mit einigen beispielhaften Programmaufrufen vorgestellt werden, standen unvermittelt neben traditionellen Stilrichtungen. Die neuen Stile waren auch Versuche, sich dem Phänomen der Massenkultur zu öffnen, ob man nun mit Hilfe neuer Darstellungsformen das Theater für neue Schichten zugänglich machen wollte, ob man sich, wie dies die Protagonisten der »Neuen Sachlichkeit« taten, auf die Gestaltung von Gebrauchsgegenständen konzentrierte oder Alltagsgegenstände in ironisierenden dadaistischen Collagen verfremdete. In der kommerzialisierten Alltagskultur waren massenhafte Reproduktion und schnellebiger Aktualitätsbezug vorherrschend: Bei den Druckerzeugnissen drängten der billige »Groschenroman«, das bebilderte »Magazin« nach vorn, während die auf die Tagesaktualität bezogene »Reportage« als die dem Zeitgeist adäquate Darstellungsform erschien. Die Lesekultur erhielt zunehmend Konkurrenz durch die neuen Medien Film, Rundfunk und Schallplatte. In der Unterhaltungsmusik dominierten, jeweils im schnellen Wechsel, neue Tanzrhythmen, Schlager und Jazz.

In dieser Massenkultur wurde ein neues, durch das Vorbild »Amerika« symbolisiertes Lebensgefühl gefeiert: Ein ungebrochener Fortschrittsglaube hob die Segnungen von Urbanität, Technik, Verkehr und Kommunikation hervor. Trotz relativ geringer Kaufkraft befand sich die Konsumgesellschaft mit ihrer kostengünstig hergestellten, standardisierten, durchgestalteten, systematisch beworbenen und massenweise abgesetzten Produktpalette unaufhaltsam auf dem Vormarsch. Massenkonsum und die Entstehung einer Freizeitindustrie bewirkten eine zunehmende Kommerzialisierung und Nivellierung des Alltagslebens. Die Vordergründigkeit und Fragwürdigkeit dieser neuen Massenkultur, mit ihrem Technikkult und Kommerz, wurde nicht nur von linken Autoren kritisiert. Je mehr die Republik in die Krise kam, desto stärker wurden konservative und reaktionäre Gegenpositionen. Die Kampagne gegen den »Schmutz und Schund«, die sich auch gegen avantgardistische Kunstformen richtete, das unter dem Eindruck der Verherrlichung des »Kriegserlebnisses« erfolgende Verbot des Remarque-Filmes »Im Westen nichts Neues«, die zunehmende Kritik der Provinz gegen den »Großstadtdschungel« Berlin mit seiner »Entartung« deutscher Kultur seien als Beispiele genannt.

IV.

Die Belastungen aus Kriegs- und Nachkriegszeit und die angesprochenen strukturellen Probleme verstärkten die Wirkungen der wirtschaftlichen und politischen Krise, in die die erste Republik 1929/1930 geriet. Der Ausbruch der Weltwirtschaftskrise im Oktober 1929 traf die deutsche Volkswirtschaft zu einem Zeitpunkt, zu dem es erst unvollkommen gelungen war, die nach dem Ende des Weltkriegs notwendige Rekonstruktion abzuschließen. Das Zusammenwirken von massivem konjunkturellen Abschwung und strukturellen Defiziten sollte eine katastrophale Wirkung zeigen. Neben dem weitreichenden Rückgang der Produktion und Stillegungen auf breiter Front war die Massenarbeitslosigkeit das wichtigste Merkmal der Krisenphase. 1932 waren über 6 Millionen Menschen arbeitslos, davon litt ein erheblicher Teil unter der niederschmetternden Erfahrung der Dauererwerbslosigkeit. Neben der materiellen Verelendung hatte die Arbeitslosigkeit für die Betroffenen schwerwiegende psychologische Folgen: Das Ende des strukturierten Rhythmus von Arbeit und Freizeit führte zu einem Verlust des Zeitgefühls und zu einer Sinnentleerung des täglichen Lebens, hinzu kam die Erfahrung der Isolation und des hilflosen Ausgeliefertseins an eine Sozialbürokratie, die schon in der Stabilitätsphase überfordert gewesen war und nun am Rande des Zusammenbruchs stand. In dem sich in der Massenerwerbslosigkeit unweigerlich einstellenden Radikalisierungsprozeß griffen die Hilfsangebote und Versprechungen der radikalen politischen Kampforganisationen.

Auf der politischen Ebene wird man die Reaktion der Verantwortlichen nicht auf taktische Fehler oder auf eine Überforderung angesichts bisher nicht gekannter Problemlagen reduzieren können. Die Ursachen für den Untergang der Weimarer Demokratie erschließen sich erst, wenn man den Zeitraum von 1930 bis 1933 als eine Phase eines bewußt herbeigeführten autoritären Umbaus der Republik sieht.

Beim Bruch der Großen Koalition unter der Führung des Sozialdemokraten Hermann Müller im März 1930 ging es nur vordergründig um die zwischen Sozialdemokraten und DVP umstrittene, verhältnismäßig geringfügige Erhöhung der Beiträge zur Arbeitslosenversicherung. Man muß vielmehr das weitergefaßte Ziel der Großindustrie, als dessen Interessenvertreterin die DNVP auftrat, im Auge behalten, nämlich den radikalen Abbau der schon seit Jahren als zu hoch angeprangerten sozialen Leistungen und die Verdrängung des wichtigsten Anwalts sozialpolitischer Interventionen, der Sozialdemokraten, aus der Regierung. Hinzu kam, daß aus der Sicht des rechten Flügels der Koalition der Hauptgrund für die gemeinsame Regierungsarbeit mit den Sozialdemokraten, Erleichterungen in der Reparationsfrage auszuhandeln, nach der Verabschiedung des Young-Planes im März 1930 entfallen war; es war nicht mehr notwendig, den Verbleib der Sozialdemokraten in der Koalition mit Zugeständnissen in der Sozialpolitik zu erkaufen.

Brüning war von Hindenburg damit beauftragt worden, auch ohne Rücksicht auf das Parlament, gestützt auf das Notverordnungsrecht des Reichspräsidenten zu regieren und notfalls auch auf das präsidiale Recht zur Auflösung des Parlaments zurückzugreifen. Mit der auf diesem Wege ohne zwingende Notwendigkeit herbeigeführten Auflösung des Reichstages im Sommer 1930 nahm Brüning leichtfertig einen sich bereits in den Landtagswahlen ankündigenden Wahltriumph der NSDAP in Kauf, der es im September 1930 gelang, ihren Stimmenanteil von 2,6 auf 18,3% zu steigern. In diesen Wahlen setzte sich der Niedergang von DNVP, DVP und DDP rapide fort, während sich die Splitterparteien insgesamt noch behaupten konnten. Hauptziel Brünings war der Versuch, durch die in der Krise nachgewiesene Zahlungsfähigkeit des Reiches das Ende der Reparationen und damit den Ausbruch aus dem System von Versailles herbeizuführen. Vor allem aus diesem Grund unterblieb eine wirksame Politik der Krisendämmung. Durch die weitere Verelendung und Radikalisierung infolge der sich verschärfenden Krise vergrößerte sich die

Anhängerschaft der NSDAP. Eine wirksame Bekämpfung der Nationalsozialisten unterblieb, galt deren militante Anhängerschaft aus Sicht der Reichswehrführung und der Kräfte in der Umgebung Hindenburgs doch als Reservoir bei der nach der Revision der Versailler Verträge angestrebten Wiederbewaffnung. So konnte die NSDAP bei den Juli-Wahlen von 1932 weiter auf Kosten von DNVP, DVP und DDP, aber auch der nun weitgehend vernichteten Splitterparteien gewinnen.

Das Präsidialregime führte zu einer Verlagerung des politischen Schwerpunkts vom Parlament zum Reichspräsidenten und seiner Umgebung. Die Bedeutung der Parteien schwand, während der Einfluß von Reichswehr und der Bürokratie sowie der Verbände, insbesondere der Interessenvertreter des gewerblichen Mittelstandes, von Großagrariern und Industrie, zunahm. Hatte Brüning neben der Drohung mit dem Notverordnungsrecht immer wieder erfolgreich die Tolerierung seiner Politik durch das Parlament, namentlich die SPD-Fraktion, gesucht, so bedeutete der Wechsel von Brüning zu v. Papen im Juni 1932 den Übergang zur offenen Präsidialdiktatur, da der neue Kanzler keinerlei Chancen für eine Mehrheitsbildung besaß. Offen vertrat v. Papen mit seiner Konzeption vom »Neuen Staat« die Hinwendung zu einem autoritären Verfassungsmodell. Das Papen-Projekt mußte jedoch wegen seiner absoluten Erfolglosigkeit nach wenigen Monaten abgebrochen werden. Der letzte Versuch des bisher nur im Hintergrund intrigierenden v. Schleicher, als Reichskanzler eine »Querfront« von den Gewerkschaften bis zum »linken« Flügel der NSDAP zustandezubringen, scheiterte ebenso. So erschien die Ernennung Hitlers zum Reichskanzler als die einzige noch verbleibende Alternative, zumal dessen NSDAP durch Verluste von 4% in den Wahlen vom November 1932 erheblich geschwächt schien, und man glaubte, ihn durch starke konservative Kräfte »einrahmen« und »zähmen« zu können. Diese Einschätzung sollte sich als folgenschwerer Irrtum erweisen.

V.

In dem kurzen Durchgang durch die Geschichte der Zeit von 1918 bis 1933 sind eine Fülle von Ursachen für den Untergang der ersten Republik genannt worden. Das Projekt einer Demokratisierung und Modernisierung der deutschen Gesellschaft scheiterte an den schlechten ökonomischen Randbedingungen, die in der Wirtschaftskrise zur Katastrophe kumulierten, es scheiterte an aus dem 19. Jahrhundert herüberragenden vordemokratischen, vorindustriellen, autoritären Mentalitäten und Verhaltensweisen, es scheiterte aber auch an den inneren Widersprüchen und Verwerfungen des Modernisierungsprojektes selbst, an der Unfähigkeit zur Steuerung komplexer Anpassungs- und Umschichtungsprozesse, an dem zu deutlich hervortretenden Widerspruch zwischen glücksverheißenden Versprechungen und trister Realität. Dieses Nebeneinander von Traditionellem, Modernem und schon Postmodernem macht das außerordentlich Faszinierende dieser kurzen Periode der deutschen Geschichte aus.

VI.

Der weitaus größte Teil der hier abgedruckten Quellen ist bereits publiziert, sei es nun in zeitgenössischen Periodika und Büchern oder in einer der zahlreichen Weimar-Dokumentationen. Hinzu kommen eine Reihe bisher nicht veröffentlichter Archivalien. Ist eine Quelle bereits in anderen Dokumentationen erschienen, so wurde jeweils ein Druckort angegeben; verzichtet wurde hierauf jedoch bei leicht zugänglichen Quellensammlungen wie den Verhandlungen des Reichstages oder dem Reichsgesetzblatt. Nach Möglichkeit wurden die Dokumente im Original eingesehen.

Der Herausgeber dankt den Mitarbeiterinnen und Mitarbeitern des Bayerischen Hauptstaatsarchivs, der Abteilungen des Bundesarchivs in Koblenz und Potsdam sowie des Archivs der Partei des Demokratischen Sozialismus in Berlin für ihre freundliche Unterstützung. Es sei ausdrücklich darauf hingewiesen, daß die Konzeption des Bandes und die Auswahl der Dokumente besonders durch die 1987 erschienene, wegweisende Interpretation des verstorbenen Detlev J.K. Peukert über die Weimarer Zeit als »Krisenjahre der Klassischen Moderne« angeregt wurde.

Peter Longerich

Erster Teil:
Die Formierung der Weimarer Republik

A. Revolutionärer Auftakt

1. Aufzeichnung des Reichskanzlers Prinz Max von Baden, 16.10.1918

Die militärische Lage hat uns auf Verlangen der Obersten Heeresleitung unerwartet genötigt, am 5. Oktober ein hastiges Ersuchen um Waffenstillstand an den Präsidenten der Vereinigten Staaten zu richten. Dieser Schritt kam einer Kapitulation gleich und ist von unseren Feinden wie auch im neutralen Ausland nicht anders als militärische Bankerotterklärung aufgefaßt worden.

Für den Schritt trägt die Oberste Heeresleitung ebenso wie für seine Folgen die Verantwortung; sie hat die militärische Lage als aussichtslos bezeichnet; der politischen Leitung bleibt daher nur übrig, die Konsequenzen zu ziehen.

Angesichts der Lage sind für sie heute nur zwei Entscheidungen möglich: entweder der Kampf bis zur Vernichtung oder der Versuch, nach dem militärischen Zusammenbruch wirtschaftlich und politisch zu retten, was noch zu retten ist.

Der Wunsch, in Ehren *unterzugehen*, liegt sicher für den Einzelnen nahe, der verantwortliche Staatsmann muß aber damit rechnen, daß das Volk in seinen breiten Massen ein Recht hat, nüchtern zu verlangen, zu leben, statt in Schönheit zu sterben. [...]

Akten Regierung v. Baden, Nr. 62

2. Forderungen des Kieler Soldatenrates, 4.11.1918

1. Freilassung sämtlicher Inhaftierten und politischen Gefangenen.
2. Vollständige Rede- und Pressefreiheit.
3. Aufhebung der Briefzensur.
4. Sachgemäße Behandlung der Mannschaften durch Vorgesetzte.
5. Straffreie Rückkehr sämtlicher Kameraden an Bord und in die Kasernen.

6. Die Ausfahrt der Flotte hat unter allen Umständen zu unterbleiben.
7. Jegliche Schutzmaßnahmen mit Blutvergießen haben zu unterbleiben.
8. Zurückziehung sämtlicher nicht zur Garnison gehöriger Truppen.
9. Alle Maßnahmen zum Schutze des Privateigentums werden sofort vom Soldatenrat festgesetzt.
10. Es gibt außer Dienst keine Vorgesetzte mehr.
11. Unbeschränkte persönliche Freiheit jedes Mannes von Beendigung des Dienstes bis zum Beginn des nächsten Dienstes.
12. Offiziere, die sich mit den Maßnahmen des jetzt bestehenden Soldatenrates einverstanden erklären, begrüßen wir in unserer Mitte. Alles übrige hat ohne Anspruch auf Versorgung den Dienst zu quittieren.
13. Jeder Angehörige des Soldatenrates ist von jeglichem Dienste zu befreien.
14. Sämtliche in Zukunft zu treffenden Maßnahmen sind nur mit Zustimmung des Soldatenrates zu treffen.

Diese Forderungen sind für jede Militärperson Befehle des Soldatenrates.

Bernhard Rausch, Am Springquell der Revolution. Die Kieler Matrosenerhebung, 2. Aufl., 1921, S. 16 (Nachdruck: Die deutsche Revolution 1918/1919, S. 43)

3. Aufruf Eisners und des Arbeiter-, Soldaten- und Bauernrates an die Bevölkerung Münchens, 8.11.1918

Das furchtbare Schicksal, das über das deutsche Volk hereingebrochen, hat zu einer elementaren Bewegung der Münchner Arbeiter und Soldaten geführt. Ein provisorischer Arbeiter-, Soldaten- und Bauernrat hat sich in der Nacht zum 8. November im Landtag konstituiert.

Bayern ist fortan ein Freistaat.

Eine Volksregierung, die von dem Vertrauen der Massen getragen wird, soll unverzüglich eingesetzt werden.

Eine konstituierende Nationalversammlung, zu der alle mündigen Männer und Frauen das Wahlrecht haben, wird so schnell wie möglich einberufen werden.

Eine neue Zeit hebt an!

Bayern will Deutschland für den Völkerbund rüsten.

Die demokratische und soziale Republik Bayern hat die moralische Kraft, für Deutschland einen Frieden zu erwirken, der es vor dem Schlimmsten bewahrt. Die jetzige Umwälzung war notwendig, um im letzten Augenblick durch die Selbstregierung des Volkes die Entwicklung der Zustände ohne allzu schwere Erschütterung zu ermöglichen, bevor die feindlichen Heere die Grenze überfluten oder nach dem Waffenstillstand die demobilisierten deutschen Truppen das Chaos herbeiführen.

Der Arbeiter-, Soldaten- und Bauernrat wird strengste Ordnung sichern. Ausschreitungen werden rücksichtslos unterdrückt. Die Sicherheit der Person und des Eigentums wird verbürgt.

Die Soldaten in den Kasernen werden durch Soldatenräte sich selbst regieren und Disziplin aufrechterhalten. Offiziere, die sich den Forderungen der veränderten Zeit nicht widersetzen, sollen unangetastet ihren Dienst versehen.

Wir rechnen auf die schaffende Mithilfe der gesamten Bevölkerung. Jeder Arbeiter an der neuen Freiheit ist willkommen! Alle Beamten bleiben in ihren Stellungen. Grundlegende soziale und politische Reformen werden unverzüglich ins Werk gesetzt.

Die Bauern verbürgen sich für die Versorgung der Städte mit Lebensmitteln. Der alte Gegensatz zwischen Land und Stadt wird verschwinden. Der Austausch der Lebensmittel wird rationell organisiert werden.

Arbeiter, Bürger Münchens! Vertraut dem Großen und Gewaltigen, das in diesen schicksalsschweren Tagen sich vorbereitet!

Helft alle mit, daß sich die unvermeidliche Umwandlung rasch, leicht und friedlich vollzieht.

In dieser Zeit des sinnlos wilden Mordens verabscheuen wir alles Blutvergießen. Jedes Menschenleben soll heilig sein!

Bewahrt die Ruhe und wirkt mit an dem Aufbau der neuen Welt!

Der Bruderkrieg der Sozialisten ist für Bayern beendet. Auf der revolutionären Grundlage, die jetzt gegeben ist, werden die Arbeitermassen zur Einheit zurückgeführt.

Huber, Dokumente 3, Nr. 23

4. Mitteilung des Vorstands und der Reichstagsfraktion der SPD über die Verlängerung ihres Ultimatums an die Regierung, 9.11.1918

Arbeiter! Parteigenossen!

Ein Teil der gestern von uns aufgestellten Forderungen ist von der Regierung und den Mehrheitsparteien erfüllt worden.

Das gleiche Wahlrecht für Preußen und alle Bundesstaaten auf Grundlage der Verhältniswahl soll ohne Verzug durch Reichsgesetz eingeführt werden. Die sofortige Parlamentarisierung der Preußischen Regierung ist gesichert, ebenso die Verstärkung des sozialdemokratischen Einflusses in der Reichsregierung. Die Einberufungen zum Militär sind rückgängig gemacht. Noch nicht erledigt ist *die Kaiserfrage*. Unsere Forderung auf sofortigen Rücktritt des Kaisers und Verzicht des Kronprinzen wurde aufgestellt unter der Voraussetzung, daß der Waffenstillstand heute mittag abgeschlossen sein würde. Diese Voraussetzung hat sich nicht erfüllt, weil die deutsche Delegation infolge äußerer Hindernisse heute vormittag im feindlichen Hauptquartier nicht eintreffen konnte. Der Abschluß des Waffenstillstandes würde aber gefährdet durch unseren Austritt aus der Regierung. Deshalb haben Parteivorstand und Reichstagsfraktion die gestellte Frist bis zum Abschluß des Waffenstillstandes verlängert, um erst das Aufhören des Blutvergießens und die Sicherung des Friedensschlusses herbeizuführen. Sonnabendvormittag (9.) treten die Vertrauensmänner der Arbeiter erneut zusammen.

Arbeiter! Parteigenossen! Es handelt sich also nur um einen Aufschub von wenigen Stunden. Eure Kraft und Eure Entschlossenheit verträgt diesen Aufschub.

Ursachen und Folgen 2, Nr. 508

5. Aufzeichnung über die Besprechungen zwischen dem Reichskanzler Max v. Baden mit einer Abordnung der SPD, 9.11.1918

Am 9. November 1918 um 12 Uhr 35 mittags erschien im Reichskanzler-Palais eine Abordnung der sozialdemokratischen Partei, die aus den Herren *Ebert, Scheidemann* bestand. Sie wurde von dem Reichskanzler in Anwesenheit des Vizekanzlers *v. Payer* und der Staatssekretäre *Solf,* Graf *Roedern und Haußmann*, des Unterstaatssekretärs *Wahnschaffe* sowie des Botschafters Grafen *Bernstorff* empfangen.

Herr **Ebert** erklärte: Damit die Ruhe und Ordnung bewahrt werden, haben unsere Parteigenossen uns beauftragt, dem Herrn Reichskanzler zu erklären, daß wir es zur Vermeidung von Blutvergießen für unbedingt erforderlich halten, daß die Regierungsgewalt an Männer übergeht, die das volle Vertrauen des Volkes besitzen. Wir halten es deshalb für nötig, daß das Amt des Reichskanzlers und das des Oberstkommandierenden in den Marken durch Vertrauensmänner unserer Partei besetzt wird.

Wir haben in dieser Sache sowohl unsere Partei als auch die Partei der Unabhängigen Sozialdemokraten geschlossen hinter uns. Auch die Truppen sind für uns gewonnen. Ob die Unabhängigen in die neue Regierung eintreten wollen, darüber sind sie sich noch nicht einig; falls sie sich dazu entschließen, müssen wir wünschen und verlangen, daß sie aufgenommen werden. Wir haben auch nichts gegen die Aufnahme von Vertretern der bürgerlichen Richtung; nur müßten wir die ausgesprochene Mehrheit in der Regierung behalten. Darüber wäre noch zu verhandeln.

Der **Reichskanzler** fragte, ob die Parteiführer den Willen und die Möglichkeit hätten, zu verhindern, daß die Bewegung in die Bahnen der Gewalttätigkeit hinüberglitte, und ob sie gewährleisten könnten, daß die Ruhe ungestört bliebe, wenn nicht geschossen werde.

Exzellenz Scheidemann erwiderte: Die sämtlichen Garnisonen und Regimenter von Groß-Berlin sind zu uns übergegangen. Wir kommen soeben aus dem Reichstag, wo Abgeordnete aus allen Regimentern uns davon vergewissert haben; auch von den Lübbener Jägern, die man als besonders zuverlässig herangezogen hatte. [...]

Reichskanzler: *Sie wissen, daß der Kaiser bereit ist abzudanken?*

Ebert: *Ja, ich habe die Veröffentlichung gesehen.*

Reichskanzler: *Wir müssen die Regentschaftsfrage lösen.*

Ebert: *Es ist zu spät.*

Reichskanzler: *Da wir nicht die Macht in Händen haben, da die Situation so ist, und die Truppen versagt haben, so schlage ich vor, daß der Abgeordnete Ebert den Posten des Reichskanzlers annimmt.*

Ebert: *Nach einem Moment des Bedenkens: Es ist ein schweres Amt, aber ich werde es übernehmen.*

Scheidemann *erklärt sich auch einverstanden.*

Der **Reichskanzler:** Ich habe dem Kaiser bereits vorgeschlagen, daß im Reichstag ein Gesetzentwurf vorgelegt wird, der die Wahlen zu einer verfassunggebenden deutschen Nationalversammlung betreffen würde. Diese Versammlung würde dann entscheiden, wie Deutschland künftig regiert werden soll.

Herr **Ebert:** Mit dem Gedanken dieser Nationalversammlung könnten wir uns einverstanden erklären.

Staatssekretär Haußmann: Wenn diese Versammlung sofort einberufen werden sollte, inmitten der revolutionären Bewegung, so würde sie den heftigsten Wahlkampf entfesseln und kein richtiges Bild geben.

Herr **Ebert:** Darüber muß man noch nachdenken.

Solf: *(Vielleicht mit anderen?) Da der Kaiser nun abgedankt hat, wer ernennt nun den neuen Kanzler? Wie ist die Form? Es bleibt nichts anderes übrig, als daß der alte Kanzler das Amt dem neuen übergibt.*

Reichskanzler: *(wahrscheinlich) Damit bin ich einverstanden (und damit war es auch erledigt).* [...]

Regierung der Volksbeauftragten, Nr. 1a

6. Erklärung des deutschen Kaisers Wilhelm II., 9.11.1918

1. Seine Majestät sind damit einverstanden, wenn die deutsche Regierung die beim Feinde befindliche Waffenstillstandskommission ermächtigt, sofort abzuschließen, auch ehe die Waffenstillstandsbedingungen hier bekannt geworden sind.
2. Um Blutvergießen zu vermeiden, sind Seine Majestät bereit, als Deutscher Kaiser abzudanken, aber nicht als König von Preußen. Seine Majestät wollen auch aus dem Grunde als König von Preußen bleiben, um zu vermeiden, daß durch den bei Abdankung erfolgenden gleichzeitigen Abgang der Mehrzahl der Offiziere die Armee führerlos wird und sich auflöst.
3. Seine Majestät wollen einen Bürgerkrieg nicht.
4. Seine Majestät werden für den Fall der Abdankung als Deutscher Kaiser dem Feldmarschall v. Hindenburg befehlen, den Oberbefehl über das deutsche Heer zu übernehmen, und werden Allerhöchstselbst bei den preußischen Truppen bleiben. Weitere Bestimmung würde dem Reichsverweser vorbehalten.
5. Heerführer und Oberbefehlshaber sind der Ansicht, daß die Tatsache der Abdankung des Deutschen Kaisers und Obersten Kriegsherrn jetzt die schwersten Erschütterungen in der Armee hervorrufen wird und können eine Verantwortung für den Zusammenhalt der Armee nicht mehr übernehmen.

Prinz Max von Baden, Erinnerungen und Dokumente, Stuttgart etc. 1928, S. 641 (Nachdruck: Ursachen und Folgen 2, Nr. 513)

7. Ausrufung der Republik durch Philipp Scheidemann, 9.11.1918

Das deutsche Volk hat auf der ganzen Linie gesiegt. Das alte Morsche ist zusammengebrochen; der Militarismus ist erledigt! Die Hohenzollern haben abgedankt! Es lebe die deutsche Republik! Der Abgeordnete Ebert ist zum Reichskanzler ausgerufen worden. Ebert ist damit beauftragt worden, eine neue Regierung zusammenzustellen. Dieser Regierung werden alle sozialistischen Parteien angehören. Jetzt besteht unsere Aufgabe darin, diesen glänzenden Sieg, diesen vollen Sieg des deutschen Volkes, nicht beschmutzen zu lassen, und deshalb bitte ich Sie, sorgen Sie dafür, daß keine Störung der Sicherheit eintrete! Wir müssen stolz sein können, in alle Zukunft auf diesen Tag! Nichts darf existieren, was man uns später wird vorwerfen können! Ruhe, Ordnung und Sicherheit, das ist das, was wir jetzt brauchen! Dem Oberkommandierenden in den Marken und dem Kriegsminister Scheüch werden je ein Beauftragter beigegeben. Der Abgeordnete Genosse Göhre wird alle Verordnungen des Kriegsministers Scheüch gegenzeichnen. Also gilt es von jetzt ab, die Verfügungen, die unterzeichnet sind von Ebert, und die Kundmachungen, die gezeichnet sind mit den Namen Göhre und Scheüch, zu respektieren. Sorgen Sie dafür, daß die neue deutsche Republik, die wir errichten werden, nicht durch irgend etwas gefährdet werde! Es lebe die deutsche Republik!

Manfred Jessen-Klingenberg, Die Ausrufung der Republik durch Philipp Scheidemann am 8. November 1918, in: Geschichte in Wissenschaft und Unterricht 19 (1968), S. 649–656 (Nachdruck: Die deutsche Revolution 1918/1919, S. 77f.)

8. Ausrufung der sozialistischen Republik durch Karl Liebknecht, 9.11.1918

[...] »Parteigenossen«, begann Liebknecht, »der Tag der Freiheit ist angebrochen. Nie wieder wird ein Hohenzoller diesen Platz betreten. Vor 70 Jahren stand hier am selben Ort Friedrich Wilhelm IV. und mußte vor dem Zug der auf den Barrikaden Berlins für die Sache der Freiheit Gefallenen, vor den fünfzig blutüberströmten Leichnamen seine Mütze abnehmen. Ein anderer Zug bewegt sich heute hier vorüber. Es sind die Geister der Millionen, die für die heilige Sache des Proletariats ihr Leben gelassen haben. Mit zerspaltenem Schädel, in Blut gebadet wanken diese Opfer der Gewaltherrschaft vorüber, und ihnen folgen die Geister von Millionen von Frauen und Kindern, die für die Sache des Proletariats in Kummer und Elend verkommen sind. Und Abermillionen von Blutopfern dieses Weltkrieges ziehen ihnen nach. Heute steht eine unübersehbare Menge begeisterter Proletarier an demselben Ort, um der neuen Freiheit zu huldigen. Parteigenossen, ich proklamiere die freie sozialistische Republik Deutschland, die alle Stämme umfassen soll, in der es keine Knechte mehr geben wird, in der jeder ehrliche Arbeiter den ehrlichen Lohn seiner Arbeit finden wird. Die Herrschaft des Kapitalismus, der Europa in ein Leichenfeld verwandelt hat, ist gebrochen. Wir rufen unsere russischen Brüder zurück. Sie haben bei ihrem Abschied zu uns gesagt: ›Habt Ihr in einem Monat nicht das erreicht, was wir erreicht haben, so wenden wir uns von Euch ab.‹ Und nun hat es kaum vier Tage gedauert.«

»Wenn auch das Alte niedergerissen ist«, fuhr Liebknecht fort, »dürfen wir doch nicht glauben, daß unsere Aufgabe getan sei. Wir müssen alle Kräfte anspannen, um die Regierung der Arbeiter und Soldaten aufzubauen und eine neue staatliche Ordnung des Proletariats zu schaffen, eine Ordnung des Friedens, des Glücks und der Freiheit unserer deutschen Brüder und unserer Brüder in der ganzen Welt. Wir reichen ihnen die Hände und rufen sie zur Vollendung der Weltrevolution auf.

Wer von euch die freie sozialistische Republik Deutschland und die Weltrevolution erfüllt sehen will, erhebe seine Hand zum Schwur« (alle Hände erheben sich und Rufe ertönen: Hoch die Republik!). Nachdem der Beifall verrauscht war, ruft ein neben Liebknecht stehender Soldat und schwenkt die rote Fahne, die er in den Händen trägt: »Hoch lebe ihr erster Präsident Liebknecht!«

Liebknecht schloß: »Soweit sind wir noch nicht. Ob Präsident oder nicht, wir müssen alle zusammenhalten, um das Ideal der Republik zu verwirklichen. Hoch die Freiheit und das Glück und der Frieden!«

Bald darauf wurde an dem Mast der Kaiserstandarte die rote Fahne gehißt.

Vossische Zeitung, 10.11.1918 (Nachdruck: Ursachen und Folgen 2, Nr. 516)

9. Aufruf Eberts an die Behörden und Beamten, 9.11.1918

Die neue Regierung hat die Führung der Geschäfte übernommen, um das deutsche Volk vor Bürgerkrieg und Hungersnot zu bewahren und seine berechtigten Forderungen auf Selbstbestimmung durchzusetzen. Diese Aufgabe kann sie nur erfüllen, wenn alle Behörden und Beamten in Stadt und Land ihr hilfreiche Hand leisten.

Ich weiß, daß es vielen schwer werden wird, mit den neuen Männern zu arbeiten, die das Reich zu leiten unternommen haben, aber ich appelliere an ihre Liebe zu unserem Volke. Ein Versagen der Organisation in dieser schweren Stunde würde Deutschland der Anarchie und dem schrecklichsten Elend ausliefern.

Helft also mit mir dem Vaterlande durch furchtlose und unverdrossene Weiterarbeit ein jeder auf seinem Posten, bis die Stunde der Ablösung gekommen ist.

Reichsanzeiger Nr. 268, 12.11.1918 (Nachdruck: Ursachen und Folgen 3, Nr. 526)

10. Aufruf der Reichsregierung an die Bevölkerung, 9.11.1918

Volksgenossen!

Der heutige Tag hat die Befreiung des Volkes vollendet. Der Kaiser hat abgedankt, sein ältester Sohn auf den Thron verzichtet. Die sozialdemokratische Partei hat die Regierung übernommen und der unabhängigen sozialdemokratischen Partei den Eintritt in die Regierung auf dem Boden voller Gleichberechtigung angeboten. Die neue Regierung wird sich für die Wahlen zu einer konstituierenden Nationalversammlung organisieren, an denen alle über 20 Jahre alten Bürger beider Geschlechter mit vollkommen gleichen Rechten teilnehmen werden. Sie wird sodann ihre Machtbefugnisse in die Hände der neuen Vertretung des Volkes zurücklegen. Bis dahin hat sie die Aufgabe, Waffenstillstand zu schließen und Friedensverhandlungen zu führen, die Volksernährung zu sichern, den Volksgenossen in Waffen den raschesten geordneten Weg zu ihrer Familie und zu lohnendem Erwerb zu sichern. Dazu muß die demokratische Verwaltung sofort glatt zu arbeiten beginnen. Nur durch ihr tadelloses Funktionieren kann schwerstes Unheil vermieden werden. Sei sich darum jeder seiner Verantwortung am Ganzen bewußt.

Menschenleben sind heilig. Das Eigentum ist vor willkürlichen Eingriffen zu schützen. Wer diese herrliche Bewegung durch gemeine Verbrechen entehrt, ist ein Feind des Volkes und muß als solcher behandelt werden. Wer aber in ehrlicher Hingabe an unserem Werke mitschafft, von dem alle Zukunft abhängt, der darf von sich sagen, daß er im größten Augenblick der Weltgeschichte als Schaffender zu des Volkes Heil mit dabei gewesen ist. Wir stehen vor ungeheuren Aufgaben.

Werktätige Männer und Frauen in Stadt und Land, Männer im Waffenrock und Arbeitsblusen helft alle mit!

Schulthess, Europäischer Geschichtskalender, 1918, S. 453

11. Niederschrift des Direktors des Siemens-Glühlampenwerkes Charlottenburg über die Vorgänge vom 9. November bis 13. November 1918, 18.11.1918

Sonnabend, den 9. November.

[...] Erst gegen 1/2 3 Uhr fuhr auch bei uns ein Auto mit bewaffneten Leuten vor, die die Einstellung der Arbeit forderten und, nachdem sie sich überzeugt hatten, daß dies bereits geschehen war, wieder abfuhren. Die Leute benahmen sich in höchstem Grade rabiat. Es fiel besonders auf, daß es lauter junge Leute im Alter von höchstens 22 Jahren waren, Land- und Marine-Soldaten und militärisch aufgeputzte junge Leute, einige davon im Alter von 14–15 Jahren! Sie waren ebenfalls mit Revolvern und Handgranaten bewaffnet, mit denen sie in der Luft herumfuchtelten. Sie stürmten mit großem Geschrei in die Fabrik, beruhigten sich aber, als sie sahen, daß die Arbeit schon eingestellt war und nur noch die Betriebsingenieure und die Meister zugegen waren.

Es hatte zwischen diesen Herren eben eine Beratung über die Einrichtung eines ununterbrochenen Sicherheitsdienstes, zunächst bis Montag früh, stattgefunden, der dann auch in der Weise organisiert wurde, daß Gruppen von 8–10 Herren der Reihe nach je 4 Stunden lang diesen Dienst übernahmen. Es kann hier gleich bemerkt werden, daß bis Montag nichts Verdächtiges beobachtet wurde.

Sonntag, den 10. November.

Aus den Zeitungen erfuhren wir, daß seitens der neuen Regierung die Arbeiterschaft um 10 Uhr zu Versammlungen in ihren

Betrieben befohlen wurde, um dort Wahlen von Arbeiterrats-Mitgliedern zu der am Nachmittag im Zirkus Busch angesagten Versammlung vorzunehmen. Es fanden sich demnach auch im Glühlampenwerk insgesamt etwa 90 Leute ein, und zwar ungefähr 30 Beamte und 60 Arbeiter. Da Herr Pohl am Sonntag früh von Herrn Dr. Burhenne die Nachricht erhielt, daß diese Wahlen durch die jeweiligen Arbeiter-Ausschüsse vorzunehmen seien und die gewählten Leute von ihrem Arbeiter-Ausschuß eine schriftliche Legitimation zu bekommen hätten, und da kein Mitglied des Arbeiter-Ausschusses zugegen war, ließ er sämtliche Arbeiterausschuß-Mitglieder rechtzeitig benachrichtigen; es kam aber nur ein Mitglied (Maurer B.), der dann auch die Wahl ordnungsgemäß leitete.

Da angegeben war, daß bei dieser Wahl die Beamten gleich Arbeitern zu rechnen seien und für je 1000 Leute der Gesamtbelegschaft ein Mitglied zu wählen war, kamen für uns 4 Leute in Frage.

Das Wahlergebnis war:

Name:	*eingetreten im Gl. W.*	*beschäftigt als:*
Paul B.	am 29.11.1909	Maurer
Johannes K.	am 20.03.1916 […]	Arbeiter […]
Otto M.	am 02.09.1912	Arbeiter […]
Dr. Heinr. F. B.	am 25.03.1911	Chemiker

Die 3 gewählten Arbeiter waren Mitglieder des Werkvereins.

[…] Bestimmungsgemäß wurde eine von dem Arbeiterausschußmitglied Braun unterschriebene Legitimation für die 4 gewählten Leute ausgestellt, durch welche ihnen dann auch der Zutritt zu der Versammlung im Zirkus Busch erlaubt wurde.

Montag, den 11. November.

Morgens früh um 7 Uhr fanden sich etwa 75 % aller Arbeiter und Arbeiterinnen im Werk ein und wurden vorläufig zu ihren Arbeitsstätten zugelassen. Da aus den später in unsere Hände gelangten Zeitungsausschnitten nicht klar zu ersehen war, ob die für Dienstag erlassene Vorschrift zur Wiederaufnahme der Arbeit als ein Verbot der Arbeit am Montag aufzufassen war und Herr Dr. Burhenne telephonisch noch nicht zu erreichen war, sandten wir 2 Leute und zwar Herrn Dr. B. und den Maurer B. zum Arbeiter- und Soldatenrat im Volkshaus in Charlottenburg, um zu erkunden, ob die Arbeit am Montag zulässig sei. Die Genannten kamen mit bejahender Antwort zurück. Der Sicherheit halber sandten wir sie nochmals zum Arbeiter- und Soldatenrat, mit der Bitte um eine schriftliche Bestätigung, worauf wir folgende Bescheinigung erhielten:

Charlottenburg, den 11. November 1918.

Bescheinigung

Der Arbeiter- und Soldatenrat, Charlottenburg, bescheinigt hiermit, daß von der Firma Siemens & Halske Glühlampenwerk heute angefragt worden ist, ob die Arbeit wieder aufgenommen werden solle. Der Arbeiter- und Soldatenrat erklärte sich mit der Aufnahme der Arbeit heute, am 11. November 1918, einverstanden.

(Stempel) Der prov. Arbeiter- und Soldatenrat, Rathaus.

[...] Um 11 Uhr rief Herr Dr. Knöchel von der Volkswirtschaftlichen Abteilung Herrn Pohl im Glühlampenwerk an und teilte ihm im Namen der Direktion mit, daß die Arbeit im Glühlampenwerk einzustellen sei. Herr Pohl nahm an, daß dies eine Folge des von Herrn Dr. Feuerlein in der Vorstandssitzung vorgetragenen Berichts sei und veranlaßte hierauf den Schluß des Werkes. Ein Teil der Arbeiterschaft war hierüber sehr empört und verließ die Fabrik mit lautem Protest.

Dienstag, den 12. November.

Schon Montag früh wurde Herrn Pohl von einigen Arbeitern mitgeteilt, daß gegen die am Sonntag stattgefundene Wahl des Arbeiterrates wegen zu geringer Beteiligung der Arbeiterschaft Protest erhoben werde. Die ganze Belegschaft des Werkes war Dienstag früh pünktlich zur Arbeit erschienen. Infolge dieses Protestes hatte der am Sonntag gewählte Arbeiterrat eine Neuwahl nach geheimem und gleichem Wahlsystem in die Wege geleitet, die Dienstag Vormittag stattfinden sollte. Diese Wahl wurde durch Einschreiten einiger Arbeiter unterbrochen, mit der Behauptung, daß es dabei nicht ehrlich zugehe, vielmehr die Beeinflussung der Wähler durch die »Gelben« stattgefunden habe. Infolgedessen kam diese Vormittagswahl nicht zustande. Die protestierende Partei verlangte eine allgemeine Wahlversammlung auf dem Fabrikhof unter Beteiligung des gesamten Arbeitspersonals sowie aller Beamten, die nachmittags 1 Uhr tatsächlich stattfand.

Bei dieser Versammlung traten einige erst seit kurzer Zeit in unserem Werk befindliche Leute, die sich bisher in keiner Weise hervorgetan hatten, äußerst schroff auf. Sie hielten propagatorische Reden und rissen dabei die ganze Gewalt des Wahlaktes an sich. Trotz verschiedener Proteste, daß eine Wahl nach dem allgemeinen geheimen Wahlrecht stattzufinden habe, setzten sie die Wahl durch Akklamation durch und war dann auch das Resultat ein entsprechendes.

Gewählt wurden:

Name:	*eingetreten i/Gl. W.*	*beschäftigt als:*
Willy R.	am 13.06.1918	Schlosser
Richard Z.	am 05.05.1918	Arbeiter
Paul G.	am 18.12.1916	Arbeiter
Emil L.	[...]	Monteur

ferner *als Ersatzleute:*

Albert L.	am 10.08.1917	Arbeiter
Hermann P.	am 05.10.1911	Polierer
Fritz S.	am 10.07.1916	Monteur
Carl W.	am 16.09.1908	Polierer

Sämtliche Leute sind scharf gewerkschaftlich organisiert und gehören jedenfalls der äußersten linken Partei an.

Im Anschluß an die Wahl verlangten die neu gewählten Leute eine Besprechung mit der Werksleitung. [...]

Herr Pohl setzte den Leuten zunächst auseinander, daß die Frage, ob sie nunmehr der rechtmäßige Arbeiterrat seien, nicht geklärt sei, da die Sonntagswahl den Zeitungsvorschriften entsprechend erfolgt sei und wir erstens nicht wüßten, ob die am Sonntag gewählten Leute lediglich als Delegierte für die Versammlung im Zirkus Busch oder als eine dauernde Konstitution gewählt seien, und uns außerdem zweitens noch nicht bekannt sei, ob Neuwahlen, solange die am Sonntag gewählten Leute ihr Amt nicht niedergelegt hätten, zulässig seien. Außerdem seien wir über ihre Funktionsrechte noch vollkommen im unklaren. Ferner bestände auch der bisherige alte Arbeiter-Ausschuß noch zu Recht, da die Gewerbe-Ordnung noch nicht aufgehoben sei und unser Arbeiter-Ausschuß vor Erlaß des Hilfsdienst-Gesetzes gewählt sei.

Unter diesen Vorbehalten erklärte sich Herr Pohl bereit, sich mit den Leuten zu unterhalten und ihre Wünsche anzuhören. Diese Besprechung verlief sehr erregt. Herr R. führte in erster Linie das große Wort. Er erklärte, es müsse jetzt alles anders werden, die Arbeiter seien jetzt Herr im Hause, die Direktion habe sich unbedingt ihren Wünschen zu fügen u.s.w. Die Leute waren wie in einem Machtrausch, schlugen mit den Fäusten auf den Tisch u.s.w.

Am Mittwoch, den 13. November,

wurde der Arbeiterrat nochmals durch Herrn Dr. Feuerlein in Gegenwart des Herrn Pohl und einiger Herren des Betriebes empfangen. Die Leute kamen mit ähnlichen Redensarten, wie tags zuvor, waren aber schon erheblich gemäßigter. Da sie sich bei ihren Reden wiederholt Blößen gaben, hatte Herr Dr. Feuerlein wiederholt Gelegenheit zu scharfen Erwiderungen, die sie ruhig einstecken mußten.

Es mußte aber zweifellos festgestellt werden, daß die Leute es durch ihre Hetzreden und Drohungen sowie ihr brutales Auftreten verstanden hatten, die gesamte Arbeiterschaft in ihre Gewalt zu bekommen.

Landesarchiv Berlin, Stadtarchiv, Rep. 231, Nr. 0.651

12. Der Vorstand der SPD beantwortet Forderungen des Vorstandes der USPD, 9.11.1918

Von dem aufrichtigen Wunsche geleitet, zu einer Einigung zu gelangen, müssen wir Ihnen unsere grundsätzliche Stellung zu Ihren Forderungen klarlegen.

Sie fordern:

1. Deutschland soll eine soziale Republik sein.
   Diese Forderung ist das Ziel unserer eigenen Politik, indessen hat darüber das Volk durch die konstituierende Versammlung zu entscheiden.
2. In dieser Republik soll die gesamte exekutive, legislative und die jurisdiktionelle Macht ausschließlich in den Händen von gewählten Vertrauensmännern der gesamten werktätigen Bevölkerung und der Soldaten sein.
   Ist mit diesem Verlangen die Diktatur eines Teils einer Klasse gemeint, hinter dem nicht die Volksmehrheit steht, so müssen

wir diese Forderung ablehnen, weil sie unseren demokratischen Grundsätzen widerspricht.

3. Ausschluß aller bürgerlichen Mitglieder aus der Regierung.
   Diese Forderung müssen wir ablehnen, weil ihre Erfüllung die Volksernährung erheblich gefährden, wenn nicht unmöglich machen würde.
4. Die Beteiligung der Unabhängigen gilt nur für drei Tage als ein Provisorium, um eine für den Abschluß des Waffenstillstands fähige Regierung zu schaffen.
   Wir halten ein Zusammenwirken der sozialistischen Richtungen mindestens bis zum Zusammentritt der Konstituante für erforderlich.
5. Die Ressortminister gelten nur als technische Gehilfen des eigentlichen und entscheidenden Kabinetts.
   Dieser Forderung stimmen wir zu.
6. Gleichberechtigung der beiden Leiter des Kabinetts.
   Wir sind für die Gleichberechtigung aller Kabinettsmitglieder, indessen hat die Konstituierende Versammlung darüber zu entscheiden.

Vorwärts, 10.11.1918 (Nachdruck: Regierung der Volksbeauftragten, Nr. 3)

13. Der Vorstand der USPD an den Vorstand der SPD, 10.11.1918

Auf Ihr Schreiben vom 9. November 1918 erwidern wir folgendes: Die Unabhängige Sozialdemokratische Partei ist bereit, um die revolutionären sozialistischen Errungenschaften zu befestigen, in das Kabinett unter folgenden Bedingungen einzutreten:

Das Kabinett darf nur aus Sozialdemokraten zusammengesetzt sein, die als Volkskommissare gleichberechtigt nebeneinander stehen.

Für die Fachminister gilt diese Beschränkung nicht; sie sind nur technische Gehilfen des entscheidenden Kabinetts. Jedem von ihnen werden zwei Mitglieder der beiden sozialdemokratischen Parteien mit gleichen Rechten zur Seite gestellt, aus jeder Partei einer.

Eine Fristbestimmung wird an den Eintritt der Unabhängigen Sozialdemokraten in das Kabinett (in das jede Partei drei Mitglieder entsendet) nicht geknüpft.

Die politische Gewalt liegt in den Händen der Arbeiter- und Soldatenräte, die zu einer Vollversammlung aus dem ganzen Reiche alsbald zusammenzuberufen sind.

Die Frage der Konstituierenden Versammlung wird erst nach einer Konsolidierung der durch die Revolution geschaffenen Zustände aktuell und soll deshalb späteren Erörterungen vorbehalten bleiben.

Für den Fall der Annahme dieser Bedingungen, die von dem Wunsche eines geschlossenen Auftretens des Proletariats diktiert sind, haben wir unsere Mitglieder *Haase, Dittmann* und *Barth* in das Kabinett delegiert.

Vorwärts, 11.11.1918 (Nachdruck: Regierung der Volksbeauftragten, Nr. 6)

14. Erste Sitzung der Arbeiter- und Soldatenräte Berlins im Zirkus Busch am 10.11.1918

Gestern nachmittag 5 Uhr fand im Zirkus Busch die erste Versammlung der von den Soldaten und der Arbeiterschaft gewählten Vertrauensmänner statt. Etwa 3000 Personen füllten den weiten Raum, ungefähr zu gleichen Teilen Arbeiter und Soldaten.

Die Versammlung wurde um 5 ½ Uhr von dem Vorsitzenden des provisorischen Aktionsausschusses Genossen Barth eröffnet. Die Revolution habe in Berlin bisher hauptsächlich dank der einmütigen Haltung der Kameraden im Waffenrock einen durchweg erfolgreichen Verlauf genommen. Leider habe der Kampf um die Macht auch Opfer gefordert. Doch ist ihre Zahl gering, vor allem im Vergleich zu der ungeheuren Zahl der Opfer, die der Weltkrieg gefordert hat.

In das Bureau wurden gewählt als erster Vorsitzender der Genosse Barth, als zweiter Genosse Richard Müller und Oberleutnant Walz, zum Schriftführer der Kamerad Molkenbuhr. Hierauf hielten nacheinander Ansprachen der Reichskanzler Genosse Ebert für die sozialdemokratische Partei Deutschlands, der

Abgeordnete Haase für die Unabhängige sozialdemokratische Partei und Liebknecht für die Spartakusgruppe. Die Mitteilung des Genossen Ebert, daß zwischen den sozialistischen Parteien eine

Einigung über die Bildung der Regierung

zustande gekommen sei auf der Grundlage, daß je drei Vertreter der Mehrheitssozialisten und der Unabhängigen in das Kriegskabinett der neuen Regierung eintreten, rief brausenden Beifall hervor, während mehrfache Störversuche von seiten der Spartakusgruppe von den Versammelten entschieden zurückgewiesen wurden.

Es war kein Zweifel, daß das Zusammengehen der beiden sozialistischen Parteien dem einmütigen Willen der Versammlung entsprach. Dies kam auch bei den nachfolgenden Beratungen über die Wahl eines Aktionsausschusses des Arbeiter- und Soldatenrats deutlich zum Ausdruck. [...]

Im gleichen Maße, wie von der äußersten Linken der Ausschluß der Mehrheitssozialisten verlangt wurde, wuchs das stürmische Begehren der Versammlung, daß der Aktionsausschuß des Arbeiter- und Soldatenrates unbedingt paritätisch von Vertretern beider Parteien besetzt werden müsse. Unter diesem Eindruck kam es schließlich zur Einigung. Es wurde ein zwölfköpfiges paritätisch zusammengesetztes Aktionskomitee des Arbeiterrates gewählt. [...] Ebenso wurde ein zwölfköpfiges Aktionskomitee des Soldatenrates gewählt.

Nunmehr schlug der Vorsitzende der Versammlung vor, das politische Kabinett, das sich infolge der Einigung der sozialistischen Parteien gebildet hat, zu bestätigen und nannte hierbei die Namen der Kabinettsmitglieder Ebert, Scheidemann, Landsberg, Haase, Dittmann und Barth. Diese Erklärung wurde seitens der Versammlung mit brausendem Jubel aufgenommen. Die Bestätigung erfolgte, wie der Vorsitzende feststellte, mit ungeheurer Mehrheit gegen vereinzelte Stimmen. [...]

Nach einem Schlußwort des Vorsitzenden Barth, der die Einigkeit des Proletariats pries, schloß die Versammlung mit einem brausenden Hochruf auf die Deutsche Republik.

Nach der Versammlung trat das politische Kabinett zusammen und konstituierte sich als Körperschaft mit gleichen Rechten als

Rat der Volksbeauftragten.

Den Vorsitz führen Ebert und Haase. Über die Besetzung der Fachministerien hat der Rat der Volksbeauftragten Beratungen angestellt, die noch nicht zum Abschluß gelangt sind.

Vorwärts, 11.11.1918 (Nachdruck: Regierung der Volksbeauftragten, Nr. 7)

15. Flugblatt der Spartakusgruppe an die Arbeiter- und Soldatenräte, 10.11.1918

Wir Sozialisten der Spartakusrichtung, die wir an erster Stelle und während des ganzen Krieges den Gedanken des sofortigen revolutionären Kampfes gegen den Krieg vertreten haben, geben für die heutige Wahl der provisorischen Regierung folgende Losung aus:

Es darf keine Stimme einem Regierungssozialisten gegeben werden. Sie haben die Revolution vier Jahre lang verraten und werden es weiter tun.

Es darf keine Stimme einem Sozialisten gegeben werden, der bereit ist, gemeinsam mit den Bürgerlichen oder den Regierungssozialisten in eine Regierung zu treten.

Parteigenossen! Die Bürgerlichen und Regierungssozialisten wollen euch in die Regierung haben, damit ihr ihnen helft, ihre Sünden zu verdecken. Dazu seid ihr gut. Sie mögen endgültig abdanken oder selbst die Folgen einer verbrecherischen Kriegspolitik tragen.

Regierung der Volksbeauftragten, Nr. 4

16. Telegramm des Ersten Generalquartiermeisters Groener an den Reichskanzler, 10.11.1918

An den Reichskanzler und die neue Regierung.

Feldmarschall von Hindenburg hat sich bereit erklärt, an der Spitze der Obersten Heeresleitung zu verbleiben, bis das Heer in Ordnung und Festigkeit in die Heimat zurückgeführt ist. Er hat

Kommandobehörden und Offiziere angehalten, unvermindert ihre Pflicht zu tun. […]

Der Feldmarschall erwartet von der neuen Regierung, daß sie die Verpflegung des Heeres mit allen Mitteln sicherstellt und jegliche Störung des Eisenbahnverkehrs zu diesem Zweck verhindert. Es wird darauf hingewiesen, daß die Eisenbahnlage aufs höchste gefährdet wird, wenn von unkundigen Persönlichkeiten in den Betrieb und bei den Verladungen eingegriffen wird. Dies gilt insbesondere auch von der Herabsetzung von Arbeitszeiten, Eingriffen in die Diensteinteilung des Personals u. dergl. Ferner müssen die Mannschaften im Gehorsam zu ihren Offizieren erhalten werden. Der Feldmarschall erwartet von der Regierung Unterstützung in dieser Beziehung. Er legt Wert darauf, Vertreter der neuen Regierung baldigst im Großen Hauptquartier zu empfangen, damit mit diesen das Weitere besprochen werden kann.

Ein Jahrhundert Deutsche Geschichte. Reichsgedanke und Reich 1815–1919. Hg. v. Hans Goldschmidt, Hans Kaiser u. Hans Thimme, Berlin 1928, Tafel 136 (Nachdruck: Huber, Dokumente 3, Nr. 13 u. 14)

17. Beratungen der Regierung über die Waffenstillstandsbedingungen, 10.11.1918

Ebert eröffnet die Besprechung und teilt mit, daß ihm von dem früheren Reichskanzler der Auftrag geworden sei, die Geschäfte des Reichskanzlers weiter zu führen.

Solf liest die Waffenstillstandsbedingungen vor. Ebenso die schriftliche Äußerung der Friedensdelegation vor. Daraus ginge hervor, daß die Waffenstillstandsbedingungen auf bindenden Verabredungen aller Verbündeten beruhten. Eine Verlängerung der Frist und eine Waffenruhe sei aus diesem Grunde abgelehnt worden. Über die entscheidenden Hauptpunkte würden Gegenvorschläge auch nicht zugelassen. In vorbereitenden Einzelbesprechungen wären Milderungen zu erreichen gesucht worden. Die Delegation bitte um Ermächtigung zur Unterzeichnung, sowie zur Abgabe einer Erklärung etwa folgenden Inhalts:

Die Deutsche Regierung werde selbstverständlich mit allen

Kräften für Durchführung der Waffenstillstandsbedingungen sorgen, doch halte sie es für ihre Pflicht, schon jetzt darauf hinzuweisen, daß die Durchführung der Bedingungen das deutsche Volk in Anarchie und Hungersnot führen werde und führen müsse, welche eine Durchführung der Bedingungen nicht in allen Punkten möglich machen werde.

Die OHL bitte dringend, die Waffenstillstandsbedingungen anzunehmen, hoffe aber noch auf Erleichterungen. Jedoch dürften diese Erleichterungen nicht zur Bedingung der Annahme gemacht werden. **Solf** hat einen Vorschlag für eine Antwort entworfen, die er vorliest.

Die OHL, sagt er, sei im Zweifel, ob überhaupt eine Regierung bestehe, die von den Feinden als verhandlungsfähig anerkannt würde. Sie sei bereit, die Bedingungen jetzt selbst abzuschließen. Die jetzigen Delegierten seien von der alten Regierung ernannt, es sei sehr zweifelhaft, ob sie von den Gegnern anerkannt werden würden. Die OHL bittet um Beschleunigung, da die Armee schon auseinander zu laufen beginne. **Ebert** teilt mit, daß er nach Besprechung mit juristischen Beiräten eine Form gefunden habe, die auch dem Gegner genügen dürfe. Er habe daher neue Vollmachten ausgestellt, die schnellstens in die Hände der Delegierten kommen würden.

Es bleibe uns leider kein anderer Weg, als die Waffenstillstandsbedingungen anzunehmen. Er müsse aber schon heute betonen, daß von einem Frieden des Rechts und der Gerechtigkeit bei solchen Bedingungen keine Rede mehr sein könne. Die uns auferlegten Opfer seien so unerhört, daß sie zu einer Vernichtung unseres Volkes führen müßten. [...]

Regierung der Volksbeauftragten, Nr. 5a

18. Erlaß der Reichsregierung über die kaiserlichen Staatssekretäre, 10.11.1918

Die Staatssekretäre und die Chefs der Reichsbehörden sind von der Reichsregierung mit der vorläufigen Weiterführung der Geschäfte beauftragt worden. Das Eindringen unbefugter Personen in die Geschäftsräume der Reichsbehörden und die Übernahme amtlicher Geschäfte durch solche Personen ist nicht gestattet.

Reichsanzeiger Nr. 268, 12.11.1918 (Nachdruck: Ursachen und Folgen 3, Nr. 532)

19. Vereinbarung zwischen den Arbeitgeberverbänden und den Gewerkschaften, 15.11.1918

Die großen Arbeitgeberverbände vereinbaren mit den Gewerkschaften der Arbeitnehmer das folgende:

1. Die Gewerkschaften werden als berufene Vertretung der Arbeiterschaft anerkannt.
2. Eine Beschränkung der Koalitionsfreiheit der Arbeiter und Arbeiterinnen ist unzulässig.
3. Die Arbeitgeber und Arbeitgeberverbände werden die Werkvereine (die sogenannten wirtschaftsfriedlichen Vereine) fortab vollkommen sich selbst überlassen und sie weder mittelbar noch unmittelbar unterstützen.
4. Sämtliche aus dem Heeresdienst zurückkehrenden Arbeitnehmer haben Anspruch darauf, in die Arbeitsstelle sofort nach Meldung wieder einzutreten, die sie vor dem Kriege inne hatten. Die beteiligten Arbeitgeber- und Arbeitnehmerverbände werden dahin wirken, daß durch Beschaffung von Rohstoffen und Arbeitsaufträgen diese Verpflichtung in vollem Umfang durchgeführt werden kann.
5. Gemeinsame Regelung und paritätische Verwaltung des Arbeitsnachweises.
6. Die Arbeitsbedingungen für alle Arbeiter und Arbeiterinnen sind entsprechend den Verhältnissen des betreffenden Gewerbes durch Kollektivvereinbarungen mit den Berufsvereinigungen der Arbeitnehmer festzusetzen. Die Verhandlungen hierüber sind ohne Verzug aufzunehmen und schleunigst zum Abschluß zu bringen.
7. Für jeden Betrieb mit einer Arbeiterschaft von mindestens 50 Beschäftigten ist ein Arbeiterausschuß einzusetzen, der diese zu vertreten und in Gemeinschaft mit dem Betriebsunterneh-

mer darüber zu wachen hat, daß die Verhältnisse des Betriebes nach Maßgabe der Kollektivvereinbarung geregelt werden.

8. In den Kollektivvereinbarungen sind Schlichtungsausschüsse resp. Einigungsämter vorzusehen, bestehend aus der gleichen Anzahl von Arbeitnehmer- und Arbeitgebervertretern.
9. Das Höchstmaß der täglichen regelmäßigen Arbeitszeit wird für alle Betriebe auf 8 Stunden festgesetzt. Verdienstschmälerungen aus Anlaß dieser Verkürzung der Arbeitszeit dürfen nicht stattfinden.
10. Zur Durchführung dieser Vereinbarungen sowie zur Regelung des zur Demobilisierung, zur Aufrechterhaltung des Wirtschaftslebens und zur Sicherung der Existenzmöglichkeit der Arbeitnehmerschaft, insbesondere der schwer Kriegsbeschädigten, zu treffenden weiteren Maßnahmen wird von den beteiligten Arbeitgeber- und Arbeitnehmerorganisationen ein Zentralausschuß auf paritätischer Grundlage mit beruflich gegliedertem Unterbau errichtet.
11. Dem Zentralausschuß obliegt ferner die Entscheidung grundsätzlicher Fragen, soweit sich solche namentlich bei der kollektiven Regelung der Lohn- und Arbeitsverhältnisse ergeben, sowie die Schlichtung von Streitigkeiten, die mehrere Berufsgruppen zugleich betreffen. Seine Entscheidungen haben für Arbeitgeber und Arbeitnehmer verbindliche Geltung, wenn sie nicht innerhalb einer Woche von einem der in Frage kommenden beiderseitigen Berufsverbände angefochten werden.
12. Diese Vereinbarungen treten am Tage der Unterzeichnung in Kraft und gelten vorbehaltlich anderweitiger gesetzlicher Regelung bis auf weiteres mit einer gegenseitigen dreimonatigen Kündigung.

Diese Vereinbarung soll sinngemäß auch für das Verhältnis zwischen den Arbeitgeberverbänden und den Angestelltenverbänden gelten.

Reichsanzeiger Nr. 273, 18.11.1918 (Nachdruck: Die deutsche Revolution 1918/1919, S. 237ff.)

20. Vereinbarung zwischen dem Rat der Volksbeauftragten und dem Vollzugsrat, 22.11.1918

Die Revolution hat ein neues Staatsrecht geschaffen. Für die erste Übergangszeit findet der neue Rechtszustand seinen Ausdruck in nachstehender Vereinbarung zwischen dem Vollzugsrat des Arbeiter- und Soldatenrates von Groß-Berlin und dem Rat der Volksbeauftragten:

1. Die politische Gewalt liegt in den Händen der Arbeiter- und Soldatenräte der deutschen sozialistischen Republik. Ihre Aufgabe ist es, die Errungenschaften der Revolution zu behaupten und auszubauen, sowie die Gegenrevolution niederzuhalten.
2. Bis eine Delegiertenversammlung der Arbeiter- und Soldatenräte einen Vollzugsrat der deutschen Republik gewählt hat, übt der Berliner Vollzugsrat die Funktionen der Arbeiter- und Soldatenräte der deutschen Republik im Einverständnis mit den Arbeiter- und Soldatenräten von Groß-Berlin aus.
3. Die Bestellung des Rates der Volksbeauftragten durch den Arbeiter- und Soldatenrat von Groß-Berlin bedeutet die Übertragung der Exekutive der Republik.
4. Die Berufung und Abberufung der Mitglieder des entscheidenden Kabinetts der Republik und – bis zur endgültigen Regelung der staatlichen Verhältnisse – auch Preußens erfolgt durch den zentralen Vollzugsrat, dem auch das Recht der Kontrolle zusteht.
5. Vor der Berufung der Fachminister durch das Kabinett ist der Vollzugsrat zu hören.

Sobald als möglich wird eine Reichsversammlung von Delegierten der Arbeiter- und Soldatenräte zusammentreten. Der Termin wird noch bekanntgegeben werden.

Im Anschluß an diese Vereinbarung, die das grundsätzliche Verhältnis der Arbeiter- und Soldatenräte zur Reichsregierung festsetzt, sollen alsbald Richtlinien für die Arbeiter- und Soldatenräte herausgegeben werden.

Reichsanzeiger Nr. 277, 23.11.1918 (Nachdruck: Regierung der Volksbeauftragten, Nr. 22d)

21. Vorläufige Satzung für die Arbeitsgemeinschaft der industriellen und gewerblichen Arbeitgeber und Arbeitnehmer Deutschlands, 4.12.1918

Durchdrungen von der Erkenntnis und der Verantwortung, daß die Wiederaufrichtung unserer Volkswirtschaft die Zusammenfassung aller wirtschaftlichen und geistigen Kräfte und allseitiges einträchtiges Zusammenarbeiten verlangt, schließen sich die Organisationen der industriellen und gewerblichen Arbeitgeber und Arbeitnehmer zu einer Arbeitsgemeinschaft zusammen.

§ 1

Die Arbeitsgemeinschaft bezweckt die gemeinsame Lösung aller die Industrie und das Gewerbe Deutschlands berührenden wirtschaftlichen und sozialen Fragen sowie aller sie betreffenden Gesetzgebungs- und Verwaltungs-Angelegenheiten.

§ 2

Die Organe der Arbeitsgemeinschaft sind:

1. Der Zentralvorstand und der Zentralausschuß,
2. die Fachgruppen mit Gruppenvorstand und Gruppenausschuß,
3. die Untergruppen mit Untergruppen-Vorstand und Untergruppen-Ausschuß.

§ 3

Sämtliche Organe werden paritätisch aus Arbeitgebern und Arbeitnehmern gebildet, die beiderseits in getrennter Abstimmung gewählt werden. […]

§ 4

Für jeden selbständigen Industrie- und Gewerbezweig kann eine Fachgruppe gebildet werden.

Die Fachgruppe ist die zentrale Arbeitsgemeinschaft der organisierten Arbeitgeber und Arbeitnehmer des Industrie- oder Gewerbezweiges.

Ihre Aufgabe besteht in der selbständigen Regelung der ihren Industrie- oder Gewerbezweig betreffenden Fachfragen und zwar unter Berücksichtigung der Beschlüsse des Zentralvorstandes und des Zentralausschusses. […]

§ 5

Innerhalb der Fachgruppen können auf sonderfachlicher, bezirklicher oder örtlicher Grundlage Untergruppen gebildet werden.

Die Untergruppe ist die Arbeitsgemeinschaft der Arbeitgeber und Arbeitnehmer des industriellen oder gewerblichen Sonderzweiges oder des örtlich abgegrenzten Industriegebiets. [...]

§ 6

Die Organe der Fachgruppen und Untergruppen werden durch die beiderseitigen Organisationen der Arbeitgeber und Arbeitnehmer gewählt, wobei für eine Vertretung der Minderheit Sorge zu tragen ist.

§ 7

Der Zentralausschuß ist die Arbeitsgemeinschaft der organisierten Arbeitgeber und Arbeitnehmer der gesamten Industrie und des gesamten Gewerbes Deutschlands.

Seine Aufgabe besteht in der Beratung und Regelung aller derjenigen Fragen, die sämtlichen Fachgruppen, also der gesamten Industrie und dem gesamten Gewerbe Deutschlands, gemeinsam sind, sowie derjenigen Fragen, die über den Bereich einer einzelnen Fachgruppe hinausgehen. [...]

§ 8

Der Zentralvorstand besteht aus je zwölf (12) Vertretern der Arbeitgeber und Arbeitnehmer, die von dem Zentralausschuß aus seiner Mitte mit einfacher Stimmenmehrheit zunächst für drei Jahre gewählt werden. Wahl durch Zuruf ist zulässig. Je drei dieser Vertreter müssen den Zentralstellen der Arbeitgeber- und Arbeitnehmerverbände angehören.

Für jeden Vertreter ist ein Stellvertreter zu wählen.

Der Zentralvorstand vertritt die Arbeitsgemeinschaft nach außen. Er führt die Beschlüsse des Zentralausschusses aus und ist zur Auslegung von Kollektivverträgen und zur Schlichtung von Arbeitsstreitigkeiten berufen, soweit dies in den Kollektivvereinbarungen vorgesehen ist. Er entscheidet über die Aufnahme weiterer Organisationen. Er verwaltet die Mittel der Arbeitsgemeinschaft und stellt ihre Beamten an. [...]

Jakob W. Reichert, Entstehung, Bedeutung und Ziel der »Arbeitsgemeinschaft«, Berlin 1919, S. 25 ff. (Nachdruck: Die deutsche Revolution 1918/1919, S. 239 ff.)

22. Ansprache Eberts an die Truppen beim Einzug in Berlin, 10.12.1918

Kameraden, willkommen in der Deutschen Republik, herzlich willkommen in der Heimat, die sich nach Euch gesehnt hat; deren bange Sorge Euch ständig umschwebte. In diesem Augenblick, da wir Euch am heimatlichen Herde begrüßen, gilt unser erster Gedanken den teuren Toten. Ach, soviele kehren nimmer wieder. Hunderttausende ruhen im Feindesland in stillen Gräbern, andere Hunderttausende mußten vor dem Ende des Kampfes zurückkehren, zerfetzt und verstümmelt von feindlichen Geschossen. Ihnen allen, die sich für den Schutz der Heimat aufgeopfert haben, unseren unauslöschlichen Dank. Wir können ihren Opfermut nicht vergelten, und bloße Worte sind zu schwach, ihnen zu danken. Was wir ihnen an Taten der Dankbarkeit darbringen können, das wollen wir ihnen in Treue leisten.

Der Verbesserung des Loses der Kriegshinterbliebenen und Kriegsinvaliden galt des neuen deutschen Volksstaates erste Verfügung. Ihr seid dem gräßlichen Gemetzel glücklich entronnen. Froh begrüßen wir Euch in der Heimat. Seid willkommen von ganzem Herzen, Kameraden, Genossen, Bürger. Eure Opfer und Taten sind ohne Beispiel. Kein Feind hat Euch überwunden. Erst als die Übermacht der Gegner an Menschen und Material immer drückender wurde, haben wir den Kampf aufgegeben. Und gerade Eurem Heldenmute gegenüber war es Pflicht, nicht noch zwecklose Opfer von Euch zu fordern. Allen Schrecken habt Ihr mannhaft widerstanden – Mannschaften und Führer –, sei es in den Kreidefelsen der Champagne, in den Sümpfen Flanderns oder auf dem Elsässischen Bergrücken, sei es im unwirtlichen Rußland oder im heißen Süden. Unendliche Leiden habt Ihr erduldet, unvergängliche, fast übermenschliche Taten vollbracht, unvergleichliche Proben Eures unerschütterlichen Mutes Jahr um Jahr abgelegt. Ihr habt die Heimat vor feindlichem Einfall geschützt, Ihr habt Euren Frauen und Kindern, Euren Eltern den Mord und Brand des Krieges ferngehalten, Deutschlands Fluren und Werkstätten vor Verwüstung und Zerstörung bewahrt. Dafür dankt Euch die Heimat in überströmendem Gefühl. Erhobenen Hauptes dürft Ihr zurückkehren. Nie haben Menschen Größeres geleistet und gelitten als Ihr. Im Namen des deutschen Volkes tiefinnigen Dank und noch einmal herzlichen Willkommensgruß in der Heimat. Ihr findet unser Land nicht so vor, wie Ihr es verlassen habt. Neues ist geworden, die deutsche Freiheit ist erstanden. Die alte Herrschaft, die wie ein Fluch auf unseren Taten lag, hat das deutsche Volk abgeschüttelt. Es hat sich selbst zum Herrn über das eigene Geschick gemacht. Auf Euch vor allem ruht die Hoffnung der deutschen Freiheit. Ihr seid die stärksten Träger der deutschen Zukunft. Niemand hat schwerer als Ihr unter der Ungerechtigkeit des alten Regimes gelitten, an Euch haben wir gedacht, als wir mit einem verhängnisvollen System aufräumten, für Euch haben wir die Freiheit erkämpft, für Euch der Arbeit ihr Recht errungen. Nicht mit reichen Gaben können wir Euch empfangen, nicht Behaglichkeit und Wohlstand Euch bieten; unser unglückliches Land ist arm geworden. Schwer lastet auf uns der Druck harter Gebote der Sieger. Aber aus dem Zusammenbruch wollen wir uns ein neues Deutschland zimmern, mit der rüstigen Kraft und dem unerschütterlichen Mut, den Ihr tausendfach bewährt habt. Wetteifernd haben Angehörige aller deutschen Stämme draußen im Kampfe gestanden. Angehörige aller deutschen Stämme stehen vor uns. Schulter an Schulter habt Ihr gemeinsam gerungen, geopfert, geblutet, Not und Tod ins Auge geschaut. Nun liegt Deutschlands Einheit in Eurer Hand, sorgt Ihr dafür, daß Deutschland beieinander bleibt, daß nicht das alte Kleinstaatenelend uns wieder übermannt, daß nicht die alte Zerrissenheit unsere Niederlage vervollständigt. [...]

Friedrich Ebert, Schriften, Aufzeichnungen, Reden, Bd. 2, Dresden 1926, S. 127 ff. (Nachdruck: Die deutsche Revolution 1918/1919, S. 139 ff.)

23. Beschluß des Rätekongresses über die Kompetenzverteilung zwischen Zentralrat und Regierung, 18.12.1918

1. Der Reichskongreß der Arbeiter- und Soldatenräte Deutschlands, der die gesamte politische Macht repräsentiert, überträgt bis zur anderweitigen Regelung durch die Nationalversammlung die *gesetzgebende und vollziehende Gewalt* dem Rat der Volksbeauftragten.

2. Der Kongreß bestellt ferner einen Zentralrat der Arbeiter- und Soldatenräte, der die *parlamentarische Überwachung* des deutschen und des preußischen Kabinetts ausübt. Er hat das Recht [der Berufung und Abberufung] der Volksbeauftragten des Reiches und – bis zur endgültigen Regelung der staatlichen Verhältnisse – auch der Volksbeauftragten Preußens.
3. Zur *Überwachung der Geschäftsführung* in den Reichsämtern werden vom Rat der Volksbeauftragten Beigeordnete der Staatssekretäre zum Schutze der Revolution, Auflösung des Ebert-Rates der Volksbeauftragten, Ausstattung des Vollzugsrates der Arbeiter- und Soldatenräte mit der höchsten Staatsgewalt.
4. Die Verbandsgeneralversammlung fordert die sofortige Einberufung des Parteitages der U.S.P.

Regierung der Volksbeauftragten, Nr. 58

24. Rede des Vollzugsratsmitgliedes Max Cohen-Reuss auf dem Ersten Rätekongreß über Nationalversammlung oder Rätesystem, 19.12.1918

Wie man auch über die Arbeiter- und Soldatenräte denken mag – ich denke ziemlich günstig über sie und werde darauf noch zurückkommen –, in jedem Falle drücken die *Arbeiter- und Soldatenräte nur einen Teilwillen*, niemals aber den Willen des ganzen deutschen Volkes aus. Diesen festzustellen, darauf kommt es an.

Die Gefahr, in der wir schweben, ist, glaube ich, sehr viel größer, als die meisten es sich vorstellen.

Wenn es so weiter geht wie bisher, dann wird unser gesamtes Wirtschaftsleben, das doch die Voraussetzung für den Wiederaufbau Deutschlands ist, lahmgelegt, ohne daß wir in der Lage sind, etwas Neues an seine Stelle zu setzen. Ich möchte hier einmal offen und ehrlich aussprechen: der Zerfall muß kommen, wenn es uns nicht gelingt, der Disziplin- und Einsichtslosigkeit Herr zu werden, die leider auch ein großer Teil der deutschen Arbeiterschaft zeigt, nämlich der Teil der deutschen Arbeiterschaft, der, um ein Wort des Genossen Emil Barth zu gebrauchen, die ganze glorreiche deutsche *Revolution zu einer bloßen Lohnbewegung* degradiert. [...]

Kameraden und Parteigenossen! Ich glaube, wenn es uns nicht gelingt, auch die lokalen Eingriffe zu verhindern, die vielerorten noch stattfinden nicht nur durch berufene Arbeiter- und Soldatenräte, die immer im besten Glauben handeln, sondern durch viele unberufene, und wenn sich nicht alle besonnenen Elemente besonders der deutschen Arbeiterschaft – das will ich unumwunden aussprechen – dem Teil der Arbeiterschaft entgegenstellen, von dem ich vorhin gesprochen habe, dann kommen wir unvermeidbar in die *größte Katastrophe, die jemals über ein Volk der Welt hereingebrochen ist*.

Kameraden und Parteigenossen! Nun glaube ich, daß im Augenblick die Dinge sich so entwickelt haben, daß für die Wiederaufrichtung unseres wirtschaftlichen Lebens eine vorhergehende Neuregelung unserer politischen Verhältnisse notwendig ist. Es ist in dieser kritischen Zeit und im Augenblick umgekehrt, wie wir Sozialisten es meist angenommen haben. Für den Augenblick ist die Politik die Voraussetzung der Ökonomie geworden, und ich glaube, daß wir eine geregelte Verwaltung in Deutschland nur durch die Nationalversammlung herstellen können, die uns die demokratische Verfassung gibt und das deutsche Reich wieder aufbaut und seine auseinanderstrebenden Teile zusammenhält.

Parteigenossen! Wir haben es mit *separatistischen Bestrebungen* zu tun, die wir gar nicht ernst genug nehmen können. Ich denke dabei nicht etwa an Elsaß-Lothringen, auch nicht an die rein polnischen Bezirke, die wir beide als verloren ansehen müssen und die wir als widerwillige Glieder des deutschen Reiches auch gar nicht in der Lage sind, beim Reich zu halten, obgleich wir – das will ich an dieser Stelle allerdings auch aussprechen – mit all der Kraft, die in uns ist, den weitgehenden Expansionsbestrebungen der Polen auf deutsche Gebiete entgegentreten müssen.

Parteigenossen! Ich denke vielmehr an die Separationsbestrebungen im Süden und im Westen unseres Reiches. Es wird mir da »Unsinn« dazwischengerufen. Ich werde auf diesen Zwischenruf sofort die Antwort geben. Ich glaube, wenn ich Ihnen lediglich eine Notiz der »Kölnischen Volkszeitung« vorlese und dieser Notiz noch einiges hinzufüge, dann werden Sie mir nicht sagen können, daß es sich hier um Unsinn handelt, wenigstens nicht, soweit es sich um die Bestrebungen anderer, die ja nicht *unsere* Bestrebungen sind, dreht. In der »Kölnischen Volkszeitung« – ich will das sehr kurz machen – ist erst vor einiger Zeit eine *vollkommene Aufteilung Deutschlands* vorgeschlagen worden, man hat da folgende Aufteilungspläne zur Diskussion gestellt: eine rheinisch-westfälische Republik [...].

Zweitens, die Donauländer-Republik – es werden wieder die einzelnen Gebiete Bayern, Deutsch-Österreich – aufgezählt –, drittens die Nordostsee-Republik, viertens die Mitteldeutsche Republik. Auf die einzelnen Länder kommt es nicht an. Wenn das geschieht – es gibt Leute, die das ernst nehmen, und es gibt Leute – und das sollte für uns Sozialdemokraten nicht im Handumdrehen abgeschüttelt werden –, die beachtenswerte wirtschaftliche Tatsachen für diese separatistischen Bestrebungen anführen können.

Kameraden und Parteigenossen! Ich bin in der Tat der Meinung, diese Loslösungsbestrebungen im Westen könnten unter einer Voraussetzung wahr werden, wenn nämlich die rheinisch-westfälische Wirtschaft, auf die es in erster Linie ankommt, zu der Auffassung käme, daß *Deutschland nicht mehr reorganisierbar* sei und daß die Kräfte der rheinisch-westfälischen Industrie und Wirtschaft in einem solchen Deutschland nicht mehr gebraucht werden könnten. In dem Augenblick, in den diese Tatsachen feststehen, haben Sie die rheinisch-westfälische Republik! [...]

Ich glaube also, um dieses Kapitel zu schließen, daß wir diese wichtigen Industriebezirke Deutschlands, ohne die wir nicht leistungsfähig sein können, nur dann beim Reiche halten, wenn wir der allgemein eingerissenen Desorganisation Herr werden und wieder zur Produktion kommen.

Bei dieser Gelegenheit darf ich vielleicht aussprechen, wie sehr die *Deutschen in Österreich* uns im Deutschen Reich willkommen sind, und daß wir uns das gesamte Deutsche Reich ohne die Volksgenossen in Österreich überhaupt nicht mehr vorstellen können.

Aber, Parteigenossen, nach meiner festen Überzeugung, die, wie ich weiß, von sehr vielen geteilt wird, wird nur eine deutsche Nationalversammlung die moralische Autorität haben, diese auseinanderstrebenden Teile zusammenzuhalten. Nur die Zentralgewalt, von der ich vorhin sprach, mit der nötigen Autorität, mit der Autorität, die im Inland und Ausland respektiert werden wird, hat die Kraft, dafür zu sorgen, daß Deutschland nicht auseinanderfällt.

Parteigenossen! Es sollte eigentlich für jeden Sozialisten selbstverständlich sein, und das war es auch bisher, daß der Volkswille so schnell wie möglich zur Geltung kommt. Ich will darauf hinweisen, daß es bis zur Mitte des Jahres 1917 die *freieste Feststellung des Volkswillens* auf Grund eines gleichen Wahlrechts für alle Männer und Frauen das selbstverständliche Programm aller sozialistischen Parteien der ganzen Welt war. [...]

Parteigenossen! In der glorreichen Revolution Rußlands vom Frühjahr 1917 wurde als erste Forderung aufgestellt: die allgemeine verfassunggebende Konstituante für das Russische Reich! Erst den Bolschewisten war es vorbehalten, hierin eine Änderung eintreten zu lassen. Man kann es aber gar nicht scharf genug betonen, daß auch die Bolschewisten nicht von Anfang an gegen die Nationalversammlung waren. – Ich glaube, man wird noch einiges dort drüben hinzulernen. [...]

Nun frage ich Sie, Parteigenossen, – wir wollen uns einmal ganz ruhig darüber unterhalten –: was hat der *Bolschewismus*, die Diktatur des Proletariats *in Rußland erreicht?* Nach meiner Überzeugung nichts, was zur Förderung des Sozialismus, sondern nur, was dazu dienen kann, den Sozialismus auf Jahrzehnte hinaus zu diskreditieren. [...]

Parteigenossen, man kann eben Sozialismus durch Gewalt und Dekrete nicht einführen; das hat uns das russische Beispiel gezeigt. *Sozialisierung* ist ein organischer Entwicklungs- und Umbildungsprozeß, bei dem neue Wirtschaftsformen neben werdenden und auch alten Formen zusammen existieren werden. Wenn man aber diesen Entwicklungsprozeß nicht in sorgsamster Weise fördert, kommt die Katastrophe. [...]

Um nun auf das zu kommen, was mich und meine Freunde von den Genossen der U.S.P. und wahrscheinlich auch von dem Koreferenten, dem Genossen Däumig, trennt, möchte ich folgendes hervorheben. Die Genossen sagen: wenn eine baldige Nationalversammlung zusammentritt, bekommen wir keine *sozialistische Mehrheit,* wir müssen deshalb die Sozialisierung vorher so schnell wie möglich beschließen. Parteigenossen, ich bin direkt der ge-

genteiligen Auffassung. Wenn wir eine sozialistische Mehrheit bekommen wollen, müssen wir die Nationalversammlung so schnell wie möglich einberufen. [...] Wenn die Genossen der U.S.P., die an eine solche Mehrheit nicht glauben, sich mit der alten Partei *für die Wahlen zusammentun,* was mein sehnlichster Wunsch wäre, dann wird hier eine feste Reihe entstehen, die alle bürgerlichen Parteien schlagen wird und schlagen muß. [...]

Wenn es aber innerhalb der Arbeiterschaft eine Gruppe geben sollte – und leider ist das die Spartakusgruppe –, die dieses gemeinsame Vorgehen nicht will –, dann mag sie sich zur Wahl stellen, dann wollen wir sehen, wer hinter ihr steht. Parteigenossen! Lassen Sie mich bei dieser Gelegenheit noch eines sagen! Es ist selbstverständlich, daß wir alle soviel Sozialismus wollen, wie durchführbar ist. Aber persönlich habe ich die Überzeugung, *es wird nicht mehr Sozialismus durchführbar sein, als die Mehrheit des Volkes will.* Denn ein Sozialismus, der vorher durchgeführt wäre, hätte sehr geringen Bestand, wenn die Mehrheit des Volkes anderer Meinung wäre. [...]

Parteigenossen, schätzen Sie wirklich bei ganz ruhiger, nüchterner Überlegung den *Widerstand der bürgerlichen Kreise* und der Intelligenz so gering ein, daß wir, wenn wir sie politisch entrechten, gegen ihren Willen die Wirtschaft führen können? [...]

Es gibt für jeden, der die Sache bis zum Ende durchdenkt, keinen anderen Weg als den über die Mehrheit des deutschen Volkes, und wir haben auch, wie ich vorhin schon auseinandergesetzt habe, bis zum russischen Bolschewismus niemals anders darüber gedacht. Nun aber müssen wir vor allen Dingen und zuerst – und das hängt natürlich mit dem Gesamtkomplex der Fragen, die ich hier zu entwickeln mir erlaubt habe, zusammen – Frieden haben, einen Vorfrieden und dann einen schnellen endgültigen Frieden. Glaubt jemand, der die Interessen der Entente kennt, daß diese Frieden schließen wird mit einem Deutschland, das nicht zu geordneten Zuständen und nicht zur Aufnahme seiner Produktion gekommen ist? Die Entente denkt gar nicht daran. [...]

Deshalb sage ich: im Interesse unseres Landes, das jetzt unser Land geworden ist, das wir alle aus tiefster Seele lieben, dem wir in seiner höchsten und größten Not nur um so fester die Treue halten wollen, im Interesse des deutschen Volkes und besonders der

Arbeiterschaft und im Interesse der neu aufzubauenden Menschheitsorganisation vom Standpunkt der Demokratie und des Sozialismus aus *brauchen wir* die Nationalversammlung, die den Willen des deutschen Volkes feststellt. Deshalb bitte ich Sie, weil die Gefahr so nahe und so groß ist, in Ihrer großen Mehrheit für meinen Antrag zu stimmen und zu verlangen, daß die Wahlen für die deutsche Nationalversammlung *am 19. Januar* stattfinden.

Allgemeiner Kongreß der Arbeiter- und Soldatenräte, S. 105 ff.

25. Rede des Vollzugsratsmitglieds Ernst Däumig auf dem Ersten Rätekongreß über Nationalversammlung oder Rätesystem, 19.12.1918

[...] Wenn die Geschichte dieser Revolutionswochen in Deutschland geschrieben wird, dann wird man sich lächelnd fragen: Waren denn die Leute so blind, daß sie nicht sahen, daß sie sich selbst den Strick um den Hals legten? Denn das muß doch jedem Klardenkenden einleuchten, daß die jubelnde Zustimmung zur Nationalversammlung gleichbedeutend ist mit einem *Todesurteil* für das System, dem Sie jetzt angehören, für das *Rätesystem*. [...]

Die alte bürgerliche Demokratie mit ihrem Stimmzettel und ihrem Parlamenteln ist keine Ewigkeitserscheinung; sie hat ihre historische Bedingtheit, und wie der Sozialismus als neues Grundprinzip der Welt aufzieht, so ist selbstverständlich damit auch verbunden, daß dieser bürgerlichen Demokratie die proletarische Demokratie folgen muß: wie sie ihren organisatorischen Ausdruck in dem Rätesystem findet.

Genossen und Kameraden, Sie haben vorhin, als Genosse Cohen so warm für die Nationalversammlung plädierte und sogar für einen frühen Termin eintrat, zum Teil lebhaft applaudiert; Sie haben aber zweifellos damit *Ihr eigenes Todesurteil* gesprochen. Denn die Konzessionen, die vom Genossen Cohen und anderen Leuten gemacht werden, daß ja, wenn die Nationalversammlung komme, das Rätesystem noch weiterbestehen könne, sind ja doch nur Schall und Rauch. Was soll denn dieses Rätesystem neben einem sich breitspurig einnistenden parlamentarisch-demokratisch-bürgerlichen System, wie es die Nationalversammlung einmal im Gefolge hat! Eine leere Staffage, eine Marionette! Im Wirtschaftsleben werden mit Hilfe der Nationalversammlung und des Bürgertums die Gewerkschaften alten Stils natürlich die Arbeiterräte aus den Betrieben ganz schnell herausgedrängt haben. Das machen sie heute schon und haben es schon gemacht. Ach nein, dieses beides läßt sich eben nicht miteinander vereinigen, man muß das eine oder das andere wollen. Aber das sage ich Ihnen: all Ihre Illusionen auf ein neues, freies, auch kulturell und geistig freies Deutschland, auf ein deutsches Volk, das diesen alten Untertanengeist von sich geworfen hat, der ja heute noch knüppeltief drinsitzt im deutschen Volk, auf ein Deutschland, in dem das Volk auch wirklich aktiven Anteil an seinen Geschicken nimmt und nicht alle zwei, drei Jahre mit einem Stimmzettel in der Hand zur Wahlurne läuft, erreichen Sie nicht mit diesem alten System. [...]

Wir haben unsere Augen nicht allein zu richten auf die engeren Grenzen Deutschlands, die wir heute noch nicht kennen, sondern der Blick muß hinausgehen auf die anderen Länder, die gleichfalls aus tausend Wunden bluten und denen nur Heil gebracht werden kann durch die Kräfte aus der Tiefe, durch die Volksmassen, durch die *internationalen Verbindungen*. [...]

Die Diktatur ist zweifellos mit dem Rätesystem verbunden. Aber was sich in Rußland durch die historischen Gesetze aufzwang, braucht noch lange nicht in Deutschland der Fall zu sein. Ich gehöre nicht zu denen, die mechanisch und sklavisch das *russische Beispiel* nachzuahmen versuchen. Ich bin Deutscher und ich bin stolz darauf, Deutscher zu sein. Die 20 Jahre, die ich jetzt in der Partei bin, habe ich dazu verwandt, die deutsche Kultur, die deutsche Dichtung, die deutsche Literatur den Massen da unten zugänglich zu machen, weil die bürgerliche Gesellschaft nach dieser Richtung hin Millionen jahraus, jahrein geistig beraubt hat. Aber das, was sich aus der großen Geschichte der russischen Revolution ergibt, haben wir uns nutzbar zu machen, und ich habe stets zu denen gehört, die den Verzweiflungskampf der Bolschewisten gestützt haben und ihn noch heute zu stützen versuchen. [...]

Wie steht es denn überhaupt mit der *Diktatur in Deutschland?!* Ich habe hier das statistische Ergebnis der Gewerbezählung vom

Jahre 1907, das letzte Zahlenmaterial, das darüber zur Verfügung steht. Da zeigt sich bei allen Berufen, bei Land- und Forstwirtschaft, bei Industrie, Bergbau und Baugewerbe, bei Handel und Verkehr, daß sich das arbeitende, werktätige Volk überall in der Mehrheit befindet und daß es bis jetzt unter der Diktatur einer ökonomisch überlegenen Minderheit gestanden hat. Und das soll jetzt durch die Nationalversammlung verewigt werden! Sie mögen mit dem Kopfe schütteln, soviel Sie wollen – die Nationalversammlung, die jetzt zusammenkommt, hat weder den Willen noch die Energie, den Sozialismus Wirklichkeit werden zu lassen. [...]

Das Rätesystem ist so, wie es heute ist – das will ich natürlich bemerken –, selbstverständlich unvollkommen und unsystematisch; denn in den ersten Stürmen der Revolutionstage lag kein fester Organisationsplan vor, lag kein Organisationssystem vor. Aber das ist eine Frage der Technik, das Rätesystem so zu vervollkommnen, daß wir für ganz Deutschland ein *einheitliches Wahlsystem* durchführen können, in erster Linie natürlich *für die Arbeiterschaft* und, soweit es notwendig, für die Soldatenräte, die ja mehr und mehr in den großen proletarischen Kreis aufgenommen werden, und auch für die Bauernräte, wo es erforderlich ist. Wenn ein solches einheitliches Wahlsystem durchgeführt wird, dann kann auch eine Nationalversammlung zusammentreten, und die ist, soweit die Reichseinheit in Betracht kommt, ein viel stärkerer Kitt als die Nationalversammlung, die aus den bürgerlichen Elementen heraus zusammenkommt. Es ist doch nicht das Proletariat, das diese reichsverräterischen Separationsbewegungen macht; es sind doch die kapitalistischen, die klerikalen Elemente, die im Rheinland und sonstwo diese Dinge tun. Nein, die proletarische Solidarität und das *Räte*system ist der *beste Kitt für das Reich*. [...]

Die deutschen Soldaten, die durch die Schule des Militarismus gegangen sind, sie schreien nach Beibehaltung ihrer Kommandogewalt, weil sie sonst nicht aus Ost und West heimgehen können. Ja, ich meine, wenn das Rätesystem richtig erfaßt worden wäre und wenn die Soldaten in Ost und West sich ihre Führer richtig gewählt hätten, dann wäre, glaube ich, an vielen Stellen der Rückzug besser und geordneter vor sich gegangen, als er jetzt unter den Offizieren vor sich gegangen ist. Ich will damit nur sagen, daß diese *deutsche Revolution sich selbst verflucht wenig zutraut*, daß dieser Untertanen- und Korporalsgeist als Erbschaft von Jahrzehnten natürlich noch tief in ihr sitzt und daß dieser Geist nicht beseitigt werden kann durch einen Wahlkampf und Wahlflugblätter, die alle zwei oder drei Jahre unter die Massen geworfen werden, sondern nur beseitigt werden kann durch einen herzhaften und kräftigen Versuch, das deutsche Volk ständig politisch aktiv zu erhalten, und das kann durch das Rätesystem allein geschehen. Wir müssen ja doch aufräumen mit dieser ganzen alten Verwaltungsmaschine, die wir haben in Reich und Bundesstaaten und Kommunen. Die *Selbstverwaltung* muß doch mehr und mehr die Aufgabe sein, die dem deutschen Volke erwachsen muß, anstatt des Regiertwerdens. Wie wollen Sie aber ein Volk in weitestgehendem Maße zur Selbstverwaltung erziehen, wenn Sie es politisch einfach so dahintrotten lassen und wenn Sie Erwählte in irgendein Parlament schicken, die dann wieder die üblichen Redebächlein fließen lassen und den Parteihader erscheinen lassen, aber sonst an den Dingen draußen beim Volk nichts ändern!

Und dann das *Problem der Sozialisierung!* Wie will man sozialisieren über die Köpfe der Arbeiter hinweg, ohne aktive Beteiligung der Arbeiter! Ich stehe auch auf dem Standpunkt, daß jetzt in dieser unsäglich traurigen Situation, in der sich unser Volk und Land befindet, man nicht drauflos experimentieren kann. – Ja, solche Narren sind wir auch nicht. Das Sozialisieren muß natürlich nach einem großen, einheitlich angelegten Plane vor sich gehen. Es kann auch nur erfolgreich, wirksam und durchgreifend vor sich gehen, wenn wir Frieden haben, wenn wir wissen, wie weit unsere Landesgrenzen gehen, wenn wir wissen, welche Mittel wir noch zur Verfügung haben und welche weltwirtschaftlichen Beziehungen wir noch haben.

Aber lassen Sie die Arbeiter bis dahin schlafen und nach der alten Manier sich um die wirtschaftlichen Dinge nicht kümmern, so wird aus der Sozialisierung nichts werden oder höchstens ein Staatskapitalismus, eine Monopolisierung gegen den Willen und unter dem Widerstand der Arbeiter. Nein, in dieser Zeit brauchen wir das Rätesystem in den Betrieben, damit die Arbeiter durch die Räte, zu denen sie Vertrauen haben, die Betriebe überwachen. [...]

Seien wir uns auch darüber klar: die *moralischen Verwüstungen des Krieges* sind jetzt in der ersten Revolutionszeit noch riesengroß. Ich stehe nicht an, zu erklären, daß sie weit in die Reihen der Arbeiterschaft um sich gefressen haben. Die korrumpierenden Wirkungen der Kriegslöhne und aller dieser Dinge können nur dadurch beseitigt werden, daß man den Arbeitern und Arbeiterinnen klarmacht, wie notwendig jetzt eine intensive Produktion im Interesse der Allgemeinheit ist. Wie wollen Sie das machen, wenn Sie den Arbeitern alle zwei Jahre einen Stimmzettel in die Hand geben? Wie sollen sie Interesse an einem Staatswesen haben, das, wenn es sozialistisch sein soll, mehr und mehr die Einheit zwischen Ökonomie und Politik darstellen muß? Sie können auch das nur auf der Grundlage des Rätesystems erreichen.

Ich weiß, daß das, was ich heute hier ausführe, unpopulär ist wie alles neue. Aber mich macht das nicht irre. Verschließen Sie sich dem Rätesystem – kommen wird es trotzdem und alledem. Denn Sie mögen noch so kluge Parlamentarier in die Nationalversammlung schicken und mögen eine noch so fein ausgeklügelte Reichsverfassung vorlegen lassen – die sozialistischen Wirkungen von unten können Sie nicht aufhalten. Glauben Sie doch nicht, daß die *deutsche Revolution* mit den paar Tagen des Novembers 1918 abgeschlossen ist. *Sie geht ihren Gang weiter,* und es kommt vielleicht das, was in Rußland gekommen ist. Unsere russischen Freunde sagen: die Märzrevolution war die schöne Revolution, aber die Novemberrevolution, das war die häßliche Revolution, das war die soziale Revolution. Wundern Sie sich nicht, wenn in absehbarer Zeit die Revolution mit wehenden Haaren und ehernen Sandalen wieder vor Sie hintritt und sagen wird: warum habt ihr das Pfund verschleudert, was ich euch gegeben habe in jenen Novembertagen? Ich kann nicht Zeit und Stunde bestimmen, wann das eintreten wird, aber wer einigermaßen in der Weltgeschichte Bescheid weiß, der wird auch auf dem Standpunkt stehen, daß diese Zeit kommen wird. Überstimmen Sie uns, jubeln Sie nach der Nationalversammlung, berufen Sie sie zum 19. Januar ein: das Verhängnis halten Sie doch nicht auf!

Allgemeiner Kongreß der Arbeiter- und Soldatenräte, S. 113 ff.

26. Aufruf der Reichsregierung an das deutsche Volk nach dem Austritt der USPD-Vertreter aus dem Rat der Volksbeauftragten, 29.12.1918

Arbeiter! Soldaten! Bürger! Bürgerinnen!

Die Unabhängigen sind aus der Regierung ausgeschieden. Die verbleibenden Mitglieder des Kabinetts haben dem Zentralrat ihre Mandate zur Verfügung gestellt, um ihm vollkommen freie Hand zu lassen. Einstimmig sind sie von ihm aufs neue bestätigt worden. Die lähmende Zwiespältigkeit ist überwunden. Die Reichsregierung ist neu und einheitlich gebildet. Sie kennt nur ein Gesetz des Handelns: Über jede Partei das Wohl, den Bestand, die Unteilbarkeit der deutschen Republik! Zwei Mitglieder der sozialdemokratischen Partei sind auf einstimmigen Beschluß des Zentralrats an Stelle der ausgeschiedenen drei Unabhängigen getreten: *Noske* und *Wissell*. Alle Mitglieder des Kabinetts sind gleichberechtigt. Vorsitzende sind *Ebert* und *Scheidemann*. Und nun an die Arbeit! Im Innern gilt es: die Nationalversammlung vorzubereiten und ihre ungestörte Tagung sicherzustellen, für die Ernährung ernstlich Sorge zu tragen, die Sozialisierung im Sinne des Rätekongresses in die Hand zu nehmen, die Kriegsgewinne in der schärfsten Form zu erfassen, Arbeit zu schaffen und Arbeitslose zu unterstützen, die Hinterbliebenenfürsorge auszubauen, die Volkswehr mit allen Mitteln zu fördern, die Entwaffnung Unbefugter durchzusetzen. Nach außen: Den Frieden so schnell und so günstig wie möglich herbeizuführen und die Vertretungen der deutschen Republik im Ausland mit neuen, von neuem Geist erfüllten Männern zu besetzen. Das ist in großen Zügen unser Programm bis zur Nationalversammlung.

In enger Fühlung mit den deutschen Freistaaten soll es verwirklicht werden. Seine Ausführung im einzelnen wird nicht in Kundgebungen, sondern in Taten zum Ausdruck kommen. Jetzt haben wir Arbeitsmöglichkeit! Es wäre unsere Schuld allein, wenn wir sie nicht zur Arbeit benützen würden! Uns die Arbeit! Euch allen aber die Mitarbeit! Der neue Freistaat ist unser aller Besitz. Helft ihn sichern! [...]

Reichsanzeiger Nr. 306, 30.12.1918 (Nachdruck: Regierung der Volksbeauftragten, Nr. 85)

27. Resolution der neu gegründeten Kommunistischen Partei Deutschlands (Spartakusbund), 30.12.1918

Die USP ist zwar aus der allgemeinen Krisis in der deutschen Sozialdemokratie hervorgegangen, in ihrer Zusammensetzung jedoch das Erzeugnis der besonderen Gegensätze in der Kriegspolitik. Sie entstand durch Zusammenschluß verschiedenartiger Elemente, die weder in den Grundsätzen noch in der Taktik übereinstimmen und in den offiziellen Instanzen überwiegend eine verhängnisvolle scheinradikale Impotenz verkörpern. Die Politik der USP war von Anbeginn niemals eine solche der sozialistischen Klarheit, des entschlossenen Klassenkampfes, des konsequenten Internationalismus, sondern nur eine solche der opportunistischen Verworrenheit, der ängstlichen Kompromisselei, der nationalen Rechnungsträgerei und so von Anfang an zur Aktionsunfähigkeit verdammt. [...]

Der jetzige erzwungene Austritt ihrer Mitglieder aus der Regierung ist nicht geeignet, die USP zu entlasten und zu rehabilitieren. Noch weniger vermag dieser verspätete Akt für die Zukunft eine Abkehr von der bisherigen Politik der Grundsatzlosigkeit und Schwäche zu gewährleisten, die vielmehr auch gerade diesem Akte den charakteristischen Stempel aufdrückt.

Die offizielle Politik der USP hat zur Folge gehabt, daß die Mitglieder der USP in immer größerem Umfang sich für die bevorstehenden Wahlen mit der Mehrheitspartei verbinden und selbst völlig verschmelzen.

Alle Versuche, im Rahmen des Organisationsstatuts eine Entscheidung und ein Urteil der Masse der Parteigenossen selbst über diese verderbliche Politik herbeizuführen, alle Bemühungen, die Einberufung eines Parteitages zu erzwingen, der eine proletarisch-revolutionäre Politik durchsetzen und ein Gericht über die kompromittierten Mitglieder der USP abhalten sollte, sind an dem Widerstand der Instanzen gescheitert, ein Ergebnis, das wiederum die Zerfahrenheit und Aktionsunfähigkeit der USP selbst eklatant bestätigt.

Damit ist ein Zustand eingetreten, der nicht länger ertragen werden kann. Die USP hat das Recht verwirkt, als Partei des sozialistischen Klassenkampfes anerkannt zu werden.

Die revolutionäre Lage gebietet mehr als je klare Entscheidung, unzweideutige Haltung, Lossagung von allen lauen und opportunistischen Elementen, Zusammenschluß aller ehrlich und entschlossen proletarisch-revolutionären Kämpfer. Ein länger in der USP Verweilen hieße, die Pflichten gegen das Proletariat, den Sozialismus und die Revolution aufs schwerste verletzen.

Wir haben uns niemals irgendwelchen Illusionen über das Wesen der USP hingegeben, dieses Gelegenheitsproduktes des Weltkrieges, das mit dem Abschluß des Weltkrieges dem Zerfall geweiht ist.

Jetzt hat die Stunde geschlagen, in der alle proletarisch-revolutionären Elemente der USP den Rücken kehren müssen, um eine neue selbständige Partei mit klarem Programm, festem Ziel, einheitlicher Taktik, höchster revolutionärer Entschlossenheit und Tatkraft zu schaffen, als ein starkes Instrument zur Durchführung der beginnenden sozialen Revolution.

Indem die Reichskonferenz des Spartakusbundes das kämpfende Proletariat aller Länder brüderlich begrüßt und zur gemeinsamen Tat der Weltrevolution aufruft, beschließt sie:

Unter Lösung seiner organisatorischen Beziehungen zur USP konstituiert sich der Spartakusbund als selbständige politische Partei unter dem Namen: Kommunistische Partei Deutschlands (Spartakusbund).

Bericht über den Gründungsparteitag der Kommunistischen Partei Deutschlands (Spartakusbund) vom 30.12.1918 bis 1.1.1919, Berlin 1919, S. 6 f. (Nachdruck: Ursachen und Folgen 3, Nr. 562)

28. Bürgerliche Befindlichkeiten während der Revolution: Tagebucheintragungen Thomas Manns, 10.11.1918 u. 11.1.1919

Sonnabend, den 10.XI.18

[...] Ich kann sagen, daß mein Verhältnis zur Entwicklung der Dinge, wenn sie ist, wie ich sie hoffe sehen zu dürfen, freundlich, hoffnungsvoll, empfänglich, bereitwillig ist. Ich war nie »Republikaner«, aber ich habe nichts gegen den deutschen Freistaat mit Einschluß Deutsch-Österreichs und nichts gegen den Fall der

Dynastien und des Kaisertums. Die Kaiseridee, der kaiserliche Name war, nach Bismarcks Wort, eine große werbende Kraft im Sinne der deutschen Einigung, vor 50 Jahren. Heute braucht man meiner Überzeugung nach für die Reichseinheit auch ohne Kaiser nicht zu fürchten. Heute ist das Kaisertum ein romantisches Rudiment, das von Wilhelm II. auch in solchem Sinne dargestellt wurde, auf sehr nervöse, rauschhafte und provozierende Art, und das sich praktisch wirklich erübrigt. Ich wiederhole mir und anderen, daß der Mangel an Widerstand gegen eine Revolution ihre Legitimität und Natürlichkeit erweist. Ich bin befriedigt von der relativen Ruhe und Ordnung, mit der vorderhand wenigstens alles sich abspielt. Die deutsche Revolution ist eben die deutsche, wenn auch Revolution. Keine französische Wildheit, keine russisch-kommunistische Trunkenheit. Es scheint, daß die Bewegung eher von Links nach Rechts geht, wenn auch voraussichtlich die soziale Gesetzgebung radikal sein wird. Bürgerliche und sachliche Elemente haben teil. Krell, der mich mittags besuchte, versichert, daß Herzog bereits kaltgestellt ist, und daß Eisner nicht mehr viel zu sagen hat, meint Prof. Bonn zu wissen, den K. (Katja Mann) traf. In dem Augenblick ferner, wo drüben die Rhetor-Bourgeois-Machthaber fallen, vor allem Clemenceau; wo die Völker sich verbrüdern, wo die Hetze gegen Deutschland sich legt, die empörende Selbstgerechtigkeit der Feinde von den geistig Anständigen niedergeschlagen wird, – in diesem Augenblick regt sich mein kosmopolitisches Wohlwollen, und ich heiße die »neue Welt« willkommen. Sie wird mir nicht feindlich sein und ich nicht ihr. – Krell brachte den Scheck von 500 M für »Herr und Hund«. Bei Sonnenschein mache ich wieder einen Park-Spaziergang. Ente und Fruchttartelets zu Mittag. Zeitungslektüre. [...]

Sonnabend, den 11. I.

In der vorigen Nacht träumte ich sonderbar, daß ich, gekleidet in die spröde und brüchige Tracht eines Seeoffiziers oder -kadetten, das dolchartige Seitengewehr war auch vorhanden, in Lübeck herumging, und zwar in sehr gehobener und angeregter Stimmung. – Die »Nachrichten« reproduzierten gestern eine Annonce aus dem »Vorwärts«, über die ich laut lachte: »Der erste Republikanische Vergnügungspalast. Täglich im Riesensaal großer Ball und Volksbelustigungen neuester Art. Großes Amüsement der Jetztzeit. Zwei Musikkapellen.« – Ausgenommen das nagelneue Beiwort »Republikanisch« hätte das der »Satiriker« früher als Symptom der »wilhelminischen Epoche« gebucht. Es war immer schon die Monstre-Demokratie, der Riesen-Gemeinheits-Betrieb der Neuzeit, der sich nur jetzt erst in seine vollen Rechte eingesetzt fühlt. Als ob Wilhelm »seiner Zeit den Stempel aufgedrückt« hätte. Er selbst war nur Ausdruck. Es gibt keine »wilhelminische Epoche«, auf welche nun eine andere folgte. Die Kontinuität ist vollkommen. Es bleibt alles beim guten Alten. Aber der Satiriker, wo bleibt er, da das amtliche Vorzeichen demokratisch ist? [...]

Thomas Mann, Tagebücher 1918-1921. Hg. v. Peter de Mendelssohn, Frankfurt a.M. 1979, S. 66 f., S. 132

29. Spekulationen über ein Wiederaufflammen der Revolution: Oswald Spengler, 1920

Aber man täusche sich nicht: die Revolution ist nicht zu Ende. Ob sinnlos oder nicht, ob gescheitert oder verheißungsvoll begonnen, ob der Auftakt einer Weltrevolution oder eine bloße Auflehnung des Mob in einem einzelnen Lande, es ist eine Krise im Gange, die wie alles Organische, wie eine Krankheit, einen mehr oder weniger typischen Verlauf nimmt, der sinnwidrige Eingriffe nicht duldet. Ethische Worte, wie gerechte Sache oder Verrat, sind der Tatsache selbst gegenüber wertlos. Man muß, als Revolutionär wie als Gegenrevolutionär, Menschenkenner sein, eiskalt und überlegen alle Faktoren des Augenblicks berechnen, das psychologische Feingefühl der alten Diplomatie statt auf Diplomaten- und Fürstenseelen auf die viel schwerer zu durchschauende, auf einen Taktfehler viel gereizter antwortende Massenseele anwenden.

[...] Eine tiefe, aber unbestimmte Enttäuschung ist von dem Entschluß der Verzichtleistung weit entfernt. Das Gefühl einer gescheiterten Erhebung, wie es heute in weiten Schichten besteht, ist wie eine offene Wunde, die keine Berührung erträgt. Was keine Anstrengung der Radikalen mehr vermag, würde der geringste Versuch der Gegengruppe, die Revolution gewaltsam zu beenden, sofort herbeiführen: eine wilde Erbitterung von ansteckender Kraft, die von entschlossenen Führern zu weittragenden Handlungen ausgenutzt werden kann. Der Gang der Ereignisse würde sich damit nicht dem Sinne und der Dauer, aber der Form und Stärke nach entscheidend ändern. Er könnte sehr blutig werden. Wir befinden uns heute in der Mitte der Bewegung mit jener unergründlichen Haltung der Massenseele, die auch in den andern großen Revolutionen den klügsten Kennern jähe Überraschungen bereitet hat. Verbirgt die gespannte Ruhe einen ungeschwächten Willen oder verrät der gereizte Lärm die Ahnung des endgültigen Mißerfolgs? Ist es für eine Aktion der Anhänger zu spät? Für eine Aktion der Gegner zu früh? Man weiß, daß Dinge, die zu einer gewissen Zeit nicht einmal berührt werden dürfen, zwei Jahre darauf von selbst fallen. Das galt 1918, das wird im umgekehrten Sinne aber auch in naher Zukunft gelten. Die Höflinge von gestern sind die Königsmörder von heute und die Königsmörder von heute die Herzöge von morgen. Niemand kann in solchen Zeiten für die Dauer seiner Überzeugung einstehen.

Aber mit welchen Zeiträumen ist hier zu rechnen? Sind es Monate oder Jahre? Der Kreislauf der deutschen Revolution steht, nachdem und wie sie einmal in Erscheinung getreten ist, in Hinsicht auf Tempo und Dauer fest. Mag niemand sie kennen, diese Faktoren sind trotzdem vorhanden in ihrer schicksalhaften Bestimmtheit. Wer sich in ihnen vergreift, geht zugrunde. Die Girondisten sind so zugrunde gegangen, weil sie den Gipfel der Revolution hinter sich, aber auch Babeuf, weil er ihn vor sich glaubte. Auch das Eingreifen neuer Kriege, auch das Erscheinen einer großen Persönlichkeit würden nichts ändern. Sie würden die welthistorische Erscheinung plötzlich und vollkommen umwandeln können – was für gewöhnliche Betrachter ja allerdings alles bedeutet –, den tiefern Sinn der deutschen Revolution würden sie in seiner Wesenheit nur bestätigen. Ein großer Mann ist derjenige, der den Geist seiner Zeit begreift, in dem dieser Geist lebendige Gestalt geworden ist. Er kommt, nicht um ihn aufzulösen, sondern zu erfüllen. [...]

Oswald Spengler, Preußentum und Sozialismus, München 1920

B. Unruhen 1919

1. Flugblatt der »revolutionären Arbeiterschaft Groß-Berlins«, Anfang Januar 1919, zum Sturz der Regierung

An die Arbeiterschaft Berlins!

Zum zweiten Male hat die revolutionäre Arbeiterschaft Berlins den »Vorwärts« besetzt! Dieses Mal soll keine Macht der Welt ihn seinen rechtmäßigen Besitzern wieder entreißen; dafür werden wir Sorge tragen.

Arbeiter! Genossen! Soldaten! Die Stunde hat geschlagen, wo es gilt, die Revolution zum siegreichen Ende zu führen. Entweder wir errichten die Diktatur des Proletariats, oder wir werden es erleben, daß Ebert – Scheidemann, die Henker der Revolution, diese vollends erdrosseln.

Arbeiter! Genossen! Soldaten! Sie wollen den Belagerungszustand verhängen. Wollen uns in die Zuchthäuser stecken oder füsilieren, uns, die Kämpfer der Revolution!

Sie wollen ein Blutbad anrichten, die Knechte des Kapitals, wollen, um der kapitalistischen Interessen halber, das Blut der Arbeiterschaft vergießen.

Das darf nicht geschehen! Dem müssen wir zuvorkommen!

Arbeiter! Genossen! Soldaten! Nehmt die Macht in die Hände. Stürzt dieses Regierung, die sich schützend vor die Geldschränke stellt, die Verrat und immer wieder Verrat an der Revolution begangen hat.

Es lebe die Diktatur des Proletariats!

Es lebe die Revolution!

Dokumente und Materialien II/3, S. 12

2. Aufruf der Reichsregierung, 13.1.1919

An das deutsche Volk!

Nach einer Woche schwerer Wirren kehrt in Berlin die Ordnung zurück. Den braven Truppen der Republik ist es gelungen, aus eigener Kraft und durch die Unterstützung der Bevölkerung einen Aufstand niederzuwerfen, der alle freiheitlichen Errungenschaften der Revolution zu vernichten drohte. Irregeleitete Fanatiker verbanden sich mit dunklen Elementen der Großstadt, um mit ihrer Hilfe und der Hilfe einer fremden Macht die Gewalt an sich zu reißen, die ihnen das Volk, der allein rechtmäßige Auftraggeber jeder Regierung, aus freiem Willen niemals übertragen wird. An dem Widerstand des Volkes, ganz besonders auch der Arbeiterklasse, die in ihrer erdrückenden Mehrheit die begangenen Ausschreitungen verurteilt, ist das frevelhafte Unternehmen gescheitert.

Die Regierung ist sich der Zustimmung und der Hilfe des Volkes gewiß, wenn sie entschlossen ist, die Wiederholung ähnlicher Greuel mit allen Mitteln zu verhindern. Nachdem eine in ihren Anfängen politische Bewegung zu einem wüsten Verbrechertreiben ausgeartet ist, könnte es für die Urheber neuer Attentate auf die Sicherheit des Lebens, neuer willkürlicher Angriffe auf das Eigentum, neuer Störungen unserer freiheitlich-republikanischen Ordnung keine Schonung mehr geben.

Am 19. Januar tritt das deutsche Volk an die Wahlurne, um sein Selbstbestimmungsrecht auszuüben. Das Volk der deutschen Republik ist der Träger der Staatssouveränität. Wer in seine freie Willensbetätigung gewaltsam eingreift, begeht ein schweres Staatsverbrechen und muß auf strengste Bestrafung gefaßt sein.

Die Nationalversammlung, die am nächsten Sonntag nach dem freiesten Wahlrecht der Welt gewählt werden wird, soll die Verfassung des deutschen Reichs bestimmen, die Regierung nach ihren Wünschen zusammensetzen und über den abzuschließenden Frieden Beschluß fassen. [...]

In Treue zu unserem Volk, in Treue zu unserer Überzeugung werden wir unser schweres Amt weiterführen oder von ihm willig zurücktreten, je nachdem wie die Entscheidung des Volkes ausfällt. Bleiben wird uns die Gewißheit, daß die Sache, zu der wir und Millionen mit uns zeitlebens in Not und Gefahr gestanden sind, die Sache der Demokratie und des Sozialismus, nach blutiger Verwirrung schließlich doch zum Siege gelangen und daß dieser Sieg ein neues Kapitel der Weltgeschichte eröffnen wird zum Heil unseres Volkes und der ganzen Menschheit.

Reichsanzeiger Nr. 11, 15.1.1919 (Nachdruck: Die deutsche Revolution 1918/1919, S. 191)

3. Leitartikel Rosa Luxemburgs: Die Ordnung herrscht in Berlin, 14.1.1919

»Ordnung herrscht in Warschau«, teilte der Minister Sebastiani im Jahre 1831 in der Pariser Kammer mit, als Suworows Soldateska nach dem furchtbaren Sturm auf die Vorstadt Praga in der polnischen Hauptstadt eingerückt war und ihre Henkerarbeit an den Aufständischen begonnen hatte.

»Ordnung herrscht in Berlin!« verkündet triumphierend die bürgerliche Presse, verkünden Ebert und Noske, verkünden die Offiziere der »siegreichen Truppen«, denen der Berliner kleinbürgerliche Mob in den Straßen mit Tüchern winkt, mit Hurra! zujubelt. Der Ruhm und die Ehre der deutschen Waffen sind vor der Weltgeschichte gerettet. Die jämmerlich Geschlagenen von Flandern und den Argonnen haben ihren Ruf wiederhergestellt durch den glänzenden Sieg – über die 300 »Spartakisten« im »Vorwärts«. [...]

War ein endgültiger Sieg des revolutionären Proletariats in dieser Auseinandersetzung, war der Sturz der Ebert-Scheidemann und eine Aufrichtung der sozialistischen Diktatur zu erwarten? Gewiß nicht, wenn man alle Momente reiflich in Betracht zieht, die über die Frage entscheiden. Die wunde Stelle der revolutionären Sache in diesem Augenblick: die politische Unreife der Soldatenmasse, die sich immer noch von ihren Offizieren zu volksfeindlichen, gegenrevolutionären Zwecken mißbrauchen läßt, ist allein schon ein Beweis dafür, daß ein dauernder Sieg der Revolution in diesem Zusammenstoß nicht möglich war. Andererseits ist diese Unreife des Militärs selbst nur ein Symptom der allgemeinen Unreife der deutschen Revolution.

Das platte Land, aus dem ein großer Prozentsatz der Soldatenmasse stammt, ist nach wie vor noch von der Revolution kaum berührt. Berlin ist bislang noch vom Reich so gut wie isoliert. Zwar stehen in der Provinz die revolutionären Zentren – im Rheinland, an der Wasserkante, in Braunschweig, in Sachsen, in Württemberg – mit Leib und Seele auf seiten des Berliner Proletariats. Doch fehlt vorerst noch der unmittelbare Gleichschritt des Vormarsches, die direkte Gemeinsamkeit der Aktion, die den Vorstoß und die Schlagfertigkeit der Berliner Arbeiterschaft unvergleichlich wirksamer gestalten würde. Sodann sind – was nur der tiefere Zusammenhang jener politischen Unfertigkeiten der Revolution – die wirtschaftlichen Kämpfe, die eigentliche vulkanische Quelle, die den revolutionären Klassenkampf fortlaufend speist, erst im Anfangsstadium begriffen. [...]

Vor die Tatsache der frechen Provokationen seitens der Ebert-Scheidemann gestellt, war die revolutionäre Arbeiterschaft gezwungen, zu den Waffen zu greifen. Ja, es war Ehrensache der Revolution, sofort den Angriff mit aller Energie abzuschlagen, sollten nicht die Gegenrevolution zu weiterem Vordringen ermuntert, die revolutionären Reihen des Proletariats, der moralische Kredit der deutschen Revolution in der Internationale erschüttert werden.

Der sofortige Widerstand kam auch spontan mit einer so selbstverständlichen Energie aus den Berliner Massen heraus, daß gleich im ersten Anlauf der moralische Sieg auf seiten der »Straße« blieb.

Nun ist es inneres Lebensgesetz der Revolution, nie beim erreichten Schritt in Untätigkeit, in Passivität stehenzubleiben. Die beste Parade ist ein kräftiger Hieb. Diese elementare Regel jeden Kampfes beherrscht erst recht alle Schritte der Revolution. Es versteht sich von selbst und zeugt von dem gesunden Instinkt, von der inneren frischen Kraft des Berliner Proletariats, daß es sich nicht bei der Wiedereinsetzung Eichhorns in sein Amt beruhigte, daß es spontan zur Besetzung anderer Machtposten der Gegenrevolution: der bürgerlichen Presse, des offiziösen Nachrichtenbüros, des »Vorwärts« schritt. Alle diese Maßnahmen ergeben sich bei der Masse aus der instinktiven Erkenntnis, daß sich die Gegenrevolution ihrerseits bei der davongetragenen Niederlage nicht beruhigen, sondern auf eine allgemeine Kraftprobe ausgehen wird.

Auch hier stehen wir vor einem der großen historischen Gesetze der Revolution, gegen die alle Klügeleien und Besserwissereien jener kleinen »Revolutionäre« vom Schlage der USP zerschellen, die in jedem Kampfe nur nach Vorwänden zum Rückzug haschen. Sobald das Grundproblem der Revolution klar aufgestellt worden ist – und das ist in dieser Revolution der Sturz der Regierung Ebert-Scheidemann als des ersten Hindernisses für den Sieg des Sozialismus –, dann taucht dieses Grundproblem immer wieder in seiner ganzen Aktualität auf, und jede einzelne Episode des Kampfes rollt mit der Fatalität eines Naturgesetzes das Problem in seinem vollen Umfang auf, mag die Revolution zu seiner Lösung noch so unvorbereitet, mag die Situation noch so unreif sein. »Nieder mit Ebert-Scheidemann!« – diese Losung taucht unausweichlich in jeder Revolutionskrise auf als die einzig erschöpfende Formel aller partiellen Konflikte und treibt dadurch von selbst, durch ihre innere objektive Logik, ob man es will oder nicht, jede Kampfepisode auf die Spitze.

Aus diesem Widerspruch zwischen der Zuspitzung der Aufgabe und den mangelnden Vorbedingungen zu ihrer Lösung in einer anfänglichen Phase der revolutionären Entwicklung ergibt sich, daß die Einzelkämpfe der Revolution formell mit einer Niederlage enden. Aber die Revolution ist die einzige Form des »Krieges« – auch dies ihr besonderes Lebensgesetz –, wo der Endsieg nur durch eine Reihe von »Niederlagen« vorbereitet werden kann!

Was zeigt uns die ganze Geschichte der modernen Revolutionen und des Sozialismus? Das erste Aufflammen des Klassenkampfes in Europa: der Aufruhr der Lyoner Seidenweber 1831 endete mit einer schweren Niederlage. Die Chartistenbewegung in England – mit einer Niederlage. Die Erhebung des Pariser Proletariats in den Junitagen 1848 endete mit einer niederschmetternden Niederlage. Die Pariser Kommune endete mit einer furchtbaren Niederlage. Der ganze Weg des Sozialismus ist – soweit revolutionäre Kämpfe in Betracht kommen – mit lauter Niederlagen besät.

Und doch führt die selbe Geschichte Schritt um Schritt unaufhaltsam zum endgültigen Siege! Wo wären wir heute ohne jene »Niederlagen«, aus denen wir historische Erfahrung, Erkenntnis, Macht, Idealismus geschöpft haben! Wir fußen heute, wo wir unmittelbar bis vor die Endschlacht des proletarischen Klassenkampfes herangetreten sind, geradezu auf jenen Niederlagen, deren keine wir missen dürften, deren jede ein Teil unserer Kraft und Zielklarheit ist.

Es ist da mit Revolutionskämpfen das direkte Gegenteil der parlamentarischen Kämpfe. Wir hatten in Deutschland binnen vier Jahrzehnten lauter parlamentarische »Siege«, wir schritten geradezu von Sieg zu Sieg. Und das Ergebnis war bei der großen geschichtlichen Probe am 4. August 1914: eine vernichtende politische und moralische Niederlage, ein unerhörter Zusammenbruch, ein beispielloser Bankrott. Die Revolutionen haben uns bis jetzt lauter Niederlagen gebracht, aber diese unvermeidlichen Niederlagen häufen gerade Bürgschaft auf Bürgschaft des künftigen Endsieges.

Allerdings unter einer Bedingung! Es fragt sich, unter welchen Umständen die jeweilige Niederlage davongetragen wurde: ob sie sich dadurch ergab, daß die vorwärtsstürmende Kampfenergie der Massen an die Schranke der mangelnden Reife der historischen Voraussetzungen geprallt, oder aber dadurch, daß die revolutionäre Aktion selbst durch Halbheit, Unentschlossenheit, innere Schwächen gelähmt war.

Der zwiespältige Charakter dieser Krise, der Widerspruch zwischen dem kraftvollen, entschlossenen, offensiven Auftreten der Berliner Massen und der Unentschlossenheit, Zaghaftigkeit, Halbheit der Berliner Führung, ist das besondere Kennzeichen dieser jüngsten Episode.

Die Führung hat versagt. Aber die Führung kann und muß von den Massen und aus den Massen heraus neu geschaffen werden. Die Massen sind das Entscheidende, sie sind der Fels, auf dem der Endsieg der Revolution errichtet wird. Die Massen waren auf der Höhe, sie haben diese »Niederlage« zu einem Glied jener historischen Niederlagen gestaltet, die der Stolz und die Kraft des internationalen Sozialismus sind. Und darum wird aus dieser »Niederlage« der künftige Sieg erblühen.

»Ordnung herrscht in Berlin!« Ihr stumpfen Schergen! Eure »Ordnung« ist auf Sand gebaut. Die Revolution wird sich morgen schon »rasselnd wieder in die Höh' richten« und zu eurem Schrecken mit Posaunenklang verkünden:

ich war, ich bin, ich werde sein!

Die Rote Fahne, 14.1.1919 (Nachdruck: Dokumente und Materialien II/3, S. 71 ff.)

4. Anzeigen im »Vorwärts«, 4.2.1919

Freikorps Lützow.

Zum Schutze des Vaterlandes, Wehrfähige aller Waffen, eilt in unsere Reihen!

Jäger, Infanteristen, Kavalleristen, Artilleristen, Nachrichtentruppen, Pioniere, Schreiber, Handwerker, Musiker, willkommen und erwünscht.

Meldungen: Annahmestelle der Garde-Kavallerie-(Schützen-) Division, [...]

Bedingungen: Mobile Löhnung, Tageszulage 665 Mark, freie Unterkunft, Verpflegung und Ausrüstung

Ein wohlschmeckendes und leicht verdauliches
Nährmittel
aus Eigelb und Milch gewonnen
ist
Dr. Hoffbauer's (ges. gesch.)
Lecithin-Eiweiß
(5 % Eigelb-Nervstoff und 95 % Milcheiweiß enthärtet).
Überraschende Erfolge
bei allgemeiner Körperschwäche, Unterernährung, Nervosität,
Blutarmut
100 Gramm 6,50, ½ Pfund 15,50, 1 Pfund 30,- Mark

Deutsche, schützt die Grenzen Eures Vaterlandes gegen den Einmarsch russischer Bolschewisten!

Sofortige Meldung!

Mobile Löhnung, 5 M Tageszulage, außerdem nach Überschreiten der Reichsgrenze 4 M täglich Zulage aus baltischen Landesmitteln.

Familienunterstützung, freie Verpflegung, Bekleidung und Unterkunft. Später Ansiedlungsmöglichkeit im Baltenlande. Alle Waffengattungen erwünscht.

Nur ordnungsliebende, pflichttreue Soldaten werden angenommen. Uniformen sind mitzubringen.

Anwerbungsstelle Baltenland [...]

Wir kaufen und verkaufen Staats- und Stadt-Anleihen, in- und ausländische Renten, Industrie-Aktien, Zoo-Aktien.

Für Japaner- und Chinesen-Kupons zahl. üb. Nennwert. [...]

Kriegsteilnehmer!

Alle eigenen Militärsachen wie Uniformen, Mäntel usw. werden binnen 5 bis 8 Tagen zu den billigsten Preisen gefärbt.

Schnellfärberei Elli Klose [...]

Kavalleristen
Reitende M.G.-Schützen
Fahrer vom Sattel
meldet Euch
zum Schutze Ostpreußens
bei
Freiwilligen Eskadron 2. Garde-Drag.-Rgt. [...]

Vom Erdenelend zum Erdenglück, d. ein naturgem. Staatssystem. Inhaltsausz.: Fürsorge f. d. heimkehr. Krieger, Grundzüge ein. neuen Staatseinrichtung. Der Staat zahlt jed. Menschen ein ausreichendes Gehalt auf Lebenszeit. Nur tägl. dreistündige Arbeitsz. für alle. Ehe od. freie Liebe u. Naturehe. Frauenemanzip. Vermeidung v. Krankh. u. Siechtum. Naturg. Kindererz. etc. Preis 4 M, geb 6 M, Porto 40 Pf.

5. Aufruf der Neunerkommission zur Sozialisierung der Bergwerke im rheinisch-westfälischen Industriegebiet, 10.1.1919

Kameraden!

Die beständig ausbrechenden Konflikte zwischen Belegschaften und Beamten veranlassen uns, diese Worte an euch zu richten:

Die Sozialisierung des Bergbaus ist für die Bergarbeiter und auch für die überwältigende Mehrheit der Arbeiterklasse Deutschlands beschlossene Sache; sie muß und wird kommen. Sozialisierung aber bedeutet vor allem einträgliches Zusammenarbeiten aller im Bergbau Werktätigen, vom Kumpel bis zum Betriebsleiter. [...]

Bergarbeiter, Kameraden! Ihr wißt genau, daß bei eurer Arbeit die fachmännische Leitung des Betriebes noch unendlich wichtiger ist als in jedem anderen Gewerbe. Nur wo tüchtige, gewissenhafte, gebildete und erfahrene Beamte tätig sind, kann den furchtbaren Gefahren für Leben und Gesundheit der Belegschaft begegnet werden. Ohne diese Männer Bergbau treiben wollen, wäre heller Wahnsinn. Ihr müßt um eurer selbst willen ein ersprießliches Zusammenarbeiten mit den Beamten herbeiführen!

Beamte des Bergbaues! Auch euch legen wir ans Herz:

Sorget für die Solidarität! Seid euch dessen bewußt, daß fortan nicht mehr das Kapitalinteresse maßgebend sein darf, sondern einzig und allein das Interesse aller im Bergbau Schaffenden und das Interesse der Allgemeinheit. Es gilt, vieles gutzumachen, was das alte System verschuldete, es gilt, für euch eine neue Zukunft zu schaffen, es gilt, das unbedingte Vertrauen der Arbeiter zu gewinnen.

In den sozialisierten Bergwerken muß volles Vertrauen und Einverständnis zwischen Arbeitern und Beamten bestehen. Dies herbeizuführen, wird eine der Aufgaben sein, die die Proletarier der Handarbeit und der Kopfarbeit zu lösen haben. Sie ist zu lösen, denn sobald das Prinzip der Ausbeutung fortfällt, nur die Arbeit für das Gesamtinteresse gilt, ist es nur eine Frage des guten Willens, die Rechte und Pflichten beider abzugrenzen.

Jetzt stehen wir in der Übergangszeit vom kapitalistischen zum sozialistischen System. Es muß Kohle weitergefördert werden, wenn nicht das deutsche Volk zugrunde gehen soll. In dieser Übergangszeit kann nicht sofort das Verhältnis zwischen Bergarbeiter und Beamten nach Wunsch geändert werden. Es gilt, sich zu gedulden, und es gilt, durch Eintracht und guten Willen die Weiterarbeit zu ermöglichen. Nur die Beherrscher des Kapitals haben ein Interesse daran, das Werk der Sozialisierung zu hintertreiben. Eines der Mittel dazu ist, Zwietracht zu säen zwischen den Proletariern, zwischen Beamten und Arbeitern. Sie hetzen und wühlen, um die gemeinsame Arbeit zu stören. Wer sich diesen Wühlereien nachgiebig zeigt, der ist ein Feind des Volkes und versündigt sich an dem Interesse der Allgemeinheit und wird zur Verantwortung gezogen werden.

Kameraden! Wo irgend Konflikte ausbrechen zwischen Bergarbeitern und Beamten, müssen sie geschlichtet werden.

Euch, Bergarbeiter, fordern wir auf, von der willkürlichen und anarchistischen Beseitigung von Beamten abzusehen. Euch, Beamte, fordern wir auf zu einträchtigem Wirken mit den Belegschaften.

Wo irgend Konflikte und Streitigkeiten ausbrechen, sind wir stets bereit zu vermitteln und bitten Arbeiter wie Beamte, sich vertrauensvoll an uns zu wenden.

Hoch die Solidarität!

Hoch die Sozialisierung des Bergbaues!

Hans Spethmann, Zwölf Jahre Ruhrbergbau, Bd. 1, Berlin 1928, S. 150 (Nachdruck: Dokumente und Materialien II/3, S. 56 ff.)

6. Aufruf der KPD zum Generalstreik, 3.3.1919

Arbeiter, Proletarier!

Wieder ist die Stunde gekommen. Wieder stehen die Toten auf. Wieder reiten die Niedergerittenen.

Die Ebert-Scheidemann haben geglaubt, ganz anders euch niedergeritten zu haben als jener wahnwitzige Hohenzoller in den Januarwahlen 1907. Dieser glaubte, mit Wahlstimmen euch niedergebüttelt zu haben. Jene aber glaubten ein anderes. Sie glaubten, euch in Bande geschlagen zu haben mit der Komödie der Nationalversammlungswahlen. Sie glaubten, euch in hypnotischen Schlaf zu versetzen durch das endlose Geschwätze der Nationalversammlung. Sie glaubten, der deutsche Proletarier lasse sich um die Früchte der Revolution betrügen durch die Klopffechterei des Parlaments und durch den Kuhhandel der Parteien.

Und wer sich nicht betrügen lassen wollte, der sollte durch die eiserne Faust an den Boden gedrückt werden. Haushoch hat der »Arbeiter« Noske die Proletarierleichen in Deutschland geschichtet. Seit Wochen haust er wie der Barbar mit seinen Scharen in den Stätten des deutschen Arbeiters. Das, was die Hindenburg und Ludendorff unter dem Fluch einer Welt und zur Schande vor der Mit- und Nachwelt verbrochen haben in Belgien und Nordfrankreich und in Polen und in Finnland, der tausendfache Mord fremder Proletarier, das wiederholt ein Noske an den deutschen Arbeitern. Die »sozialistische« Regierung Ebert-Scheidemann-Noske ist zum Massenhenker des deutschen Proletariats geworden.

Sie lauerten nur auf die Gelegenheit, »Ordnung zu schaffen«. Wo immer Proletarier sich regten, da sandte Noske seine Schergen hin. Berlin, Bremen, Wilhelmshaven, Cuxhaven, Rheinland-Westfalen, Gotha, Erfurt, Halle, Düsseldorf: das sind die blutigen Stationen des Noskeschen Kreuzzuges gegen das deutsche Proletariat.

Tausende eurer Brüder sind mißhandelt, gefangen, geschändet, gemordet, schamlos, niederträchtig gemordet, viehisch dahingemetzelt wie tolle Hunde! [...]

Der Generalstreik ist die Waffe, die den todwunden Kapitalismus endgültig zu Boden schlägt. Der Generalstreik ist die Waffe, die die Bourgeoisie und ihre Henkersknechte, die Ebert-Scheidemann-Noske, fürchten wie den Tod.

Schon fangen sie an zu winseln. Schon kommen sie wieder mit Versprechungen. Schon kommen sie mit neuen Vertröstungen.

Arbeiter! Parteigenossen!

Seid euch klar: Die Ebert-Scheidemann-Noske sind die Todfeinde der Revolution. Sie haben um ihrer Ministersessel willen euch an die Bourgeoisie verkauft. Sie haben euch verraten vom ersten Tage an, sie haben um euch die Stricke der Nationalversammlung gelegt, sie haben euch täglich morden lassen.

Arbeiter! Parteigenossen! Seid euch bewußt: Die Revolution kann nur voranschreiten über das Grab jener Mehrheitssozialdemokratie.

Das Stoßgebet des deutschen Arbeiters in jeder Stunde ist: Nieder mit Ebert, Scheidemann, Noske! Nieder die Verräter! Und folgen muß ihnen jenes Gewebe der Lüge und des Betruges, das in Weimar gesponnen ist. Folgen muß ihnen die neuaufgetakelte Verbrechergesellschaft, die alle Schamlosigkeiten des alten Regimentes mitgemacht hat und nun in Weimar sich und der Welt das »neue Deutschland« vorschwindelt.

Nieder mit der Nationalversammlung!

Das deutsche Proletariat kann aus der Sklaverei des Kapitals und aus den Ruinen dieses Krieges nur heraus, wenn es selbst die Gewalt in die Hand nimmt. Kein Paktieren mit den Unterdrükkern von Jahrtausenden her, kein Teilen der Macht mit denen, die jedes Teilchen der Macht gegen das Proletariat mißbrauchen:

allein das Proletariat, das die Wirtschaft trägt, das alle Lasten des Krieges getragen, das verarmt und verelendet ist, während der Kapitalist sich bereicherte, das leere Taschen hat, während der Kapitalist von millionenfachen Kriegsgewinnen lebt, das Proletariat soll Herr sein! Alle Macht den Arbeiterräten!

Das ist die dritte Losung. Das ist das Ziel eurer Revolution. Um dieses Zieles willen sind eure Genossen in ganz Deutschland seit Wochen in einen neuen Kampf getreten. [...]

Folgendes sind eure Forderungen für den Generalstreik:

1. Wahl von Betriebsräten in allen Betrieben, die im Einvernehmen mit den Arbeiterräten die inneren Angelegenheiten der Betriebe zu ordnen, die Arbeitsverhältnisse zu regeln, die Produktion zu kontrollieren und schließlich die Betriebsleitungen zu übernehmen haben.
   Insbesondere ist es schon jetzt deren Aufgabe, über Stillegung und Wiederinbetriebsetzung zu entscheiden.
2. Beseitigung der Willkürherrschaft der Soldateska, Herstellung des vollen Vereins- und Versammlungsrechtes, Übertragung der Polizeigewalt auf die Arbeiterräte.
3. Auflösung der Weißen Garde, Entwaffnung der Offiziere, Studenten, Bürger usw., Bildung einer Roten Garde, Unterstellung aller militärischen Machtmittel unter einen von Arbeitern gewählten Ausschuß, Zurückziehung aller Truppen aus den »besetzten« Arbeitergebieten Rheinland-Westfalens, Bremen usw.
4. Befreiung aller politischen Gefangenen, der Untersuchungsgefangenen wie der Verurteilten, Einstellung der Prozesse wegen der Januarvorgänge in Berlin, Verhaftung der Mörder Liebknechts und Rosa Luxemburgs.
   Einsetzung eines Revolutionstribunals, das die Hauptschuldigen am Kriege, die Hohenzollern, Ludendorff, Hindenburg, Tirpitz, das die Verräter an der Revolution, Ebert, Scheidemann, Noske, und die Mörder von Liebknecht und Luxemburg, von den »Vorwärts«-Parlamentären, den Spandauer Genossen usw. aburteilt.
5. Sofortiger Abschluß des Friedens mit Rußland, Aufnahme der diplomatischen Beziehungen mit der Sowjetrepublik. [...]

Die Rote Fahne, 3.3.1919 (Nachdruck: Dokumente und Materialien II/3, S. 282 ff.)

7. Erlaß des Oberbefehlshabers in den Marken, Noske, über die Verhängung des Standrechts, 9.3.1919

Die Grausamkeit und Bestialität der gegen uns kämpfenden Spartakisten zwingen mich zu folgendem Befehl: Jede Person, die mit Waffen in der Hand gegen Regierungstruppen kämpfend angetroffen wird, ist sofort zu erschießen.

Schulthess, Europäischer Geschichtskalender, 1919, S. 110

8. Proklamation der Räterepublik Baiern durch den revolutionären Zentralrat, 7.4.1919

An das Volk in Baiern!

Die Entscheidung ist gefallen. Baiern ist Räterepublik. Das werktätige Volk ist Herr seines Geschickes. Die revolutionäre Arbeiterschaft und Bauernschaft Baierns, darunter auch alle unsere Brüder, die Soldaten sind, durch keine Parteigegensätze mehr getrennt, sind sich einig, daß von nun an jegliche Ausbeutung und Unterdrückung ein Ende haben muß. Die Diktatur des Proletariats, die nun zur Tatsache geworden ist, bezweckt die Verwirklichung eines wahrhaft sozialistischen Gemeinwesens, in dem jeder arbeitende Mensch sich am öffentlichen Leben beteiligen soll, einer gerechten sozialistisch-kommunistischen Wirtschaft.

Der Landtag, das unfruchtbare Gebilde des überwundenen bürgerlich-kapitalistischen Zeitalters, ist aufgelöst, das von ihm eingesetzte Ministerium zurückgetreten. Von den Räten des arbeitenden Volkes bestellte, dem Volk verantwortliche Vertrauensmänner erhalten als Volksbeauftragte für bestimmte Arbeitsgebiete außerordentliche Vollmachten. Ihre Gehilfen werden bewährte Männer aus allen Richtungen des revolutionären Sozialismus und Kommunismus sein; die zahlreichen tüchtigen Kräfte des Beamtentums, zumal der unteren und mittleren Beamten, werden zur tatkräftigen Mitarbeit im neuen Baiern aufgefordert. Das System der Bureaukratie aber wird unverzüglich ausgetilgt.

Die Presse wird sozialisiert.

Zum Schutz der bairischen Räterepublik gegen reaktionäre Versuche von außen und innen wird sofort eine rote Armee gebildet. Ein Revolutionsgericht wird jeden Anschlag gegen die Räterepublik sofort rücksichtslos ahnden.

Die Bairische Räterepublik folgt dem Beispiel der russischen und ungarischen Völker. Sie nimmt sofort die brüderliche Verbindung mit diesen Völkern auf. Dagegen lehnt sie jede Zusammenarbeit mit der verächtlichen Regierung Ebert, Scheidemann, Noske, Erzberger ab, weil diese unter der Flagge einer sozialistischen Republik das imperialistisch-kapitalistisch-militaristische Geschäft des in Schmach zusammengebrochenen deutschen Kaisertums fortsetzt.

Sie ruft alle deutschen Brudervölker auf, den gleichen Weg zu gehen. Allen Proletariern, wo immer sie für Freiheit und Gerechtigkeit, wo immer sie für den revolutionären Sozialismus kämpfen, in Württemberg und im Ruhrgebiet, in der ganzen Welt, entbietet die Bairische Räterepublik ihre Grüße.

Zum Zeichen der freudigen Hoffnung auf eine glückliche Zukunft für die ganze Menschheit wird hiermit der 7. April zum Nationalfeiertag erklärt. Zum Zeichen des beginnenden Abschieds vom fluchwürdigen Zeitalter des Kapitalismus ruht am Montag, dem 7. April 1919, in ganz Baiern die Arbeit, soweit sie nicht für das Leben des werktätigen Volkes notwendig ist, worüber gleichzeitig nähere Bestimmungen ergehen.

Es lebe das freie Baiern! Es lebe die Räterepublik! Es lebe die Weltrevolution!

Die deutsche Revolution, Bd. 2, S. 206 f. (Nachdruck: Huber, Dokumente 3, Nr. 104)

9. Bekanntmachung des Vollzugsrates des Betriebs- und Soldatenrats München über die Errichtung der kommunistischen Räterepublik Bayern, 13.4.1919

Die Betriebs- und Soldatenräte Münchens haben in einer Versammlung am 13. April [1919] beschlossen, den provisorischen revolutionären Zentralrat als nicht mehr bestehend anzusehen.

Die ganze gesetzgebende und vollziehende Gewalt der Räterepublik wird einem fünfzehngliedrigen Aktionsausschuß übertragen.

Die deutsche Revolution, Bd. 2, S. 222 (Nachdruck: Huber, Dokumente 3, Nr. 111)

10. Proklamation der rheinischen Republik, 1.6.1919

An das rheinische Volk!

Der Augenblick ist gekommen, wo es gilt, dem Völkerbund eine Brücke zu bauen. In dieser Stunde der höchsten Not, die auch über sein eigenes Schicksal die Entscheidung bringen soll, verlangt das rheinische Volk, selbst gehört zu werden. Vor diesem felsenfesten Entschluß, geboren aus dem von aller Welt anerkannten Recht der Selbstbestimmung, muß jeder Zwang, woher er auch immer kommt, zurückweichen. Das rheinische Volk will ehrlich und aufrichtig den Frieden, der die Grundlage für die Versöhnung aller Völker bilden wird. Deshalb sagt es sich aus freien Stücken los von den Grundübeln, durch die so viele Kriege verursacht wurden, dem entarteten Feudalismus und Militarismus. Damit beseitigt es für immer das Hindernis, das sich einem wahren Frieden entgegenstellt. Der Entwurf des Friedensvertrages bedingt einerseits durch die auch von der Reichsregierung anerkannten Forderungen der Gerechtigkeit und Billigkeit, die Frankreich und Belgien zugefügten großen Verwüstungen und großen Schäden wieder gutzumachen und hinreichende Garantien gegen die Wiederholung neuer Kriege zu schaffen, bedeutet andererseits eine furchtbare Belastung des deutschen Volkes.

Zur allgemeinen und endgültigen Völkerversöhnung von ganzem Herzen beizutragen, ist die vornehmste Pflicht des rheinischen Volkes. Wir erklären daher folgendes: Es wird eine selbständige rheinische Republik im Verbande des Deutschen Reiches als eine Republik errichtet, die das Rheinland, Alt-Nassau, Rheinhessen und die Rheinpfalz umfaßt.

Die Errichtung geschieht auf folgender Grundlage: 1. die Grenzen bleiben die alten; Birkenfeld wird einbezogen.

2. Zu Grenzänderungen bedarf es der Zustimmung der betreffenden Volksteile, die im Wege der Volksabstimmung festgestellt wird.

Die vorläufige Regierung wird durch Delegierte der unterzeichneten Ausschüsse ausgeübt. Die Erlaubnis zur unverzüglichen Vornahme der Wahlen zu der rheinischen Landesversammlung auf der Grundlage des Wahlrechts zur deutschen Nationalversammlung und deren baldige Einberufung wird sofort nachgesucht werden. Als Ort für den Sitz der Regierung, für den Zusammentritt der Landesversammlung gilt Coblenz. Die vorläufige Regierung hat ihren Sitz einstweilen in Wiesbaden. Die Landes- und Kommunalbehörden üben bis auf weiteres ihre bisherige amtliche Tätigkeit aus. An Stelle der preußischen und hessischen Zentralregierungen tritt die vorläufige Regierung der rheinischen Republik.

Es lebe die rheinische Republik!

Die deutsche Revolution, Bd. 2, S. 389 (Nachdruck: Huber, Dokumente 3, Nr. 143)

C. Nationalversammlung und Verfassung

1. Ansprache Eberts zur Eröffnung der Nationalversammlung, 6.2.1919

Meine Damen und Herren, die Reichsregierung begrüßt durch mich die *Verfassunggebende Versammlung der deutschen Nationen*. Besonders herzlich begrüße ich die Frauen, die zum erstenmal gleichberechtigt im Reichsparlament erscheinen. Die provisorische Regierung verdankt ihr Mandat der Revolution; sie wird es in die Hände der Nationalversammlung zurücklegen.

In der Revolution erhob sich das deutsche Volk gegen eine veraltete, zusammenbrechende Gewaltherrschaft.

Sobald das Selbstbestimmungsrecht des deutschen Volkes gesichert ist, kehrt es zurück auf den Weg der Gesetzmäßigkeit. Nur auf der breiten Heerstraße der parlamentarischen Beratung und Beschlußfassung lassen sich die unaufschiebbaren Veränderungen auch auf wirtschaftlichem und sozialem Gebiete vorwärtsbringen, ohne das Reich und sein Wirtschaftsleben zugrunde zu richten.

Deshalb begrüßt die Reichsregierung in dieser Nationalversammlung den höchsten und einzigen Souverän in Deutschland. [...]

Wir haben den Krieg verloren. Diese Tatsache ist keine Folge der Revolution.

Meine Damen und Herren, es war die Kaiserliche Regierung des Prinzen Max von Baden, die den Waffenstillstand einleitete, der uns wehrlos machte.

Nach dem Zusammenbruch unserer Verbündeten und angesichts der militärischen und wirtschaftlichen Lage konnte sie nicht anders handeln.

Die Revolution lehnte die Verantwortung ab für das Elend, in das die verfehlte Politik der alten Gewalten und der leichtfertige Übermut der Militaristen das deutsche Volk gestürzt haben.

Sie ist auch nicht verantwortlich für unsere schwere Lebensmittelnot.

Die Tatsache, daß wir durch die Hungerblockade Hunderttausende von Menschenleben verloren haben, daß ihr Hunderttausende von Männern, Frauen, Kindern und Greisen zum Opfer gefallen sind, widerlegt die Redensart, daß wir ohne die Revolution mit unsern Lebensmitteln ausgereicht hätten.

Niederlage und Lebensmittelnot haben uns den gegnerischen Mächten ausgeliefert.

Aber nicht nur uns, auch *unsere Gegner* hat der Krieg ungeheuer erschöpft. Aus dem Gefühl der Erschöpfung bei unsern Gegnern entspringt ihr Bestreben, sich schadlos zu halten am deutschen Volke, wird der Ausbeutungsgedanke in das Friedenswerk hineingetragen. Diese Rache- und Vergewaltigungspläne fordern den schärfsten Protest heraus.

Das deutsche Volk kann nicht auf 20, 40 oder 60 Jahre zum Lohnsklaven anderer Länder gemacht werden. Das furchtbare Unglück des Krieges für ganz Europa kann nur wieder gutgemacht werden durch Handinhandgehen der Völker. Angesichts des Massenelends auf allen Seiten erscheint die Schuld beinahe klein. Gleichwohl ist das deutsche Volk entschlossen, selbst alle zur Verantwortung zu ziehen, denen ein absichtliches Verschulden oder eine absichtliche Niedertracht nachgewiesen werden kann. Aber man soll nicht diejenigen strafen, die selbst Opfer waren, Opfer des Krieges, Opfer unserer früheren Unfreiheit.

Weshalb haben nach ihren eigenen Zeugnissen unsere Gegner gekämpft? Um den Kaiserismus zu vernichten. Es gibt ihn nicht mehr, er ist für immer erledigt. Die Tatsache dieser Nationalversammlung selbst zeigt es. Sie haben gekämpft, um den Militarismus zu zerstören. Er ist in Trümmer gestürzt und wird nicht wieder entstehen.

Für Gerechtigkeit, Freiheit und einen Dauerfrieden haben unsere Gegner nach ihren feierlichen Proklamationen kämpfen wollen. Die Waffenstillstandsbedingungen aber sind bisher unerhört hart und schonungslos durchgeführt worden. Elsaß wird ohne weiteres als französisches Land behandelt. Die von uns ausgeschriebenen Wahlen zur Nationalversammlung sind widerrechtlich verhindert worden.

Die Deutschen werden aus dem Lande getrieben, der deutsche Besitz sequestiert. Das besetzte linksrheinische Gebiet wird vom übrigen Deutschland abgeschlossen und getrennt. Die Bestimmungen des Waffenstillstandsvertrages, daß keine öffentlichen Werte verschleudert werden sollen, wird ungeheuerlich auszuweiten versucht zu einer allgemeinen geldwirtschaftlichen Versklavung des deutschen Volkes.

Während wir längst außerstande und ohne Aussicht sind, den Waffengang zu erneuern, werden unsere 800 000 Kriegsgefangenen noch immer zurückgehalten, sind vom seelischen Zusammenbruch und harter Zwangsarbeit aufs schwerste bedroht. Aus diesen Akten alter Gewaltpolitik spricht kein Geist der Versöhnlichkeit.

Die Waffenstillstandsbedingungen wurden damit begründet, daß sie dem alten Regime der Hohenzollern auferlegt waren. Wie will man es rechtfertigen, daß man sie der jungen sozialistischen Republik fortdauernd verschärft, obwohl wir alle Kräfte einsetzen, den uns auferlegten schwerdrückenden Verpflichtungen gerechtzuwerden! Wir warnen die Gegner, uns nicht zum Äußersten zu treiben. [...]

Im Vertrauen auf die Grundsätze des Präsidenten Wilson hat Deutschland die Waffen niedergelegt. Jetzt gebe man uns den Wilson-Frieden, auf den wir Anspruch haben.

Unsere freie Volksrepublik, das ganze deutsche Volk erstrebt nichts anderes, als gleichberechtigt in den Bund der Völker einzutreten und sich dort durch Fleiß und Tüchtigkeit eine geachtete Stellung zu erwerben.

Deutschland kann der Welt noch vieles leisten. Ein Deutscher hat den Arbeitern aller Länder den wissenschaftlichen Sozialismus geschenkt. Wir sind auf dem Wege, der Welt noch einmal sozialistisch voranzuschreiten. [...]

Wir können auch nicht darauf verzichten, die ganze deutsche Nation im Rahmen eines Reichs zu einigen.

Unsere deutsch-österreichischen Brüder haben auf ihrer Nationalversammlung bereits am 12. November vorigen Jahres sich als Teil der großdeutschen Republik erklärt.

Jetzt hat die deutsch-österreichische Nationalversammlung erneut unter stürmischer Begeisterung uns ihren Gruß entboten und die Hoffnung ausgesprochen, daß es unserer und ihrer Nationalversammlung gelingen wird, das Band, das die Gewalt 1866 zerrissen hat, wieder neu zu knüpfen.

Deutsch-Österreich müsse mit dem Mutterland für alle Zeiten vereinigt werden.

Meine Damen und Herren! Ich bin sicher, im Sinne der gesamten Nationalversammlung zu sprechen, wenn ich diese historische Kundgebung aufrichtig und voll Freude begrüße und sie mit gleicher, herzlicher Brüderlichkeit erwidere. [...]

Deutschland darf nicht wieder dem alten Elend der Zersplitterung und Verengung anheimfallen.

Geschichte und Anlage hemmen zwar, einen straff zentralisierten *Einheitsstaat* zu bilden. Viele Stämme und viele Dialekte sind in Deutschland vereinigt, aber sie müssen zu einer Nation und einer Sprache zusammenklingen.

Die Abgrenzung zwischen Reichsrecht und Stammesrecht mag im einzelnen umstritten bleiben. Im großen müssen wir uns aber alle einig sein, daß nur eine ungehemmte einheitliche Entwicklungsmöglichkeit unseres Wirtschaftslebens, ein politisch aktionsfähiges, festgefügtes, einiges Deutschland die Zukunft unseres Volkes sicherstellen kann. [...]

Meine Damen und Herren, die provisorische Regierung hat eine sehr üble Herrschaft angetreten. Wir waren im eigentlichsten Wortsinne die Konkursverwalter des alten Regimes: alle Scheuern, alle Läger waren leer, alle Vorräte gingen zur Neige, der Kredit war erschüttert, die Moral tief gesunken. Wir haben, gestützt und gefördert vom Zentralrat der Arbeiter- und Soldatenräte, unsere beste Kraft eingesetzt, die Gefahren und das Elend der Übergangszeit zu bekämpfen. Wir haben der Nationalversammlung nicht vorgegriffen. Aber wo Zeit und Not drängten, haben wir die dringlichsten Forderungen der Arbeiter zu erfüllen uns bemüht.

Wir haben alles getan, um das wirtschaftliche Leben wieder in Gang zu bringen. [...]

Wenn der Erfolg nicht unseren Wünschen entsprach, so müssen die Umstände, die das verhinderten, gerecht gewürdigt werden.

Viele Unternehmer haben, verwöhnt durch den großen nationalen Markt der Kriegswirtschaft und die hohen sicheren Gewinne, die der alte monarchisch-militaristische Staat ihnen einräumte, verlernt, die notwendige Initiative zu entfalten.

Wir richten deshalb an die Unternehmer den dringenden

Appell, die Wiederbelebung der Produktion mit allen Kräften zu fördern.

Auf der anderen Seite rufen wir die Arbeiterschaft auf, alle Kräfte anzuspannen zur Arbeit, die allein uns retten kann.

Sozialismus ist nach unserer Auffassung nur möglich, wenn die Produktion eine genügend hohe Stufe der Arbeitsleistung innehält.

Sozialismus ist uns Organisation, Ordnung und Solidarität, nicht Eigenmächtigkeit, Egoismus und Zerstörung. [...]

Stenographische Berichte Nationalversammlung, Bd. 326, S. 1 ff.

2. Gesetz über die vorläufige Reichsgewalt, 10.2.1919

Die verfassunggebende deutsche Nationalversammlung hat folgendes Gesetz beschlossen:

§ 1. Die verfassunggebende deutsche Nationalversammlung hat die Aufgabe, die künftige Reichsverfassung sowie auch sonstige dringende Reichsgesetze zu beschließen.

§ 2. Die Einbringung von Vorlagen der Reichsregierung an die Nationalversammlung bedarf unbeschadet des Abs. 4 der Zustimmung eines Staatenausschusses. Der Staatenausschuß wird gebildet von den Vertretern derjenigen deutschen Freistaaten, deren Regierungen auf dem Vertrauen einer aus allgemeinen, gleichen, geheimen und direkten Wahlen hervorgegangenen Volksvertretung beruhen. Bis zum 31. März 1919 können mit Zustimmung der Reichsregierung auch andere deutsche Freistaaten Vertreter entsenden. [...]

§ 4. Die künftige Reichsverfassung wird von der Nationalversammlung verabschiedet. Es kann jedoch der Gebietsbestand der Freistaaten nur mit ihrer Zustimmung geändert werden.
Im übrigen kommen Reichsgesetze durch Übereinstimmung zwischen der Nationalversammlung und dem Staatenausschusse zustande. Ist eine solche Übereinstimmung nicht zu erzielen, so kann der Reichspräsident die Entscheidung durch eine Volksabstimmung herbeiführen. [...]

§ 6. Die Geschäfte des Reichs werden von einem Reichspräsidenten geführt. Der Reichspräsident hat das Reich völkerrechtlich zu vertreten, im Namen des Reichs Verträge mit auswärtigen Mächten einzugehen sowie Gesandte zu beglaubigen und zu empfangen.

Kriegserklärung und Friedensschluß erfolgen durch Reichsgesetz.

Verträge mit fremden Staaten, die sich auf Gegenstände der Reichsgesetzgebung beziehen, bedürfen der Zustimmung der Nationalversammlung und des Staatenausschusses.

Sobald das Deutsche Reich einem Völkerbunde mit dem Ziele des Ausschlusses aller Geheimverträge beigetreten sein wird, bedürfen alle Verträge mit den im Völkerbunde vereinigten Staaten der Zustimmung der Nationalversammlung und des Staatenausschusses. [...]

§ 7. Der Reichspräsident wird von der Nationalversammlung mit absoluter Stimmenmehrheit gewählt. Sein Amt dauert bis zum Amtsantritte des neuen Reichspräsidenten, der auf Grund der künftigen Reichsverfassung gewählt wird.

§ 8. Der Reichspräsident beruft für die Führung der Reichsregierung ein Reichsministerium, dem sämtliche Reichsbehörden und die Oberste Heeresleitung unterstellt sind.

Die Reichsminister bedürfen zu ihrer Amtsführung des Vertrauens der Nationalversammlung.

§ 9. Alle zivilen und militärischen Anordnungen und Verfügungen des Reichspräsidenten bedürfen zu ihrer Gültigkeit der Gegenzeichnung durch einen Reichsminister.

Die Reichsminister sind für die Führung ihrer Geschäfte der Nationalversammlung verantwortlich. [...]

Reichsgesetzblatt 1919, S. 169 f.

3. Die Verfassung des Deutschen Reiches v. 11.8.1919

Art. 1. Das Deutsche Reich ist eine Republik.

Die Staatsgewalt geht vom Volke aus.

Art. 2. Das Reichsgebiet besteht aus den Gebieten der deutschen Länder. Andere Gebiete können durch Reichsgesetz in das Reich aufgenommen werden, wenn es ihre Bevölkerung kraft des Selbstbestimmungsrechts begehrt.

Art. 3. Die Reichsfarben sind schwarz-rot-gold. Die Handelsflagge ist scharz-weiß-rot mit den Reichsfarben in der oberen inneren Ecke.

Art. 4. Die allgemein anerkannten Regeln des Völkerrechts gelten als bindende Bestandteile des deutschen Reichsrechts.

Art. 5. Die Staatsgewalt wird in Reichsangelegenheiten durch die Organe des Reichs auf Grund der Reichsverfassung, in Landesangelegenheiten durch die Organe der Länder auf Grund der Länderverfassungen ausgeübt.

[...]

Art. 20. Der Reichstag besteht aus den Abgeordneten des deutschen Volkes.

Art. 21. Die Abgeordneten sind Vertreter des ganzen Volkes. Sie sind nur ihrem Gewissen unterworfen und an Aufträge nicht gebunden.

Art. 22. Die Abgeordneten werden in allgemeiner, gleicher, unmittelbarer und geheimer Wahl von den über zwanzig Jahre alten Männern und Frauen nach den Grundsätzen der Verhältniswahl gewählt. Der Wahltag muß ein Sonntag oder öffentlicher Ruhetag sein.

Das Nähere bestimmt das Reichswahlgesetz.

Art. 23. Der Reichstag wird auf vier Jahre gewählt. Spätestens am sechzigsten Tage nach ihrem Ablauf muß die Neuwahl stattfinden.

[...]

Art. 25. Der Reichspräsident kann den Reichstag auflösen, jedoch nur einmal aus dem gleichen Anlaß.

Die Neuwahl findet spätestens am sechzigsten Tage nach der Auflösung statt.

[...]

Art. 41. Der Reichspräsident wird vom ganzen deutschen Volke gewählt.

Wählbar ist jeder Deutsche, der das fünfunddreißigste Lebensjahr vollendet hat. Das Nähere bestimmt ein Reichsgesetz.

[...]

Art. 43. Das Amt des Reichspräsidenten dauert sieben Jahre. Wiederwahl ist zulässig.

[...]

Art. 47. Der Reichspräsident hat den Oberbefehl über die gesamte Wehrmacht des Reichs.

Art. 48. Wenn ein Land die ihm nach der Reichsverfassung oder den Reichsgesetzen obliegenden Pflichten nicht erfüllt, kann der Reichspräsident es dazu mit Hilfe der bewaffneten Macht anhalten.

Der Reichspräsident kann, wenn im Deutschen Reiche die öffentliche Sicherheit und Ordnung erheblich gestört oder gefährdet wird, die zur Wiederherstellung der öffentlichen Sicherheit und Ordnung nötigen Maßnahmen treffen, erforderlichenfalls mit Hilfe der bewaffneten Macht einschreiten. Zu diesem Zwekke darf er vorübergehend die in den Artikeln 114, 115, 117, 118, 123, 124 und 153 festgesetzten Grundrechte ganz oder zum Teil außer Kraft setzen.

Von allen gemäß Abs. 1 oder Abs. 2 dieses Artikels getroffenen Maßnahmen hat der Reichspräsident unverzüglich dem Reichstag Kenntnis zu geben. Die Maßnahmen sind auf Verlangen des Reichstags außer Kraft zu setzen.

Bei Gefahr im Verzuge kann die Landesregierung für ihr Gebiet einstweilige Maßnahmen der in Abs. 2 bezeichneten Art treffen. Die Maßnahmen sind auf Verlangen des Reichspräsidenten oder des Reichstages außer Kraft zu setzen.

Das Nähere bestimmt ein Reichsgesetz.

[...]

Art. 50. Alle Anordnungen und Verfügungen des Reichspräsidenten, auch solche auf dem Gebiete der Wehrmacht, bedürfen zu ihrer Gültigkeit der Gegenzeichnung durch den Reichskanzler oder den zuständigen Reichsminister. Durch die Gegenzeichnung wird die Verantwortung übernommen.

[...]

Art. 53. Der Reichskanzler und auf seinen Vorschlag der Reichsminister werden vom Reichspräsidenten ernannt und entlassen.

Art. 54. Der Reichskanzler und die Reichsminister bedürfen zu ihrer Amtsführung des Vertrauens des Reichstages. Jeder von ihnen muß zurücktreten, wenn ihm der Reichstag durch ausdrücklichen Beschluß sein Vertrauen entzieht.

Art. 55. Der Reichskanzler führt den Vorsitz in der Reichsregierung und leitet ihre Geschäfte nach einer Geschäftsordnung, die von der Reichsregierung beschlossen und vom Reichspräsidenten genehmigt wird.

Art. 56. Der Reichskanzler bestimmt die Richtlinien der Politik und trägt dafür gegenüber dem Reichstag die Verantwortung. Innerhalb dieser Richtlinien leitet jeder Reichsminister den ihm anvertrauten Geschäftszweig selbständig und unter eigener Verantwortung gegenüber dem Reichstag.

[...]

Art. 60. Zur Vertretung der deutschen Länder bei der Gesetzgebung und Verwaltung des Reichs wird ein Reichsrat gebildet.

[...]

Art. 68. Die Gesetzesvorlagen werden von der Reichsregierung oder aus der Mitte des Reichstags eingebracht.

Die Reichsgesetze werden vom Reichstag beschlossen.

[...]

Art. 73. Ein vom Reichstag beschlossenes Gesetz ist vor seiner Verkündung zum Volksentscheid zu bringen, wenn der Reichspräsident binnen eines Monats es bestimmt.

Ein Gesetz, dessen Verkündung auf Antrag von mindestens einem Drittel des Reichstags ausgesetzt ist, ist dem Volksentscheid zu unterbreiten, wenn ein Zwanzigstel der Stimmberechtigten es beantragt.

Ein Volksentscheid ist ferner herbeizuführen, wenn ein Zehntel der Stimmberechtigten das Begehren nach Vorlegung eines Gesetzentwurfs stellt. Dem Volksbegehren muß ein ausgearbeiteter Gesetzentwurf zu Grunde liegen. Er ist von der Reichsregierung unter Darlegung ihrer Stellungnahme dem Reichstag zu unterbreiten. Der Volksentscheid findet nicht statt, wenn der begehrte Gesetzentwurf im Reichstag unverändert angenommen worden ist. [...]

Art. 74. Gegen die vom Reichstag beschlossenen Gesetze steht dem Reichsrat der Einspruch zu.

Der Einspruch muß innerhalb zweier Wochen nach der Schlußabstimmung im Reichstag bei der Reichsregierung eingebracht und spätestens binnen zwei weiteren Wochen mit Gründen versehen werden.

Im Falle des Einspruchs wird das Gesetz dem Reichstag zur nochmaligen Beschlußfassung vorgelegt. Kommt hierbei keine Übereinstimmung zwischen Reichstag und Reichsrat zustande, so kann der Reichspräsident binnen drei Monaten über den Gegenstand der Meinungsverschiedenheit einen Volksentscheid anordnen. Macht der Präsident von diesem Rechte keinen Gebrauch, so gilt das Gesetz als nicht zustande gekommen. Hat der Reichstags mit Zweidrittelmehrheit entgegen dem Einspruch des Reichsrats beschlossen, so hat der Präsident das Gesetz binnen drei Monaten in der vom Reichstag beschlossenen Fassung zu verkünden oder einen Volksentscheid anzuordnen.

Art. 75. Durch den Volksentscheid kann ein Beschluß des Reichstags nur dann außer Kraft gesetzt werden, wenn sich die Mehrheit der Stimmberechtigten an der Abstimmung beteiligt.

Art. 76. Die Verfassung kann im Wege der Gesetzgebung geändert werden. Jedoch kommen Beschlüsse des Reichstags auf Abänderung der Verfassung nur zustande, wenn zwei Drittel der gesetzlichen Mitgliederzahl anwesend sind und wenigstens zwei Drittel der Anwesenden zustimmen. Auch Beschlüsse des Reichsrats auf Abänderung der Verfassung bedürfen einer Mehrheit von zwei Dritteln der abgegebenen Stimmen. Soll auf Volksbegehren durch Volksentscheid eine Verfassungsänderung beschlossen werden, so ist die Zustimmung der Mehrheit der Stimmberechtigten erforderlich.

Hat der Reichstag entgegen dem Einspruch des Reichsrats eine Verfassungsänderung beschlossen, so darf der Reichspräsident dieses Gesetz nicht verkünden, wenn der Reichsrat binnen zwei Wochen den Volksentscheid verlangt.

[...]

Art. 109. Alle Deutschen sind vor dem Gesetze gleich.

Männer und Frauen haben grundsätzlich dieselben staatsbürgerlichen Rechte und Pflichten.

Öffentlich-rechtliche Vorrechte oder Nachteile der Geburt oder des Standes sind aufzuheben. Adelsbezeichnungen gelten nur als Teil des Namens und dürfen nicht mehr verliehen werden.

Titel dürfen nur verliehen werden, wenn sie ein Amt oder einen Beruf bezeichnen; akademische Grade sind hierdurch nicht betroffen.

Orden und Ehrenzeichen dürfen vom Staat nicht verliehen werden.

Kein Deutscher darf von einer ausländischen Regierung Titel oder Orden annehmen.

Art. 110. Die Staatsangehörigkeit im Reiche und in den Ländern wird nach den Bestimmungen des Reichsgesetzes erworben und verloren. Jeder Angehörige eines Landes ist zugleich Reichsangehöriger.

Jeder Deutsche hat in jedem Lande des Reichs die gleichen Rechte und Pflichten wie die Angehörigen des Landes selbst.

Art. 111. Alle Deutschen genießen Freizügigkeit im ganzen Reiche. Jeder hat das Recht, sich an beliebigem Orte des Reichs aufzuhalten und niederzulassen, Grundstücke zu erwerben und jeden Nahrungszweig zu betreiben. Einschränkungen bedürfen eines Reichsgesetzes.

Art. 112. Jeder Deutsche ist berechtigt, nach außerdeutschen Ländern auszuwandern. Die Auswanderung kann nur durch Reichsgesetz beschränkt werden.

Dem Ausland gegenüber haben alle Reichsangehörigen inner- und außerhalb des Reichsgebiets Anspruch auf den Schutz des Reichs.

Kein Deutscher darf einer ausländischen Regierung zur Verfolgung oder Bestrafung überliefert werden.

Art. 113. Die fremdsprachigen Volksteile des Reichs dürfen durch die Gesetzgebung und Verwaltung nicht in ihrer freien, volkstümlichen Entwicklung, besonders nicht im Gebrauch ihrer Muttersprache beim Unterricht, sowie bei der inneren Verwaltung und Rechtspflege beeinträchtigt werden.

Art. 114. Die Freiheit der Person ist unverletzlich. Eine Beeinträchtigung oder Entziehung der persönlichen Freiheit durch die öffentliche Gewalt ist nur auf Grund von Gesetzen zulässig.

Personen, denen die Freiheit entzogen wird, sind spätestens am darauffolgenden Tage in Kenntnis zu setzen, von welcher Behörde und aus welchen Gründen die Entziehung der Freiheit angeordnet worden ist; unverzüglich soll ihnen Gelegenheit gegeben werden, Einwendungen gegen ihre Freiheitsentziehung vorzubringen.

Art. 115. Die Wohnung jedes Deutschen ist für ihn eine Freistätte und unverletzlich. Ausnahmen sind nur auf Grund von Gesetzen zulässig.

Art. 116. Eine Handlung kann nur dann mit einer Strafe belegt werden, wenn die Strafbarkeit gesetzlich bestimmt war, bevor die Handlung begangen wurde.

Art. 117. Das Briefgeheimnis sowie das Post-, Telegraphen- und Fernsprechgeheimnis sind unverletzlich. Ausnahmen können nur durch Reichsgesetze zugelassen werden.

Art. 118. Jeder Deutsche hat das Recht, innerhalb der Schranken der allgemeinen Gesetze seine Meinung durch Wort, Schrift, Druck, Bild oder in sonstiger Weise frei zu äußern. An diesem Rechte darf ihn kein Arbeits- oder Anstellungsverhältnis hindern, und niemand darf ihn benachteiligen, wenn er von diesem Rechte Gebrauch macht.

Eine Zensur findet nicht statt, doch können für Lichtspiele durch Gesetz abweichende Bestimmungen getroffen werden. Auch sind zur Bekämpfung der Schund- und Schmutzliteratur sowie zum Schutze der Jugend bei öffentlichen Schaustellungen und Darbietungen gesetzliche Maßnahmen zulässig.

[…]

Reichsgesetzblatt 1919, S. 1383 ff.

D. Arbeiterräte und Sozialisierung

1. Hermann Müller auf der Parteikonferenz der SPD in Weimar zu den Aufgaben der Arbeiterräte, 22.3.1919

[...] Die Bedeutung der Soldatenräte hat sich mit der zunehmenden Auflösung des alten Heeres vermindert. Die Zukunft des deutschen Heerwesens ist wegen der Friedensforderungen der Entente noch ungewiß. Aber wir haben durch die Verordnung vom 19.1.1919 die Soldatenräte legalisiert, nicht etwa nur als Küchenkommissionen, sondern als Beschwerdeinstanz und als Überwachungsstelle über die Offiziere gegen die Gefahr politischen Mißbrauchs der Kommandogewalt. Aber sonst sollen sich die Soldatenräte politisch nicht betätigen.

Die Arbeiterräte hatten auch anfangs politische Rechte im Staat wie in den Gemeinden. Jetzt haben wir die demokratischen Wahlrechte, und wir können nach Durchführung der Demokratisierung ganz unmöglich nebenher auf die Dauer die Kontrolle der Arbeiterräte aufrechterhalten. Auch dort, wo wir noch keine Mehrheit haben, können wir nicht eine besondere Kontrolle durch die Arbeiterräte beibehalten. Dann würde ja jedes Recht aufhören und die reine Willkür zur Richtschnur der Dinge werden.

Im Wirtschaftsleben wollen wir den Arbeiterräten weitgehende Funktionen geben. Die Betriebs-, Arbeiter- und Angestelltenräte sollen legalisiert, Bezirksräte und ein Reichsarbeiterrat eingeführt werden, so daß dann ein Parlament der Arbeit vorhanden wäre. Aber dieses Parlament soll nicht als neue zweite Kammer dienen, nicht als berufsständisches Herrenhaus, sondern als gutachtliche Körperschaft für den Erlaß und die Ausarbeitung sozialpolitischer Gesetze, die auch ihrerseits derartige Gesetze ausarbeiten kann. Der Reichsarbeiterrat soll dazu mit den Interessensvertretungen der Landwirtschaft, der Industrie und des Handels in Verbindung gebracht werden. Durch die Entwicklung der Verhältnisse in letzter Zeit sind wir schneller auf diese Bahn gedrängt worden, als mancher vorher angenommen hat. Bei der Durchführung dieser Ideen wird es noch zu manchen Konflikten kommen. Besonders was den Einfluß der Arbeiter auf die Betriebe anlangt. Es ist schwer, ein Schema zu finden, das für alle Betriebe paßt. Im Bergbau und bei der Energieerzeugung, die für die Sozialisierung reif sind, lassen sich die Befugnisse leicht umgrenzen. Aber viel schwerer ist das in der Exportindustrie. Die ist vielfach angewiesen auf Auslandskredite und muß deshalb eine gewisse Dispositionsfähigkeit des Unternehmers behalten, die schnelle Umstellung und Einstellung auf den Weltmarkt ermöglicht.

Die Sozialisierung begegnet in den bürgerlichen Parteien starkem Widerstand. Vorsicht ist nach den Erfahrungen in Rußland geboten, wo jetzt selbst ein extremer Doktrinär wie Lenin Annäherung an kapitalistische Wirtschaftsformen sucht, um das Wirtschaftsleben wieder in Gang zu bringen. Wir sind in einer Koalitionsregierung. Da muß die Partei auf die anderen Mitglieder der Koalition drücken, damit wir möglichst viel für die Arbeiter herausholen. Die bürgerlichen Parteien werden sich daran gewöhnen müssen, auch auf die Stimmungsmomente in der Arbeiterklasse Rücksicht zu nehmen, besonders in den jetzigen revolutionären Zeiten. Wir müssen deshalb nach Kräften die Positionen unserer Leute in der Regierung stärken.

Ohne Koalitionsregierung kommen wir zurzeit nicht aus, wir brauchen sie schon für die Friedensverhandlungen. [...]

Protokolle der Sitzungen des Parteiausschusses der SPD 1912–1921, Nachdrucke. Hg. v. Dieter Dowe, Bd. 2, Berlin/Bonn 1980, S. 619-628.

2. Der Vorsitzende des Allgemeinen Deutschen Gewerkschaftsbundes, Legien, auf der Weimarer Parteikonferenz der SPD zu den Aufgaben der Arbeiterräte, 23.3.1919

Als Ergebnis der Revolution waren die Arbeiterräte nicht nur notwendig. Ich gehe weiter und sage: hätten wir die Arbeiter- und Soldatenräte nicht gehabt, so wäre die Revolution bei uns in Deutschland zu einem Blutbad geworden. Aber weil die Arbeiter sofort eine Vertretung hatten und den amtlichen Apparat kontrollieren konnten, ist Blutvergießen vermieden worden. Das müssen wir den Arbeiterräten danken. Sie hatten ursprünglich ausschließlich politische Funktionen. Auch daß der eine oder andere Arbeiterrat die Revolution zu einer Lohnbewegung gemacht hat, konnte daran nichts ändern. Aber diese politische Kontrolle fällt fort mit der Wahl zu den Parlamenten in Reich, Staat und Gemeinde. Diese einfache Tatsache hätte man den Arbeiterräten sagen sollen. Damit war ihre Aufgabe innerhalb der Revolution erfüllt. Das hat man nicht getan. Man hat vielmehr dem Drängen verschiedener Kreise nachgegeben und nun versucht, den Arbeiterräten andere Aufgaben zuzuweisen und ist dabei auf den unglücklichen Gedanken gekommen, ihnen wirtschaftliche Aufgaben zuzuweisen. [...]

Die Zusage der Regierung geht dahin, daß territoriale Arbeitsgemeinschaften und ein Reichsarbeiterrat unter Anteilnahme der Unternehmer- und der Arbeiterorganisationen gebildet werden sollen. Alles, was als Produzent in Betracht kommt, soll herangezogen werden, wohl um auch die bürgerlichen Regierungsmitglieder zur Zustimmung zu veranlassen. Ich fürchte aber sehr, daß das, was die Regierung jetzt beschließen will, von den bürgerlichen Regierungsmitgliedern nicht angenommen werden wird, weil es sich nicht mehr um Demokratie, sondern um die Alleinherrschaft der Arbeiterschaft handelt. Es muß zu Konflikten kommen. Wir Gewerkschaftler müssen uns das Recht der Selbständigkeit wahren, müssen jetzt auch gegen die Regierungspolitik auftreten dürfen. Nur aus Rechnungsträgerei, ich wiederhole es, nur um den Namen »Arbeiterräte« zu erhalten, soll den Arbeiterräten das Recht gegeben werden, wirtschaftliche Aufgaben zu erfüllen. Aber das wird sich als ein Schlag ins Wasser erweisen, und vor allem wird es keine Beruhigung bringen. Wie werden denn die Dinge laufen? Die Unabhängigen haben ein klares Programm, sie sagen, daß es ohne den Fortbestand der Arbeiterräte nicht geht. Was die Regierung jetzt vorschlägt, muß aber zu Konflikten mit den Arbeiterkreisen führen, die sich bisher stets gegen das Rätesystem erklärt haben. Wenn den Räten das Recht der Mitwirkung an den Lohn- und Arbeitsbedingungen eingeräumt wird, dann werden sie in Konflikt kommen mit den Millionen von organisierten Arbeitern, die auf dem Standpunkt stehen, daß es einfach nicht geht, den Arbeiterräten diese Aufgaben zuzuweisen. Die Räte würden die Lohn- und Arbeitsbedingungen jeweils nach der Rentabilität des Betriebes gestalten und würden damit die Grundsätze, für die die Gewerkschaften seit Jahrzehnten gekämpft haben, nämlich den Grundsatz, daß die wirtschaftlich kräftigen Arbeiterschichten für die wirtschaftlich schwächeren Schichten einzutreten haben, über den Haufen rennen. Die gewerkschaftlichen Organisationen würden beseitigt, ohne daß etwas Gleichwertiges an ihre Stelle gesetzt würde. Nach dem Betriebssystem sind wirtschaftliche Kämpfe nicht durchzuführen. Für Berlin ist die Einteilung der Arbeiterschaft nach Betrieben ja gar nicht auszudenken. Es würden Körperschaften herauskommen, die gar nicht arbeitsfähig sind. Deshalb muß die Zusammenfassung der Arbeiter nach Berufen und nicht nach Betrieben erfolgen. Diese Zusammenfassung nach Berufen aber ist nur in den Gewerkschaften möglich. Die Gewerkschaften sind doch nicht Selbstzweck, sondern sie dienen dem Zweck, die Interessen der Arbeiter zu fördern. Was jetzt an ihre Stelle gesetzt werden soll, ist nichts Besseres. Wir halten unter allen Umständen daran fest, daß die Wahrnehmung der Gesamtinteressen der Arbeiterschaft beruflichen Organisationen vorbehalten bleibt. [...]

Erhalten die Arbeiterräte der Zusage der Regierung entsprechend das Recht, die Lohn- und Arbeitsbedingungen zu regeln, dann haben die Gewerkschaften keine Existenzberechtigung mehr. Dann gibt es nur noch einen Ausweg und das ist der, den Gedankengängen des Vorredners zu folgen und den Arbeiterräten auch politische Aufgaben zu geben. Das muß geschehen, wenn die Arbeiterräte in der Verfassung festgelegt werden sollen, weil sie wirtschaftliche Aufgaben ihrer ganzen Natur nach nicht erfüllen können. Was die Regierung den Arbeiterräten geben will, wird die Unabhängigen auf keinen Fall befriedigen. Der Generalstreik am 26. März wird ja nicht kommen. Vielleicht auch nicht am 8. April. Aber Ruhe wird es nicht geben, denn wir werden vielleicht einen Generalstreik derer bekommen, die sich gegen dieses Regierungsprogramm und gegen die Gesetzesvorlage wenden wollen. Was wird dann eintreten? Dann beteiligen sich nicht nur die Unabhängigen allein an dem Generalstreik, sondern auch die Gewerkschaften. Das wäre die notwendige Folge dieser Politik der Rechnungsträgerei. Vergegenwärtigen Sie sich die Wirkung auf die Arbeiterkreise, die Stimmung gegen die Partei. Das ist eine Folge Ihrer Fehler vom 4. März. Entweder man erklärt sich gegen die Räte oder man gibt den Räten wirtschaftliche und politische Aufgaben. Was die Regierung aber will, wird nicht befriedigen.

Protokolle der Sitzungen des Parteiausschusses der SPD 1912–1921, Nachdrukke. Hg. v. Dieter Dowe, Bd. 2, Berlin/Bonn 1980, S. 649-651

3. Stellungnahme aus der christlichen-nationalen Arbeiterbewegung zur Sozialisierung, Dezember 1918

Marx und Engels haben mit vollem Rechte immer wieder darauf hingewiesen, daß die Eigenart der kapitalistischen Produktion darin besteht, daß gesellschaftliche Arbeit in der Fabrik das Produkt herstellt, daß aber der Gewinn nicht den Herstellern, sondern dem zufälligen Besitzer der Produktionsmittel zufällt. *Gesellschaftliche* Produktion – *individualistische* Nutznießung des Produktes: das ist der scharfe Widerspruch. Wenn der Besitzer der Produktionsmittel tatsächlich keine Arbeit leistet, dann kann ihm nie ein zu Recht bestehender Gewinn zufließen. Setzt er aber seine sittliche Energie und seine geistige Intelligenz bei der Produktion ein, dann ist sein Einkommen kein arbeitsloses, demnach ein sittlich berechtigtes. Der moderne Kapitalismus aber zeitigt vielfach arbeitsloses Einkommen, oder doch ein Einkommen, das in keiner Proportion zu der geleisteten Arbeit steht. Hat dies nicht manche Aktiengesellschaft, deren Teilnehmer keine Ahnung hatten von der für ihre Gewinnerzielung geleisteten Arbeit, vor dem Kriege genügend belegt, dann sicherlich der zum Teil ungeheuerliche Kriegsgewinn. Beharrt man bei der genannten Anschauung, daß die Ware, genauer der Gewinn aus der Ware, letzter Zweck des Produzierens sei, so kommt man zu einem Individualismus, der den unsittlichen *Mammonismus* zeitigt und der doch kein Prinzip an die Hand gibt, mit dem man diesen Auswuchs des wirtschaftlichen Tuns sittlich verurteilen kann. Im tiefsten Grunde spielt hier der *individualistische Eigentumsbegriff* die entscheidende Rolle, wie er aus dem römischen Rechte überkommen ist und in mancher offiziellen Moralanschauung noch seine Bedeutung hat. Die kapitalistische Produktionsform hat diesen Eigentumsbegriff längst überholt. Produktionsmittel mögen im Privatbesitze stehen. Aber man frage sich ein zweifaches: Sind nicht auch sie durch gesellschaftliche Arbeit hergestellt, und zweitens: können sie überhaupt verwertet werden und neues Eigentum, den Warengewinn, erzeugen, wenn nicht gesellschaftlich geleistete Arbeit sie benutzt und zur Produktion in Betrieb setzt? Soziale Arbeit hat das Eigentum gebildet, soll der Produzent, der Arbeiter, keinen seiner Arbeitsleistung entsprechenden Teil haben an dem von ihm erarbeiteten Produkt in irgendeiner Form? Ist die Herstellung eine soziale, dann auch der Zweck des Produktes ein sozialer. Die Sozialisierung, die Hineinstellung der Wirtschaft in den Dienst *aller* Gemeinschaftsglieder, ist eine sozialethische Forderung. [...]

Aber so unbedingt notwendig auch die technische Sozialisierung des Wirtschaftsbetriebes ist, sie *allein* bewirkt nicht die Ausgestaltung der Wirtschaft zum Dienst am Menschen. Alle Wirtschaftsbetätigung entspringt dem *Geiste*, alle Sozialisierung der Wirtschaft daher dem sittlichen Geiste, der ethischen Gesinnung. Es ist der verhängnisvolle Fehler des dogmatisch-marxistischen Sozialismus, daß er mit der Änderung der ökonomisch-sozialen *Verhältnisse* auch schon die Änderung der seelischen *Gesinnung* gegeben glaubt. Gegen diese Theorie sträubt sich mit dem Ethiker und dem Christen auch der ökonomische Forscher, dem über der Macht der Verhältnisse und der wirtschaftlichen Entwicklung der tiefere Blick für den diese Verhältnisse und ihre Entwicklung schaffenden *Menschengeist* nicht getrübt ist. Es ringt sich gerade unter unseren fachkundigsten und selbständigsten Nationalökonomen immer mehr die Erkenntnis durch, daß alle Organisation nur äußerlich-mechanistischer Zwang ohne Lebenskraft bleibt, wenn nicht die sittlichen Entschließungen der zu organisierenden und sozialisierenden Menschen und ihre Tätigkeit im Wirtschafts- und Sozialleben als grundlegende und auf- und ausbauende Faktoren mit herangezogen werden. Ohne moralischen Aufbau wird es im neuen Deutschland keinen wirtschaftlichen Aufbau geben.

Theodor Steinbüchel, Zur Sozialisierung der Wirtschaft, in: Deutsche Arbeit. Monatsschrift für die Bestrebungen der christlich-nationalen Arbeiterschaft, Dezember 1918

4. Denkschrift des Reichswirtschaftsministers zur wirtschaftspolitischen Lage, 7.5.1919

[...] Was bisher im Rahmen der programmlos vollzogenen Koalition an wirtschaftlichen und sozialen Proklamationen erfolgt ist, trägt den Stempel des Notkompromisses an sich und begegnet im Lande Zweifeln an der Echtheit der Gesinnung.

Nichts kennzeichnet das Bedenkliche der heutigen Kabinettspolitik so gut wie die Tatsache, daß das Kabinett in seinem Beschluß über die »Verankerung des Rätesystems« den durch das Sozialisierungsgesetz festgelegten Ausdruck »Gemeinwirtschaft« beseitigt und durch den farblosen Ausdruck »Gesamtwirtschaft« ersetzt hat. Auf dem Rätekongreß wäre die Erörterung einfacher zu lenken und der gute Wille der Reichsregierung leichter zu beweisen gewesen, wenn nicht gewisse elementare Fehler der Regierungsvorlage den Anlaß zu Gegenvorschlägen und Verdächtigungen gebildet hätten.

Man muß es rückhaltlos aussprechen, daß ein Kabinett, das sich Anfang März durch Erlaß des Sozialisierungsgesetzes zur Gemeinwirtschaft bekennt und Anfang April die Beteiligung der Räte an der »gesamtwirtschaftlichen« (statt gemeinwirtschaftlichen) Entwicklung der Produktion ankündigt, sich über den Vorwurf unechter Gesinnung eigentlich nicht wundern darf.

Es will dem Reichswirtschaftsministerium scheinen, daß die in den Fragen der Sozialisierung, des Rätesystems usw. immerwährend fortschreitende Radikalisierung der öffentlichen Meinung zwar gelegentlich von persönlichen Hetzern ausgelöst, aber letztens durch den Opportunismus der Regierung mitverursacht wird.

Bei dem Fehlen eines klaren unzweideutigen Programms des Kabinetts gerade auf innerpolitischem und wirtschaftlichem Gebiete ist jede Art von Fachpolitik und im Sinne des Reichswirtschaftsministeriums besonders die Sozial-, Finanz- und Wirtschaftspolitik zu kurz gekommen, oder mit anderen Worten: dem demokratischen Prinzip zuliebe hat der Sozialismus schwer gelitten. Es ist allerhöchste Zeit, diesen Fehler wieder gutzumachen, wenn anders man den Sozialismus nicht wilden anarchistischen Experimenten überliefern und obendrein die Demokratie einbüßen will. [...]

Wenn es sich darum handelt, an die Stelle wirtschaftlicher Anarchie, wie sie zur Zeit, einerlei aus welchen Ursachen, in Deutschland herrscht, wirtschaftliche Ordnung zu setzen, so muß man sorgfältig von unten her auf den vorhandenen Vereinigungstendenzen der produktiv tätigen Bevölkerung aufbauen. Diese Vereinigungstendenzen sind im dünn bevölkerten Agrarstaat mit wenig entwickeltem Verkehr und wenig zivilisierter Bevölkerung regional eingestellt. Das gesellschaftsbildende Element ist die räumliche Nachbarschaft. Der natürliche Unterbau für die wirtschaftliche und staatliche Betätigung ist in einem solchen Lande die Gemeinde.

Anders im dicht bevölkerten Industrieland mit stark entwickeltem Verkehr, mit schrift- und lesegewandter Bevölkerung. Hier können die Einzelnen sich leicht über räumliche Schranken hinaus entwickeln. Bei der Gesellschaftsbildung wird die berufliche Zusammengehörigkeit stärker als die örtliche Nachbarschaft.

Die örtlichen Gemeindegrenzen verwischen sich mehr und mehr, und die personelle Gliederung nach Berufsgruppen tritt in den Vordergrund. Es ist deshalb kein Zufall, daß schon in den Jahrzehnten vor dem Kriege das Solidaritätsgefühl innerhalb der einzelnen Berufsgruppen sich als die stärkste gesellschaftsbildende Kraft erwiesen hat. Wir können dies sowohl in der Gliederung der Unternehmer zur Fachverbänden, wie auch in den gewerkschaftlichen Bestrebungen der Arbeiterschaft und ähnlich gerichteten Tendenzen der freien Berufe erkennen. Auf diesen Kräften muß man die Organisation der neuen Wirtschaft aufbauen, wenn man ein lebenskräftiges Gebilde schaffen will. Erstes Ziel muß also sein, neben den regionalen Bildungen der Gemeinden, Bezirke und Einzelstaaten, die sich auch künftig in Fragen kultureller oder politischer Natur, sowie in wirtschaftlichen Fragen von rein örtlicher Bedeutung weiter zu betätigen haben würden, *fachliche* Wirtschaftsgruppen, jeweils aus Unternehmern und Arbeitern, Kaufleuten und Verbrauchern zusammengesetzt, zu bilden. Die Gesamtheit dieser Wirtschaftsgruppen, die als fachliche Selbstverwaltungskörper auszubilden wären, würde neben den regional gewählten Vertretern in einem Reichswirtschaftsrat zu vereinigen sein.

Die Aufgabe dieser Wirtschaftsgruppen und dieses Wirtschaftsrats sollten zunächst rein wirtschaftliche sein: sie sollen mit wirtschaftlichen Mitteln planmäßig eine neue Wirtschaft aufbauen. Ihre *politische* Betätigung könnte notfalls auf die Begutachtung, Anregung und Förderung *wirtschaftspolitischer* Gesetze beschränkt bleiben. [...]

Das Reichswirtschaftsministerium hat sich absichtlich bemüht, die von ihm verfochtene Art Sozialismus unter dem noch nicht abgegriffenen Ausdruck »Gemeinwirtschaft« zu betreiben. *Es versteht darunter die zu Gunsten der Volksgemeinschaft planmäßig betriebene und gesellschaftlich kontrollierte Volkswirtschaft.* Es unterläßt dagegen mit vollem Bewußtsein eine vorherige starre Festlegung der Organisationsschemata und der Kontrollmittel, und zwar deswegen, weil schlechterdings kein Organisationsschema und keine Kontrollform allgemein brauchbar ist. Man kann zwar Zwecke, nicht aber Mittel zum Zwecke dogmatisch vereinbaren.

Schon bei den Zwecken schuldet eine sozialistische Regierung dem Volk das offene Geständnis, daß sich die materielle Lage des Deutschen bis auf weiteres durchschnittlich verschlechtern wird. Es muß klar gesagt werden, daß es nicht genügt, die ehemaligen wirtschaftlichen Machthaber anzuklagen, weil sie die Massen einstmals ausgebeutet und nun auch noch um den Genuß des Erbes betrogen hätten; es genügt auch nicht die Betonung, daß materielle Güter leider nicht erhältlich seien. Sondern es bedarf des unverblümten Bekenntnisses und Aufrufes zur sozialistischen Idee, zur ideellen Forderung einer höheren wirtschaftlichen Gerechtigkeit selbst um den Preis einer geringeren materiellen Befriedigung. Das neuerdings erschreckend profitlich gerichtete Streben der deutschen Arbeiterschaft zeigt von der einen Seite, und die Zugkraft der verworrenen auswärtigen Ideen offenbart auf der anderen Seite, daß unser Sozialismus an ideeller Armut krankt. Daran sind unsere sozialistischen Parteien mitschuldig. [...]

Im Rahmen der heutigen politischen Konstellationen ist es vielmehr Sache auch einer sozialistischen deutschen Regierung, das wirtschaftliche Selbstbestimmungsrecht der Nation zu verfechten, wobei als Nation die Gesamtheit des deutschen Volkes zu gelten hat. Und sofern und solange die werktätige Bevölkerung dieser Nation sich als eine Einheit auf ihrem engen und ärmlichen Boden erhalten will, muß sie sich und muß man ihr stündlich vergegenwärtigen, daß sie mit der Anwendung der anarchistischen und individualistischen Prinzipien des Bolschewismus nicht nur angemaßte Vorrechte einer Oberschicht, sondern das Lebensrecht vieler Klassengenossen antasten, ja deren Lebensmöglichkeit aufheben würde. Unbeschadet dessen, daß der deutsche Sozialismus vom russischen Bolschewismus die Abneigung gegen den Selbstzweck gewordenen, über Gebühr betriebsamen Industrialismus kapitalistischer Observanz übernehmen mag, muß sich der deutsche Sozialismus der an sich zweifellos widernatürlichen Treibhauskultur jeder industriellen Arbeitsweise bedienen, um der Gesamtheit der Volksgenossen die Lebensmöglichkeit zu erhalten. Industrielle Arbeitsweise aber bedingt – und das unterscheidet den deutschen Sozialismus vom russischen Bolschewismus – Anerkenntnis von Grundpflichten neben Grundrechten, von sozialistischer Organisation statt individualistischer Desorganisation, kurz von straffer Arbeitsordnung, die ein größtenteils aus Bauern, Handwerkern und Händlern bestehendes Volk allenfalls, niemals aber ein größtenteils industriell tätiges Volk entbehren kann.

Die deutschen sozialistischen Parteien verraten manchmal einen Hang ins Kleinbürgerliche und fühlen sich in dieser Hinsicht der bürgerlichen Demokratie augenscheinlich verwandt, indem sie nämlich den Freiheitsbegriff ohne zureichende Einschränkung auf das Wirtschaftsleben übertragen. Innerhalb unserer überwiegend industriellen Wirtschaft dem Individuum Ungebundenheit zuerkennen, heißt aber in die Denkweise des Manchestertums zurückverfallen. Es erklärt sich vielleicht aus der Abneigung gegen den mit Recht unbeliebten Bürokratismus und Militarismus unserer Kriegswirtschaft, daß das Geschrei nach »freiem Spiel der Kräfte« sogar von Angehörigen der Arbeiterklasse erhoben wird, obschon die sogenannte Zwangswirtschaft letztens nur noch ihnen zuliebe betrieben wird, und obschon – vergleiche die Eierwirtschaft – schlagende Beispiele für die Leistungen des sogenannten freien Handels vorliegen. Eine sozialistische Regierung darf nicht gleichgültig zusehen, daß wegen einiger Auswüchse die öffentliche Meinung durch interessierte Vorurteile gegen eine gebundene Planwirtschaft vergiftet wird; sie mag die Planwirtschaft verbessern, sie mag den alten Bürokratismus auffrischen, sie mag in Form der Selbstverwaltung die Verantwortung dem wirtschaftenden Volk selbst übertragen, aber sie muß sich zur gebundenen Planwirtschaft, d.h. zu den höchst unpopulären Begriffen Pflicht und Zwang bekennen.

Worin eine sozialistische Regierung von ihren Vorgängerinnen abzuweichen hat, das ist gerade die organisatorische Durchdringung des Wirtschaftskörpers mit Verantwortung gegenüber einem der Volkswohlfahrt dienenden Wirtschaftsplan, und zwar bedeutet dieses Abweichen etwas Grundsätzliches, denn ein Plan mit Lücken gleicht einem Leitungsrohr mit Löchern. Das alte System ist wegen seiner Lückenhaftigkeit und Ungerechtigkeit und nicht etwa wegen systematischer Planlosigkeit zusammengebrochen. Der imperialistische Kapitalismus war wahrhaftig nicht planlos, aber er kümmerte sich um die Volkswohlfahrt nur im Sinne der Beschwichtigung und um den ökonomischen Ertrag nur im Sinne des kapitalistischen Profits. An diesen Denkfehlern wird nichts geändert, wenn man an die Stelle der Privaten den Staat als Kapitalisten setzt, im übrigen aber alles beim alten läßt. Das neue System wird selbstverständlich ebenso scheitern wie das alte System, wenn es nicht beispielsweise seine Außenhandelspolitik planmäßig davor bewahrte, wiederum zu einem Kartenhaus zu entarten, das über Nacht umgeblasen werden könnte. Die Planwirtschaft ist nicht nur ein aus fiskalischen Nöten entspringendes und zur Milderung sozialer Härten erfundenes Problem, sondern das Grundprinzip jeder sozialistischen – übrigens auch der bolschewistischen – Wirtschafts-, Finanz- und Sozialpolitik. Der Bolschewismus kann sich dort, wo er hingehört, den Luxus leisten, den Plan gleichsam nur als eine einmalige Konstruktion aufzustellen und danach sich selbst zu überlassen. Der deutsche Sozialismus bedarf wahrscheinlich einer immerwährenden Umkonstruktion seines Planes und äußert sich deswegen in immerwährend fühlbaren Rücksichten des Individuums gegen die Gemeinschaft. Der deutsche Sozialismus hat sich so frühzeitig und so ehrlich wie möglich in seiner ganzen Härte zu offenbaren und vor nichts so sehr zu hüten, wie vor dem Anschein, als ob er ein weichliches Schlaraffien hervorbringen könnte. [...]

Akten Kabinett Scheidemann, Nr. 63a

5. Sozialisierungsgesetz, 23.3.1919

§ 1

Jeder Deutsche hat unbeschadet seiner persönlichen Freiheit die sittliche Pflicht, seine geistigen und körperlichen Kräfte so zu betätigen, wie es das Wohl der Gesamtheit erfordert.

Die Arbeitskraft als höchstes wirtschaftliches Gut steht unter dem besonderen Schutze des Reichs. Jedem Deutschen soll die Möglichkeit gegeben werden, durch wirtschaftliche Arbeit seinen Unterhalt zu erwerben. Soweit ihm Arbeitsgelegenheit nicht nachgewiesen werden kann, wird für seinen notwendigen Unterhalt gesorgt. Das Nähere wird durch besondere Reichsgesetze bestimmt.

§ 2

Das Reich ist befugt, im Wege der Gesetzgebung gegen angemessene Entschädigung

1. für eine Vergesellschaftung geeignete wirtschaftliche Unternehmungen, insbesondere solche zur Gewinnung von Bodenschätzen und zur Ausnutzung von Naturkräften, in Gemeinwirtschaft zu überführen,
2. im Falle dringenden Bedürfnisses die Herstellung und Verteilung wirtschaftlicher Güter gemeinwirtschaftlich zu regeln.

Die näheren Vorschriften über die Entschädigung bleiben den zu erlassenden besonderen Reichsgesetzen vorbehalten.

§ 3

Die Aufgaben der durch Reichsgesetz geregelten Gemeinwirtschaft können dem Reiche, den Gliedstaaten, Gemeinden und Gemeindeverbänden oder wirtschaftlichen Selbstverwaltungskörpern übertragen werden. Die Selbstverwaltungskörper werden vom Reiche beaufsichtigt. Das Reich kann sich bei der Durchführung der Aufsicht der Behörden der Gliedstaaten bedienen.

§ 4

In Ausübung der im § 2 vorgesehenen Befugnis wird durch besondere Reichsgesetze die Ausnutzung von Steinkohle, Braunkohle, Preßkohle und Koks, Wasserkräften und sonstigen natürlichen Energiequellen und von der aus ihnen stammenden Energie (Energiewirtschaft) nach gemeinwirtschaftlichen Gesichtspunkten geregelt. Zunächst tritt für das Teilgebiet der Kohlenwirtschaft ein Gesetz über die Regelung der Kohlenwirtschaft gleichzeitig mit diesem Gesetz in Kraft.

Reichsgesetzblatt 1919, S. 341 f.

E. Neue Staatsform und alter Staatsapparat

1. Erfahrungen des demokratischen Landrats Friedensburg bei seinem Dienstantritt in Ostpreußen

Am 12. Januar 1921 trat ich abends um neun Uhr mit einem Personenzug auf der Nebenbahnstrecke Marienburg–Deutsch-Eylau – 3 Zugpaare täglich – in Rosenberg ein. Der offene, verschneite, von einigen Gaslampen spärlich erleuchtete Bahnsteig schien leer, doch löste sich aus dem Dunkel des Stationsgebäudes eine umfangreiche Gestalt, musterte die Handvoll Ausgestiegener und ging mir mit raschen Schritten entgegen. In korrekter Haltung des alten Unteroffiziers meldete sich der Fremde: »Kreisobersekretär Oehlschläger zum Empfang des Herrn Landrats!« Ich verbarg meine Überraschung, daß er allein kam, schüttelte ihm die Hand, und ging mit ihm durch die Sperre auf die halbdunkle Bahnhofsstraße, auf der einsam ein Mietauto stand, wie sich herausstellte, das einzige Auto des Ortes. »Nanu«, fragte ich nun doch, »wo ist denn das Auto der Kreisverwaltung?« »Das ist nicht verfügbar«, erwiderte Oehlschläger mit unverkennbarer Verlegenheit. Meine Frage »Warum denn nicht?« erhielt den ominösen Bescheid: »Herr Landrat werden ja morgen früh sehen!«

Ich wollte mich mit dem mir noch fremden Untergebenen, noch dazu auf der Straße, nicht in lange Erörterungen einlassen. Wir bestiegen das holperige Gefährt und fuhren zum Hotel Lehmann, dem einzigen Gasthof der kleinen Kreisstadt, wo ich vorläufig Quartier nehmen sollte. Schon am Eingang scholl mir Geschrei entgegen, und es begegneten mir kräftige rotwangige Leute, die sich überaus lebhaft unterhielten. Durch den offenen Saaleingang sah man eine sich auflösende Versammlung. Zwischen den erregt miteinander weiterdiskutierenden Leuten erkannte ich im Zigarrenrauch ein aus den Zeitungen bekanntes Gesicht, das des alten »Januschauer«, des *Kammerherrn v. Oldenburg*, der zwei Güter im Kreise besaß und dort auch wohnte. Er war berühmt geworden durch seinen Ausspruch, die

Disziplin in der Armee müsse so zuverlässig sein, daß jederzeit ein Leutnant und zehn Mann genügten, um den Reichstag auseinanderzujagen. Jetzt blickte er vergnügt und anscheinend siegesbewußt um sich; offenbar hatte er erreicht, was er wollte. Ich fragte den Kellner, der mich in mein Zimmer führte, was hier denn los sei. Er antwortete gleichmütig: »Ach, das sind die Landwirte. Die protestieren nur gegen den neuen Landrat!«

Oben in meinem Zimmer konnte ich über diese ersten Eindrücke nachdenken, und erst jetzt dämmerte in mir die Ahnung auf, daß ich stürmischen Zeiten entgegengehen würde. [...]

Über meinen Vorgänger in der Verwaltung des Kreises, einen Regierungsrat v. Versen, hatte ich sich widersprechende Urteile gehört. Seine Abberufung sei erfolgt, wie man mir im Ministerium sagte, weil er mit dem Elektrizitätsproblem nicht fertigwurde; politisch gehe er ganz mit den Vertretern des Großgrundbesitzes zusammen. Von diesen sprach man wie von einer gegnerischen Macht. Die nutzbare Bodenfläche des rein landwirtschaftlichen Kreises mit seinen rund tausend Quadratkilometern befand sich zu zwei Dritteln in Händen des Großgrundbesitzes, und an ihrer Spitze stand außer der formidablen Figur des Elard v. Oldenburg auf Januschau eine Reihe adeliger Herren, die gewohnt waren, daß der Landrat aus ihren Kreisen kam.

Da ich *der erste nichtadelige Landrat* war, noch dazu nicht aus dem Kreis stammte und einer Partei angehörte, die links von den Konservativen stand, also nach Ansicht des Landadels nicht viel anders zu beurteilen war als die Kommunisten, war ich darauf gefaßt, von einem Teil der Kreisbevölkerung nicht gerade begeistert begrüßt zu werden. Aber auf offenen Widerstand war ich weder vom Ministerium in Berlin noch vom Oberpräsidium in Königsberg, wo ich mich vorher vorgestellt hatte – der Regierungspräsident wünschte mich später zu empfangen –, vorbereitet worden. Offen gestanden, hatte ich mir mit meinen vierunddreißig Jahren auch keine allzu ernsten Sorgen gemacht.

Ich wurde eines Besseren, oder sagen wir, eines Schlechteren belehrt. Am Morgen nach meiner Ankunft ging ich zu Fuß durch das freundliche Städtchen, das mit seinen 3500 Einwohnern eher ein großes Dorf war, und fand im *Landratsamt*, einem schmucklosen Gebäude am Marktplatz, wohl meinen Freund vom Vorabend, Herrn Oehlschläger, in seinem Amtszimmer vor und vier Mitarbeiter und Mitarbeiterinnen der staatlichen Abteilung der Kreisverwaltung. Man muß wissen, daß der Landrat eine Doppelfunktion besaß; er war als commissarius regius Vertreter der Staatsregierung und verfügte in dieser Eigenschaft über ein besonderes kleines Büro. Hier war denn auch alles in Ordnung. Aber in seinem zweiten Gebiet, der kommunalen Selbstverwaltung des Kreises, vergleichbar der Verwaltung einer größeren Stadt, stand dem Landrat ein erheblicher bürokratischer Apparat mit etwa 40 Mitarbeitern und Mitarbeiterinnen zur Seite; hier regierte er, wie ein Oberbürgermeister mit seinem Magistrat, als Vorsitzender eines sechsköpfigen Kollegiums, des Kreisausschusses, auf dessen zustimmenden Beschluß er in allen wichtigen Fragen angewiesen war. Als ich die sogenannten Kreisausschußräume betrat, fand ich eine gespenstische Öde vor. Mit Ausnahme eines einzigen Schreibtisches, an dem ein verdrossener, unschlüssig aussehender älterer Herr saß, waren alle Arbeitsplätze unbesetzt. Die Schreibtische waren leergeräumt, die Stühle übereinandergestellt, eine Kreisverwaltung gab es nicht mehr.

Oehlschläger, dessen Zuständigkeit mit den staatlichen Räumen ein Ende gefunden hatte, war mir auf meine Bitte, wenn auch in offensichtlicher Verlegenheit, gefolgt. »Ich würde empfehlen, jetzt das Landratszimmer aufzusuchen«, bemerkte er in beherrschtem Ton. Ich ging in den preußisch-schmucklosen Raum und fand auf dem Schreibtisch eine wohlgeordnete Anzahl von offen ausgebreiteten Dokumenten. Als ich das erste aufnahm, las ich das Protokoll: »Der Kreisausschuß hat in seiner Sitzung vom 10. Januar beschlossen, die Beamten und Angestellten des Kreisausschusses bis auf weiteres zu beurlauben.«

»Der Kreisausschuß hat ... beschlossen, das Kreisauto zu verkaufen und es bis dahin unter Verschluß zu halten.«

»Der Kreisausschuß hat ... beschlossen, die Dienstwohnung des Landrats in dem dem Kreis gehörigen Hof Rosenberg für den Preis von 400 Mark jährlich Herrn Regierungsrat v. Versen unabhängig von seiner dienstlichen Verwendung zunächst bis zum 1. Oktober zu vermieten.«

»Der Kreisausschuß hat dem sofortigen Ausscheiden des Kreischauffeurs Grablowski aus dem Kreisdienst zugestimmt.« Wie ich bald erfuhr, hatte ihn mein Vorgänger in seinen persönlichen Dienst übernommen, nicht ohne ihm sein Gehalt aus der Kreiskasse auf drei Monate im voraus zu zahlen!

Ich fragte nach dem Aufenthalt v. Versens, der mir ja eigentlich die Dienstgeschäfte hätte übergeben müssen. Aber weder Oehlschläger noch der verdrossen-einsame ältere Herr vermochten Auskunft zu geben. Es gelang mir trotz Fehlens der Telephonistin, den Fernsprechanschluß mit der Dienstwohnung herzustellen, und eine weibliche Stimme antwortete, v. Versen sei in Rosenberg gegenwärtig nicht erreichbar. Noch dreimalige Versuche der gleichen Art blieben ebenso erfolglos. Aus den Schreibtischpapieren entnahm ich, daß v. Versen die Dienstgeschäfte am Vortage dem Kreisdeputierten – einem der beiden nach der Kreisordnung bestimmten Vertreter des Landrats – einem Herrn v. Puttkamer, Gr. Plauth, übergeben hatte. Ich rief auch diesen an, erreichte ihn sogar persönlich und bat ihn, zur Übergabe der Geschäfte nach Rosenberg zu kommen. »Im Laufe der nächsten Wochen ist es mir unmöglich, nach Rosenberg zu fahren!« »Dann bitte ich, Sie heute nachmittag in Groß-Plauth aufsuchen zu dürfen.« »Auch das geht nicht, da ich zu verreisen gedenke.« Vollends eröffnete mir nunmehr der verdrossen-einsame ältere Herr, Kreisausschußobersekretär Pietzke, der, wie sich jetzt herausstellte, verdächtig war, linkszustehen, und der daher in das Komplott nicht einbezogen worden war, daß Herr v. Puttkamer alle sechs Kreisausschußmitglieder ehrenwörtlich verpflichtet hatte, an keiner von mir einzuberufenden Sitzung teilzunehmen. Ebenso seien die Amtsvorsteher verpflichtet worden, kein Schreiben von mir zu beantworten.

Ein letzter Strohhalm war der vorgesetzte Regierungspräsident, Graf v. Baudissin, in dem etwa 30 Kilometer entfernten Marienwerder. Er hatte die Güte, sich mit mir verbinden zu lassen, erklärte aber auf meine Bitte, mich sofort zu empfangen, er habe jetzt keine Zeit, ich solle am nächsten Tage kommen. Bei meinem Antrittsbesuch war dann Graf v. B. betont formell und höflich. Auf meine Bitte, gegenüber dem offenbaren Boykott zu vermitteln, der die Kreisinteressen und die Staatsinteressen auf das schwerste gefährdete, erklärte er jedoch, das sei aussichtslos.

Ich solle mich für die unangenehme Lage bei denen bedanken, die mich gegen seinen, Baudissins, Rat nach Rosenberg geschickt hätten! [...]

Ferdinand Friedensburg, Lebenserinnerungen, Frankfurt a. Main/Bonn 1969, S. 109-112 (teilweiser Nachdruck in: Die Republik von Weimar, Bd. 1, S. 60-63)

2. Schreiben des Generalleutnant v. Estdorff an den Oberpräsidenten der Provinz Ostpreußen, Winnig, über Feiern des Geburtstags des Kaisers im Offizierkorps, 26.1.1920

Zum dortigen Schreiben [...] bemerke ich, daß ich die Nachricht von der Abhaltung *demonstrativer* Feiern anläßlich des Geburtstages Seiner Majestät des Kaisers und Königs bei den mir unterstellten Reichswehrtruppen für unzutreffend halte. Ich habe indessen die Gelegenheit der Anwesenheit der Regiments-Kommandeure am 24.1. dazu benutzt, um auf die Unzulässigkeit und Unzweckmäßigkeit derartiger Feiern hinzuweisen.

Ich muß jedoch die Tatsache hervorheben, daß die weitaus größere Anzahl der Angehörigen der Reichswehr innigen Anteil nimmt an dem Geschick des ehemaligen Allerhöchsten Kriegsherrn, unter dessen Führung die Armee in den Jahren des Weltkrieges Unvergleichliches geleistet hat und der nunmehr im tiefsten Unglück fern von der Heimat weilen muß. Ich sehe keine Veranlassung, auch alle die Feiern zu verbieten, die in rein geselliger Art und geschlossenem Kreise dem Andenken an unseren früheren Kaiserlichen Herrn gewidmet sind.

Zwischen Revolution und Kapp-Putsch, Militär und Innenpolitik 1918–1920. Bearb. v. Heinz Hürten, Düsseldorf 1977, Nr. 164

3. Einseitigkeit der politischen Strafverfolgung: Kritik des Juristen Emil Julius Gumbel, 1925

Bei allen Verhandlungen über politische Amnestien hat ein spezieller Einwand der bayerischen Regierung eine Rolle gespielt. Darnach sei die Ausdehnung der Amnestie auf die wegen der bayerischen Räterepublik Verurteilten nicht nötig, da hier in weitgehendem Maß bereits Begnadigungen stattgefunden hätten. Im folgenden soll diese Angabe näher untersucht werden. Dies ist schon um dessentwillen interessant, weil auf Grund der letzten Amnestie bekanntlich nunmehr sämtliche Kapp-Anhänger außer Verfolgung gesetzt sind.

Auf Grund von Umfragen bei allen Räterepublikanern, deren Adressen mir bekannt waren, wurde eine namentliche Liste von 400 verurteilten Räterepublikanern aufgestellt. Die Liste enthält die Höhe der Verurteilung und die Höhe der abgesessenen Strafe.

Demnach machen die verbüßten Jahre in Prozenten der verhängten aus, bei:

Festung:	72,0 %
Gefängnis:	95,5 %
Zuchthaus:	73,9 %
Insgesamt:	72,6 %

Die zu Festung verurteilten bayerischen Räterepublikaner haben also im Durchschnitt 72 % ihrer Strafe, die zu Gefängnis verurteilen 96 % und die zu Zuchthaus verurteilten 74 % ihrer Strafen abgesessen, insgesamt haben die bayerischen Räterepublikaner 72,6 % ihrer Strafen abgesessen. Die begnadigte Zeit betrugt insgesamt also 27,4 %. [...]

Durch Durchschnittsdauer der Verurteilungen betrug [...]

bei Festungsstrafen	2,22 Jahre
bei Gefängnisstrafen	1,55 "
bei Zuchthausstrafen	7,66 "
im Durchschnitt	2,75 Jahre.

Die Durchschnittsdauer der Gefängnisstrafen dürfte übrigens zu gering sein. Dies liegt daran, daß, wie schon erwähnt, die Angaben über die Zahl der Verurteilungen zu Gefängnis nur dürftig sind.

Der so für unsere Liste ermittelte Prozentsatz der verbüßten Jahre und die Durchschnittsdauer der Verurteilungen geben die Grundlagen zu einer Extrapolation für *alle* Gefangenen.

Die Liste ist weit davon entfernt, vollständig zu sein. Aber es gibt eine Angabe über die Zahl aller wegen der Räterepublik Verurteilten. Nach einer amtlichen Auskunft des bayerischen Bevollmächtigten v. Nüßlein im Reichstag wurden gegen die an der bayerischen Räterepublik Beteiligten folgende Verurteilungen ausgesprochen:

Festung	407 Personen
Gefängnis	1737 "
Zuchthaus	65 "
Insgesamt	2209 Personen.

Unsere Angaben umfassen also nur etwa ¼ der gesamten Verurteilungen. Vernachlässigt man den ganz geringen Fehler, der in den Doppelverurteilungen liegt, und nimmt man an, daß unsere Angaben eine zufällige Auswahl aus allen Verurteilungen darstellen, so ist die Annahme berechtigt, daß die Dauer der Verurteilung pro Person bei allen Verurteilten dieselbe ist, wie die hier angegebene. Durch Multiplikation dieser Zahlen mit der oben festgestellten jeweiligen Durchschnittsdauer der Verurteilungen kommt man zu dem Schluß, daß über die bayerischen Räterepublikaner verhängt worden sind:

Festung	905 Jahre
Gefängnis	2690 "
Zuchthaus	497 "
Insgesamt	4092 Jahre.

Geht man jedoch von der Durchschnittsverurteilung von 2,75 Jahren aus und multipliziert sie mit der von Nüßlein angegebenen Zahl von 2209, so gelangt man auf rund 6080 Jahre. Die letztere Zahl scheint die wahrscheinlichere, weil die Durchschnittsdauer der Gefängnisstrafen vermutlich zu gering ist. Nimmt man entsprechend dem obigen an, daß 72,6 % der Strafen abgesessen wurden, so gelangt man zu dem Resultat, daß die bayerische Räterepublik mit 4400 Jahren Einsperrung gesühnt wurde.

Ein großer Teil der wegen Beteiligung an der Räterepublik zu Gefängnis und Zuchthaus Verurteilten büßen noch heute ihre Strafe ab. Nach unserer Liste trifft das für 16 zu längeren Zuchthausstrafen Verurteilte zu. Doch dürfte die tatsächliche Zahl der heute noch in den Strafanstalten Befindlichen weit größer sein.

Als Sühne der im Zusammenhang mit der Errichtung und dem Sturz der Räterepublik vorgefallenen 15 Morde wurden insgesamt 9 Todesurteile verhängt und vollstreckt. Außerdem wurde der Führer der Räteregierung Eugen Leviné standrechtlich erschossen.

Zum Vergleich interessiert es, daß die mindestens 11 Morde, die nach den Angaben der Denkschrift des Reichsjustizministers über die politischen Morde, nach der Einnahme der Stadt München von den Regierungstruppen verübt wurden, ungesühnt geblieben sind. Ferner interessiert es, daß die Gesamtzahl der wegen des Kapp-Putsches verhängten Freiheitsstrafen 5 Jahre Festung betrug, wovon 4 Jahre abgebüßt wurden.

E. J. Gumbel, Zur Justizstatistik, in: Die Justiz. Zeitschrift für Erneuerung des Deutschen Rechtswesens 1 (1925/26), S. 219-221

4. Feier des Reichsgründungstages an den deutschen Hochschulen – a) Entschließungen des 3. Hochschultages 1923; b) Prof. Schwartz: Rede zur Reichsgründungsfeier der Universität München, 17.1.1925

a) Der III. Hochschultag spricht die Erwartung aus, daß nach wie vor alle deutschen Hochschulen den 18. Januar, den Tag der Reichsgründung, als einen Tag vaterländischen Gedenkens und geistiger Erhebung festhalten, um dadurch zugleich der Einheitlichkeit der deutschen Hochschulen Ausdruck zu geben.

Mitteilungen des Verbandes der deutschen Hochschulen 3 (1923), H. 4, S. 62

b) Solange das Reich noch stand, ist der Tag seiner Gründung nur selten, bei besonderen Gelegenheiten, gefeiert; der monarchische Sinn der Deutschen zog es vor, die Geburtstage seiner Kaiser mit freudigem Hochgefühl zu begehen. Das ist alles vorüber: das Erbe Bismarcks, die Frucht langen Sehnens, Wollens und Ringens, ist nur noch eine sorgenschwere Hoffnung und eine jämmerliche Gegenwart, die zu Festen nicht begeistert. Und doch können wir uns jetzt am wenigsten dazu entschließen, den Gedenktag deutscher Größe in das gemeine Alltagsgetriebe hinabzustoßen: es wäre ein Verrat an der einzigen Wirklichkeit, die uns geblieben ist, an der Erinnerung. Von jenen ferne gewordenen Zeiten selbst zu reden und zu hören wird freilich vielen schwerfallen und gar den Greisen, über deren Jugend die Sonne des Reiches geleuchtet hat, schließt sich der Mund; sie wissen, daß es der Schmerzen größter ist, wenn im Jammer das Herz sich wendet zu des Glückes Tagen. Ein anderes ist die Erinnerung an die Jahre, deren gewaltiges Geschehen uns gerade jetzt, alle zusammen und jeden einzelnen, von neuem schüttelt, wo ihre Zahlen zum ersten Male im Rhythmus der Jahrzehnte wieder abrollen und mit gebieterischem Zwange das Gedenken zurückdrängen zu den Tagen, Monaten und Jahren, in denen wir, verlassen und abgesperrt, dem wilden Hasse der uns neidenden und fürchtenden Welt Trotz geboten haben. Daß das deutsche Volk am Ende nicht seinen Feinden, sondern der eigenen Willensschwäche und Uneinigkeit erlegen ist, wird auf lange hinaus wie ein böser Dämon auf seinem Dasein lasten [...].

Eins aber ist nötig, für das wir selbst verantwortlich sind und das wir nicht mit träumender Hoffnung von einer ungewissen Zukunft ersehnen dürfen: wir müssen wieder ein Volk werden, das sich einen freien und einen wahrhaften Staat schafft, einen Staat, der sich zunächst innerlich, dann aber auch im wirklichen Wortsinn nicht entwaffnen läßt und imstande ist, keine fremde Übermacht in seinen Grenzen zu dulden. Für den Deutschen ist es leider keine Selbstverständlichkeit, daß zu dichten und zu denken nur in einem freien Lande möglich ist. Die böse Phrase, daß wir uns von Potsdam zu Weimar bekehren müßten, treibt noch immer ihr spukhaftes Unwesen in unsrer republikanischen Demokratie, deren Bereitwilligkeit auf verlogene Schlagworte hineinzufallen ein unschönes Gegenstück bildet zu der Gewissenlosigkeit, mit der die revolutionäre Demokratie der Franzosen oder die puritanische der Angelsachsen es von je her verstanden hat, mit ihren heuchlerischen Schlagworten die Gimpel zu fangen. Wer es fertigbringt, das echte Weimar zu durchpilgern ohne die abstoßende Erinnerung an die s. g. Nationalversammlung, der sieht nicht den Gegensatz, sondern fühlt bis in jeden Nerv den Zusammenhang mit dem Potsdam des großen Preußenkönigs, der denkt daran, daß Karl August, der zu Weimar doch wohl dazugehört, kein höheres Ziel seines Ehrgeizes kannte als das, Offizier der preußischen Armee zu sein, der erlebt von neuem, was er längst gewußt hat, daß Lessings deutsches Kämpfertum im Siebenjährigen Krieg gewachsen ist, daß Goethe fritzisch gesonnen war und daß das heroische, von dem mächtigen Atem großer Geschichte durchwehte Schillersche Drama nur möglich war in einer Epoche, in der die großen Taten eines großen deutschen Königs die geschichtlichen Instinkte der Nationen wieder wachgerufen hatten. […]

Münchner Universitätsreden, München 1925

F. Liquidierung des Krieges

1. Aussage des Generalfeldmarschalls v. Hindenburg vor dem Ausschuß zur Untersuchung der Ursachen des deutschen Zusammenbruchs, 18.11.1919

Wir wußten, was wir vom Heere, der oberen und niederen Führung, nicht zuletzt von dem Mann im feldgrauen Rock zu fordern hatten, und was sie alle geleistet haben. Aber trotz der ungeheuren Ansprüche an Truppen und Führung, trotz der zahlenmäßigen Überlegenheit des Feindes konnten wir den ungleichen Kampf zu einem günstigen Ende führen, wenn die geschlossene und einheitliche Zusammenwirkung von Heer und Heimat eingetreten wäre. Darin hatten wir das Mittel zum Siege der deutschen Sache gesehen, den zu erreichen wir den festen Willen hatten.

Doch was geschah nun? Während sich beim Feinde trotz seiner Überlegenheit an lebendem und totem Material alle Parteien, alle Schichten der Bevölkerung in dem Willen zum Siege immer fester zusammenschlossen, und zwar um so mehr, je schwieriger ihre Lage wurde, machten sich bei uns, wo dieser Zusammenschluß bei unserer Unterlegenheit viel notwendiger war, Parteiinteressen breit, und diese Umstände führten sehr bald zu einer Spaltung und Lockerung des Siegeswillens. Die Geschichte wird über das, was ich hier nicht weiter ausführen darf, das endgültige Urteil sprechen. Damals hofften wir noch, daß der Wille zum Siege alles andere beherrschen würde. Als wir unser Amt übernahmen, stellten wir bei der Reichsleitung eine Reihe von Anträgen, die den Zweck hatten, alle nationalen Kräfte zur schnellen und günstigen Kriegsentscheidung zusammenzufassen; sie zeigten der Reichsleitung zugleich ihre riesengroßen Aufgaben. Was aber schließlich, zum Teil wieder durch Einwirkung der Parteien, aus unseren Anträgen geworden ist, ist bekannt. Ich wollte kraftvolle und freudige Mitarbeit, und bekam Versagen und Schwäche. Die Sorge, ob die Heimat fest genug bliebe, bis der Krieg gewonnen sei, hat uns von diesem Augenblicke an nie mehr verlassen. Wir erhoben noch oft unsere warnende Stimme bei der Reichsregierung. In dieser Zeit setzte die heimliche planmäßige Zersetzung von Flotte und Heer als Fortsetzung ähnlicher Erscheinungen im Frieden ein. Die Wirkungen dieser Bestrebungen waren der Obersten Heeresleitung während des letzten Kriegsjahres nicht verborgen geblieben. Die braven Truppen, die sich von der revolutionären Zermürbung freihielten, hatten unter dem pflichtwidrigen Verhalten der revolutionären Kameraden schwer zu leiden; sie mußten die ganze Last des Kampfes tragen. Die Absichten der Führung konnten nicht mehr zur Ausführung gebracht werden. Unsere wiederholten Anträge auf strenge Zucht und strenge Gesetzgebung wurden nicht erfüllt. So mußten unsere Operationen mißlingen, es mußte der Zusammenbruch kommen; die Revolution bildete nur den Schlußstein. Ein englischer General sagte mit Recht: »Die deutsche Armee ist von hinten erdolcht worden.« Den guten Kern des Heeres trifft keine Schuld. Seine Leistung ist ebenso bewunderungswürdig wie die des Offizierkorps. Wo die Schuld liegt, ist klar erwiesen. Bedurfte es noch eines Beweises, so liegt er in dem angeführten Ausspruche des englischen Generals und in dem maßlosen Erstaunen unserer Feinde über ihren Sieg.

Das ist die große Linie der tragischen Entwicklung des Krieges für Deutschland nach einer Reihe so glänzender, nie dagewesener Erfolge an zahlreichen Fronten, nach einer Leistung von Heer und Volk, für die kein Lob groß genug ist.

Stenographischer Bericht über die öffentlichen Verhandlungen des Untersuchungsausschusses, Berlin 1919, S. 729 ff. (Nachdruck: Ursachen und Folgen 4, Nr. 804)

2. Gutachten des Sachverständigen Herz vor dem Ausschuß zur Untersuchung der Ursachen des deutschen Zusammenbruchs, 1926

[…] Die Zergliederung der Anklage der Erdolchung ergibt folgende Bestandteile: Der Geist der Front ist durch die Stimmung der Heimat zermürbt worden. Die Kampfkraft des Heeres ist durch revolutionäre Agitationen zersetzt worden, diese Zersetzung trägt die Schuld an der Niederlage. Die Revolution von oben hat das Weiterkämpfen verhindert, ohne die Revolution von unten wäre der Waffenstillstand nicht zur Waffenstreckung geworden.

Es ist richtig, daß die Revolution die Ablehnung der Waffenstillstandsbedingungen unmöglich machte und das Heer durch Auflösung der Ordnung hinter der Front gefährdete. Es ist aber ein Widerspruch, zu sagen, daß ein Heer durch Agitation so verseucht gewesen sei, daß es geschlagen wurde, und zugleich zu sagen, trotz dieser Zersetzung der Kampffähigkeit des Heeres hätte man weiterkämpfen müssen und können. Es ist unlogisch, zu behaupten, die »Friedensduselei« der Heimat sei verhängnisvoll geworden, weil die Feinde in keinem Zeitpunkt des Krieges einen Verständigungsfrieden schließen wollten, und in demselben Atemzuge zu behaupten, die Revolution trage an dem Vernichtungsfrieden und der ihn vorbedingenden Waffenstreckung Schuld. Es ist eine Geschichtsklitterung durch Verschiebungen der zeitlichen Folge der Geschehnisse, daß ohne die Revolution die Entente nicht gewagt hätte, uns die Kapitulation zuzumuten, da die Bedingungen festgelegt waren, ehe sie überhaupt von ihr erfahren hatte. Es ist ein Hysteron proteron, die Niederlage als Folge der Revolution hinzustellen; die revolutionäre Agitation hatte im Heere und in der Heimat erst Erfolg, als die Niederlage offenbar geworden war.

Es ist richtig, daß die Stimmung der Heimat schlechter und schlechter wurde und versagte, als das Tonikum der Siegesberichte nicht mehr wirken konnte. Es war aber ein Rechenfehler der militärischen Leitung, daß sie die Gefahr, die Nerven könnten den durch die Blockade verelendeten Mittelmächten zuerst versagen, außer acht ließ, ein Denkfehler, daß sie einen Krieg für verloren hielt, der Deutschlands Grenzen nicht zu zweifelhaften »Sicherungen« hinausschob, ein psychologischer Fehler, daß sie duldete, wenn nicht unterstützte, daß der Charakter des Verteidigungskrieges zum Eroberungskriege verzerrt wurde.

Es ist richtig, daß in der Heimat und im Heere agitiert wurde. Ob die Agitation für den Verständigungsfrieden oder die für den Siegfrieden der revolutionären Agitation besser vorarbeitete, wird sich mathematisch genau niemals feststellen lassen. Mit einer an Gewißheit grenzenden Wahrscheinlichkeit muß aber bei der Seelenverfassung eines verhungernden Volkes und eines erschöpften Heeres die annexionistische als verhängnisvoller angesehen werden. Sicher ist, daß es ohne die Mißstände im Heere und in der Heimat, die wenigstens zum Teil abzustellen in der Macht der oberen Stellen lag, einer Handvoll Revolutionären niemals gelungen wäre, auch nach dem Verlust des Krieges Einfluß zu gewinnen.

Unehrlich ist es, die taktischen und strategischen Fehler, die stündlich wachsende Übermacht der Feinde an Menschen und Material, die Übermüdung der ruhelos umhergehetzten und kärglich ernährten Truppen, den Zusammenbruch der Bundesgenossen auszuschalten. Selbst wenn der Geist des Heeres an einzelnen Stellen und auch der des Ersatzes durch revolutionäre Propaganda gelitten haben sollte, es ist nichts dafür erbracht, daß ein Versagen von Truppen aus diesem Grunde den Verlust einer Schlacht oder eines Feldzuges oder des Krieges entschied. Die Erzählung, daß die Front von hinten erdolcht worden sei, ist eine Fabel.

Das Werk des Untersuchungsausschusses der Deutschen Verfassunggebenden Nationalversammlung und des Deutschen Reichstags 1918–1928. Verhandlungen – Gutachten – Urkunden, IV. Abteilung: Der innere Zusammenbruch. Hg. v. Albrecht Philipps, 6. Bd., Berlin 1928

3. Der Versailler Friedensvertrag, 28.6.1919

Art. 33. Deutschland verzichtet zugunsten Belgiens auf alle Rechte und Ansprüche auf das westlich der Straße Lüttich–Aachen liegende Gebiet von Preußisch-Moresnet. [...]

Art. 34. Deutschland verzichtet außerdem zugunsten Belgiens auf alle Rechte und Ansprüche auf das gesamte Gebiet der Kreise Eupen und Malmédy. [...]

Art. 42. Es ist Deutschland untersagt, auf dem linken Ufer des Rheines und auf dem rechten Ufer westlich einer 50 km östlich des Stromes verlaufenden Linie Befestigungen beizubehalten oder anzulegen.

Art. 43. Ebenso ist in der im Artikel 42 bezeichneten Zone die ständige oder zeitweise Unterhaltung oder Sammlung von Streitkräften untersagt. Das gleiche gilt für jedwede militärischen Übungen und die Beibehaltung aller materiellen Vorkehrungen für eine Mobilmachung. [...]

Art. 45. Als Ersatz für die Zerstörung der Kohlengruben in Nordfrankreich und als Anzahlung auf die von Deutschland geschuldete völlige Wiedergutmachung der Kriegsschäden tritt Deutschland das volle und unbeschränkte, völlig schulden- und lastenfreie Eigentum an den Kohlengruben im Saarbecken, wie es im Artikel 48 abgegrenzt ist, mit dem ausschließlichen Ausbeutungsrecht an Frankreich ab.

Art. 49. Deutschland verzichtet zugunsten des Völkerbundes, der insoweit als Treuhänder gilt, auf die Regierung des oben bezeichneten Gebiets.

Nach Ablauf einer Frist von fünfzehn Jahren nach Inkrafttreten des gegenwärtigen Vertrags wird die Bevölkerung dieses Gebiets zu einer Äußerung darüber berufen, unter welche Souveränität sie zu treten wünscht. [...]

Art. 51. Die infolge des Versailler Vorfriedens vom 26. Februar 1871 und des Frankfurter Vertrags vom 10. Mai 1871 an Deutschland abgetretenen Gebiete fallen mit Wirkung vom Zeitpunkte des Waffenstillstandes vom 11. November 1918 ab unter die französische Souveränität zurück. [...]

Art. 80. Deutschland erkennt die Unabhängigkeit Österreichs innerhalb der durch Vertrag zwischen diesem Staat und den alliierten und assoziierten Hauptmächten festzusetzenden Grenzen an und verpflichtet sich, sie unbedingt zu achten; es erkennt an, daß diese Unabhängigkeit unabänderlich ist, es sei denn, daß der Rat des Völkerbundes einer Abänderung zustimmt. [...]

Art. 83. Deutschland verzichtet zugunsten der Tschecho-Slowakei auf alle Rechte und Ansprüche auf den folgendermaßen umschriebenen Teil des schlesischen Gebiets: [...].

Art. 87. Deutschland erkennt, wie die alliierten und assoziierten Mächte es bereits getan haben, die völlige Unabhängigkeit Polens an und verzichtet zugunsten Polens auf alle Rechte und Ansprüche auf das Gebiet, das begrenzt wird durch die Ostsee, die Ostgrenze Deutschlands, wie sie im Artikel 27 Teil II (Deutschlands Grenzen) des gegenwärtigen Vertrages festgelegt ist [...].

Art. 88. In dem Teile Oberschlesiens, der innerhalb der nachstehend beschriebenen Grenzen gelegen ist, werden die Einwohner berufen, im Wege der Abstimmung kundzugeben, ob sie mit Deutschland oder Polen vereinigt zu werden wünschen. [...]

Deutschland verzichtet bereits jetzt zugunsten Polens auf alle Rechte und Ansprüche auf den Teil Oberschlesiens, der jenseits der auf Grund der Volksabstimmung von den alliierten und assoziierten Hauptmächten festgesetzten Grenzlinie gelegen ist [...].

Art. 89. Polen verpflichtet sich, dem Personen-, Güter-, Schiffs-, Boots-, Wagen-, Eisenbahnwagen- und Postverkehr zwischen Ostpreußen und dem übrigen Deutschland durch das polnische Gebiet einschließlich der Hoheitsgewässer völlige Durchgangsfreiheit zuzugestehen [...].

Art. 90. Polen verpflichtet sich, während eines Zeitraumes von fünfzehn Jahren die Ausfuhr der Bergwerkserzeugnisse nach Deutschland aus allen denjenigen Teilen Oberschlesiens zu gestatten, die auf Grund des gegenwärtigen Vertrages an Polen übergehen. [...]

Art. 94. In der Zone zwischen der Südgrenze Ostpreußens [...] und der nachstehend beschriebenen Linie werden die Einwohner berufen, im Wege der Abstimmung zu erklären, mit welchem Staate sie vereinigt zu werden wünschen: [...].

Art. 96. In einer Zone, die die Kreise Stuhm und Rosenberg, den östlich der Nogat liegenden Teil des Kreises Marienburg und den östlich der Wechsel liegenden Teil des Kreises Marienwerder umfaßt, werden die Einwohner berufen, durch eine gemeindeweise Abstimmung kundzutun, ob sie wünschen, daß die verschiedenen in diesem Gebiete liegenden Gemeinden zu Polen oder zu Ostpreußen gehören sollen. [...]

Art. 99. Deutschland verzichtet zugunsten der alliierten und assoziierten Hauptmächte auf alle Rechte und Ansprüche auf die Gebiete zwischen der Ostsee, der [...] Nordostgrenze Ostpreußens und den alten deutsch-russischen Grenzen. [...]

Art. 100. Deutschland verzichtet zugunsten der alliierten und assoziierten Hauptmächte auf alle Rechte und Ansprüche auf das Gebiet, das von den nachstehend angegebenen Grenzen umschlossen wird [...].

Art. 102. Die alliierten und assoziierten Hauptmächte verpflichten sich, die Stadt Danzig nebst dem im Artikel 100 bezeichneten Gebiet als Freie Stadt zu begründen; sie tritt unter den Schutz des Völkerbunds. [...]

Art. 109. Die Grenze zwischen Deutschland und Dänemark

wird in Übereinstimmung mit dem Wunsche der Bevölkerung festgesetzt.

Zu diesem Zwecke wird die Bevölkerung derjenigen Gebiete des bisherigen Deutschen Reiches, die nördlich einer von Osten nach Westen verlaufenden [...] Linie gelegen sind, die von der Ostsee ungefähr 13 km ostnordöstlich von Flensburg ausgeht, [...] berufen, ihren Willen durch eine Abstimmung kundzutun [...].

Art. 115. Die Befestigungen, militärischen Anlagen und Häfen der Insel Helgoland und der Düne sind unter Überwachung der alliierten Hauptregierungen von der deutschen Regierung auf eigene Kosten innerhalb einer von den genannten Regierungen festgesetzten Frist zu zerstören [...].

Art. 119. Deutschland verzichtet zugunsten der alliierten und assoziierten Hauptmächte auf alle seine Rechte und Ansprüche bezüglich seiner überseeischen Besitzungen [...].

Art. 160. Spätestens am 31. März 1920 darf das deutsche Heer nicht mehr als 7 Infanterie- und 3 Kavalleriedivisionen umfassen.

Von diesem Zeitpunkt ab darf die gesamte Iststärke des Heeres der sämtlichen deutschen Einzelstaaten nicht mehr als 100 000 Mann, einschließlich der Offiziere und Depots, betragen. Das Heer ist nur für die Erhaltung der Ordnung innerhalb des deutschen Gebiets und zur Grenzpolizei bestimmt.

Die Gesamtstärke an Offizieren, einschließlich der Stäbe, ohne Rücksicht auf deren Zusammensetzung, darf die Zahl viertausend nicht übersteigen.

[...] Der deutsche Große Generalstab und alle anderen ähnlichen Formationen werden aufgelöst und dürfen unter keiner Gestalt neu gebildet werden [...].

Art. 168. Die Anfertigung von Waffen, Munition und Kriegsgerät aller Art darf nur in Werkstätten und Fabriken stattfinden, deren Lage den Regierungen der alliierten und assoziierten Hauptmächte zur Kenntnisnahme mitgeteilt und von ihnen genehmigt worden ist. Diese Regierungen behalten sich vor, die Zahl der Werkstätten und Fabriken zu beschränken [...].

Art. 228. Die deutsche Regierung räumt den alliierten und assoziierten Mächten die Befugnis ein, die wegen eines Verstoßes gegen die Gesetze und Gebräuche des Krieges angeklagten Personen vor ihre Militärgerichte zu ziehen. Werden sie schuldig befunden, so finden die gesetzlich vorgesehenen Strafen auf sie Anwendung. Diese Bestimmung greift ohne Rücksicht auf ein etwaiges Verfahren oder eine etwaige Verfolgung vor einem Gerichte Deutschlands oder seiner Verbündeten Platz.

Die deutsche Regierung hat den alliierten und assoziierten Mächten oder derjenigen Macht von ihnen, die einen entsprechenden Antrag stellt, alle Personen auszuliefern, die ihr auf Grund der Anklage, sich gegen die Gesetze und Gebräuche des Krieges vergangen zu haben, sei es namentlich, sei es nach ihrem Dienstgrade oder nach der ihnen von den deutschen Behörden übertragenen Dienststellung oder sonstigen Verwendung bezeichnet werden [...].

Art. 231. Die alliierten und assoziierten Regierungen erklären, und Deutschland erkennt an, daß Deutschland und seine Verbündeten als Urheber für alle Verluste und Schäden verantwortlich sind, die die alliierten und assoziierten Regierungen und ihre Staatsangehörigen infolge des ihnen durch den Angriff Deutschlands und seiner Verbündeten aufgezwungenen Krieges erlitten haben.

Art. 232. Die alliierten und assoziierten Regierungen erkennen an, daß die Hilfsmittel Deutschlands unter Berücksichtigung ihrer dauernden, sich aus den übrigen Bestimmungen des gegenwärtigen Vertrags ergebenden Verminderung nicht ausreichen, um die volle Wiedergutmachung aller dieser Verluste und Schäden sicherzustellen.

Immerhin verlangen die alliierten und assoziierten Regierungen, und Deutschland verpflichtet sich dazu, daß alle Schäden wieder gutgemacht werden, die der Zivilbevölkerung jeder der alliierten und assoziierten Mächte und ihrem Gut während der Zeit, in der sich die beteiligte Macht mit Deutschland im Kriegszustand befand, durch diesen Angriff zu Lande, zur See und in der Luft zugefügt worden sind, sowie überhaupt alle Schäden, die [...] näher bezeichnet sind [...].

Art. 233. Der Betrag der bezeichneten Schäden, deren Wiedergutmachung Deutschland schuldet, wird durch einen interalliierten Ausschuß festgesetzt, der den Namen »Wiedergutmachungsausschuß« trägt [...].

Dieser Ausschuß prüft die Ansprüche und gewährt der deutschen Regierung nach Billigkeit Gehör.

Die Beschlüsse dieses Ausschusses über den Betrag der oben näher bestimmten Schäden werden spätestens am 1. Mai 1921 aufgesetzt und der deutschen Regierung als Gesamtbetrag ihrer Verpflichtungen bekanntgegeben.

Zu gleicher Zeit stellt der Ausschuß einen Zahlungsplan auf, der die Fälligkeitszeiten und die Art und Weise vorschreibt, wie Deutschland vom 1. Mai 1921 ab seine gesamte Schuld in einem Zeitraum von 30 Jahren zu tilgen hat. Sollte jedoch im Laufe dieses Zeitraums Deutschland mit der Begleichung seiner Schuld im Rückstande bleiben, so kann die Zahlung jeder Restsumme nach Gutdünken des Ausschusses auf spätere Jahre verschoben werden oder [...] eine anderweitige Behandlung erfahren [...].

Reichsgesetzblatt 1919, S. 701 ff.

4. Note der Reichsregierung an die alliierten und assoziierten Mächte, 23.6.1919

Die Regierung der Deutschen Republik hat aus der letzten Mitteilung der alliierten und assoziierten Regierungen mit Erschütterung ersehen, daß sie entschlossen sind, von Deutschland auch die Annahme derjenigen Friedensbedingungen mit äußerster Gewalt zu erzwingen, die, ohne eine materielle Bedeutung zu besitzen, den Zweck verfolgen, dem deutschen Volke seine Ehre zu nehmen. Durch einen Gewaltakt wird die Ehre des deutschen Volkes nicht berührt. Sie nach außen hin zu verteidigen, fehlt dem deutschen Volke nach den entsetzlichen Leiden der letzten Jahre jedes Mittel. Der übermächtigen Gewalt weichend und ohne damit ihre Auffassung über die unerhörte Ungerechtigkeit der Friedensbedingungen aufzugeben, erklärt deshalb die Regierung der Deutschen Republik, daß sie bereit ist, die von den alliierten und assoziierten Regierungen auferlegten Friedensbedingungen anzunehmen und zu unterzeichnen.

Materialien betreffend die Friedensverhandlungen, 1919, Bd. IX, S. 36 (Nachdruck: Huber, Dokumente 3, Nr. 148)

5. Kundgebung des Reichspräsidenten und der Reichsregierung zum zehnten Jahrestag des Vertragsabschlusses von Versailles, 28.6.1929

An das deutsche Volk!

Der heutige Tag ist ein Tag der Trauer. Zehn Jahre sind verflossen, seit in Versailles deutsche Friedensunterhändler gezwungen waren, ihre Unterschrift unter eine Urkunde zu setzen, die für alle Freunde des Rechts und eines wahren Friedens eine bittere Enttäuschung bedeutete. Zehn Jahre lastet der Vertrag auf allen Schichten des deutschen Volkes, auf Geistesleben und Wirtschaft, auf dem Werk des Arbeiters und des Bauern. Es hat zäher und angestrengter Arbeit und einmütigen Zusammenstehens aller Teile des deutschen Volkes bedurft, um wenigstens die schwersten Auswirkungen des Versailler Vertrages abzuwenden, die unser Vaterland in seinem Dasein bedrohten und das wirtschaftliche Gedeihen ganz Europas in Frage stellten.

Deutschland hat den Vertrag unterzeichnet, ohne damit anzuerkennen, daß das deutsche Volk der Urheber des Krieges sei. Dieser Vorwurf läßt unser Volk nicht zur Ruhe kommen und stört das Vertrauen unter den Nationen. Wir wissen uns eins mit allen Deutschen in der Zurückweisung der Behauptung der alleinigen Schuld Deutschlands am Kriege und in der festen Zuversicht, daß dem Gedanken eines wahren Friedens, der nicht auf Diktaten, sondern nur auf der übereinstimmenden und ehrlichen Überzeugung freier und gleichberechtigter Völker beruhen kann, die Zukunft gehört.

Deutsche Allgemeine Zeitung, 28.6.1929 (Nachdruck: Ursachen und Folgen 7, Nr. 1496)

G. Kapp-Putsch und weitere Unruhen

1. Bericht des Chefs der Heeresleitung über die Kabinettsitzung angesichts des Kapp-Putsches, 13.3.1920

[...] Die Beratung lief erregt und ohne strenge Debatten-Ordnung im wesentlichen auf die Beantwortung folgender Fragen hinaus:

1. Sollen die Ehrhardtschen Forderungen angenommen werden?
2. Soll überhaupt mit Ehrhardt verhandelt werden?
3. Soll Ehrhardt mit der Waffe bekämpft werden?
4. Soll die Regierung, wenn nicht oder erfolglos in Berlin gegen Ehrhardt gekämpft würde, sich vergewaltigen lassen oder Berlin verlassen und sich an einen sicheren Ort verlegen?
5. An welchen Ort?

Aus dem Hin und Her der Meinungen ergab sich zu 1 u[nd] 2 Ablehnung, zu 3 Ablehnung auf Grund der vom Reichswehrminister Noske dargelegten Auffassung der Generale v. Oven, v. Oldershausen und v. Seeckt, die von einem nach ihrer Ansicht gegen die Ehrhardtschen überlegenen Angreifer hoffnungslosen Verteidigungskampf abgeraten hätten. Ich hatte am vorhergehenden späten Abend einzelne Führer der Verteidigungstruppen an ihre ernsten Pflichten gemahnt und die Überzeugung, daß sie diese den Meuterern gegenüber erfüllen würden. Ich schätzte zwar die Erfolgsaussichten für das Festhalten der Wilhelmstraße gleichfalls nicht hoch ein, hielt aber einen örtlichen Mißerfolg für weniger schädlich und eher in Kauf zu nehmen als ein kampfloses Preisgeben der Regierung mit seinen schweren Rückwirkungen auf das ganze spätere Verhältnis zwischen Regierung, Reichswehr und Volk.

Nach Ablehnung des Kampfes durch das Kabinett schlug ich vor, den Regierungs-Truppen den Befehl zum Einrücken in ihre Unterkunft sofort zu erteilen, da ihre Lage sonst beim Anrücken von Ehrhardt beschämend gewesen wäre. Dem wurde zugestimmt. Gleichzeitig bat ich den anwesenden Reichspräsidenten und Wehrminister, da meine Ansicht über den notwendigen Kampf nicht durchgedrungen und meine Stellung als Chef der

Heeresleitung den Truppen gegenüber dadurch erschüttert war, mich von dieser zu entbinden. Eine Entscheidung hierauf erfolgte nicht, denn die Zeit war inzwischen so vorgerückt, daß zu Punkt 4 und 5 eine sofortige Beschlußfassung nötig war. Die Sitzung wurde stürmisch, auch eine Anzahl der preußischen Staatsminister war dazu getreten. Schließlich gaben nach Schwankungen besonders die Darlegungen der Minister Schiffer und Noske, welcher den festen Willen bekundete, den Kampf von außen aufzunehmen, den Ausschlag für die Abreise. Nach kurzem Beraten wurde zu 5 beschlossen, zunächst nach Dresden zu gehen, wozu auch ich, gestützt auf mein Vertrauen in den dort kommandierenden General Maercker, geraten hatte. Einige Minister wurden zum Zurückbleiben in Berlin bestimmt, an ihrer Spitze Minister Schiffer. [...]

Akten Regierung Bauer, Nr. 188

2. Kundgebung des Reichkanzlers Kapp, 13.3.1920

Das Mandat der Nationalversammlung zum Erlaß einer Verfassung und zum Abschluß des Friedens ist erloschen. Es fehlt ihr jedes moralische Recht zur weiteren Tagung. Der Versuch, die Wahlen hinauszuschieben und dadurch ihr Mandat eigenmächtig zu verlängern, widerspricht dem Volkswillen. Die beschlossene Verfassung wird willkürlich von ihr wie ein Fetzen Papier behandelt. Schon will die Mehrheit die Wahl des Reichspräsidenten nicht durch die Gesamtheit des Volkes, sondern durch das Parlament vornehmen. Die Nationalversammlung wird hiermit aufgelöst. Sobald die gesetzliche Macht wiederhergestellt wird, werden wieder verfassungsmäßige Zustände zurückkehren und Neuwahlen ausgeschrieben.

Poetzsch, Vom Staatsleben, S. 3 (Nachdruck: Huber, Dokumente 3, Nr. 197)

3. Aufruf der Reichsregierung Ebert/Bauer, 13.3.1920

An das deutsche Volk!

Durch einen wahnwitzigen Handstreich sind die Regierungsgebäude in Berlin in die Hand von Aufrührern gelangt. Keine politische Partei, kein Mann von besonnener Denkungsart steht hinter diesen Vorgängen. Jedermann mißbilligt sie. Nachdem sich die in Döberitz einquartierten, zur Entlassung bestimmten Truppen, namentlich die aus dem Baltikum, hinter diesen Akt der Tollheit gestellt haben, hat die Regierung, um ein Blutbad zu vermeiden und das Leben der an Zahl geringeren, in Berlin befindlichen regulären Truppen zu schonen, Berlin verlassen, denn Blut ist seit 1914 genug geflossen. Und dieses Abenteuer wird in wenigen Tagen an seiner inneren Unmöglichkeit zusammenbrechen.

Die Regierung hat ihren Sitz nach Dresden verlegt. Jeder bleibt an den Gehorsam gegen die verfassungsmäßige Regierung gebunden. Nur sie kann Befehle erteilen und Zahlungsanweisungen ausstellen. Jede Anordnung einer anderen Stelle ist rechtsungültig.

Die Soldaten der Reichswehr haben die Verfassung zu schützen, dem Reichspräsidenten und der Regierung zu dienen und gehorsam zu sein. Den Eidbruch einer Anzahl Offiziere nachzuahmen, verbietet ihnen Pflicht und Recht.

Die Auflösung der Nationalversammlung ist verfassungswidrig. Der Präsident der Nationalversammlung ist ersucht, die Nationalversammlung alsbald wieder einzuberufen. Nur eine auf die Verfassung gegründete Regierung vermag Deutschland davor zu bewahren, daß es in Nacht und Blut versinkt. Wenn Deutschland von einem Putsch zum anderen geführt wird, so ist es verloren. Eine auf dem Gewaltakt weniger beruhende Regierung entbehrt der Autorität im Inlande und im Auslande. Das Volk wird verhungern, wenn neue Wirren die Landwirtschaft und den Verkehr unterbinden und das Vertrauen des Auslandes, das sich nur eine verfassungsmäßige Regierung erwirbt, untergraben. Ungeheure Gefahren, nach innen und außen, stehen bevor, wenn das deutsche Volk die Besonnenheit verliert.

Deutsches Volk, schare dich um deine verfassungsmäßige Regierung!

Poetzsch, Vom Staatsleben, S. 3 f. (Nachdruck: Huber, Dokumente 3, Nr. 199)

4. Aufruf der Freien Gewerkschaften zum Generalstreik, 13.3.1920

[...] Lasse sich kein denkender Arbeiter, Angestellter und Beamter durch zweifelhafte Versprechungen der Putschregierung betören. Es gilt, alle Kräfte des Volkes zum Widerstand zusammenzufassen. Das Volk wäre nicht wert der Freiheiten und Rechte, die es sich erkämpft hat, wenn es sie nicht bis zum äußersten verteidigen würde.

Wir fordern daher alle Arbeiter, Angestellten und Beamten zum einmütigen Protest gegen die Gewaltherrschaft auf, überall sofort in den Generalstreik einzutreten. Alle Betriebe müssen stillgelegt werden. Ausgenommen sind nur die Wasserwerke, Krankenhäuser und Krankenkassen. Die örtlichen zuständigen Vertretungen der Arbeitnehmerschaft werden darüber entscheiden, in welchen sonstigen lebensnotwendigen Betrieben die Arbeit fortgesetzt werden darf.

Der Abwehrkampf der Arbeitnehmerschaft muß ein gewaltiger und erdrückender werden. Deshalb darf sich kein Beruf und keine Gruppe davon ausschließen. Jeder einzelne tue seine Pflicht. An dem geschlossenen Widerstand des Volkes muß die Reaktion scheitern. Ihre Machtmittel werden in Kürze versagen. Der Sieg wird auf seiten des arbeitenden Volkes sein.

Karl Brammer, Fünf Tage Militärdiktatur. Dokumente zur Gegenrevolution, Berlin 1920, S. 67 (Nachdruck: Huber, Dokumente 3, Nr. 202)

5. Aufruf der Reichsregierung, 17.3.1920

Der bewaffnete Aufstand ist zusammengebrochen. Der verfassungsmäßige Zustand ist wiederhergestellt.

Bedingungslos hat Herr Kapp das von ihm angemaßte Amt des Reichskanzlers aufgegeben. Die Reichsregierung ist in vollem Besitz ihrer vom Volk bestimmten Rechte. Die Führung der Truppen ist dem General v. Seeckt übertragen worden. Einmütige und unerschütterliche Entschlossenheit des deutschen Volkes hat vermocht, die ungeheure Schädigung des politischen und des Wirtschaftslebens in wenigen Tagen wieder auszuschalten. Allen Schichten der Bevölkerung, die in der Verteidigung der Demokratie treu zusammenstanden und dadurch die rasche Wiederkehr des verfassungsmäßigen Zustandes ermöglicht haben, spricht die Reichsregierung ihren Dank aus. Der dem deutschen Volk außen wie innen zugefügte Schaden ist unabschätzbar. Das Wirtschaftsleben ist erneut aufs schwerste erschüttert. Seinen völligen Zusammenbruch und damit den der Volksgesamtheit zu verhüten, ruft die vom Volkswillen geschaffene und getragene Reichsregierung das gesamte deutsche Volk zur Wiederaufnahme der Arbeit auf.

Poetzsch, Vom Staatsleben, S. 6 (Nachdruck: Huber, Dokumente 3, Nr. 206)

6. Aufruf der KPD, 6.4.1920

An das Proletariat Berlins!
An das deutsche Proletariat!

Arbeiter! Genossen! Das Ultimatum der Ebert-Müller an das Ruhrrevier ist in Ausführung. [...] Jetzt rast im Ruhrrevier der weiße Schrecken mit Standgerichten, mit Gasgranaten, mit Brutalitäten ohne Zahl und Maß.

»Gefangene werden nicht gemacht!« – diese Parole haben die weißgardistischen Offiziere für das Ruhrrevier herausgegeben. Danach handelt ihre Soldateska.

Arbeiter, ohne Unterschied der Partei, werden auf die Denunziationen der Groß-Bourgeoisie niedergemacht. Die weißgardistische Soldateska behandelt das Ruhrrevier nicht anders, als sie Finnland und die Ukraine behandelt hat.

Die Vorwände für die Entfesselung des weißen Schreckens gegen das Ruhrrevier, angebliche Plünderungen und Gewaltakte einzelner »roter Banden«, sind von den auswärtigen Zeitungskorrespondenten, die sich an Ort und Stelle begeben haben, als dreiste Lüge enthüllt worden.

Geplündert, geraubt, gemordet wird im Ruhrrevier ausschließlich von den Landsknechtshorden der konterrevolutionären Generale. Das vergossene Proletarierblut schreit zum Himmel.

Arbeiter! Genossen! Wen trifft die Blutschuld? – Sie trifft die Watter und ihre Soldateska. Sie trifft die Ebert-Müller, die diese Soldateska losgelassen. Sie trifft die Gewerkschaftsbürokratie und die Mehrheitssozialisten, die dem Proletariat in den Arm fielen, ehe noch wirkliche Garantien gegeben waren für die Unschädlichmachung der konterrevolutionären Offiziersbande, und die der Regierung nicht in den Arm fielen, als sie den Bund mit der Soldateska neu knüpfte.

Arbeiter! Genossen! Nicht genug damit, daß die Ebert-Müller den Watter losgelassen auf das Proletariat des Ruhrreviers, sie haben gleichzeitig dadurch den französischen Nationalismus, den Marschall Foch, losgelassen gegen die Nation.

Frankfurt, Hanau, Darmstadt, Homburg sind von den französischen Truppen besetzt. Die französische Regierung erklärt, die Truppen so lange dort zu halten, bis die Reichswehrtruppen wieder aus dem Ruhrrevier entfernt sind.

Die Ebert-Müller haben der französischen nationalistischen Regierung das erwünschte Sprungbrett zum Einmarsch gegeben, indem sie über die Köpfe Englands, Italiens und der Vereinigten Staaten hinweg Sonderverhandlungen mit Frankreich anknüpften. [...]

Arbeiter! Genossen! Schmach und Schande über euch, wenn ihr euch nicht jetzt von neuem erhebt gegen diese neuen Gefahren, die größer sind als die des 13. März. [...]

Die Rote Fahne, 7.4.1920 (Nachdruck: Huber, Dokumente 3, Nr. 223)

7. Aufruf des Führers der Aufständischen in Mitteldeutschland, Max Hölzl, 22.3.1921

Seit dem 21. März stehen wir in Mitteldeutschland in Eisleben, Mansfeld, Hettstaedt in schärfstem Kampf mit der Sipo. Wir erwarten von Euch, daß Ihr uns unterstützt in diesem Kampf. Wir verlangen, daß Ihr zu uns kommt mit oder ohne Waffen ganz gleich. Wenn Ihr aus irgendwelchen Gründen nicht zu uns kommen könnt, dann verlangen wir von Euch, daß Ihr dort, wo Ihr seid, den Kampf aufnehmt mit den bezahlten Henkersknechten

Eurer Ausbeuter. Entwaffnet die Bürger, die Polizei, die Gendarmerie, die Sipo, die Reichswehr. Beschlagnahmt alle erreichbaren Gelder, sprengt die Schienen, die Gerichte, die Gefängnisse, befreit alle Gefangenen. Hörsing läßt in Mitteldeutschland Arbeiter, Kinder und Frauen erschießen, nur deshalb, weil sie Arbeiter sind und um ihr Brot und ihre Freiheit kämpfen. Wir haben sofort als Gegenmaßnahme das proletarische Standrecht verhängt. Wir schlachten die Bourgeoisie ab ohne Unterschied des Alters und des Geschlechts, wir sprengen ihre Villen in die Luft und nehmen ihnen das geraubte Geld ab, das sie den Arbeitern durch Ausbeutung und Wucher zuerst geraubt hat.

Verhandlungen des Preußischen Landtages 1921, Bd. 1, S. 327 f. (Nachdruck: Huber, Dokumente 3, Nr. 231)

8. Leitsätze über die Märzaktion, beschlossen v. ZA der VKPD auf seiner Tagung am 7. u. 8.4.1921

VIII. […]

1. Allgemein: Die Verschärfung der Klassenkämpfe, die Durchbrechung der Front der Passivität und des Burgfriedens und dadurch die objektive Notwendigkeit für die Arbeiterklasse, in breiterem Maße zum Angriff überzugehen.

   Zu Beginn der Aktion existierte das Bündnis zwischen den bürgerlichen Parteien, der Sozialdemokratie und der Unabhängigen Partei und der Gewerkschaftsführerschaft dank der Passivität der Arbeiterklasse. Heute, am Ende der Aktion, existiert es als offene Kampffront gegen den Widerstand der revolutionären Vorhut, gegen den wachsenden Widerstand der Arbeitermassen. Die unabhängigen und sozialdemokratischen Führer sind durch die Aktion, die sie gegen die revolutionäre Vorhut geführt haben, die Gefangenen der offenen Konterrevolution geworden.
2. Die Demaskierung der USPD und SPD und ihrer Gewerkschaftsbürokratie als konterrevolutionäre Mächte durch die Tat und die Folgen der Tat, ihre offene Einreihung in die Kampffront der Bourgeoisie. Die parlamentarische

Scheinopposition der Sozialdemokratie, das revolutionäre Maulheldentum der Unabhängigen sind vor den breitesten Massen entlarvt. Die Märzaktion hat die Demaskierung vollendet, die der Offene Brief der VKPD einleitete.

3. Die Aufrüttelung der Arbeiter aus der Stagnation, aus der untätigen Unterwerfung unter die bürgerliche Diktatur.
4. Im Endresultat tiefer und breiter Propagandawirkung für den Kommunismus, der gezeigt hat, daß er in entscheidender Stunde zu kämpfen versteht.
5. Die Märzaktion hat dem internationalen Klassenkampf des Proletariats einen neuen Anstoß gegeben, sie hat die menschewistischen Parteien aller Länder gezwungen, sich zu demaskieren, sich auf die Seite der Unabhängigen und Sozialdemokraten, auf die Seite der Severing und Hörsing zu stellen. Die Märzaktion hat schließlich den Arbeiterklassen der Entente gezeigt, daß die nationale Einheitsfront zwischen Bourgeoisie und Proletariat eine freche Lüge, daß die deutsche Revolution eine lebendige Wahrheit ist.
6. Die Märzaktion hat schließlich der Vereinigten Kommunistischen Partei selbst ermöglicht, die organisatorischen Schwächen und Mängel, die der Partei noch anhaften, festzustellen.

IX. Die VKPD hat sich durch die Aktion zu den Methoden des revolutionären Massenkampfes bekannt. Sie hat während der Aktion alle Methoden streng von sich gewiesen und als Taten der Konterrevolution vor der Arbeiterschaft denunziert, die den Massenkampf durch Terrorakte ersetzen wollen. Sie denunziert heute, nach Abbruch des Kampfes, vor der gesamten Arbeiterschaft die Sozialdemokratie und die Unabhängige Partei, die die terroristischen Akte der Orgesch und ihrer Spießgesellen zur Verwirrung der Arbeiter der VKPD in die Schuhe schieben wollen.

X. Die VKPD muß die organisatorischen und taktischen Mängel dieses ersten Versuches abstellen. Sie muß, wenn sie ihre geschichtliche Aufgabe erfüllen will, festhalten an der Linie der revolutionären Offensive, die der Märzaktion zugrunde liegt, und sie muß entschlossen und sicher auf diesem Wege fortschreiten.

XI. Aus dieser Einstellung ergibt sich für die VKPD die

Pflicht, alle Konflikte zu steigern, die geeignet sind, die Massen in Bewegung und Aktion zu bringen. Entstehen Teilaktionen aus wirtschaftlichen und politischen Ursachen, so hat die Partei die Aufgabe, diese Teilaktionen mit allen zweckdienlichen Mitteln zu unterstützen, sie zu verschärfen und zu verbreitern.

XII. In Anerkennung der vorstehenden Leitsätze sieht der Zentralausschuß in der Märzkampagne der Partei eine dieser taktischen Einstellung entsprechende Aktion, die, obgleich sie mit einer Niederlage endete, notwendig war, da die Partei trotz der ungünstigen Umstände des Kampfbeginns dem planmäßigen Aufmarsch der legalen und illegalen Gegenrevolution nicht kampf- und tatenlos zusehen durfte, wenn die Partei nicht zur Partei der revolutionären kommunistischen Phrase, statt zur Partei der revolutionären Aktion werden wollte.

Die Rote Fahne, 10.4.1921 (Nachdruck: Dokumente und Materialien II/7, Bd. 1, S. 451 ff.)

9. Aufruf der Reichsregierung aus Anlaß des Attentats auf den Reichsaußenminister Dr. Rathenau, 24.6.1922

Der Mord an dem Reichsminister Dr. Rathenau hat die schweren Gefahren enthüllt, denen Deutschland durch innerpolitische Gärungen ausgesetzt ist. Die Mahnung, den Zwist der Parteien und den Streit über Vergangenes ruhen zu lassen und alle Kräfte der Nation dem Aufbau und der Rettung des Vaterlandes zu weihen, ist ungehört verhallt. Ruchlose und nichtswürdige Verhetzung, die sich gegen die Staatsform richtet und ihre Diener für vogelfrei erklärt, treibt immer mehr unklare und politisch verblendete Köpfe zu Mordversuchen und Mord. Ein Netz von Verschwörungen droht den inneren Frieden und die Grundlagen einer Erneuerung zu zerstören. Der Mord an Rathenau war nur ein Glied in der Kette wohlvorbereiteter Anschläge auf die Republik. Zuerst sollten die Führer der Republik, dann sollte die Republik selbst fallen. In der Verteidigung gegen solche verbrecherischen Anschläge muß Durchgreifendes geschehen. Dem wachsenden Terror und Nihilismus, der sich vielfach unter dem Deckmantel nationaler Gesinnung verbirgt, darf nicht mehr mit Nachsicht begegnet werden. Die Republik ist in Gefahr. Alle für die Freiheit und für den Aufbau eines demokratischen Staatswesens arbeitenden Schichten der Bevölkerung müssen sich zusammenschließen und einigen. Das Reichskabinett, eines seiner fähigsten und besten Mitarbeiter beraubt, erkennt in der Stunde tiefster Trauer, daß Gefahr im Verzug ist. Das Kabinett hat daher dem Reichspräsidenten empfohlen, von seiner verfassungsmäßigen Befugnis Gebrauch zu machen und durch Verordnung den Schutz des Staates und der Republik und das Leben der durch politische Mordorganisationen bedrohten Vertreter des Staates zu sichern. Die Reichsregierung wird für die strengste Durchführung dieser Verordnung Sorge tragen und sofort die Vorbereitungen treffen, durch gesetzliche Vorschriften der moralischen und politischen Zersetzung entgegenzuwirken, die die Grundlagen des Staates aufs schwerste bedrohen. Die Reichsregierung versteht die tiefste Erregung des Volkes und bedauert die wirtschaftlichen Rückschläge eines solchen Wahnsinns, die die arbeitenden Klassen am meisten treffen. Sie hofft, daß das deutsche Volk in seiner verständlichen Erregung sich nicht zu Schritten verleiten läßt, welche die wirtschaftlichen und politischen Schäden und Wirren noch vermehren werden, erwartet vielmehr, daß das deutsche Volk sich hinter die Bemühungen der Regierung stellen wird, und richtet daher an die Beamtenschaft und an die Arbeiter aller Parteien und an das ganze freiheitliche Bürgertum die ernste und dringliche Mahnung, zum Schutze des Staates in Not und Gefahr zusammenzustehen.

Deutsche Allgemeine Zeitung, 25.6.1922 (Nachdruck: Huber, Dokumente 3, Nr. 239)

10. Flugschrift Karl Helfferichs: Fort mit Erzberger!, 1921

[...] *Das ist Herr Erzberger*, der als schwerindustrieller Aufsichtsrat einer der schlimmsten *Annexionisten* war und dann nach seiner plötzlichen und nicht freiwilligen Abkehr von der Schwerindustrie nicht genug Worte der Verdammnis und Verhetzung gegen die Schwerindustrie und die Annexionisten finden kann!

Das ist Herr Erzberger, der sich gegen die von allen Seiten auf sein politisches und persönliches Verhalten anstürmenden Anklagen nicht etwa dadurch schützt, daß er diese unwiderleglichen Anklagen zu widerlegen sucht, sondern dadurch, daß er falsche und verleumderische Anklagen gegen seine Ankläger erhebt!

Das ist Herr Erzberger, der nicht doppelt und dreifach, sondern zehn- und zwanzigfach von allen Seiten der *bewußten Unwahrheit* geziehen wird;

der sich eine *unsaubere Vermischung politischer Tätigkeit und eigner Geldinteressen* zum Vorwurf machen lassen muß;

der auf alle diese Anschuldigungen trotz schärfster Herausforderung nicht klagt, sondern kneift und nach Art des bedrohten Tintenfisches das Wasser trübt, um zu entwischen!

Das ist Herr Erzberger, der den sich häufenden Anklagen gegen seine Person in offener Nationalversammlung damit zu begegnen sucht, daß er seine Ankläger mit *Denunziation bei der Entente und Auslieferung* aufgrund des Schmach-Paragraphen des Erzbergerfriedens bedroht. [...]

Das ist Herr Erzberger, dessen Namen mit Recht unter dem elenden Waffenstillstandsvertrag steht.

Das ist Herr Erzberger, der während des Waffenstillstands der Entente half, uns finanziell zu knebeln, der unsere Handelsflotte in die Häfen der Entente steuerte!

Das ist Herr Erzberger, der uns nach Versailles geführt hat, der während der Friedensverhandlungen den Feinden seine Bereitwilligkeit zu erkennen gab, den Schand- und Knechtschaftsfrieden bedingungslos zu unterzeichnen; der damit die Auslieferung des Kaisers und andrer deutscher Männer auf dem Gewissen hat, der aber in Erkenntnis seines Werkes sich von der Unterzeichnung seines Friedens zu drücken wußte!

Das ist Herr Erzberger, dessen Namen trotzdem für alle Zeit mit Deutschlands Not und Deutschlands Schmach unlösbar verbunden sein wird

Das ist Herr Erzberger, der das deutsche Volk mit dem geringen moralischen, politischen und wirtschaftlichen Kapital, das es aus dem Zusammenbruch noch gerettet hat, zur gänzlichen Vernichtung führen wird, wenn ihm nicht endlich das Handwerk gelegt wird!

Deshalb gibt es für das deutsche Volk nur eine Rettung, überall im Lande muß mit unwiderstehlicher Gewalt der Ruf ertönen:

Fort mit Erzberger!

Karl Helfferich, Fort mit Erzberger!, Berlin 1921

11. Verordnung des Reichspräsidenten zum Schutz der Republik v. 26.6.1922

§ 1. Versammlungen, Aufzüge und Kundgebungen können verboten werden, wenn die Besorgnis begründet ist, daß in ihnen Erörterungen stattfinden, die zur gesetzwidrigen Beseitigung der republikanischen Staatsform oder zu Gewalttaten gegen Mitglieder der jetzigen oder einer früheren republikanischen Regierung des Reiches oder eines Landes aufreizen, solche Handlungen setzen oder verherrlichen oder die republikanischen Einrichtungen des Staates in einer den inneren Frieden des Staates gefährdenden Weise verächtlich machen.

Vereine und Vereinigungen, die Bestrebungen dieser Art verfolgen, können verboten und aufgelöst werden. [...]

§ 5. Mit Gefängnis von drei Monaten bis zu fünf Jahren, neben dem auf Geldstrafe bis zu fünfhunderttausend Mark erkannt werden kann, wird, sofern nicht andere Vorschriften eine schwerere Strafe androhen, bestraft:

wer öffentlich Gewalttaten gegen die republikanische Staatsform oder die Mitglieder der jetzigen oder einer früheren republikanischen Regierung des Reichs oder eines Landes verherrlicht oder billigt, oder wer solche Gewaltakte belohnt oder begünstigt;

wer zu Gewalttaten gegen Mitglieder der jetzigen oder einer früheren republikanischen Regierung des Reichs oder eines Landes auffordert, aufstachelt oder solche Gewalttaten mit anderen verabredet;

wer die Mitglieder der jetzigen oder einer früheren republikanischen Regierung des Reichs oder eines Landes verleumdet oder öffentlich beschimpft;

wer öffentlich die republikanische Staatsform oder die Reichs- oder Landesfarben beschimpft;

wer an einer Verbindung der im § 128 und § 129 des Strafgesetzbuches bezeichneten Art teilnimmt, wenn die Verbindung den Zweck hat, die republikanische Staatsform zu untergraben.

§ 6. Bei dem Reichsgerichte wird ein Staatsgerichtshof zum Schutze der Republik errichtet. [...]

§ 7. Der Staatsgerichtshof ist zuständig:

1. für Gewalttaten gegen die republikanische Staatsform des Reichs oder gegen Mitglieder der jetzigen oder einer früheren republikanischen Regierung des Reichs oder eines Landes;

2. für die nach § 5 dieser Verordnung strafbaren Vergehen. [...]

Reichsgesetzblatt 1922 I, S. 521 ff.

H. Antisemitismus und die Anfänge der NSDAP

1. Bericht der Polizeistelle Bamberg über den Stand der antisemitischen Bewegung in Nordbayern, November 1919

Die antisemitische Bewegung ist auch in Nordbayern allenthalben in der Zunahme begriffen. Sie beschränkt sich nicht, wie es in der sozialdemokratischen Presse beider Richtungen immer wieder heißt, auf einen verhältnismäßig kleinen Kreis weit rechtsstehender (reaktionärer) Persönlichkeiten, sondern erstreckt sich auf alle Schichten des Volkes und umfaßt Angehörige aller politischen Parteien bis hinein in die radikale Linke.

An einer so ausgedehnten Bewegung kann eine Behörde der politischen Polizei nicht achtlos vorübergehen. Sie hat die Pflicht, ohne Voreingenommenheit nach den Gründen der Bewegung zu suchen, ihre Ziele zu erforschen und ihren Verlauf zu beobachten.

Die innersten *Gründe* der das Volk durchziehenden judenfeindlichen Strömung liegen sehr tief. Sie wurzeln in dem kaum jemals ganz zu überbrückenden Rassengegensatz, der den israelitischen Stamm von unserem Volke trennt und ihn noch mehr als in der äußeren Erscheinung der Individuen in ihrer Seelenrichtung von den Angehörigen der europäischen Nationen scheidet; einem Gegensatz, der bei der einheimischen Bevölkerung ein gewisses angeborenes Mißtrauen gegen die stammesfremden Mitbürger wohl zur naturnotwendigen Folge haben muß.

Krieg und Revolution mit ihren unerfreulichen Begleiterscheinungen auf allen Gebieten des öffentlichen und privaten Lebens haben den inneren Gegensatz der Rassen offener zu Tage treten lassen und haben dadurch bewirkt, daß das erwähnte natürliche Mißtrauen, das bis dahin vielfach geschlummert hatte, geweckt wurde und daß sich sonach weite Kreise, die seither der antisemitischen Bewegung gegenüber ein ablehnendes oder wenigstens gleichgültiges Verhalten gezeigt hatte, eine zunehmende Abneigung gegen das Judentum bemächtigte. Zwei Erscheinungen sind es in erster Linie, die diese den Juden feindselige Stimmung hervorgerufen oder begünstigt haben: auf wirtschaftlichem Gebiet das besonders in die Augen springende Protzentum jüdischer Kriegsgewinnler, deren breitspuriges Auftreten den prozentualen Anteil der Israeliten an der wenig populären Kante der modernsten Emporkömmlinge vielleicht höher erscheinen läßt, als er in Wirklichkeit ist; auf politischem Gebiet die unleugbare Tatsache, daß sich unter den gefährlichsten und gewissenlosesten Führern der internationalen kommunistischen Bewegung unverhältnismäßig viele Juden befinden. So wird einerseits der Typus »Kriegsgewinnler« nachgerade mit »Jude« gleichgesetzt; andererseits hört man nicht selten Urteile wie dieses: es könne doch kein Zufall sein, daß Leute wie Trotzki, Joffe, Radek in Rußland, Bela Kun, Sgamuely; Rosa Luxemburg, dann aber auch Haase und sein voraussichtlicher Nachfolger in der Leitung der U.S.P.D., Cohn, endlich Levien, Leviné-Niessen, Toller, Mühsam, Klingelhöfer aus Münchens Rätetagen jüdischen Stammes sind. Umsonst wird dagegen von jüdischer und judenfreundlicher Seite eingewendet, daß es auch nichtjüdische Kriegsgewinnler und Schieber gibt; daß gerade mit die unerfreulichsten Gestalten der Münchener Räterepublik wie Seidel und Schicklhofer keine Juden waren. Solche an das Denken appellierenden Beweismittel versagen gegenüber einer Bewegung, welche die Gemüter in leidenschaftliche Bewegung gesetzt hat, und es ist mehr und mehr zu beobachten, daß auch in den Reihen der linksradikalen Parteien die Abneigung gegen die jüdischen Führer wächst, an anderen idealen, altruistischen Beweggründen man zu zweifeln beginnt.

Als *Ziele* der Bewegung werden vornehmlich die folgenden Forderungen verkündet: »rücksichtsloses Vorgehen gegen die großen Wucherer, Schleichhändler und Schieber; schärfste Erfassung des steuerflüchtigen Großkapitals; Brechung der Zinsknechtschaft; restlose Beseitigung der Vorherrschaft der land- und volksfremden Elemente aus der Regierung, aus dem öffentlichen und wirtschaftlichen Leben, aus Theater, Schrifttum und Wissenschaft durch Schaffung eines Fremdengesetzes«.

Der *Verlauf* der Bewegung, in der sich der »Deutsche Schutz- und Trutzbund« als besonders rührig erweist, tritt vornehmlich durch die Veranstaltung von Versammlungen in die Erscheinung, die in der Regel mit der Annahme einer Resolution enden, in der die erwähnten Forderungen erhoben werden. Dann nimmt das Ankleben und Verteilen von Flugblättern und Handzetteln scharfen und schärfsten Inhalts an allen größeren Orten entschieden zu, endlich zeigen sich an Türen und Mauern nächtlich angebrachte Aufschriften wie »Los von Juda« und Hakenkreuze. Vor allem aber kann man immer und überall, auf der Straße, in Geschäften und Gaststätten und auf der Eisenbahn erregte Äußerungen über die Juden hören. Nach einer vertraulichen Meldung aus Nürnberg scheint man sich dort mit der Gründung einer neuen Partei antisemitischer Tendenz zu tragen, die sich aus allen Volksschichten rekrutieren soll.

Es ist nicht zu leugnen, daß die geschilderten Erscheinungen nachgerade fast so etwas wie eine Progromstimmung (sic!) erzeugen und es ist wohl möglich, daß es da und dort einmal vereinzelt zu Tätlichkeiten gegen Juden kommen kann. Eigentliche Progroms (sic!) dürften wohl ausgeschlossen sein.

Die Polizei wird sich darauf beschränken müssen, Ausschreitungen tunlichst zu verhindern. Die Bewegung selbst soweit einzudämmen, daß wenigstens die einwandfreien, achtbaren Juden nicht mit für die Sünden eines Teils ihrer Stammesgenossen verantwortlich gemacht werden, das hätten unsere jüdischen Mitbürger selbst am besten in der Hand. Sie müßten es aber nicht wie bisher, bei völlig wirkungslosen papiernen Erklärungen bewenden lassen, sondern in ihren eigenen Reihen erzieherisch wirken, alles Provokatorische vermeiden und die Schuldigen tatkräftig abschütteln. Die Taktik, sich zu ihrer Verteidigung auf die religiöse Toleranz zu berufen, ist verfehlt, da die ganze Bewegung mit der religiösen Frage gar nichts zu tun hat. Mit Recht hat gerade ein jüdischer Geistlicher, mit dem ich den ganzen hier in Betracht kommenden Komplex von Fragen eingehend besprochen habe, darauf hingewiesen, daß die jüdischen Kommunisten so ziemlich alle dem Glauben ihrer Väter untreu geworden sind und sich als konfessionslos oder freireligiös bezeichnen. Verfehlt ist aber auch die eingangs gestreifte Taktik der sozialdemokratischen Presse, die antisemitische Bewegung den Parteigenossen gegenüber als eine reaktionäre Erscheinung anzuschwärzen. Auch die durch die judenfeindliche Strömung ins Volk getragene

Unruhe kann nur durch ungeschminkte Wahrheit und Offenheit soweit gemildert werden, daß Gefahren für die öffentliche Sicherheit ausgeschlossen bleiben.

Bundesarchiv Koblenz, R. 43 I (Reichskanzlei), 2681

2. Programm der NSDAP, 24.2.1920

[...]

1. Wir fordern den Zusammenschluß aller Deutschen auf Grund des Selbstbestimmungsrechtes der Völker zu einem Groß-Deutschland.
2. Wir fordern die Gleichberechtigung des deutschen Volkes gegenüber den anderen Nationen, Aufhebung der Friedensverträge von Versailles und St. Germain.
3. Wir fordern Land und Boden (Kolonien) zur Ernährung unseres Volkes und Ansiedlung unseres Bevölkerungs-Überschusses.
4. Staatsbürger kann nur sein, wer Volksgenosse ist. Volksgenosse kann nur sein, wer deutschen Blutes ist, ohne Rücksicht auf Konfession. Kein Jude kann daher Volksgenosse sein.
5. Wer nicht Staatsbürger ist, soll nur als Gast in Deutschland leben können und muß unter Fremden-Gesetzgebung stehen.
6. Das Recht, über Führung und Gesetze des Staates zu bestimmen, darf nur dem Staatsbürger zustehen. Daher fordern wir, daß jedes öffentliche Amt, gleichgültig welcher Art, nur durch Staatsbürger bekleidet werden darf.

   Wir bekämpfen die korrumpierende Parlamentswirtschaft einer Stellenbesetzung nur nach Parteigesichtspunkten ohne Rücksicht auf Charakter und Fähigkeiten.
7. Wir fordern, daß sich der Staat verpflichtet, in erster Linie für die Erwerbs- und Lebensmöglichkeit der Staatsbürger zu sorgen. Wenn es nicht möglich ist, die Gesamtbevölkerung eines Staates zu ernähren, so sind die Angehörigen fremder Nationen (Nicht-Staatsbürger) aus dem Reiche auszuweisen.
8. Jede weitere Einwanderung Nicht-Deutscher ist zu verhindern. Wir fordern, daß alle Nicht-Deutschen, die seit

dem 2. August 1914 in Deutschland eingewandert sind, sofort zum Verlassen des Reiches gezwungen werden.

9. Alle Staatsbürger müssen gleiche Rechte und Pflichten besitzen.

10. Erste Pflicht jedes Staatsbürgers muß sein, geistig oder körperlich zu schaffen. Die Tätigkeit des einzelnen darf nicht gegen die Interessen der Allgemeinheit verstoßen, sondern muß im Rahmen des Gesamten und zum Nutzen aller erfolgen.

    Daher fordern wir:

11. Abschaffung des arbeits- und mühelosen Einkommens. *Brechung der Zinsknechtschaft.*

12. Im Hinblick auf die ungeheuren Opfer an Gut und Blut, die jeder Krieg vom Volke fordert, muß die persönliche Bereicherung durch den Krieg als Verbrechen am Volk bezeichnet werden. Wir fordern daher restlose Einziehung aller Kriegsgewinne.

13. Wir fordern Verstaatlichung aller (bisher) bereits vergesellschafteten (Trusts) Betriebe.

14. Wir fordern Gewinnbeteiligung an Großbetrieben.

15. Wir fordern einen großzügigen Ausbau der Alters-Versorgung.

16. Wir fordern die Schaffung eines gesunden Mittelstandes und seine Erhaltung, sofortige Kommunalisierung der Groß-Warenhäuser und ihre Vermietung zu billigen Preisen an kleine Gewerbetreibende, schärfste Berücksichtigung aller kleinen Gewerbetreibenden bei Lieferung an den Staat, die Länder oder Gemeinden.

17. Wir fordern eine unseren nationalen Bedürfnissen angepaßte Bodenreform, Schaffung eines Gesetzes zur unentgeltlichen Enteignung von Boden für gemeinnützige Zwecke. Abschaffung des Bodenzinses und Verhinderung jeder Bodenspekulation.

18. Wir fordern den rücksichtslosen Kampf gegen diejenigen, die durch ihre Tätigkeit das Gemein-Interesse schädigen. Gemeine Volksverbrecher, Wucherer, Schieber usw. sind mit dem Tode zu bestrafen, ohne Rücksichtnahme auf Konfession oder Rasse.

19. Wir fordern Ersatz für das der materialistischen Weltordnung dienende römische Recht durch ein deutsches Gemein-Recht.
20. Um jedem fähigen und fleißigen Deutschen das Erreichen höherer Bildung und damit das Einrücken in führende Stellung zu ermöglichen, hat der Staat für einen grün[...]chen Ausbau unseres gesamten Volksbildungswesens S[...]ge zu tragen. [...]
21. Der Staat hat für die Hebung der Volksgesundheit zu sorgen durch den Schutz der Mutter und des Kindes, durch Verbot der Jugendarbeit, durch Herbeiführung der körperlichen Ertüchtigung mittels gesetzlicher Festlegung einer Turn- und Sportpflicht, durch größte Unterstützung aller sich mit körperlicher Jugend-Ausbildung beschäftigenden Vereine.
22. Wir fordern die Abschaffung der Söldnertruppe und die Bildung eines Volksheeres.
23. Wir fordern den gesetzlichen Kampf gegen die *bewußte* politische Lüge und ihre Verbreitung durch die Presse. Um die Schaffung einer deutschen Presse zu ermöglichen, fordern wir, daß:

    a) Sämtliche Schriftleiter und Mitarbeiter von Zeitungen, die in deutscher Sprache erscheinen, Volksgenossen sein müssen.

    b) Nichtdeutsche Zeitungen zu ihrem Erscheinen der ausdrücklichen Genehmigung des Staates bedürfen. Sie dürfen nicht in deutscher Sprache gedruckt werden.

    c) Jede finanzielle Beteiligung an deutschen Zeitungen oder deren Beeinflussung durch Nicht-Deutsche gesetzlich verboten wird und fordern als Strafe für Übertretungen die Schließung einer solchen Zeitung, sowie die sofortige Ausweisung der daran beteiligten Nicht-Deutschen aus dem Reich.

    Zeitungen, die gegen das Gemeinwohl verstoßen, sind zu verbieten. Wir fordern den gesetzlichen Kampf gegen eine Kunst- und Literatur-Richtung, die einen zersetzenden Einfluß auf unser Volksleben ausübt und die Schließung von Veranstaltungen, die gegen vorstehende Forderungen verstoßen.

24. Wir fordern die Freiheit aller religiösen Bekenntnisse im Staat, soweit sie nicht dessen Bestand gefährden oder gegen das Sittlichkeits- und Moralgefühl der germanischen Rasse verstoßen.

Die Partei als solche vertritt den Standpunkt eines positiven Christentums, ohne sich konfessionell an ein bestimmtes Bekenntnis zu binden. Sie bekämpft den jüdisch-materialistischen Geist *in* und *außer* uns und ist überzeugt, daß eine dauernde Genesung unseres Volkes nur erfolgen kann von *innen* heraus auf der Grundlage: *Gemeinnutz vor Eigennutz*.

25. Zur Durchführung alles dessen fordern wir die Schaffung einer starken Zentralgewalt des Reiches. Unbedingte Autorität des politischen Zentralparlaments über das gesamte Reich und seine Organisationen im allgemeinen.

Die Bildung von Stände- und Berufskammern zur Durchführung der vom Reich erlassenen Rahmengesetze in den einzelnen Bundesstaaten.

Die Führer der Partei versprechen, wenn nötig unter Einsatz des eigenen Lebens für die Durchführung der vorstehenden Punkte rücksichtslos einzutreten.

Tyrell, Führer befiehl, S. 23–26

3. Bericht der Münchner Polizei über einen Aufmarsch der Nationalsozialisten, 25.12.1922

Von 9 Uhr früh an sammelten sich die einzelnen Sturmtrupps bereits im Saal und im Garten des Bürgerbräukellers. Die Zwischenzeit bis zum Abmarsch wurde von einzelnen Sturmabteilungen dazu benützt, um das Einschwenken in Gruppen und von der Gruppenkolonne zur Linie einzuüben. Auch die Trommler und Pfeifergruppen übten im Saalvorraum noch das Abmarschieren und Halten sowie das gruppenweise Schwenken nach dem gegebenen Stabzeichen des Führers. Kurz vor 11 Uhr wurde im Garten des Bürgerbräukellers an die dort aufgestellten Sturmabteilungen eine Ansprache gehalten, worin insbesondere auf die

Bedeutung der Hakenkreuzfahne hingewiesen wurde und wobei in dieser Fahne das Zeichen gefeiert wurde, in welchem die nationalsozialistische Idee siegen oder mit den Trümmern des Vaterlandes untergehen werde. Hierauf wurden an Sturmabteilungen etwa 15 Stück neue Hakenkreuzfahnen überreicht.

Der Wirtschaftsgarten glich während dieser Zeit einem kleinen Kasernenhof und die ganze Veranstaltung mit Ansprache, Fahnenübergabe, Musik usw. trug das Gepräge etwa einer Rekrutenvereidigung, [es] fehlte nur der eigentliche gemeinsame »Schwur«. Hitler selbst befand sich zu dieser Zeit wohl ebenfalls im Bürgerbräukeller, hielt sich aber nur im Saale auf und ließ die Vorgänge im Garten draußen anscheinend völlig unbeachtet.

Kurz nach 11 Uhr setzte sich der Zug, nachdem die Teilnehmer noch ein dreimaliges Hoch auf das Vaterland ausgebracht hatten, unter den Klängen einer an der Spitze marschierenden Musikkapelle in Bewegung. Hitler stand während des Abmarsches am Eingang zum Bürgerbräukeller, bestieg nach dessen Vorbeimarsch ein bereitstehendes Auto und fuhr dem Zuge nach.

Die Teilnehmerzahl am Zuge betrug etwa 1000 Personen. Zahlreiche Hakenkreuzfahnen, auch einige schwarz-weiß-rote Fahnen wurden im Zuge mitgeführt. Einzelne Hundertschaften waren im Gegensatze zur Kontrollversammlung beim Zuge nicht vollzählig vertreten. Wie man hört, fürchten noch manche Sturmtruppler bei einer öffentlichen Zugsteilnahme, wo sie von jedermann gesehen werden können, berufliche Unannehmlichkeiten, gewerkschaftlichen Terror, usw. Die 21. Hundertschaft bildeten ehemalige Roßbachleute. Unter den Zugsteilnehmern war sehr viel Jugend im Alter von 16 bis 22 Jahren zu sehen. Der Zug nahm den vorgeschriebenen Weg und traf nach ½ 12 Uhr am Hauptbahnhof ein. Dort nahm der Zug nach Überqueren des Bahnhofplatzes auf dem freien Platz vor dem Starnberger-Bahnhof Aufstellung, vielfach von Neugierigen umstanden. Bis zur Ankunft des Starnberger Zuges, der um 12½ Uhr eintraf und die Starnberger Parteigenossen brachte, spielt die Musik am Platze zwei Stücke. Die Starnberger wurden bei ihrem Erscheinen mit einem dreifachen Heil begrüßt. Auf ein gegebenes Trompetensignal hin ordneten sich die einzelnen Gruppen wieder, einige

Kommandorufe und der Zug setzt sich gegen 1 Uhr zum Hofbräuhaus in Bewegung. Dort erwartete Hitler den Zug, der an dem Führer im Paradeschritt vorbeidefilierte.

Der Zug nachmittags 4 Uhr vom Hofbräuhaus zum Bürgerbräukeller bewegte sich im gleichen Rahmen.

Allgemein ist noch zu bemerken, daß die Zugsteilnehmer einen überaus disziplinierten Eindruck machten. Während des Marsches herrschte strenges Rauchverbot und die ganze Aufmachung hinterließ einen strammen, an militärische Schulung erinnernden Eindruck. Die Zugsteilnehmer trugen im übrigen ihre Kriegsauszeichnungen. Beobachtungen, daß im Zuge Waffen mit geführt wurden, konnten nicht gemacht werden, doch trugen viele Zugsteilnehmer den sogenannten Hackelstock bei sich.

Das Publikum auf den Straßen äußerte sich im allgemeinen anerkennend über die Ordnung und Disziplin im Zuge sowie über die gehobene, freudige Stimmung der Teilnehmer. Man hörte jedoch bereits vielfach Befürchtungen, daß die Entente dieser Pflege alten soldatischen Geistes sehr bald Schwierigkeiten bereiten werde.

Die große »Deutsche Weihnachtsfeier« am Abend des 17. Dezember 1922 wurde in den beiden großen Sälen des Münchener Kindl-Kellers und des Bürgerbräukellers abgehalten; beide Säle waren gut besetzt. [...] Die Veranstaltungen verliefen ohne Zwischenfall, nur einmal wurde am Eingang ein Jude in Begleitung einer Dame zurückgewiesen und von einem Schutzmann zur Straße geleitet. Nach Schluß der Feier postierten sich Sturmtruppler mit Sammelbüchsen am Ausgang, um freiwillige Spenden für den Sturmtrupp entgegenzunehmen, wobei auch der bekannte Spruch: »Jede Mark ein Jud!« häufig zu hören war. Ein truppweises Abmarschieren von Sturmabteilungen konnte diesmal nicht beobachtet werden.

Staatsarchiv München, Polizeidirektion 6804

I. Inflation

1. Erinnerungen Hans Mayers an die Inflationszeit

[...] Vorher jedoch, also bis zur Stabilisierung des Geldes mit Hilfe einer »Rentenmark«, die am 1. Januar 1924 an die Stelle einer Billion alter Währung getreten war, wurde ein Abgrund geöffnet, der sich nie wieder schließen sollte. Die Inflation zerstörte das deutsche Bürgertum in seiner Substanz. Auch das Vermögen meiner mütterlichen Familie war weggeweht worden. Während des Krieges hatte die Großmutter ihren Kindern helfen können; nun war sie selbst auf diese Kinder angewiesen, vor allem auf den Sohn, meinen Onkel, der es zum Prokuristen der Dresdner Bank gebracht hatte: was ihn während des Krieges leider nicht davon abhielt, das mütterliche Vermögen, indirekt auch sein eigenes damit, der gefräßigen und doch immer hungrigen »Kriegsanleihe« zu opfern. Auf dem Höhepunkt der Geldentwertung, als die Zeitungen von der Revolution der Kommunisten oder von Fememorden, exekutiert durch nationalistische Studenten und ehemalige Offiziere, zu berichten hatten, vollzog sich innerhalb unserer Schulklasse, sichtbar für einen jeden, doch von niemand ernsthaft überdacht, eine neue und tiefe Spaltung: jenseits der Religionen und der hastig von uns übergestreiften politischen Überzeugungen. Es war von nun an, jedenfalls bis zur Stabilisierung des Geldes, die Zweiteilung in Kinder der Habenichtse und der neureichen Geschäftemacher.

Die Beamtengehälter hatten alle Kaufkraft verloren, man sah es an den Frühstücksbroten der Söhne. Die Kaufleute jedoch handelten und verhandelten auf Dollargrundlage. Ihnen ging es gut. Auch meine Familie gehörte dazu. In unserer Klasse saßen zwei Mitschüler, nette Burschen übrigens, deren Väter bei uns am Abendbrottisch einfach mit dem lieblosen Ausdruck »Spritschieber« qualifiziert wurden. Die Jungen hatten viel Taschengeld, nämlich solide Valuta. Sie pflegten auf Motorrädern anzufahren, was ganz unerhört war, denn schon ein gutes Fahrrad war heiß begehrt. Die meisten Mitschüler kamen und gingen zu Fuß. Wenn die unerträglichen Schulausflüge stattzufinden hatten, die ich in brünstig haßte, so fanden sich die Habenichtse mit dem Rucksack ein; man wußte, was er zu enthalten hatte oder enthalten konnte. Harte Eier, etwas Kaffee oder Kakao, schmächtige Brote. Wir Söhne der Nachkriegsgewinner benutzten den ersten Vorwand, um uns angeblich im Wald zu verlaufen. Worauf wir irgendwo einkehrten, großspurig Zeche machten, mit Alkohol, wie es sich versteht, um dann mit der Bahn nach Köln zurückzufahren. Am andern Morgen gab es natürlich Krach in der Schule, aber der war bereits einberechnet. Ich bin damals mitgelaufen im Häuflein der neuen Bourgeois. Doch die Spaltung innerhalb der Klasse fand sich, nach solcher brutalen Kündigung aller Kameradschaft, weiterhin vertieft.

Das merkte ich, als wir, zu Beginn des Jahres 1922, die Untersekunda hinter uns gebracht hatten. Sechs Gymnasialjahre waren für uns abgetan; drei weitere standen vor denjenigen, die weiter zur Schule gehen und das Abitur machen sollten, weil ihre Eltern imstande waren, das Schulgeld zu bezahlen. Wer das Schuljahr, laut Zeugnis, bestanden hatte, galt nunmehr als »Einjähriger«. Im Kaiserreich hätte er nur ein Jahr zum Militär gemußt: nach einem Grundsatz, der höhere Schulbildung gleichsetzte mit höherem Sachverstand. Allein das Kaiserreich war vorbei, es gab keinen Militärdienst, weil es kein deutsches Militär gab, so daß das Zeugnis des Einjährigen, der damit auszog in ein verrottetes Gesellschaftsleben, nichts anderes besagte, als daß einer gescheitert war und Hoffnungen begraben mußte.

Hans Mayer, Ein Deutscher auf Widerruf. Erinnerungen, Frankfurt a.M. 1985, Bd. 1, S. 34 ff.

2. Klagen der Hausbesitzer: Altbaumieten in der Inflationszeit

[...] Zu dem Kapitel »Inflation und Wohnungsmieten unter der Herrschaft des Reichsmietengesetzes« seien hier folgende Tatsachen aus den Jahren der Not, und zwar aus dem Herbst des Jahres 1922, den kommenden Generationen erhalten: In einem Hause, in dem eine Bäckerei betrieben wurde, war die Bäckerei im Frieden zu 3600,– M. vermietet. Bei einem Brötchenpreis von 0,05 M.

im Frieden erhielt der Eigentümer – in Brötchen umgerechnet – von seinem Mieter jährlich 720 000 Brötchen. Im Oktober 1922 erhielt der Eigentümer 180 Prozent Zuschlag zu der Friedensmiete von 3600,– M., also eine jährliche Miete von 10 080,– M. Ein Brötchen kostete zu diesem Zeitpunkt 1,40 M. Die Miete betrug demnach – ebenfalls in Brötchen umgerechnet – nur 2104 Brötchen, also noch nicht den 34. Teil in Gold- oder Sachwert.

In dem gleichen Hause befand sich ein Hotel, für welches an den Eigentümer im Frieden eine Jahresmiete von 22000,– M. gezahlt wurde. Vor dem Kriege kostete in diesem Hotel ein Zimmer mit einem Bett pro Nacht 5,– M., im September 1922 jedoch 80,– bis 100,– M. Der Eigentümer konnte also zu dieser Zeit in dem Hotel 220 Nächte ein Bett belegen für die Miete, welche der Hotelier an ihn zahlte. Im Frieden dagegen betrug die Miete so viel, daß der Eigentümer 4400 Nächte ein Bett oder für 220 Nächte 20 Betten belegen konnte, d.h., er erhielt im September 1922 den 20. Teil der Sachwertmiete.

In einem Groß-Berliner Vorort wurde ein Siedlungshaus mit zwei genau gleich großen Wohnungen von je zwei Stuben und Küche an den einen Wohnungsinhaber mit der Maßgabe verkauft, daß der die andere Wohnung für 1200,– M. vermieten mußte. Anfang November 1922 beliefen sich aber die Abgaben und Lasten des Hauses bereits auf 8240,– M. im Jahr, und der gemeinnützig untergebrachte Siedler war infolge der Zwangswirtschaft der Geprellte, dem es in diesem Falle ebenso erging wie dem privaten Eigentümer infolge der Mietnotgesetze.

Mit dem Beginn des Jahres 1923 brach sowohl für den Hausbesitz wie für seine Organisation die größte Leidenszeit herein. Zu dem Reichsmietengesetz mit seinen unheilvollen Auswirkungen trat am 1. Juni 1923 das Gesetz über Mieterschutz und Mieteinigungsämter, welches am 1. November 1923 in Kraft trat, es erübrigt sich, auf den Inhalt dieses Gesetzes einzugehen, da es sich im Laufe der Jahre genügend als ein einseitig zum Schutze der Mieter konstruiertes Werkzeug erwiesen hat. […]

Chronik des Zentralverbandes Deutscher Haus- und Grundbesitzervereine e. V. 1879–1927. Bearb. v. Ulrich Rönitz, Berlin (1929), S. 99 f. (zit. nach: Familienleben in der Krise, S. 96 f.)

3. Beobachtungen eines Journalisten: Überreizte Nerven, August 1923

Man hat nicht viel zuzusetzen. Das trommelt täglich auf die Nerven: der Zahlenwahnsinn, die ungewisse Zukunft, das über Nacht wieder fraglich gewordene Heute und Morgen. Epidemie der Angst, der nacktesten Not: dem Blick längst entwöhnt gewesene Käuferschlangen stehen wieder vor den Läden, erst vor einem, dann vor allen. Keine Krankheit ist so ansteckend wie diese. Die Anstehschlangen haben etwas Suggestives: der Blick dieser Frauen, ihre hastig angetanen Küchenkleider, ihre vergrämten, geduldigen Gesichter. Die Anstehschlangen sind immer wieder das gleiche Fanal: die Stadt, die große steinerne Stadt wird wieder einmal leer gekauft. Reis, gestern noch das Pfund 80 000 Mark, kostet heute 160 000 Mark, morgen vielleicht das Doppelte, übermorgen zuckt der Mann hinterm Ladentisch die Achseln: »Reis ist alle.« Also Nudeln! »Nudeln sind alle.« Also Graupen, Grieß, Bohnen, Linsen, nur kaufen, kaufen, kaufen! Das Stück Papier, das funkelnagelneue Banknotenpapier, noch feucht vom Druck, heute früh als Wochenlohn ausgezahlt, schrumpft an Wert auf dem hastigen Wege zum Kaufmannsladen. Die Nullen, die wachsenden Nullen! »Ne Null is eben nischt!« – Mit dem Dollar steigt das: Haß, Verzweiflung, Not. Tagesgefühle wie Tageskurse. Mit dem Dollar stürzt es in Hohn und Gelächter zusammen: »Butter billiger!!! Statt 1 Million 600 000 Mark nur 1 Million 400 000 Mark.« Das sind keine Scherze, das sind Wirklichkeiten, ernsthaft mit Blaustift geschrieben und in das Ladenfenster hineingehängt und ernsthaft gelesen.

Mit dem Dollar steigt das: die Hast, das Stück Papier umzusetzen in etwas, was man hinunterschlingen kann, was satt macht. Die Wochenmärkte sind überfüllt. Schutzpolizei regelt den Verkauf. Die Schlange frißt die Stände leer. »Geben Sie mir zwei Mandeln Kohlrabi.« »Eine Mandel gibt's nur.« Und hingeschmissen und das Geld abgezählt in der Hand wie am Fahrkartenschalter, und der Nächste drängt von hinten: »Zwei Mandeln Kohlrabi!« »Eine gibt's nur ... Der Nächste!«

Irgendwo explodiert die Geduld. Die Resignation zerreißt. Nicht bei dem Kohlrabimann, der ein grober Kerl ist. Man schluckt auch noch die bissige Bemerkung des Schlächters hinunter, daß alle Kühe Knochen haben müssen. Man zahlt und schwankt hinaus. Aber dann, bei dem Butterfräulein, deren Gesicht immer spitzer, deren Redensarten immer spinöser werden, je voller ihr Laden ist – dieses nervöse Butterfräulein: es erteilt Anstandsregeln, wie man sich als Kunde zu benehmen hat, es verkündet laut, daß Drängeln eine Frechheit ist, daß nicht alle durcheinanderschreien sollen. Sie könne sonst nicht ruhig abwiegen. – »Nu geben Sie mir endlich meine Butter!« schreit eine Frau. – »*Ihre* Butter? Das ist noch lange nicht Ihre Butter. Eh' Sie rankommen, ist Ihre Butter alle.« – Und da schlägt als Antwort eine Schirmkrücke in die Glasglocke mit dem Kräuterkäse. Und der Schupo, der draußen Wache steht, zerrt eine schluchzende Frau aus dem Laden. Und es gibt einen Auflauf. Und es gibt ein Strafmandat.

Der Mensch von heute ist weder gut noch böse. Der Mensch von heute ist müde. Er ist satt von Ärger, krank von Aufregung, ein gehetztes Tier, das sein bißchen Verstand zusammenkratzen muß, um zu existieren. Papiergeldmangel! Dieses gespenstische Geld, das man keine Stunde lang in seiner Tasche herumtragen will, dieses Geld, das über Nacht eine ganze Stadt zu Irrsinnigen macht – dieses Geld ist plötzlich verschwunden, spurlos. Manche laufen mit einem Fünfmillionenschein herum. »Können Sie wechseln?« Ein Lächeln, ein Achselzucken. Die Papiermillion wird am Bayrischen Platz für 1 Dollar gehandelt.

Der Kellner steht am Tisch des Gastes wie eine Statue. Man möchte ihn, bevor man die verbrannten Bratkartoffeln bestellt, am liebsten um Verzeihung bitten. Und sofort sagt er, steif, herablassend: »Falls der Herr nur einen Fünfmillionenschein hat, kann ich nicht bedienen.«

Was nützen da gute Ratschläge. Das Herrschsüchtige, das in jedem Menschen heimlich versteckt lebt, bricht brutal durch, verliert die Zusammenhänge mit der ebenso gereizten Umwelt, kocht, zittert, entlädt sich eruptiv. Diese tausendfachen Zusammenstöße, täglich, in der Straßenbahn, in der Untergrundbahn, überall, wo Menschen sich in Massen vertragen müssen, haben alle den ähnlichen Dialog:

»Seh'n Sie sich doch vor!«

»Seh'n *Sie* sich doch vor!!«
»Ich brauch mich nicht vorseh'n.«
»Aber ich?« (Pause.)
»Sie schein' auch so 'n Schieber zu sein.«
»Leider nich. Dann brauchte ich hier nicht mit Ihnen herumzuquatschen.«
»Ich hau Ihnen eine runter.«
»Wissen Sie was? Fahren Sie nach Dalldorf.«
»Aber *Sie* mit!!«
»Ich bringe Sie gerne hin.«

Da werden die Rohlinge noch zu Philosophen. Ein Radfahrer fährt eine Frau an. Früher wäre er abgesprungen und hätte die Frau angeschrien, daß sie auf dem Fahrdamm nichts zu suchen habe. Heute pendelt er weiter, als wenn nichts geschehen wäre. Passanten brüllen ihm nach: »Lümmel! Lausejunge! Unerhört!«

Der Radfahrer dreht sich um, weiterradelnd. Brüllt zurück: »Mensch, laßt mir zufrieden!«

Der Mensch von heute – – –

Friedrich Kroner, in: Berliner Illustrierte Zeitung, 26.8.1923

4. Artikel der Kölnischen Zeitung über Inflationsheilige und -propheten, 1922

Die Berliner Anschlagsäulen sind schon seit ein bis zwei Jahren regelmäßig bedeckt mit den Ankündigungen von Zukunftsjüngern und Propheten, die ihre Vorträge (oft zu beträchtlichen Eintrittspreisen) ankündigen. Immer spielen Schlagworte und Zitate aus der Bibel dabei eine Rolle. Der alte Vorstellungskreis der Apokalypse hat, wie einst in früheren Krisenzeiten, neues Lebensblut gewonnen und prägt sich im Munde gewandter Redner den geängstigten Hirnen neu ein. Die Hauptsache ist starker Bartwuchs, Verzicht auf Kragen und Krawatte und ein unerschütterliches Selbstbewußtsein. [...]

Das Publikum läuft eben heute in die Hörsäle dieser Phantasten, weil es in der ungeheuren Ratlosigkeit seines Inneren nach irgendeiner Stütze, nach einem Trost sucht. Schon kurz nach dem Kriege, als man die Fruchtlosigkeit aller Anstrengungen eingesehen hatte, setzte diese Stimmung einer grenzenlosen Enttäuschung ein. Kommt nun, wie in den letzten Monaten, die immer steigende materielle Not, der aussichtslose Kampf gegen die Teuerung hinzu, so verwirren sich vollends die Gehirne. In einer Stadt wie Berlin hat die amtliche Kirche immer nur bestimmte kleine Kreise zu fesseln gewußt. Den neuzeitlichen Erlösern mit dem langen Haarwuchs und den dreisten Phantasien läuft alles zu, die schwachen Naturen besonders, die nicht ohne Stütze sein können. Für den Geisteszustand im heutigen Deutschland ist dies Prophetentum ein gefährliches Symptom. Man soll es nicht unterschätzen; es wird sich in Krisen, die noch kommen, noch mehr ausbreiten. »Die Zeit ist aus den Fugen!«, wie Hamlet sagt.

Kölnische Zeitung, September 1922 (zit. nach: Ulrich Linse, Barfüßige Propheten. Erlöser der zwanziger Jahre, Berlin 1983, S. 32 f.)

5. Reflexionen des Schriftstellers Walter Benjamin: Reise durch die deutsche Inflation, 1928

I. In dem Schatze jener Redewendungen, mit welchen die aus Dummheit und Feigheit zusammengeschweißte Lebensart des deutschen Bürgers sich alltäglich verrät, ist die von der bevorstehenden Katastrophe – indem es ja »nicht mehr so weitergehen« könne – besonders denkwürdig. Die hilflose Fixierung an die Sicherheits- und Besitzvorstellungen der vergangenen Jahrzehnte verhindert den Durchschnittsmenschen, die höchst bemerkenswerten Stabilitäten ganz neuer Art, welche der gegenwärtigen Situation zugrunde liegen, zu apperzipieren. Da die relative Stabilisierung der Vorkriegsjahre ihn begünstigte, glaubt er, jeden Zustand, der ihn depossediert, für unstabil ansehen zu müssen. Aber stabile Verhältnisse brauchen nie und nimmer angenehme Verhältnisse zu sein und schon vor dem Kriege gab es Schichten, für welche die stabilisierten Verhältnisse das stabilisierte Elend waren. Verfall ist um nichts weniger stabil, um nichts wunderbarer als Aufstieg. Nur eine Rechnung, die im Untergange die einzige ratio des gegenwärtigen Zustandes zu finden sich eingesteht, käme von dem erschlaffenden Staunen über das alltäglich sich Wiederholende dazu, die Erscheinungen des Verfalls als das schlechthin Stabile und einzig das Rettende als ein fast ans Wunderbare und Unbegreifliche grenzendes Außerordentliches zu gewärtigen. Die Volksgemeinschaften Mitteleuropas leben wie Einwohner einer rings umzingelten Stadt, denen Lebensmittel und Pulver ausgehen und für die Rettung menschlichem Ermessen nach zu erwarten. Ein Fall, in dem Übergabe, vielleicht auf Gnade oder Ungnade, aufs ernsthafteste erwogen werden müßte. Aber die stumme, unsichtbare Macht, welcher Mitteleuropa sich gegenüber fühlt, verhandelt nicht. So bleibt nichts, als in der immerwährenden Erwartung des letzten Sturmangriffs auf nichts, als das Außerordentliche, das allein noch retten kann, die Blicke zu richten. Dieser geforderte Zustand angespanntester klagloser Aufmerksamkeit aber könnte, da wir in einem geheimnisvollen Kontakt mit den uns belagernden Gewalten stehen, das Wunder wirklich herbeiführen. Dahingegen wird die Erwartung, daß es nicht mehr so weitergehen könne, eines Tages sich darüber belehrt finden, daß es für das Leiden des einzelnen wie der Gemeinschaften nur eine Grenze, über die hinaus es nicht mehr weiter geht, gibt: die Vernichtung.

II. Eine sonderbare Paradoxie: die Leute haben nur das engherzigste Privatinteresse im Sinne, wenn sie handeln, zugleich aber werden sie in ihrem Verhalten mehr als jemals bestimmt durch die Instinkte der Masse. Und mehr als jemals sind die Masseninstinkte irr und dem Leben fremd geworden. Wo der dunkle Trieb des Tieres – wie zahllose Anekdoten erzählen – aus der nahenden Gefahr, die noch unsichtbar scheint, den Ausgang findet, da verfällt diese Gesellschaft, deren jeder sein eigenes niederes Wohl allein im Auge hat, mit tierischer Dumpfheit aber ohne das dumpfe Wissen der Tiere, als eine blinde Masse jeder, auch der nächstliegenden Gefahr und die Verschiedenheit individueller Ziele wird belanglos vor der Identität der bestimmenden Kräfte. Wieder und wieder hat es sich gezeigt, daß ihr Hangen am gewohnten, nun längst schon verlorenen Leben so starr ist, daß es die eigentlich menschliche Anwendung des Intellekts, Voraussicht, selbst in der drastischen Gefahr vereitelt. So daß in ihr das Bild der Dummheit sich vollendet: Unsicherheit, ja Perversion der lebenswichtigen Instinkte und Ohnmacht, ja Verfall des Intellekts. Dieses ist die Verfassung der Gesamtheit deutscher Bürger.

III. Alle näheren menschlichen Beziehungen werden von einer fast unerträglichen durchdringenden Klarheit getroffen, in der sie kaum standzuhalten vermögen. Denn indem einerseits das Geld auf verheerende Weise im Mittelpunkt aller Lebensinteressen steht, andererseits gerade dieses die Schranke ist, vor der fast alle menschliche Beziehung versagt, so verschwindet wie im Natürlichen so im Sittlichen mehr und mehr das unreflektierte Vertrauen, Ruhe und Gesundheit.

IV. Nicht umsonst pflegt man vom »nackten« Elend zu sprechen. Was in seiner Schaustellung, welche Sitte zu werden begann unter dem Gesetz der Not und doch ein Tausendstel nur vom Verborgenen sichtbar macht, das Unheilvollste ist, das ist nicht das Mitleid oder das gleich furchtbare Bewußtsein eigener Unberührtheit, das im Betrachter geweckt wird, sondern dessen Scham. Unmöglich, in einer deutschen Großstadt zu leben, in welcher der Hunger die Elendsten zwingt, von den Scheinen zu leben, mit denen die Vorübergehenden eine Blöße zu decken suchen, die sie verwundet.

V. »Armut schändet nicht.« Ganz wohl. Doch sie schänden den Armen. Sie tun's und sie trösten ihn mit dem Sprüchlein. Es ist von denen, die man einst konnte gelten lassen, deren Verfalltag nun längst gekommen. Nicht anders wie jenes brutale »Wer nicht arbeitet, der soll auch nicht essen«. Als es Arbeit gab, die ihren Mann ernährte, gab es auch Armut, die ihn nicht schändete, wenn sie aus Mißwachs und anderem Geschick ihn traf. Wohl aber schändet dies Darben, in das Millionen hineingeboren, Hunderttausende verstrickt werden, die verarmen. Schmutz und Elend wachsen wie Mauern als Werk von unsichtbaren Händen um sie hoch. Und wie der einzelne viel ertragen kann für sich, gerechte Scham aber fühlt, wenn sein Weib es ihn tragen sieht und selber duldet, so darf der einzelne viel dulden, solang er allein, und alles, solang er's verbirgt. Aber nie darf einer seinen Frieden mit Armut schließen, wenn sie wie ein riesiger Schatten über sein Volk und sein Haus fällt. Dann soll er seine Sinne wachhalten für jede Demütigung, die ihnen zuteil wird und so lange sie in Zucht nehmen, bis sein Leiden nicht mehr die abschüssige Straße des Grams, sondern den aufsteigenden Pfad der Revolte gebahnt hat. Aber hier ist nichts zu hoffen, solange jedes furchtbarste, jedes dunkelste Schicksal täglich, ja stündlich diskutiert durch die Presse, in allen Scheinursachen und Scheinfolgen dargelegt, niemandem zur Erkenntnis der dunklen Gewalten verhilft, denen sein Leben hörig geworden ist.

VI. Dem Ausländer, welcher die Gestaltung des deutschen Lebens obenhin verfolgt, der gar das Land kurze Zeit bereist hat, erscheinen seine Bewohner nicht minder fremdartig als ein exotischer Volksschlag. Ein geistreicher Franzose hat gesagt: »In den seltensten Fällen wird sich ein Deutscher über sich selbst klar sein. Wird er sich einmal klar sein, so wird er es nicht sagen. Wird er es sagen, so wird er sich nicht verständlich machen.« Diese trostlose Distanz hat der Krieg nicht etwa nur durch die wirklichen und legendären Schandtaten, die man von Deutschen berichtete, erweitert. Was vielmehr die groteske Isolierung Deutschlands in den Augen anderer Europäer erst vollendet, was ihnen im Grunde die Einstellung schafft, sie hätten es mit Hottentotten in den Deutschen zu tun (wie man dies sehr richtig genannt hat), das ist die Außenstehenden ganz unbegreifliche und den Gefangenen völlig unbewußte Gewalt, mit welcher die Lebensumstände, das Elend und die Dummheit auf diesem Schauplatz die Menschen den Gemeinschaftskräften untertan machen, wie nur das Leben irgendeines Primitiven von den Clangesetzlichkeiten bestimmt wird. Das europäischste aller Güter, jene mehr oder minder deutliche Ironie, mit der das Leben des einzelnen disparat dem Dasein jeder Gemeinschaft zu verlaufen beansprucht, in die er verschlagen ist, ist den Deutschen gänzlich abhanden gekommen.

VII. Die Freiheit des Gespräches geht verloren. Wenn früher unter Menschen im Gespräch Eingehen auf den Partner sich von selbst verstand, wird es nun durch die Frage nach dem Preise seiner Schuhe oder seines Regenschirmes ersetzt. Unabwendbar drängt sich in jede gesellige Unterhaltung das Thema der Lebensverhältnisse, des Geldes. Dabei geht es nicht sowohl um Sorgen und Leiden der einzelnen, in welchen sie vielleicht einander zu helfen vermöchten, als um die Betrachtung des Ganzen. Es ist, als sei man in einem Theater gefangen und müsse dem Stück auf der Bühne folgen, ob man wolle oder nicht, müsse es immer wieder, ob man wolle oder nicht, zum Gegenstand des Denkens und Sprechens machen.

VIII. Wer sich der Wahrnehmung des Verfalls nicht entzieht, der wird unverweilt dazu übergehen, eine besondere Rechtfertigung für sein Verweilen, seine Tätigkeit und seine Beteiligung an diesem Chaos in Anspruch zu nehmen. So viele Einsichten ins allgemeine Versagen, so viele Ausnahmen für den eigenen Wirkungskreis, Wohnort und Augenblick. Der blinde Wille, von der persönlichen Existenz eher das Prestige zu retten, als durch die souveräne Abschätzung ihrer Ohnmacht und ihrer Verstricktheit wenigstens vom Hintergrunde der allgemeinen Verblendung sie zu lösen, setzt sich fast überall durch. Darum ist die Luft so voll von Lebenstheorien und Weltanschauungen, und darum wirken sie hierzulande so anmaßend, weil sie am Ende fast stets der Sanktion irgendeiner ganz nichtssagenden Privatsituation gelten. Eben darum ist sie auch so voll von Trugbildern, Luftspiegelungen einer trotz allem über Nacht blühend hereinbrechenden kulturellen Zukunft, weil jeder auf die optischen Täuschungen seines isolierten Standpunktes sich verpflichtet. [...]

X. Aus den Dingen schwindet die Wärme. Die Gegenstände des täglichen Gebrauchs stoßen den Menschen sacht aber beharrlich von sich ab. In summa hat er tagtäglich mit der Überwindung der geheimen Widerstände – und nicht etwa nur der offenen –, die sie ihm entgegensetzen, eine ungeheure Arbeit zu leisten. Ihre Kälte muß er mit der eigenen Wärme ausgleichen, um nicht an ihnen zu erstarren und ihre Stacheln mit unendlicher Geschicklichkeit anfassen, um nicht an ihnen zu verbluten. Von seinen Nebenmenschen erwarte er keine Hilfe. Schaffner, Beamte, Handwerker und Verkäufer – sie alle fühlen sich als Vertreter einer aufsässigen Materie, deren Gefährlichkeit sie durch die eigene Roheit ins Licht zu setzen bestrebt sind. Und der Entartung der Dinge, mit welcher sie, dem menschlichen Verfalle folgend, ihn züchtigen, ist selbst das Land verschworen. Es zehrt am Menschen wie die Dinge, und der ewig ausbleibende deutsche Frühling ist nur eine unter zahllosen verwandten Erscheinungen der sich zersetzenden deutschen Natur. In ihr lebt man, als sei der

Druck der Luftsäule, dessen Gewicht jeder trägt, wider alles Gesetz in diesen Landstrichen plötzlich fühlbar geworden.

XI. Der Entfaltung jeder menschlichen Bewegung, mag sie geistigen oder selbst natürlichen Impulsen entspringen, ist der maßlose Widerstand der Umwelt angesagt. Wohnungsnot und Verkehrsteuerung sind am Werke, das elementare Sinnbild europäischer Freiheit, das in gewissen Formen selbst dem Mittelalter gegeben war, die Freizügigkeit, vollkommen zu vernichten. Und wenn der mittelalterliche Zwang den Menschen an natürliche Verbände fesselte, so ist er nun in unnatürliche Gemeinsamkeit verkettet. Weniges wird die verhängnisvolle Gewalt des umsichgreifenden Wandertriebes so stärken, wie die Abschnürung der Freizügigkeit, und niemals hat die Bewegungsfreiheit zum Reichtum der Bewegungsmittel in einem größeren Mißverhältnis gestanden. […]

Walter Benjamin, Einbahnstraße, in: Gesammelte Schriften IV, Teil 1. Hg. v. Tillman Rexroth, Frankfurt a.M. 1972, S. 83–148

6. Bekanntmachung der Reichsregierung über die Einführung der Rentenmark, 7.11.1923

Alle Vorbereitungen sind getroffen worden, damit die Rentenbank mit der Ausgabe der Rentenmark am 15. November beginnen kann. Von diesem Zeitpunkt ab wird der Bedarf des Reichs nicht mehr durch neue Herstellung von Papiermark gedeckt werden. Die Papiermarkinflation wird damit ihr Ende erreichen. Die dann feststehende Menge an Papiermark soll gegen Goldanleihe des Reiches eingetauscht werden können. Zu diesem Zweck wird einer besonderen Stelle eine mit Sicherheiten ausgestattete Goldanleihe des Reiches zur Verfügung gestellt werden. Der Kurs, zu dem die Papiermark zunächst eingelöst werden soll, wird festgestellt werden, unmittelbar, nachdem die Rentenbank in Kraft getreten ist. Die in der Rentenbankverordnung vorgesehene Möglichkeit der Einlösung von Reichsschatzanweisungen mit Rentenmark bleibt daneben bestehen. Damit bleibt zugleich die Möglichkeit offen, die Papiermark in Rentenmark einzutauschen, sobald die dafür erforderliche Menge an Rentenbankscheinen hergestellt ist.

Um zur Behebung der äußersten Not des Volkes die nötigen Devisen für die Einfuhr des unentbehrlichsten Lebensbedarfs, insbesondere für Getreide und Fette, zur Verfügung zu halten, hat sich die Reichsregierung trotz der schwersten Bedenken entschlossen, die Devisenabgabe auf der Grundlage der Brotversorgungsabgabe sofort noch einmal zu erheben. Als Gegenleistung wird eine neue Goldanleihe gewährt werden.

Weitere Devisen sollen durch die Ausfuhr einer beschränkten Menge an Zucker beschafft werden. Die Not des Volkes zwingt zu diesem Schritt, um durch die Ausfuhr die Devisen zur Beschaffung von Getreide und Fetten zu erlangen. Die für den Verbrauch von Mundzucker unerläßliche Menge bleibt im Inland.

Beide Maßnahmen werden eine wesentliche Entlastung des Devisenmarktes herbeiführen.

Deutsche Allgemeine Zeitung, 8.11.1923 (Nachdruck: Ursachen und Folgen 5, Nr. 1230)

K. Krisenjahr 1923

1. Verordnung des französischen Militärbefehlshabers Degoutte über die Verhängung des Belagerungszustands im Ruhrgebiet, 11.1.1923

[...] *Art. 1. Belagerungszustand.* Zur Aufrechterhaltung der Ordnung und der Polizei sowie zur Ausführung der erforderlichen Requisitionen wird im gesamten Gebiet, in dem französisch-belgische Truppen liegen, der Belagerungszustand verhängt.

Die deutschen Gesetze, insbesondere die sozialen und Arbeitergesetze, bleiben in Kraft. Das Prinzip des Achtstundentags wird in keiner Weise angetastet.

Die offiziellen deutschen Behörden verbleiben an ihren Orten und üben ihre Tätigkeit in der bisherigen Weise aus; sie haben sich den Verordnungen zu fügen, die von Seiten der Militärgewalt an sie ergehen. [...]

Art. 2. Aufrechterhaltung der Ordnung. Die öffentliche Ordnung darf unter keinem Vorwand gestört werden.

Die öffentlichen Dienststellen arbeiten in der bisherigen Weise weiter. Das Personal dieser Stellen bleibt auf seinem Posten.

Jeder Sabotageakt wird strengstens unterdrückt.

Art. 3. Polizei. Die deutsche Polizei hat weiter unter der Verantwortlichkeit der deutschen Verwaltungsbehörden die Ordnung aufrechtzuerhalten. [...]

Art. 5. Verkehr. Im Prinzip freier Verkehr bei Tag und Nacht. Der Verkehr auf den Straßen sowie der Personen- und Güterverkehr auf der Eisenbahn vollzieht sich weiter in der bisherigen Weise, unter Vorbehalt besonderer Bestimmungen, die getroffen werden können.

Art. 6. Presse. Die Zeitungen erscheinen ungehindert weiter. Jeder Artikel, der zur Unordnung aufreizt oder geeignet ist, die Ehre der französisch-belgischen Truppen anzugreifen oder deren Sicherheit zu gefährden, hat für die Verantwortlichen ein kriegsgerichtliches Verfahren zur Folge. [...]

Art. 9. Strafen. Wer gegen die vorliegende Verordnung verstößt, wird vor ein Militärgericht der Besatzungsarmee gestellt und mit Gefängnis bis zu fünf Jahren und einer Geldstrafe bis zu 10 Millionen Mark oder nur mit einer dieser beiden Strafen bestraft. Es sind indessen die französischen Strafgesetze anwendbar, wenn darin in Anbetracht der näheren Umstände höhere Strafen vorgesehen sind als in der vorliegenden Verordnung. [...]

Die französisch-belgischen Anordnungen für das Ruhrgebiet und die übrigen neubesetzten Gebiete, 1924, S. 6 (Nachdruck: Huber, Dokumente 3, Nr. 252)

2. Aufruf des Reichspräsidenten und der Reichsregierung v. 11.1.1923

An das deutsche Volk!

Ein neuer Gewaltstreich ist auf Deutschland herniedergegangen. Mit wohlberechneter Wucht trifft der Schlag der französischen Faust den unbeschützten Lebenspunkt der deutschen Wirtschaft, längst vorhergesehen und doch unerwartet.

Vorhergesehen: denn die Pläne und Wünsche der Pariser Machtpolitik sind ohne Scheu auf Gassen und Märkten erörtert worden.

Unerwartet: denn immer blieb die Hoffnung, daß die wirtschaftliche Vernunft des französischen Volkes die politische Begehrlichkeit seiner Machthaber zügeln würde.

Hat wirklich der Glaube geherrscht, daß den französischen Nöten durch Zerstörung des deutschen Arbeitszentrums abzuhelfen wäre, so muß die schwerste Enttäuschung folgen. Gegen den Rat der Fachmänner aller Welt will Frankreich die Probe machen. Daß es bei dem Versuche scheitern muß, ist unsere Überzeugung.

Doch fehlt uns die Macht, diese Tat der Verblendung, die sich gegen Deutschland wie gegen die gesamte Wirtschaft richtet, aus eigenen Kräften zu verhindern. Was geschehen konnte, um das Unheil abzuwehren, haben wir versucht. Das hereingebrochene Unheil zu lindern und zu beenden, wird unser Denken und Trachten sein. Dabei leiten uns die Würde und das Recht der Nation, mit der wir uns eins fühlen auch in der Kraft des guten Gewissens.

Alle Herzen erfüllt die ungeheure Bitterkeit dieser Stunde, wo über weite Teile unseres Vaterlandes das Schicksal hereinbricht, die Leiden der Fremdherrschaft ertragen zu müssen. Vermehrte Not für unser sorgenbedrängtes Volk muß der Einbruch in die Hauptstätten unserer Arbeit im Gefolge haben.

Um so dringender aber ergeht der Ruf an alle Volksgenossen: erschwert nicht das Los der am härtesten betroffenen Landsleute.

Erfüllet aufrechten Sinnes und klaren Kopfes die Forderungen des Tages: keine Handlung darf geschehen, die unsere gerechte Sache schädigt. Schwerste Schuld am eigenen Volke würde der auf sich laden, wer sich hinreißen ließe, durch eine unüberlegte Tat dem Gegner in die Hand zu arbeiten. Von eiserner Selbstbeherrschung jedes Einzelnen hängt das Wohl und Wehe der Gesamtheit ab.

Jetzt mehr als jemals leuchte uns das Beispiel der Würde und der moralischen Kraft voran, das die Rheinlande in Jahren des Leidens gegeben haben.

Den treuen rheinisch-westfälischen Brüdern gilt heute vor allen anderen unser Gruß. Ihr werdet die eichenfeste Zähigkeit haben, die Euer altes Erbteil ist und ungebrochen werdet Ihr diesen Wetterbraus überdauern. Ihr, die kein Sturm der Weltgeschichte jemals entwurzelt hat

Ihr seid die Zeugen, wie Frieden und Recht von neuem gebrochen werden. Mit Euch erheben wir Protest vor der Welt gegen den Bruch des Vertrages, gegen den schweren Bruch des sittlichen Rechtes unseres Volkes auf Leben, Bestand und Selbstbestimmung.

Eine schwere Zeit hebt an, wohl schwerer noch als die Jahre, die wir seit dem Kriege durchlebten. Wie lange die Prüfung noch dauern wird, vermag niemand zu sagen. Nur das eine wissen wir, daß die Not gesteigert und verlängert wird, wenn Volk und Staat ihr nicht in untrennbarer Einheit begegnen. Aber das auch wissen und hoffen wir, daß festes Zusammenstehen des ganzen Volkes sie kürzen wird. Dazu wollen wir uns die Hände reichen und die Herzen stark machen.

In Stadt und Land laßt uns den nächsten Sonntag unter all dem äußeren Druck der inneren Erhebung widmen und über alle deutschen Gaue in Haus und Hütte unseres Vaterlandes gedenken, seines Leides und seines Rechts!

Aktenstücke über den französisch-belgischen Einmarsch in das Ruhrgebiet, 1923, S. 26 (Nachdruck: Huber, Dokumente 3, Nr. 253)

3. Anweisung der Reichsregierung und der Landesregierungen Preußens, Bayerns, Hessens und Oldenburgs an die Beamten des besetzten Gebietes, 19.1.1923

Die Aktion der französischen und belgischen Regierung im Ruhrgebiet stellt eine schwere Verletzung des Völkerrechts und des Vertrages von Versailles dar. Infolgedessen sind Befehle und Anordnungen, die im Verfolg dieser Aktion an deutsche Beamte ergehen, rechtsunwirksam. Es ergeht daher seitens der Regierungen des Reiches, Preußens, Bayerns, Hessens und Oldenburgs die Anweisung, Anordnungen der besetzenden Mächte keinerlei Folge zu geben, sondern sich ausschließlich an die Anweisungen ihrer eigenen Regierung zu halten.

Dies gilt auch für die Beamten des altbesetzten Gebiets allen Maßnahmen gegenüber, die im Widerspruch zu den Bestimmungen des Rheinlandabkommens stehen.

Aktenstücke über den französisch-belgischen Einmarsch in das Ruhrgebiet, 1923, S. 27 (Nachdruck: Huber, Dokumente 3, Nr. 255)

4. Aufruf der Zentrale der KPD an die Arbeiter und Arbeiterinnen Deutschlands, 22.1.1923

Schlagt Poincaré und Cuno an der Ruhr und an der Spree!

Der Kampf an der Ruhr wächst sich aus zu einem entscheidenden Kampfe zwischen der deutschen und französischen Bourgeoisie, und er wird sich zu einem Kampfe zwischen der deutschen Bourgeoisie und dem deutschen Proletariat gestalten.

Die deutsche Bourgeoisie hat sich entschlossen, dem französischen Imperialismus einen organisierten Widerstand entgegenzusetzen. Die französische und deutsche Bourgeoisie sind einverstanden, einen gemeinsamen Trust zu bilden, der die Ruhrkohle mit den französischen Erzen verbindet. Aber die französischen Kapitalisten wollen die Oberhand haben. Sie verlangen für sich 60 Prozent des Anteils, während sie den Stinnes, Krupp und Thyssen nur 40 Prozent bewilligen. Um die 10 Prozent geht der Kampf. Er geht weiter darum, ob die deutsche Bourgeoisie endlich selber einen Teil der Reparationslasten auf sich nimmt. Sie hat sie bisher gezahlt aus dem Schweiße der deutschen Arbeiter, denen sie in immer mehr entwertetem Gelde den Lohn zahlte, um auf diese Weise billig die Waren im Auslande zu verschleudern. Es ist schwer, das Lebensniveau der Arbeiter noch weiter herunterzudrücken, und die Zeit ist gekommen, wo die deutsche Bourgeoisie selbst zahlen muß. Das will sie nicht. Sie fordert einen Zahlungsaufschub für mehrere Jahre, in der Hoffnung, daß nach diesen Jahren die Beziehungen Frankreichs zu den Alliierten sich so verschlechtern werden, daß sie nichts mehr zu zahlen haben wird. Die Franzosen haben das Ruhrgebiet besetzt, um die deutsche Schwerindustrie an der Gurgel zu fassen und sie zum Zahlen zu zwingen.

Den Kampf um die 10 Prozent und den Kampf um die Reparationsmilliarden kämpft die Bourgeoisie auf dem Rücken der deutschen Arbeiterklasse, des deutschen Mittelstandes aus. Der Marksturz bedeutet für sie die Möglichkeit einer neuen Schleuderkonkurrenz im Auslande. Aber für die deutschen Arbeiter, für die Kleinrentner, bedeutet er wachsende Teuerung und Hunger. Und diesen Hunger und diese Teuerung, von der sie sich mästet, wendet die deutsche Bourgeoisie als Mittel an, um die ausgepowerten Massen nun gegen Frankreichs Imperialismus aufmarschieren zu lassen. Auf diese Weise schlägt sie zwei Fliegen mit einer Klappe. Sie bekommt die Unterstützung breiter ehrlicher Volksmassen zu ihrem Kampfe um die Reparationsmilliarden und die 10 Prozent der Anteilscheine am Kohlen- und Eisensyndikat, und gleichzeitig schwemmt sie alle Dämme hinweg, die nach der Ermordung Rathenaus notgedrungen von der schwachen Wirth-Regierung gegen die Konterrevolution aufgerichtet worden waren. Vor dem Reichstag demonstrieren zusammen Zentrum, Demokraten mit den Deutschnationalen und den Deutschvölkischen, den Erzberger- und Rathenaumördern, und in diesem Bündnis werden natürlich die von der Schwerindustrie ausgehaltenen weißen Mörderorganisationen Sieger bleiben.

Die Cuno-Regierung dient als Vorspann einer offenen gegenrevolutionären Regierung. [...]

Arbeiter und Arbeiterinnen! In dieser Situation muß das Proletariat wissen, daß es nach zwei Seiten zu kämpfen hat. Das deutsche Proletariat kann sich natürlich dem fremden kapitalistischen Eindringling nicht unterwerfen. Die französischen Kapitalisten sind um keinen Deut besser als die deutschen, und die Bajonette der französischen Besatzungstruppen sind nicht weniger scharf als die der Reichswehr. Die Kommunistische Partei fordert die klassenbewußten Arbeiter des Ruhrgebiets auf, den Abwehrkampf gegen die französischen Besatzungsbehörden mit voller Energie zu führen. Aber es gilt zu kämpfen, wo Arbeiterrechte mit Füßen getreten werden. [...]

In den Kampf gegen den räuberischen Kapitalismus Frankreichs! In den Kampf gegen die Raubpläne Poincarés!

In den Kampf gegen Stinnes, Thyssen und Krupp, gegen ihre Handlanger aus der Cuno-Regierung!

Es lebe die Solidarität des deutschen und des französischen Proletariats gegen die französische und deutsche Bourgeoisie!

Die Rote Fahne Nr. 18, 23.1.1923 (Nachdruck: Ursachen und Folgen 5, Nr. 1006)

5. Auseinandersetzungen innerhalb des Politbüros der KPD, 11.9.1923

Brandler: In den allgemeinen politischen Grundtendenzen hat sich seit der letzten Sitzung nichts geändert. Aber die Konturen des Zersetzungsprozesses in der SPD sind stärker in die Erscheinung getreten. In Thüringen ist der Versuch der Sozialdemokraten, eine Koalitionsregierung mit den Bürgerlichen zu bilden, von den größten Organisationen in Jena und Weimar abgelehnt worden und die Einberufung eines Landesparteitages gefordert worden mit einer Resolution gegen die Große Koalition und der Forderung des Zusammengehens mit den Kommunisten um jeden Preis. Auch der Vorstoß gegen die Kommunisten, der vom Parteivorstand aus Berlin organisiert worden war, ist in Sachsen bereits zurückgeschlagen worden. Levi hat vor 2000 Leipziger Funktionären für die Diktatur gesprochen, für ein Zusammengehen mit den Kommunisten, sodaß in der stärksten Organisation des rechten Flügels in Leipzig mit 2000 gegen 1 Stimme sich die Linken durchgesetzt haben. Die Vorgänge auf dem Bezirksparteitag in Berlin beweisen die gleiche Entwicklung. Auch hier ist es trotz aller Regiekünste der Bonzen und des Einsetzens Severings gelungen, die Neuwahl des Vorstandes zu erzwingen und die Anforderung Zeigners zum Referat durchgedrückt worden. Das stellt uns vor die dringende Aufgabe, uns mit den Formen dieser Entwicklung in der SPD auseinanderzusetzen. Es ist charakteristisch, daß sich im ganzen Reich die Entwicklung wiederholt, die wir in Sachsen bereits von 3/4 Jahr durchgemacht haben. Die Zersetzung der SPD vollzieht sich in der Form eines Kampfes der radikalisierten sozialdemokratischen Arbeiter gegen ihre rechten Führer. Ob uns das gefällt oder nicht, ist nebensächlich. Es hat keinen Sinn, mit diesen Linken sich in theoretische Diskussionen über Diktatur des Proletariats oder sozialistische Regierung einzulassen. Wir müssen unter den Linken Zellen bilden und sie zwingen, praktisch Farbe zu bekennen. Die Möglichkeit eines Zwischenstadiums einer sozialistischen Regierung wird dadurch verstärkt. Wir müssen eine Kampagne zustandebringen, daß wir mit den radikalisierten sozialdemokratischen Arbeitern eine Diskussion herbeiführen, wo wir sie zwingen, gegen die Verfolgungen der Kommunisten und Betriebsräte in ihrer Partei Front zu machen und ihre regierenden Parteigenossen zu desavouieren. Wir müssen im schärfsten Ausmaß die Bildung gemeinsamer Hundertschaften, Kontrollausschüsse und die Frage des Generalstreiks zum Sturz der Stresemann-Hilferding-Regierung sowie die Frage der politischen Arbeiterräte mit ihnen praktisch diskutieren. Das ist neben den technischen Vorbereitungen zum Machtkampf, den wir mit verstärkter Kraft weiterführen müssen, die wichtigste politische Arbeit.

Ruth [Fischer]: Die Möglichkeit einer sozialistischen Regierung in Deutschland besteht nicht. Wenn man eine solche für möglich hält, dann steckt dahinter der Versuch, dem Bürgerkrieg auszuweichen und eine Zeignerschweinerei im Reichsmaßstab zu machen. Durch eine solche falsche Taktik besteht die große Gefahr der Konsolidierung einer neuen USP. [...] Es tauchen jetzt die alten Gegensätze wieder auf; ich werde innerhalb und außerhalb Berlins gegen die Linie der Partei kämpfen.

Klein: Die Partei muß sich praktisch einstellen auf die Übernahme der Macht. Wenn sie nicht alle möglichen Fragen dieses Kampfes in Betracht zieht, dann können wir Niederlagen erleiden. Wenn wir feststellen, daß eine sozialistische Regierung in Deutschland als Nachfolgerin der großen Koalition möglich ist, und Ruth erklärt, wir wollen dem Bürgerkrieg ausweichen, so ist das gelinde gesagt ein starkes Stück.

Becker: Zum Betriebsrätekongreß in Thüringen lehnten die sozialdemokratischen Arbeiter es noch zum großen Teile ab, ihn zu beschicken. Wir müssen jetzt mit aller Kraft auf das Vorwärtsdrängen der linken sozialdemokratischen Arbeiter gegen die große Koalition hinarbeiten.

Ruth [Fischer]: Es ist hier absolut zwecklos zu sprechen. Man darf nicht die Parole der linkssozialistischen Regierung ausgeben.

Pieck und **Gerhart** polemisieren scharf gegen die Methode Ruths, aus Zentralesitzungen in Berlin völlig verfälschte und karikaturistische Berichte zu erstatten.

Walcher: Die Ruth usw. werden in einer schwierigen Lage der Partei der Leitung in den Rücken fallen.

Brandler: In der Zentrale sind mit Ausnahme von Ruth keine Differenzen. Die unerhörte Verdrehung von Ruth, daß die Partei die Parole der linkssozialistischen Regierung ausgeben will, was sie auch nach Berlin lanciert, muß schärfstens zurückgewiesen werden. Wir müssen überall mit den linken sozialdemokratischen Arbeitern und Funktionären in Verbindung treten und den Kampf gegen die große Koalition als nächsten Schritt ideologisch organisatorisch vorbereiten. Was das neuerliche Aufziehen eines parteipolitischen Krachs durch Ruth, Maslow usw. betrifft, so sage ich ganz klar: es gehört zu den Kampfmaßnahmen der Partei, die Differenzen nicht nur ideologisch zu klären, sondern auch ein derartiges Treiben, wenn notwendig, mit den schärfsten Mitteln zu verhindern. Er stellt folgende Anträge:

1. Die politische Linie der Partei wird angesichts des Ernstes der Lage durch Rede und Gegenrede im Polbüro und der Zentrale festgestellt. In den Bezirksleitungen im Reich und in Berlin ist nur über die Durchführung der beschlossenen Linie zu diskutieren.
2. Alle Mitglieder der Zentrale sind verpflichtet, die politische Linie der Partei überall zu vertreten und durchzuführen. Gen. Ruth Fischer, die ankündigte, in Berlin und im Reich mit allen Mitteln gegen die Linie der Partei anzukämpfen, wird dieser Kampf untersagt. Ebenso wird den oppositionellen Genossen in Berlin verboten, entsprechend den protokollarischen Ausführungen der Gen. Ruth Fischer wenigstens in Berlin ihre anderen politischen Losungen zum Gegenstand der taktischen politischen Arbeit zu machen.
3. Das Polbüro beschließt, die Gen. Ruth Fischer und den Gen. Maslow als Delegierte zur Aussprache nach Moskau zu senden und von der Exekutive zu fordern, daß, falls sich die oppositionellen Genossen der parteipolitischen Linie nicht unterordnen und einfügen, die Exekutive mit ihrer ganzen Autorität für die Entfernung der oppositionellen Genossen von der politischen Leitung sorgt.

Dieser Antrag wird gegen eine Stimme angenommen. [...]

Archiv der PDS (Institut für die Geschichte der Arbeiterbewegung), Zentrales Partei-Archiv I 2/3/3, Sitzungsprotokoll

6. Aufruf der Reichsregierung zum Abbruch des passiven Widerstandes v. 26.9.1923

Am 11. Januar haben französische und belgische Truppen wider Recht und Vertrag das deutsche Ruhrgebiet besetzt. Seit dieser Zeit hatten Ruhrgebiet und Rheinland schwerste Bedrückung zu erleiden. [...]

Die Reichsregierung hatte es übernommen, nach ihren Kräften für die leidenden Volksgenossen zu sorgen. In immer steigendem Maße sind die Mittel des Reichs dadurch in Anspruch genommen worden. In der abgelaufenen Woche erreichten die Unterstützungen für Rhein und Ruhr die Summe von 3500 Billionen Mark. In der laufenden Woche ist mindestens eine Verdoppelung dieser Summe zu erwarten. Die einstige Produktion des Rheinlandes und des Ruhrgebietes hat aufgehört. Das Wirtschaftsleben im besetzten und unbesetzten Deutschland ist zerrüttet. Mit furchtbarem Ernst droht die Gefahr, daß bei Festhalten an dem bisherigen Verfahren die Schaffung einer geordneten Währung, die Aufrechterhaltung des Wirtschaftslebens und damit die Sicherung der nackten Existenz für unser Volk unmöglich wird.

Diese Gefahr muß im Interesse der Zukunft Deutschlands ebenso wie im Interesse von Rhein und Ruhr abgewendet werden. Um das Leben von Volk und Staat zu erhalten, stehen wir heute vor der bitteren Notwendigkeit, den Kampf abzubrechen. Wir wissen, daß wir damit von den Bewohnern der besetzten Gebiete noch größere seelische Opfer als bisher verlangen. Heroisch war ihr Kampf, beispiellos ihre Selbstbeherrschung. Wir werden niemals vergessen, was diejenigen erlitten, die im besetzten Gebiet duldeten. Wir werden niemals vergessen, was diejenigen aufgaben, die lieber ihre Heimat verließen, als dem Vaterlande die Treue zu brechen.

Dafür zu sorgen, daß die Gefangenen freigegeben werden, daß die Verstoßenen zurückkehren, bleibt die vornehmste Aufgabe der Reichsregierung. Vor allen wirtschaftlichen und materiellen Sorgen steht der Kampf für diese elementaren Menschenrechte. Deutschland hat sich bereit erklärt, die schwersten materiellen Opfer für die Freiheit deutscher Volksgenossen und deutscher Erde auf sich zu nehmen. Diese Freiheit ist uns aber kein Objekt für Verhandlungen oder für Tauschgeschäfte. Reichspräsident und Reichsregierung versichern hierdurch feierlich vor dem deutschen Volke und vor der Welt, daß sie sich zu keiner Abmachung verstehen werden, die auch nur das kleinste Stück deutscher Erde vom Deutschen Reiche löst. In der Hand der Einbruchsmächte und ihrer Verbündeten liegt es, ob sie durch Anerkennung dieser Auffassung Deutschland den Frieden wiedergeben oder mit der Verweigerung dieses Friedens alle die Folgen herbeiführen wollen, die daraus für die Beziehungen der Völker entstehen müssen.

Das deutsche Volk fordern wir auf, in den bevorstehenden Zeiten härtester seelischer Prüfung und materieller Not treu zusammenzustehen. Nur so werden wir alle Absichten auf Zertrümmerung des Reiches zunichte machen, nur so werden wir der Nation Ehre und Leben erhalten, nur so ihr die Freiheit wiedergewinnen, die unser unveräußerliches Recht ist!

Deutsche Allgemeine Zeitung, 26.9.1923

7. Verordnung des Reichspräsidenten betr. die zur Wiederherstellung der öffentlichen Sicherheit und Ordnung im Gebiet des Freistaats Sachsen nötigen Maßnahmen, 29.10.1923

Auf Grund des Artikels 48 der Reichsverfassung verordne ich zur Wiederherstellung der öffentlichen Sicherheit und Ordnung im Gebiete des Freistaats Sachsen folgendes:

§ 1. Der Reichskanzler wird ermächtigt, für die Dauer der Geltung dieser Verordnung Mitglieder der sächsischen Landesregierung und der sächsischen Landes- und Gemeindebehörden ihrer Stellung zu entheben und andere Personen mit der Führung der Dienstgeschäfte zu betrauen. Auf Richter der ordentlichen Gerichte findet die Vorschrift keine Anwendung. [...]

Reichsgesetzblatt 1923 I, S. 995 (Nachdruck: Huber, Dokumente 3, Nr. 272)

8. Aufruf der bayerischen Staatsregierung, 26.9.1923

Die Reichsregierung mußte sich entschließen, den Kampf, den das deutsche Volk seit 11. Januar 1923 an Rhein und Ruhr geführt hat, abzubrechen. Die Geldmittel zur Fortsetzung des Kampfes überstiegen die Kraft des Reiches.

Auch die bayerische Staatsregierung hat dies anerkannt und insoweit dem Entschluß der Reichsregierung zugestimmt. Ministerpräsident Dr. v. Knilling hat in den Beratungen, die am 25. September in Berlin stattgefunden haben, darüber hinaus aber zugleich nachdrücklichst hervorgehoben, daß die auch von England anerkannte Rechts- und Vertragswidrigkeit des Ruhreinbruchs fortbestehen bleibe und daß diese Tatsache von der Reichsregierung entschieden herausgestellt und zur Grundlage ihres weiteren Verhaltens gemacht werden müsse. Der von den Einbruchsmächten gebrochene Vertrag von Versailles dürfte auch für uns nicht mehr als verbindlich angesehen werden.

Der Ministerpräsident wußte sich bei dieser seiner Stellungnahme in Übereinstimmung mit dem weitaus überwiegenden Teil des bayerischen Volkes, das mit Spannung und inniger Anteilnahme den Kampf an der Ruhr verfolgte und mit tiefer Trauer die Umstände beklagt, die zu seiner Beendigung führten. Diese Erschütterung über diese Entwicklung ist so stark, daß sie zu Störungen der öffentlichen Ordnung führen kann. Solche würden nichts nützen, sondern die Not und das Elend nur noch vermehren; das Ansehen Bayerns könnte dadurch auf das schwerste geschädigt werden.

In solcher Lage muß die Staatsregierung die Zügel fest und straff in ihrer Hand behalten. Sie muß solche schädigende Störungen der öffentlichen Ordnung verhüten. Sie kann und darf Unverantwortlichen keinen Einfluß auf den Gang der weiteren Ereignisse einräumen; sie allein ist verantwortlich.

In diesem Bewußtsein ihrer Verantwortung und angesichts der Gefahren, die die gegenwärtige Lage in sich führt, hat sich die Staatsregierung entschlossen, besondere Maßnahmen vorzukehren. Sie hat zur Aufrechterhaltung der öffentlichen Ruhe und Ordnung einen besonderen Generalstaatskommissar in der Person des Regierungspräsidenten Dr. v. Kahr bestellt und ihm die gesamte vollziehende Gewalt übertragen.

Die Staatsregierung ist entschlossen, auch in der gegenwärtigen schwierigen Lage Volk und Staat zu schützen. Sie richtet an die Bevölkerung die Aufforderung, sie zu unterstützen, Ruhe und Besonnenheit zu wahren und sich von Unverantwortlichen nicht mißbrauchen und irreleiten zu lassen.

Bayerische Staatszeitung, 27.9.1923 (Nachdruck: Huber, Dokumente 3, Nr. 278a)

9. Aufruf der bayerischen Staatsregierung, 21.10.1923

Reichsminister Dr. Geßler hat als Inhaber der vollziehenden Gewalt für Bayern zwar einen militärischen Befehlshaber, aber keinen Zivilkommissar ernannt und dadurch das bereits vorher bestellte Generalstaatskommissariat für Bayern anerkannt. Gleichwohl hat der Reichswehrminister dem General v. Lossow in einer Angelegenheit, die zweifellos zur Zuständigkeit des bayerischen Generalstaatskommissariats gehört, einen Befehl erteilt und dadurch in die Polizeihoheit Bayerns eingegriffen.

General v. Lossow hat sich in der gegebenen schwierigen Lage in loyalster Weise mit der bayerischen Regierung in Verbindung gesetzt, die ihrerseits die Weiterbehandlung der Angelegenheit nach der politischen Seite für geboten erachtete, und die Reichsregierung nachdrucksam auf die schweren Folgen einer etwaigen Maßregelung v. Lossows hinwies. Gleichwohl hat der Reichswehrminister die Angelegenheit rein militärisch betrachtet und den General v. Lossow seines Dienstes enthoben.

Die bayerische Staatsregierung konnte diese Maßnahme unmöglich hinnehmen und hat daher im Interesse der Aufrechterhaltung der öffentlichen Ruhe und Ordnung in Bayern und zur Wahrung der bayerischen Belange bis zur Wiederherstellung des Einvernehmens zwischen Bayern und dem Reich den bayerischen Teil der Reichswehr ihrerseits als Treuhänderin des deutschen Volkes in Pflicht genommen, den General v. Lossow als bayerischen Landeskommandanten eingesetzt und mit der Weiterführung der bayerischen Division beauftragt.

Das bayerische Volk wird diesem auch im wohlverstandenen Reichsinteresse gelegenen Schritt, der zur Wahrung der Würde und des Ansehens Bayerns bei der gegebenen Sachlage unvermeidlich war, volles Vertrauen entgegenbringen.

Bayerische Staatszeitung, 22. 10. 1923 (Nachdruck: Huber, Dokumente 3, Nr. 292)

10. Übersendung eines Berichts eines Vertrauensmanns des Auswärtigen Amtes an die Reichskanzlei: Verhältnisse in Bayern, 31.10.1923

Der anliegende Bericht ist hier von einem diesseits bekannten zuverlässigen Herrn, der zur Erkundigung nach München gefahren war, übergeben worden.

Am 17. Oktober 1923 erschienen früh morgens bei einer großen Zahl ostjüdischer Familien gleichzeitig 4 Kriminalbeamte zu Haussuchungen. Man ließ sich Wäsche, Kleider, Schmuck, Lebensmittel usw. zeigen. Auf die Haussuchungen erfolgte bisher in ca. 80 Fällen (Familien) die Ausweisung. Die Ausweisungsbefehle trugen ursprünglich schon das Datum vom 13. Oktober, waren also vor der Haussuchung ausgestellt, sodaß letztere nur eine Formalität war. Die Ausweisungsbefehle wurden vom 18. Oktober an zugestellt, die Ausweisungsfrist lautet überall auf 14 Tage.

Die Befehle sind alle nach demselben Schema angefertigt und haben folgenden Wortlaut:

Beschluß.

X wird hiermit mit seiner Frau, geb. X. und seinen Kindern ... aus München und dem Freistaat Bayern ausgewiesen. Gebühren bleiben außer Ansatz, die Kosten des Verfahrens und der Ausweisung fallen dem Ausgewiesenen zur Last.

Gründe.

Es folgen dann irgendwelche beliebigen Scheingründe, z.B. irgendeine Polizeistrafe vor 15 oder 20 Jahren (etwa die Ordnungsstrafe der Tochter, die schon lange nicht mehr im Hause der Eltern lebt, Polizeistrafe wegen zu schnellen Radelns vor dem Krieg, Bestrafung mit 5,– M, weil der Ausgewiesene vor dem Kriege einem Beleidiger eine Ohrfeige gegeben hat und dergl.). Ein besonders krasser Fall: Der Betroffene war auf Grund einer Denunziation unter Raubmordverdacht gekommen. Der wirkliche Mörder wurde aber inzwischen gefaßt und verurteilt. Heute wird der Mann wegen eines inzwischen widerlegten Verdachtes ausgewiesen.

Die häufigste Begründung war, daß die Betroffenen in ärmlichen Verhältnissen eingewandert, nun aber reich seien, daß sie es also verstanden hätten, sich während der tiefsten Not des deutschen Volkes zu bereichern. Nirgendwo fehlt der Schluß: X sei also ein gefährlicher Schädling am deutschen Volk, der die Wiedergesundung behindere und demgemäß auszuweisen sei. Folgt Ausführung der rechtlichen Bestimmungen: Die Verordnungen des Gesamt-Staatsministeriums über den bayerischen Ausnahmezustand, die Erlasse des General-Staatskommissars von Kahr. Gleichzeitig wird auf Grund des Erlasses vom 17. Oktober des General-Staatskommissars die Wohnungsbeschlagnahme bei den Ausgewiesenen ausgesprochen. Als Rechtsmittel gegen die Ausweisung wird eine bei der Polizei-Direktion innerhalb 3 Tagen einzureichende Beschwerde an den General-Staatskommissar angegeben. Die Beschwerde hat keine aufschiebende Wirkung, die Wohnungsbeschlagnahme tritt aber erst mit Verwerfung der Beschwerde in Kraft. Zuständige bayerische Stellen geben zu, daß eine Behandlung der Beschwerden von Fall zu Fall nicht beabsichtigt, sondern eine generelle Erledigung (also Verwerfung) vorgesehen ist. [...]

Es ist Anweisung herausgegangen, die Ausweisungen in ganz Bayern durchzuführen. In Nürnberg finden die ersten Ausweisungen ab 1. November statt, nämlich nach Übertragung der Polizei-Gewalt von der Stadt auf den Staatskommissar Garreis. Die Ausweisungen im übrigen Bayern erfolgen durch die Regierungs-Präsidenten.

In München wohnen etwa 400 ostjüdische Familien. Auf Protest gegen die Ausweisungen wurde an zuständiger bayerischer Stelle erklärt, man müsse dankbar dafür sein, daß die Sache auf diese Weise erfolge. Bei Ausschreitungen wäre die Polizei vielleicht nicht imstande, die Juden zu schützen. Intervention beim Minister für soziale Fürsorge und dem Handelsminister, die auf die wirtschaftliche und soziale Wirkung der Ausweisungen hingewiesen wurden, hatte den Erfolg, daß beide Herren die angeführten Gründe für vollkommen berechtigt erklärten und versprachen, sich vom Standpunkt ihrer Ressorts aus der Sache anzunehmen. Sie konnten aber keine Hoffnung machen, da sie absolut machtlos seien und nicht einmal in Angelegenheiten ihrer Ressorts gehört würden. Der bayerische Industriellen-Verband hat im Namen der Wirtschaft Protest beim General-Staatskommissar eingelegt, der wirkungslos blieb.

Es muß darauf hingewiesen werden, daß bisher gegen keinen der Betroffenen irgend etwas Ernsthaftes vorliegt. Die Polizei stellt z. B. den Ausgewiesenen Leumundszeugnisse aus, nach denen über sie nichts Nachteiliges bekannt ist. Es handelt sich um lauter Familien, die seit 20 bis 30 Jahren in München ansässig sind und die sich in dieser Zeit emporgearbeitet haben, großenteils nicht durch Handel, sondern durch Gründung industrieller Unternehmungen. Daß sie wirklich ganz einwandfrei sind, zeigt schon, daß sie als Ostjude noch immer in München leben. Jeder Ostjude, der sich das geringste zu Schaden kommen ließ, wurde nach der bisherigen Praxis schon von 1920 an sofort ausgewiesen. [...]

Ausgewiesen wurden zwei preußische Staatsangehörige, Brüder Nathan, die im Felde gewesen sind und von denen einer Offizier geworden sein soll. Bei meiner Abreise waren diese Ausweisungen nicht zurückgenommen worden. Es scheint die Absicht zu bestehen, weitere nichtbayerische Deutsche auszuweisen. Auch wurde von zuständiger Stelle erklärt, daß man beabsichtige, eventuell durch Internierung, Schutzhaft oder Anweisung eines Zwangswohnsitzes gegen Bayern, die sich unverhältnismäßig bereichert hätten, vorzugehen. Es ist zweifellos, daß es sich nur um Juden handeln wird. Von unterrichteter Stelle wurde mehrfach erklärt, daß es sich um einen Teil des Friedensabkommens zwischen Herrn von Kahr und Hitler handelt, das auf diese Weise verwirklicht wurde. Gegen die deutschen Juden hilft man sich bisher zumeist durch ein System des Terrors. In den letzten Tagen sind in Nürnberg in der Zeit von ½ 11 Uhr abends ab zahlreiche angesehene jüdische Bürger von uniformierten Banden überfallen und niedergeschlagen oder niedergestochen worden. [...]

In den kleinen Orten ist die Unsicherheit teilweise noch größer, besonders augenblicklich in Bamberg, Cronach und Kitzingen. Die Polizei greift nirgends ein außer in Nürnberg, wo die Polizeigewalt bis zum 1. November in den Händen der Stadt liegt. Dort wurde das Café Zentral und das Café Habsburg, die von uniformierten Banden überfallen wurden, polizeilich geschützt. [...]

Viele unterrichtete Leute in Bayern glauben übrigens, daß in kurzem Kahr durch Hitler abgelöst werden würde. Daß jedenfalls die Macht des General-Staatskommissars im Abnehmen begriffen ist. Man sagt für diesen Fall wirkliche Pogrome voraus. Jedenfalls verlassen zahlreiche, alteingesessene jüdische Familien unter diesen Umständen München. [...]

Bundesarchiv Koblenz, R 43 I (Reichskanzlei), 2681

11. Mitteilung der Telegraphen-Union über die Vorgänge im Bürgerbräukeller, 8.11.1923

[...] Der heutige Abend hat in München den Staatsumsturz gebracht. In einer ungeheuer überfüllten und schon um 7 Uhr pünktlich gesperrten Versammlung im Saal des Bürgerbräukellers hielt der Generalstaatskommissar Dr. v. Kahr die angekündigte große Rede. Ehe er sie noch zu Ende geführt hatte, wurde er unterbrochen. Der Nationalsozialistenführer Hitler drang mit einem Sturmtrupp in den Saal ein, und es wurde eine Anzahl Schüsse gegen die Decke abgegeben. Es entstand ein ungeheurer Tumult, wobei Hitler erklärte, die Regierung Knilling sei gestürzt und die Nationaldiktatur ausgerufen. Heute vor fünf Jahren habe die Revolution angefangen, am heutigen Tage sei sie beendet. Das Kabinett sei abgesetzt. Die Minister v. Knilling und Schweyer, die in der Versammlung anwesend waren, wurden trotz ihres Protestes sofort verhaftet, außerdem verschiedene andere prominente Persönlichkeiten. Hitler teilte mit, die neue bayerische Regierung sei bereits gebildet, Landesverweser ist Dr. v. Kahr, Ministerpräsident Pöhner. Eine deutschnationale Reichsregierung werde in München gebildet und sofort eine nationale Armee gebildet. Die Leitung der deutschen Politik übernehme er, Hitler.

General Ludendorff übernehme die Leitung der deutschen Armee, General v. Lossow werde Reichswehrminister, Oberst v. Seißer Reichspolizeiminister. Hitler richtete an die Versammlung, in der zahlreiche Offiziere anwesend waren, die Anfrage, ob sie mit diesen Vorschlägen einverstanden seien, was mit tosendem Beifall bejaht wurde. Hierauf wurden die als Mitglieder der neuen Regierung vorgeschlagenen Persönlichkeiten in den Saal geführt. Sowohl Kahr wie Ludendorff und Pöhner erklärten in kurzen Ansprachen sich zur Übernahme ihrer Ämter bereit. [...]

Poetzsch, Vom Staatsleben, S. 24 (Nachdruck: Huber, Dokumente 3, Nr. 303)

12. Proklamation der NSDAP an das deutsche Volk, 9.11.1923

Die Regierung der Novemberverbrecher in Berlin ist heute für abgesetzt erklärt worden.

Eine provisorische National-Regierung ist gebildet worden.

Diese besteht aus: General Ludendorff, Adolf Hitler, General von Lossow, Oberst von Seisser.

Dokumente der Zeitgeschichte. Hg. v. Adolf Dresler, München 1938 (Nachdruck: Ursachen und Folgen 5, Nr. 1175)

13. Aufruf des Generalstaatskommissars v. Kahr, 9.11.1923

Trug und Wortbruch ehrgeiziger Gesellen haben aus einer Kundgebung für Deutschlands nationales Wiedererwachen eine Szene widerwärtiger Vergewaltigung gemacht. Die mir, dem General v. Lossow und dem Obersten v. Seißer mit vorgehaltener Pistole abgepreßten Erklärungen sind null und nichtig. Ein Gelingen des sinn- und ziellosen Umsturzversuchs hätte Deutschland samt Bayern in den Abgrund gestoßen. An der Treue und dem Pflichtbewußtsein der Reichswehr und der Landespolizei ist der Verrat gescheitert. Auf diese Getreuen gestützt ruht die vollziehende Gewalt fest in meiner Hand. Die Schuldigen werden rücksichtslos der verdienten Strafe zugeführt. Die nationalsozialistische deutsche Arbeiterpartei, die Bünde Oberland und Reichskriegsflagge sind aufgelöst.

Unbeirrt aber durch Unverstand und Tücke, werde ich mein deutsches Ziel verfolgen: unserem Vaterlande die innere Freiheit zu erringen.

Karl Rothenbücher, Der Fall Kahr, Tübingen 1924, S. 7 f. (Nachdruck: Huber, Dokumente 3, Nr. 310)

14. Erinnerungen des Historikers George W. Hallgarten an die Ereignisse an der Feldherrnhalle, 9.11.1923

Plötzlich erschien vor dem Bogen, vom Marienplatz her die Theatinerstraße entlang marschierend, ein langer Zug in Viereroder Sechserreihen, an seiner Spitze besonders viele Fahnen; ich machte eine Reichskriegsflagge aus. Der Zug schwenkte nahe meinem Beobachtungsposten nach rechts in die kleine Querstraße ab, die zur Residenzstraße führt, und schien dort, die ursprüngliche Marschrichtung wieder einnehmend, zwischen der Residenz und der Feldherrnhalle nach dem Odeonsplatz vorzustoßen. Genau in diesem Moment sprang ein mir bekannter Journalist, Schmidt-Landry, mit einigen gelben Flugzetteln in der Hand von rückwärts auf mich zu. Auf ihnen stand mit großen Buchstaben zu lesen, daß die Bildung einer nationalen Einheitsregierung, die Hitler am Abend vorher durch seinen bekannten Überfall auf die im Bürgerbräu versammelten örtlichen bayerischen Machthaber, besonders Herrn von Kahr, ihnen abgepreßt zu haben glaubte, hiermit widerrufen werde und daß Kahr sich gegen Hitler gewandt habe [...].

Ich hatte noch nicht geendet, da krachte es auch schon vorn um die Ecke; die Staatspolizei begann auf den Zug zu feuern; und binnen weniger Minuten flutete alles in wilder Flucht zurück; die »Gigantomachia«, wie der griechische Ausdruck lautet, war aus, die Riesen hatten sich in der Tat, wie der Dichter es schilderte, gegenseitig zur Strecke gebracht.

Seelisch war damit die Schlacht freilich noch nicht beendet. Ganz München kochte, und gar mancher fragte sich, ob Herr von Kahr, der, wie es schien, viel zu lange gute Miene zu Hitlers bösem Spiel gemacht hatte oder mindestens gemacht zu haben schien, nicht durch äußere Einflüsse – so etwa den noch immer stark nach dem bayerischen Thron lugenden ehemaligen Kronprinzen Rupprecht oder den Kardinal Faulhaber – zu seiner nachträglichen Wendung veranlaßt worden sei. Besonders in der Universität kochte es. Kapitän Ehrhardt, Führer der berüchtigten völkischen Brigade, die seinen Namen trug, sowie eines gar manchen Mordes bezichtigten Geheimbundes, der »Organisation Consul«, wurde dort, als er die Studenten zu mäßigen suchte, in meiner Gegenwart einfach niedergebrüllt; man hatte den spitzbärtigen und viellistigen ehemaligen Marineoffizier im Verdacht, für seine Zwecke aus Hitlers Haut Riemen zu schneiden. [...]

George W. F. Hallgarten, Als die Schatten fielen. Erinnerungen vom Jahrhundertbeginn zur Jahrtausendwende, Berlin 1969, S. 127 f.

15. Hitlers Schlußrede vor dem Münchner Volksgericht, 27.3.1924

[...] Was mir vor Augen stand, das war vom ersten Tage an mehr, als Minister zu werden. Ich wollte der Zerbrecher des Marxismus werden. Ich werde diese Aufgabe lösen, und wenn ich sie löse, dann wäre der Titel eines Ministers für mich eine Lächerlichkeit. Als ich zum ersten Mal vor Wagners Grab stand, da quoll mir das Herz über vor Stolz, daß hier ein Mann ruht, der es sich verbeten hat, hinauf zu schreiben: Hier ruht Geheimrat Musikdirektor Exzellenz Baron Richard von Wagner. Ich war stolz darauf, daß dieser Mann und so viele Männer der deutschen Geschichte sich damit begnügen, ihren Namen der Nachwelt zu überliefern, nicht ihren Titel. Nicht aus Bescheidenheit wollte ich damals »Trommler« sein; das ist das Höchste, das andere ist eine Kleinigkeit [...].

Herr Staatsanwalt, so wie Sie in der Anklageschrift betonen, daß wir mit zusammengebissenen Zähnen warten müßten, bis die Saat reif geworden wäre, so haben auch wir gewartet, und als der Mann kam, haben wir gerufen: Die Saat ist reif, die Stunde ist gekommen! Dann erst habe ich mich nach langem Zögern zur Verfügung gestellt. Ich verlangte, daß ich die Führung des politischen Kampfes in meine Faust bekomme, und zweitens habe ich verlangt, daß die Führung der Organisation, die wir alle ersehnten und die auch Sie innerlich genau so ersehnen, der Held bekommt, der in den Augen des ganzen jungen Deutschlands nun einmal berufen ist hierzu. Höhnisch erklärte der Zeuge, man mußte Ludendorff nehmen, weil dann die Reichswehr nicht schießen würde. Ist das ein Verbrechen von mir? Lag darin etwa

Hochverrat, daß ich zu Lossow sagte: »Wie Sie den Kampf beginnen, muß es zum Kampf kommen; wie ich es mir vorstelle, kommt es nicht zum Kampf.« [...]

Was wollten wir am 8. November, abends? Im Reiche wollten die Herren alle ein Direktorium. Was man im Reiche angestrebt hat, kann man in Bayern nicht verdammen. Das Direktorium war in Bayern schon da, es bestand aus den Herren Kahr, Lossow und Seisser. Von einer legalen Regierung haben wir nichts mehr gewußt, wir haben nur gefürchtet, daß bei der letzten Entscheidung vielleicht noch Hemmungen kommen könnten.

Ich bin kein Monarchist, sondern letzten Endes auch Republikaner. Pöhner ist Monarchist, Ludendorff treu ergeben dem Hohenzollernhaus. Wir alle, die wir so verschieden eingestellt sind, standen zusammen. Deutschlands Schicksal liegt nicht in der Republik oder der Monarchie, ist nicht die Staatsform als solche, sondern der schmähliche Inhalt. Wir wollten in Deutschland die Voraussetzungen dafür schaffen, die allein es möglich machen, daß die eiserne Faust unserer Feinde von uns genommen wird. Wir wollten Ordnung schaffen im Staatshaushalt, die Drohnen ausweisen, den Kampf gegen die internationale Börsenversklavung aufnehmen, gegen die Vertrustung unsrer ganzen Wirtschaft, den Kampf gegen die Politisierung der Gewerkschaften, und vor allem sollte wieder eingeführt werden die höchste Ehrenpflicht, die wir als Deutsche kannten, die Pflicht zur Waffe, die Wehrpflicht. Und da frage ich Sie: Ist das, was wir gewollt haben, Hochverrat? [...]

Nun wird gesagt: Aber Exzellenz v. Kahr, v. Lossow und v. Seisser wollten den Vorgang am 8. November abends nicht. Die Anklageschrift sagt, daß wir die Herren in eine Zwangslage hineingestoßen haben. In die Zwangslage waren wir durch die Herren selbst geraten, sie haben uns in die Zwangslage hineingestoßen. Herr v. Kahr hätte ehrenhaft sagen müssen: Herr Hitler, wir meinen unter Staatsstreich etwas anderes, wir meinen unter Marsch auf Berlin etwas anderes. Er hätte die Pflicht gehabt, uns zu sagen: Wir meinen mit dem, was wir hier machen, etwas anderes als das, was Sie glauben. Er hat das nicht getan, die Folgen kommen ausschließlich auf die drei Herren.

Jetzt muß ich mit zwei Bitten kommen. Zunächst bitte ich ja

nicht für mich persönlich. Es würde in meinen Augen erbärmlich sein, um etwas zu flehen, von dem ich weiß, daß es mir die Nachwelt ohne weiteres zugestehen wird. Ich bin von den Herren Kahr, Lossow und Seisser dahin belehrt worden, daß die Abrechnung mit Berlin in der angegebenen Form stattfindet. Die Herren können das glauben oder nicht. Eines können Sie nicht abstreiten: Ich habe meine Herren in diesem Sinne unterrichtet. Deshalb haben Sie die Pflicht, wenigstens bei diesen anzuerkennen, daß sie schuldlos sind. Mögen Sie mir das nicht zubilligen, gut. Aber den anderen, von denen ich sage, ich habe sie so unterrichtet, müssen Sie es zubilligen. Warum ich darum bitte: Die Organisation ist geschaffen worden, aus welchem Grund wissen Sie, und der Grundsatz des unbedingten Gehorsams wurde eingeführt. Lassen Sie die Männer nicht ins Gefängnis kommen, die getreu der ihnen eingeprägten Pflicht zum Gehorsam gehandelt haben.

Zweitens bitte ich Sie um etwas, auch nicht für mich, um etwas, das in meinen Augen für das deutsche Volk dereinst schmachvoll und schändlich sein würde. Die Anklageschrift sieht auch die Anwendung des § 9 des Republikschutzgesetzes vor. Wenden Sie ihn nicht an! Sie haben als Knaben auch die deutsche Geschichte studiert und Sie werden von Scham erfüllt umgeblättert haben die Zeit, da die Besten unseres Volkes, wenn sie den Ministern unbequem wurden, ausgewiesen wurden. Ich war vier Jahre lang außerhalb des Bodens, den ich als meine Heimat bezeichnen muß. Da habe ich mit glühender Liebe die Stunden gezählt, die es mir gestatten würden, von Frankreich zu ihm zurückzukehren. Wenn es notwendig wäre, ginge ich auch heute hinaus, auch als Ausgewiesener. Sorgen Sie dafür, daß sich die größte Schmach der deutschen Nation in Zukunft nicht wiederholt. [...]

Der Hitler-Prozeß vor dem Volksgericht in München, Teil II, München 1924, S. 88 ff. (Nachdruck: Tyrell, Führer befiehl, Nr. 21)

Zweiter Teil: Die Struktur der Republik

I. Generations- und Geschlechterkonflikte

A. Jugendliche Subkulturen

1. Protestplakat Düsseldorfer Jugendlicher, 1920

Protest der Jugend!

In der letzten Sitzung der Stadtverordneten-Versammlung wurde beschlossen, 100 Schulklassen zu schließen und 159 Lehrkräfte zu entlassen.

Während in Kabaretts und Schlemmerlokalen an einem Abend hunderttausende Mark verzecht und verpraßt werden, während Spielhöllen wie Pilze aus dem Boden schießen, während die Schmutzflut der Kinos den Unternehmern ungehemmt Millionen einbringt, während das Schiebertum sich überall dreist behauptet, wagen Stadtverordnete aus »Sparsamkeitsrücksichten« die unterernährte und durch den Krieg geschwächte, in oft menschenunwürdigen Behausungen lebende Schuljugend auch in der Schule einzuengen.

Wir Jugend Düsseldorfs jeder Konfession und Gesinnung legen flammenden Protest ein gegen die Steigerung der ohnehin schon großen geistigen und körperlichen Not unserer Zeit.

Wir verlange im Augenblick:

1. Die Schülerzahl der Klassen muß den gesundheitlichen und erziehlichen Anforderungen entsprechend auf das Mindestmaß herabgesetzt, doch nicht heraufgeschraubt werden.

2. Kein Schulamtsbewerber und keine Bewerberin darf auf die Straße gesetzt werden. Jede zur Volkserziehung befähigte Kraft ist heute mehr als je unumgänglich notwendig.

3. Schon vor dem zu erwartenden Reichsschulgesetz ist mit Vertretern der Jugendbewegung in Besprechungen einzutreten über die Pläne einer aus jugendlichem Geist geborenen Erneuerung des gesamten Bildungswesens.

4. Gleich wie in anderen Städten fordern wir die Errichtung

eines städtischen Jugendamtes, das aus den von der Jugend zu berufenden Vertretern gebildet wird, damit die in der Jugend schlummernden Kräfte zum Wohl des Ganzen entfaltet werden können.

Wir Jungen werden nicht dulden, daß das heute so oft gebrauchte Wort von der »geistigen und sittlichen Wiedergeburt des Volkes« als ein leeres Schlagwort verhallt

Darum dieser unser Protest

Die kämpfende Jugend Düsseldorfs

Arbeitsamt der Wandervogel-Bünde
Entschiedene Jugend
Freie sozialistische Jugend
Freie Proletarier-Jugend
Freideutsche Jugend
Tatbund

Zustimmende Erklärungen anderer Jugend-Organisationen an das Arbeitsamt der Wandervogel-Bünde, Kunstakademie, Atelier 2, schriftlich erbeten.

Junge Menschen 1 (1920), H. 2/3, S. 6

2. Programmatische Aussagen der Bündischen Jugend: Vorläufige Bundesverfassung der Deutschen Freischar, 1928

Grundsätze der Deutschen Freischar

I. Die deutsche Freischar ist ein Bund von Menschen, die aus dem Erlebnis der Jugendbewegung heraus, in unbedingter persönlicher Freiheit ihr Leben miteinander in strenger Verantwortung vor sich selbst und ihrem Volke führen wollen.

Erläuterung: Freiheit und Bindung sind die beiden Pole, um die das Leben des Bundes sich dreht, der so eine Gemeinschaft der Freien mit innerer Verpflichtung zum gemeinsamen Dienst am Volk sein will.

II. Aus ihren Grundkräften heraus übernimmt die deutsche Freischar bestimmte Aufgaben politischer, kultureller und pädagogischer Art zu einem neuen Volk und Reich.

Erläuterung: Solche Aufgaben sind: Die Bildung neuer sinnvoller Gemeinschaftsreformen, neuer Erziehungsgemeinschaften in jeder Art von Schule (von der Volksschule über die Berufsschule und Volkshochschule bis zur Hochschule), Zusammenarbeit mit jeder Volksschicht, Schulung des politischen Sinnes nach innen und außen (Grenzland, Ausland). Aufgabe der Älteren und Befähigteren muß es sein auf politischem, kulturellem und wirtschaftlichem Gebiet durch Sachkunde führend zu werden. Auch das Einzelwerk hat im Dienst des Ganzen zu stehen.

III. Die Deutsche Freischar verlangt von ihren Gliedern Einsatz aller ihrer Kräfte auf den bestimmten Gebieten, die volklich und staatlich in Erscheinung treten, so besonders in Beruf, Familie, Volksleben, Erziehung.

Erläuterung: Das Maß und die Stärke des Einsatzes der Kräfte wird mitbestimmt vom gemeinsamen Wollen des Bundes, der damit das Verhältnis von Freiheit und Bindung ordnet. Die Grundlage der gemeinsamen Arbeit ist die innere Wahrhaftigkeit, die Ehrfurcht vor fremder Überzeugung und die Bereitschaft zu gegenseitigem Dienst. [...]

Deutsche Freischar 1 (1928), H. 1, S. 2 ff. (Nachdruck: Felix Raabe, Die bündische Jugend. Ein Beitrag zur Geschichte der Weimarer Republik, Stuttgart 1961, S. 203)

3. Verwahrlosung und Cliquenbildung, 1930

[...] Die Begleiterscheinungen der großen periodischen Wirtschaftskrisen, Arbeits- und Obdachlosigkeit, haben die gesellschaftsfeindliche Haltung auf weite Kreise der proletarischen Jugend übertragen. So entstanden in den letzten Jahren Surrogatformen von Jugendgemeinschaften, die auf primitiverem Niveau stehen als die Gruppen der Jugendbewegung und von den Jugendlichen als Cliquen bezeichnet werden. Diese Cliquen, deren es in Berlin mehrere hundert gibt, sind einfach Milieugemeinschaften, deren Aktivität beachtlich ist und die ihren stärksten Anhang in den Kreisen der ungelernten Arbeiter haben, wo die Jugendbewegung bereits ihr Prestige eingebüßt hat.

Die Rummel-, Wander-, Straßen-, Park- und Tanz-Cliquen lassen zur Zeit viel von sich hören. Ein großer Teil der häufigen Straßenüberfälle und andere ähnliche Delikte sind auf sie und ihren Einfluß zurückzuführen. Die Öffentlichkeit ist bereits an einzelnen Vorfällen interessiert, und so haben in der letzten Zeit die großen Tageszeitungen einige typische Cliquenfälle unbewußt eingehend behandelt (Clique Tartarenblut Berlin-Neukölln. Verhandlung vor dem Schöffengericht in Potsdam am 6. Dezember 1928).

Ist das Ziel der Jugendbewegung gesellschaftliche Anpassung und eine erhöhte Realitätsfähigkeit, so bedeutet die Auffassung der Cliquen, in welchen die wenig anpassungsfähigen Elemente vorherrschen, eine kulturelle Reaktion. Das Interesse und die Aktivität der Cliquen für das geistige Niveau und die gesellschaftliche Lage ihrer Klasse ist durchweg gering; nur ein Teil der Jugendlichen ist parteipolitisch links orientiert, aber dort nicht aktiv.

Die Anfänge der Cliquen gehen auf die linksorientierte Jugendbewegung zurück.

Unzufriedene Elemente der nationalsozialistischen und kommunistischen Jugendbewegung haben in ihnen eine Parallele zur bürgerlichen und proletarischen Jugendbewegung geschaffen. Ihre einheitliche Tendenz war die unmittelbare Triebbefriedigung und das durch Erwachsene unbeeinflußte Gemeinschaftserlebnis. In enger Beziehung zu den Rummel- und Wander-Cliquen, welche unter den sonderbarsten und übelsten Phantasienamen, meist der Sphäre der Kolportageliteratur entnommen, als Clique Bergadler, Modderkrebs, Schwalbenschwanz, Schildkröte, Schwarzflaggen, Schwarze Liebe, Zigeunerliebe, Zigeunerblut, Mädchenscheu, Wildsau, Delphin, Wildwest, Bauernschreck, Waldpiraten, Seepiraten, Rote Apachen, Roter Schwur, Wald- und Wiesenpenner, Todesverächter, Sing-Sing, Blutiger Knochen, Dreckstiebel, Alpenglühen und Schnapsdrossel, als Cowboy, Tiroler und Vagabunden wandern, finden wir die nicht seltene kriminelle Clique, die aber nur ein weiter fortgeschrittenes Stadium der Verwahrlosung darstellt.

Die Mitglieder der kriminellen Cliquen rekrutieren sich fast ausschließlich aus obdachlosen Jugendlichen, zum Teil aus flüchtigen Fürsorge-Erziehungszöglingen, oft unter der Führung von infolge Volljährigkeit entlassenen Zöglingen und anderen kriminellen Elemente. Im Bewußtsein eines gemeinsamen sozialen Schicksals genießen die kriminellen Cliquen weitgehendste Unterstützung der übrigen Cliquen und des Milieus. So gelingt es ihnen bei der Differenziertheit der Cliquen, die Öffentlichkeit über ihr Treiben zu täuschen, und es ist unter diesen Umständen nicht leicht, die richtigen Zusammenhänge zwischen den einzelnen Vorfällen zu finden, denn über diese und über die Zusammengehörigkeit bewahren sie strengstes Schweigen.

Diese eben geschilderten Cliquen bedeuten, weil sie durchwegs unter dem Einfluß antisozialer Elemente stehen, ein wichtiges sozialpädagogisches Problem. Ihre Entwicklung ist noch nicht abgeschlossen und die Verhältnisse sind aus diesem Grunde bisher nicht übersehbar.

Die Generation der Erwachsenen leistet im allgemeinen nicht das, was man für die Jugend voraussetzen muß. Es wird dem Jugendlichen ein Zuviel an Verzichtleistung abverlangt und dadurch die Summe der bisherigen Enttäuschungen vermehrt. Unsere sittlichen Auffassungen kranken von jeher an einem zu starren Glauben an die Unabdingbarkeit ihrer Lehren und an dem positiven Erfolg ihrer Bemühungen. Und eben diese moralische und gesetzliche Unterdrückung hat in weiten Kreisen der proletarischen, großstädtischen Jugend, deren Umgebung versagt und wo die Unterwerfung unter diese autoritären Werte nicht ohne persönlichen Schaden ist, nur Aufbegehren, Affekt und Haßbildung entwickelt. Dazu kommt, daß einseitig Begabte, Schwachsinnige und Kinder übernervöser Eltern eine ausgesprochene Neigung zu asozialem Verhalten haben.

Genaue Beobachtungen der bisherigen Entwicklung und Auseinandersetzung mit der proletarischen Jugend beweisen, daß die Jugendbewegung wenig Einfluß auf ihre indifferente Parallelbewegung haben wird.

Mit den Schwierigkeiten innerhalb der Jugendbewegung sehr gut vertraut, haben die Cliquen ihre Auffassungen in diese hineingetragen, so daß die Auseinandersetzungen innerhalb der Gruppen noch nicht beendet sind. In den Berliner Gruppen der kommunistischen Jugend bestehen bereits ein Teil Cliquen, welche sich auch dort positive Geltung verschafft haben. Andererseits gab es bereits 1928 Cliquen, welche sich aus ausgeschlossenen und abgetriebenen Jugendlichen der sozialistischen Arbeiterjugend gebildet hatten, und welche sich im Verhalten in keiner Weise von den anderen Cliquen unterschieden. […]

II.

Die wilden Cliquen, von denen hier die Rede ist, möchte ich meiner Erfahrung nach in zwei große Gruppen einteilen: in die eine Gruppe der völlig oder fast völlig Verwahrlosten, die man ruhig auch die kriminelle Cliquen nennen kann, und die andere Gruppe, die in der Mehrzahl der Fälle Quelle der Verwahrlosung ist, aber nicht unbedingt gleich von Anfang an die Verwahrlosung ihrer Mitglieder bedingt. Diese zweite Gruppe nenne ich Wandercliquen. Die erste Gruppe der Cliquen taucht besonders stark auf Rummelplätzen auf, wir begegnen ihr aber auch bei irgendwelchen Veranstaltungen im Norden der Stadt gelegener Lotterie- und Sparvereine. Wir finden sie sehr oft in Parks und vereinzelt auch auf Wanderungen in der Mark Brandenburg oder um andere Städte herum. Sie sind meist ganz streng bandenmäßig organisiert. Zu ihnen gehören meist eine ganze Reihe von Mädchen, die Cliquenkühe, die der ganzen Clique gehören und von der ganzen Clique auch beschützt werden. Nur der Cliquenbulle hat meist seine Königin, die er selber beschützt. Der Wahl des Cliquenbullen gehen meist eine ganze Reihe von Ring- und Boxkämpfen aller Art voraus. Außerdem spielt die Überlegenheit in asozialem Verhalten eine große Rolle. Kriminelle Cliquen haben des öfteren versucht, ähnlich wie die Unterweltsvereine Ringe zu bilden, doch ist es immer wieder nicht vollauf gelungen, wieder versucht worden, und so ist ein etwas unübersichtliches Bild der kriminellen Cliquen entstanden. Teilweise haben sie sich bezirksweise organisiert um einen Park oder Rummelplatz herum, andere wieder sind mit Wandercliquen in Ringgemeinschaften getreten, während sich wieder andere politisch ringmäßig zusammengeschlossen haben, und zwar meist kommunistisch oder völkisch. Die Geschichte ihrer Entstehung ist, soweit sie die Entstehung der kriminellen Cliquen anbetrifft, wenig bekannt geworden. Die Zusammensetzung solcher krimineller Cliquen geht, wie ich schon erwähnte, meist bezirksmäßig, straßenblockmäßig oder auch hausmäßig vor sich. In der Gründungszeit ist sie jedoch meist eine Fortsetzung von Schul- oder Straßenbandenschaft und nimmt dann erst in späterer Zeit Freunde und Bekannte nach zahlreichen Vor- und Hauptprüfungen auf. Von diesen Vor- und Hauptprüfungen wird wohl viel erzählt, jedoch wird das wenigste davon bekannt. Ein großer Teil der kriminellen Cliquen ist hervorgegangen aus den Straßenbanden, während auch wieder ein Teil der Wandercliquen zu kriminellen Cliquen geworden ist, und zwar meist unter dem guten oder schlechten Einfluß ihres Cliquenbullen, der außerordentlich stark bestimmend auf die Tendenz der ganzen Gruppe wirkt und außerordentlich viel zu der Verwahrlosung seiner Cliquenmitglieder beitragen kann, oft aber auch durch gesunde Maßnahmen vieles verhüten kann. So haben zum Beispiel eine ganze Reihe von Wandercliquen das Wandern mit Mädchen abgeschafft und dadurch sicher viele ihrer Kameraden vor Geschlechtskrankheiten bewahrt. Dadurch entstanden eine Zahl von Mädchencliquen, die meistens den Gruppen der männlichen Cliquen glichen und schon dem Aussehen nach außerordentlich schlimm wirkten. Meines Wissens gibt es jetzt nur noch zwei Mädchencliquen, die im Wedding beheimatet und oft auf den dortigen Rummelplätzen anzutreffen sind.

Das Hauptrekrutierungsgebiet der kriminellen Cliquen sind nun aber die Wandercliquen, über deren Entstehung Näheres bekannt geworden ist. Ihre Entstehung führt bis in das Jahr 1916/17 zurück, in dem hauptsächlich um die Großstädte herum Cliquen, bunt geschmückt mit Bier-, Schnaps- und Cognacflaschen, ja sogar mit Biertonnen zu sehen waren, die im Volksmund ob ihres unangenehmen Betragens und ihrer auffälligen Kleidung bald Wanderflegel genannt wurden. Es handelt sich hier in erster Linie um zwei Schichten von Jugendlichen, nämlich um die Gruppe der plötzlich erziehungslos gewordenen Jugendlichen (Vater im Felde, Mutter in der Fabrik) und um die Jugendlichen, die gleichfalls der Selbsterziehung überlassen waren, schon im Berufsleben standen und verhältnismäßig viel Geld verdienten, das sie aber auch gleich wieder auszugeben bereit waren. Zu den Paten dieser Bewegung gehörte auch besonders stark die Schundliteratur; mußte doch in jedem Heimraum dieser Cliquen eine anständige Schmökerecke mit möglichst alten Schmökern sein, die meist in

Regalen über dem üblichen »Stoßsofa« (Ort zum Geschlechtsverkehr während der Gruppenzeit) standen und aus denen man auch Namen, Sitten und Prüfungsaufgaben für neue Mitglieder bezog. So war eine der bekanntesten wilden Cliquen im Jahre 1920/22 die Buffalo-Bill-Clique, deren Haupttätigkeitsgebiet der Rummelplatz in der neuen Königstraße war. Die Wandercliquen kamen dann im Jahre 1923, wie uns die Zeitung »Der rote Wanderer« verrät, auf die Idee, sich zu einem großen Bunde zusammenzuschließen. Und zwar stand hinter dieser ganzen Organisierungsidee eine Gruppe der kommunistischen Jugend in Berlin, die sich bemühte, diese Jugend, die bisher neben der Jugendbewegung und der proletarischen Kampfjugend hergelaufen war, für sich zu gewinnen. Sie gründete einen »roten Wanderring«, der zwölf gemeinsame Programmformeln fand, wie z.B. gemeinsames Wandern, gemeinsamer Einkauf von irgendwelchen Artikeln, freie Rechtsauskunft, Anschluß an das Sportkartell des Jugendamtes, Schaffung eigener Stadt- und Landheime, Fahrpreisermäßigung, gemeinsame Aufstellung eine Quartierliste usw. Der rote Wanderring gründete dann noch eine Wareneinkaufsstube und erreichte endlich noch, daß sich ihm der freie Wanderring, das waren die Cliquen, die noch nicht zu ihm gestoßen waren, anschloß. So kam es also zur Einheitsfront der wilden Wandercliquen, die leider von kurzer Dauer war, da sich ein Teil der wilden Cliquen nach kurzer Zeit von den politischen Dingen wieder abwandte. Das waren besonders die kriminellen Cliquen, die die positive bejahende Arbeit des Wanderringes nicht mehr mitmachen wollten. So fiel damit dieser Ring leider auseinander, leider darum, weil von vielen führenden Mitgliedern des Wanderringes durchaus ernste erzieherische Versuche unternommen wurden, z.B. der Versuch einer gemeinsamen Werkschar u.a. Wenn heute die Mehrzahl der Wandercliquen nicht kriminelle Cliquen geworden sind, so verdanken wir das in erster Linie einigen Führern des damaligen roten Wanderringes. Ein Teil der Wandercliquen ging nach Absterben des Wanderringes in die rote Jungfront hinein, die bis in die letzte Zeit ja immer wieder in ihren eigenen Reihen sehr energisch gegen das Cliquentum und seine Nebenerscheinungen auftrat, eine ganze Reihe von Cliquenbrüdern politisch zu interessieren wußte und sie somit allmählich aus der trägen, erzieherisch wertlosen, manchmal sogar gefährlichen Form der Cliquen herauszureißen vermochte. Daß diese Cliquenteile innerhalb der roten Jungfront ziemlich stark waren, geht auch daraus hervor, daß gleich nach dem Verbot der roten Jungfront sich ein großer Teil wieder wilden Cliquen anschloß oder selbst wilde Wandercliquen bildete, die heute von alten Wandercliquen nicht mehr zu unterscheiden sind. Wenn ich einmal einige Zahlen der Wander- und kriminellen Cliquen angeben will, so kann ich das sehr ungefähr nur nach meinen Erfahrungen tun. Schätzungsweise gibt es in Berlin an 600 Cliquen, von denen vielleicht 10% kriminelle Cliquen sind, während 20% Grenzcliquen zwischen kriminellen und Wandercliquen sind. Die übrigen 70% sind Wandercliquen. Von diesen Wandercliquen sind 50% politisch uninteressiert, während etwa 5% rechtspolitisch und 15% linkspolitisch eingestellt sind. [...]

Otto Voß, Herbert Schön, Die Cliquen jugendlicher Verwahrloster als sozialpädagogisches Problem, in: Erfahrungen der Jungen, Potsdam 1930, S. 69–89 (Nachdruck: Hellmut Lessing, Manfred Liebel, Wilde Cliquen. Szenen einer anderen Arbeiterjugendbewegung, München 1974, S. 57–69)

4. Ein protestantischer Pfarrer über die proletarische Jugend, 1929

[...] Wie verläuft das Dasein der Jugend in ihrer freien Zeit? Was macht man am Abend oder an den Sonntagen? Zwischen 5 und 7 Uhr endigt der Arbeitstag. Diejenigen Jungen und Mädchen, die in offenen Geschäften tätig sind, kommen freilich erst nach 7 Uhr von ihrer Arbeitsstelle fort. Viele von ihnen sind dann bei den weiten Entfernungen erst zwischen 8 und ½9 Uhr zu Hause. Die meist zweistündige Tischzeit, die hier dann üblich ist, gibt für den verkürzten Abend nur einen unzureichenden Ersatz. Wenn man zu Hause angelangt ist, macht man sich sauber und nimmt das von der Mutter bereitgehaltene Mittagessen in der Küche schnell und formlos ein. Dann erst beginnt der sehnlichst erwartete eigene Tag. Er ist wirklich eigenes Leben, Privatleben, jedenfalls nicht Familienleben. Die jungen Mädchen helfen wohl gelegentlich noch der Mutter im Haushalt, besonders an Waschtagen, oder versorgen die kleinen Geschwister noch etwas mit, gern tun sie das freilich im allgemeinen nicht. Auch die Jungen helfen bisweilen etwas, holen ein oder trocknen den Abwasch mit ab. In einer Schlosserklasse erklärten wenigstens einmal zehn Jungen von dreißig, daß sie das täten. Strikte verlangt werden von den Eltern diese Dienstleistungen nur in selteneren Fällen. Nur am Sonntag (am Mittag auch bei Mädchen, wenn sie arbeitslos sind) fordert die Mutter, daß man sich im Hause nützlich mache. In der Regel pflegt sie zufrieden zu sein, wenn die Tochter ihre eigene Wäsche in Ordnung hält und ihre Strümpfe stopft. Im übrigen ist die Jugend ihr eigener Herr. Auch das Vergnügen von Vater und Mutter teilt man nicht. Nur bei Vereinsfesten, Laubenveranstaltungen und Geburtstagsfeiern pflegt man eine Ausnahme zu machen. [...]

An einem Punkte pflegen die Eltern ihre Autorität freilich aufrecht zu erhalten: Die Kinder dürfen nicht beliebig lange am Abend fortbleiben, mindestens müssen die Eltern wissen, wo sie sind, damit sie sich nicht zu ängstigen brauchen. Häufiger aber heißt es: Ich muß um 9 oder 10 Uhr spätestens zu Hause sein. Besonders die Mädchen und die Lehrlinge müssen sich das sagen lassen. Wenn man zu spät kommt, so wird öfter versichert, gibt es Stubenarrest für die nächsten Abende oder gar Sonntage oder, wie auch Mädchen ganz naiv erzählen, es gibt eine »Wucht«.

Der normale Verlauf eines Abends, an dem man nicht durch Vereinsveranstaltungen oder den Besuch einer Abendschule in Anspruch genommen wird, ist etwa folgender: Man macht sich ein »bißchen fein« und geht noch etwas herunter. Man steht auf der Straße vor der Haustür, raucht, wenn man ein Junge ist, eine Zigarette, geht mit seinen Freunden oder seinen Freundinnen (erst später ist es »der Freund« oder »die Freundin«) durch ein paar Straßen oder in die nächstgelegenen Anlagen. Hat man Geld, so besucht man auch einmal ein Kino oder eine Eiskonditorei. Im Sommer fährt dieser oder jener auch mit seinem Rad noch ins Freibad hinaus. Im allgemeinen geht man früh wieder nach oben, denn am nächsten Morgen muß man wieder früh heraus. Ist man zu Hause geblieben, so liest man etwas Zeitung oder ein Buch, treibt irgendeine Liebhaberei und spielt wohl auch gelegentlich mit dem Bruder oder der Schwester eine Partie Dame, Halma oder ein »Mensch ärgere dich nicht«. Am Sonntag schläft man lange, wenn man nicht schon früh zum Training auf den Sportplatz geht oder gar schon am Sonnabendabend mit den Kameraden hinausgewandert ist. (Man pflegt dann wohl im Zelt zu übernachten.) Den Vormittag vertut man irgendwie oder hilft im Haushalt. Es wird früh zu Mittag gegessen, und dann wird irgend etwas unternommen. Nur stärkster Geldmangel kann davon abhalten, den Sonntagnachmittag oder -abend durch einen Ausflug oder den Besuch einer Sportveranstaltung oder eine sonstige Unternehmung auszuzeichnen.

Fragt man diese Jugend, was nun ihr außerberufliches Interesse am stärksten in Anspruch nimmt, so ist die einmütig gegebene Antwort, und es ist hier kein Unterschied zwischen Gelernten und Ungelernten, zwischen Mädchen und Jungen: das ist der Sport. Die Sportnachrichten in den Zeitungen werden zu allererst gelesen. Man kennt die großen Boxmeister und Rennfahrer und sonstige Champions mit Namen und nimmt leidenschaftlichen Anteil an ihren Erfolgen und Mißerfolgen. Auch die persönliche Teilnahme am Sport ist sehr groß. In jeder Klasse gaben 2/3 der Schüler und Schülerinnen an, daß sie irgendeinen Sport betrieben. Es ist keine Frage, daß gerade noch in den letzten Jahren das Drängen der proletarischen Jugend zur körperlichen Betätigung stark gewachsen ist. In demselben Maße ist freilich auch der spezifisch moderne Sportgeist stärker geworden. Es kommt in ihm nicht nur das rein sachliche Interesse an Körperpflege und körperliche Ausbildung zum Ausbruch, sondern es kommt wesentlich auf die Leistung an, die vollführt wird, auf den Wettkampf, auf den Sieg über den Gegner und anerkannte Meisterschaft. [...]

Neben den Sportgruppen, denen die Jugend angehört, spielen die anderen Jugendvereine nur ein bescheidene Rolle. Gute Schüler und Schülerinnen, die zu ihren Lehrern ein freundliches Verhältnis haben oder doch gehabt haben, besuchen wohl den Schulklub oder die Jugendvereinigung der Fortbildungsschule. Kinder aus kirchlichen oder doch wenigstens aus »national« gesinnten Kreisen gehen in christliche Vereine. Die Jugend der SAJ. (Sozialistische Arbeiterjugend) stammt vorwiegend aus sozialistischen Familien. Ausgesprochen politische Kampfgruppen (Rotfront, KJ. [Kommunistische Jugend], Reichsbanner – Jungstahlhelm, Bismarckjugend kommen für proletarische Jugend überhaupt kaum in Betracht) haben unter der Jugend dieses Alters immer nur wenig Mitglieder. In der Regel trifft man in den Fortbildungsschulklassen ein bis zwei Mitglieder christlicher Vereine (häufig heißt es hier: ich war einmal in einem solchen Verein, wobei man freilich gelegentlich wohl aus Furcht vor dem Spott der anderen verschweigt, daß man auch jetzt noch Mitglied ist) und ebensoviel Angehörige der SAJ. [...]

Die Jugend, die sich weder von den Turn- oder Sportvereinen noch von den Gesinnungsvereinen der eben geschilderten Art angezogen fühlt, kommt auf ihre Kosten in den freien Geselligkeitsvereinen, wo man Theater spielt oder wo Musik gemacht wird, auch in den Spar- und Rauchklubs, die manchmal recht groteske Namen führen. Doch habe ich im ganzen die erfreuliche Beobachtung machen können, daß offenbar das steigende Sportinteresse die Teilnahme der Jugend an Vereinen dieser Art stark verringert hat. In der Regel wird solch eine Gruppe von einem unternehmenden jungen Mann ins Leben gerufen, der das Verlangen hat, seinem Geltungstrieb Raum zu verschaffen. Der Mitgliederbestand ist gemischt, d.h. Jungen und Mädchen sind zusammen. Oft genug mag es vorkommen, besonders wenn ein Älterer das Heft in den Händen hat, daß das Vereinsleben sich erfreulich und ordentlich gestaltet, was vor allen Dingen wohl bei musikalischen Vereinigungen der Fall ist, wo die Jugend häufig durch das ernsthafte Anliegen, vorhandene Gaben auszubilden, zusammengeführt wird. Oft freilich sind solche Gruppen Tummelplätze eines üblen Cliquen- und Faktionsgeistes, wo die Jugend sich böse zerreden und zerreißen kann und alle Geister der Rechthaberei und intriganter Machtkämpfe in ihr wach werden. Alkohol und Sexualität spielen dabei häufig eine unerfreuliche Rolle.

Ein Wort wäre hier nun einzuschieben über das Verhältnis der Geschlechter zueinander. Es ist keineswegs völlig formlos, wenn es auch von der strengen Gebundenheit vergangener Zeiten weit entfernt ist. Man kann sagen, daß im allgemeinen der Junge zwischen 17 und 18 Jahren eine Freundin hat, das Mädchen zwischen

16 und 17 Jahren einen Freund. In einer Klasse 16jähriger Schuhverkäuferinnen, die freilich für solche Beziehungen wohl besonders begabt sind, erhielt ich auf meine Frage unter Lachen die Antwort, sie hätten alle einen Freund. Mit dem Freund bzw. der Freundin »geht« man zusammen. Man macht am Abend noch seinen Spaziergang, besucht ein Kino, »konditort« auch vielleicht und verlebt dann den Sonntag miteinander. Geht man tanzen, so erfordert die Regel, daß man nur miteinander tanzt. [...]

Natürlich sind diese Beziehungen lose, man kann Freund oder Freundin wechseln, ohne daß irgend jemand daran Anstoß nimmt. Häufig ist die Jugend aber ziemlich beständig, und die Freundschaft führt zur Verlobung und Heirat. Hat man erst Verlobung gefeiert (das geschieht feierlich mit Ringen und Anzeigen), so ist man so gut wie verheiratet. Zum Standesamt geht die Jugend, die etwas auf sich hält, meist erst dann, wenn man mindestens die Einrichtung für eine Stube sich zusammengespart hat.

Es ist klar, daß man als Mädchen früher zu einem Freund kommt wie als Junge zu einer Freundin. Der Herr ist ja der Kavalier und muß als solcher für die Kosten der Beziehungen einstehen. Das braucht nicht immer der Fall zu sein, aber es ist die Regel. Mädchen, die viel auf sich halten, bezahlen freilich selbst. [...]

Wann die im eigentlichen Sinne sexuellen Beziehungen zwischen Jungen und Mädchen anfangen, bleibt im dunkeln. Es gibt Burschen von 15 Jahren, die schon alle Geschlechtskrankheiten durchgemacht haben, und es kann sexuell verseuchte Mädchenklassen schon in der Volksschule geben, aber das sind bestimmt Ausnahmefälle. Das Verhältnis von Freund und Freundin führt sicher in den meisten Fällen nach einiger Zeit auch zu intimerem Verkehr. Vielleicht läßt man es zunächst bei den Beziehungen bloßer Zärtlichkeit bewenden, doch wird man im allgemeinen annehmen dürfen, daß ein junger Bursche von 18 Jahren nicht mehr enthaltsam lebt. Bei den Mädchen mag die Grenze noch etwas früher liegen. Im einzelnen sind hier aber die Verschiedenheiten groß. [...]

Bei der Frage der Vereinszugehörigkeit der Jugend ist ein Thema schon gestreift worden, das noch einer weiteren Ausführung bedarf: Wie steht die proletarische Jugend zu den Angelegenheiten des öffentlichen Lebens, wie stark ist ihr politisches Interesse? [...]

Sicher ist zur Zeit die bürgerliche Jugend politisch gläubiger, wenn auch in einer ganz anderen Art, nämlich im Sinne romantischer Vaterlandsbegeisterung und der Hingabe an den Gedanken neuer außenpolitischer Unabhängigkeit Deutschlands. Das hat der Arbeiterjugend nie gelegen und ist auch jetzt nur gelegentlich künstlich in sie hineingetragen. Aber auch ihre Begeisterung für den Sozialismus, die in den Jahren gleich nach der Revolution doch recht stark lebendig war, ist dahin. Man tritt nun auch hier ganz einfach für seine Interessen ein und findet es im allgemeinen selbstverständlich, daß das in den politischen und gewerkschaftlichen Organisationen der Linken besser geschehe, als in denen der Rechten. Bei alledem ist dann freilich die Zahl der politisch völlig Uninteressierten doch außerordentlich groß. Es gibt sehr viele Jungen und Mädchen, die ein völlig privatisiertes Denken haben. Man will gar nichts weiter, als einfach seinen Weg gehen, mit der stillen Hoffnung, irgendwie und irgendwo in eine leidlich gesicherte kleinbürgerliche Lebensstellung hineinzukommen, von der aus man dann gleichmütig das Leben um sich herum ablaufen sehen lassen kann.

Wie sich nun das politische Interesse bei den einzelnen Gruppen der Jugend abstuft und nüanciert, soll im folgenden gesagt werden.

Man kann als allgemeinen Grundsatz aufstellen, daß im Proletariat am stärksten politisch interessiert die Angehörigen der spezifisch modern-proletarischen Gewerbe (auch das Ungelerntentum rechnen wir einmal dazu) sind. Die Metallarbeiter und die Ungelernten sind die eigentlichen Träger des politischen Denkens und Handelns, jene mehr in gemäßigtem, diese mehr in radikalem Sinn. Auch die Maurer gelten als stark politisch radikal. Kleinbürgerlich-unpolitisch sind im allgemeinen die Angehörigen der alten Gewerbe, die Bäcker, Konditoren, Tapezierer, Friseure. Die Schuhmacher bilden hier eine Ausnahme. Sie sind ziemlich radikal. Gemäßigt denken dann wieder die Buchdrukker, Schriftsetzer, die Lithographen und Graveure. Sie grenzen sich als Arbeiteraristokratie gern von den andern ab. Die Angestellten, die stark mit dem bürgerlichen Leben verbunden sind, haben vielfach auch bürgerliche Interessen. Völlig unpolitisch sind die Verkäufer und ganz besonders auch die Verkäuferinnen. Die Frauen sind überhaupt nur sehr wenig politisch interessiert. Kleinbürgerlich überkommenes Denken führt sie stimmungsgemäß bisweilen sogar nach rechts. Man kann sagen, daß diese Beobachtungen im allgemeinen auch für die Jugend zutreffen.

Das politische Denken erwacht in der Regel erst zwischen 16 und 17 Jahren. Bis dahin machen sich sehr stark die Einflüsse unserer bürgerlich-unpolitischen Schule geltend. Das Elternhaus scheint mir nicht allzusehr die politische Gesinnung zu beeinflussen, obwohl die Jugend bisweilen sagt: man denkt so, wie es einem zu Hause gesagt wird. [...]

Kriegsbegeistert ist die Jugend in keiner Weise, auch nicht, wenn sie politisch rechts zu stehen behauptet. In jeder Klasse haben einige das Buch von Remarque gelesen, das von allen anerkannt wird. [...]

Es bleibt nun noch einiges zu sagen über die materielle Lebenshaltung der Jugend sowie über die Ausnützung der sich ihr bietendes Unterhaltungs- und Bildungsmöglichkeiten in Theater, Kino, Lektüre usf.

Die proletarische Jugend lebt außerordentlich bescheiden. [...] Auf ordentliche Kleidung wird nicht nur bei den Mädchen, sondern auch bei den Jungen viel Gewicht gelegt. Ohne guten Sonntagsanzug fühlt man sich nicht als Mensch. Fast allenthalben wird gespart für Kleider und Schuhe oder für andere heiß ersehnte Kulturgüter, wie Fahrrad und Motorrad oder Faltboot und Paddelboot. Diese Dinge werden meist auf Abzahlung gekauft. Am selbsterworbenen Besitz pflegt man sehr zu hängen. Die Ausgaben für Alkohol sind in diesem Alter gering. Die Jungen rauchen Zigaretten, am Werktag sind es nur wenige, am Sonntag geht bei älteren Ungelernten manchmal eine ganze Schachtel drauf. In jeder Klasse fand ich aber einige Jungen (von den Mädchen ganz zu schweigen), die grundsätzlich weder rauchten noch tranken.

Gelesen wird wenigstens von der gelernten Jugend, wie ich glaube, ziemlich viel. Der Ungelernte steht hier zurück. Die Unruhe seines Arbeitstages nimmt ihm offenbar die Fähigkeit zur Konzentration, die das Lesen von Büchern erfordert. Schmöker und Kriminalgeschichten werden natürlich gelesen, von den Mädchen aber in auffallend geringem Maße. 17jährige Kaufleute erklärten, es sei unter ihrer Würde, Schmöker zu lesen. Ungelernte gestehen auf allen Altersstufen diese Lektüre mit drolliger Rezitierung aktueller Stellen (»Halt! rief der Detektiv, und sein Revolver blitzte«). Bücher, die von der ganzen Jugend gelesen werden, sind: Ben Hur und Quo vadis. Häufig kennt man sie freilich wohl nur aus dem Film. Einer der populärsten Schriftsteller bei der proletarischen Jugend ist Jack London. Auch Karl May wird immer wieder genannt. Sozialistische Jugend erwähnt regelmäßig Dostojewski und Tolstoi. Als Lektüre gut qualifizierter Jugend der Metallbranche habe ich folgende Literatur ermittelt: Letzte Tage von Pompeji, Nordpolfahrtenabenteuer, Löns, Flex, Eyth, Freytag. Ungelernte Jugend kommt nur in Ausnahmefällen so hoch. [...]

Das Kino wird natürlich besucht, aber doch wohl nicht so oft, wie man im allgemeinen denkt. Nur die ungelernte Jugend schlechter Qualität geht zwei-, sogar dreimal in der Woche (wenn auch nur im Winter) hin. Jungen und Mädchen, die auf sich halten, kommen kaum mehr als ein- bis zweimal im Monat hinein. Das sehr viel teurere Theater kommt wenig in Frage. Hier wurden meist gute alte Stücke, die man gesehen hätte, genannt: Freischütz, Wilhelm Tell, Maria Stuart, Stützen der Gesellschaft. Häufig werden das wohl Schülervorstellungen gewesen sein. Selten werden moderne Stücke gesehen. [...]

Das Bild der proletarischen Jugend, das hier gezeichnet worden ist, würde nicht vollständig sein, wenn wir nicht auch der freilich kleinen Kreise von Jungen und Mädchen gedächten, die ihrer ganzen Lebenshaltung nach den hier wiedergegebenen Durchschnittstyp weit überragen. Es sind dies junge Menschen von starker innerer Bewegtheit, die intensiv um einen geistigen Lebensinhalt kämpfen. Man findet sie wohl in proletarischen Jugendgruppen, und zwar weniger in den großen festorganisierten Verbänden als in den einzelnen, freien, vom Jugendbewegungsgedanken stark ergriffenen Vereinigungen. Es ist ja, vom proletarischen Standpunkt aus geurteilt, fast tragisch, daß das, was hier an Kulturbewußtsein und Gedanken eigener Lebensführung lebendig geworden ist, zunächst wenigstens ganz von der bürgerlichen Jugend übernommen worden ist, denn Jugendbewegung ist oder war jedenfalls Sache der bürgerlichen Jugend.

Es scheint mir auch ganz deutlich zu sein, daß die von der Jugendbewegung stammenden Lebenselemente irgendwie als Sprengstoff in der Gedankenwelt dieser Jugend wirken, daß jedenfalls keine völlige Einheit vorhanden ist zwischen dem, was sie ihrem proletarischen Sein nach ist oder doch sein will, und dem, was sie aus ihrer inneren Bewegtheit heraus sucht, wenn sie selbst auch noch so sehr ihr Denken und Wollen als einheitlich empfinden mag.

Diese Jungen und Mädchen wollen natürlich keineswegs in der bürgerlich-christlich-idealistischen Welt leben. Sie betonen immer wieder mit großer Schärfe, daß sie mit dieser Lebensatmosphäre keine Verbindung hätten. Es geht ihnen vielmehr um Sozialismus im Sinne einer voll durchgeführten sozialistischen Lebensgestaltung, d.h. um Formung des individuellen und des Gemeinschaftslebens von der sozialistischen Grundidee aus. Ihre aktive Teilnahme am politischen Leben, die für diese Jugend, darin ist sie echte Arbeiterjugend, ganz selbstverständlich ist, hält sie dabei immer wieder in Wirklichkeitsnähe. [...]

Günther Dehn, Proletarische Jugend, Lebensgestaltung und Gedankenwelt der großstädtischen Proletarierjugend, 1929, S. 40–58.

B. Frauen: Unterschiedliche Rollenerwartungen

1. Ergebnisse einer sozialpsychologischen Untersuchung zum Erscheinungsbild der modernen Frau, 1929

Zum Zeitpunkt unserer Untersuchung waren kurze Röcke, Seidenstrümpfe und der Bubikopf weit verbreitet und in der Bevölkerung überwiegend akzeptiert. Diese modischen Erscheinungen standen mit allgemeinen Emanzipationsversuchen der Frau im Zusammenhang; ein größere Freiheit der sozialen Position sowie der sexuellen Normen ist hier ebenso festzuhalten wie die stärkere Beteiligung am Sport oder die allmählich wachsende Bewegungsfreiheit der Frau. Von früheren und späteren Richtungen unterschied sich die Mode der zwanziger Jahre in mehrfacher Hinsicht: Die konventionelle Unterscheidung zwischen Mann und Frau war oft ebenso verwischt wie die Unterschiede zwischen älteren und jüngeren Frauen, und insgesamt ging es um eine Aufhebung der individuellen Rollendifferenzen sowie der damit korrespondierenden traditionellen Vorstellungen. Diese Einstellung manifestierte sich am deutlichsten im Bubikopf, weniger ausgeprägt in der Rocklänge und praktisch gar nicht in Seidenstrümpfen, die darüber hinaus für viele Menschen einen unerreichbaren Luxus darstellten.

Die Antworten interessierten uns im allgemeinen weniger hinsichtlich der ästhetischen Einstellung zu einer Mode, sondern in bezug auf die Haltung der Befragten gegenüber den assoziierbaren Wertbegriffen. Da das modische Erscheinungsbild selbst unabhängig von den Werthaltungen weitgehend anerkannt, ja nahezu als konventionell angesehen wurde, konnte die bloße Zustimmung allein kaum als Hinweis auf eine fortschrittliche Einstellung gewertet werden. Andererseits kann aber auch nicht abgestritten werden, daß eine grundlegend ablehnende Haltung zugleich eine Abwehr progressiver Standpunkte bedeutete und als Ausdruck von Prüderie oder einer ähnlichen Einstellung interpretierbar war.

Die Antwortquote war in beiden Fällen sehr hoch: Sie betrug bei der Frage nach der Frauenmode 93% und bei der nach dem Bubikopf 95%. Die Mehrzahl der Befragten äußerte sich in beiden Fällen zustimmend, nämlich 78% bei der ersten und 81% bei der zweiten Frage. In einigen Fällen wurden nur Seidenstrümpfe abgelehnt, aber diese Antworten wurden insgesamt auch zur affirmativen Gruppe gezählt, da sie nicht Progressivität oder Konservativismus in der Einstellung gegenüber Frauen widerspiegelten, sondern eher als Protest gegen Luxus angesehen werden konnten. [...]

Eine Analyse der Antworten in Abhängigkeit von den Beschäftigungsgruppen zeigte bei der Frage nach der Mode, daß 46% der Arbeitslosen die gegenwärtige Frauenmode bejahten. Dieser Anteil ist kleiner als bei jeder anderen Gruppe und signifikant niedriger als bei den gelernten Arbeitern und Angestellten, die jeweils 61% erreichten. Umgekehrt waren auch die ablehnenden Antworten in dieser Gruppe relativ hoch: gegenüber 8% der gelernten Arbeiter und 9% der Angestellten sprachen sich 18% der Arbeitslosen gegen die Frauenmode aus [...].

Demgegenüber wurde die Frage nach dem Bubikopf nicht häufiger als bei anderen Beschäftigungsgruppen ablehnend beantwortet. Die negative Haltung bei Frage 323 läßt sich deshalb auch als Protest gegen den Untersuchungsgegenstand »Mode« interpretieren: Für Arbeitslose waren modische Gegenstände meist Luxusgüter, die sie angesichts ihrer wirtschaftlichen Lage grundsätzlich ablehnten. Diese oppositionelle Einstellung kam vor allem bei der Frage nach den Seidenstrümpfen zum Ausdruck, die von seiten der Arbeitslosen am häufigsten kritisiert wurden. Eine Korrelation der Antworten mit den jeweiligen politischen Orientierungen ergab bei beiden Fragen ähnliche Differenzen [...].

Im Gegensatz zu den Rechten antworteten die Anhänger der Linksparteien bei jeder der beiden Fragen signifikant häufiger mit »Ja« und signifikant seltener »Nein«. Die Seidenstrümpfe wurden bei diesen Gruppen wahrscheinlich deswegen abgelehnt, weil sie als Luxusartikel gelten, während der Bubikopf und kurze Röcke Symbole einer progressiven Einstellung zur Position der Frau sind.

Hinsichtlich des Alters ließen sich im allgemeinen keine statistisch validen Unterschiede feststellen. Eine Ausnahme ist jedoch bei der Frage nach dem Bubikopf zu notieren, denn hier zeigt sich ein signifikanter Trend schwindender Zustimmung und wachsender Ablehnung in Abhängigkeit vom Alter. Analysiert man die Antworten nach geschlechtsspezifischen Differenzen, so ergibt sich, daß Frauen die gegenwärtige Mode häufiger ablehnten als Männer. Dies deutet darauf hin, daß der weibliche Wunsch, nach der neuesten Mode gekleidet zu sein, hier durch ideologische und andere Überlegungen verdeckt wurde. [...]

Erich Fromm, Arbeiter und Angestellte am Vorabend des Dritten Reiches. Eine sozialpsychologische Untersuchung. Hg. v. Wolfgang Bonß, Stuttgart 1980 (amerik. Originalausgabe 1929), S. 168 f. (Nachdruck: Deutsche Sozialgeschichte 1914–1945, S. 122 f.)

2. Beitrag in der Siemens-Hauszeitschrift über die Rationalisierung der Hausarbeit, 1928

An gewissen Verkehrszentren beleben sich bei beginnender Dunkelheit die Fassaden der Häuser. Farbige, weithin leuchtende Bilder und Worte versuchen, die Aufmerksamkeit der Passanten auf sich zu lenken. Der Alexanderplatz, der Potsdamer Platz, die Leipziger- und Tauentzienstraße, vor allen Dingen aber der Kurfürstendamm, sind stellenweise in ein Meer von Licht getaucht. Auf Schritt und Tritt spürt man die Großstadt. Werbe mit Licht ist das Leitwort.

Eine besonders großzügige und eindrucksvolle Lichtwerbung ist an der Ecke des Kurfürstendamms und der Joachimsthaler Straße sichtbar. Abend für Abend hört man von Einheimischen und Fremden Äußerungen der Zustimmung über das gebotene prächtige Bild an der sogenannten »Protos-Ecke«. Häufig fallen dabei noch zwei Fragen, nämlich: »Was ist Protos?« und »Inwieweit dient Protos der Hausfrau?« [...]

Die Erkenntnis nämlich, daß die Elektrizität auch der Hausfrau, nicht nur dem Gewerbe, ein dienstwilliger Helfer sein muß, setzte sich in den letzten Jahren bei uns durch. Die Elektrifizierung des Haushaltes ist auf breiterer Grundlage erst in der Nachkriegszeit auch bei uns in Angriff genommen worden, nachdem andere Länder vorangegangen sind.

Die Führerinnen der Hausfrauenverbände und die Hausfrauen selber erkannten aber schnell die Vorteile, welche der Hausfrau in ihrem täglichen Einerlei aus der Dienstbarmachung der Elektrizität entstehen. Aus den wiederholten Entschließungen prominenter Hausfrauenführerinnen gibt nachstehender Auszug Zeugnis hierfür.

»Die aus allen Teilen Deutschlands an der Tagung ‚Die Frau und das Heim' während der Leipziger Baumesse am 27. und 28. August 1928 versammelten deutschen Frauen geben ihrer Überzeugung dahin Ausdruck, daß die Einführung des elektrischen Vertriebes in den Haushalt aus hygienischen, kulturellen und volkswirtschaftlichen Gründen mit allen Mitteln zu fördern sei und vor allem das wirksamste Mittel ist, um den deutschen Frauen ihren schweren Beruf zu erleichtern und ihnen Zeit und Kräfte frei zu machen für Betätigungen neben der eigentlichen Hausarbeit, die für das Volkswohl sehr wichtig sind, insbesondere die Kindererziehung und die Pflege des Körpers und des Geistes.«

Eine ähnliche Entschließung faßten die Hauswirtschaftsberaterinnen des Reichsverbandes landwirtschaftlicher Hausfrauenvereine, und das ist der Sinn des Wortes »Protos dient der Hausfrau«.

Der Maschine ist es gleichgültig, ob und wie lange sie schmutzige, kraftverzehrende, zeitraubende oder stumpfsinnige Arbeit verrichtet. Die Kraft der Hausfrau wird aber vielfach bei diesen Arbeiten über Gebühr in Anspruch genommen und vorzeitig verbraucht. Die Gesundheit der Hausfrau aber ist das kostbarste Gut der Familie. [...]

Protos dient der Hausfrau, in: Siemens-Mitteilungen Nr. 112, Dezember 1928, S. 28 f.

3. Erklärung des Bundes deutscher Frauenvereine betr. Frauenarbeit und Wirtschaftskrise, April 1929

Die immer noch nicht überwundenen Vorurteile gegen die Berufstätigkeit der Frauen finden angesichts der Arbeitslosigkeit von Millionen von Männern in der Bevölkerung neue Nahrung. Die Forderung, daß auf dem überlasteten Arbeitsmarkt zunächst die Frauen Platz zu machen haben, findet weiterhin gefühlsmäßige Zustimmung.

Die Zahl der erwerbstätigen Frauen in Deutschland betrug nach der letzten Berufszählung 11½ Millionen. In den letzten beiden Jahrzehnten ist die Erwerbstätigkeit der Frauen von 30½ Prozent aller Erwerbstätigen auf 35 Prozent gestiegen. Von diesen Frauen arbeiten etwa 5 Millionen in der Landwirtschaft, 3 Millionen in der Industrie, 1½ Millionen in häuslichen Diensten. Von all diesen Frauen sind Selbständige etwa 1 Million, Angestellte und Beamte 1½ Millionen, Arbeiter 3½ Millionen, 5½ Millionen sind mithelfende Familienangehörige und Hausangestellte.

Die zahlenmäßig großen Gebiete, auf denen die weibliche Konkurrenz vor allem angegriffen wird, sind die der Angestellten und Arbeiter.

Was zunächst die Frauenarbeit in der Industrie anlangt, so hat das Bedürfnis der Industrie nach weiblichen Kräften die Vermehrung der industriellen Arbeiterinnenschaft viel stärker beeinflußt als das Erwerbsbedürfnis der Frauen selbst. Die Rationalisierung der letzten Jahre hat dabei vom reinen Rentabilitätsstandpunkt aus vielfach Männerarbeit durch Frauenarbeit ersetzt – eine Entwicklung, an der nicht die Frauen schuld sind, und deren Gefahren der Bund deutscher Frauenvereine in vollem Maße würdigt. Auch nach seiner Auffassung ist es gesünder, wenn sich die Erhaltung der Familie auf Männerarbeit und Männerlöhne stützen kann. – In der Angestelltenschaft ist die Sachlage sehr ähnlich. Die durch die Berufsstatistik nachgewiesene rasche Vermehrung gerade dieser Schicht hängt mit dem durch die veränderte Betriebsstruktur entstandenen Bedürfnisse zusammen.

Übrigens kann sich kein Kenner des Wirtschaftslebens der Erkenntnis verschließen, daß der normale Lebenslauf jedes Mädchens vor der Ehe heute durch Jahre der Erwerbstätigkeit führt, und daß die Familie nicht imstande ist, die Unterhaltung erwerbsfähiger Töchter bis zur Ehe zu übernehmen. Für diejenigen Frauen, denen die Ehe wegen des zahlenmäßigen Übergewichts der Frauen im Heiratsalter heute verschlossen bleibt, versteht sich die selbständige Berufstätigkeit von selbst.

Für alle diese Frauen ist sowohl aus volkswirtschaftlichen wie persönlichen Gründen die Forderung zu erheben, daß ihre Eingliederung in das Erwerbsleben entsprechend ihren Fähigkeiten erfolgt. Es ist weder volkswirtschaftlich erwünscht noch der einzelnen Frau gegenüber gerecht, sie etwa auf Arbeitsgebiete beschränken zu wollen, die unterhalb ihrer Fähigkeiten liegen. Aus diesem Grunde ist an der von den Frauen erkämpften, durch die Verfassung gewährleisteten Bildungs- und Berufsfreiheit der Frauen unbedingt festzuhalten. Es besteht die Gefahr, daß unter dem Druck der Wirtschaftslage die Frauen auf dem Wege zu verfeinerter Leistung und wesensgemäßer Einordnung in die Volkswirtschaft zurückgeworfen werden. Vor dieser Gefahr muß gewarnt werden.

Der Familienberuf soll in der Regel als ein voller Frauenberuf angesehen werden. Die große – und wachsende – Zahl berufstätiger Ehefrauen zeigt aber, daß nicht persönliche Wahl, sondern volkswirtschaftliche Zwangsläufigkeit die tatsächliche Entwicklung bestimmt. In der Entscheidung, ob die verheirateten Frauen auf dem Arbeitsmarkt eine unvermeidbare Belastung darstellen, muß einerseits ihre wirtschaftliche Lage, andererseits Art und Grad ihrer Leistung in Betracht gezogen werden.

Wir sind weit davon entfernt, arbeitsmarktpolitische Versuche eines Ausgleichs zugunsten von Familien, in denen niemand einen Verdienst hat, auf Kosten solcher, in denen mehrere verdienen, abzulehnen. Es darf aber nicht übersehen werden, daß die Existenz weiter Schichten der arbeitenden Bevölkerung auf der außerhäuslichen Erwerbstätigkeit der Frauen mitaufgebaut ist. ... Es muß ferner mit allem Nachdruck gefordert werden, daß bei der Beurteilung des Rechtes auf Arbeit die fachliche Leistung der Frau, die Qualität und Eigenart ihrer Arbeit genau in dem Maße eingeschätzt wird wie beim Mann. Und es darf schließlich durch die Art solcher vorübergehenden Notmaßnahmen nicht grundsätzlich die schwer errungene, in der Reichsverfassung festgelegte Rechtsstellung der Frauen erschüttert werden.

Frankfurter Zeitung, 29.4.1931 (Nachdruck: Deutsche Sozialgeschichte. 1914–1945, S. 123 ff.)

4. Kampagne zur Begehung des Muttertages, 1929

Im Gedanken des Muttertages liegt in einer suchenden und irrenden Zeit wie der jetzigen eine starke aufbauende Kraft. Das kam in fast allen Ansprachen am Muttertag beredt zum Ausdruck.

Unter den mannigfachen Verfallserscheinungen der Gegenwart ist das Schwinden der Ehrfurcht von den Älteren, Hilflosen, Armen und insbesondere vor den Frauen und Müttern ein trauriges Zeichen. Eine der Hauptursachen hierfür ist die gelockerte häusliche Erziehung. Die Familienerziehung liegt vor allem in der Hand der Mutter. Sie ist die Seele des Hauses, und nach ihrer Grundeinstellung richtet sich bewußt und unbewußt die Hausgemeinschaft. Diese früher so selbstverständliche Stellung der Frau und Mutter ist ins Wanken geraten. Es gilt, sie wiederzugewinnen. Die Geringschätzung weiter Kreise unseres Volkes schon in der Vorkriegszeit vor der Hausfrau und Mutter muß schwinden. Unsere Mütter müssen wieder richtunggebend in unseren Familien sein. Es werden wieder starke Charaktere in dienstwilliger Hilfsbereitschaft und Ehrfurcht vor den Eltern aus solcher Erziehung erwachsen. –

Außerordentlich beklagenswert ist der sichtbare Verfall unserer Volksgemeinschaft in einzelne Parteien. Mit einem Haß und einer Leidenschaft, wie wir das früher nicht für möglich gehalten hätten, verfolgen sich die Volksgenossen nicht nur in Wort und Schrift, sondern auch tätlich im traurigen Bruderkampf. Wo sind die siegenden Mächte? Vieles hat die Nachkriegszeit zerstört, was früher alle zusammenhielt. Da bietet sich als eine überparteiliche Idee, als eine neutrale Gedankenmacht der Muttertag an. Eine Mutter hat jeder gehabt – ihr verdankt er alles, was er ist und hat. Deshalb geht unser Streben dahin, zu erreichen, daß am Muttertag der Streit der Parteien und Konfessionen schweige.

Wenn wir ins Leben der Gegenwart blicken, begegnen wir allenthalben Schund und Schmutz. Schon an unsere Kinder tritt er in widerlicher Weise auf Schritt und Tritt heran. Die Sinneslust treibt in weiten Kreisen traurige Blüten. Ein wüstes Sichausleben, ein Mangel an Pflichtgefühl und ernstem Verantwortungsbewußtsein macht sich weithin bemerkbar. Es sind in großem Ausmaß zerstörende Mächte am Werke, die weithin zu einer Auflösung des Familienlebens führen. Hier will der Muttertag einen Damm aufrichten, indem er hinweist auf die hohen Kulturgüter, die im Schoße unseres Familienlebens ruhen. Er will zur Besinnung auf die ehernen Grundpfeiler eines starken Volkstums, nämlich die kinderreichen Familien, hinweisen. Es ist nicht mehr selten, daß unsere jungen Frauen und Mütter aus Eitelkeit, Selbstsucht oder Bequemlichkeit keine Freude mehr an Kindern empfinden und deshalb keine Kinder haben wollen! Eine ernste Mahnung will der Muttertag an alle Frauen und Mütter zur gemeinsamen Bekämpfung der zersetzenden Einflüsse und zur Stärkung des deutschen Familienlebens richten. [...]

Der Tag der Mutter. Muttertag. Rückschau auf 1928 und Ausblick auf 1929. Hg. v. Vorbereitenden Ausschuß für den Deutschen Muttertag, 1929

C. Sexualität und Fortpflanzung

1. Aufgaben der Sexualberatungsstellen, 1929

Um die wahren Aufgaben der Eheberatungsstellen als solche erkennen zu können, ist es nicht unwichtig, nur ein wenig über ihre Entstehung zu wissen. Diese Stellen wurden gefordert von Kreisen, die an der bestehenden Sexualmoral Anstoß nahmen und die besonders wünschten, einen Ausgleich zu schaffen zwischen der Sexualfreiheit der Begüterten und der Sexualsklaverei der unbemittelten Kreise. Diese Sexualreformer, wie wir sie einmal nennen wollen, erkannten u.a., daß die Frau des Proletariats mit ihren unzureichenden wirtschaftlichen Mitteln und in ihren unzureichenden räumlichen Verhältnissen ununterbrochen gebären mußte, bis sie und die Ihren an dieser »fruchtlosen Fruchtbarkeit« zugrunde gegangen waren. […]

Aus […] Statistiken ging mit Klarheit hervor, daß die Kindersterblichkeit mit steigender Kinderzahl steigt, und zwar in einem so erheblichen Maße, daß aus kleinen kranken Familien gesunde Kinder hervorgingen, während aus großen gesunden Familien eine große Zahl kranker Kinder dem Volkskörper einverleibt wurde.

Und damit sind wir an dem Kernpunkt des Problems der Sexualberatung angelangt. Unter diesem Gesichtspunkt hatten private Organisationen, als erste das Institut für Sexualwissenschaft zu Berlin, eine solche Stelle eingerichtet, die der körperlichen Ausnutzung der armen Bevölkerung dadurch einen Riegel vorzuschieben sich bemühten, daß sie diesen Müttern dieselben Mittel zur Verhütung übermäßig gehäufter Schwangerschaften an die Hand geben wollten, wie sie die Bürgerin der anderen gesellschaftlichen, politischen und konfessionellen Kreise mit oder ohne gesundheitlichen oder sonstigen Vorwand besaß. Als in den ersten Jahren nach dem Kriege diese Stellen in verschiedenen Städten aufgemacht hatten, erwachte eine Gegenbewegung, die den Gedanken der Sexual- und Eheberatungsstellen allmählich in sein Gegenteil umkehren wollten. Diese Stellen sahen die

Aufgabe der Ehe- und Sexualberatungsstellen jetzt allein in der Beratung von Ehekandidaten, die darüber aufgeklärt werden sollten, ob sie zur Ehe und zur Erzeugung von Nachkommenschaft geeignet seien. Sehr bald mußten die Kreise, die sich mit dieser Art von Eheberatung beschäftigten, eine ihrer falschen Voraussetzungen erkennen, die darin bestand, daß die Menschen, denen von der Ehe aus gesundheitlichen Gründen abgeraten wurde – mochten sie tatsächlich den ärztlichen Rat befolgen –, zeitlebens auf Geschlechtsverkehr verzichten würden. Man mußte erkennen, daß diese Beratung nur dem unehelichen und polygamen Geschlechtsverkehr Vorschub leisten würde, und man erkannte noch weniger gern, daß auch hier eine Auseinandersetzung mit der Frage der Verhütung aus eugenischen Gründen unerwünschter Nachkommenschaft nicht aus dem Wege gegangen werden konnte.

Im übrigen wird der Gedanke der Vererbbarkeit von Krankheit über- und der der Erwerbbarkeit von Krankheiten unterschätzt. Wir haben [...] gesehen, daß selbst kranke Eltern, von deren Kindern anzunehmen ist, daß sie eine krankhafte Anlage in häufigen Fällen in sich tragen, imstande sind, durch Pflege, Sorgfalt, Reinlichkeit, geeignete Ernährung und Kleidung, geeignete Wohnung und vieles andere mehr, also durch äußere Einflüsse, einen Sieg zu erringen über die kranke Anlage. Wenn sich der Staat und die öffentliche Meinung so stark mit Erziehungsfragen beschäftigen, so glauben sie doch an die Erziehbarkeit des Menschen, also an die Wandelbarkeit seiner Anlage durch äußere Einflüsse. Warum soll diese Beeinflußbarkeit der Anlage nicht in demselben Ausmaße für die körperliche Anlage gelten, die im übrigen gar nicht von der geistigen zu trennen ist, da sich das geistige Leben nur im Gebäude unserer Körperlichkeit vollziehen kann?

Der Staat, die Öffentlichkeit, die in ihrer vorehelichen Beratung die Vererbbarkeit der Anlage so außerordentlich noch veranschlagen, messen dann wieder den Verbrecher mit ganz anderem Maßstab, dessen Anlagebedingtheit sie nicht in Rechnung stellen. Wir dürfen selbstverständlich nicht die Bedeutung unterbewerten, welche die Anlage für den Menschen hat und inwieweit sie seine Handels-, Entwicklungs- und Denkfreiheit begrenzt, und müssen nicht nur in der Beurteilung unserer Mitmenschen uns von dieser Erkenntnis leiten lassen, sondern uns auch in der Verhütung schwer belasteten unglücklichen neuen Lebens darnach richten. Da unsere Kenntnisse über die Vererbung beim Menschen noch verhältnismäßig unsicher sind, so können wir von der Zeugung nur schwer Geschädigte ausschalten: schwer und aussichtslos Tuberkulöse, schwer geistig unterwertige Menschen, sozial Untaugliche, Trinker, Epileptiker, bestimmte Geschlechtskranke u.a.m. Für diese Menschen ist, soweit es geistig abnorme Menschen betrifft, eine gewöhnliche Verhütung nicht ausreichend und zuverlässig genug, für diese Menschen muß eine Sterilisierung durch Eileiter- oder Samenleiterunterbindung vorgeschlagen werden. Diese Sterilisierung, die unter Intaktlassung sämtlicher Geschlechtsdrüsen und -organe vollzogen wird und den Menschen zum Geschlechtsakt fähig erhält, ihn in keiner Weise seiner Geschlechtseigenschaften oder seiner Gesundheit beraubt, im Gegenteil verjüngend und kräftigend wirkt, darf daher als eine wohltätige und milde Form betrachtet werden, die Gemeinschaft vor der Nachkommenschaft solcher ausgesprochen krankhaft veranlagten Menschen zu schützen, und von ihnen nicht Dinge zu erwarten, die gerade die geistig Schwachen am wenigsten zu leisten imstande sind, nämlich Enthaltsamkeit zu üben. [...]

Aber wie auch immer, beachten wir die Bedeutung der Veranlagung, und übersehen wir nicht die bildende Gewalt der Umwelteinflüsse, um die Frage der Verhütung kommen wir nicht mehr herum. Die Verhütung aus irgendwelchen Gründen unerwünschten Lebens ist unter den heutigen sozialen Verhältnissen auch das beste Mittel, die in Deutschland maßlos verbreitete Abtreibung zu verhüten. Man mag sich einstellen, wie man will: die Abtreibung, besonders die wahllose Abtreibung, bleibt ein Eingriff in vielleicht hoffnungsvolles, zukünftiges Leben und bei Wiederholung ein schädlicher Eingriff für den weiblichen Körper, auch wenn er vom Arzte vollzogen wird. Die richtige Verhütung aber ist ein harmloser, unschädlicher Eingriff. [...]

Auf die bevölkerungswissenschaftlichen Grundlagen der Verhütung konnte leider hier nicht eingegangen werden. Es sei nur betont, daß die soviel gefürchtete Geburtenbeschränkung nicht als die Gefahr angesehen werden darf, als die sie bestimmte Kreise anzusehen wünschen aus kurzsichtigen, politischen Erwägungen. Wenn wir um die Volkszahl besorgt sind, so haben wir naheliegendere Pflichten zu erfüllen und nicht unter den heutigen Bedingungen des Arbeits- und des Wohnungsmarktes mehr Geburten zu fordern. [...]

Und ein letztes: Die Verhütung ist eine Errungenschaft der Technik. Wie alle Kulturgüter der Menschheit – es sei nur mit Leunbach an die Entdeckung des Feuers gedacht – birgt sie Möglichkeiten des Schadens in sich; dann beispielsweise, wenn die Menschheit einen zu starken Gebrauch dieser Mittel zur Verhütung zukünftigen Lebens machte. Unser Weg ist dann nicht, den Menschen etwa das Feuer oder die Verhütungsmittel vorzuenthalten, sondern sie in ihrem rechten und verantwortungsvollen Gebrauch zu unterrichten. [...] Man möge dem Menschen den Unwillen zum Kinde nicht so lange einreden, bis er es schließlich glaubt!

Hertha Rise, Die wahren Aufgaben der Sexualberatungsstellen, in: Die Aufklärung 1 (1929) (zit. nach: Joachim S. Hohmann, Sexualforschung und -aufklärung in der Weimarer Republik. Eine Übersicht in Materialien und Dokumenten, Berlin 1985, S. 151–155)

2. Eugenik: Leitsätze aus einem Handbuch für Frauenärzte, 1924

Eine rassenhygienisch vernünftige Bevölkerungspolitik kann [...] nicht mit Geburtenprämien, allgemeinen Kinderbeihilfen oder wahlloser Unterstützung kinderreicher Familien arbeiten, denn durch solche Maßnahmen kann nur die Fortpflanzung der minder Leistungsfähigen gefördert werden, nicht aber die der wirklich tüchtigen Familien, am wenigsten die der eigentlichen Kulturträger. Jene Familien, deren Vermehrung wirklich im Interesse der Gesamtheit liegt, machen heute nur noch einen verhältnismäßig kleinen Bruchteil der Bevölkerung aus; die Mehrzahl ist derartig mit erblichen Mängeln durchsetzt, daß ihre Vermehrung nicht wünschenswert ist. So wie die Dinge liegen, wird es aber in absehbarer Zeit schwerlich möglich sein, die einzelnen Familien nach Maßgabe ihrer Erbbeschaffenheit in der Fortpflanzung zu fördern, und solange dies nicht erreichbar ist, wird man sich mit Maßnahmen begnügen müssen, die in der Richtung der Vermehrung von Bevölkerungsgruppen liegen, die wenigstens im ganzen als überdurchschnittlich tüchtig angesehen werden können. Als Maßstab der »Tüchtigkeit« gilt dabei die Leistungsfähigkeit für das Volksganze und die Bewährung im sozialen und wirtschaftlichen Leben.

Unter diesen Gesichtspunkten sind genügend hohe und genügend abgestufte Kinderzulagen für Beamte rassenhygienisch günstig, vorausgesetzt, daß bei der Anstellung der Beamten eine genügend scharfe Auslese stattfindet. Weiter muß in der Steuerpolitik eine wirklich ausgiebige Berücksichtigung der Familiengröße gefordert werden. Zum mindesten sollte jedes Einkommen und jedes Vermögen in so vielen Teilen veranlagt werden, als Familienmitglieder vorhanden sind. Von Erbabgaben sollten Familien mit 3 und mehr Kindern völlig befreit werden. Bei der ländlichen Siedlung wäre darauf zu achten, daß die Siedler einen vollwertigen Nachwuchs hätten oder erwarten ließen. Besonders wirksam zur Erhaltung und Vermehrung tüchtiger ländlicher Familien wäre die Methode der »bäuerlichen Lehen«. [...] Gewisse als »Lehen« erklärte Grundstücke sollten nur dann in der Familie erblich sein, wenn eine Mindestzahl von Kindern vorhanden wäre, dann aber unter weitgehender Befreiung von anderweitigen Lasten. Unzweifelhaft würde in den ausgesucht tüchtigen Familien der Lehensinhaber dann in der Regel auch eine zur Erhaltung ausreichende Zahl von Kindern vorhanden sein und nach verhältnismäßig wenigen Generationen würde die Mehrzahl der Bevölkerung aus Nachkommen derart tüchtiger Familien bestehen. [...]

Leider fehlt es bisher in allen Staaten Europas an einer gesetzlichen Regelung der Sterilisierung. Die Deutsche Gesellschaft für Rassenhygiene hat sich in ihren Leitsätzen von 1922 auf folgenden Standpunkt gestellt: »Für zwangsmäßige Unfruchtbarmachung geistig Minderwertiger und sonst Entarteter scheint uns die Zeit noch nicht gekommen zu sein. Die Unfruchtbarmachung krankhaft Veranlagter auf ihren eigenen Wunsch oder mit ihrer Zustimmung sollte alsbald gesetzlich geregelt werden.« Ich möchte ausdrücklich feststellen, daß im Deutschen Strafgesetzbuch die künstliche Sterilisierung, auch die indikationslose, nicht verboten ist, vorausgesetzt natürlich, daß sie mit Zustimmung des zu Operierenden ausgeführt wird. Die Sterilisierung aus rassenhygienischer Indikation ist also heute schon zulässig [...]. Um eine Sterilisierung rassenhygienisch zu begründen, dazu ist es durchaus nicht nötig, daß von einem bestimmten Ehepaar mit Sicherheit minderwertige Nachkommenschaft zu erwarten wäre. Auch wenn nur mit Wahrscheinlichkeit unterdurchschnittlich tüchtige Nachkommen zu erwarten sind, liegt die Sterilisierung durchaus im Interesse der Rasse. Bei allen sozialen, d.h. auf das Interesse der Gesamtheit zielenden Maßnahmen, kommt es eben weniger auf den Einzelfall an als vielmehr auf die im Durchschnitt überwiegend günstige Wirkung. Wenn Sicherheit im Einzelfall eine unerläßliche Bedingung sozialer Maßnahmen wäre, so müßte unsere ganze Staatsmaschine stillstehen. Auch die Sterilisierung aus medizinischer Indikation, d.h. wenn neue Schwangerschaften die Gesundheit der Mutter schädigen würden, ist im allgemeinen zugleich rassenhygienisch günstig, weil es sich eben um kränkliche oder schwache Frauen handelt. Ebenso ist die Sterilisierung aus sog. »sozialer Indikation« rassenhygienisch überwiegend günstig zu beurteilen, denn dadurch wird ganz überwiegend die Fortpflanzung wirtschaftlich minderleistungsfähiger Menschen eingeschränkt. Eigentlich handelt es sich dabei übrigens gar nicht um eine »soziale« Indikation, sondern um eine privatwirtschaftliche, denn dabei ist ja nicht die Rücksicht auf die Gesamtheit, sondern die auf die Wirtschaftslage der einzelnen Familien maßgebend. Auch hier sollte aber die Entscheidung nicht dem einzelnen privaten Arzt überlassen blieben, weil sonst die »soziale Indikation« leicht zu einem Deckmantel für Operationen aus privatwirtschaftlicher Indikation hinsichtlich der Wirtschaftslage des Arztes werden kann. Allein die rassenhygienische Indikation ist eine im wahrsten Sinne soziale, weil sie auf das Wohl der Gesamtheit geht. [...]

Fritz Lenz, Erblichkeitslehre und Rassenhygiene (Eugenik), in: Biologie und Pathologie des Weibes. Ein Handbuch der Frauenheilkunde und Geburtshilfe. Hg. v. Josef Halban und Ludwig Seitz, Bd. 1, Berlin/Wien 1924, S. 800–868, S. 855 f., 857 f. (Nachdruck: Familienleben in der Krise, S. 33 ff.)

3. Forderung nach Gleichberechtigung der Geschlechter und nach einer Neubestimmung der Ehe, 1929

Neben den politischen und wirtschaftlichen Fragen behandeln unsere Frauenversammlungen in der letzten Zeit mit immer regerem Interesse die aktuelle Frage der Neugestaltung der Ehe und der Geschlechtsmoral, die im Wandel begriffen sind. Die ernste Aufmerksamkeit, mit der derartige Vorträge entgegengenommen werden und die innige Teilnahme an der Aussprache beweisen, wie stark das Bedürfnis nach Klärung dieser Fragen empfunden wird. Dieses Bedürfnis wird vielfach durch persönlich erfahrenes Leid genährt, ob es sich um die resignierenden Mütter oder um die rebellierenden Töchter handelt.

Allmählich dämmert bei der politisch organisierten Arbeitsfrau, bei der gewerkschaftlich organisierten Arbeiterin das Bewußtsein auf, daß die Enttäuschungen, die die Ehe oder das freie Liebesverhältnis ihnen bereitet haben, nicht durch persönliches Schicksal allein heraufbeschworen wurden, sondern daß neben dem wirtschaftlichen Druck immer noch die ungünstige Stellung der Frau im Familienleben auf ihr persönliches Glück zerstörend einwirkt. Die jahrtausendelange Unterdrückung der Frau wirkt in den persönlichen Beziehungen zwischen Mann und Frau nach, trotz aller politischen Gleichberechtigung. Die Frau der neuen Generation, die durch ihre Berufs-, Bildungs- und Sportleistungen sich dem Manne gleichwertig fühlt, sieht sich nur allzuoft in ihrem Liebesleben in einem dramatischen Kampf mit dem traditionellen Herrenstandpunkt des Mannes verwickelt. Beispiele dieser Art, die in den Versammlungen vorgebracht werden, erscheinen wegen ihrer naiven Schroffheit so wenig zeitgemäß, daß man sie kaum glaubhaft findet, aber hinter diesen Äußerungen steckt oft viel bitterer Ernst. »Mein Verlobter läßt es absolut nicht gelten, daß ich eigene Meinungen habe, ich darf keine andere Meinung haben als er«, erklärt eine gewerkschaftlich organisierte jüngere Arbeiterin, die nach der Kameradschaftsehe sich sehnt und um Ratschläge bittet.

Sie sieht ein, wie wenig sich ein kameradschaftliches Verhältnis mit der Herrschsucht ihres Verlobten verträgt und ist vor die schwere Wahl gestellt, entweder auf den Mann, den sie liebt, oder auf die persönliche Würde zu verzichten. »Wie hartnäckig mußte ich in den ersten zwei Jahren meiner Ehe mit meinem Manne kämpfen, um meinen geistigen Interessen nachgehen zu dürfen«, berichtet die junge Frau eines Bahnarbeiters, und ihr von Genugtuung strahlendes Gesicht beweist, wie schwer es ihr fiele, der Ehe dieses Opfer zu bringen. Diese und viele ähnliche Beispiele, die sich anführen ließen, beweisen, daß die Proletarierin der jungen Generation dem Manne als ebenbürtige Kameradin zur Seite stehen und von ihm als solche geachtet werden will. In diesem zielbewußten Streben, das zunächst die weibliche Elite der Arbeiterschaft, dann aber immer weitere Schichten erfaßt, bekundet sich die tiefste Umwälzung in den Beziehungen zwischen Frau und Mann, die die Geschichte jemals aufzuweisen hatte. Aus einem Eigentumsobjekt, aus einer Gebärmaschine und Haushälterin, aus einem geschlechtlichen Genußobjekt verwandelt sich die Frau in einen selbstbewußten Menschen, der die Eigenart des eigenen Geschlechtes entfalten will und die seelische Gemeinschaft mit dem Manne anstrebt. Anstelle des Kampfes der Geschlechter, der bisher zu einer körperlichen und seelischen Unterjochung der Frau führte, soll die Kameradschaft der Geschlechter treten.

Auf dem Wege zu diesem wahrlich erstrebenswerten Ziel müssen Mann und Frau viel umlernen und sich innerlich umstellen. So einfach das auszusprechen ist, so schwer ist es, sich von traditionellen Vorurteilen zu befreien, die tief in unserem Unterbewußtsein wurzeln. Daher kommen in Übergangszeiten, wie der unsrigen, wo die alten Geschlechtssitten ins Wanken geraten sind und eine neue Geschlechtsmoral sich herausbildet, besonders viel Reibungen in den persönlichen Beziehungen vor. Diese oft leidvollen Konflikte spielen sich nicht nur zwischen Mann und Frau, sondern auch zwischen Eltern und Kindern, besonders zwischen den Müttern und Töchtern ab. Das junge Mädchen von heute beansprucht für sich mit Recht dasselbe Maß von Freiheit und Selbständigkeit, wie sie in der Familie dem Jungen ohne weiteres gewährt wird. Da viele Mütter sich noch dagegen sträuben und die Töchter so erziehen, wie sie selbst erzogen wurden, ohne die tiefen Wandlungen der neuen Zeit zu beachten, entfremden sie sich ihren Töchtern zu beiderseitigem Nachteil. In Versammlungen bekommt man viel dieser angehäuften Erbitterung zu hören: »Mein Bruder durfte ungestört seine Schulaufgaben machen, ich wurde immer wieder durch Hausarbeit abgelenkt; nahm ich ein Buch zum Lesen, so hieß es, du tust nichts, du sollst lieber Strümpfe stopfen. Mein Bruder durfte zur Kneipe gehen, ich wurde zu Hause festgehalten und konnte mit Mühe und Not mich zum Besuch eines Vortrages losmachen. Warum werden denn nicht auch Jungens zur Hausarbeit herangezogen? Brauchen wir Mädels doch im Berufsleben ebensoviel Kenntnisse und Bildung wie die Jungens, warum werden wir immer noch zurückgesetzt, warum sollen wir unsere Brüder dazu noch bedienen? Wie soll denn in der Ehe dann Kameradschaft entstehen, wenn die Mütter die Jungens in dieser Weise bevorzugen und sie zu Egoisten auf Kosten der Mutter selbst und der Schwester erziehen?« – so lauten die Vorwürfe der Töchter gegen die Mütter und gegen die Eltern. Es ist klar, daß die Erziehung zur Kameradschaft im Elternhaus beginnen muß und daß die Gleichstellung in bezug auf die Haushaltsarbeit heute selbstverständlich ist.

Es ist heute eine feststehende Tatsache, von der allerdings die betreffenden Mütter am allerwenigsten Kenntnis haben, daß die Jugend in allen Bevölkerungsschichten sehr frühzeitig, schon mit 15 und 16 Jahren, vor Eintritt der seelischen Reife, Geschlechtsverkehr pflegt. Lebte die Mutter noch unter der Zwangsvorstellung, daß sie die körperliche Keuschheit unter allen Umständen für die Ehe aufrechterhalten muß, so haben sich die Töchter meistenteils von dieser Vorstellung gründlich emanzipiert und handeln auch danach. In dieser völlig veränderten Bewertung der körperlichen Keuschheit der Frau auch seitens der Männer, kommt der radikale Wandel der Geschlechtssitten am deutlichsten zum Ausdruck. Den Zeiten, in denen man von dem Mädchen vor der Ehe Unberührtheit verlangte und es, falls es zur Ehe nicht kam, geschlechtlich verkümmern ließ, während der Mann sich vor der Ehe beliebig geschlechtlich ausleben durfte, brauchen wir nicht nachzutrauern, denn diese Doppelmoral war ja eine Auswirkung der geschlechtlichen Unterdrückung der Frau durch den Mann in allen Bevölkerungsschichten. Ebensowenig brauchen wir aber die Leichtigkeit, mit der die weibliche Jugend heute, den seit jeher üblichen Sitten der männlichen Jugend folgend, in körperliche Beziehungen tritt und den damit verbundenen häufigen Wechsel der Partner unter allen Umständen als sittlichen Fortschritt anzusehen.

Judith Grünfeld, Mütter und Töchter, in: Frauenwelt (Beilage des Vorwärts) 6 (1929), S. 249 (Nachdruck: Familienleben in der Krise, S. 48 ff.)

4. Aufruf zur Förderung der Kinderreichen, 1930

Es bedarf einer planmäßigen Familienpolitik, wollen wir nicht die Familien zur russischen Familienwirtschaftskollektive und zum Dauerkonkubinat herabwürdigen, wollen wir nicht unser Volk der Umvolkung und dem Volkstode, unsere Volkswirtschaft der Stagnation und Überfremdung preisgeben, wollen wir nicht unseren Staat aushöhlen, morsch und kraftlos werden lassen. [...] Diese planmäßige Familienpolitik muß vor allem auf Festigung und Förderung der vorhandenen kinderreichen Familien bedacht sein. Sie sind es ja, die das Volk stützen und halten, auf ihnen steht die Zukunft des deutschen Volkes, nur durch den sich fortpflanzenden Menschen lebt Staat und Wirtschaft. Diese Stärkung hat nach drei Richtungen zu geschehen: Durch bestmögliche Gesundheitspflege und Erziehungsfürsorge, durch planmäßige wirtschaftliche Fürsorge, durch Hebung der sittlichen Grundlage der Familie.

In wirtschaftlicher Beziehung lautet das Problem: Wie kann der Kinderreiche innerhalb seiner sozialen Schicht so gestellt werden, daß die Ungunst seiner Lage gegenüber Ledigen und Kinderarmen seiner Schicht behoben und möglichst ins Gegenteil gekehrt wird? Darauf haben grundsätzlich die kinderreichen Familien aller Stände wegen ihrer staatsbürgerlichen Mehrleistung im Vergleich zu den Ledigen und Kinderarmen Anspruch, den auch die Weimarer Reichsverfassung Art. 119 in Form eines Ausgleichs anerkennt. Diese ausgleichende Für- und Vorsorge hat zu geschehen einerseits durch Einschränkung des Aufwands der Kinderaufzucht, anderseits durch Erhöhung der Einnahmen der kinderreichen Familien.

Die Erleichterung, die für den bei Kinderreichen zwangsläufig gegebenen höheren Familienaufwand zu schaffen sind, liegen namentlich in der Richtung einer energischen Wohnungs-, Heimstätten- und Siedlungspolitik, einer fühlbaren Steuerbegünstigung [...] in der Fortbildung der Leistungen der Sozialversicherung aus der früheren Individualpflege des Versicherten zur Familienfürsorge des Versicherten. Aber wie sollen die Einnahmen der Kinderreichen erhöht werden?

Nahe liegt, daß unter Gleichwertigen die Kinderreichen bei Stellenbesetzung, bei Vergebung von Aufträgen bevorzugt werden. Auch die Frauen- und Kinderzuschläge bei Gehältern und Löhnen gehören hierher. Sie haben sich bereits in der öffentlichen Verwaltung eingebürgert, bedeuten hier eine grundsätzliche Anerkennung der pekuniären Besserstellung der Verheirateten gegenüber den Junggesellen, wenn auch ihre Ausführung noch hinter dem notwendigen Maß zurückbleibt. Dagegen sind diese Familien- oder Soziallöhne – im Gegensatz zu den Leistungslöhnen – in der Privatwirtschaft nur beschränkt anwendbar. Auch wo sie sich durchsetzen, stellen sie eine unbeständige Einrichtung dar und gefährden leicht die Konkurrenzfähigkeit des verheirateten Arbeiters gegenüber dem Ledigen auf dem Arbeitsmarkt.

Friedrich Zahn, Familienlast und Familienversicherung, in: Deutsche Wirtschafts-Zeitung 24/25, 1930, S. 586–688 (Nachdruck: Familienleben in der Krise, S. 44 f.)

II. Soziale Milieus

1. Der Lebensstandard von Arbeiterhaushalten im Vergleich mit der Vorkriegszeit, 1929

Immer und immer wieder wird vom Unternehmertum durch die ihm zur Verfügung stehende Presse und bei Lohnverhandlungen mit aller Hartnäckigkeit die Behauptung aufgestellt, daß der Lebensstandard der deutschen Arbeitnehmerschaft das Vorkriegsniveau bereits beträchtlich übersteigt. Vornehmlich soll damit die Überflüssigkeit von Lohnerhöhungen bewiesen werden. Daß die Unternehmerbehauptungen nicht den Tatsachen entsprechen, kann neuerdings durch aufschlußreiches statistisches Material nachgewiesen werden. Es handelt sich um die Untersuchung des Statistischen Landesamts Hamburg. Zur Feststellung der Ernährungslage verschiedener Bevölkerungskreise untersuchte das Hamburger Statistische Landesamt die Haushaltungen von 126 Arbeitern, 102 Lehrern, 6 Beamten, 24 kaufmännischen Angestellten und 22 sonstigen Angestellten. Dabei wurde ein äußerst wertvolles Material zutage gefördert, das einen interessanten Einblick in die gegenwärtige Ernährungslage der minderbemittelten Bevölkerung gibt und zugleich einen aufschlußreichen Vergleich mit dem Jahre 1907 ermöglicht, da damals eine ähnlich Erhebung vorgenommen worden ist.

Die Ernährungslage ist der beste Gradmesser für die Höhe des Lebensstandards. Und daß der Lebensstandard der arbeitenden Bevölkerung heute immer noch schlecht ist, das sei an einer Gegenüberstellung mit dem Jahre 1907 dargelegt. Der durchschnittliche Verbrauch einer Arbeiterhaushaltung in Kilogramm (Stück, Liter) betrug:

	1926		1907		Im Jahre 1926 gegen das Jahr 1907 v.H.
Milch	387	l	483	l	– 19,58
Butter	19,23		30,21		– 36,34
Käse	17,38		23,25		– 25,23
Eier	313	St.	292	St.	+ 4,27
Fette	61,65		46,55		– 32,44
Fleisch- und Wurstwaren	142,21		152,05		– 6,47
Fische	40,92		14,61		+ 180,15
Brot und Backwaren	439,21		444,03		– 1,09
Mehl- und Müllereierzeugnisse	68,29		61,87		+ 10,38
Kartoffeln	443,01		375,21		+ 18,07
Gemüse	146,02		160,82		– 9,21
Obst und Früchte	103,61		106,96		– 3,13
Zucker	61,26		62,08		– 1,32
Kaffee, Tee, Kakao	18,47		22,07		– 16,40

[...] Aus diesen Zeilen ist deutlich zu ersehen, daß die Ernährungslage und damit auch die gesamte Lebenslage der Arbeiterschaft gegenüber den Vorkriegsverhältnissen nicht besser, sondern bedeutend schlechter geworden ist. So ist der Verbrauch an Milch, Butter, Käse, Fleisch, Brot und Backwaren, Gemüse, Obst und Früchten, Zucker, Kaffee, Tee und Kakao im Arbeiterhaushalt zurückgegangen. Der Rückgang ist bei manchen Nahrungsmitteln, wie z.B. bei Milch, Butter und Käse, ganz beträchtlich. Die Verminderung im Nahrungsmittelverbrauch betrifft vor allem die hochwertigen Lebensmittel. Allerdings wird der Rückgang im Verbrauch von billigeren Lebensmitteln, nämlich von Fett (Margarine), Fisch, Mehl- und Müllereierzeugnissen und Kartoffeln gemildert, die generelle Verschlechterung der Ernährungslage wird aber dadurch nicht verhindert.

Der Arbeiter lebt heute bedeutend schlechter als 1907. Aber er lebt nicht nur schlechter, sondern auch teurer.

So wurde 1926 gegenüber 1907 für

Milch	19,80 v.H. mehr ausgegeben und	19,86 v.H. weniger verbraucht
Butter	4,24 v.H. mehr ausgegeben und	36,34 v.H. weniger verbraucht
Käse	92,78 v.H. mehr ausgegeben und	25,23 v.H. weniger verbraucht
Fleisch	26,62 v.H. mehr ausgegeben und	6,47 v.H. weniger verbraucht
Brot	19,16 v.H. mehr ausgegeben und	1,09 v.H. weniger verbraucht
Gemüse	107,53 v.H. mehr ausgegeben und	9,21 v.H. weniger verbraucht
Obst	115,58 v.H. mehr ausgegeben und	3,13 v.H. weniger verbraucht
Zucker	64,57 v.H. mehr ausgegeben und	1,32 v.H. weniger verbraucht
Kaffee	57,64 v.H. mehr ausgegeben und	16,40 v.H. weniger verbraucht

Kann man da von einer Steigerung des Lebensstandards sprechen?

Die Ernährungslage der Arbeitnehmerschaft, in: Gewerkschaftsarchiv 1929, Nr. 11, S. 24–27 (Nachdruck: Familienleben in der Krise, S. 73–75)

2. Lebenswelt der Angestellten, 1930

Hunderttausende von Angestellten bevölkern täglich die Straßen Berlins, und doch ist ihr Leben unbekannter als das der primitiven Völkerstämme, deren Sitten die Angestellten in den Filmen bewundern. Die Funktionäre der Angestelltenverbände blicken, wie es nicht anders sein kann, nur selten über das Detail hinaus auf die Konstruktion der Gesellschaft. Die Unternehmer sind im allgemeinen keine unvoreingenommenen Zeugen. Die Intellektuellen sind entweder selbst Angestellte, oder sie sind frei, und dann ist ihnen der Angestellte seiner Alltäglichkeit wegen gewöhnlich uninteressant. Hinter die *Exotik des Alltags* kommen auch die radikalen Intellektuellen nicht leicht. Und die Angestellten selber? Sie am allerwenigsten haben das Bewußtsein ihrer Situation. [...]

Dabei wäre es längst an der Zeit, daß das Licht der Öffentlichkeit auf die öffentlichen Zustände der Angestellten fiele. Ihre Lage hat sich seit den Jahren vor dem Krieg von Grund auf verändert.

Schon rein zahlenmäßig: es gibt heute in Deutschland 3,5 Millionen Angestellte, von denen 1,2 Millionen Frauen sind. Im gleichen Zeitraum, in dem sich die Zahl der Arbeiter noch nicht verdoppelt hat, haben sich die Angestellten annähernd verfünffacht. Auf jeden fünften Arbeiter kommt gegenwärtig ein Angestellter. Auch die öffentlichen Beamten haben einen starken Zuwachs erfahren.

Diese gewaltigen Angestelltenmassen sind fast zur Hälfte im Handel, bei Banken und im Verkehr beschäftigt. Bemerkenswert ist, daß in den letzten Jahren die Zahl der Industrieangestellten besonders rasch zugenommen hat; sie beträgt jetzt bereits 1,35 Millionen. Der verbleibende Rest von einer halben Million entfällt auf Behörden, Organisationen usw. – Was die Berufsgliederung betrifft, so ist die weitaus bedeutendste Gruppe die der kaufmännischen Angestellten mit 2¼ Millionen. Ihr folgen in erheblichem Abstand die übrigen, fast gleich großen Gruppen der Büroangestellten, Techniker und Werkmeister, deren jede sich auf rund eine Viertelmillion beläuft.

Die Gründe für die ungeheure Vermehrung mögen in der Fachliteratur nachgelesen werden. Sie sind im wesentlichen an die Strukturwandlungen der Wirtschaft geknüpft. Die Entwicklung zum modernen Großbetrieb bei gleichzeitiger Veränderung seiner Organisationsform; das Anschwellen des Verteilungsapparates; die Ausdehnung der Sozialversicherung und der großen Verbände, die das Kollektivleben zahlreicher Gruppen regeln – das alles hat, jedem Abbau zum Trotz, die Ziffern nach oben getrieben. Daß gerade so viele Frauen in die Angestelltenberufe geströmt sind, läßt sich noch im besonderen aus der Erhöhung des Frauenüberschusses, den wirtschaftlichen Folgen von Krieg und Inflation und dem Bedürfnis der neuen Frauengeneration nach wirtschaftlicher Selbständigkeit erklären.

Der dialektische Umschlag der Quantität in die Qualität ist nicht ausgeblieben. Oder inhaltlich ausgedrückt: die Qualität ist in die Quantität umgeschlagen. Ursache dieses Umschlages ist die vielgenannte Rationalisierung. Seit der Kapitalismus besteht, ist innerhalb der ihm gezogenen Grenzen schon immer rationalisiert worden, aber die Rationalisierungsperiode 1925 bis 1928 bezeichnet doch einen besonders wichtigen Abschnitt. Sie hat das Eindringen der Maschine und der Methoden des »fließenden Bandes« in die Angestelltensäle der Großbetriebe bewirkt. Durch diese nach amerikanischem Muster vorgenommene Umstellung – sie ist noch lange nicht abgeschlossen – erhalten große Teile der neuen Angestelltenmassen eine gegen früher herabgeminderte Funktion im Arbeitsprozeß. Es gibt heute un- und angelernte Angestellte in Menge, die eine mechanische Tätigkeit versehen. (In den seit kurzem entstandenen Einheitspreisgeschäften etwa werden die Obliegenheiten der Verkäuferin mechanisiert.) Aus den ehemaligen »Unteroffizieren des Kapitals« ist ein stattliches Heer geworden, das in seinen Reihen mehr und mehr Gemeine zählt, die untereinander austauschbar sind.

Kein Geringerer als Emil Lederer nennt es »eine objektive Tatsache, wenn man behauptet, daß die Angestellten das Schicksal des Proletariats teilen«. Ja, er wagt die Aussage: »... der gesellschaftliche Raum, in dem wir noch die moderne Sklaverei finden ..., ist heute nicht mehr der Betrieb, in welchem die große Masse der Arbeiter arbeitet, sondern dieser soziale Raum ist das Bureau«. Über das Quantum der Sklaverei hier und dort läßt sich streiten, aber die Proletarisierung der Angestellten ist nicht zu bezweifeln. Jedenfalls gelten für breite, im Angestellenverhältnis befindliche Schichten ähnliche soziale Bedingungen wie für das eigentliche Proletariat. Es hat sich eine industrielle Reservearmee der Angestellten gebildet. Der Auffassung, daß sie eine vorübergehende Erscheinung sei, steht die andere gegenüber, daß sie erst mit dem System abgerüstet werden könne, durch das sie heraufbeschworen worden ist – eine Diskussion, von der noch zu reden sein wird. Ferner ist die Existenzunsicherheit gewachsen und die Aussicht auf Unabhängigkeit nahezu völlig geschwunden. Kann danach der Glaube aufrechterhalten werden, daß die Angestelltenschaft so etwas wie ein »neuer Mittelstand« sei? Man wird sehen, daß die für Angestellte produzierten Illusionen auf reichliche Nachfrage stoßen.

Immerhin ist der Wirklichkeitssinn der Angestellten durch ihre gedrückte materielle Lage geschärft worden. Durchschnittsgehälter, die für Ausgelernte bei unter 150 Mark anheben und für berufsältere Kräfte in gehobenen Stellungen kaum je 500 Mark erreichen, nötigen sie dazu, sich mindestens in ökonomischer Hinsicht als Arbeitnehmer zu fühlen. Das Einkommen der weiblichen Angestellten ist übrigens in der Regel 10 bis 15 Prozent niedriger. In dem Kampf um bessere Arbeitsbedingungen haben sich gegen 30 Prozent der Angestellten gewerkschaftlich organisiert.

Siegfried Kracauer, Die Angestellten, Frankfurt a.M. 1971 (Originalausgabe 1930), S. 11–13

3. Ergebnisse einer sozialwissenschaftlichen Untersuchung zur Frage: Wie schmücken Arbeiter und Angestellte Ihre Wohnung? (1929)

Wie jemand seine Wohnung einrichtet, hängt in erster Linie von seinem Einkommen ab, also von dem Betrag, der ihm für Möbel und andere Einrichtungsgegenstände überhaupt zur Verfügung steht. Unabhängig davon gibt es aber auch stets Unterschiede im Geschmack, die sowohl durch personale als auch durch soziale Faktoren bestimmt sind.

Von ihrer Formulierung her gesehen war die Frage recht unglücklich gewählt und für manche der Probanden offensichtlich auch zu vage. Viele hatten vermutlich gar kein Bewußtsein davon, daß und wie sie ihre Wohnung »schmücken«. Andere wiederum waren schon aufgrund ihrer beengten und ärmlichen Lebensverhältnisse kaum in der Lage, sich um so nebensächliche Probleme wie die Ausgestaltung einer Wohnung zu kümmern, und einige dürften die Frage auch deshalb abgelehnt haben, weil sie ihnen politisch als unwichtig erschien. Welche Gründe auch jeweils ausschlaggebend gewesen sein mögen – festzuhalten bleibt jedenfalls, daß insgesamt 33% der Befragten jegliche Antwort verweigerten.

Die häufigste und zugleich am wenigsten aussagekräftige Antwort, nämlich *Blumen und Bilder*, wurde von 40% der Befragten genannt. Diese Aussage ist vor allem deshalb unergiebig, weil sie keinen Anhaltspunkt dafür gibt, welche Art von Bildern und Blumen gemeint ist; diese können nach dem durchschnittlichen Geschmack der unteren Mittelklasse ausgewählt sein, aber ebenso ist es möglich, daß es sich um eine äußerst kultivierte Zusammenstellung handelt. Da jedoch andererseits jeder, der über konkrete eigene Vorstellungen zur Wohnungseinrichtung verfügt, im allgemeinen eine dementsprechend präzise Auskunft gibt, liegt es nahe, davon auszugehen, daß die vage Antwort »Blumen und Bilder« selbst noch Ausdruck eines relativ konventionellen Geschmacks ist.

Eindeutiger ist hingegen die Kategorie *Nippsachen*: Unter dieser Überschrift ließen sich diejenigen Antworten zusammenfassen, die entweder das Wort »Nippes« bzw. »Nippsachen« selbst enthielten oder anmerkten, daß in der Wohnung neben Bildern und Blumen auch Handarbeiten, Reliefs, Kalender, Spiegel, Porzellanfiguren und anderer Zierat vorhanden sei. Diese Kategorie deckte 7% aller Antworten ab. 3% der Befragten gaben demgegenüber an, daß ihre Einrichtung den Prinzipien der *neuen Sachlichkeit* entspreche; sie betonten weniger den quantitativen als den qualitativen Aspekt der Inneneinrichtung, also Farbe und Form sowie Raumaufteilung und das Fehlen nutzloser Möbelstücke.

13% des Gesamtmaterials fielen schließlich in die Rubrik *keine spezielle Dekoration*. Diese Antworten wurden von Personen gegeben, die Wohnungsschmuck an sich als etwas Überflüssiges betrachten und statt dessen der Meinung sind, daß Reinlichkeit, Sauberkeit, Einfachheit und Ordnung den größten Schmuck der Wohnung darstellen [...].

Untersucht man die Antworten in Abhängigkeit von der jeweiligen *beruflichen Situation der Befragten*, so wird deutlich, daß Angestellte und Sonstige signifikant häufiger antworteten als gelernte und ungelernte Arbeiter. Dies deutet darauf hin, daß der Wohnung in Mittelklassekreisen grundsätzlich eine größere Bedeutung zugemessen wird; man betrachtet sie gewissermaßen als Eigentum, als Zitadelle des Familienlebens. Ein anderes Anzeichen für die Wichtigkeit der Wohnung in dieser Gruppe fand sich darüber hinaus in den Daten über die Haushaltsausgaben, die darauf verwiesen, daß Angestellte im allgemeinen mehr für Miete aufwenden als Arbeiter. Auffallend war schließlich auch, daß die Angestellten und die Gruppe der Sonstigen die Antwort »Nippsachen« tendenziell häufiger gaben als Arbeiter. Eben hierin wird indirekt auch eine Verbindung zwischen dieser Art von Wohnungsschmuck und für die untere Mittelklasse typischen Charaktermustern erkennbar – ist doch die Tendenz, dekorativen Zierat anzusammeln, häufig eher in einer bloßen Freude am Besitz als in der Schönheit der Dinge selbst begründet [...].

Eine Aufschlüsselung der Antworten nach den *politischen Orientierungen* zeigt eine nahezu gleichmäßige Verteilung – im Durchschnitt 40% – der konventionellen Kategorie »Blumen und Bilder«. Eine Ausnahme bildeten hier einzig und allein die Nationalsozialisten, von denen 72%, also ein signifikant hoher Anteil, in dieser Weise antworteten. Differenzen zwischen den politischen Gruppierungen wurden demgegenüber bei der Analyse der Kategorien »Sachlichkeit« und »Nippsachen« deutlich. Ein signifikanter Unterschied bestand hier zunächst zwischen Sozialdemokraten und Kommunisten: Gaben die ersteren zu 10% die Antwort »Nippsachen«, so fielen bei den Kommunisten nur 4% in diese Kategorie. Bei den Linkssozialisten fand man diese Antwort überhaupt nicht; häufiger als in jeder anderen Gruppe wurde hier mit »Sachlichkeit« geantwortet. Ein signifikant hoher Anteil der Kommunisten fiel schließlich in die Kategorie »keine besondere Dekoration«. Diese Besonderheit kann allgemein auf Unterschiede in den Weltanschauungen der radikalen Parteien zurückgeführt werden. Die Einstellung, die Wohnung möglichst einfach auszustatten, korrespondiert mit einer bestimmten asketischen Tendenz der Kommunisten, sich nicht zu sehr mit solchen Nebensächlichkeiten zu beschäftigen, solange wichtigere Fragen ungelöst sind. Demgegenüber neigten die Linkssozialisten eher zu der Meinung, daß auch in kulturellen Bereichen eine Erziehung wünschenswert sei. [...]

Erich Fromm, Arbeiter und Angestellte am Vorabend des Dritten Reiches. Eine sozialpsychologische Untersuchung. Hg. v. Wolfgang Bonß, Stuttgart 1980 (amerik. Originalausgabe 1929), S. 142–144

4. Standespolitische Vorstellung des Handwerks, 1923

Es gab eine Zeit, die wollte das alte Sprichwort vom goldenen Boden des Handwerks Lügen strafen. Da kamen die Fabriken und fraßen in unersättlicher Gier einen Kleinbetrieb nach dem anderen. Sie lieferten – scheinbar – billiger und – scheinbar – besser. Was sie lieferten sah bisweilen auch glatter und runder aus als die Einzelwerke der Einzelhand. Und vor allem: was dem einen gefiel, das konnte sich der andere in ganz der gleichen Weise schnellstens beschaffen. Und darauf kam es den närrischen Leuten oftmals an.

Es war eine Zeit erbitterten Kampfes, eines Kampfes, in dem nicht Waffe gegen Waffe stand, sondern wenige starke, selbstbewußte Persönlichkeiten gegen eine nur durch Zahl und Gewicht überlegene Mehrheit. Aber der Kampf ward nicht entschieden. Er dauert fort. Und es kann sich der Sieg noch auf die Seite neigen, der er im Interesse des Volksganzen von Herzen zu wünschen wäre.

Denn das Handwerk hat nicht nur einen goldenen Boden, auf dem der Handwerker selbst sicher und ruhig stehen kann, es ist auch ein goldener Boden für ein Volk in seiner Gesamtheit, für die Kultur eines Volkes.

Sehen wir uns um in fernen Ländern: was wir an der alten Kultur Japans, Chinas oder Indiens bewundern. Was sie zum Besitz aller Zeiten macht, beruhte auf einer den höchsten und stolzesten Zielen zustrebenden Entwicklung des Handwerks. Und das gleiche lehrt uns ein Blick auf eine Blütezeit der Kultur unseres eigenen Landes, auf die Jahrzehnte, die das Mittelalter überleiteten in die Neuzeit, auf jene Ära, in der in den Händen der deutschen Meister alles lag; Arbeit und Kunst, Politik und Religion; denn sie waren nicht nur mit den Händen bei der Sache, sondern auch mit dem Herzen.

Ihnen wurde jedes Werk ihrer Hände, gleichviel ob es galt, ein Kleidungsstück zu schaffen oder ein Hausgerät, ein Ding, das dem Alltag nützen sollte oder den Feiertag heiligen, ob es eine heimliche Freude sein sollte für den Ärmsten oder ein Anlaß zu lautem Prunken für den Reichsten – jedes Werk ihrer Hände wurde ihnen zum Kunstwerk, weil sie ihm auf den Weg etwas mitgaben von ihrer Seele. Ihre Seele selbst aber wurde ihnen überm Schaffen ihrer Hände bestes Werk; sie weitete sich und füllte sich mit Schöpferfreude und fühlte sich in dieser Freude dem ewigen Schöpfer nahe und ebenbürtig. Und ihre Seele rang mit den Nöten und Sorgen des Vaterlandes, bis sie sie überwand und von ihnen gesegnet wurde, sie rang mit den letzten und tiefsten Fragen der Menschheit und fand für sie Lösung und Erlösung.

Seele haben, schaffende, ringende, tragende Seele haben, heißt Persönlichkeit sein; und ein Volk das reich ist an Persönlichkeiten, ist ein Volk, das Kultur hat; ist ein Volk, das nicht entbehrt werden kann im Rate der Völker; ist ein Volk, das im Rate der Völker den Ausschlag geben wird und muß.

Notzeit ist abermals gekommen über Deutschland, Notzeit wird abermals nur überwunden werden können durch Persönlichkeiten, führende sowohl wie geführte; solche sowohl die da stehen auf den ragenden Gipfeln der Gedanken wie solche, die da stehen auf dem goldenen Boden des Handwerks.

Arm sind wir geworden, und mehr denn je zuvor sind wir darauf angewiesen, das wenige, was uns blieb, zu lieben und schätzen, sind wir darauf angewiesen, Erholung und Erheiterung, Erbauung und Erhebung zu finden innerhalb unserer vier Wände.

Das aber kann nur sein, wenn alles, was uns umgibt, Kleidung und Hausrat, die Dinge, die dem Alltag nützen und die, die den Feiertag heiligen sollen, den Stempel des Persönlichen tragen, wenn sie beseelt sind vom Geiste derer, die sie schufen.

Darum schreit diese Zeit geradezu nach einer allgemeinen Erneuerung des Handwerkerstandes an Häuptern und Gliedern. Darum erwartet sie mit Recht vieles und das Beste von der Stärkung und Sicherung der Kleinbetriebe, die den Menschen dem Menschen näher kommen lassen, als das in den Riesenbetrieben möglich ist, in denen der Einzelne immer nur ein Teil bleibt, in denen die Persönlichkeit verwischt wird zur Null in der Masse, in denen aus lebendigen Seelen Räder werden einer toten Maschine.

Das sogenannte Kunstgewerbe hat den Anfang gemacht; aber es sucht nach abseitigen Wegen; es stellte sich nicht auf den goldenen Boden der Gesamtheit. Dieser Boden aber muß wiedererobert werden, er muß wieder frei gemacht werden, damit eine neue Volkskultur daraus erwachsen und erblühen kann.

Das ist die große, segensschwere Aufgabe, die der Reichsverband des deutschen Handwerks sich gestellt hat, der das ganze Handwerk umfassen will, und der sich nun anschickt, sich die Lösung seiner Aufgabe zu sichern durch ein neues Handwerkergesetz.

Organisation ist das Geheimnis eines jeden Erfolges, den eine kleine Zahl lebendiger Persönlichkeiten erringen will über eine große, dumpfe Waffe. Organisation aber kann nur wirksam sein, wenn keiner von denen, denen sie dienen will, sich ausschließt. Darum muß das neue Gesetz die Beteiligung Aller an der Organisation verlangen; sie muß diesen Zwang fordern, um die Freiheit geben zu können. Und ihr Zwang wird als Zwang nur empfunden werden von den Uneinsichtigen, die in Torheit und Eigensinn widerstreben. Die anderen werden in ihr nur die Ordnung sehen, ohne die kein Gemeindewesen auskommen kann.

Es ist eine Irrlehre, die da behauptet, der Kleinbetrieb sei zum Untergange bestimmt. Im deutschen Handwerk gibt es über eine Million solcher Kleinbetriebe, die zusammen weit über 10 Millionen Menschen Arbeit und Brot geben. Einigen sich diese Millionen zu einem Ganzen in dem der Kampf Aller gegen Alle aufgehoben und an seine Stelle die Hilfe Aller für Alle gesetzt wird, so bereiten sie damit sich selbst und ihrem Volke den goldenen Boden, auf dem allein Deutschlands Wiederaufbau sich fest und stark erheben kann, unberührt von allen inneren und äußeren Stürmen.

Erneuerung des Handwerks heißt Erneuerung des Meistertums; Erneuerung des Meistertums in der Arbeit und im Denken; Erneuerung des Meistertums im Streben zur Persönlichkeit. Und ein Volk, das ein Volk der Meister ist, das seine Meister ehrt und sich selbst ehrt in seinen Meistern, wird werden und bleiben ein Meistervolk unter den Völkern.

Martin Frehse, Vom goldenen Boden, in: Deutsche Handwerksblatt. Mitteilungen des Deutschen Handwerks- und Gewerbekammertages, 15.4.1923

5. Krisenängste des Einzelhandels, 1927

Bei geeigneter Gelegenheit, meist kurz vor den Wahlen, erinnerten sich auch die politischen Parteien einmal des Standes der Einzelhändler, um ihm in einem Abschnitt des Wahlaufrufs patriarchalische Worte zu sagen, umkleidet von seichten Schmeicheleien. Niemand aber weckte in ausreichender Weise nachhaltig das Verständnis für die Not des Standes mitten im Schußfelde zwischen den großen Lagern, niemand fand sich, der von außen her der oft versprochenen Hilfe mit Worten die Hilfe durch die Tat folgen ließ. [...]

Der Einzelhandel ist, dem Käufer gegenüber, der Kaufmann. Er steht für den konsumierenden Volksgenossen an der exponiertesten Stelle der Kette von der Produktion bis zum Verbraucher. Der Einzelhändler ist gewissermaßen für den Käufer der Produzent selber. Er steht zum mindesten für ihn noch im Lager der Produzenten, im Lager des ausbeutenden Kapitals. Nur den Einzelhändler sieht die Hausfrau und nur in ihm die Ursache der verringerten Kaufkraft ihrer Hausstandsgroschen. Ihm gelten die Vorwürfe bei steigendem Preis. Ihn treffen neben Schmähungen verbitterter Käufer die Repressalien des Boykotts, die Peinlichkeiten behördlicher Enquêten, die scheelen Blicke der notleidenden Armen. Der Einzelhändler ist [...] der Sündenbock des gesamten Produktionsprozesses, die zwar gelegentlich aus der Entfernung bewunderte, dafür aber aus der Nähe be- und getretene »Brücke« zwischen den feindlichen Lagern.

Wer erinnert sich nicht noch der lebensgefährlichen Wochen der Inflationsmonate, in denen man dem Einzelhändler als schließlich einzigem Stande (mit Ausnahme der Hausbesitzer) verbot, auf dem Wiederbeschaffungspreis zu bestehen? Als man ihn, ohne ihn auch nur zu hören und ohne ihm den Prozeß zu machen, zur Vermögenskonfiskation von heute auf übermorgen verurteilte? Ihn gleichzeitig anprangerte? Alle Augen zudrückte, wenn die unwissende Menge ihm die Schaufenster einschlug? Ihn unter das Ausnahmegesetz der Preistreiberei-Verordnung stellte und ihn mit Zuchthaus bedrohte, wenn er das tat, was anderen Volksgenossen und was dem Handel aller anderen Länder erlaubt war? Wir alle [...] haben erlebt, wie aussichtslos gefährdet die Stellung war, auf der der deutsche Einzelhandel aushalten mußte. Und weil wir jene fürchterlichsten Monate miterlebten, sind wir heute vielfach geneigt, die gegenwärtigen Gefahren, die sich nur gradmäßig, nicht aber im Grundinhalt von den früheren unterscheiden, geringzuschätzen oder sie gar zu übersehen. Heute noch wie damals ist der Detaillist der Sündenbock. [...]

Die Ungunst der Verhältnisse, die Abnahme der Kaufkraft der Bevölkerung durch Krieg und Inflation und die gleichzeitige Abwanderung zahlreicher Personen aus den Kreisen der Angestelltenschaft auf das Dornenfeld des »freien« Berufs des Einzelhandels haben die Konkurrenz der Detaillisten untereinander bis zum Äußersten verschärft. [...]

Die bisher geschilderten Gefahrenquellen sind u.E. naturbedingt aus der heutigen Wirtschaftsstruktur. Neben diesen Risiken, an deren Milderung der Einzelhandel arbeitet, die er aber niemals ganz zum Verschwinden bringen kann, stehen nun weitere Gefahren, die sich aus der Umbildung unseres ganzen Wirtschaftsbildes ergeben. In dem gigantischen Kampfe um den Kapitalismus hat auch der Einzelhandel schwere Lasten zu tragen, wenngleich er in diesem Kampfe durchaus nicht auf exponiertem Posten steht. Von seiten des Kapitals bedroht ihn das System der Zusammenballung wirtschaftlicher Macht unter einheitlicher Führung in wenigen Händen, bedroht ihn das Umsichgreifen des Filialsystems, des Versandhandels, bedroht ihn die Konzentration, die Fusionierung und Vertrustung. Von seiten der Antikapitalisten ist es vor allen Dingen die Konsumvereinsbewegung, die geradezu mit dem Hauptziel ins Leben gerufen wurde, den Detailhandel entbehrlich zu machen. [...]

Aus dieser Vereinsamung nach tatsächlich allen Seiten ergibt sich nun die Gefahr einer regelrechten geistigen und materiellen Auspowerung des ganzen Standes. Es müssen schon Charaktere sein, die diesen konzentrischen Angriffen gegenüber stark und unberührt bleiben, die weiterarbeiten an der Verteidigung der Standesinteressen, an der Schulung des Nachwuchses, an der Weiterbildung der eigenen Person und der Berufsgenossen, an der Anpassung des Geschäfts für die Methoden der letzten Gegenwart.

Stand in der Not! Gefahren für den Einzelhandel, in: Der Einzelhandel. Verbandsorgan der Detaillistenkammer zu Hamburg, 15.3.1927 (zit. nach: Fleming, S. 335 f.)

6. Beobachtungen eines Soziologen zur politischen Haltung der Landbevölkerung, 1934

[...] Auf dem flachen Lande sind dabei noch einige besondere Umstände als Elemente und Bedingungen der politischen Haltung zu berücksichtigen. Mangels einer brauchbaren politischen Psychologie des Bauerntums müssen wir uns auf einige allgemeine Beobachtungen beschränken.

Zunächst kann aller Erfahrung nach unterstellt werden, daß die ländlichen Wähler sich in noch geringerem Maße als die städtischen von den Parteidoktrinen hinsichtlich der Staatsform und Verfassung in ihrer Entscheidung für die eine oder andere Partei beeinflussen lassen. Namentlich Bauern und Landarbeiter denken viel zu sehr an das Konkrete und Praktische, sind auch viel zu wenig in der Lage, die politischen Theorien der Parteien zu verstehen und in ihren Konsequenzen durchzudenken, als daß dieses Moment große Bedeutung haben könnte. Anders verhält es sich mit den Pastoren, Lehrern und den sonstigen Gebildeten auf dem flachen Lande und in den kleinen Orten, deren politische Stellungnahme sehr viel mehr von der Idee her – wenigstens in ihrem eigenen Bewußtsein – bestimmt wird. Daß andererseits diese Schichten – die freilich auf dem Lande nicht als Gruppen, sondern als Einzelpersonen in Erscheinung zu treten pflegen – auf die politische Haltung der ländlichen Bevölkerung Einfluß gewinnen können, liegt auf der Hand. Über die Stellung der eigentlichen Bauern zum Staat läßt sich auf Grund allgemeiner Erfahrung aussagen, daß das Bauerntum in den modernen zentralistischen und bürokratischen Staat seelisch noch wenig einbezogen ist, daß ihm der Staat im wesentlichen nur entgegentritt in Gestalt des Heeres, des Fiskus und der Polizei.

Die allgemeine Wehrpflicht, welche den jungen Bauern und seine ärmeren Dorfgenossen auf 2 bis 3 Jahre dem Hofe und der Familie entzog und in ein fremdes, in vielen Fällen gerade dem stark bäuerlichen Empfinden widerwärtiges Milieu stellte, hat sicher auf der anderen Seite in Deutschland stark dazu beigetragen, den bäuerlichen Horizont zu erweitern, das Gefühl der Verbundenheit mit Volk und Nation zu stärken, und wird somit auch zur Überwindung der Staatsfremdheit des Landvolks beigetragen haben. Namentlich in Schleswig-Holstein, wo viele Großbauern und in andere Berufe übergegangene Großbauernsöhne ins Reserveoffizierkorps einrückten, dürfte diese Funktion der Wehrpflicht ziemlich große Bedeutung gehabt haben. Daß für die Weimarer Republik dieser Integrationsfaktor wegfiel, ist sicher von weittragenden Folgen gewesen.

Wir werden sehen, daß demgegenüber die beiden anderen Lebensäußerungen des Staates: der Fiskus in Gestalt der Finanzämter und die Polizei, erhöhte Bedeutung im Bewußtsein der Bauern gewannen. Die Steuerbelastung wurde um so fühlbarer, je geringer die Rentabilität war – und diese sank namentlich für die Landwirtschaft nach dem Ersten Weltkrieg sehr erheblich –, und sie wurde um so mehr als eine ungerechte Last empfunden, je geringer tatsächlich oder nach der Meinung der Steuerzahler der eigene Einfluß auf die Steuergesetzgebung oder die Finanzpolitik war. Dies ist zweifellos ein Punkt, in dem die Frage der Verfassung auch in den politischen Horizont des Bauern eingeht. Kommt er durch praktische Fragen zu der Überzeugung, daß unter einer bestimmten Staatsform sein Einfluß auf die Staatswillensbildung und seine Interessenvertretung durch die Staatsleitung beeinträchtigt werden, wird er in Opposition treten.

Solche konkreten Anlässe bietet in erster Linie die Gestaltung der Rentabilität der Landwirtschaft. Und zwar gewinnt dieses Moment um so größere Bedeutung, je »kapitalistischer« die Landwirtschaft betrieben wird, d.h., je mehr die Erzielung einer Rente aus dem investierten Kapital zur Richtschnur der Betriebsführung wird, je genauer Kosten und Ertrag gegeneinander aufgewogen und die Produktionsrichtung im Hinblick auf die jeweils günstigsten Gewinnchancen gewählt wird. Je mehr nun die Agrarproduktion einer Landschaft in dieser Weise marktorientiert ist, um so empfindlicher werden die einzelnen Wirtschaften gegenüber Konjunkturen und Strukturwandlungen. Namentlich hoch spezialisierte und kapitalintensive Betriebe werden größeren Schwankungen der Rentabilität unterworfen sein als arbeitsintensive und vielseitige Betriebe.

Ob und wie schnell aber die bäuerliche Bevölkerung auf solche Schwankungen auch mit einem Wechsel der Entscheidung zwischen den politischen Parteien reagiert, wird abhängen von der Festigkeit bestehender parteipolitischer Organisationen und letztlich von der Stärke politischer Traditionen.

Wo eine breite ländliche Oberschicht seit langer Zeit aktiv in bestimmten Parteien sich führend betätigt hat, wird es einer neuen Partei schwererfallen, diese Schicht zu gewinnen und ihren etwa vorhandenen Einfluß in der übrigen Bevölkerung zu brechen als in einer Gegend, wo es an solcher politischen Tradition fehlt. Auch die Bodenständigkeit der Bevölkerung dürfte in diesem Zusammenhang eine Rolle spielen: starke Zuwanderung landfremder und ortsfremder Elemente oder starke Mobilität werden die Traditionsfestigkeit der politischen Haltung schwächen. Neue politische Bewegungen werden daher in Orten mit sehr bodenständiger Bevölkerung schwerer Eingang finden als z.B. in stadtnahen Orten oder solchen, die eine starke Zuwanderung erfahren haben.

Rudolf Heberle, Landbevölkerung und Nationalsozialismus. Eine soziologische Untersuchung der politischen Willensbildung in Schleswig-Holstein 1918 bis 1932, Stuttgart 1963 (abgeschlossen 1934)

7. Veränderte politische Funktion des katholischen Pfarrhauses: Erinnerungen des badischen Staatspräsidenten Heinrich Köhler

Zu meinen angenehmsten Agitationserinnerungen gehören die Stunden, die ich in den katholischen Pfarrhäusern auf dem Lande verleben durfte. Die Verhältnisse der Vorkriegszeit hatten es mit sich gebracht, daß in Baden so gut wie jeder katholische Geistliche sich nicht nur zum Zentrum bekannte, sonder vor allem [...] für dieses auch tätig war. Ganz selbstverständlich; denn der fürchterliche Kulturkampf lag noch zu kurz zurück, ein Teil seiner die Katholiken hemmenden und verletzenden Gesetze war noch in Kraft, seine Lehren waren noch viel zu frisch, als daß insbesondere unsere Geistlichen nicht gewußt hätten, daß nur durch ein starkes Zentrum die kirchenpolitischen Belange der Katholiken gewahrt und vertreten werden konnten. Außerdem zeigte die aufsteigende Sozialdemokratie immer mehr ihre religionsfeindliche Seite, die bis zur Propagierung des Kirchenaustritts ging und in vielen Arbeitergemeinden doch recht bedrohlich wurde. [...]

Für den normalen katholischen Staatsbürger auf dem Lande war und blieb eben der Herr Pfarrer der Repräsentant der Zentrumspartei. Und der Pfarrer fühlte sich auch als solcher. An ihn gingen die Anfragen und Aufträge der Bezirks- und Zentralleitung der Partei; an ihn die Flugblätter und die Wahlzeitungen zur weiteren Verteilung, an ihn die Geldforderungen für diese und noch viele andere Dinge der Agitation. Mochte er nun sehen, wie er das Geld aufbrachte oder die Flugblätter den Wählern zustellte! Das waren seine höchsteigenen Angelegenheiten, und sie wurden auch dementsprechend erledigt. [...]

Das Herzstück, die Zentrale der Werbearbeit, war das Pfarrhaus. Hier liefen die Fäden zusammen auf sachlichem und persönlichem Gebiet; hier war das Hauptquartier der Zentrumspartei der Gemeinde. Hier schlug auch ich mein Zelt auf, wenn ich als Redner in eine Gemeinde kam. Nicht nur, daß man dadurch schon einen festen Orientierungspunkt in einer sonst oft fremden Umgebung hatte, man war auch für die Befriedigung der leiblichen Bedürfnisse gut aufgehoben. [...]

In der Zeit von 1918 bis 1933 haben sich diese mehr patriarchalischen Zustände wesentlich geändert. Dr. Schofer, zum Nachfolger Wackers berufen, errichtete Parteisekretariate in den größeren Städten sowie für verschiedene zusammengefaßte Wahlkreise, die mit hauptamtlich angestellten Kräften besetzt wurden. An der Spitze stand das Generalsekretariat der Partei. In manchen Landgemeinden bildeten sich Ortsgruppen der Partei unter der Führung von Laien. Die Geistlichen konnten da und dort zurücktreten; denn da die Partei einflußreich geworden war und Posten und Stellen zu vergeben hatte, war es nicht mehr so schwer, häufiger Männer zu finden, die bereit waren, das Banner der Partei in den größeren und kleineren Städten des Landes zu tragen. An manchen Plätzen mußte man sich des Andrangs der Neubekehrten geradezu erwehren! Auf dem flachen Lande allerdings blieb der Geistliche nach wie vor der »geborene Führer«. Die Herren aus der Vorkriegszeit wußten dies auch gar nicht anders. Ein Teil des Nachkriegsklerus allerdings glaubte, sich der politischen Arbeit entschlagen zu können. Man hatte an der Partei und deren Führer plötzlich alles Mögliche auszusetzen. Außerdem gestattete das durch staatliche Beihilfen recht ansehnlich gewordene Gehalt nicht nur eine sorgenlosere Lebensgestaltung, in der in vielen Fällen selbst regelmäßige größere Reisen nicht fehlen durften, sondern ließ die jungen Herren teilweise ganz vergessen, daß die Kämpfe um die Freiheiten der Kirche, deren Früchte sie jetzt ernten konnten, eigentlich noch gar nicht so weit zurücklagen. Kurzum, so mancher junge Kaplan, vor allem solche aus verstiegenen Jugendorganisationen, lehnte jede politische Mitarbeit überhaupt ab oder betätigte sich nur als Kritiker – bis der Wandel des Jahres 1933 auch diese Menschenkinder zur Besinnung brachte.

Wie manche bittere Erfahrung schließen diese Feststellungen in sich ein! Es war manchmal ein Jammer, den Wandel der Dinge spüren zu müssen. Kam ein Zentrumsmann früher ins Pfarrhaus, so saßen der Pfarrer und Kapläne schon einträchtig beisammen und warteten mit Spannung auf die politische Aussprache mit dem Mann aus der Stadt, dem Agitator, dem Abgeordneten. Nach dem Weltkriege konnte es einem hin und wieder passieren, daß der Pfarrer seinen Kaplan entschuldigen mußte, »weil dieser mit verschiedenen grundsätzlichen und zeitgebundenen Stellungnahmen des Zentrums nicht ganz einverstanden sei«. Oder in von uns veranstalteten Konferenzen mit den Klerikern produzierten jüngere Herren unverdaute politische Ideen mit einer Anmaßung, die einem das Blut in den Kopf steigen ließ. Oder man wurde aufgefordert, Rechenschaft abzulegen über die tollsten Vorwürfe, die die nationalsozialistischen Agitatoren und ihre Presse über das Privatleben von Zentrumspolitikern ausstreuten, so z.B., ich hätte eine Villa am Genfer See, ein großes landwirtschaftliches Gut in Schweden usw. An die Stelle des Vertrauens, das unser Zusammenarbeiten vor dem Weltkrieg so fruchtbar gemacht hatte, war vielfach das Mißtrauen getreten, an die Stelle des Dankes der Undank. Gewiß nicht bei allen jüngeren Jahrgängen.

Es gab prächtige Männer unter ihnen, nach wie vor. Wohl die große Mehrzahl zählte dazu und tat ihre Pflicht entsprechend den Vorbildern aus der Zeit der Kämpfe. Aber die kritisierende und unzufriedene Minderheit war lauter und fiel stärker auf. Den ruhigen, in der üblichen Soutanelle daherkommenden bescheidenen Kaplan übersah man; der auf dem ratternden Motorrad ansausende, mit Sportkombination und Sturzhelm ausgestattete schnittige hochwürdige Herrenfahrer, wie er zur Sonntagsmesse »ins Filial« angebraust kam, drängte sich in den Vordergrund. [...]

Heinrich Köhler, Lebenserinnerungen des Politikers und Staatsmannes 1878–1949, Stuttgart 1964, S. 154-159

III. Wirtschaft und Sozialpolitik

A. Grundprobleme der Wirtschaft: Wachstumsschwäche, Konzentration, Rationalisierung

1. Schlußfolgerungen einer statistischen Berechnung zur Entwicklung des Volkseinkommens, 1932

[...] Das deutsche Volkseinkommen, das 1913 im alten Reichsgebiet rd. 50 Mrd. M damaliger Kaufkraft betrug, ist im jetzigen Gebiet von 1925 bis 1929, dem bisherigen Höhepunkt der Nachkriegsentwicklung, nominal von rd. 60 auf 76 Mrd. RM gestiegen und in dem Krisenjahr 1931 auf rd. 57 Mrd. RM abgesunken. [...]

Die Umrechnung auf das heutige Reichsgebiet ergibt für die Vorkriegseinkommen eine Summe von rd. 45,7 Mrd. M damaliger Kaufkraft, also bis 1929 einen Nominalzuwachs der Gesamteinkommen von 67 vH.

Die Umrechnung auf Kaufkraft von 1928, die mit Hilfe des amtlichen Index der Lebenshaltungskosten durchgeführt wurde, zeigt indessen, daß diese nominale Steigerung zum ganz überwiegenden Teil lediglich als Ausdruck des veränderten Geldwerts anzusehen ist. In Kaufkraft von 1928 betrug nämlich der Zuwachs der Gesamteinkommen von 1913 bis 1929 nur 8 vH.

Schaltet man ferner den Faktor der größeren Bevölkerungsdichte durch Berechnung der Kopfeinkommen aus, so schrumpft der Kaufkraftzuwachs zwischen 1913 und 1929 auf rd. 1 vH zusammen. Wegen des veränderten Altersaufbaues der Bevölkerung sind jedoch diese Kopfeinkommen kein adäquater Maßstab der Wohlstandsentwicklung. Nachdem nämlich infolge des Geburtenausfalls der Kriegsjahre und der rückläufigen Geburtenbewegung der Nachkriegszeit die weniger verbrauchenden jugendlichen Altersklassen im Verhältnis zur Gesamtbevölkerung erheblich zurückgegangen sind, gewährleistet das gleiche Einkommen je Kopf der Gesamtbevölkerung gegenwärtig nur einen geringeren Versorgungsgrad als vor dem Kriege. Schaltet man den zahlenmäßigen Einfluß des veränderten Altersaufbaues durch Umrechnung der Bevölkerung auf Verbrauchseinheiten (»Vollpersonen«) aus, so ergibt sich 1929 je Vollperson statt des einprozentigen Kaufkraftzuwachses eine Abnahme von rd. 5 vH, also ein deutliches Zurückbleiben hinter dem Vorkriegsniveau.

Für die Entwicklung des Wohlstandsniveaus ist auch das Volkseinkommen je Vollperson noch kein ganz exakter Maßstab. Solange ein Teil des deutschen Sozialprodukts im Wege der Reparationsleistungen ohne Gegenwert ins Ausland übertragen werden muß, kann der Versorgungsgrad der deutschen Bevölkerung nur an dem für Inlandszwecke verfügbaren Einkommen, d.h. dem Volkseinkommen abzüglich der Reparationsleistungen, gemessen werden. Die Reparationsleistungen beanspruchten bis zum Inkrafttreten des Youngplanes einen ständig wachsenden Prozentsatz des Sozialprodukts, so daß Volkseinkommen und für Inlandszwecke verfügbares Einkommen sich immer stärker unterschieden. Die Kaufkraft des letzteren lag daher 1929 je Vollperson um rd. 8 vH unter dem Vorkriegsstand. Trotz des steilen Anstiegs der Nominalziffern war also auch vor Einbruch der Wirtschaftskrise das Wohlstandsniveau der Vorkriegszeit keineswegs wieder erreicht.

Inzwischen hat das Volkseinkommen durch die Wirtschaftskrise einen schweren Rückschlag erfahren. Für das Jahr 1930, in dessen Verlauf die Krise erst mit voller Schärfe einsetzte, kann noch ein nominaler Betrag von rd. 70 Mrd. RM angenommen werden, während nach den vorläufigen Ergebnissen für 1931 mit einem Absinken des Volkseinkommens auf etwa 57 Mrd. RM gerechnet werden muß. Gegenüber dem Höhepunkt von 1929 bedeutet dies einen Nominalausfall von rd. 25 vH. Dieser wird allerdings zum Teil durch die Preisbewegung kompensiert, da der Lebenshaltungsindex in der gleichen Zeit um fast 12 vH gesunken ist. Auch bei Berücksichtigung dieses Faktors verbleibt jedoch gegenüber 1929 ein Kaufkraftschwund des Volkseinkommens von 15 vH in der Gesamtsumme und von 16 vH je Vollperson. Dieser Ausfall wiegt um so schwerer, als auch 1929 das Vorkriegsniveau noch nicht wieder erreicht war. Nach dem Stande von 1931 liegt der Versorgungsgrad der deutschen Bevölkerung – gemessen an dem je Vollperson für Inlandszwecke verfügbaren Realeinkommen – um 6 vH unter dem Stande von 1925 und um 22 vH unter dem Vorkriegsniveau. Die Entwicklung von 1932 läßt sich noch nicht ausreichend übersehen, doch ist gegenüber 1931 mit weiteren sehr erheblichen Ausfällen zu rechnen.

Die Einkünfte aus Land- und Forstwirtschaft, die schon vor dem Kriege von der allgemeinen Auftriebstendenz kaum berührt wurden, sind nach dem Kriege trotz des gesunkenen Geldwerts kaum über ihren nominalen Vorkriegsbetrag hinausgekommen und ihrer relativen Bedeutung nach erheblich zurückgegangen.

Die gewerblichen Einkünfte erreichten vor dem Kriege nicht ganz das durchschnittliche Entwicklungstempo des Volkseinkommens, da der Fortschritt der Industrialisierung zwar einerseits das Gewerbe begünstigte, andererseits aber durch die Aufsaugung vieler Klein- und Mittelbetriebe ihre bisher selbständigen Träger in die Arbeitnehmerberufe und damit in der Steuerstatistik zum Arbeitseinkommen abdrängte. In der Nachkriegszeit hat sich diese Tendenz fortgesetzt, so daß die Summe der gewerblichen Einkünfte auch in der Hochkonjunktur von 1928 ihren Vorkriegswert an Kaufkraft nicht ganz wieder erreicht hat. In dem Krisenjahr 1931 ist sie dem konjunkturellen Höhepunkt gegenüber nominal um mehr als ein Drittel zurückgegangen.

Das Mieteinkommen, das im letzten Vorkriegsjahrzehnt deutlich steigende Tendenz zeigte, wird in der Nachkriegszeit im wesentlichen durch die Bindung der gesetzlichen Miete bestimmt und hat bis 1931 den Vorkriegsstand nominal annähernd, an Kaufkraft zu reichlich drei Vierteln erreicht.

Die Einkünfte aus Kapitalvermögen zeigen am deutlichsten die Nachwirkungen der Inflation. Ihr Anteil am Volkseinkommen, der vor dem Kriege nur wenig geschwankt hat, ist zwischen 1913 und 1925 von 12½ auf 2 vH zurückgegangen. In den folgenden Jahren hat das Kapitaleinkommen sich zwar nominal und an Kaufkraft mehr als verdoppelt, aber trotzdem bis 1931 erst etwa zwei Fünftel seiner Vorkriegskaufkraft und seiner anteilsmäßigen Vorkriegsbedeutung wiedergewonnen. Das Gewicht der internationalen Zinszahlungen hat sich gegenüber der Vorkriegszeit völlig verschoben. 1913 beanspruchte die Verzinsung der Auslandsschulden nur einen kleinen Teil der im Inlande erwirtschafteten Kapitalerträge, während umgekehrt das Kapitaleinkommen der Inländer zu fast einem Viertel aus Erträgen von Auslandsvermögen stammte. Nach dem Kriege spielen die letzteren Bezüge kaum mehr eine Rolle, während die im Inland erwirtschafteten Kapitalerträge z.B. 1931 zu mehr als einem Drittel zur Verzinsung von Auslandskrediten verwendet werden mußten.

Bei den Renten und Pensionen hat der Bedarf für die Kriegsversorgung, der Ausbau der Sozialversicherung, das Anschwellen der Arbeitslosenunterstützung und die Zunahme der sonstigen Wohlfahrtslasten gegenüber der Vorkriegszeit zu einer Vervielfachung sowohl der absoluten Beträge wie der anteilsmäßigen Bedeutung geführt.

Das Arbeitseinkommen hat sich von 1913 bis zu dem bisherigen Höchststande von 1928/29 nominal mehr als verdoppelt und an Kaufkraft um reichlich ein Drittel erhöht. Es übertraf in diesem Zeitraum alle anderen Einkünfte (mit Ausnahme der Renten und Pensionen), so daß sein Anteil am Volkseinkommen von rd. 45 auf 57 vH gestiegen ist. Auch hier setzt sich die Vorkriegstendenz fort, die als überdurchschnittliches Wachstum und anteilsmäßige Zunahme des Arbeitseinkommens bereits seit Jahrhundertbeginn beobachtet werden kann. Diese Entwicklung des Arbeitseinkommens erscheint jedoch erst im richtigen Licht, wenn man die gleichzeitige berufsmäßige Umschichtung der Bevölkerung berücksichtigt. Da nämlich seit der Vorkriegszeit fast der gesamte Erwerbstätigenzuwachs in die Arbeitnehmerberufe geströmt ist, steht der Lohn- und Gehaltssumme in der Nachkriegszeit ein viel größerer Personenkreis gegenüber. Schaltet man dieses Moment durch Berechnung der Durchschnittseinkünfte aus, so schrumpft bis 1928 der Kaufkraftzuwachs der Gesamteinkünfte je verfügbaren Arbeitnehmer auf 7½ vH, je Beschäftigten auf 12½ vH und je Vollbeschäftigten auf etwa 14 vH zusammen. Im Hinblick auf die Arbeitnehmer im engeren Sinne sind aber auch diese Zahlen noch überhöht, da die in ihnen enthaltenen leitenden Angestellten infolge der Vergesellschaftung der Betriebe nach dem Kriege nach Anzahl und Bezügen viel stärker ins Gewicht fallen als 1913. In dem Krisenjahr 1931 ist das Arbeitseinkommen gegenüber dem konjunkturellen Höhepunkt in der Gesamtsumme und je verfügbaren Arbeitnehmer nominal fast um ein Viertel, an Kaufkraft um rd. 13 vH zurückgegangen. Die Lohnsenkungen auf Grund der Notverordnung vom 8. Dezember 1931 kommen in diesen Zahlen noch nicht zum Ausdruck.

Im letzten Vorkriegsjahr entfielen auf die Einkommenstufen bis 1500 M rd. vier Fünftel der Pflichtigen mit knapp der Hälfte der Einkommen. In den mittelständischen Stufen von 1 500 – 6 000 M stand knapp ein Fünftel der Pflichtigen rd. 30 vH der Einkommen gegenüber, während in den Stufen über 6 000 M kaum 2 vH der Pflichtigen über ein Fünftel der Einkommen bezogen. Vergleicht man damit die Einkommenschichtung zu Jahrhundertbeginn nach nominal gleichen Einkommenstufen, so ergibt sich scheinbar ein ungeheurer Einkommensaufstieg. Berücksichtigt man aber die gleichzeitige Veränderung des Geldwerts durch Gegenüberstellung von Einkommenstufen vergleichbarer Kaufkraft, so schrumpft dieser Aufstieg auf ein Minimum zusammen. Im Jahre 1928, dem letzten Nachkriegsjahr, für das die Einkommenschichtung bisher feststellbar ist, entfielen auf die Stufen bis 3 000 RM rd. neun Zehntel der Pflichtigen mit über drei Fünfteln der Einkommen. In den mittleren Stufen von 3 000 – 8 000 RM bezog knapp ein Zehntel der Pflichtigen knapp ein Viertel der Einkommen, während über 8 000 RM 1½ vH der Pflichtigen rd. 15 vH der Einkommen gegenüberstanden. Stellt man diesen Zahlen die Vorkriegsdaten in Einkommenstufen vergleichbarer Kaufkraft gegenüber, so erscheint als hervorstechendste Veränderung der Schwund der großen Einkommen, der in allen Stufen über 16 000 RM zu einem absoluten und anteilsmäßigen Rückgang geführt hat. Dieses Bild der steuerstatistischen Einkommenspyramide ist allerdings als Maßstab der Wohlstandsverteilung insofern irreführend, als die Verbrauchseinheit der Haushaltung in der statistischen Gliederung nach Pflichten häufig in mehrere Pflichtigenfälle und Teileinkommen auseinandergezogen wird. So entfielen z.B. 1928 auf die Stufen bis 1 200 RM zwar fast drei Fünftel der Pflichtigen, aber nur zwei Fünftel der Haushaltungsvorstände, auf die Stufen über 3 000 RM ein Zehntel der Pflichtigen, aber fast ein Fünftel der Haushaltungsvorstände.

Die einzelnen Einkunftsarten sind innerhalb der Einkommensstufen von ganz verschiedener Bedeutung. In den Stufen bis 5 000 RM entfallen 1928 etwa zwei Drittel der Gesamtsumme auf das Arbeitseinkommen. Der Rest besteht unter 1 200 RM in erster Linie aus Renteneinkommen. Zwischen 1 200 und 3 000 RM sind die landwirtschaftlichen Einkünfte etwa ebenso stark wie die gewerblichen, zwischen 3 000 und 5 000 RM kaum halb so stark wie diese vertreten. Das Arbeitseinkommen spielt wegen der Gehälter der leitenden Beamten und Angestellten auch in den oberen Stufen eine erhebliche Rolle. Die gewerblichen Einkünfte nehmen, ebenso wie der Kapitalbetrag, mit steigender Einkommenshöhe an relativer Bedeutung zu, während für die landwirtschaftlichen Einkünfte im großen ganzen das Umgekehrte gilt. [...]

Das deutsche Volkseinkommen vor und nach dem Kriege, bearb. v. Statistischen Reichsamt Berlin, 1932

2. Entstehung und Entwicklung der I.G. Farbenindustrie, 1928

Sachverständiger Geheimer Kommerzienrat Professor **Dr. Bosch**, Frankfurt a.M.: Im Jahre 1904 schlossen wir die erste Interessengemeinschaft in der chemischen Industrie. Sie hatte damals sicher andere Gründe als heute unsere Fusion. In der damaligen Interessengemeinschaft war beabsichtigt, die häufigen Streitigkeiten wegen der Patente usw. zu beseitigen, auch die Konkurrenz etwas auszuschalten, die darin bestanden hat, daß jeden Tag neue Umgehungsfarbstoffe auf den Markt kamen. Wir waren eben damals fast ausschließlich Farbstoffunternehmungen. Wir haben uns verpflichtet, gewisse Gebiete den anderen zu überlassen, wogegen diese uns wieder andere Gebiete zur ausschließlichen Bearbeitung eingeräumt haben.

Diese Interessengemeinschaft, die ja aus einer Interessenverbindung selbständiger Firmen bestand, wurde dann vertieft durch besondere Abmachungen; die Gewinne wurden Ende des Jahres zusammengeworfen und nach einem Schlüssel verteilt, der sich aus den Bilanzen der letzten Jahre ergab. Ferner sollten die Verfahren ausgetauscht werden, und vor allem sollte natürlich kaufmännisch auch mehr oder weniger einheitlich vorgegangen werden. Das ist alles ganz gut gelaufen bis zum Kriege und auch noch während der Kriegsjahre, wo ja für uns freie Entschließungen eigentlich überhaupt nicht mehr möglich waren. Man konnte damals auch einmal ein Auge zudrücken, wenn nicht alles so klappte, wie man gedacht hatte.

Nach dem Kriege haben wir ganz andere Aufgaben bekommen. Sie wissen, daß der Friedensvertrag von Versailles und überhaupt die ganzen Maßnahmen der Entente mit in erster Linie auch die chemische Industrie treffen wollten. Mittlerweile waren ja auch in den fremden Ländern Farbstoffindustrien entstanden, denen es an sich industriell noch immer sehr schlecht ging. Sie waren durchaus nicht auf der Höhe. Aber die Länder nahmen Veranlassung, sie durch Subventionen oder sonstwie zu schützen. Vor allem waren uns unsere sämtlichen Patente genommen. Eine Zollpolitik hat eingesetzt, die es uns auch heute noch absolut unmöglich macht, etwa in Amerika Farben zu verkaufen. Jedenfalls war das Endergebnis, daß wir bloß noch 50% unseres Absatzes gegenüber der Zeit vor dem Kriege hatten. Das bedingt natürlich in einer Interessengemeinschaft sehr einschneidende Maßnahmen. Wenn man 50% des Absatzes verloren hat und keine Aussicht hat, sie wiederzugewinnen – wir haben auch bis jetzt kein Kilo mehr gewonnen –, dann muß man ganz energisch daran gehen, sich einzuschränken, also die Hälfte der Betriebe stillzulegen, und wenn man vor sehr hohen Zollmauern steht, seine Gestehungskosten soweit wie möglich herabzusetzen. Aber vor allem muß man auch kaufmännisch geschlossen vorgehen.

Diese verschiedenen Veranlassungen, die wir hatten, uns einmal auf uns selbst zu besinnen, brachten uns sehr bald dazu, einzusehen, daß die Form der Interessengemeinschaft, die wir früher gehabt haben, absolut unmöglich ist, weil sie einschneidende Maßnahmen überhaupt nicht durchzuführen gestattet. Um solche zur Erhaltung unserer Industrie durchführen zu können, haben wir uns nach Überwindung vieler Widerstände und Bedenken zur völligen Fusion entschlossen. [...]

Die Aufgabe ist mir ja in erster Linie geblieben, aus dieser Fusion die notwendigen Folgerungen zu ziehen. Ich habe zunächst, weil man nicht alles auf einmal machen und nicht nach einem geschriebenen Programm arbeiten kann, die Fabrikation vorgenommen, habe dafür gesorgt, daß die Fabrikationen der Reihe nach zusammengelegt wurden, so daß wir die meisten Produkte nur noch an einer Stelle erzeugen, nur wenige große Produkte an zwei Stellen, wo die Kapazität des einzelnen Werkes nicht ausreicht. Dann haben wir das Farbensortiment zugeschnitten – damit sind wir aber noch nicht fertig –, um alle unnötigen Produkte, die früher Konkurrenzprodukte waren, zu beseitigen. Dann kam die Frage der kaufmännischen Zusammenlegung. Das hat ziemlich lange gedauert, bis man die Herren selbst überzeugt hat, daß es richtig ist, auch hier radikal vorzugehen. Wir haben bei der Fusion, bei dem ursprünglichen Austausch der Gedanken, noch gewisse Konzessionen gemacht, um die Persönlichkeiten zufriedenzustellen, insofern als wir, um die Büros nicht ganz zu entvölkern, zunächst an vier Stellen den Farbenverkauf gelassen haben. Wir haben sie nach Ländern untergeteilt. Das hat sich als ein radikaler Fehler erwiesen. Deshalb haben wir jetzt beschlossen, den Zusammenschluß vollständig in Frankfurt zu machen, und hoffen, damit auch hier zu einer endgültigen Lösung zu kommen.

Sie sehen hieraus: Wenn man eine Fusion macht, kann man sie nicht radikal genug vornehmen. Alle halben Maßnahmen erweisen sich hinterher als falsch. Die Wirkung zeigt sich jetzt langsam so, daß man sagen kann: Man sieht wieder etwas Licht in der Sache, etwas fallende Gestehungspreise und etwas fallende Verkaufsspesen. Aber ich möchte immer wieder betonen: In bezug auf die Auslandskonkurrenz haben wir keine Fortschritte erzielt. [...]

Natürlich hätten wir ziemlich viel Arbeiter weniger gebraucht. Mit der halben Fabrikation sollte man eigentlich eine wesentlich geringere Zahl der Arbeiter haben. Aber wir waren in der Lage, in der Zeit, in der wir rationalisierten und fusionierten, gleichzeitig neue Betriebe zu eröffnen. Der Stickstoff ist in dieser Zeit in der Produktion beinahe verdoppelt worden, wenigstens in Leuna, und dazu ist die Ölanlage gekommen, der Ausbau der Bergwerke usw. Damals hatten wir etwa 65 000 Arbeiter, und heute haben wir 85 000 oder 86 000 reine Arbeiter. Also insofern sind wir glatt darüber hinweggekommen. Tatsächlich haben Entlassungen nur in dem Maße stattgefunden, als die Arbeiter oder Beamten sich nicht an andere Werke versetzen lassen wollten. [...]

Ausschuß zur Untersuchung der Erzeugungs- und Absatzbedingungen der deutschen Wirtschaft. Verhandlungen und Berichte des Unterausschusses für allgemeine Wirtschaftsstruktur (I. Unterausschuß), 3. Arbeitsgruppe: Wandlungen in den wirtschaftlichen Organisationsformen, I. Teil: Wandlungen in den Rechtsformen der Einzelunternehmungen und Konzerne, Berlin 1928

3. Rationalisierung aus der Sicht eines Betroffenen, 1924

Der Kalkulator hat's mir angetan. Der Mann, der die Zeit beherrscht. Der für uns die Minuten macht, die für den Betrieb zu Dividenden werden. Dieser kleine Mann mit den funkelnden Brillengläsern, der immer im Hintergrund lebt, brütet unter seiner Glatze das Tempo des Arbeitsganges aus, die Geschwindigkeit des laufenden Bandes.

Dreiundzwanzig Kupfernieten stecke ich in die Bleche des Rotors. Mein Hammer trommelt. Die Nieten haben blanke, runde Glatzköpfe, von denen jeder in hundertfacher Vergrößerung meinem Kalkulator gehören könnte.

Acht Stunden geht das so. Dreiundzwanzig Nieten in die Bleche – weiter – weiter, die Rotoren rollen in den Lötraum. Im Staub, Gestank und Getöse der Arbeit stehen wir, Männer hinter Frauen, Frauen hinter Männern. Alte, junge – Augen brennen, müde vor Erregung. Zähne malmen aufeinander. Fäuste packen fester die Hebel, das Werkzeug. Vor mir knallen die Stanzen. Neben mir singen die Schleifmaschinen. Und dort hinter der Presse glaubt sich unbeobachtet – mein Kalkulator.

Der Transportarbeiter hat's mir zugepfiffen. Mit Stoppuhr und Rechenschieber versucht er ein Attentat auf mein Kräfteverhältnis. Er schielt durch die Speichen des rotierenden Triebrades der Presse. Zu meiner eigenen Gesunderhaltung hatte ich mir erlaubt, den Abort aufzusuchen. Diese unproduktiven Arbeitsgänge will man aber in die kurzen Pausen verlegen. Natürlich kostet das meine Zeit. Ich hätte, wüßte ich nicht, daß er dort hinten stände, versucht, meine Zeit durch ein beschleunigtes Tempo einzubringen. Damit rechnete er die Möglichkeit aus, mir die Minutenzahl zu kürzen. Gleichzeitig treffen sie mich auf einer ganz anderen Seite. Sie versuchen, die Abhängigkeit der Belegschaft, ihr Vertrauen zu mir zu erschüttern. Meine Kollegen wollen sie gegen mich aufbringen, weil ich Unordnung in die Ruhe der Bürogehirne bringe. Die Belegschaft soll mir den Sack in die Hände zwingen. Sie wollen mich unmöglich machen.

Den Kalkulator erwischte ich dabei, daß er aus der Preisliste Seiten entfernte, um neu kalkulieren zu können. Den Paß habe ich ihm verhauen. Die Kollegen faßten nicht eher ihre Arbeit wieder an, bis sich die »verlorengegangenen« Seiten wieder einfanden.

Mein Hammer saust. Mit jedem Hieb ducken sich die Nieten in die Bleche, geben ihnen Halt und Festigkeit. Ich hebe den Rotor gegen das Fenster, messe ihn im Sonnenlicht, das über die Dächer und Schornsteine mit den grauen Rauchschwaden flutet. Wiege prüfend sein Gewicht. In einer bodenlosen Sinnlosigkeit prügle ich dem nächsten Rotor die Nieten ein.

Bis auf den tausendsten Teil der Minute soll der Handgriff immer wieder auf Verbilligungsmöglichkeit geprüft werden. Und der Kalkulator ist da wie ein Regen, den ich nicht am Eindringen in meine zerlöcherten Schuhe hindern kann. Ist er der Ausdruck des Systems, das er vertritt, ist er selbst System? Ist er geborener Haß oder nur anerzogener?

Ein Groll fliegt von mir zu ihm, gegen seine haarlose Hirndekke. Ich nehme mir vor, mich nicht mehr um ihn zu kümmern. Doch er kommt immer wieder, bei der Arbeit, in der Pause. Sei es nur leiblich oder nur visionär: Er ist da. Ich esse ihn mit jedem Happen Brot auf. Soviel ich auch seine Anwesenheit aus meinem Hirn zu radieren suche: Er ist da mit Rechenschieber und Stoppuhr, bestimmt meine Existenz.

Er äfft mich bis in meine Teller Erbsen hinein, den ich zu Hause löffle. So geht es vom Montag zum Samstag, Woche um Woche. Sonntag abend, wo man schon mit halbem Bein in der Werkstatt steht, vergrämt er mir die Freude.

Das Gesicht im rotierenden Schwungrad der Presse starrt unverwandt auf meine Hände. Ich kann das Tempo nicht halten, niet noch wütender, aber unsicher geworden. Der Wochenlohn hängt vom Schwung des Schlages ab. Und dieser Mann stellt mich zwischen meine Familie und die Belegschaft.

Ich kann nicht mehr die Hände rühren. Die Luft schmeckt bitter. Es wird eng in den Arbeitsbänken. Die Buckel der Kollegen runden sich über der Arbeit. Ich möchte einen ansehen. Es scheint, sie haben sich alle versteckt.

Ruhig liegt der Hammer in meiner Hand. Die dreiundzwanzig Nieten warten auf seinen Hieb. Unverwandt läuft ein rotes Rad vor mir. Die Treibriemen klatschen, Laufketten singen, Preßluft heult auf: »Das rote Rad ist unsere Kalkulation!«

Das Gesicht des Kalkulators verzerrt sich in den Speichen zur eckigen Grimasse. Sein trockenes Auge, der stumpfe, düstere Ausdruck wird immer größer.

Kann man denn alles aushalten? Metallstaub zwischen den Zähnen? Das Blut geht aus den Fäusten, Brust und Rücken werden schwer. Die Haare kleben feucht in der Stirn und – immer billiger, billiger wird der Mensch. Drückt die Kilowattstunde unter seine Muskel.

Mit kaltem Gesicht schiebt sich der Kalkulator an meinen Arbeitsplatz. Sein rasierter roter Nacken kriecht aus den Schultern. Die Augensäcke hängen dick und blau herab. Wir sehen uns in die Augen und lesen dort: Ich oder du!

Kurt Huhn, Der Kalkulator, in: Die Linkskurve, 1930, H. 4, S. 9 f. (Nachdruck: Friedrich G. Kürbisch, Dieses Kind schläft einen unruhigen Schlaf, Berlin/Bonn 1981, S. 111–113)

4. Reportage über die Fließband-Arbeit in den Ford-Werken in Berlin, 1924

»Fordsystem!« – das war die Zauberformel, auf die die deutschen Unternehmer wie hypnotisiert starrten, als mit dem Ende der Inflation auch ein Ende der mühelosen Riesengewinne gekommen war. Mit ihren veralteten Betriebseinrichtungen, ihren konservativen Produktionsmethoden und ihrer unterernährten Arbeiterschaft wurde die deutsche Industrie auf allen Weltmärkten geschlagen. Da erinnerte man sich, daß drüben in Amerika ein Unternehmer infolge besonderer Betriebsorganisation in die Lage versetzt war, trotz Achtstundentag und trotz höchster Löhne jede Konkurrenz niederzuringen, nicht nur im heimischen Amerika, sondern ungeachtet aller Zollschranken sogar im Ausland. [...]

Die bald darauf beginnende Rationalisierung zeigte, daß die Unternehmer dabei waren, das amerikanische Fordsystem in ein deutsches »Mordsystem« umzuwandeln. [...]

Das Fordsystem in die Sprache der deutschen Industriekönige übersetzt heißt: Zwölf Stunden Arbeit am Laufband; Beseitigung aller sozialen Leistungen und Schutzgesetze einschließlich Erwerbslosenfürsorge; Ausschaltung aller selbständigen Regungen der Arbeiterschaft. Und drei Mark Tagelohn!

Über Ford und sein System ist eine ganze Literatur entstanden. Genosse Jacob Walcher ist mit seiner Schrift »Ford oder Marx?« der sozialen Legendenbildung entgegengetreten. Dennoch ist in Arbeiterkreisen noch sehr weit die Ansicht verbreitet, daß das »echte Fordsystem« tatsächlich etwas Gutes bedeute und daß nur die Rückständigkeit der deutschen Unternehmer einerseits, der Dogmatismus der organisierten Arbeiter andererseits seine Einführung bei uns verhinderten. Und zahlreiche Augen blicken sehnsüchtig nach dem Berliner Westhafen, auf dessen Gelände sich seit einiger Zeit der erste Berliner Betrieb der Ford Motor Company befindet.

Was die deutsche Automobilindustrie voller Bangen kommen sah, ist bereits Tatsache geworden. Seit Anfang des Jahres befindet sich in Berlin eine Automontagefabrik der Ford Company, die Anfang Mai die Produktion aufgenommen hat und zur Zeit täglich 20 bis 25 Kraftwagen auf den Markt wirft.

Nur wenige Schritte vom Bahnhof Putlitzstraße entfernt befindet sich das Eingangsportal zum Westhafengelände, in dessen Gebäuden eine ganze Reihe Privatfirmen, die Wert auf unmittelbare Nachbarschaft eines Zollhafens legen, ihr Domizil gefunden haben. Hierzu gehört auch die Ford Motor Company, die in zwei ursprünglich zu Lagerspeichern bestimmten, langgestreckten Schuppen mit etwa 8 000 Quadratmeter Nutzfläche ihren Montagebetrieb aufgenommen hat.

Jeden Tag bis zur Mittagspause drücken sich zahlreiche Arbeitslose vor dem Tor herum. Starren wie hypnotisiert auf das kleine unscheinbare Schildchen mit obiger Firmenaufschrift und vertreiben sich die Zeit mit Erzählungen über die Wunderdinge, die dahinter vor sich gehen sollen. Dort arbeiten zur Zeit dreihundert Arbeiter und Angestellte. Neueinstellungen finden vorläufig nicht statt. Aber es ist schon vorgekommen, daß beim Fehlen eines Arbeiters man schnell einen vom Tor her einstellte. Allerdings sehr selten, denn es fehlt sehr selten einer, zumal Ford ja erst ein halbes Jahr hier in Berlin besteht. Aber auf diesen seltenen Zufall warten die hier draußen trotz Wind und Wetter. Dieser und jener hat einen Bekannten da drinnen, der bringt pro Woche netto 77,75 Mark nach Hause.

»Aber dafür muß er sich auch einen absuchen!« – »Mußt du dir in der AEG nicht auch einen absuchen und verdienst kaum in drei Wochen so viel?« – »Aber Gewerkschaften und Betriebsräte gibt's hier nicht!« – Dreißig Paar zornfunkelnde Augen wollen den Sprecher zerreißen. »Sch… in die Organisation! Haben die uns was geholfen? Die Hauptsache, daß ich mal wieder anständiges Geld verdiene, dann können sie mir alle…«

So ist die Stimmung hier draußen. Und die Direktion der Ford Motor Company weiß ganz genau, warum sie kein Schild »Arbeiter werden nicht eingestellt« aushängt.

»Das von Arbeitslosen umlagerte Tor gehört zum Fordsystem, und es ist in Amerika genauso! Ich habe in Detroit auch vier Monate vor dem Tor gestanden! Außerdem ist das ein guter moralischer Faktor für diejenigen, die drinnen arbeiten!« – So argumentierte Herr Direktor Heine, ein geborener »gemütlicher Sachse«. […]

Die Einzelteile werden ebenfalls am laufenden Band, aber drüben in Amerika, fabriziert und kommen per Schiff mit einmaligem Umladen aus Hamburg an, wo sie verzollt und dann in den Rohlagern ausgepackt werden. Neuerdings bezieht man ganze Teile – viel billiger – auch schon fix und fertig in Deutschland. Ford spart bei dieser Methode dreierlei: Erstens ist der Zoll für die Einzelteile niedriger als für fertige Autos, zweitens ist die Fracht für die verpackten Teile bedeutend billiger, und drittens sind auch die Löhne in Deutschland, trotz ihrer relativen Höhe, natürlich niedriger als die in Amerika. So kann Ford trotz Fracht und Zoll immer noch billiger als irgendein deutscher Unternehmer liefern. Jeder Fordarbeiter muß, gleich einem Sträfling, eine Kontrollnummer sichtbar auf der Brust tragen. (Verlust der Marke kostet einen Dollar Strafe.) Auf einer durch den ganzen Raum führenden Doppelkette bewegt sich das Arbeitsstück weiter. Rechts und links davon, auf dreirädrigen Transportkarren oder an Deckenschienen hängend, sind die verschiedenen Arbeitsstücke stationiert. Jeder Arbeiter hat daran eine bestimmte Handlung vorzunehmen: Schrauben festzuziehen, Nieten einzuschlagen, Teile zu lackieren und dergleichen, bis es auf das Band gelangt. Am Anfang liegen auf dem Band nur ein paar Achsen. Wenige Meter weiter befinden sich schon Federn daran. Motor und Kühler werden eingebaut, Räder montiert, Reifen aufgezogen, und am Ende fährt das fertige Untergestell auf das Prüffeld.

Aus der oberen Etage kommt mittels Aufzug die auf ähnliche Weise entstandene Karosserie herunter. Alle zwanzig Minuten verläßt ein fertiger Wagen die Halle.

Für die Arbeiter ist die Hauptsache das Mitkommen. Das Arbeitsstück fließt ja weiter, schneckengleich langsam zwar – aber es fließt! Verursacht einer der Arbeiter eine Verzögerung, bringt das den ganzen Betrieb in Unordnung, lenkt sofort die Aufmerksamkeit aller Kollegen und Vorgesetzten auf den »Bummler«. Kommt ein Arbeiter an einer Stelle nicht recht mit, wird er stillschweigend an eine andere versetzt. Versagt er auch dort, fliegt er ohne jede Förmlichkeit! Das weiß auch jeder und setzt daher die ganze Kraft daran, dem Tempo des nach der höchsten Einzelleistung laufenden Bandes zu folgen. Da gibt's keinen Raum für nebensächliche Gedanken. Keine Zeit etwa, eine Zigarette anzuzünden, ein Wort mit dem Nachbarn zu reden oder gar auszutreten. Kaum daß man sich aus dem kleinen Springbrunnen etwas Wasser auf den trockenen Gaumen sprudeln lassen kann; denn in drohender Nähe steht schon wieder das neue Arbeitsstück, an dem dieselben Handgriffe vorzunehmen sind.

Es scheint durchaus glaubhaft, wenn man erzählt, daß hier alte Bekannte tagelang in dichter Nähe gearbeitet haben – ohne sich zu sehen. Ford braucht weder das Sprechen noch das Austreten zu rationalisieren. Das alles besorgt das Laufband! Der Kollege wird zur toten Nummer, die höchstens mal als Hemmnis, dann aber auch recht unangenehm in Erscheinung tritt.

Soweit überhaupt Raum für irgendeine Vorstellung bleibt, kreist diese um den Lohn, den man für diese hirn- und knochenerweichende Tätigkeit erhält. Anfänger erhalten ohne Rücksicht darauf, ob sie etwas gelernt haben, pro Tag dreizehn Mark. Nach der »Anlernung« oder richtiger gesagt Abrichtung, die ungefähr acht Wochen dauert, gibt es fünfzehn Mark. Für besonders schwierige Posten gibt es Leistungszulagen. Zum Beispiel für den Mann, der mit einer Gasmaske vor dem Gesicht den Lack auf die Bleche spritzt. Der Höchstlohn beträgt zwanzig Mark pro Tag! Das ist die Summe, die zahlreiche Akkordarbeiter der Berliner Metallindustrie für die ganze Woche erhalten. Hier liegt das Geheimnis, warum sich die ausgehungerten Berliner Metallarbeiter zu Ford drängen und sich dort unter Zurückstellung aller menschlichen Würde zu seelenlosen Arbeitsautomaten degradieren lassen.

Warum es bei Ford keine Diebstahlkontrolle, wie in anderen Betrieben, gibt? – Bei fünfzehn Mark Tagelohn hat es keiner nötig, einiger Pfennige halber seinen »guten Posten« aufs Spiel zu setzen.

Bei Ford herrscht die Vierundzwanzig-Stunden-Woche! Überstunden sind ein unbekannter Begriff. Gearbeitet wird von halb acht bis halb zwölf und von zwölf bis vier Uhr. Die Wirkung dieses Systems tritt am besten bei der halbstündigen Mittagspause in Erscheinung. Mit schmutzstarrenden Händen und Gesichtern stürzt alles im Marsch-Marsch-Tempo zur Kantine des Westhafens, wo sogar die Kellner schon vom Fordsystem angesteckt sind. Auf den Tischen befinden sich bereits an den bestimmten Plätzen die bestimmten Gläser und Bestecke. Während die Leute ihre Mahlzeiten hinunterschlingen, haben wir Zeit, ihre Physiognomien zu studieren. Es gibt einen Fordtypus. Wo haben wir doch diese aschgrauen Gesichter, in denen Nase, Kinn und Bakkenknochen spitz hervorstehen, diese fiebrig starren Augen und nervösen Bewegungen schon gesehen?

Das Essen ist schnell hinuntergeschlungen. Der Rest der Pause reicht gerade, um ein Bedürfnis zu verrichten oder, eine Zigaretten rauchend, ins Leere zu starren. Niemand liest eine Zeitung! »Fordleichen«, sagen die Arbeiter des Westhafens... [...]

Karl Grünberg, Mit der Zeitlupe durch die Weimarer Republik. Erzählungen und Skizzen, Reportagen und Gedichte, Berlin, o. J., S. 46–55

5. Kartellisierung der Wirtschaft als Wachstumsbremse, 1930

[...] Der ständische zünftlerische Charakter des deutschen Kapitalismus hat seinen deutlichsten Ausdruck im Kartellwesen erhalten. Im Ursprungslande des modernen Monopols, in Amerika, sind die Monopolisten zu allen Zeiten unpopulär gewesen. Die öffentliche Meinung und die Gesetzgebung haben sie immer wieder verfolgt. Anders in Deutschland. In den deutschen Syndikaten und Kartellen ist die Idee des machthungrigen Monopolkapitalismus mit ständischen Idealen harmonisch verschmolzen worden. Im Gegensatz zum Trust, der rein kapitalistisch angelegt und technisch grundsätzlich »fortschrittlich« eingestellt ist, sind Kartelle und Syndikate Verteidigungsorganisationen einer profitgierigen Industrie, die auch dem rückständigen Betrieb einen Teil der Beute zukommen lassen will. Der deutschen öffentlichen Meinung ist die Vorstellung des freien Wettbewerbs an und für sich nicht sympathisch. Sie ist ihrer ganzen Herkunft nach zünftlerisch gestimmt. Sie hat die Kontrolle daher, eben wegen ihres zünftlerischen Untertons, dem Trust vorgezogen. Die Bürokratie hat sie gehegt und gepflegt, einmal weil sie geistig von der gleichen, handwerksmäßigen Gesinnung erfüllt war, wie die Öffentlichkeit überhaupt, dann aber, weil eine monopolistisch geschlossene Industrie weit leichter verwaltet werden kann als eine Vielheit freier Unternehmungen. [...]

Das ganze Vorgehen ist eben nur unter der Voraussetzung verständlich, daß die bloße Verwendung von Kapital zur Steigerung der Produktionsfähigkeit ein Recht auf Rente gibt – einerlei, ob zweckmäßig oder nicht –, das mit den Mitteln der Politik erzwungen werden muß, wenn der natürliche Absatz es nicht ermöglicht. Die wiederholte Ausdehnung, die immer wieder steigenden Absatz voraussetzt, läßt den Gegensatz zwischen technischer

Rationalisierung und wirtschaftlicher Derationalisierung besonders stark hervortreten. Während Technik und Organisation jeden Nerv anspannen, um einen Produktionsprozeß zu ersinnen, der möglichst niedrige Kosten beansprucht und dabei durch immer sinkende Preise die Ausdehnung des Absatzes erreichen will, geht die wirtschaftliche Ordnung den entgegengesetzten Weg. Sie verhindert durch ihre quotenmäßigen Bindungen die volle Ausnutzung des technischen Produktionsapparates. Der einzige Weg ihrer Steigerung ohne neue Verbandsverhandlungen und ohne die gewaltigen Kapitalaufwendungen, die nötig sind, um den Verbandsmitgliedern die Forderung erhöhter Quoten zu ermöglichen, besteht dann im Quotenkauf. Die stärkeren Unternehmungen kaufen die Produktionsrechte der schwächeren. Die nicht erwirtschafteten Renten, die die Inhaber der schwächeren Unternehmungen aus dem Fortgang ihrer Unternehmungen beziehen, werden kapitalisiert. Die Anlagen, die bei freiem Wettbewerb auf Kosten ihrer Besitzer ausgeschaltet werden, werden jetzt zu Lasten des Konsumenten stillgelegt. Die wirtschaftliche Leistungsunfähigkeit, der finanzielle Mißerfolg werden kapitalisiert. Die erfolglosen Wirtschaftsführer werden von ihren erfolgreichen Mitbewerbern auf Kosten der Allgemeinheit pensioniert. Denn der Preis der Quote muß natürlich den Kosten zugeschlagen werden, mit denen das sie erwerbende Unternehmen arbeitet. Die Konkurrenz wird also gar nicht ausgeschaltet; die Zerstörung von Kapital, die die Ausmerzung nun einmal nach sich zieht, wird nur anders organisiert. Das physische Kapital, das in den stillgelegten Unternehmungen verkörpert war, wird durch Quotenkauf genau so getötet wie durch Auflassung des Betriebes. Sein Wert wird dagegen seinem Inhaber gerettet, indem die Neuerwerber ihm eine Abfindung zahlen, deren Betrag sie ihren Unternehmungen belasten müssen und die sie aus den Konsumenten herausholen.

Der Quotenkauf im Kartellwesen hat die gleichen Wirkungen wie die Verwässerung des Kapitals bei der Bildung eines Trusts. Er beschwert die Produktion der kaufenden Unternehmungen in ähnlicher Weise mit zusätzlichen Lasten, wie es die Verwässerung des Kapitals tut. Während aber die Verwässerung des Kapitals bei der Bildung eines Trusts als mehr oder minder verwerfliche Schiebung betrachtet wird, gilt die Kapitalisierung nichtverdienter Renten durch Quotenkauf als sachlich nützliche Funktion des Kartellsystems. Die gleichen Kreise, die der Arbeiterschaft nicht nur das Recht auf Arbeit bestreiten, sondern sogar die Arbeitslosenunterstützung nur als politisches Zugeständnis betrachten, sehen, in ständischen Gedankengängen befangen, ein Recht auf Kapitalerträge gegeben, wo ein Kapitalverlust vorliegt.

Moritz J. Bonn, Das Schicksal des deutschen Kapitalismus, 3. Aufl., Berlin 1930, S. 83–87

6. Negative Wirkungen des technischen Fortschritts auf die Konjunktur, 1932

[...] Die Wirkung des technischen Fortschritts in dieser letzten Konjunkturperiode ist ein weiterer verschärfender Krisenfaktor. Meist erwartet man vom technischen Fortschritt eine Verbilligung der Erzeugung oder eine Steigerung der Gewinne. Dadurch soll neue Kaufkraft entstehen, die die Grundlage für die Heranziehung neuer Arbeitskräfte bildet. Ich glaube nun, daß die letzte Konjunkturphase durch zwei Umstände gekennzeichnet wird, welche diese generelle Wirkung abschwächen:

1. Die Wirkungen des technischen Fortschritts hängen stark davon ab, auf welchen Gebieten sie sich vollziehen. So hat sich z.B. das europäische Industriesystem im 19. Jahrhundert gleichzeitig mit dem Auf- und Ausbau des Eisenbahnnetzes entfaltet. Dieser Ausbau des Eisenbahnnetzes hat ganz große Arbeitsarmeen viele Jahrzehnte hindurch gebunden, gleichzeitig aber die Produktionsbedingungen aller Industrien verbessert. Man kann sagen, daß das Eisenbahnsystem erst weitestgehende Arbeitsteilung durch Senkung der Transportkosten auf einen Bruchteil ihrer früheren Höhen ermöglichte, ebenso wie die Umsiedelung und Neuschaffung von Industrien an günstigen Standorten und die Verwertung schwerer Massengüter auf weite Distanzen. Das alles ist ja bekanntlich erst die Grundlage rasch steigender Produktion und steigender Bevölkerung gewesen. In der letzten Konjunktur aber überwogen die Investitionen, die

eher arbeitssparend sind, als daß sie eine neue Produktion ermöglichen würden. In ihrer Struktur mögen sie am ehesten mit der Einführung der mechanischen Spindel und des mechanischen Webstuhls in die englische Wirtschaft vergleichbar sein, die massenhafte Vernichtung von handwerklichen Existenzen und lang andauernde schwerste Arbeitslosigkeit im Gefolge hatte.

2. Dazu kommt, daß die technischen Fortschritte in ganz besonders schnellem Tempo erfolgten und von größter Durchschlagskraft waren. Das hat starke Rückwirkungen auf die Höhe der Abschreibungen und verlangsamt die Bildung neuen, zusätzlichen Kapitals. Dieses besonders schnelle Tempo des technischen Fortschritts ist meines Erachtens für die besondere Schwere der gegenwärtigen Krise sehr bedeutsam. [...]

Emil Lederer, Die Weltwirtschaftskrise – eine Krise des Kapitalismus. Ursachen und Auswege, 1932, in: Ders., Kapitalismus, Klassenstruktur und Probleme der Demokratie in Deutschland 1910–1940. Hg. v. Jürgen Kocka, Göttingen 1979, S. 210–239

B. Industrielle Konflikte

1. Standpunkt der Arbeitgeber zur Arbeitszeitfrage, 1924

[...] Die deutsche Arbeiterschaft, der die Revolution den Achtstundentag gebracht hat, ist dem deutschen Volk den Beweis dafür schuldig geblieben, daß sie in acht Stunden dasselbe leisten würde, wie vor dem Krieg in längerer Arbeitszeit. Sie wird bei der Bedeutung, die die Arbeitszeitverkürzung für den Produktionsstand allgemein hat und bei der gegenwärtigen finanziellen und technischen Verfassung der deutschen Industrie in noch viel höherem Ausmaß haben muß, den Beweis einer Steigerung der Gesamtproduktion auch nicht führen können. Das Dawes-Gutachten geht bei der Bemessung unserer Jahresverpflichtungen von der Friedensleistung aus und hat der wirtschaftlichen Entwicklung des deutschen Volkes ein allzu optimistisches Horoskop gestellt. Wir leiden unter dem Produktionsausfall infolge der Verstümmelung unserer Wirtschaftsbasis, infolge des Rückganges unserer Arbeitsleistung überhaupt, infolge der zurückgegangenen, durch Raubbau verringerten Leistungsfähigkeit unserer Landwirtschaft und infolge der Passivität unserer Handels- und Zahlungsbilanz und müssen diesen Ausfall durch unserer Hände Arbeit wieder ausgleichen. Wir haben durch unserer Hände Arbeit den Bedarf für unsere innere Verwaltung und für unsere Lebenshaltung aufzubringen. Aus Überschüssen unserer Arbeit haben wir den zehnten Teil des gesamten Arbeitsvertrages als Reparationslast an das Ausland abzuführen und daneben für einen weiteren erheblichen Teil Auslandsschulden zu verzinsen und zu amortisieren. Von dem, was uns bleibt, und was nur durch längere Arbeitszeit erübrigt werden kann, soll uns der Grundstock für neue deutsche Kapitalbildung und damit für den Wiederaufbau einer leistungsfähigen und freien nationalen Wirtschaft gegeben werden. So ist uns das Ziel für unsere Arbeitszeitpolitik gezeigt. Die untrennbare Verbindung des Reparationsproblems mit der Frage der Produktionssteigerung und der längeren Arbeitszeit in Deutschland schaffen uns das moralische Recht und die wirtschaftliche und nationale Pflicht, hier nur den Weg zu gehen, der uns in dem Streben nach Rettung, Wiederaufstieg und Freiheit vorgezeichnet ist und den klar zu legen, wir uns als Aufgabe dieser Denkschrift gestellt haben.

Die Arbeitszeitfrage in Deutschland. Eine Denkschrift verfaßt v. der Vereinigung der Deutschen Arbeitgeberverbände, Berlin (1924), S. 64

2. Denkschrift des Reichsarbeitsministers Wissel über die Motive der Arbeitgeber für die Aussperrungen im »Ruhreisenstreit«, 9.11.1928

Abgesehen von der rechtlichen Zulässigkeit der Aussperrung ist diese also auch zur Erreichung der von dem Arbeitgeberverband nach seinen Behauptungen mit ihr verbundenen Zwecke ungeeignet, *diese Zwecke* konnten auf andere Weise ohne Beunruhigung des Wirtschaftslebens erreicht werden. Ich habe nicht daran gezweifelt, daß nur diese Zwecke erreicht werden sollten. Die Vertreter des Arbeitgeberverbandes haben in der *Nachverhandlung* vor mir ganz besonders stark betont, daß es nur ihre ernste Sorge um die dauernde Aufrechterhaltung der Betriebe sei, die sie zwinge, den Schiedsspruch als für sie untragbar abzulehnen. Ich kann es nicht als einen besonders glücklichen Weg bezeichnen, wenn man zur Verteidigung und zur Unterstützung der Auffassung der Unternehmer in der breitesten Öffentlichkeit auch andere Motive für die Aussperrung ihnen unterstellt. Ich habe hier vor mir einen Artikel der »Kölnischen Zeitung« vom 6. November, in dem der Preußische Landesgerichtsdirektor Dehnicke folgendes hervorhebt: »Der Kampf der Arbeitgeber geht also nicht nur um die Lohnhöhe, sondern auch um die Änderung des Schlichtungsverfahrens selbst.« In diesem Satz sind die Worte »um die Änderung des Schlichtungsverfahrens selbst« gesperrt gedruckt. Die »Kölnische Zeitung« legt gegen diesen Satz keinerlei Verwahrung ein. Dieser Satz in dem Artikel muß also auch ihrer Auffassung entsprechen. Als ich diesen geradezu ungeheuerlichen Satz las, da habe ich mich gefragt, wie man den Unternehmern denn etwas derartiges imputieren könne. Auch um eine *Änderung des Schlichtungswesens* zu erreichen, *soll man diese Aussperrung vorgenommen haben!* Man soll die Not und das Elend von vielen Hunderttausenden, die schweren Erschütterungen des Wirtschaftslebens gewollt haben, um eine Änderung der gesetzlichen Grundlagen des Schlichtungswesens zu erreichen? Änderungen, die in schriftlich formulierter Form mir erst nach erfolgter Aussperrung zugegangen sind? Man sollte den Weg der Aussperrung gewählt haben, ohne auch nur den Versuch gemacht zu haben, durch Einwirkung auf die Parteien des Reichstags auf dem allein zulässigen Wege der Inanspruchnahme des Parlaments [das erstrebte Ziel] zu erreichen? Das würde ja bedeuten, daß der Aussperrung *politische Motive* zu Grunde liegen, und das würde ja weiter bedeuten, daß man den Austrag einer Rechtsstreitigkeit unter den schweren Druck einer Aussperrung hätte setzen wollen. *Wenn das der Fall wäre,* dann allerdings würde die Regierung in einem solchen Vorgehen einen Schritt erblicken müssen, der sie zu gesetzlichen Maßnahmen zwingen müßte, die allerdings auf anderem Gebiete lägen, als auf dem des *Schlichtungswesens.* Ich kann nicht annehmen, daß dies das Ziel der Aussperrung ist. Ich muß annehmen, daß der Herr Landesgerichtsdirektor und die »Kölnische Zeitung« sich der Bedeutung dieser Worte nicht klar geworden sind und daß sie in Übereilung über Dinge geschrieben und das Geschriebene gedruckt haben, wovon sie auch nicht die blasseste Ahnung hatten. Derartige Argumente aber, tragen zur außerordentlichen Verbitterung bei und vergiften die Atmosphäre dieses Arbeitskampfes in geradezu erschreckender Weise. [...]

Michael Schneider, Auf dem Weg in die Krise. Thesen und Materialien zum Ruhreisenstreit 1928/29, Wentorf b. Hamburg 1974, Nr. 8

C. Sozialpolitik

1. Beitrag eines Mitarbeiters des Berliner Gesundheitsamtes über die Aufgaben der Altenfürsorge, 1925

[...] Die etwa seit dem Jahre 1872 bis in den Beginn des 20. Jahrhunderts hinein bei ständig absinkender Säuglingssterblichkeit fortgesetzt steigende Geburtenzahl, der sich unvermittelt daran anschließende scharfe Rückgang der Geburten mit der Erreichung des besorgniserregenden Tiefstandes in den Jahren nach 1916, schließlich die starken Lücken, die durch die Kriegsverluste in den mittleren Jahrgängen gerissen wurden, all das hat zusammengewirkt, um in der Altersgliederung des deutschen Volkes bereits jetzt recht erhebliche Verschiebungen herbeizuführen. Je länger die Geburtenziffer niedrig bleibt und je mehr die vor der Jahrhundertwende geborenen Personen in den nächsten Jahrzehnten aus dem produktionsfähigen in das höhere Alter vorrükken, desto stärker muß sich die Häufung alter Leute in der Bevölkerung auswirken. Fast ohne nennenswerte Schwankungen betrug der Anteil der Übersechzigjährigen an der Gesamtbevölkerung des Deutschen Reiches in der Zeitspanne von 1871 bis 1910 etwa 7,8%, bereits im Jahre 1919 stieg er auf 8,5% und in weiterer ununterbrochener Steigerung muß er im Jahre 1930 auf 10,7%, im Jahre 1940 auf mindestens 13% wachsen [...].

Selbst wenn die Zahl der Geburten in den nächsten Jahren nennenswert steigt, die Säuglingssterblichkeit günstigere Werte aufweist, der Anteil der Kinder an der Gesamtbevölkerung wieder zunimmt, die allgemeine Sterblichkeit wie bisher verläuft und somit vielleicht zu Ende des 20. Jahrhunderts ein Ausgleich zu den abnormen Verhältnissen erfolgt – die nächsten Jahrzehnte werden der um produktive Kräfte verringerten Allgemeinheit durch den außerordentlich hohen Prozentsatz erwerbsbeschränkter und erwerbsunfähiger Menschen ungewohnte Lasten auferlegen.

Denn der Notstand, der sich in Zeiten ruhiger wirtschaftlicher Entwicklung beim Eintreten eines langwierig verlaufenden

Krankheitsfalles oder bei Erwerbsunfähigkeit infolge höheren Alters nur bei einer begrenzten Zahl von Angehörigen besonders ungünstig dastehender Schichten entwickelte, ist durch den Zusammenbruch unserer Währung und die Vernichtung der Substanz eine Erscheinung geworden, von der große Klassen, ganze Stände, ja man kann sagen die Mehrzahl der Bevölkerung aufs allerschwerste betroffen und unvermeidbar der öffentlichen Fürsorge zugedrängt werden. Es hat sich hier also ein der Art und dem Umfange nach neues Massenproblem entwickelt, das durch die gesellschaftlichen Umschichtungen der letzten Jahre, insbesondere die Enteignung des Mittelstandes, ein besonderes Gepräge erhält und neben der sozialökonomischen auch eine kulturpolitische und sozialpolitische Seite hat. [...]

Die niedrige Lebenshaltung, die für die Mehrzahl der Bevölkerung auf lange Zeit hinaus stabilisiert ist, zwingt viele Familien geradezu, unnütze Esser und lästige Mitbewohner abzuschieben. Denn nicht das Alter an sich, sondern der in seinem Verlauf auftretende wirtschaftliche Notstand, die Zerrüttung der Familie, die Auflösung des Haushaltes, die Ungunst der Wohnungsverhältnisse, in anderen Fällen wieder das Fehlen der Familie sind wesentliche Gründe, daß die öffentliche Fürsorge in Anspruch genommen wird. Die beste Versorgung bietet dann die Anstalt. Da aber die Einrichtungen der geschlossenen Altersfürsorge infolge ihrer geringen Zahl auch nicht im entferntesten ausreichen, um dem Bedarf zu genügen, ist der üblichste Weg die Aufnahme in das Krankenhaus. [...]

Damit wird ein unerwartet hoher Bruchteil von Krankenhausbetten der Ausnutzung von Werte bringenden Zwecken entzogen, die kostspieligen Einrichtungen des modernen Krankenhauses werden teils nutzlos, teils zu häufig und zu lange von ungeeigneten Personen in Anspruch genommen, der teure Betrieb dadurch unzweckmäßig belastet, der Allgemeinheit werden unnütze Kosten verursacht, dem einzelnen Hilfsbedürftigen keinerlei Vorteile gebracht, die er nicht in gleicher Güte, oder sogar besser, auch mit einfacheren Mitteln haben könnte.

Die Lehre dieser Beobachtung lautet:

Jede Verbesserung der Altersfürsorge kommt indirekt auch den behandlungsfähigen und unbedingt krankenhausbedürftigen

Kranken zugute, indem für sie in den Krankenhäusern Platz geschaffen wird. Und damit erweitert sich die Frage nach dem Schicksal der Alten zu einer Hauptfrage der Anstaltspolitik überhaupt.

Bei dem notwendigen Umbau unseres Fürsorgesystems wird man nun sorgsam abwägen müssen, wie weit der Ausbau der geschlossenen und Erweiterung der offenen Fürsorge dem gewünschten Zwecke dienen können. Zweifellos stellt die Anstalt für viele Fälle die geeignetste und beste Form der Fürsorge dar, aber die wirtschaftlichen Verhältnisse werden ohnedies verhindern, daß die Gefahr des uferlosen Neubauens heraufbeschworen wird. Ganz abgesehen aber von der Zweckmäßigkeit der Pflege durch Anstaltsfürsorge für das Individuum gestattet eine gut organisierte Anstaltspolitik in weitgehender Weise die Verwertung der vorhandenen Teilarbeitskräfte, ein Gesichtspunkt, der um so wesentlicher ist, als die Verluste, die die Volkswirtschaft durch die Gebrechen erleidet, ganz außerordentlich groß sind und jeder Versuch, diese Lasten zu verringern, begrüßt werden muß. [...]

Aber ebensowenig wie die Errichtung von Altersheimen in großem Umfange vor der Hand möglich ist, ebensowenig ist sie dringend notwendig, wenn der Schwerpunkt aller Bemühungen auf die offene Fürsorge gelegt wird. Die Dauerunterbringung kann zum mindesten hinausgeschoben, wenn nicht hie und da vermieden werden, sofern der einen Gruppe von Hilfsbedürftigen rechtzeitig und ausreichend Geld- und Naturalunterstützungen in einer Höhe gewährt werden, die sie vor dem Verhungern und Erfrieren schützt. Hierzu gehören besonders diejenigen alten Leute, die die leichteren Arbeiten des Haushaltes noch ausführen können, aber größeren Anforderungen nicht gewachsen sind, z.B. nicht »Einholen gehen«, »große Wäsche« abhalten und »Großreinemachen« erledigen können. Solange die Wohnungsverhältnisse Mindestansprüchen genügen, liegt kein Grund vor, diese Hilfsbedürftigen bereits als anstaltspflegebedürftig zu bezeichnen, zumal sie selber meist sehr an ihrer alten Umgebung und der Freiheit hängen. Wichtig ist es, Familien, die zur Pflege eines Alten bereit, aber aus wirtschaftlichen Gründen nicht fähig sind, als Entgelt für ihre Bemühungen und Unkosten ein genügendes Pflegegeld zu geben. Die Kurzsichtigkeit einer zu niedrigen Bemessung rächt sich in steigender Frequenz der Anstalten. Verständnisvolles Eingehen auf die Wünsche der Pflegewirte erhält manche Pflegestelle, die aus dem Gefühl der Erbitterung über unzureichende Hilfe verloren gehen würde.

Eine andere Gruppe von Alten könnte in ihrem Heime bleiben, wenn ihnen die Arbeit der Haushaltsführung ganz oder teilweise abgenommen würde. Die Hilfsbereitschaft von Nachbarn und Bekannten kann auf die Dauer unter den derzeitigen wirtschaftlichen Verhältnissen die harte Probe vermehrter Belastung nicht bestehen. Es wäre Sache der öffentlichen Wohlfahrtspflege, hier einzugreifen und entsprechend den Handhaben, die die Verordnung über die Fürsorgepflicht und die Reichsgrundsätze geben, persönliche Hilfe zu gewähren. In vielen großen Städten sind Vereine zur Hand, die die Führung des Haushaltes bei Verhinderung oder Abwesenheit der Hausfrau übernehmen und die Wirtschaft durch Pflegefrauen, die je nach Erfordernissen einige Stunden, halbe oder ganze Tage tätig sind, besorgen lassen. […]

Schließlich kommt noch die Arbeitsfürsorge in Betracht, die bei uns in Deutschland in den allerersten Anfängen steckt, dagegen in der Schweiz durch die Einrichtung einer besonderen Alterswerkstatt in einem Großbetrieb in Winterthur vorbildlich gefördert worden ist. Werkstätten für Erwerbsbeschränkte, die an ein bestehendes Altersheim angeschlossen sind, würden nicht nur den Insassen der Heime Gelegenheit zu einer über Spielereien hinausgehenden, wenn auch bescheidenen Arbeit geben, sondern auch gleichzeitig den außerhalb der Anstalt befindlichen Hilfsbedürftigen die Möglichkeiten, sich wenigstens teilweise durch Arbeit ihren Unterhalt zu verdienen, eröffnen. Hiermit wäre der Zusammenhang und der Übergang von der offenen zur geschlossenen Fürsorge am idealsten hergestellt. […]

Franz Goldmann, Folgerung aus der veränderten Altersgliederung des deutschen Volkes, in: Deutsche Zeitschrift für Wohlfahrtspflege 1 (1925/26), S. 19–23

2. Zunehmende Belastung des Sozialstaates: Klagen eines Wiesbadener Stadtrates, 1926

[...] Die öffentliche Wohlfahrtspflege hat seit Beginn des Weltkrieges wiederholt sehr schwere Zeiten durchgemacht: In der ersten Kriegszeit hinsichtlich der *Organisation,* bis es gelang, die Umstellung der alten Armenpflege in die Kriegsfürsorge zu bewerkstelligen. Es handelte sich darum, neue Formen für die Ausübung der Fürsorge der Kriegerfamilien, der Kriegsbeschädigten und -hinterbliebenen zu finden, da von allen Seiten die Aufnahme dieser Gruppen in die Armenpflege wegen des vermeintlichen Makels, der letzterer anhaftete, abgelehnt wurde. [...]

Eine weitere schwere Belastung brachte das Kriegsende der öffentlichen Fürsorge: Es war gewiß keine leichte Aufgabe, die große Zahl der aus dem Heeresdienst Entlassenen und der Flüchtlinge zu unterhalten und zu betreuen, erstere während der Umstellung der Betriebe aus der Kriegswirtschaft in die Friedenswirtschaft. Da der groß aufgezogene und gut funktionierende Apparat der Kriegswohlfahrtspflege beim Kriegsende noch zur Verfügung stand, hätten die aus diesem Massenproblem erwachsenden Schwierigkeiten wohl auch dann bewältigt werden können, wenn nicht den vorhandenen Arbeitsämtern oder Arbeitsnachweisen infolge der Einführung der Erwerbslosenunterstützung die Auszahlung der reichlich bemessenen Unterstützungsgelder übertragen worden wäre. Dank der Mitwirkung des Roten Kreuzes und der sich bildenden Hilfsorganisationen für Flüchtlinge und Auslandsdeutsche vollzog sich auch die Betreuung der Flüchtlinge trotz der Ungunst des Wohnungsmarktes verhältnismäßig glatt, nachdem die Schwierigkeiten der ersten Zeit überwunden waren. [...]

Zum erstenmal im Jahre 1921 stellten sich in wachsendem Maße finanzielle Schwierigkeiten auf dem Gebiet der Wohlfahrtspflege ein, die dem Deutschen Verein für öffentliche und private Fürsorge Veranlassung gaben, auf dem Fürsorgetag in Weimar das Thema »Finanznot und Wohlfahrtspflege« zum Mittelpunkt der Verhandlungen zu machen. [...]

Das Jahr 1924 brachte die wertbeständige Währung und das Inkrafttreten der Fürsorgepflichtverordnung. Aber wer geglaubt hatte, diese beiden Faktoren würden es ermöglichen, die Ausübung der öffentlichen Wohlfahrtspflege nunmehr in ruhige, geordnete Bahnen zu lenken und eine planmäßige Fürsorge nach den allein richtigen Grundsätzen einer individuellen Betreuung durchzuführen, sah sich im Laufe des Jahres 1925 schwer enttäuscht. An der Wende dieses Jahres stehen wir – wenigstens in der öffentlichen Wohlfahrtspflege – in einer Krise, deren Höchstmaß voraussichtlich noch nicht erreicht ist. [...]

Im Laufe des Jahres 1925 hat sich die Wirtschaftslage Deutschlands außerordentlich und in beschleunigtem Tempo verschlechtert; durch Fortsetzung des bereit in dem Vorjahre begonnenen Abbaues bei Behörden und Privatbetrieben, durch Stillegungen, Konkurse, Geschäftsaufsichten und Betriebseinschränkungen wurden viele Tausende von Angestellten und Arbeitern beschäftigungslos. Die abnehmende Kaufkraft dieser Schichten hatte ihrerseits wiederum einen verringerten Konsum und damit Absatzstockung in der Industrie und im Handel zur Folge. Der überall auf das äußerste eingeschränkte Bedarf brachte verminderte Geschäftstätigkeit bei dem Kleinhandel und Handwerk. Viele kleine Geschäftsleute (Ladenbesitzer, kleine Handwerker, Agenten, Droschkenkutscher usw.), die ihr Auskommen in ihrem Betrieb nicht mehr fanden, mußten, wenn auch zum Teil nur vorübergehend, ihre Zuflucht zur öffentlichen Fürsorge nehmen, und damit kam neben den Arbeitslosen, den Sozial- und Kleinrentnern und Kriegsopfern usw. eine weitere Gruppe früher selbständiger noch nicht erwerbsunfähiger Personen in die Fürsorge hinein. Die bis zum Herbst 1925 fortschreitende Teuerung und die Erhöhung der Miete machte sich ungünstig bemerkbar und nötigte die Wohlfahrtsämter zur Erhöhung ihrer Unterstützungsrichtsätze. Die Arbeitsämter vermochten vermittels der Erwerbslosenfürsorge nicht alle Erwerbslosen zu übernehmen; die Ausgesteuerten und diejenigen, die, weil sie früher selbständig waren oder wegen Überschreitung der Lohngrenze nicht zur Erwerbslosenunterstützung zugelassen werden konnten, mußten von der öffentlichen Wohlfahrtspflege betreut werden. Auch bei den übrigen Erwerbslosen mußten vielfach die Fürsorgeverbände im Hinblick auf die geringen Sätze der Erwerbslosenunterstützung und die Dauer der Erwerbslosigkeit mit einmaligen Beihilfen für Miete, Kleider, Wäsche usw. einspringen. Die Zahl der von den Arbeitsämtern nicht unterstützten Erwerbslosen wird vielfach unterschätzt; um ein Beispiel zu geben, hatte die Stadt Wiesbaden am 31. Dezember 1925 neben 2225 Partien, die Erwerbslosenunterstützung bezogen, etwa 800 Partien nicht bezugsberechtigter Erwerbsloser, die im Wege der allgemeinen Fürsorge vom Wohlfahrtsamt betreut und aus Gemeindemitteln unterstützt wurden. In vielen anderen Städten werden die Verhältnisse ähnlich liegen.

Die Zahl der alten erwerbsunfähigen Personen, insbesondere der Klein- und Sozialrentner, die in Fürsorge genommen werden mußten, ist im vergangenen Jahr dauernd gewachsen. Viele von ihnen, die bisher noch mit Hilfe von Verwandten ihr Leben fristeten, waren genötigt, Unterstützung zu beantragen. [...] Bis zur Nachkriegszeit rechnete man damit, daß von den Sozialrentnern etwa 80% mit Hilfe der Rente und Unterstützung ihrer Angehörigen auskommen konnten, während 20% die öffentliche Fürsorge in Anspruch nahmen; heute ist die Zahl der letzteren auf 50–60% gestiegen. [...]

Unentgeltliche Pflegestellen für uneheliche Kinder und Waisen in der Stiefvaterfamilie oder bei Verwandten sind im Gegensatz zu früher sehr selten mehr zu finden. Das Krüppelfürsorgegesetz mit seinem an sich durchaus begrüßenswerten Anzeige- und Heilzwang beginnt sich auszuwirken und bringt infolge der teueren Kuren und Heilmittel eine starke Belastung der Fürsorgeverbände. Die Krankenhäuser, Altersheime, Irren- und Idiotenanstalten sahen sich infolge der zunehmenden Teuerung genötigt, im Laufe des Jahres 1925 wiederholt die Pflegesätze bzw. Individualpflegesätze zu erhöhen.

Alle diese Momente verursachten eine Anschwellen der Wohlfahrtsetats der Gemeinden, das zu den ernstesten Besorgnissen Anlaß geben muß. [...] Aus einer Umfrage des Deutschen Städtetages, die sich auf den Monat April 1925 bezog, ergab sich, daß damals durchschnittlich auf 100 Einwohner der befragten Großstädte 4,25 unterstützte Personen ohne Berücksichtigung der Erwerbslosen und Kriegsopfer entfielen. In einigen Städten betrug damals schon diese Prozentzahl das Doppelte des Durchschnitts. Inzwischen sind diese Zahlen ganz erheblich angewachsen.

Nimmt man hinzu, daß Anfang Januar 1926 etwa 1,5 Millionen Hauptunterstützungsempfänger nebst ihren Angehörigen Erwerbslosenunterstützung bezogen, so wird man die aus einzelnen Städten in der Presse veröffentlichten Notizen als durchaus glaubhaft bezeichnen müssen, wonach in einer Reihe von Städten 15–20% der Bevölkerung von Fürsorge- und Erwerbslosenunterstützung leben; für Wiesbaden betrug die auf den 31. Dezember 1925 errechnete Prozentzahl 16. [...]

Nach einer neueren statistischen Aufzeichnung des Deutschen Städtetags sind die gesamten Wohlfahrtsausgaben im Durchschnitt der Großstädte von 5,60 M. im Jahre 1913 auf 27,40 M. im Jahre 1925 pro Kopf der Bevölkerung angewachsen. Gleichzeitig ist der Anteil der Wohlfahrtspflege am Gesamtfinanzbedarf der Städte von 12,3% im Jahre 1913 auf 35,4% im Jahre 1925 gestiegen. [...] Wenn der Wohlfahrtsetat allein derartige Summen verschlingt, so ist die Frage berechtigt, ob das, was übrig bleibt, genügt, um alle anderen städtischen Aufgaben auch nur im bescheidenen Maße erfüllen zu können. Die Frage muß verneint werden, und es bedarf keiner näheren Darlegung, daß dieser Zustand für die Gemeinden untragbar ist, zumal, da nur geringe Aussicht besteht, daß sich diese Verhältnisse im Jahre 1926 wesentlich ändern. [...]

Die derzeitige Massennot hat aber nicht nur finanzielle Schwierigkeiten zur Folge, sondern auch solche der Verwaltung. Von einer individuellen Betreuung kann heute vor allem auf dem Gebiet der wirtschaftlichen Fürsorge nur noch sehr bedingt gesprochen werden. Die Büroräume der Wohlfahrtsämter und der Jugendämter erweisen sich vielfach als zu eng, um den Andrang der Gesuchsteller zu bewältigen. [...] Das Personal des Außendienstes, insbesondere die Fürsorgerinnen, sind weit über Gebühr belastet, ihre Nervosität und Abspannung zeigt sich vielfach in ihren Berichten. [...]

Immer mehr greift die Parteipolitik auf das Gebiet der Wohlfahrtspflege über, nicht nur in den Parlamenten des Reichs und der Länder, sondern auch in den Körperschaften der Gemeinden. Aus parteipolitischen Gründen werden in den Stadtverordnetenversammlungen, insbesondere von seiten der extremen Linken, fortgesetzt Anträge zugunsten gewisser Gruppen, namentlich der Erwerbslosen, gestellt, die sachlich oft ungerechtfertigt oder zum mindesten stark übertrieben, in finanzieller Beziehung im Hinblick auf die verminderte Finanzkraft der Gemeinden untragbar sind. Nicht nur die hohen gesetzlichen Feiertage (Weihnachten, Ostern usw.) geben Anlaß zu derartigen Anträgen auf Bewilligung einmaliger besonderer Beihilfen an Personen in laufender Fürsorge und auch an andere verwaltungstechnisch kaum erfaßbare Gruppen, sondern auch die politischen Wahlen, von denen wir ja in der letzten Zeit übergenug hatten, haben im Interesse des parteipolitischen Stimmenfangs derartige Anträge im Gefolge. [...]

Aber nicht nur diese lokalen Reibungen erschweren den Geschäftsbetrieb, wir haben leider die Erfahrung machen müssen, daß Parlamente und Regierungen bei Gesetzen, Verordnungen und Erlassen, welche die Wohlfahrtspflege betreffen, vielfach auch nicht die geringste Rücksicht darauf nehmen, wie sich dieselben in finanzieller Hinsicht und auf den Verwaltungsbetrieb der Fürsorgeverbände auswirken. [...]

Das Zusammenwirken all der oben besprochenen Faktoren hat eine Zuspitzung der Lage der öffentlichen Wohlfahrtspflege gebracht, die man nicht anders als eine Krise bezeichnen kann. Es wäre töricht, vor dieser Erkenntnis die Augen zu verschließen, aber die Krise ist keine Katastrophe, und nichts wäre verkehrter, als sich nunmehr einer Panikstimmung hinzugeben und die Hände resigniert in den Schoß zu legen. Im Gegenteil: wir müssen alles daran setzen, die jetzige Krise zu überwinden und die Wohlfahrtspflege bei straffster Anspannung der vorhandenen Mittel und der persönlichen Kräfte wenigstens auf ihrem jetzigen Stande zu erhalten, in der Hoffnung, daß ein planmäßiger weiterer Ausbau in den kommenden Jahren möglich sein wird. Wir sind aber berechtigt, zu verlangen, daß auch Parlamente und Regierungen bei Gesetzen, Verordnungen und Erlassen auf die derzeitige Lage der öffentlichen Wohlfahrtspflege gebührende Rücksicht nehmen, da ein Versagen der Wohlfahrtspflege angesichts der in den unteren Schichten herrschenden Spannung zu den schwersten Erschütterungen des Staates führen könnte.

K. Sperling, Die Krise der öffentlichen Wohlfahrtspflege, in: Deutsche Zeitschrift für Wohlfahrtspflege 2 (1926/27), S. 1–7

3. Statistische Untersuchung über die Belegung von Wohnungen, 1927

[...] Die verschiedenartige Belegung der Wohnungen kann zunächst in etwas roher Weise dadurch veranschaulicht werden, daß man berechnet, wieviel Personen auf eine Wohnung entfallen. Im Durchschnitt aller Großstädte ergeben sich dabei 3,7 Bewohner je Wohnung. Die Bewohnerzahl ist naturgemäß in den kleineren Wohnungen niedriger als in den größeren. Der Unterschied in der Belegungsdichte läßt sich dabei nur daran ermessen, daß die Bewohnerzahl nicht im Verhältnis zur Raumzahl steigt. So leben z.B. in einer Wohnung mit 4 bis 6 Räumen durchschnittlich nur etwa doppelt soviel Personen (4,02) wie in einer Wohnung mit 1 Raum (1,95), obwohl die Raumzahl der Wohnungen mehr als das Vierfache beträgt.

Ein genaueres Bild gibt daher erst die Berechnung der auf je einen Wohnraum entfallenden Zahl von Personen. [...]

Am dichtesten ist die Bevölkerung in Wohnungen mit einem Wohnraum zusammengedrängt, wo durchschnittlich nahezu 2 Personen mit einem gemeinsamen Raum vorliebnehmen müssen. In Wohnungen mit 2 Räumen entfallen auf einen Wohnraum 1½ Personen, in Wohnungen mit 3 Räumen 1,2 Personen. Erst von der Größenklasse der Wohnungen mit 4 bis 6 Räumen ab trifft im Durchschnitt auf einen Raum nicht mehr als eine Person. In den Großwohnungen werden die Verhältnisse noch günstiger, da hier für jede Person mehr als ein Raum zur Verfügung steht.

Bei den folgenden Ausführungen kann vorerst nur noch die Wohndichte je Wohnung zugrunde gelegt werden.

Bemerkenswert ist die abweichende Gestaltung der Verhältnisse in den Neuwohnungen. Zunächst fällt die erheblich stärkere Belegung der Wohnungen mit einem Raum auf. Dies ist darauf zurückzuführen, daß hier u.a. die in der Nachkriegszeit zur Abstellung der dringendsten Wohnungsnot errichteten Baracken usw. erscheinen, die vielfach Wohnungen mit einem Wohnraum enthalten, in denen exmittierte oder aus sonstigen Gründen obdachlos gewordene Familien untergebracht sind. Die Neuwohnungen mit 2 Räumen sind auch noch, allerdings nicht erheblich, dichter belegt als die entsprechenden Altwohnungen. Bei den

Neuwohnungen mit 3 und mit 4 bis 6 Räumen ergeben sich nur unbedeutende Unterschiede; dagegen ist die Wohndichte in den größeren Neuwohnungen (7 und mehr Räume) erheblich niedriger als in den Altwohnungen.

Die Wohndichte wird naturgemäß entscheidend durch die Aufnahme von Untermietern beeinflußt.

Am niedrigsten ist die Wohndichte in den Wohnungen ohne Untermieter mit 3,4 Bewohnern je Wohnung (Alt- und Neuwohnungen zusammen), sie steigt bei den Wohnungen mit aufgenommenen Einzelpersonen bereits auf 4,0 und erreicht bei den Wohnungen mit aufgenommenen Familien oder Haushaltungen 5,6.

Bei den Neuwohnungen allein ergibt sich ein noch stärkeres Ansteigen der Belegungsdichte, nämlich von 3,65 in Wohnungen ohne Untermieter auf 6,3 in Wohnungen mit aufgenommenen Familien oder Haushaltungen. Immerhin ist aber auch hier daran zu erinnern, daß von den Altwohnungen bereits jede 5., von den Neuwohnungen erst jede 7. mit Untermietern belegt ist. Mit anderen Worten: Wenn eine Neuwohnung mit Untermietern belegt ist, ist die Belegung eine stärkere als in einer entsprechenden Altwohnung. Die Tatsache der Belegung mit Untermietern tritt aber in Neuwohnungen weniger häufig auf als in Altwohnungen. Die Gründe hierfür dürften darin zu erblicken sein, daß es sich bei den Inhabern von Neuwohnungen in erster Linie um zahlungskräftigere Schichten handelt, andererseits aber auch um solche, die nur durch verstärkte Hereinnahme von Untermietern die hohen Mietpreise erschwingen können. […]

Die Wohnverhältnisse in den deutschen Großstädten. Endgültige Ergebnisse der Reichswohnungszählung v. 16.5.27, in: Wirtschaft und Statistik 8 (1928), S. 2–12

4. Beitrag einer Fachzeitschrift zum Schlafstellenwesen, 1926

Die Frage der Regelung und Kontrolle des Schlafstellenwesens bedarf aus sozialhygienischen und moralischen Gründen einer Untersuchung. Die derzeitigen, zum größten Teile auf dem allgemeinen Preußischen Landrecht oder besonderen polizeilichen Verordnungen sich stützenden Bestimmungen reichen nicht aus, um herrschende Mängel abzustellen. Diese haben sich aus dem schnellen Wachstum der Städte und den damit verbundenen mißlichen Wohnungsverhältnissen herausgebildet. Die Ursachenforschung über die Verbreitung allgemeingefährlicher Krankheiten, z.B. der Tuberkulose und Syphilis, weist auf das Schlafstellenwesen als Ansteckungsquelle hin.

Unter einem Mieter einer Schlafstelle im Sinne der Polizeiverordnung vom 19. Januar 1893 und der Verfügung vom 13. März 1903 [...] versteht man auf Grund einer Entscheidung des Oberverwaltungsgerichts [...] einen Menschen, der von seinem Vermieter nur die Gelegenheit zum Schlafen und zum Aufbewahren seiner Sachen gemietet hat (eventuell gemeinsam mit anderen ihm unbekannten Personen, die für sich mit dem Vermieter Vereinbarungen getroffen haben). Ein Schlafstellenmieter hat dadurch keine ausschließliche Herrschaft über einen Wohnraum, aus dem er einen Dritten, z.B. den Vermieter, fernhalten könnte. Er gehört zum Hausstande des Vermieters. Der Schlafstellenmieter muß es dulden, daß der Vermieter ihm den Schlafraum, außer zum Zwecke des Schlafens, versagt. Er kann dem Vermieter die Benutzung des Schlafraumes zu anderen Zwecken und den Aufenthalt im Schlafraume nicht verbieten und hat im Schlafraume selbst kein Hausrecht.

Für die Stadt Berlin ist für das Schlafstellenwesen die Polizeiverordnung vom 19. Januar 1893 noch rechtskräftig [...]. Danach müssen die Schlafräume mindestens 3 qm Bodenplatz und 10 cbm Luftraum auf den Platz enthalten. Kein Schlafraum darf mit Abtritten in offener Verbindung stehen. Das Schlafstellenwesen ist von polizeilicher Genehmigung abhängig.

Gleichzeitig dürfen Menschen verschiedenen Geschlechtes als Schlafleute nur dann aufgenommen werden, wenn sie Eheleute sind, oder Geschwister, oder Kinder gleichzeitig wohnender Eltern, andernfalls ist Trennung der Geschlechter erforderlich.

Jeder Erwachsene oder je zwei Kinder müssen eine besondere Lagerstätte haben, die mindestens aus einem Strohsack, einem Strohkopfkissen und einer wollenen Decke bestehen muß. [...]

Diese allgemeinen Verordnungen und Bestimmungen zeigen, daß immer, besonders aber in Zeiten wirtschaftlicher Krisen, eine Unzulänglichkeit in der behördlichen Ordnung des Schlafstellenwesens besteht.

Es ist bekannt, daß in Zeiten wirtschaftlicher Not die Zahl der Schlafstellenbenutzer steigt.

Die Wohnungsnot ist gerade in den am dichtesten bevölkerten Teilen der Wohnbezirke der Großstadt, in den Proletariergegenden am größten. In diesen Bezirken drängt sich das Elend, die Not in den verschiedensten Formen zusammen. Gerade die ärmsten in den Armenvierteln geben, um sich über Wasser zu halten, von ihren kümmerlichen Wohnräumen noch Wohnraum an Schlafgänger ab. Die Wahrscheinlichkeit, daß von einer erkrankten Vermieterin oder einem kranken Schlafgänger Ansteckungen und Gefährdung ausgehen, ist infolge der dichten Wohnbelegung bei schlechten Wohnverhältnissen außerordentlich groß.

In nicht seltenen Fällen wird ein und dasselbe Bett nachts und tags von verschiedenen Personen benutzt. Die Trennung der Geschlechter, die Vermeidung des Zusammenwohnens, auch nicht verwandter Personen verschiedenen Geschlechts kann nicht überall streng durchgeführt werden; Verstöße gegen die Polizeiverordnungen werden erst dann zur Kenntnis der Behörde kommen, wenn sie als Verstöße gemeldet werden. Die hygienischen Anforderungen, die die Behörde an Schlafstellen als solche stellt, sind gering. Außer einer knappen Bemessung von Mindestschlafraum und Mindestbeschaffenheit der Schlafstellen fehlen Bestimmungen über Mindestlüftung, über Mindestbeschaffenheit der Wände des Raumes, die Örtlichkeit des Raumes (z.B. Boden oder Kellerraum), Vorschriften über das Vorhandenseinmüssen eines Fensters im Raum, über das Vorhandensein der zur Vornahme einer Mindestkörperreinigung notwendigen Gefäße usw., also Bestimmungen, die als Mindestforderungen an die Hygiene der Körperpflege zu stellen sind.

Man muß sich vor Augen halten, daß man es hier nicht mit einem kleinen, sondern mit einem erheblich großen Prozentsatz großstädtischer, stark proletarisierter und dauernd gesundheitlich, moralisch und kriminell gefährdeter Menschen zu tun hat; sie bilden zunächst durch ihre Fluktuation und ihren engen Zusammenhang mit allen Schichten der Bevölkerung einen die Gesamtheit der Bevölkerung dauernd gefährdenden Ansteckungsherd. Auf der anderen Seite wiederum handelt es sich um Menschen, die mehr oder weniger der Not ausgesetzt immer wieder den Versuch machen, sich durchs Leben zu schlagen, die also durchaus nicht immer als negative Elemente zu bezeichnen sind; sie haben einen Anspruch darauf, wie jeder andere Mensch eine Seele und Körper nicht gefährdende Schlafstätte zu haben.

Es besteht keine Möglichkeit, das Vermieten von Schlafstellen aus gesundheitspolizeilichen Gründen zu verbieten. Weder die Medizinalgesetzgebung, noch das Gesetz zur Bekämpfung der Tuberkulose, oder die Notverordnung zur Bekämpfung der Geschlechtskrankheiten geben eine Handhabe.

Angenommen, eine Schlafstellenvermieterin leidet an offener Schwindsucht. Da hygienische Vorschriften für das Schlafstellenwesen nicht existieren, kann sie unbeanstandet mit ihrem Auswurf und ihrer Atemluft dauernd die Gesundheit ihrer Schlafgänger auf das schwerste gefährden. [...] Es kommt durchaus nicht selten vor, daß in Not geratene Ehepaare mit ihren Kleinkindern die dürftigsten Schlafplätze benutzen und das eine oder andere Kind in einer solchen Schlafstelle geboren wird. Die Gefährdung solcher kleiner Kinder und Säuglinge durch schwindsüchtige Schlafstellenvermieter oder schwindsüchtige Schlafstellengeher kann nicht hoch genug eingeschätzt werden. [...]

Die hygienische Seite des Schlafstellenwesens, die Gefährdung durch ansteckende Krankheiten, insbesondere Schwindsucht und Geschlechtskrankheiten, wird in den polizeilichen Verordnungen und im Landrecht so stark vernachlässigt, daß nicht einmal in Dringlichkeitsfällen die Polizei oder die Gesundheitsämter das Vermieten von Schlafstellen untersagen können. [...]

Zur Frage der Regelung und Kontrolle des Schlafstellenwesens in Preußen, in: Zeitschrift für Wohlfahrtspflege 1 (1925/26), S. 512–514

5. Vorschläge zur »Endlösung« der sozialen Frage, 1927

[...] Die Ursachen der Armut sind, rein äußerlich betrachtet, vielgestaltiger und komplizierter Natur. Wenn man von den natürlichen Erscheinungen Krankheit, Alter und Tod absieht, die übriggebliebenen nach entwicklungsmäßigen und verhaltensmäßigen Ursachen [...] trennt, und der Inanspruchnahme nicht nur der öffentlichen Armenpflege, sondern der gesamten Wohlfahrtspflege durch die einzelnen Armenparteien nachgeht, dann sieht man, daß sich zwei deutlich erkennbare und nicht miteinander zusammenhängende Komplexe herauskristallisieren lassen.

I. Die Klasse der Hilfsbedürftigen, deren Armut auf Arbeitslosigkeit, Kurzarbeit, ungenügenden Verdienst, also auf vorwiegend wirtschaftlichen Vorgängen, oder wie bei den Sozialrentnern auf ungenügender Rentenversorgung beruht. Diese Klasse umfaßt die große Mehrzahl aller Fälle. In dem Umfang der Inanspruchnahme der Armenfürsorge durch sie spiegelt sich die jeweilige wirtschaftliche Lage mit Konjunktur und Absatzkrise wider. Wenn wir diese Fälle auch nicht gerade als die Opfer, oder die infolge der kapitalistischen Gesellschaftsordnung Notleidenden bezeichnen wollen, so wird doch ihre Lebenshaltung insolange nicht geschützt sein, als es nicht gelingt, dem Lohnarbeitertum ein, sowohl von allen wirtschaftlichen Schwankungen wie auch Krankheiten und Anfällen des einzelnen, unabhängiges Einkommen wenigstens in einer solchen Höhe zu sichern, daß im Normalfall die Hilfe der Armenbehörde nicht benötigt wird. Dieser Wunsch wird wohl immer Utopie bleiben. Die Armut ist bisher durch keine wirtschaftliche Theorie besiegt worden; ihre letzten Quellen liegen vielleicht tiefer, als die soziale Einsicht hinabzusteigen vermag [...].

II. Neben der ersten Klasse finden sich andere, und zwar verhältnismäßig wenige Familien, die dauernd der öffentlichen Fürsorge zur Last fallen und die in ständigem ununterbrochenem Kontakt mit allen Zweigen der öffentlichen und privaten Wohlfahrtspflege stehen. Der Aufwand, den sie und ihre Abkömmlinge verschlingen, liegt über dem Durchschnitt des Kostenaufwands für die normale Armenpartei, ohne daß, trotz der Höhe der aufgewendeten Mittel, eine restlose Behebung der Hilfsbedürftigkeit und Loslösung von der Armenpflege gelingt. Die Gründe dafür liegen in verhaltensmäßigen Ursachen: Trunksucht, Haft des Ernährers, Liederlichkeit, Arbeitsscheu, Verlassen der Familie usw. [...]

Diese oberflächliche Aufzählung der Ursachenformen ist es nicht allein, was diese Familien von den andern Hilfsbedürftigen scheidet. Bei näherer Untersuchung sehen wir, daß sie fortgesetzt mit der Allgemeinheit in Konflikt geraten, weil sie versuchen, nicht von ihrer Hände Arbeit, sondern auf Kosten anderer zu leben, teils durch weitmöglichste Inanspruchnahme der Armenfürsorge, der Minderjährigenfürsorge mit ihren verschiedenen Zweigen, der Privatwohltätigkeit durch planmäßige Brandschatzung ihrer Organisationen bis zum frechen Straßenbettel, und weiter durch übermäßige Belastung der Sozialversicherung. Ganz abgesehen von den Kosten, die durch Straftaten, Vergehen, Prozesse, Alimentenklagen, Führung von Vormundschaften und Pflegschaften Jahr für Jahr in ewigem Wechsel entstehen. Wenn sie arbeitslos sind und Arbeit zugewiesen erhalten, erkranken sie oder erleiden Unfälle, und wenn sie von der Krankenversicherung ausgesteuert werden sollen, sind sie arbeitsfähig, und zwar so lange, bis die Anwartschaft auf eine neue Krankengeld-Bezugsperiode erworben ist.

Die Kinder dieser Familien sind, soweit sie nicht in Anstalten versorgt werden, in der Schule die, die durch dauernde Verwahrlosung auffallen und die auch im Wissen zurück sind, aber dafür durch andere Eigenschaften, wie Lügen und Stehlen, glänzen. Es sind die Sorgenkinder der Lehrer, die oft in die Hilfsschulen abwandern. Auch zeigt sich, daß die schwierigsten Fälle aus der Praxis der Fürsorgeerziehung, durch welche Maßnahme der Gesetzgeber jugendliche Gefährdung und Verwahrlosung bekämpft, sich wiederum mit den erwähnten Verwahrlostenfamilien decken.

Es ist also eine geradezu verwirrenden Ursachenhäufung festzustellen, deren einzelne Erscheinungsformen teils aktiver, teils passiver Natur und deren Ausmaße derart unnatürlich sind, daß die ganze Erscheinung als der Gesamtheit zuwider, als asozial bezeichnet werden muß. Damit ist die Definition des Begriffes der Asozialität gegeben, denn wer sich außerhalb der Gesellschaft begibt, wer dem Gemeinschaftswillen entgegenhandelt, ist asozial oder antisozial. Einer der besten Kenner dieser Fragen (Dr. E. Dirksen) definiert: Wer gemäß den Anforderungen des Gemeinschaftslebens der Menschen mitarbeitet, ist sozial, wer nicht mitarbeitet, ist asozial! – [...] Wir rechnen zu diesen Menschen deshalb die Triebhaften, die Affektmenschen (Messerstecher, Sexualverbrecher), die Alkoholiker, die Bewußtgesetzesübertreter, die sexuell Ausschweifenden, Landstreicher und Arbeitscheuen sowie selbstverständlich die sozial Unbrauchbaren durch Geburt oder Krankheit, die Geistesschwachen, die Idioten und Geisteskranken. [...]

Diese außergewöhnlichen Erscheinungen haben außergewöhnliche Ursachen, die darin bestehen, daß das asoziale Verhalten, das typischerweise die Neigung zum Dauerzustand in sich birgt, durch tiefliegende krankhafte Vorgänge auf dem Gebiet der Vererbung verursacht wird. Leider sind uns die Gesetze der letzteren fast noch unbekannt; das wichtigste, die Erbbiologie, steckt noch ganz im Anfangsstadium der Erforschung. Wir wissen nicht, wie das alles vor sich geht, in welcher Weise sich gute und schlechte Vererbungsmomente aufheben oder fortpflanzen. Wir wissen zwar, daß der Mensch das Produkt seiner Umgebung und Erziehung sein soll, wir erleben aber, daß diese beiden Faktoren in Fällen versagen, die wir zu den leichtesten gezählt. Die neueste Forschung bestreitet die Möglichkeit einer Keimschädigung durch Alkohol, wohingegen wir täglich erleben, daß Alkoholismus der Eltern nicht nur Alkoholismus der Kinder nach sich zieht, sondern die einzig erklärliche Ursache der geistigen und physischen Minderwertigkeit der Nachkommen ist. Eine andere nicht minder wichtige Erscheinung ist die Unehelichkeit. [...] Wo das uneheliche Kind in wirtschaftlich einwandfreien Verhältnissen aufwächst, unterscheidet es sich im späteren Leben kaum von dem ehelichen. Aber die Tatsache, daß es doch so etwas wie die Vererbung der Unehelichkeit gibt, wird damit nicht aus der Welt geschafft, denn anders läßt sich die häufig zu findende Fortpflanzung ganzer Familien auf dem Weg unehelicher Erzeugung, also auf dem weiblichen Ast, nicht erklären. [...]

Die Zigeuner bieten ein [...] Schulbeispiel für das Entstehen, Auftreten und Sichvermehren solcher asozialer Familien. Sie waren noch immer und sind auch heute eine Plage, und zwar der ganzen Welt, im Gegensatz zu den vergangenen Jahrhunderten, während welcher sie nur Europa und Asien unsicher machten. [...]

Heimlos, roh an Begriffen und gefesselt an Gewohnheiten und Gebräuche, die von denen merkwürdig abstachen, die in den neuen Ländern üblich waren, fanden sie nirgends Aufnahme, und deshalb ziehen sie noch immer wandernd umher, ungebildete Analphabeten. Als man merkte, daß sie zu einer Landplage wurden, schob sie ein Land an das andere ab. Zeitweise wurden sie grausam verfolgt, und in manchen Staaten, auch bei uns, mußte jeder männliche Zigeuner, dessen man habhaft werden konnte, den Galgen besteigen. Die Gewohnheit des Wanderns ist geblieben, alle Versuche, sie seßhaft zu machen (besonders Maria Theresia nahm sich um sie an), schlugen fehl. Sie sondern sich ab, wie einst in den Zeiten der Verfolgung, und lassen sich vorzugsweise abseits von Dorf und Stadt nieder. Sie heiraten nur unter sich, haben gewisse, sogar tributpflichtige Stammesformen bewahrt, die einem Hauptmann, König, Woiwoden oder Primas unterstehen, und gehören einer niedereren Kulturstufe als ihre Mitwelt an. [...]

Gelegentlich der Untersuchung der örtlichen und sozialen Herstammung der Armenparteien der Stadt Eßlingen am Neckar (40 000 Einw.) war es mir möglich nachzuweisen, daß sich unter den untersuchten Familien eine ganze Reihe von Familien befand, die in der asozialen Bildung begriffen waren. Es handelt sich um 12, die vereinzelt, und 5, die in Familienverbänden auftraten [...].

Diese wenigen Familien haben [...], wenn man lediglich die Kosten der verwaltungsmäßigen Behandlung dazurechnet, aber ohne die Kosten der gerichtlichen Verfahren, der verbüßten Haftstrafen, der Führung der Vormundschaften und Unterhaltspflegeschaften sowie Fürsorgeerziehungsverfahren, einen Aufwand in einem Jahr in Höhe von rund 25 000 Mark verursacht! Von insgesamt 103 Kindern (Familiendurchschnitt sechs!) befanden sich 44 in Anstalten, wobei die in Familienpflege außerhalb des Haushaltes untergebrachten nicht berücksichtigt sind, während 27 Vormundschaften, 24 Fürsorgeerziehungsfälle und eine Schutzaufsicht ein Bild dessen geben, was für diese Familien über die Armenunterstützungen hinaus geleistet wurde und was sich naturgemäß nicht so ohne weiteres in Zahlen ausdrücken läßt. Die auffallend geringe Zahl der Schutzaufsichten (eine gegen 24 Fürsorgeerziehungsfälle) beweist außerdem, daß die Verwahrlosung der Minderjährigen durchweg nicht einfacher, sondern schwieriger Natur war.

Die rein aktenmäßige Betrachtung der asozialen Eigenschaften der Eltern zeigt: Geistesschwäche, Idiotie, Verbrechen, Trunksucht, Arbeitsscheu, Syphilis und sexuelle Liederlichkeit. [...]

Fast alle Familien sind von außerhalb zugewandert. Es scheint, daß sich die Anfänge zur Asozialität vorzugsweise in ländlichen Verhältnissen bilden, weil dort (wenigstens mehr als in der Stadt) die Maßnahmen vorbeugender Natur, z.B. Fürsorgeerziehung, mehr als es dem Charakter der Sache dienlich ist, unter dem finanziellen Gesichtspunkt behandelt werden. Nach der Abwanderung in die Großstädte bilden sich die schlechten Anlagen infolge der veränderten Verhältnisse mit unheimlicher Schnelligkeit zur Asozialität weiter.

Es ergibt sich daraus, daß die Asozialität in fortwährenden Neubildungen begriffen ist. Die Gründe sind auf Ursachen verschiedener Natur zurückzuführen. Sobald der Mensch unter ein gewisses Niveau gesunken ist, fühlt er sich nur unter seinesgleichen wohl. Dies gilt besonders für die dauernden Unterstützungsempfänger, die – und dies wird immer ein Nachteil der Unterstützungszahlungen an diese Klasse von Menschen sein – zu leicht des Pflichtgefühls zur Wiedererrichtung ihrer wirtschaftlichen Existenz verlustiggehen. Eine weitere Ursache ergibt sich aus der zuerst erwähnten, die dazu führt, daß die Asozialen nur unter sich heiraten und sehr fruchtbar sind, und zwar in einer Art und Weise, daß heute nur sie, die Asozialen, noch kinderreich sind. Eine ungeheuere Gefahr, die uns erst dann recht bewußt wird, wenn wir uns die Menge der vollständig sozial Unbrauchbaren, das Heer der in Anstalten auf öffentliche Kosten untergebrachten Idioten, Schwachsinnigen und Geisteskranken vor Augen halten. Diese Million gänzlich Unbrauchbarer kostet uns jährlich 600 – 700 Millionen RM.

Wer trägt die Schuld an dieser Entwicklung? Die Beantwortung dieser Frage ist nicht leicht, denn es spielt hier in gewissem Maß unsere gesamte Entwicklung während des vergangenen Jahrhunderts herein, die Industrialisierung, die in vorher unbekanntem Ausmaß große Volksmassen in zweifelhafte Lohnkämpfe verwickelte und damit den Grund zu der heutigen Massenarmut legte. Auch der Krieg, den man sonst als Stahlbad der Völker zu bezeichnen pflegt, trug erheblich dazu bei, denn die Gesunden und Brauchbaren blieben zu Millionen draußen, die Schwachen und Defekten wurden verschont. Dazu kommt, und darin liegt eine gewisse Tragik, daß unsere modernen Fürsorgemaßnahmen die natürliche Auslese in ausgesprochener Weise verhindern und durchkreuzen, denn indem die Fürsorge alle die sozial Unbrauchbaren, Blöden und Irren sorgfältig erhält, verlängert sie nicht nur die Lebensdauer des einzelnen Defekten gegen früher ganz beträchtlich, sondern sie gibt ihnen durch die Erhaltung auch die Möglichkeit sich zu vermehren und damit ihre schlechten Anlagen und Krankheiten auf eine häufig zahlreiche Nachkommenschaft zu vererben. [...]

Was nun? Das einfachste wäre es, die natürliche Auslese wieder walten zu lassen bzw. ihr nachzuhelfen. Damit kommen wir zu der gerade heute wieder viel erörterten Frage, ob die Tötung unwerten Lebens, in diesem Fall der unheilbar Geistesgestörten usw., gesetzlich erlaubt werden solle. Abgesehen davon, daß die Beantwortung dieser Frage an und für sich von der Mentalität des einzelnen Fragestellers abhängt, werden wir uns den Standpunkt zu eigen machen müssen, daß uns die humanitäre Einstellung unseres Zeitalters die Vernichtung von Menschenleben aus biologischen oder gar materiellen Gründen verbietet. Wir dürfen diese Menschen nicht gewaltsam beseitigen, wenn wir nicht in einen bereits um Jahrtausende überwundenen Barbarismus zurückfallen wollen. Daraus erwächst aber die Pflicht, über Mittel und Wege zu sinnen, wie wir die Asozialität auf andere Weise bekämpfen, wie wir die Entstehung unwerten Lebens, soweit dies in menschlicher Macht steht, verhindern können. [...]

Als solche Maßnahme kommt zuerst in Betracht die Beschränkung der Eheschließungsmöglichkeit auf gesunde Menschen, d.h. ausgeschlossen, und zwar entweder dauernd oder vorübergehend, sollten alle Menschen werden, die geschlechtskrank, trunksüchtig, geisteskrank oder -schwach, epileptisch usw. sind, sofern nicht von ärztlicher Seite aus die Gewähr geboten ist, daß eine Übertragungs- oder Vererbungsmöglichkeit auf die Nachkommen nicht besteht. Seit vielen Jahren wird übrigens diese Forderung von ärztlicher Seite erhoben!

Die Beschränkung der Eheschließungsmöglichkeit wird aber

Halbheit bleiben, wenn man sich nicht zu einer gesetzlichen Verhinderung der Fortpflanzung der Asozialen, Dirnen, Verbrecher, Geisteskranker und -schwacher entschließt. Der Streit darum tobt in den Fachkreisen schon längere Zeit, die Stimmen für und wider halten sich die Wege; unbestritten allein bleibt, daß die Asozialität die furchtbarste Gefahr ist, die uns droht und die unserer gesamten öffentlichen Wirtschaft mit der Zeit untragbare Lasten aufladt.

Die Wege, auf denen dies geschehen kann, sind nicht Neuland, denn in Amerika und in der Schweiz sind diese Fragen seit etwa zwei Jahrzehnten teilweise gesetzlich geregelt. In beiden Staaten ist durch die internationale Einwanderung und die sich daraus ergebenden Folgen die Bekämpfung der Asozialität notwendig und in sofern durchgeführt worden, als in der Schweiz die Möglichkeit besteht, Geisteskranke und Schwachsinnige durch Kastration und Sterilisation hinsichtlich ihrer Fortpflanzung unschädlich zu machen, während einzelne nordamerikanische Bundesstaaten nicht nur die Vererbung von Verbrechen und Geistesstörung, sondern auch direkt die Eheschließung von nicht einwandfreien Menschen zu verhindern suchen. [...]

Man hat bei uns noch eine gewisse Scheu, diese Fragen offen und leidenschaftslos zu besprechen, trotzdem wir alle gleichmäßig daran interessiert sein müßten, denn noch nie war das Problem so brennend wie in diesen Jahren nach dem Krieg, seit welchem uns mit erschreckender Gewalt eine Welle der Asozialität nach der andern überflutet. Für die öffentliche Armenpflege ist es neben der Kostenfrage noch der Umstand, daß bei der Tendenz, daß jeder, auch der Unwürdigste versorgt werden muß und nicht verhungern darf, die Fürsorgebehörden aus ihrem Charakter als Verwalter oder Treuhänder der zur Verfügung gestellten Gelder, über die strenge Rechenschaft gelegt werden muß, heraus und in der Rolle von Almosenanstalten gedrängt werden. [...] Jedenfalls ist die Armenfürsorge an den Asozialen, ohne die generelle Regelung der Bekämpfung der Asozialität, ein unbefriedigendes, unproduktives Arbeitsgebiet, das uns eines Tages die Bankerotterklärung unserer bisherigen Fürsorgetendenz bringen wird. Denn solange der Kampf gegen die Asozialität nicht auf andere Grundlagen gestellt wird, stehen der öffentlichen Wohlfahrtspflege nur zwei Mittel gegen sie zur Verfügung: Möglichste Beschneidung der Armenunterstützungen, sofern es sich um selbstverschuldete Notlage handelt, was aber wiederum die Gefahr in sich birgt, daß der Asoziale aus diesem Grund kriminell wird. Dann Fürsorgeerziehung der Minderjährigen, Wegnahme der Kinder soweit möglich und soweit es das Gesetz zuläßt, womit aber dem Kern der Sache, der Vererbung und Fortpflanzung asozialer Eigenschaften und Krankheiten nicht begegnet werden kann. Wie denn speziell die Fürsorgeerziehung der Minderjährigen immer darunter leiden wird, daß sie den Jugendlichen spätestens mit der Volljährigkeit seiner Familie zurückgeben muß und an ihm bis dahin nur bessern kann, was Erziehung, Schulung und Beispiel vermögen.

Darüber hinaus darf kein Zweifel bestehen, daß ohne Maßnahmen einschneidender und für das momentan lebende Individuum vielleicht harter und willkürlich dünkender Natur unser Weg als Volk immer tiefer abwärts führen wird, bis schließlich zum völligen Verfall und Untergang, wenn wir nicht lernen, das Gesamtwohl über das des einzelnen zu stellen. Wir haben deshalb die Wahl.

Wilhelm Steinhilber, Armenpflege und asoziale Familien, in: Deutsche Zeitschrift für Wohlfahrtspflege 3 (1927/28), S. 388–399

IV. Innenpolitik

A. Der Parteienstaat

1. Sigmund Neumann: Typologie der Parteien, 1932

[...] Diese Erschütterungen der soziologischen Struktur und des geistigen Gehalts der deutschen Parteien bedeuten durchaus noch nicht das Ende der Parteien. Sie weisen allerdings auf grundlegende Wandlungen, die tief in das Wesen der modernen Parteien eingreifen und bereits zur Entwicklung eines neuen Parteityps geführt haben.

Alle überkommenen Versuche einer *Parteiensystematik* sind unbefriedigend und treffen – wenn überhaupt je die Wirklichkeit – nicht die gegenwärtigen Parteifronten. Dies gilt nicht nur für die von der Parteienlehre der Wissenschaft versuchten differenzierten Systeme, auch wenn damit bestimmte Phänomene des modernen Parteilebens erfaßt worden sind. Es gilt vor allem für die populäre Einteilung in *Weltanschauungs- und Interessenparteien.* In Wirklichkeit zeigen alle echten Parteien – wie ihre Analyse bewies – eine Mischung von Idee und Interesse, wobei die ideologische Fundierung immer schwerer auf die übliche Systematik von konservativen, liberalen oder sozialistischen Ideenkreisen zu bringen ist und die interessenmäßigen Bindungen bei weitem nicht in wirtschaftlichen Interessen sich erschöpfen. [...]

Man könnte ganz allgemein sagen, daß in der Gegenwart die reine *Repräsentationspartei* immer stärker durch den Typus der *Integrationspartei* abgelöst wird.

Die Repräsentationspartei ist der charakteristische Ausdruck des liberalen Parteibegriffs, der auch der Weimarer Verfassung zugrunde liegt. Das Prinzip der »freien Werbung« und der »freien Repräsentation« sind dafür kennzeichnend. Die Parteianhänger treten fast nur bei der Wahl der Volksvertretung in Aktion, die

Partei beschränkt sich nahezu allein auf diesen Wahlakt; sie wirbt um die Wählerstimmen, die gewählten Abgeordneten aber sind dann »nur ihrem Gewissen unterworfen und an Aufträge nicht gebunden« (RV. Art. 21). Diese Konzeption stimmt bekanntlich bei keiner Partei mehr mit der Wirklichkeit überein. Überall sind die Parteien weit über das Wahlkomitee hinausgewachsen, durch einen festeren Mitgliedsbestand und Parteiapparat (auch wo er nur von ehrenamtlichen Honoratioren betreut wird) über die Wahlen hinaus erhalten, durch Fraktionsbildung und Abstimmungszwang aus freien Einzelrepräsentanten zu einer wirksamen, parlamentarischen Körperschaft umgeformt. Trotzdem deuten noch heute nicht nur die politisch »liberalen« Parteien (also auch die Deutsch-Nationalen) auf diese ursprünglichen Vorstellungen hin. Der Einfluß der *liberalen Repräsentationsparteien* allerdings tritt immer mehr zurück.

Demgegenüber hat sich in allmählicher Entwicklung deutlich ein neuer Parteityp herausgebildet, den man die Integrationspartei nennen könnte. Der Anspruch, mit dem hier die Partei an den Menschen herantritt, ist unvergleichlich größer. Sie fordert im Grunde die Einbeziehung der ganzen Person in die politische Organisation, nicht nur durch eine konstante Mitgliedschaft (die auch bei den reinen Repräsentationsparteien häufig ist), sondern vor allem durch ihr Eingreifen in alle Lebensbezirke.

Das erste Beispiel solcher Parteibildung bot die Sozialdemokratie. Man hat scherzhafterweise gesagt, daß sie den Menschen von der Wiege bis zum Grabe begleite, von der proletarischen Säuglingsfürsorge (Arbeiterwohlfahrt) bis zum (freidenkerischen) Feuerbestattungs-Verein. Es trifft tatsächlich den zentralen Unterschied zum liberalen Parteibegriff, dessen Prinzip der »freien Werbung« nicht nur mit dem beschränkt klassenmäßig bestimmten Anhängerkreis der Sozialdemokratie, sondern vor allem mit der allgemeinmenschlichen Erfassung durchbrochen worden ist. Der Mitgliederbestand und von ihm ausstrahlend die Wählerschichten weisen in normalen Zeiten eine weitgehende Konstanz auf, so daß eine Fluktuation der Wahlziffern kaum über 10% hinausgeht.

Damit zeigen Parteien dieser Art – im gewissen Sinne gehört auch das Zentrum dazu – eine intensivere Bindung und relative

Beständigkeit ihrer Anhängerschaft und stehen so im ausgesprochenen Gegensatz zum Typus der liberalen Repräsentationspartei. Trotzdem haben sie mit ihm in ihrem inneren Aufbau auch entscheidende Berührungspunkte. Selbst bei straffer Organisation bleibt die Zahl der wirklich aktiven Mitglieder, die mit ihrer ganzen Person und nicht selten auch in ihrer ökonomischen Lebensstellung der Partei verpflichtet sind, nur gering gegenüber der Masse von Nur-Zahlern und Nur-Wählern. Schon dieser verschiedene Intensitätsgrad der Erfassung schafft die vieldiskutierten »oligarchischen« Tendenzen auch der *demokratischen Integrationsparteien,* zugleich aber auch eine relative Beweglichkeit ihrer Massen-Anhängerschaft. Darüber hinaus lassen sie selbst und gerade innerhalb der Aktivitas ein Höchstmaß von innerer Demokratie, von Selbstbestimmung und Freizügigkeit zu, wodurch eine gewisse Annäherung an die liberalen Repräsentationsparteien eintritt. Die demokratische Integrationspartei stellt gleichsam einen Übergangstypus dar und trägt vor allem an der Peripherie ihrer Anhängerschaft charakteristische Züge einer reinen liberalen Repräsentationspartei.

Dieser Zusammenhang ist für die deutsche Sozialdemokratie auch in der historischen Entwicklung begründet, so durch ihre jahrzehntelange politische Verknüpfung mit den liberal-bürgerlichen Oppositionsparteien und durch die geistige Entfaltung des deutschen Sozialismus im Zeitalter der Vorherrschaft liberal-demokratischer Ideologien. [...]

Die tatsächlich unüberbrückbaren Spannungen und die grundlegende Bedeutung, die eine Entfaltung der Integrationspartei für das gesamtstaatliche Gefüge bringt, wird erst deutlich mit ihrer Weiterentwicklung, die sie in den letzten Jahren von einer demokratischen zur *absolutistischen Integrationspartei* international erfahren hat. Faschismus, Bolschewismus, Nationalsozialismus sind ihre lebendigen Beispiele. Sie alle tragen ordensmäßigen Charakter. Eindeutige personelle Führung, hierarchischer Aufbau, straffe Durchorganisierung in mehr-minder militärischen Formationen mit der Tendenz zur Exklusivität und zur ausschließlichen Rekrutierung aus eigenen Reihen, aus den Jugendorganisationen der Partei (Balilla und Avantguardia, Komsomolzen und Hitlerjugend), die als unumgehbare Vorbereitungszeit für die kommenden Ordensbrüder fungieren – diese Grundelemente der sich neu entwickelnden politischen Gruppen bestimmen ihren eminent »bündischen« Charakter; sie unterscheiden sich dadurch grundlegend von den demokratischen Integrationsparteien. Zwar zeigen auch sie ein bei der modernen Durchpolitisierung breiter Massenschichten unentbehrliches Maß von Demokratie. Sie trägt aber ausgeprägt »cäsaristische« Züge. Die Akklamation wird zur nahezu einzigen Bestätigung eigener Willensentscheidung.

Damit wird jedoch keineswegs die Aktivität der Parteimitglieder abgeschwächt. Vielmehr tritt sie verstärkt hervor als eine Aktivität des Gehorsams und der Unterordnung, die, getragen von einem großen Mythos, sichtbar gemacht in einer durchgebildeten Symbolik und bestimmt durch die von der Spitze aus eindeutig festgelegte Richtung eine stärkere Schlagkraft und eine oft tiefergehende Wirkung bis in die unteren Schichten der Anhängerschaft auch im Vergleich mit den demokratischen Integrationsparteien zeigen kann.

Die besondere Bedeutung dieser neuen absolutistischen Integrationsparteien liegt einmal in ihrem wachsenden Umfang, der selbst zu einer teilweisen Angleichung liberal-demokratischer Massenparteien an diesen Typus führt, etwa in der Bildung und Angliederung politischer Bünde und militärischer Schutzverbände. Die Entfaltung solcher absolutistischen Integrationsparteien gewinnt darüber hinaus auch einen außerordentlichen Einfluß auf das gesamtpolitische Leben.

Dies gilt zunächst für die Parteien selbst und ihre gegenseitige Auseinandersetzung. An die Stelle öffentlicher Debatten mit dem Gegner treten eindrucksvolle Kundgebungen und Aufmärsche der Anhängerschaft. Mit einer Verfestigung der politischen Gruppen zu absolutistischen Integrationsparteien schwindet immer mehr die freie Werbung um die stets neu zu gewinnenden Wähler. Sie sind im steigenden Maße eindeutig entschieden und festgelegt. Die öffentliche Versammlung wird dann allein zur reinen Selbstdarstellung, geschützt durch den »geschulten Saalschutz« und höchstens gestört durch ein nicht minder »geschultes Sprengkommando« der politischen Gegner.

Das oft konstatierte Zurücktreten politischer Diskussionen ist nicht eine Folge der Abschwächung von Gegensätzen – noch nie standen sie sich so kraß gegenüber wie gegenwärtig – es zeigt vielmehr das Schwinden des Glaubens an die Klärung und Überzeugungsmöglichkeit durch Diskussion. Es wird nicht mehr um *die* Wahrheit gerungen, weil immer breitere Schichten an einer allgemeinverbindlichen Vernunft zweifeln. Die Diskussion wird sinnlos, wo ihre Partner bereits vor einer Auseinandersetzung innerlich festgelegt sind. [...]

Sigmund Neumann, Die deutschen Parteien. Wesen und Wandel nach dem Kriege, Berlin 1932, S. 107–111

2. Bericht des Reichskommissars für Überwachung der öffentlichen Ordnung: Zunehmende gewalttätige Auseinandersetzungen der Verbände, 1926

[...] Die Träger des Konzentrationsgedankens auf der Rechten sind zu einem Teil die Frontkriegerbünde bzw. Wehrbünde und Jugendbünde. Dabei ist nicht zu verkennen, daß sich diese Bünde durch ihre aktive politische Betätigung allmählich zu Konkurrenzorganisationen der ihnen nahestehenden Parteien entwickeln. Die Auseinandersetzung zwischen Bünden und Parteien ist gegenwärtig zu einer der aktuellsten Fragen der Innenpolitik geworden; der Ausgang dieses Kampfes wird von großer Bedeutung für die politische Entwicklung Deutschlands sein. Innerhalb der Rechtsbewegung beginnt jetzt in aller Öffentlichkeit der Kampf der außerparlamentarischen Kräfte gegen die parlamentarischen Faktoren. Falls, was allerdings nicht anzunehmen ist, dieser Kampf mit der Lahmlegung oder Ausschaltung der Parteien enden würde, so würde er, auf breiterer Basis weitergeführt, letzten Endes zu einem Kampf um die verfassungsmäßigen Grundlagen des Reiches werden.

Die durch die Agitation der Verbände unterhaltene politische Erregung fand ihren Ausdruck bedauerlicherweise auch in einer weiteren Häufung von Zusammenstößen zwischen Angehörigen politischer Richtungen, die sich meist im Anschluß an Demonstrationen und Versammlungen ereigneten, und bei denen in einigen Fällen sogar Todesopfer zu beklagen waren. Es muß festgestellt werden, daß die unter den jugendlichen Mitgliedern der Verbände systematisch unterhaltene Kampfstimmung die Hauptursache ist, daß es immer wieder zu Raufereien und Ausschreitungen aus politischen Gründen kommt. Es wird auf diese Weise ein Straßenheldentum herangezüchtet, das in Straßenkämpfen die Gelegenheit, sich auszuzeichnen, sucht. Ganz besonders bedauerlich ist die Rücksichtslosigkeit und Roheit, mit der bei solchen Zusammenstößen von Schußwaffen Gebrauch gemacht wird.

Bundesarchiv Koblenz, R 134, Reichskommissar für Überwachung der öffentlichen Ordnung und Nachrichtensammelstelle im Reichsministerium des Innern, Lageberichte (1920–1929) und Meldungen (1929–1933), veröffentlicht als Mikrofiches-Edition, hrsg. v. Ernst Ritter, München usw. 1979, Lagebericht Nr. 119, 1.9.1926

3. Ernst Saemisch: Die Schwäche der bürgerlichen Parteien, 1930

[...] Zweierlei ergibt sich. Erstens: In der Praxis des parlamentarischen Lebens erweisen sich die bürgerlichen Parteien als reine *Hilfskonstruktionen,* die nicht stark genug sind, ihre Fraktionsmitglieder zu einer Einheit zusammenzuschließen. Ihre *Ideologie versagt* – mit einer gewissen Ausnahme beim Zentrum – in der Mehrzahl der zu treffenden Entscheidungen. Es gibt immer Abgeordnete, die sich in ihrer Haltung von anderen Motiven als die Parteimehrheit bestimmen lassen, wobei Ständische- oder Interessenbindungen eine große Rolle spielen. Zwischen der Tatsache dieser immer noch vorhandenen Beweglichkeit des einzelnen Menschen und der unpersönlichen Starrheit des Listenwahlsystems, das sich nur auf der Voraussetzung einer im vollen Umfange noch wirksamen Parteiideologie durchführen läßt, besteht ein deutlicher Widerspruch; ein auf die Dauer unhaltbares Mißverständnis. Nur berufsständische Parteien erhalten sich auch in der parlamentarischen Praxis in der Regel ihre Einheit, aber meist nur deshalb, weil sie es sich in den heutigen Mehrheitsverhältnissen leisten können, ihre rein ständischen Interessen allem anderen überzuordnen. Den anderen bleibt dann der Versuch überlassen, einen Ausgleich zwischen den allgemeinen politischen Notwendigkeiten und den engeren Bindungen zu finden. Die Sozialdemokratie, die mit wenigen Ausnahmen zu den ausgesprochensten Verteidigern dieses Wahlrechts zählt, findet einstweilen den Ausweg, ihren Fraktionsmitgliedern die Beweglichkeit in Inkognito zuzugestehen: sie bleiben in solchen Fällen der namentlichen Abstimmung fern.

Zweitens: Regierungen als gebundenen Ausschuß bestimmter Fraktionen aufbauen zu wollen, – wie in den vergangenen Jahren – bietet keine Gewähr für Stabilität, denn die Parteien mit ihrer inneren Zerrissenheit – von der ja nur ein kleiner Teil in den namentlichen Plenum-Abstimmungen zum Ausdruck kommt – können *kein haltbares Fundament* gewährleisten. Sie belasten im Gegenteil die Regierung von vornherein mit ihren inneren Gegensätzen, die um der Einheit der Partei willen von ihrer Mehrheit oft hoch bezahlt werden müssen. Die Versuche der Regierung, auf einer höheren Ebene zur größeren Gestaltung und zur Zusammenfassung zu kommen, werden damit schon in ihren Anfängen erstickt. Der Auseinanderfall der Koalitionen von innen heraus in den letzten Jahren – ein Sturz durch ein klares Mißtrauensvotum ist außerordentlich selten gewesen – hat größtenteils in diesem Verfahren seine Ursachen. Ob der andere Weg – mit wechselnden Mehrheiten unabhängiger zu regieren – mehr Aussichten auf Stabilität und Freiheit zu produktiverer Regierungsarbeit gibt, ist wieder ein anderes Problem, für das neue Wege der Lösung gesucht werden. Wir glauben nicht, daß diese Parteien überhaupt die verläßliche Grundlage einer aktionsfähigen Regierung bilden können. Aber das greift über den Rahmen dieser Arbeit hinaus.

Die heutigen Parteiideologien als Grundlage der politischen Gliederung des deutschen Volkes zur demokratischen Selbstregierung werden nicht nur von außen her bekämpft, sie zeigen auch bereits deutliche Spuren einer *inneren Zersetzung,* einer *nur beschränkten Wirkung* auf ihre erwählten Mitglieder in ihrem ureigensten Wirkungsfeld der parlamentarischen Politik. Der Mensch ist immer noch stärker als ein als Weltanschauung dilettantisches und als Werkzeug abgenutztes Parteiprogramm mit Fraktionszwang. Wenn er nicht die Persönlichkeit ist, nach oben durchzustoßen, zieht er sich – wie es heute bei den Abgeordneten die Regel ist – auf die engsten, aber für ihn wenigstens persönlich lebendigen Bindungen an Stand oder geschäftliches Interesse zurück. Selten nur wird der Abgeordnete sich seiner Lage bewußt. Ihn erfüllen zunächst die greifbaren, wechselnden Parolen des Tages und ihn hemmt vor allem das extensive Leben, das nicht nur die bürgerlichen Parteiführer, sondern das auch die Spitzen der Sozialdemokratie zwischen Reden aller Art, parlamentarischer Arbeit und gesellschaftlichen Veranstaltungen führen.

Selbst der beste Wille, der in und aus dieser Welt des heutigen Parlamentarismus wirken will, wird zerrieben werden oder zu sinnlosen Kompromissen gezwungen sein. Mit diesem System und diesen Menschen, die es mit führenden Posten betraut, läßt sich nur etwas besser oder etwas schlechter regieren; aber sicherlich keine der großen Aufgaben beginnen, die in der deutschen Politik überall auf Lösung warten. Wer als Abgeordneter aufbegehren wollte, wer sich als Minister nicht täglich unter eine neue Interessenmacht wider die eigene Einsicht beugen ließe und ohne Rücksicht auf Beifall auch ein klares »Nein« und seinen Amtsposten wagte, würde von dem herrschenden Durchschnitt der Fraktionen und der Parteipresse als »Fahnenflüchter« schließlich in die Anonymität verbannt werden. Denn die Bewegungsfreiheit, die die Reichstagsfraktionen ihren Abgeordneten lassen müssen, ist in der Regel nur eine Konzession an Verbände und andere Mächte, aber nicht die Anerkennung persönlicher politischer Gestaltungskraft.

Die Ursachen dieser allgemeinen Zersetzungserscheinungen, des Zerfalls der alten bürgerlichen politischen Parteien und des Rückfalls in einen wurzellosen abstrakten Radikalismus, oder in die Enge materieller Interessen, die schlecht und recht mit politisch-weltanschaulichen »Glaubenssätzen« verbunden sind, werden durch Änderungen des Regierungssystems – die kommen müssen – nicht beseitigt. Immerhin ist schon viel gewonnen, wenn die Starrheit der jetzt herrschenden Parteikollektivitäten aufgelockert ist und dem staatsmännischen Politiker statt der jetzigen *Scheinbeweglichkeit* die Chancen wirklicher Bewegungsfreiheit gegeben sind. Die Überwindung des Parlamentarismus in seinen heutigen Formen ist aber vor allem eine geistig schöpferische Aufgabe, die den neuen Kräften des Bürgertums gelingen kann und gelingen muß, wenn das Land nicht ersticken soll in der Herrschaft anonymer Kollektivitäten und Interessen.

Ernst Saemisch, Wie sie abstimmen!, in: Die Tat 22 (1930), S. 124–131

4. Carl Schmitt: Parlamentarismuskritik, 1926

[...] Alle spezifisch parlamentarischen Einrichtungen und Normen erhalten erst durch Diskussion und Öffentlichkeit ihren Sinn. Das gilt insbesondere von dem verfassungsmäßig heute offiziell noch anerkannten, wenn auch praktisch kaum noch geglaubten Grundsatz, daß der Abgeordnete von seinen Wählern und seiner Partei unabhängig ist; es gilt von den Vorschriften über Redefreiheit und Immunitäten der Abgeordneten, über die Öffentlichkeit der Parlamentsverhandlungen usw. Diese Einrichtungen werden unverständlich, wenn das Prinzip der öffentlichen Diskussion keinen Glauben mehr findet. [...]

Die Lage des Parlamentarismus ist heute so kritisch, weil die Entwicklung der modernen Massendemokratie die argumentierende öffentliche Diskussion zu einer leeren Formalität gemacht hat. Manche Normen des heutigen Parlamentsrechtes, vor allem die Vorschriften über die Unabhängigkeit der Abgeordneten und über die Öffentlichkeit der Sitzungen, wirken infolgedessen wie eine überflüssige Dekoration, unnütz und sogar peinlich, als hätte jemand die Heizkörper einer modernen Zentralheizung mit roten Flammen angemalt, um die Illusion eines lodernden Feuers hervorzurufen. Die Parteien (die es nach dem Text der geschriebenen Verfassung offiziell gar nicht gibt) treten heute nicht mehr als diskutierende Meinungen, sondern als soziale oder wirtschaftliche Machtgruppen einander gegenüber, berechnen die beiderseitigen Interessen und Machtmöglichkeiten und schließen auf dieser faktischen Grundlage Kompromisse und Koalitionen. Die Massen werden durch einen Propaganda-Apparat gewonnen, dessen größte Wirkungen auf einem Appell an nächstliegende Interessen und Leidenschaften beruhen. Das Argument im eigentlichen Sinne, das für die echte Diskussion charakteristisch ist, verschwindet. An seine Stelle tritt in den Verhandlungen der Parteien die zielbewußte Berechnung der Interessen und Machtchancen; in der Behandlung der Massen die plakatmäßig eindringliche Suggestion oder [...] das »Symbol«. Die Literatur zur Psychologie, Technik und Kritik der öffentlichen Meinung ist heute sehr groß. Man darf deshalb wohl als bekannt voraussetzen, daß es sich heute nicht mehr darum handelt, den Gegner von einer Richtigkeit oder Wahrheit zu überzeugen, sondern die Mehrheit zu gewinnen, um mit ihr zu herrschen.

Eine populäre Vorstellung sieht heute den Parlamentarismus in der Mitte zwischen Bolschewismus und Faschismus von zwei Seiten bedroht. Das ist eine einfache, aber äußerliche Gruppierung. Die Schwierigkeiten des parlamentarischen Betriebes und der parlamentarischen Einrichtungen erwachsen in Wahrheit aus den Zuständen der modernen Massendemokratie. Diese führt zunächst zu einer Krisis der Demokratie selbst, weil mit der allgemeinen Menschengleichheit das Problem der zu einer Demokratie notwendigen substanziellen Gleichheit und Homogenität nicht gelöst werden kann. Sie führt ferner zu einer von der Krisis der Demokratie wohl zu unterscheidenden Krisis des Parlamentarismus. Beide Krisen sind heute gleichzeitig aufgetreten und verschärfen sich gegenseitig, sind aber begrifflich und tatsächlich verschieden. Als Demokratie sucht die moderne Massendemokratie eine Identität von Regierenden und Regierten zu verwirklichen und begegnet auf diesem Wege dem Parlament als einer nicht mehr begreiflichen, veralteten Institution. Wenn mit der demokratischen Identität Ernst gemacht wird, kann nämlich im Ernstfall keine andere verfassungsmäßige Einrichtung vor der alleinigen Maßgeblichkeit des irgendwie geäußerten, unwidersprechlichen Willens des Volkes standhalten. Ihm gegenüber hat insbesondere eine auf der Diskussion von unabhängigen Abgeordneten beruhende Institution keine selbständige Existenzberechtigung, um so weniger, als der Glaube an die Diskussion nicht demokratischen, sondern liberalen Ursprungs ist. [...]

Auch wenn der Bolschewismus unterdrückt und der Faschismus ferngehalten wird, ist deshalb die Krisis des heutigen Parlamentarismus nicht im geringsten überwunden. Denn sie ist nicht als Folge des Auftretens dieser beiden Gegner entstanden; sie war vor ihnen da und würde nach ihnen fortdauern. Sie entspringt den Konsequenzen der modernen Massendemokratie und im letzten Grunde dem Gegensatz eines von moralischem Pathos getragenen liberalen Individualismus und eines von wesentlich politischen Idealen beherrschten demokratischen Staatsgefühls. Ein Jahrhundert geschichtlicher Verbindungen und gemeinsamen Kampfes gegen den fürstlichen Absolutismus hat die Erkenntnis dieses Gegensatzes aufgehalten. Heute aber tritt seine Entfaltung täglich stärker hervor und läßt sich durch keinen weitläufigen Sprachgebrauch mehr verhindern. Es ist der in seiner Tiefe unüberwindliche Gegensatz von liberalem Einzelmensch-Bewußtsein und demokratischer Homogenität.

Carl Schmitt, Vorbemerkung (Über den Gegensatz von Parlamentarismus und Demokratie) zu: Die geistesgeschichtliche Lage des heutigen Parlamentarismus, 2. Aufl., München/Leipzig 1926 (Nachdruck Berlin 1980, S. 5–23)

B. Um die Symbole der Republik

1. Aufzeichnung aus dem Reichsinnenministerium betr. Deutsche Nationalhymne, 30.7.1920

[...] Von den vorhandenen vaterländischen Liedern kommt als Nationalhymne ernstlich nur »Deutschland, Deutschland über alles« in Betracht. Die Zeit nach der Revolution hat kein Lied mit natürlicher Kraft emporgetragen. Ein neues Lied künstlich zu schaffen begegnet, auch wenn in künstlerischer Hinsicht ein Wettbewerb oder die Beauftragung erster Künstler zu einer vollbefriedigenden Lösung führte, politisch großen Schwierigkeiten. Ein Text, der auf allen Seiten des Volkes Billigung finden würde, ist in diesem Augenblick, wo fast alle Worte von der einen oder anderen Seite her als Schlagworte mißbraucht oder mißdeutet sind, in großer Form nicht zu erwarten. Im besten Falle könnte ein schwächerer Aufguß der Strophe »Deutsche Frauen, deutsche Treue usw.« herauskommen. Entscheidend ins Gewicht fällt die Gefahr, daß jede andere Lösung als die Wahl des Deutschlandliedes dazu führen würde, dieses Lied als Protestlied gegen die Neuordnung erst recht zu stärken. Der Konflikt, der sich bei der Schaffung der schwarzrotgoldenen Fahne ergeben hat, würde sich in verschärfter Form wiederholen. Er würde sich nicht so stumm abspielen wie bei Flaggen, sondern voraussichtlich würde in der Regel an jeder Stelle, wo die neue Nationalhymne angestimmt würde, das umstehende Publikum mit aller Kraft und Begeisterung das »Deutschland, Deutschland über alles« dagegen singen, ein Wettbewerb, der schon wegen der größeren Bekanntheit und guten Singbarkeit des alten Liedes voraussichtlich zu seinen Gunsten ausfallen würde. [...]

Die Bedenken gegen das Liede »Deutschland, Deutschland über alles« sind in der Anlage kurz besprochen.

Anlage

Gegen das Deutschlandlied kommen dreierlei Bedenken in Betracht.

1) Die Worte »über alles«. Sie sind bekanntlich im Ausland regelmäßig als »über alles siegreich« oder »über alles mächtig« aufgefaßt worden. Rein grammatikalisch findet diese Auslegung eine Stütze in dem nachfolgenden Wennsatz. Doch ist diese Auslegung nicht zwingend. In Deutschland selbst sind die Worte im Gefühl der Bevölkerung wohl durchweg anders verstanden worden, nämlich als »über alles teuer«. Es wäre möglich bei einer Bestimmung des Liedes zur Nationalhymne gelegentlich einer Aussprache im Reichstag diese Auslegung ausdrücklich gleichsam amtlich festzulegen.

2) Die geographischen Bezeichnungen.

»Von der Maas« hat im Südwest schon früher nicht gestimmt, da die lothringesche Grenze von der Maas noch ziemlich weit entfernt war. Dagegen geht im Nordwesten an der holländischen Grenze Deutschland nahe an die Maas heran. Die Worte lassen sich objektiv auch ohne »pangermanistischen Übermut« halten. »Bis an die Memel«. Die Memel ist jetzt Grenzfluß geworden. »Von der Etsch« stimmt nur bei Verschwisterung mit Österreich innerpolitisch ohne Bedenken und außenpolitisch wohl erträglich. Die Etsch entspringt auf dem Rechscheideck, also auf der neuen Grenze zwischen Österreich und Italien, so daß Italien sich nicht betroffen zu fühlen braucht. »Bis an den Belt« paßt so gut und schlecht wie vorher und ist wohl kein Grund zur Ablehnung.

3) In der Arbeiterbewegung hat das Lied »Deutschland, Deutschland über alles« dadurch einen schlechten Klang bekommen, weil es in den 90er Jahren in den Gewerkschaftsversammlungen zur Sprengung der Versammlungen von den Anhängern der nichtsozialdemokratischen, insbesondere der konservativen Gewerkschaften angestimmt wurde. Seitdem hat nach einer in Arbeiterkreisen vielfach vertretenen Anschauung das Lied den Charakter eines Kampfliedes gegen die Sozialdemokratie erhalten. Ferner ist das Lied, obwohl der Text dazu keinen besonderen Anlaß bot, vielfach als antisemitisches Kampflied verwendet worden. Besonders seit der Revolution wird das Lied vielfach als deutschnationales und antisemetisches Kampflied gewertet. Diesen Bedenken steht andererseits der künstlerisch gute Wurf des Textes und die Schönheit der Haydn'schen Melodie gegenüber, sowie die Tatsache, daß zweifellos für die zahlenmäßig große

Mehrheit der Bevölkerung von dem Lied eine starke Gefühlswelle ausgeht, die nicht notwendig einen chauvinistischen, sondern vielfach einen heimatliebenden Charakter hat. [...]

Bundesarchiv, Abteilungen Potsdam, 15.01 (Reichsinnenministerium), Nr. 16880

2. Schreiben des Reichsinnenministeriums an das Auswärtige Amt betr. die Nationalhymne, 28.11.1922

[...] Es war allerdings die Absicht, bei der Verfassungsfeier die dritte Strophe des Deutschlandliedes in den Vordergrund zu stellen und dadurch den Versuch zu machen, daß im Volksgefühl diese Strophe als der Kern der Nationalhymne sich festsetzt. Dies ist in gewissem Grade auch gelungen. Der Aufruf des Herrn Reichspräsidenten, der besonders auf diese Strophe hinwies, sowie die Aufnahme der Parole »Einigkeit und Recht und Freiheit«, z.B. als Inschrift bei der Verfassungsfeier, hat zur Folge gehabt, daß jetzt vielfach die dritte Strophe bei Nationalkundgebungen gesungen wird. Eine besondere Festlegung, daß gerade diese Strophe zur Nationalhymne erhoben wird, ist indessen nicht erfolgt. Staatsrechtlich steht die Bestimmung der Nationalhymne dem Herrn Reichspräsidenten nur insofern zu, als es sich um die beim Heer zu spielende Weise handelt. Demgemäß hat der Herr Reichspräsident gehandelt und als solche das Deutschlandlied bestimmt; dabei tritt aber die Frage des Textes in den Hintergrund, weil es sich hier nur um die Militärmusik handelt.

Bundesarchiv, Abteilungen Potsdam, 15.01 (Reichsinnenministerium), Nr. 16880

3. Verordnung des Reichspräsidenten über die deutschen Flaggen, 11.4.1921

[...] 1. Die Nationalflagge besteht aus drei gleichen breiten Querstreifen, oben schwarz, in der Mitte rot, unten goldgelb.

2. Die Handelsflagge besteht aus drei gleich breiten Querstreifen, oben schwarz, in der Mitte weiß, unten rot; in dem schwarzen Querstreifen an der Stange ein Obereck mit den Reichsfarben wie in der Nationalflagge, an der äußeren Kante von dem schwarzen Querstreifen durch einen zwei Zentimeter breiten, senkrechten, weißen Streifen abgeteilt [...].

3. Die Handelsflagge mit dem Eisernen Kreuze wie die Handelsflagge, das obere Eck mit den Reichsfarben, belegt mit einem schwarzen, weißgeränderten Kreuze von der Form des Eisernen Kreuzes, in den schwarzen und den goldgelben Querstreifen je bis zur Hälfte übergreifend.

4. Die Reichskriegsflagge wie die Handelsflagge, in der Mitte der Flagge ein schwarzes, weißgerändertes Kreuz von der Form des Eisernen Kreuzes, in den schwarzen und den roten Querstreifen je bis zu einem Drittel übergreifend [...].

5. Die Gösch besteht aus drei gleich breiten Querstreifen, oben schwarz, in der Mitte weiß, unten rot, darauf, in den schwarzen und den roten Querstreifen je bis zur Hälfte übergreifend, ein schwarzes, weißgerändertes Kreuz von der Form des Eisernen Kreuzes; auf dem inneren Drittel des schwarzen Querstreifens die Reichsfarben wie in der Nationalflagge. [...]

Reichsgesetzblatt 1921, S. 483 ff. (Nachdruck: Ursachen und Folgen 6, Nr. 1510)

4. An den Reichskanzler Wirth gerichtete Entschließung des Flottenbundes Deutscher Frauen e.V. betr. die deutsche Handelsflagge, 1.8.1921

Aus allen Teilen des Reiches sprechen sich viele tausend Mitglieder des Flottenbundes Deutscher Frauen, denen des Vaterlandes Ansehen über allem steht, rückhaltlos für Beibehaltung auch der schwarz-weiß-roten Handelsflagge aus.

Durch Preisgabe der schwarz-weiß-roten Farben, die für uns das Vaterland versinnbildlichen, für deren Bestand und Ehre zwei Millionen deutscher Helden in den Tod gegangen sind, unter deren Schutz 51 Jahre lang (1867–1918) deutsche Arbeit, Seeschifffahrt und deutsche Unternehmungen über See sich zu hoher Blüte und Ansehen entwickelt haben, erniedrigen wir unser Ansehen im Auslande und würden uns infolgedessen einen nie wieder gutzumachenden Schaden zufügen.

Wir Mitglieder des Flottenbundes Deutscher Frauen wiederholen die Worte, die wir im Mai 1919 gegen die beabsichtigte Änderung unserer Nationalfarben an die Nationalversammlung zu Weimar richteten.

> »Der Flottenbund Deutscher Frauen legt schärfste Verwahrung ein gegen die Gewalt, die dem deutschen Volke angetan wird, indem man ihm seine heiligen und geliebten schwarz-weiß-roten Farben nehmen will.
>
> ›Wehrlos- nicht ehrlos!‹
>
> ist uns gesagt worden! Ehrlos aber ist es, wenn wir unsere Fahne, auf welche die heiligsten Eide geschworen worden sind und um welche das teure Blut unserer Gatten und Söhne geflossen ist, verleugnen!
>
> Wir wollen nicht das, was uns deutsche Ehre und Größe verkörpert, vertauschen gegen Wesensfremdes und Ungeliebtes, zu dem wir uns nie bekennen können!
>
> ›Getreu bis in den Tod!‹, so haben auch wir Frauen unserer Flagge geschworen und so wollen wir es halten auch im neuen Staate. Wir ›verlangen‹, daß das deutsche Volk gefragt wird, ob es sich seine herrlichen Farben nehmen lassen will!«

Die sowohl auf historischer, als auch auf flaggentechnischer Unkenntnis beruhende Reichstagsabstimmung vom 27. Juni 1921, mit der Zufallsmehrheit von nur einer Stimme, erkennen wir nicht an, wir fordern vielmehr Volksentscheid in dieser hochwichtigen, alle Kreise ohne Unterschied der Parteien berührender Frage der Flaggenwahl.

Bundesarchiv, Abteilungen Potsdam, 15.01. (Reichsinnenministerium), Nr. 16485

5. Zweite Verordnung über Beflaggung deutscher diplomatischer Missionen im Ausland, 5.5.1926

[…] Die gesandtschaftlichen und konsularischen Behörden des Reichs an außereuropäischen Plätzen und an solchen europäischen Plätzen, die von Seehandelsschiffen angelaufen werden, führen außerdem die Handelsflagge. […]

Reichsgesetzblatt 1926 I, S. 521 ff. (Nachdruck: Ursachen und Folgen 6, Nr. 1512)

C. Politische Kampagnen

1. Amtliche Kundgebung der Deutschen Regierung zur Kriegsschuldfrage aus Anlaß der Zustimmung zum Dawes-Plan, 29.8.1924

Der Reichstag hat mit den heute gefaßten Beschlüssen sein Siegel unter die Londoner Vereinbarungen gesetzt. Damit ist eine Entscheidung getroffen, die für das Schicksal des deutschen Volkes auf Jahre hinaus von maßgebender Bedeutung sein wird. Der Reichsregierung ist es ein Bedürfnis, allen Mitgliedern des Reichstages, die zu diesem Ergebnis beigetragen haben, ihren Dank auszusprechen. Alle Beteiligten haben schwere Bedenken überwinden und vielfach sogar persönliche Überzeugungen zurückstellen müssen, um zur Annahme der Londoner Vereinbarungen zu gelangen. So schwer der Entschluß auch jedem Einzelnen geworden sein mag, so mußte er doch gefaßt werden, wenn unserem Vaterlande der Weg in eine bessere Zukunft eröffnet werden sollte.

Die Reichsregierung kann und will aber diesen bedeutsamen Augenblick, in dem sie in Durchführung des Versailler Vertrages schwere Verpflichtungen auf sich nimmt, nicht vorübergehen lassen, ohne in der Kriegsschuldfrage, die seit 1919 mit schwerem Drucke auf der Seele des deutschen Volkes lastet, klar und unzweideutig ihren Standpunkt darzulegen.

Die uns durch den Versailler Vertrag unter dem Druck übermächtiger Gewalt auferlegte Feststellung, daß Deutschland den Weltkrieg durch seinen Angriff entfesselt habe, widerspricht den Tatsachen der Geschichte. Die Reichsregierung erklärt daher, daß sie diese Festlegung nicht anerkennt. Es ist eine gerechte Forderung des deutschen Volkes, von der Bürde dieser falschen Anklage befreit zu werden. Solange das nicht geschehen ist und solange ein Mitglied der Völkergemeinschaft zum Verbrecher an der Menschheit gestempelt wird, kann die wahre Verständigung und Versöhnung zwischen den Völkern nicht vollendet werden.

Die Reichsregierung wird Anlaß nehmen, diese Erklärung den fremden Regierungen zur Kenntnis zu bringen.

Die Kriegsschuldfrage, H. 2 (1924), S. 337 f. (Nachdruck: Ursachen und Folgen 6, Nr. 1265)

2. Erklärung der deutschnationalen Parteileitung zum Abstimmungsverhältnis der Fraktion bei der Beratung des Dawes-Planes, Ende August 1924

Die beiden Anschauungen, die bei der Abstimmung der Deutschnationalen Volkspartei zum Eisenbahngesetz in Erscheinung traten, beruhen selbstverständlich nicht auf einem Gegensatz der Grundauffassungen, sondern lediglich auf der differenzierten Beurteilung der Lage. In der Beurteilung des Londoner Abkommens, der Notwendigkeit seiner Verbesserungen, der Gefahren eines drohenden Linkskurses sind alle Mitglieder der deutschnationalen Fraktion einig. Bei dieser gemeinsamen Grundauffassung haben die Abgeordneten, die mit »nein« stimmten, den Gedanken der Unerträglichkeit der Londoner Ergebnisse und der wirtschaftlichen Untragbarkeit der Abkommen den Vorrang gelassen, während die Ja-Stimmen auf die Erwägung zurückgingen, daß durch das Vermeiden einer akuten Krise durch Beteiligung der Deutschnationalen Volkspartei an der Regierung und durch Einflußnahme auf die Durchführung des Abkommens im Sinne einer stetigen Verbesserung der augenblicklichen Notwendigkeit genügt werde.

Die Fraktion, die, ihrer Gepflogenheit entsprechend, auch in diesem Falle keinerlei Fraktionszwang ausgeübt hat, darf bei jedem Einsichtigen Verständnis für beide Gedankengänge erwarten. Sie steht den Mißdeutungen ihrer Gegner in dem Gefühl grundsätzlicher Übereinstimmung in den hohen Zielen der Partei mit Ruhe entgegen.

Die Lage hat übrigens dadurch eine wesentliche Änderung erfahren, daß die Regierung inzwischen in einer ausdrücklichen feierlichen Erklärung das Schuldbekenntnis von Versailles widerrufen hat. Diese grundlegende Änderung der außenpolitischen

Haltung der Regierung ist ebenso wie die erreichte Verbesserung zu den Dawesplänen ein Erfolg der Opposition, die sich jetzt zu mitwirkender Teilnahme an der Leitung der deutschen Politik anschickt.

Der Tag, 30.8.1924 (Nachdruck: Ursachen und Folgen 6, Nr. 1266)

3. Beitrag einer christlichen Tageszeitung über die »schwarze Gefahr« im Rheinland, 9.1.1925

[...] Innerhalb jenes linksrheinisch besetzten Gebietes nun gab es im November zirka 19 000 Mann farbige Truppen aller Art. Durch die Anwesenheit dieser Truppen im Herzen Europas auf unabsehbare Zeit wird das Rassenproblem noch ernstlicher als durch die bisherige jüdische Vermischung in unserem Erdteil eingeführt. Jährlich wird eine große Anzahl Kinder geboren, die afrikanische Väter und deutsche Mütter haben. Gewiß: Fluch über deutsche Weiber, die sich freiwillig jenen Wilden hingeben, aber dreimal Fluch über die weiße »Kultur«-Nation, die mit dem »Recht des Stärkeren«, das sie doch lediglich mit Hilfe anderer hat usurpieren können, diese Wilden zu systematischem Verderb der germanischen Rasse mit Gewalt in den Erdteil der Weißen gebracht hat! Diese Kinder haben das verschiedenartigste Aussehen. In Mainz z.B. wurde vor einigen Monaten ein Kind beobachtet, das schwarze und weiße Streifen über den ganzen Rücken hatte. Diese Bastardkinder werden ein Fluch für Europa werden. [...]

Die schwarze Gefahr im Rheinland. Eine Schande für die ganze Welt, in: Aufwärts. Christliches Tageblatt, Bielefeld-Bethel, 8.1.1925

4. Schreiben Willi Münzenbergs an die Zentrale der KPD: Volksbegehren gegen die Fürstenabfindung, 30.12.1925

Vor einigen Wochen wurde ich von Euch ersucht, die Fühlung mit verschiedenen Organisationen aufzunehmen, um festzustellen, wieweit die einzelnen Organisationen bereit sind, ein von uns eingeleitetes Volksbegehren gegen die Fürstenabfindung zu unterstützen. Nachdem ich mehrmals mündlich über die einzelnen Verhandlungen berichtet habe, fasse ich heute kurz schriftlich das Ergebnis zusammen.

1) In den Kreisen des pazifistischen Bürgertums besteht eine starke Neigung zu einer Aktion gegen die Fürstenabfindung. Das Friedenskartell unter dem alten Demokraten *Quidde,* die Liga für Menschenrechte mit *Kuzinski,* Helene *Stöcker* etc. sind bereit, eine Aktion gegen die Fürstenabfindung zu unterstützen. Aber alle bisherigen Verhandlungen haben ergeben, daß die Leute niemals für die entschädigungslose Enteignung oder einer dem Wesen nach dieser gleich kommenden Losung zustimmen werden. Die Widerstände durch den sozialdemokratischen Flügel dieser Organisationen ist so groß, besonders durch die Gerlach-Gruppe, daß niemals Aussicht besteht, die Leute für eine solche Aktion mitzureißen.

Aber die Möglichkeit besteht, daß, wenn unsere Partei kein Volksbegehren einleitet, diese Kreise , die einmal eine ziemliche Massenbewegung für den Kirchenaustritt entfesselt haben, von sich aus ein Volksbegehren einleiten werden, wodurch unsere Partei in eine nicht angenehme Lage käme.

2) Wenig Aussicht besteht, Organisationen der Mieter, Kriegsbeschädigten etc., die unter sozialdemokratischem Einfluß stehen, für die Aktion als Spitzenorganisation zu gewinnen. Mehrere, und zwar die größten wie die Mieter mit der Zentrale in Dresden, Bund der Kriegsbeschädigten etc. haben schon abgelehnt. Aus diesen Kreisen könnten höchstens örtliche oder Bezirksorganisationen zur Teilnahme gewonnen werden.

3) Wenn auch durch die Frage der Arbeitslosigkeit, Teuerung etc. die Frage der Fürstenabfindung ein wenig zurückgedrängt wurde, so ist doch diese Frage heute noch äußerst aktuell in den breiten Massen und wird bei einer einsetzenden Agitation sofort

wieder lebendig werden. Hinzu kommt, daß Preußen sich bis zum 1. April entscheiden muß und daß Preußen, wenn kein Volksdruck einsetzt, den angebotenen Vergleich eingehen wird, da es überzeugt ist, sonst noch bedeutend mehr zu verlieren. *Ich schlage deshalb der Zentrale vor, sofort nach Neujahr energisch das Volksbegehren einzuleiten, bei der Regierung anzumelden und die Agitation dafür sofort aufzunehmen.*

Die Partei soll die Initiative ergreifen, die eigentliche Trägerin sein, aber die Anrufe, Kundgebungen etc. gemeinsam mit Hilfsorganisationen unterschreiben und aus diesen beteiligten [...] nach außen ein großes Komite bilden, für das Reich und in ähnlicher Zusammensetzung Komites für die einzelnen Länder und Bezirke und Orte. Wenn die Partei sofort energisch vorgeht, kann sie folgende Organisationen mitreißen:

1) Reichsverband der deutschen Freidenker (die über eine ziemlich große Mitgliederzahl verfügen und eine Presse haben und zugestimmt haben).

2) Kleinere Verbände der linksgerichteten Hilfsorganisationen wie Kriegsblinden, Kinderreichen, etc., die kleine Organisationen sind, aber doch helfen, daß die Partei als Block vor die Öffentlichkeit tritt.

3) Entschiedene Republikaner.

4) Sozialistische Ärzte und ähnliche Vereine.

5) Sozialistischer Bund Ledebour.

6) Unabhängige Partei Liebknecht.

7) Dazu die unter unserem Einfluß stehenden, wie Internationaler Bund der Kriegsbeschädigten, JAH, JRH, Roter Frontkämpferbund, Bund schaffender Landwirte etc., nach meinem Dafürhalten ausreichend, um als Block aufzutreten und wirklich in breite Kreise einzudringen.

Bezirks- und ortsweise müßten dann die Komitees aus diesen Organisationen ergänzt werden durch Delegierte aus den Gewerkschaften, soweit sie mitmachen, und aus den Betrieben.

Der Hauptstoß müßte geführt werden in den Großstädten und in der Rheingegend.

Wenn die Partei sich zu einer sofortigen Aufnahme der Aktion entscheidet würde, zweifle ich nicht, daß das Volksbegehren von Erfolg gekrönt sein wird. Aber selbst wenn das kaum zu Erwartende eintrifft, daß wir 4 Millionen nicht aufbringen würden, so würde doch die Partei als Partei außerordentlich in den breiten Massen gewinnen und die Differenzen, die gerade wegen dieser Frage in der SPD bestehen, außerordentlich verschärfen und vertiefen können und besonders breite Gewerkschaftskreise und das Millionenheer der Arbeitslosen gegen die rechte SPD-Leitung gewinnen können.

Archiv der PDS (Institut für die Geschichte der Arbeiterbewegung), Zentrales Partei-Archiv, 2/3/381

5. Rede des Abg. Wels (SPD) gegen den Bau des Panzerkreuzers A, 15.11.1928

[...] Die sozialdemokratische Fraktion hat den Antrag gestellt: Der Bau des Panzerkreuzers »A« wird eingestellt. Das Resümee all der Gründe, die uns zur Stellung dieses Antrags veranlaßt haben, liegt letzten Endes in den am 20. Mai klar und unzweideutig ausgesprochenen Willen der deutschen Wähler [...].

Wir (Sozialdemokraten) kämpfen nicht gegen, sondern um die Reichswehr, um sie zu einem zuverlässigen Instrument der Republik zu machen. Wir kämpfen für das viele, was ihr dazu noch fehlt.

Wir verkennen dabei auch nicht die Notwendigkeit, [...] daß die Reichswehr auch einen nach der See hin verlängerten Arm haben muß. Aber über all dem steht für uns als das höchste Gebot die Forderung strengster Zweckmäßigkeit und Sparsamkeit [...].

Wir dürfen die so mühsam aufgebrachten Steuermittel des Reiches in dieser Notlage des Landes nicht auf diese Art und Weise vergeben.

Es ist darauf hingewiesen worden, daß der Panzerkreuzer notwendig sei, um eine Blockade unserer Küsten hintanzuhalten. Da frage ich: gegen wen soll denn eine Blockade der deutschen Küsten überhaupt verhindert werden? Die ganz großen Mächte können wir [...] auch mit Panzerkreuzern nicht daran hindern, die kleinen Mächte aber auch ohne ihn. Rußland, an das hier offenbar gedacht wird, könnte notfalls unsere Ostseeküste blockieren. Es würde sich aber davor hüten; denn es hätte ja keinen Sinn und keinen Zweck, nur einen Teil der Küsten eines Landes zu blockieren, den anderen Teil aber frei zu lassen.

Die Freiheit des Seewegs nach Ostpreußen ist in der Öffentlichkeit jedenfalls erörtert worden. Gestatten Sie mir zu sagen, daß ich das für ein Agitationsschlagwort der allerübelsten Art halte. Denn wenn man dabei Polen ins Auge faßt, so darf nicht vergessen werden, daß Polen über zahlreiche Flugzeuge und auch einige Unterseeboote verfügt, die wir nicht haben, gegen die der Panzerkreuzer einfach wehrlos wäre.

Verhandlungen Reichstag Bd. 423, S. 325 ff.

6. Beschluß der Regierung Müller zum Bau des Panzerkreuzers A, 10.8.1928

Das Reichskabinett beschloß in seiner heutigen unter dem Vorsitz des Reichskanzlers abgehaltenen Sitzung, den Bau des Panzerschiffes in Angriff zu nehmen. Zu diesem Beschluß ist die Reichsregierung gelangt, nachdem festgestellt wurde, daß die durch den Bau des Panzerschiffs entstehenden Mehrausgaben in den folgenden Jahren durch entsprechende Ersparnisse bei sonstigen Ersatzbauten wieder eingebracht werden.

Akten Regierung Müller II, Nr. 15

7. Young-Plan: Erklärung des Reichsausschusses, 11.9.1929

Die Vorbereitung für das Volksbegehren gegen die Versklavung des deutschen Volkes sind abgeschlossen. Dem Volksbegehren ist ein Gesetzentwurf zugrunde gelegt, der grundsätzliche außenpolitische Forderungen enthält.

Die außenpolitischen Forderungen des Reichsausschusses fußen auf der Tatsache, daß Deutschland nicht die Schuld am Kriege trägt. Die Anerkennung dieser Tatsache durch die Mächte, die das Diktat von Versailles unterzeichnet haben, kann und wird erreicht werden. Die Befreiung Deutschlands von dem Vorwurf der Kriegsschuld muß die Grundlage der deutschen Außenpolitik sein.

Auf diesem Grundsatz bauen sich folgende außenpolitische Ziele auf:

Es gilt, unter Abkehr von den bisher geübten Verfahren, eine Regelung der Reparationsfrage zu erreichen, die unter voller Anrechnung aller von Deutschland bereits durchgeführten Leistungen im Einklang mit der tatsächlichen deutschen Leistungsfähigkeit steht.

Voraussetzung für eine wirkliche »Liquidierung des Krieges« ist die Anerkennung der deutschen Lebensnotwendigkeiten. Zu ihnen gehört die Wiederherstellung des für das deutsche Volk lebensnotwendigen Raumes. Dies bedeutet, daß insbesondere Rheinland und Saargebiet, befreit von allen die Souveränität irgendwie beeinträchtigenden Sonderbestimmungen, unbelastet zum Reiche kommen. Zu den deutschen Lebensnotwendigkeiten gehört ferner der selbst in Versailles vorgesehene Rüstungsausgleich zwischen dem entwaffneten Deutschland und den zur See, zu Lande und in der Luftwaffe aufgerüsteten europäischen Mächten.

Als erster Schritt zu der Erreichung dieser außenpolitischen Ziele soll das mit dem Gesetzentwurf näher gekennzeichnete Volksbegehren dienen. Der Reichsausschuß beschreitet diesen Weg in voller Erkenntnis der Unzulänglichkeit der Bestimmungen über das Volksbegehren und der Möglichkeiten, die die Verfassung und die Ausführungsbestimmungen den Verwaltungsbehörden zur Verfälschung des Volkswillens geben. Die dem Reichsausschuß angeschlossenen Parteien werden gleichzeitig im Reichstag bei der Beratung der für die Haager Vereinbarungen notwendigen Gesetze die Aussetzung der Verkündung dieser Gesetze beantragen. Sie kann mit einem Drittel der Reichstagsstimmen beschlossen werden.

Neben dieser auf Artikel 72 gestützten Maßnahme wird der Reichsausschuß dem Reichsminister des Innern den für das Volksbegehren ausgearbeiteten selbständigen Gesetzentwurf einreichen. Dieser Gesetzentwurf mußte in Form und Inhalt die augenblickliche völkerrechtliche Lage Deutschlands berücksichtigen und sich den staatsrechtlichen Bestimmungen über ein Volksbegehren anpassen. Der Gesetzentwurf ist die Einleitung zu der vom Reichsausschuß für das deutsche Volksbegehren erstrebten völligen Umstellung der deutschen Außenpolitik. Er hat folgenden Wortlaut:

Gesetz gegen die Versklavung des deutschen Volkes

§ 1. Die Reichsregierung hat den auswärtigen Mächten unverzüglich in feierlicher Form Kenntnis davon zu geben, daß das erzwungene Kriegsschuldanerkenntnis des Versailler Vertrages der geschichtlichen Wahrheit widerspricht, auf falschen Voraussetzungen beruht und völkerrechtlich unverbindlich ist.

§ 2. Die Reichsregierung hat darauf hinzuwirken, daß das Kriegsschuldanerkenntnis des Artikels 231 sowie die Artikel 429 und 430 des Versailler Vertrages förmlich außer Kraft gesetzt werden. Sie hat ferner darauf hinzuwirken, daß die besetzten Gebiete nunmehr unverzüglich und bedingungslos sowie unter Ausschluß jeder Kontrolle über deutsches Gebiet geräumt werden, unabhängig von Annahme oder Ablehnung der Beschlüsse der Haager Konferenz.

§ 3. Auswärtigen Mächten gegenüber dürfen neue Lasten und Verpflichtungen nicht übernommen werden, die auf dem Kriegsschuldanerkenntnis beruhen. Hierunter fallen auch die Lasten und Verpflichtungen, die auf Grund der Vorschläge der Pariser Sachverständigen und nach den daraus hervorgehenden Vereinbarungen von Deutschland übernommen werden sollen.

§ 4. Reichskanzler und Reichsminister sowie Bevollmächtigte des Deutschen Reiches, die entgegen der Vorschrift des § 3 Verträge mit auswärtigen Mächten zeichnen, unterliegen den im § 92, Nr. 3 StGB. vorgesehenen Strafen.

§ 5. Dieses Gesetz tritt mit seiner Verkündung in Kraft.

Deutsche Allgemeine Zeitung, 12.9.1929 (Nachdruck: Ursachen und Folgen 7, Nr. 1637b)

D. Organisatorische Festigung der NSDAP

1. Joseph Goebbels zur nationalsozialistischen Taktik, 1932

[...] Diese Zeit war für uns schwer und fast unerträglich. Aber bei allen blutigen Opfern, die uns aufgezwungen wurden, hatte dieser Kampf doch auch seine guten Seiten. Man fing an von uns zu reden. Man konnte uns nicht mehr totschweigen oder mit eisiger Verachtung an uns vorbeigehen. Man mußte, wenn auch widerwillig und mit zornigem Ingrimm, unsere Namen nennen. Die Partei wurde bekannt. Sie stand mit einem Schlage im Mittelpunkt des öffentlichen Interesses. Wie ein heißer Sturmwind war sie in die lethargische Ruhe des politischen Berlins hineingefegt, und nun mußte man zu ihr Stellung nehmen: mit Ja oder mit Nein. Das, was uns in den Anfängen als verlockende und unerreichbare Sehnsucht erschienen war, das wurde plötzlich Wirklichkeit. Man sprach von uns. Man diskutierte über uns, und es blieb dabei nicht aus, daß in der Öffentlichkeit mehr und mehr danach gefragt wurde, wer wir denn eigentlich seien und was wir wollten.

Die Journaille hatte damit etwas erreicht, was gewiß nicht in ihrer Absicht lag. Wir hätten jahrelang arbeiten und kämpfen müssen, um ein Gleiches zu vollbringen: die Bewegung war nicht mehr unbekannt. Sie hatte einen Namen, und wo man sie nicht liebte, da trat man ihr doch mit offenem und frechem Haß entgegen. Bisher hatte man über uns nur gelächelt. Zwei Monate Arbeit genügten, um dem Feind das Lachen zu vertreiben. Aus dem harmlosen Spiel wurde blutiger Ernst. Der Feind beging dabei eine Reihe von psychologischen Fehlern. Daß er Führer und Gefolgschaft in gleicher Weise verfolgte, bewirkte nur, daß beide sich in einer gemeinsamen Front der leidenschaftlichen Abwehr zusammenfanden. Hätte man die Oberen geschont und nur auf die Unteren geschlagen, dann wäre das auf die Dauer unerträglich und Wankelmut und Unzufriedenheit in den eigenen Reihen die unvermeidliche Folge gewesen. So aber formte sich aus unserem verzweifelten Haufen ganz natürlich eine auf Gedeih und Verderb aneinandergeschworene und ineinandergewachsene Kameradschaft heraus, die dann für alle Zukunft jeder Anfeindung standhalten konnte. [...]

Joseph Goebbels, Kampf um Berlin, Berlin 1932, S. 61 f.

2. Schreiben der Polizeidirektion München an den Reichskommissar für Überwachung der öffentlichen Ordnung betr. Geldquellen der NSDAP, 28.9.1928

Einige Monate nach der Entlassung Hitlers aus der Festungshaft erfolgte im Februar 1925 der Wiederaufbau der NSDAP. Der Kunsthändler und Verlagsanstaltsbesitzer Franz Hanfstaengl in München, der die Partei schon vor dem Hitler-Putsch finanziell unterstützte, war einer der ersten Geldgeber, der die wiedererstandene Bewegung, die damals vollständig mittellos war, mit einem sehr hohen Betrag – genannt wurden 30 000 Mk – finanzierte. Diese Summe wurde hauptsächlich zur Schaffung einer eigenen Parteipresse, des »Völkischen Beobachter«, verwendet. Als sich Hanfstaengl Ende 1925 mit Hitler überworfen hatte, kündigte er noch im gleichen Jahr sein Guthaben.

Eine fortgesetzte Geldquelle stand der Partei in der Person des Fabrikanten Bechstein [...] zur Verfügung. Bechstein bemühte sich auch bei seinen Geschäftsfreunden, finanzielle Unterstützungen für die Partei zu erhalten. Wie hoch die geliehenen Beträge waren, konnte nicht ermittelt werden. Immerhin steht aber fest, daß diese Unterstützung ziemliche Beträge ausmachen müßte, da sich die Partei damals in einer großen Schuldlage befand.

Durch Vermittlung der Verlegerseheleute Hugo und Else Bruckmann [...] sowie des Fabrikbesitzers Bechstein hielt Hitler im Frühjahr 1926 in Hamburg vor einem größeren Kreis von einigen Industriellen einen Vortrag, wobei er von einigen Industriellen wiederum Geldbeträge in unbekannter Höhe erhielt. Bei diesem Vortrag hat auch der damalige Reichstagsabgeordnete

Schlange-Schöningen als Führer der seinerzeitigen völkischen Flügels der Deutschnationalen Volkspartei zur finanziellen Unterstützung Hitlers unter den Anwesenden aufgefordert.

Als Einlöser für die von der Partei eingegangenen Wechselverpflichtungen wurde der Major von Schueler-Kriecken […] bekannt. v. Schueler stellte für diese Zwecke einen Betrag von 10.000 Mark zur Verfügung. Weitere finanzielle Zuwendungen dieser Art hat v. Schueler in der letzten Zeit abgelehnt.

Die schon obenerwähnte Frau Bruckmann hat dann im Mai 1926 für die Partei mit einem am Genfersee in der Schweiz wohnhaften Baron eine größere Finanzierungsaktion eingeleitet. Welchen Betrag diese Aktion der Partei eintrug, wurde hier nicht bekannt. Der Name dieses Barons ließ sich nicht einwandfrei ermitteln. […]

Im August 1927 reiste Hitler nach Sachsen, um dort von Industriellen ein Darlehen aufzunehmen, da der Reichsparteitag 1927 Schulden in Höhe von 8 000 Mark brachte. Die Geldgeber blieben auch hier unbekannt.

Bei der Generalmitgliederversammlung der hiesigen Ortsgruppe der NSDAP am 31. August 1928 hat der Reichsschatzmeister Schwarz einen Betrag von 10 000 Mark genannt, den die Partei für Flugblätterherstellung anläßlich der Wahlen noch zu decken hat. Durch Vermittlung des Gauleiters von Sachsen, Martin Mutschmann in Plauen, versuchte die Partei, ein Darlehen in Höhe von 30 000 Mark zu erhalten. Die jüngste Vortragsreise Hitlers nach Sachsen, wo er u.a. auch in einer öffentlichen Versammlung in Dresden sprach, dürfte mit der Gewinnung neuer Geldquellen im Zusammenhang stehen. Näheres ist hierüber noch nicht bekannt geworden.

Die Parteileitung verstand es außerdem auf alle mögliche Art und Weise, ihren Mitgliedern finanzielle Opfer aufzuerlegen. Wenn es sich hier auch nur um kleinere Beträge handelt, so bildeten diese Zuwendungen durch die Masse doch eine nicht zu unterschätzende Geldquelle für die Partei. So z.B. wurden neben den Mitgliederbeiträgen sogenannte Werbebeiträge in Höhe von 50 Pfg. und 1 Mk. eingeführt. Die Zahlung der Beiträge wurde durch Kleben von Werbemarken in die Mitgliedskarten quittiert. Weiter wurde in den Monaten Mai mit Juli 1927 durch die Gauleitung Oberpfalz-Niederbayern und Oberbayern-Schwaben ein sogenannter Opferring gegründet. Zum Beitritt in denselben wurden zunächst die Mitglieder aufgefordert. Die Ortsgruppenführer wurden angehalten, besonders auch Kreise, die mit der Bewegung sympathisieren, für den Opferring zu gewinnen. Der Mindestbeitrag betrug 50 Pfg. monatlich. Ab Januar 1927 erhielten jene Mitglieder, die eine einjährige ununterbrochene Mitgliedschaft nachweisen konnten, an Stelle der gewöhnlichen Mitgliedskarten ein mit Lichtbild des Inhabers versehenes Mitgliedsbuch. Die Ausfertigungsgebühr hierfür beträgt 50 Pfg. Die Parteileitung dürfte dieses Mitgliedsbuch mit einem weit niedrigeren Preis erhalten.

Bundesarchiv, Abteilungen Potsdam, 15.01 (Reichsinnenministerium), Nr. 25788

3. Rundschreiben des stellvertretenden Reichspropagandaleiters der NSDAP, Heinrich Himmler, über Großaktionen, 24.12.1928

Zum Vorwärtstreiben unserer politischen und S.A.-Organisation sowie zur planmäßigen Verbreitung unserer Presse ist von Zeit zu Zeit für jedes Gebiet Deutschlands eine wohlvorbereitete, das Maß der sonstigen Propaganda-Anstrengungen überschreitende Tätigkeit notwendig.

Unter Propaganda-Aktion versteht die Propaganda-Abteilung:

1. Konzentration von 70 bis 200 Versammlungen in einem Gau im Zeitraum von 7–10 Tagen.

2. Diese zeitliche Anhäufung für ein Gebiet ist notwendig, wenn die beabsichtigte Wirkung erzielt werden soll.

3. Die Wirkung sehe ich:

a) in der Stellungnahme der gegnerischen Presse, die, im Gegensatz zu ihrer sonstigen Taktik, von unseren vielen Versammlungen schreiben muß und wird und damit von uns spricht und Propaganda macht,

b) in der Tatsache, daß in 70–150 Orten eines Gaues innerhalb einer Woche unsere Plakate zu sehen sind und damit die Bevölkerung einer Provinz gleichmäßig auf uns aufmerksam gemacht wird,

c) in einer nicht unerheblichen moralischen Stärkung der Parteigenossen von oft mühsam und unter schwierigen Verhältnissen kämpfenden Gebieten,

d) in der durch die Versammlungen gegebenen Möglichkeit für unsere Presse ungeheuer günstig zu wirken,

e) in der massenhaften Verteilung von Flugblättern und Handzetteln, die zur Vorbereitung der Versammlungen notwendig ist.

4. Im Anschluß an die Versammlungen in einem Orte erfolgt eine Propaganda-Woche mit einem Werbe-Abend für die S.A., einem Werbe-Abend für die Hitler-Jugend, einem Werbe-Tag (Samstag od. Sonntag) für die Presse.

5. Der Werbe-Abend für die S.A. dürfte folgendermaßen verlaufen: Die S.A. kommt in einem nicht allzugroßen Saal, der bestimmt gefüllt wird, zusammen. Der Spielmannszug des Ortes oder einer benachbarten S.A. spielt. Wenn möglich, spielt die Musik des Gaues. Die S.A. zeigt an diesem Abend, was sie aus eigenen Kräften zu leisten vermag, als da sind: sportliche Vorführungen, lebende Bilder, Theaterstücke, Singen von Liedern, Vorträge von S.A.-Leuten, Vorführungen des Parteitagfilms.

6. Den Werbe-Abend der Hitler-Jugend denke ich mir in einer ähnlichen, jedoch für Jugendliche abgeänderter Weise.

7. Der Werbe-Tag für die Presse ist wie folgt zu veranstalten:

a) Der Parteiverlag stellt für den »Völkischen Beobachter«, »Ill. Beobachter« und »Akadem. Beobachter«, der jeweils in Frage kommende Verlag für die Gauzeitung für diese, Werbematerial in entsprechender Menge kostenlos zur Verfügung.

b) Das Material des »Völkischen Beobachters« dürfte hier vorbildlich sein und es ist dasselbe lediglich beim Verlag des »V.B.«, so, wie es der Werbeaufruf vorsieht, anzufordern.

c) Werbeplakate sind im reichsten Maße zu verwenden.

d) Am Werbetag selbst fahren 2 oder 3 Personen-Auto oder kleinere Lastauto mit Propaganda-Attrappen für unsere Presse sowie für unser Schrifttum geschmückt in der Stadt herum, begleitet von der S.A., die Zeitungen, Broschüren, Flugblätter verteilt und verkauft. Eines dieser Autos wird zweckmäßig als fahrender Bücherstand ausgestaltet werden.

e) Die Erlaubnis für diese Propaganda-Aktion ist für alle diese einzelnen Teile von der Polizei zu erholen, um Verbot, Beschlagnahme von Schriften und Polizeistrafen zu vermeiden.

8. Für die Durchführung der Propaganda-Aktion ist notwendig, daß die Gauleitung *sorgfältige Vorbereitungen trifft,* um sowohl Versammlungen sowie die darauffolgende Propaganda-Woche *richtig auszuwerten.*

9. Die Anforderung der Redner des Reichsgebietes für eine Propaganda-Aktion geschieht durch die Propaganda-Abteilung. *Es ist klar, daß Versammlungen einer Propaganda-Aktion sonstigen Versammlungen, selbst wenn sie schon abgemacht sind, vorgehen.* Diese Bestimmung ist in *gleicher Weise für die Herren Redner und für die Gaue und Ortsgruppen,* die dadurch Absagen erhalten, *bindend.*

10. Es ist selbstverständlich, daß sämtliche Redner des betreffenden Gaues während einer Propaganda-Aktion bis zur äußersten Grenze an jedem Abend sprechen. [...]

Tyrell, Führer befiehl, Nr. 99

V. Kultur und Kommunikation

A. Vielfalt der Ausdrucksformen

1. Erklärung des »Dadaistischen revolutionären Zentralrats, Gruppe Deutschland« (Hausmann, Huelsenbeck, Golyscheff), 1919

I.
Der Dadaismus fordert:

1. die internationale revolutionäre Vereinigung aller schöpferischen und geistigen Menschen der ganzen Welt auf dem Boden des radikalen Kommunismus,

2. die Einführung der progressiven Arbeitslosigkeit durch umfassende Mechanisierung jeder Tätigkeit. Nur durch Arbeitslosigkeit gewinnt der einzelne die Möglichkeit, über die Wahrheit des Lebens sich zu vergewissern und endlich an das Erleben sich zu gewöhnen.

3. die sofortige Expropriation des Besitzers (Sozialisierung) und kommunistische Ernährung aller, sowie die Errichtung der Allgemeinheit gehörender Licht- und Gartenstädte, die den Menschen zur Freiheit entwickeln.

II.
Der Zentralrat tritt ein für:

a) die öffentliche tägliche Speisung aller schöpferischen und geistigen Menschen auf dem Potsdamer Platz (Berlin),

b) die Verpflichtung der Geistlichen und Lehrer auf die dadaistischen Glaubenssätze,

c) den brutalsten Kampf gegen alle Richtungen sogenannter geistiger Arbeiter (Hiller, Adler), gegen deren versteckte Bürgerlichkeit und gegen den Expressionismus und die nachklassische Bildung, wie sie vom »Sturm« vertreten wird,

d) die sofortige Errichtung eines Staats-Kunsthauses und für die Aufhebung der Besitzbegriffe in der neuen Kunst (Expressionismus), der Besitzbegriff wird vollkommen ausgeschaltet in der überindividualen Bewegung des Dadaismus, der alle Menschen befreit,

e) Einführung des simultanistischen Gedichtes als kommunistisches Staatsgebet,

f) Freigabe der Kirchen zur Aufführung bruitistischer simultanistischer und dadaistischer Gedichte,

g) Errichtung eines dadaistischen Beirats in jeder Stadt über 50 000 Einwohner zur Neugestaltung des Lebens,

h) sofortige Durchführung einer großdadaistischen Propaganda mit 150 Zirkussen zur Aufklärung des Proletariats,

i) Kontrolle aller Gesetze und Verordnungen durch den dadaistischen Zentralrat der Weltrevolution,

k) sofortige Regelung aller Sexualbeziehungen im international dadaistischen Sinne durch die Errichtung einer dadaistischen Geschlechtszentrale.

Die Warnung Nr. 8, 7.5.1919 (zit. nach: Schrader/Schebera, Kunstmetropole, S. 96 f.)

2. Kurt Pinthus: Expressionismus, 1919

[...] Niemals war das Ästhetische und das L'art pour l'art-Prinzip so mißachtet wie in dieser Dichtung, die man die »jüngste« oder »expressionistische« nennt, weil sie ganz Eruption, Explosion, Intensität ist – sein muß, um jene feindliche Kruste zu sprengen. Deshalb meidet sie die naturalistische Schilderung der Realität als Darstellungsmittel, so handgreiflich auch diese verkommene Realität war; sondern sie erzeugt sich mit gewaltiger und gewaltsamer Energie ihre Ausdrucksmittel aus der Bewegungskraft des Geistes (und bemüht sich keineswegs, deren Mißbrauch zu meiden). Sie entschleudert ihre Welt ... in ekstatischem Paroxismus, in quälender Traurigkeit, in süßestem musikalischen Gesang, in der Simultanität durcheinanderstürzender Gefühle, in chaotischer Zerschmetterung der Sprache, grausigster Verhöhnung menschlichen Mißlebens, in flagellantisch schreiender, verzückter Sehnsucht nach Gott und dem Guten, nach Liebe und Brüderlichkeit. So wird auch das Soziale nicht als realistisches Detail, objektiv etwa als Elendsmalerei dargestellt (wie von der Kunst um 1890), sondern es wird stets ganz ins Allgemeine, in die großen Menschheitsideen hingeführt. Und selbst der Krieg, der viele dieser Dichter zerschmetterte, wird nicht sachlich realistisch erzählt; – er ist stets als Vision da (und zwar lange vor seinem Beginn), schwelt als allgemeines Grauen, dehnt sich als unmenschlichstes Übel, das nur durch den Sieg der Idee vom brüderlichen Menschen aus der Welt zu schaffen ist.

Die bildende Kunst dieser Jahre zeigt dieselben Motive und Symptome, zeigt das gleiche Zersprengen der alten Formen und das Durchlaufen aller formalen Möglichkeiten bis zur Konsequenz völliger Auflösung der Realität, zeigt den gleichen Einbruch und Ausbruch des Menschlichen und den gleichen Glauben an die lösende, bindende Macht des menschlichen Geistes, der Idee. Es geschah bereits, daß manche Versuche und Entartungen für nachahmende Nichtkönner zur leeren Form, zur Formel, zur geschäftsmäßigen Phrase wurden. Und Pathos, Ekstase, große Gebärde brechen nicht nur hervor und empor, sondern stürzen oftmals zusammen im Krampf, weil sie zur Form sich nicht verwesentlichen können. Immer wieder aber bläst in die ungeheure Eruption des Gefühls klärend und reinigend der Geist; erschallt aus dem Zerfallenden der Ruf nach der Gemeinsamkeit des Menschlichen; schwebt über dem ziellosen Chaos der Gesang der Liebe.

Und immer wieder muß gesagt werden, daß die Qualität dieser Dichtung in ihrer Intensität beruht. Niemals in der Weltdichtung scholl so laut, zerreißend und aufrüttelnd Schrei, Sturz und Sehnsucht einer Zeit, wie aus dem wilden Zuge dieser Vorläufer und Märtyrer, deren Herzen nicht von den romantischen Pfeilen des Amor oder Eros, sondern von den Peinigungen verdammter Jugend, verhaßter Gesellschaft, aufgezwungener Mordjahre durchbohrt wurden. Aus irdischer Qual griffen ihre Hände in den Himmel, dessen Blau sie nicht erreichten; sie warfen sich, sehnsuchtsvoll die Arme ausbreitend, auf die Erde, die unter ihnen auseinanderbarst; sie riefen zur Gemeinschaft auf und fanden noch nicht zueinander; sie posaunten in die Tuben der Liebe, so daß diese Klänge den Himmel erbeben ließen, nicht aber durch das Getöse der Schlachten, Fabriken und Reden zu den Herzen der Menschen drangen.

Freilich wird die Musik dieser Dichtung nicht ewig sein wie die Musik Gottes im Chaos. Aber was wäre die Musik Gottes, wenn ihr nicht die Musik des Menschen antwortete, die sich ewig nach dem Paradies des Kosmos sehnt ... Von den vielen, vielen Dichtungen dieser Generation werden fast alle mit den verebbenden Stürmen ihrer Epoche untergegangen sein. Statt einiger großer leuchtender, wärmender Gestirne wird Nachlebenden ihre Menge wie die von unzähligen kleinen Sternen erschimmernde Milchstraße erscheinen, die fahlklärenden Glanz in wogende Nacht gießt.

Keiner dieser Dichter kokettiert mit der Unsterblichkeit, keiner wirft sich den Triumphmantel mit distanzierend heroischer Gebärde um, keiner will als Olympier in edler Haltung entschweben; und wenn diese Dichter in ausschweifender Weitschweifigkeit, in unmäßigem Fortissimo psalmodieren, stöhnen, klagen, schreien, fluchen, rufen, hymnen – so geschieht es niemals aus Hochmut, sondern aus Not und Demut. Denn nicht sklavisches Kriechen, untätiges Warten ist Demut; sondern es ist Demut, wenn einer hintritt und öffentlich aussagt, bekennt und fordert vor Gott und den Menschen, und seine Waffen sind nur sein Herz, sein Geist und seine Stimme.

Als einer, der mitten unter ihnen stand, vielen durch Freundschaft und allen durch Liebe zu ihren Werken verbunden, trete ich vor und rufe: Laßt es genug sein, die Ihr Euch selbst nicht genügtet, denen der alte Mensch nicht mehr genügte; laßt es genug sein, weil Euch diese zerklüftete, ausbrechende, zerwühlende Dichtung nicht genügen darf! Laßt es nicht genug sein! Sondern helft, alle, voraneilend dem Menschheitswillen, einfacheres, klareres, reineres Sein zu schaffen. Denn jener Augenblick wird, muß kommen, da aus Beethovens Symphonie, die uns den Rhythmus unserer Jugend gab, im wildesten Chaos der tobenden Musik plötzlich die vox humana emporsteigt: Freunde, nicht diese Töne! Lasset uns andere anstimmen und freudenvollere!

Ihr Jünglinge aber, die Ihr in freierer Menschheit heranwachsen werdet, folget nicht diesen nach, deren Schicksal es war, im furchtbaren Bewußtsein des Unterganges inmitten einer ahnungslosen, hoffnungslosen Menschheit zu leben, und zugleich die Aufgabe zu haben, den Glauben an das Gute, Zukünftige, Göttliche bewahren zu müssen, das aus den Tiefen des Menschen quillt! So gewiß die Dichtung unserer Zeit diesen Märtyrerweg wandeln mußte, so gewiß wird die Dichtung der Zukunft anders sich offenbaren: sie wird einfach, rein und klar sein müssen. Die Dichtung unserer Zeit ist Ende und zugleich Beginn. Sie hat alle Möglichkeiten der Form durchrast –, sie darf wieder den Mut zur Einfachheit haben. Die Kunst, die durch Leidenschaft und Qual der unseligsten Erdenzeit zersprengt wurde, – sie hat das Recht, reinere Formen für eine glücklichere Menschheit zu finden.

Diese zukünftige Menschheit, wenn sie im Buche »Menschheitsdämmerung« (»Du Chaos-Zeiten schrecklich edles Monument«) lesen wird, möge nicht den Zug dieser sehnsüchtigen Verdammten verdammen, denen nichts blieb als die Hoffnung auf den Menschen und der Glaube an die Utopie.

Kurt Pinthus, Einleitung zu der Lyrikanthologie Menschheitsdämmerung, 1919 (Nachdruck: Thomas Anz, Phantasien über den Wahnsinn, Hamburg 1980, S. 55–60)

3. Das Kunstwerk im Zeitalter der Neuen Sachlichkeit, 1924

Wissenschaftliche Erkenntnisse und deren Erweiterungen und Verallgemeinerungen einerseits, – die sich immer mehr verfeinernde Funktion und Zuverlässigkeit der Maschine andererseits, – haben Anschauungen und Begriffe kristallisiert und uns zu einer vollständigen Realität im Denken, Empfinden, Handeln gebracht.

Die Maschine hat unsere Lebens- und Arbeitsweise umgeändert durch die Abnahme der Handarbeit. Dadurch ersparte körperliche Kräfte sind freigeworden für geistige Produktion.

Es fallen der so gesteigerten geistigen Potenz naturgemäß größere Aufgaben zu – dieser mechanischen Zeit entsprechend. Zeitforderungen greifen in alle Gebiete des Lebens ein und beeinflussen diese – ganz gleich, ob wissenschaftlicher, ökonomischer, politischer oder künstlerischer Art.

Erfüllung der von unserer Zeit gestellten Aufgaben liegt außerhalb individualistischer Einstellung, – sie kann nur kollektivistisch stattfinden, d.h., Mittel und Gesetze müssen elementar-allgemeingültig sein.

Das bedeutet für die Kunst:

I. Grundelemente:

Linie – Fläche – Form – Farbe – Volumen – Raum – Zeit.
a) Für die Malerei: Form – Zeit – Farbe;
b) für die Plastik: Linie – Zeit – Fläche – Volumen;
c) für die Architektur: Raum – Zeit – Linie – Fläche.

II. Kosmische Funktionen:

Alles ist: positiv und negativ –
horizontal und vertikal,
statisch und dynamisch,
konstruktiv und destruktiv,
konzentrisch und exzentrisch.

III. Mittel und Materialien:

a) Licht – Luft – Wasser;
oder: Elektrizität – Preßluft – Dampf,
b) Stahl – Glas – Eisen – Aluminium – Nickel – Sand – Messing – Seide – Stein – Platin – Wolle – Kupfer – Kohle – Blech – Holz – Zement – Vulkanfiber – Gummi – Zelluloid – Pololyt – überhaupt alle vorhandenen Stoffe – einschließlich Neuschaffungen. Der Schöpfungsprozeß ist individuell.

So also entsteht das heutige Kunstwerk:

Mit diesen Grundelementen – Funktionen – Mitteln und Materialien (die allgemein gültig sind), gestaltet der Künstler individuell-intuitiv.

Die Idee oder Intuition bestimmt die neuen Möglichkeiten, – die Verwendung der Grundelemente – der Funktionen – und aus ihnen bedingen sich Mittel und Materialien. Vom Material ausgehende Gestaltungshemmungen werden beseitigt, – und neue vom Gestaltungswillen geforderte Auswirkungsmaterialien benutzt oder geschaffen.

Zufälligkeiten – Dekorationen – Ausschmückungen – oder gefühlsmäßig gebrauchte Elemente – Mittel und Materialien ohne funktionale Bedingung – haben keine Berechtigung. Alle verwendeten Elemente – Funktionen – Proportionen – Mittel und Materialien – müssen begründet und kontrollierbar sein.
Nur durch die elementare Gestaltung – entsteht das – allgemeingültige – das – allgemeinverständliche – Kunstwerk.

»Kunst« – ist der Ausgleich der kosmischen Funktionen oder Polaritäten – den wir als Harmonie empfinden – oder welcher sich in uns als – vitale Ruhe – kundgibt.

Neue Auswirkungsmöglichkeiten bestehen:

A. Für die Malerei (Fläche):
in der Raumausmalung;
im Kinowesen;
im reflektorischen Lichtspiel;
im Reklamewesen – mit Licht – Elektrizität – technischen Apparaten – durch besondere Betonung des zeitlichen Moments ...... U.S.W.

B. Für die Plastik (Volumen):
in der Gestaltung von Freiplastiken (Springbrunnen, die durch Wasser, Elektrizität usw. in Funktion gesetzt werden;
in montierbaren variablen Freiplastiken;
in guter formaler Gestaltung praktischer – ökonomischer – technischer – und industrieller Gegenstände zur Typisierung, d.h.: – von Töpfen, Tassen, Kannen, elektrischen Öfen, Beleuchtungskörpern, Spielzeugen, Reklameartikeln usw. werden variable Formtypen geschaffen, die auf industriellem Wege vervielfältigt – und dadurch verbilligt werden;
in der Bühnengestaltung durch bewegliche Marionetten – oder mechanische Figurinen (denn das Mechanische ist unmittelbarster Ausgleich des Statischen und Dynamischen) ..... U.S.W.

C. Für die Architektur (Raum):
durch die Zusammenarbeit aller Maler – Plastiker – Architekten – und Ingenieure am Bau, – vom Einfamilienwohnhaus bis zum Wolkenkratzer durch dreh-verschiebbare und bewegliche Innen- und Außenräume – und der Häuser selbst;

gleichmäßige Temperaturerzeugung im Sommer und Winter in den Wohnungen;
durch Wohnbauten – Kinderheime – Krankenhäuser – Fabriken usw. mit Hinzuziehung und Vereinigung aller praktischen – ökonomischen – technischen und hygienischen Erfahrungen und Errungenschaften;
durch Typisierung aller Dinge – mit größtmöglichster Variabilität – einheitliche Gestaltung zu erzielen, – dadurch den Allgemeingeschmack zu heben, – und gleichzeitig alle Dinge zu verbilligen;
durch Erd- und Luftzüge;
durch Gestaltung der Autos – Fernrohre – Brückenbauten;
im Reklamewesen; durch Radioerfindungen bedingte Um- oder Neugestaltung der Konzerthäuser (besonders gute akustische Räume);
durch Zusammenfassen aller Künste im Bühnenwesen: – also der Malerei – Plastik – Architektur – Zeit – einschließlich Licht – Elektrizität – Technik – Sprache – Musik u.s.w. … erschließen sich mehr und mehr Möglichkeiten, – die ungeheure Wandlungen herbeiführen werden.

Der Erfinder des Antiphons »Plenner« z.B. behandelt in einer Schrift: »Die Zukunft des elektrischen Fernsehers« die Frage, vom »sprechenden Film zur Optophonetik« – und sagt darin:

»Kann der Lichtstrahl gezwungen werden (mittels einer Selenzelle), Induktionsströme zu erzeugen oder zu verändern, so muß ein in die Leitung geschaltetes Hörtelephon solche inducierten Erscheinungen in Klänge verwandeln. Was also in der Empfangsstation als Bild eintritt, würde im Zwischenapparat als Ton erscheinen, und wenn am Ursprung bewegte Bilder, sichtbare Vorgänge, aufgenommen werden, so müssen sich diese als eine Folge von Tönen kundgeben, und umgekehrt. Die Gestalt eines Vierecks muß bei akustischer Verwandlung ein anderes Tonbild hervorrufen als das von einem Dreieck oder Kreis genommene, ein Würfel muß anders klingen als ein Kegel oder Prisma. Kristalle und Sterne werden zu reden beginnen, in welcher Sprache, in welchem Tongefäll? Das liegt noch ganz im Felde der Ahnung, aber aus dem Nichtwissen wird dereinst das Verstehen aufsteigen.« –

Wie diese und noch andere Errungenschaften alle Gebiete (Musik – Sprache – Dichtung – ja sogar die plastische und architektonische Gestaltung usw. usw.) beeinflussen werden – ist vorauszusehen.

H.H., Das Kunstwerk unserer Zeit, in: Junge Menschen 5 (1924), H. 8, S. 152

4. Bertolt Brecht: 700 Intellektuelle beten einen Öltank an, 1928

Ohne Einladung
Sind wir gekommen
Siebenhundert (und viele sind noch unterwegs)
Überall her
Wo kein Wind mehr weht
Von den Mühlen, die langsam mahlen, und
Von den Öfen, hinter denen es heißt
Daß kein Hund mehr vorkommt.

Und haben Dich gesehen
Plötzlich über Nacht
Öltank.

Gestern warst Du noch nicht da
Aber heute
Bist nur Du mehr.

Eilet herbei, alle
Die ihr absägt den Ast, auf dem ihr sitzet
Werktätige!
Gott ist wiedergekommen
in Gestalt eines Öltanks.

Du Häßlicher
Du bist der Schönste!
Tue uns Gewalt an
Du Sachlicher!

Lösche aus unser Ich!
Mache uns kollektiv!
Denn nicht wie wir wollen
Sondern wie Du willst.

Du bist nicht gemacht aus Elfenbein und Ebenholz,
  sondern aus
Eisen.
Herrlich, herrlich, herrlich!
Du Unscheinbarer!

Du bist kein Unsichtbarer
Nicht unendlich bist Du!
Sondern sieben Meter hoch.
In Dir ist kein Geheimnis
Sondern Öl.
Und Du verfährst mit uns
Nicht nach Gutdünken, noch unerforschlich
Sondern nach Berechnung.

Was ist für Dich ein Gras?
Du sitzest darauf.
Wo ehedem ein Gras war
Da sitzest jetzt Du, Öltank!
Und vor Dir ist ein Gefühl
Nichts.

Darum erhöre uns
Und erlöse uns von dem Übel des Geistes.
Im Namen der Elektrifizierung
Der Ratio und der Statistik!

Gesammelte Werke IV, Frankfurt a.M. 1967, S. 316 f.

5. Erwin Piscator: Über Grundlagen und Aufgaben des proletarischen Theaters, 1920

Die Leitung des proletarischen Theaters muß anstreben: Einfachheit im Ausdruck und Aufbau, klare eindeutige Wirkung auf das Empfinden des Arbeiterpublikums, Unterordnung jeder künsterischen Absicht dem revolutionären Ziel: bewußte Betonung und Propagierung des Klassenkampfgedankens.

Das proletarische Theater will der revolutionären Bewegung dienstbar sein und ist daher den revolutionären Arbeitern verpflichtet. Ein aus ihrer Mitte gewählter Ausschuß soll die Verwirklichung der kulturellen und propagandistischen Aufgaben verbürgen.

Es wird nicht immer nötig sein, die Tendenz des Autors an erste Stelle zu setzen. Im Gegenteil: sobald erst Publikum und Theater im Laufe der Zusammenarbeit den gemeinsamen Willen zur revolutionären Kultur gefaßt haben, wird fast jedes bürgerliche Stück, sei es, daß darin der Verfall der bürgerlichen Gesellschaft zum Ausdruck kommt, sei es, daß das kapitalistische Prinzip besonders deutlich und erkennbar wird, dazu dienen können, den Klassenkampfgedanken zu stärken, die revolutionäre Einsicht in die historischen Notwendigkeiten zu vertiefen. Solche Stücke würden zweckmäßig durch ein Referat eingeleitet, damit Mißverständnisse und falsche Wirkung unmöglich gemacht werden. Unter Umständen kann man an den Stücken auch Veränderungen vornehmen (der Personalkult des Künstlers, der damit verletzt wird, ist ja konservativ) durch Streichungen, Verstärkungen gewisser Stellen, eventuell durch Hinzufügung eines Vor- und Nachspiels, das dem Ganzen zur Eindeutigkeit verhilft. Auf diese Weise kann ein großer Teil der Weltliteratur der revolutionären proletarischen Sache dienstbar gemacht werden, ebenso wie die gesamte Weltgeschichte zur politischen Propagierung des Klassenkampfgedankens benutzt wurde.

Der Stil, welchen sowohl die Schauspieler wie Autor und Regisseur beherrschen sollen, muß völlig konkreter Natur sein (etwa ähnlich dem Stile eines Leninschen oder Tschitscherinschen Manifestes, der in seinem einfachen, ruhigen Fluß, in seiner unverkennbaren Eindeutigkeit schon rein gefühlsmäßig eine große Wirkung auslöst). Was immer gesagt wird, muß ungesucht, unexperimentell, nicht »expressionistisch«, unverkrampft gesagt werden, bestimmt vom einfachen, unverhüllten revolutionären Zweck und Willen. Damit sind all die neu-romantischen, expressionistischen und dergleichen Stilarten und Probleme, welche aus dem individuell-anarchistischen Bedürfnis der bürgerlichen Künstler hervorgingen, von vornherein ausgeschaltet.

Natürlich soll nicht versäumt werden, die neuen technischen und stilistischen Möglichkeiten der letzten Kunstepochen zur Anwendung zu bringen, soweit damit den genannten Zielen, nicht aber irgendeinem »kunstrevolutionären« stilistischen Selbstzweck gedient wird. In allen Stilfragen muß stets die maßgebende Frage sein: Wird der riesige Kreis der proletarischen Zuhörerschaft Nutzen daraus ziehen? oder gelangweilt bezw. von bürgerlichen Ideen verwirrt und infiziert? [...]

Revolutionäre Kunst kann nur hervorgehen aus dem Geist der revolutionären Arbeiterschaft. Sie wird das Werk sein eines Charakters, der gebildet wurde von der gemeinsamen Arbeit, dem selbstlosen Kampf und dem zielklaren Willen der Massen. Der Selbsterhaltungstrieb der Arbeiter bedingt, daß sie sich im selben Maße künstlerisch und kulturell befreien wie politisch und ökonomisch. Und auch die Tendenz dieser Befreiung muß mit der materiellen übereinstimmend kommunistisch sein.

Dem proletarischen Theater erwachsen somit zwei prinzipielle Aufgaben: die eine bezieht sich darauf, daß es als Betrieb mit den kapitalistischen Traditionen bricht und zwischen Leitung, Darstellern, Dekorateuren, all den übrigen technisch und geschäftlich Angestellten sowie zwischen dieser Gesamtheit und den Konsumenten (d.h. den Theaterbesuchern) ein ebenbürtiges Verhältnis, ein gemeinsames Interesse und einen kollektiven Arbeitswillen schafft. Es wird allmählich den bürgerlichen »Berufsschauspieler« entbehren können, indem es aus der Mitte der Zuschauer die Darsteller gewinnt. Diese hören auf, Dilettanten zu sein, denn das Proletarische Theater erfüllt ja als erste Aufgabe die Propagierung und Vertiefung des kommunistischen Gedankens, und das kann natürlich nicht mehr Sache eines Berufes sein, sondern das Streben einer Gemeinschaft, in der das Publikum eine ebensogroße Rolle spielt wie die Bühne. Voraussetzung hierbei ist eine völlig neue Einstellung der Darsteller zum Thema des darzustellenden Stückes. Er darf nicht mehr wie bisher indifferent über seiner jeweiligen Rolle stehen, noch darin »aufgehen«, d.h. jeden bewußten Willen aufgeben. Ebenso wie der Kommunist als Politiker jede beliebige politische, ökonomische oder sonstige gesellschaftliche Frage stets und auf alle Fälle nach dem einen unverrückbaren Maßstab der gemeinsamen Menschenfreiheit zu behandeln hat, und ebenso wie jeder Einzelne in einer Volksversammlung zum Politiker werden sollte, derart muß der Schauspieler jede seiner Rollen, jedes Wort, jede Bewegung zum Ausdruck der proletarischen, der kommunistischen Idee werden lassen, und derart muß jeder Zuschauer lernen, wo immer er ist, was immer er spricht und tut, ihm den Ausdruck zu verleihen, der ihn unverkennbar zum Kommunisten stempelt. Geschicklichkeit und Talent bringen dies nicht zustande.

Die andere Aufgabe des Proletarischen Theaters besteht darin, auch auf die Massen derjenigen seine propagandistische und erzieherische Wirkung auszuüben, die politisch noch schwankend und indifferent sind oder die noch nicht eingesehen haben, daß in einen proletarischen Staat die bürgerliche Kunst und Art des »Genießens« nicht mit hinübergenommen werden darf. Die eingangs erwähnte Art der Ausnützung der überkommenen Literatur dürfte hierfür die gegebene Methode sein. Es wird in solchen Stücken noch die alte Welt gefunden, mit der auch der Rückständigste vertraut ist, und es wird sich auch hier zeigen, daß jede Propaganda damit beginnen muß, am Seienden das Sein-sollende aufzuzeigen. Bekanntlich fragt jeder zunächst danach, wie er als der, der er ist, in die kommunistische Gesellschaft hineinpasse, und erst nachdem man ihm tausendmal gezeigt hat, wer er ist, wird es ihm eingehen, daß er und jeder ein anderer werden müssen, ehe ein kommunistischer Staat zum Gebilde einer kommunistischen Gesellschaft werden kann.

Eine wesentliche Aufgabe fällt dem Autor zu. Auch er muß aufhören, die autokratische Person von ehedem zu sein, muß seine eigenen Vorstellungen und Originalitäten hintanstellen lernen zugunsten der Vorstellungen, die in der Psyche der Masse leben, der trivialen Formen, die für jedermann klar und faßlich sind. Auch er wird lernen müssen vom politischen Führer: wie jener die Kräfte und Entwicklungstendenzen der Massen deuten und vorausahnen, nicht aber den Arbeitern eine Politik schmackhaft machen soll, die ihnen historisch und psychologisch fremd oder nur durch schlechte Gewohnheit vertraut ist, – so muß der Autor der Kristallisationspunkt des proletarischen Kulturwillens, der Zündstein für den Erkenntnisdrang des Arbeiters sein.

Der Gegner 2 (1920/21), H. 4, S. 90–93 (Nachdruck: Manifeste und Dokumente, Nr. 143)

6. Bertolt Brecht: Betrachtung über die Schwierigkeiten des Epischen Theaters, 1927

[...] Die *totale Umstellung des Theaters* darf natürlich nicht einer artistischen Laune folgen, sie muß einfach der totalen geistigen Umstellung unserer Zeit entsprechen.

Die bekannten Symptome dieser geistigen Umstellung wurden bisher einfach als Krankheitssymptome angesehen. Dies geschieht mit einem gewissen Recht, denn natürlich werden zunächst nur die Verfallserscheinungen des *Alten* sichtbar. Es wäre aber verfehlt, diese Erscheinungen, etwa den sogenannten Amerikanismus, für etwas anderen als jene krankhaften Veränderungen zu halten, die wirkliche geistige Einflüsse neuer Art in dem alten Körper unserer Kultur veranlaßt haben. Und es wäre verfehlt, die neuen Ideen überhaupt nicht als Ideen und überhaupt nicht als *geistige* Erscheinungen zu betrachten und etwa das Theater als Bollwerk des Geistes ihnen gegenüber ausbauen zu wollen. Das Theater, die Literatur, die Kunst müssen im Gegenteil gerade den »ideologischen Überbau« für die effektiven realen Umschichtungen in der Lebensweise unserer Zeit schaffen.

Die neue Dramatik bezeichnet nun in ihren Werken als Theaterstil unserer Zeit *das epische Theater.* Die Prinzipien des epischen Theaters in wenigen Schlagworten zu entwickeln ist nicht möglich. Sie betreffen, im einzelnen noch größtenteils unentwickelt, Darstellungen durch den Schauspieler, Bühnentechnik, Dramaturgie, Theatermusik, Filmverwendung usw. Das Wesentliche am epischen Theater ist es vielleicht, daß es nicht so sehr an das Gefühl, sondern mehr an die Ratio des Zuschauers appelliert. Nicht miterleben soll der Zuschauer, sondern sich auseinandersetzen. Dabei wäre es ganz und gar unrichtig, diesem Theater das Gefühl absprechen zu wollen. Dies käme nur darauf hinaus, heute noch etwa der Wissenschaft das Gefühl absprechen zu wollen.

Schriften zum Theater I, Frankfurt a. Main 1963, S. 184–186

7. Bruno Schönlank: Schafft Sprechchöre, 1925

[...] Die Arbeiter-Bildungsschule der USPD war es, die als erste in Deutschland einen Sprechchor bildete, dem hauptsächlich aus den Schichten der arbeitenden Bevölkerung Alte und Junge, ja selbst Kinder zuströmten. Was hier die Massen an künstlerischer Hingabe leisteten, wie Albert Florath mit einer Liebe und ungeheuren Tatkraft aus diesen Massen ein Instrument schuf, das aus vielen hundert Mündern klagte und anklagte, jubelte und litt, und so zur Massenstimme der Revolution wurde, das gehört in die Geschichte der Sprechchorbewegung.

Das Beispiel dieses Sprechchors zündete. Die Bedingungen dafür lagen ja in der Luft, nur des befreienden Wortes hatte es bedurft. Hier hatte die Arbeiterschaft aus sich heraus eine neue und doch schon so alte Kunstform wiedergeboren, und so bildeten sich überall in der Jugend, in den Parteien Sprechchöre.

Die Wiederbelebung der griechischen Chöre, die von Hochschülern aus versucht wurde, blieb freilich mehr ein Versuch, eine Galvanisierung, denn es fehlte gerade das, was dem jungen Sprechchor Kraft und Wärme gab, die eigene Zeit mitzufühlen und zu erleben. Und so müssen auch die Sprechchorwerke ihre Wurzeln in die Gefühlswelt ihrer Tage schlagen, wollen sie zünden und erwärmen und so mehr sein als ein künstlerisch interessanter Versuch. Dem künstlerischen Wollen der Massen wurde in den Sprechchören eine Möglichkeit zur Entfaltung gegeben. Nun darf man allerdings nicht verkennen, daß die Sprechchöre in einer wildbewegten Zeit geboren wurden und in der Jetztzeit die Wogen nicht mehr mit der ungeheuren Wucht ihr Hin und Zurück finden. Sprechchöre sind da, auch mehr Dichter sind ihnen erstanden, es seien nur Karl Bröger und Franz Rothenfelder genannt, aber die Sprechchorbewegung leidet daran, daß es bis jetzt noch nicht gelungen ist, das Bewegungsproblem zu lösen. Der wilde Aufschrei revolutionären Trotzes, der Wahnsinn des Dollartaumels, alle diese dramatischen Triebkräfte, die dem Sprechchor selbst als fast unbewegtes Instrument eine ungeheuerlich starke Spannung gaben, sind von einer Zeit abgelöst worden, die aus der Ekstase zur ruhigeren Betrachtung sich zurückfand. Wenn früher das Ohr fast allein alles aufnahm, so will jetzt auch das Auge wieder sehen, will der Körper den Rhythmus seiner Zeit mitschwingen und so scheint mir der Weg der Sprechchöre, will er nicht vor selbstgezogenen Mauern enden, logisch zur Bewegung zu führen. Wie der mehr starre Sprechchor in seiner Zeit lag, so wird auch der »bewegte Sprechchor« aus dieser Zeit entstehen.

Es ist überall noch ein Suchen und Tasten, aber es wird wohl nicht mehr lange dauern, daß Tanz, Sprechchor und Musik zu einer heiligen Dreieinigkeit sich verschmelzen und daß der rote Faden einer dramatischen Massenhandlung, sei sie auch nur symbolisiert, sich durch die neuen Werke zieht. [...] Unserer Zeit Ausdruck zu geben ist das Entscheidende. Und daß die Masse, vor allem die hellhörige Jugend, anfängt, selbst aktiv tätig zu sein, daß sie nicht mehr sich sprechen, spielen und tanzen läßt, sondern wieder selber, von gemeinsamem Willen getrieben, spricht, spielt und tanzt, das ist das Große der neuen Bewegung. Virtuosität mag sich dieser neuen Kunst turmhoch überlegen fühlen, aber sie kommt nicht so von Herzen und geht nicht so zu Herzen.

All das, was wir jetzt sehen, mögen nur Bausteine sein, aber sie können zu einem gotischen Dom der Zukunft zusammengetragen werden.

Wie die Gotik getragen war von einer gemeinsamen Sehnsucht aus suchendem und drängendem Gottempfinden, so bilden auch die neuen Bestrebungen den Keim von gemeinsamen Kulthandlungen einer sich erneuernden Menschheit. Der Ungeist der Materialisierung darf nicht länger die schöpferischen Kräfte der breiten Massen in Banden schlagen. An dem Werke dieser Befreiung mitzuarbeiten, ist wahrer Gottesdienst, und jede Stimme, die zum gemeinsamen Chor sich vereinigt, jeder Körper, der seiner Zeit den Rhythmus der Arbeit und die sehnsüchtige Melodie des Feierabends ablauscht, jeder Gesang und jede Musik, die über all dem zusammenschlägt, ist ein Teil davon.

Der zukünftige Sprechchor wird weiter seinen Haupttragpfeiler in dem geballten Rhythmus finden müssen. Chöre, die vielleicht eben noch unsichtbar hinter Mauern drohen und klagen oder sehnsüchtig anschwellen, wenn sie die Stimme des Sprechers weckt, die aber auch heraustreten und Gestampf der Fabrik und Sehnsucht nach der breiten Scholle in ihren Körpern mitschwingen lassen, diesen Rhythmus aus seiner Befangenheit, ja Gefangenschaft, herauszuholen – er ist ja schon zu fühlen –, wird dem Sprechchor eine starke treibende Kraft mehr geben. [...]

Zu den Trägern dieser Kunst ist vor allem die Jugend berufen, die nicht in Althergebrachtem erstarrt ist, – und sie ist es ja auch hauptsächlich, die dem Gedanken dieses künstlerischen Mitlebens und Erlebens dient.

Junge Menschen 6 (1925), H. 2, S. 159 f.

B. Massenkultur und Massenkonsum

1. Edlef Köppen: Das Magazin als Zeichen der Zeit, 1925

Das Stigma unserer Tage ist Hast, Eile, Nervosität. Man hat »keine Zeit«, man findet keine Ruhe, ja man flieht die Besinnlichkeit, man taumelt durch die Gassen ohne Halt und Absicht, sich zu verankern. Der Rhythmus des Lebens schlägt kurz und hart: weiter – weiter! Die Folge davon ist, in vieler Beziehung: Oberflächlichkeit.

Und das auch in den Gebieten, die aus sich heraus mehr fordern müssen: in den Bezirken der Kunst. Kunstgenuß bedingt, neben dem intuitiven Erfassen, das geruhsame und gebändigte Sich-einstellen, Sich-hingeben, Sich-führen-lassen über die Grenzen des Greifbaren hinaus (Kunstschaffen das gleiche Maß an innerer Haltung).

Aber die Erfordernisse versagen. Und wenn etwas als symptomatisch dafür gerade jetzt gezeichnet werden kann, dann ist es das Erscheinen der zahlreichen »Magazine«, die seit etwa einem Jahr Deutschland überschwemmen. Überall findet man sie, in jeder, auch der guten, Buchhandlung, in den meisten, oft sogar auch ernsthaften Studierstuben. Wie eine Pest ist ihre Verbreitung. Ein Verleger begann, einige Dutzend folgten und folgen. Das Magazin ist ein prägnantes Zeichen unserer Zeit geworden.

Der Vater des Gedankens ist Amerika und England. Dort gibt es seit einem Vierteljahrhundert die »Magazins«. Und von dort übernahm Deutschland die schematische Vorlage.

Wie ist ihr Inhalt?

Fast alle der heutigen Magazins bringen in reichster Fülle Bildmaterial. Der gesamte optische Komplex der so beliebten Revue, wie sie jedes größere Theater seinem Publikum mindestens einmal im Jahr mit x Aufführungen vor Augen zu setzen sich verpflichtet fühlt, findet sich hier vergröbert oder, durch die Fixierung wenigstens unterstrichen, wieder. Das Bein, der Busen nackter Mädchen spielt eine so unerschöpfliche Rolle wie das

Kostüm der eleganten Frau, der Cut des sog. Gentleman. Ansichten berühmter Zeitgenossen, Photos von Boxern, Pferderennen, in- und ausländischen Abnormitäten schließen sich an. Die Texte hierzu werden mit großem Geschick »aufgemacht«, von mehr oder weniger geistreichelnden Sätzen durchtränkt, nimmt das Magazin dieser Art aktuelle Stellung zur Umwelt und arbeitet – dieser Art – mit an der »allgemeinen Bildung«. – Doch nicht genug damit schwebt ferner etwas wie ein literarisches Niveau als Ziel vor. Die short story wird propagiert. Mit »spannendem« Inhalt werden auf 3–4 Seiten novellistische Skizzen gegeben, die abermals durch reichhaltige Illustrationen in der Manier der Kinoplakate einem pp. Publikum mundgerecht gemacht werden. Heitere Ecken, also Tummelplätze für Witz und Witzchen, und Rätsel – oh Kreuzwortseuche! – in Wort und Bild werden eingestreut. Kurz und gut: nach anscheinend der vox populi direkt abgelauschten Rezepten: »man nehme…« ist, schon jetzt durchaus typisiert, das Magazin zusammengebaut und dient dem Genuß weitester Leserkreise.

Dagegen mag an und für sich nichts einzuwenden sein. Was bedenklich stimmt, bleibt jedoch das Niveau jener Genußquelle und ihre eminente Verbreitung. Es liegt zweifellos im System jeder periodischen Erscheinung, jeder »Zeit«schrift, Themen mannigfachster Art anzuschneiden und sie zum Teil nur streifend zu erörtern. Immerhin garantiert das ernsthafte Blatt eine genügende Skepsis in Auswahl und Zusammenstellung. Das Magazin – und man kann nicht ein einziges restlos ausnehmen – fördert jede Mannigfaltigkeit jedoch mit so betonter Absicht, daß der Verdacht nicht abzuwehren ist: hier wird lediglich banalste Unterhaltung unter Aufbietung gröbster Mittel kultiviert. Über alles orientiert sein ist die Devise. Aber sie heißt weiter: über nichts gründlich! Jeder Gattung der »Literatur« soll gedient werden. Aber das bedeutet hier: nur in ihren rohesten Erzeugnissen und mit Gemeinplätzen bekommt sie Geltung. Man blättert die Magazine durch und findet bestimmt sogenannte »Namen« unter den Mitarbeitern. Man liest: und kann eigentlich nie anders als mit Erstaunen und bedauernd feststellen, daß jene Namen – und das muß bewußt geschehen – ihr Niveau herabschrauben: einem Betrieb und einer Menge zuliebe, die jedes gute Erzeugnis als langweilig ablehnt. Ausnahmen zugestanden: aber dann dürfte es sich meistens um Übersetzungen handeln. Der Deutsche ist anscheinend technisch nicht in der Lage, die Kurz-Geschichte, die short story, zu beherrschen, wie etwa ein Kipling, ein Bret Harte und O. Henry es vermögen – die Prägnanz und künstlerische Dichte wird durch Schnoddrigkeit, Oberfläche und Saloppheit ersetzt.

Einwände praktischer Natur kommen endlich aus den Kreisen des Verlagsbuchhandels. Man glaubt, seit Existieren der Magazine in Deutschland einen fühlbaren Rückgang der Bücherkäufer festgestellt zu haben. Daran ist zweifellos etwas Richtiges. Für eine Mark, als dem üblichen Magazinpreis, kann ein gutes Buch kaum hergestellt werden; außerdem wird das Publikum offensichtlich suggestiv zu jenem Multa non multum hingezogen und die Ansicht erzeugt: wo ich so vielerlei für wenig Geld kaufen kann, werde ich doch nicht mit wenigem (etwa einem Buch mit »nur einer Arbeit«) zufrieden sein. Eine Ansicht, die verstärkt Raum gewinnt, seit jüngst ein Verlag neben allem übrigen sogar mit einem kompletten Roman die Spalten jedes einzelnen seiner Hefte füllt.

So ist das Magazin ein Zeichen, und wie nachgewiesen ist: ein bedenkliches Zeichen unserer Tage.

Bei allen Konzessionen an den Zeitgeschmack dürfte es angebracht sein, jenes Zeichen weiterhin zu beobachten. Erweist es sich als ein Produkt konjunkturgewandter Kaufleute, wird es sich selbst organisch ein schnelles Ende bereiten. Ist es mehr, erhält es tatsächlich aus den Bedürfnissen auch des gebildeten Volkes seine Bestätigung und gewinnt an Raum, darf kein Mittel unversucht bleiben und der gute Verlag sollte mit dem ernsten Schriftsteller ein Bündnis vorbereiten – ihm mit allen Mitteln eine gewaltsame Grenze zu diktieren.

Der Hellweg 5 (1925), S. 457 (Nachdruck: Manifeste und Dokumente, Nr. 82)

2. Reportage – a) Egon Erwin Kisch: Der rasende Reporter, 1925; b) Kurt Tucholsky: Der Reporter hat immer einen Standpunkt, 1925

a) Einleitend darf dieses Buch Bedeutung für sich ansprechen, ohne daß damit ein Lob des Autors ausgesagt wäre. Im Gegenteil: »Ganz gewöhnliche oder platte Menschen können vermöge des Stoffes sehr wichtige Bücher liefern, indem derselbe gerade nur ihnen zugänglich war, zum Beispiel Beschreibungen ferner Länder, seltener Naturerscheinungen, angestellter Versuche, Geschichte, deren Zeugen sie gewesen oder deren Quellen aufzusuchen oder speziell zu studieren sie sich Mühe und Zeit genommen haben.«

Die spärlichen Versuche, die gemacht werden, die Gegenwart festzustellen, die Zeit zu zeigen, die wir leben, leiden vielleicht daran, daß ihre Autoren eben nicht die »ganz gewöhnlichen Menschen« im zitierten Schopenhauerschen Sinne sind. Ihre Memoiren sind Rechtfertigungen, ihre Artikel sind Tendenz, ihre Bücher sind von ihrem Standpunkt geschrieben, – also von einem Standpunkt.

Der Reporter hat keine Tendenz, hat nichts zu rechtfertigen und hat keinen Standpunkt. Er hat unbefangen Zeuge zu sein und unbefangene Zeugenschaft zu liefern, so verläßlich, wie sich eine Aussage geben läßt, – jedenfalls ist sie (für die Klarstellung) wichtiger als die geniale Rede des Staatsanwalts oder des Verteidigers.

Selbst der schlechte Reporter, – der, der übertreibt oder unverläßlich ist, – leistet werktätige Arbeit: denn er ist von den Tatsachen abhängig, er hat sich Kenntnis von ihnen zu verschaffen, durch Augenschein, durch ein Gespräch, durch eine Beobachtung, eine Auskunft.

Der gute braucht Erlebnisfähigkeit zu seinem Gewerbe, das er liebt. Er würde auch erleben, wenn er nicht darüber berichten müßte. Aber er würde nicht schreiben, ohne zu erleben. Er ist kein Künstler, er ist kein Politiker, er ist kein Gelehrter, – er ist vielleicht jener »platte Mensch« Schopenhauers, und doch ist sein Werk »vermöge des Stoffes sehr wichtig«.

Die Orte und Erscheinungen, die er beschreibt, die Versuche, die er anstellt, die Geschichte, deren Zeuge er ist, und die Quellen, die er aufsucht, müssen gar nicht so fern, gar nicht so selten und gar nicht so mühselig erreichbar sein, wenn er in einer Welt, die von der Lüge unermeßlich überschwemmt ist, wenn er in einer Welt, die sich vergessen will und darum bloß auf Unwahrheit ausgeht, die Hingabe an sein Objekt hat. Nichts ist verblüffender als die einfache Wahrheit, nichts ist exotischer als unsere Umwelt, nichts ist phantasievoller als die Sachlichkeit.

Und nichts Sensationelleres gibt es in der Welt als die Zeit, in der man lebt!

Der Reporter dient der Sensation, – das liegt in dem Fremdwort, unter dem man sich den Berichterstatter amerikanischen Tempos denkt. Unamerikanisch ist vielleicht die Unabhängigkeit von der Augenblickswirkung, ist vielleicht der Wille zur Sachlichkeit, zur Wahrheit. [...]

Vorwort zu: Der rasende Reporter, Berlin 1925, S. VII–VIII (Nachdruck: Dokumente und Materialien, Nr. 107)

b) [...] Das gibt es nicht. Es gibt keinen Menschen, der nicht einen Standpunkt hätte. Auch Kisch hat einen. Manchmal – leider – den des Schriftsteller, dann ist Das, was er schreibt, nicht immer gut. Sehr oft den des Mannes, der einfach berichtet – dann ist er ganz ausgezeichnet, sauber, interessant – wenngleich nicht sehr exakt, nicht sachlich genug. Denn Schopenhauer, den er da im Vorwort heranholt, hat etwas Andres gemeint (»Ganz gewöhnliche oder platte Menschen können vermöge des Stoffes sehr wichtige Bücher liefern, indem derselbe grade nur ihnen zugänglich war, zum Beispiel: Beschreibungen ferner Länder, seltener Naturerscheinungen, angestellte Versuche, Geschichte, deren Zeugen sie gewesen, oder deren Quellen aufzusuchen oder speziell zu studieren sie sich Mühe und Zeit genommen haben.«) Man lese einmal die bescheidenen, demütigen, beinahe unpersönlichen ältern Berichte dieser Art, und man wird den Unterschied zwischen diesen Reisenden und einem modernen Reporter erkennen, der überall ein Quentchen »Geist«, ein Zitatchen, über die Bildung seiner Leser – kurz: der »Zeitung« in seinen Bericht bringt. Nicht zu vergessen, wo diese angeblich unpersönlichen Berichte stehen, in einem Wust von Nachrichten, dummem Zeug, Telegrammen, Feuilletons und Inserenten.

Kisch hat recht: es ist töricht, in das Geschrei: »Das ist nur ein Reporter!« miteinzustimmen. Reportage ist eine sehr ernste, sehr schwierige, ungemein anstrengende Arbeit, die einen ganzen Kerl erfordert. Kisch ist so einer. Er hat Talent, was gleichgültig ist, und er hat Witterung, Energie, Menschenkenntnis und Findigkeit, die unerläßlich sind.

Vieles ist gut gesehen, fast Alles ganz unbestochen. Aber wie »sachlich« man auch oder wie weit weg vom Thema man auch schreiben mag: es hilft Alles nichts. Jeder Bericht, jeder noch so unpersönliche Bericht enthüllt immer zunächst den Schreiber, und in Tropennächten, Schiffskabinen, Pariser Tandelmärkten und Londoner Elendsquartieren, die man alle durch tausend Brillen sehen kann – auch wenn man keine aufhat –, schreibt man ja immer nur sich selbst.

Peter Panter, Rezension Kischs, in: Die Weltbühne 21 (1925) I, S. 254

3. Werner Menzel: Eine Dichtung als Hörspiel, 1928

Zaghaft und etwas ängstlich stellt man sich am unheilbringenden Freitag auf die Welle von Königs Wusterhausen ein, um der Uraufführung von Rudolf Leonhards tragischem Hörspiel »Wettlauf« beizuwohnen, das vor dem Breslauer Mikrophon seine Funkeignung und -wirkung erweisen sollte. [...]

Und während man sich noch sinnend fragt, ob diese stille, ganz nach innen gerichtete Dichtung ein Hörspiel sei, ob die Regie alle die prachtvollen Momente auch ausnutzen werden, ob nicht etwa falscher Instinkt die Dichtung zerstört, um gewaltsam ein Hörspiel daraus zu machen, da füllt sich plötzlich der Raum mit Stimmen und Klang, Musikfetzen wehen hinein, unruhig murmelt die wartende Menge, sicher und ruhig tönen die Worte des Sprechers, und wie aus farbigem Mosaik heben sich menschliche Gespräche heraus. Symphonisch-dynamisch schwillt Sportplatzgetöse auf und wieder ab, begeistert schrillt des Helden Paolino Nuris Name aus tausend Kehlen, als wäre man selbst dabei.

Ein seltsam packendes Erlebnis am Hörer: eine große Dichtung mit einer sehr starken Ahnung vom Hörspiel schuf Rudolf Leonhard in diesem tragischen Spiel. [...]

Der »Wettlauf« war für das Preisausschreiben der Reichs-Rundfunk-Gesellschaft geschrieben, um ihn war ein kleiner Kampf unter den sechs Preisrichtern entstanden. [...] Nur einer der Preisrichter, Karlheinz Martin, hatte erkannt, welche Möglichkeiten in ihm steckten, und sein Urteil war richtig, sein [...] Kampf um einen Sieg war gerecht. [...]

Sehr, sehr glückliche Hände behüteten die funkdramaturgische Bearbeitung sowie die Spielleitung. Mit großer Genauigkeit und einfühlend fanden sie überall jene untermalende »Partitur der Geräusche.« Lebendig und prachtvoll wußten sie die Geräuschatmosphäre einer Sportarena aufleben zu lassen, immer hatte man das berauschende Gefühl, einem unendlich lebenswahren Schauplatz der Gegenwart nahe zu sein, klanglich war es eine der schönsten und edelsten Kompositionen, die die Rundfunkregie im Laufe der Jahre geschaffen. [...]

Der Aufführung gingen einführende Worte von Walther Rilla voran, kluge abwägende Worte, die trefflich alle Vorzüge und Schattenseiten der Dichtung erkannten; [...] als einem interessanten Versuch auf dem Wege zum Hörspiel. [...]

Rudolf Leonhards »Wettlauf« wird sich als erste echte Rundfunkdichtung erhalten.

Funk, Heft 11, 1928, S. 85 (Nachdruck: Schrader/Schebera, Kulturmetropole, S. 183 f.)

4. H. Schubotz: Politik und Rundfunk, 1930

Die Frage, ob bzw. wie weit und unter welchen Bedingungen sich der Rundfunk mit der Politik befassen soll, wird von seiner Eigenschaft als Staatsmonopol und seinem Streben bestimmt, ein Spiegelbild des Zeitgeschehens zu sein. Hierin liegt ein schwer lösbarer Konflikt, der nicht aufgehört hat, die öffentliche Meinung zu erregen.

Das Interesse des Staates am Rundfunk ist trotz der nicht unerheblichen Beträge, die er seinen Kassen zuführt, ein vorwiegend ideelles. Zwar gehört er zu den »circenses«, derer das Volk bedarf, das nach Zerstreuung, Freude und Erhebung verlangt, aber wichtiger noch ist er dem Staat als ein verhältnismäßig billiges und bis in die entlegensten Behausungen dringendes Mittel der Volksbildung, und das stärkste Interesse nimmt der Staat an ihm wegen seiner Eignung zur Beeinflussung der öffentlichen Meinung. Der Grad dieser Eignung erhellt daraus, daß gegenwärtig im Reich rund 3 Millionen Rundfunkanschlüsse vorhanden sind, die – wenn auch nur gelegentlich – von 6 bis 10 Millionen Deutschen benutzt werden. Damit ist der Rundfunk zu einer Großmacht geworden, die an Bedeutung die Großmacht Presse vielleicht noch übertrifft.

Der Staat und mit ihm alle Rundfunkleiter wollen, daß diese Großmacht im aufbauenden, nicht im zersetzenden Sinne wirksam ist. Sie soll die inneren Kämpfe, unter denen unser Volk leidet, mildern, nicht aber sie verschärfen. Sie soll die Deutschen dazu erziehen, die Meinung Andersdenkender zu verstehen und zu achten. Sie soll dem sozialen Ausgleich dienen und die Klüfte zwischen den Gesellschaftsschichten überbrücken helfen. Sie soll endlich zur staatsbürgerlichen Erziehung und zur Versöhnung der Völker beitragen. Alles dies vermag der Rundfunk leichter als die Presse, die – sofern sie Bedeutung hat – parteipolitisch gebunden oder wirtschaftlich von bestimmten Interessentengruppen abhängig zu sein pflegt. Zu einer Entgiftung der inneren und äußeren Atmosphäre ist der Rundfunk aber nur geeignet, wenn er behutsam und in jeder Weise überparteilich gehandhabt wird. Um dies zu erreichen und zu verhindern, daß mit einem so wichtigen Instrument Mißbrauch getrieben wird, mußte der Staat entscheidenden Einfluß auf den Rundfunk nehmen. Deshalb verknüpfte er die auf Grund des Telegraphengesetzes allein von ihm zu erteilende Genehmigung zum Betrieb der Sendeanlagen mit gewissen, die politische Betätigung des Rundfunks regelnden Richtlinien. An ihrer Spitze steht der Grundsatz: »Der Rundfunk dient keiner Partei; sein gesamter Nachrichten- und Vortragsdienst ist daher streng überparteilich zu gestalten.«

Um die Beachtung dieses Fundamentalsatzes und der übrigen ihn ergänzenden Richtlinien zu sichern, hat der Staat bei jeder

Rundfunkgesellschaft einen Überwachungsausschuß eingesetzt, der aus drei bis vier teils vom Reich, teils von der zuständigen Landesregierung berufenen Personen besteht. Ihm liegt die Entscheidung aller mit der Programmgestaltung zusammenhängenden politischen Fragen ob. Die Berufung des für die Programmgestaltung verantwortlichen Vorstandsmitgliedes der Rundfunkgesellschaften bedarf seiner Genehmigung. Bei Verstoß gegen die Richtlinien oder Nichtbefolgung seiner Anweisungen hat der Überwachungsausschuß das Recht, die Abberufung dieses Vorstandsmitgliedes zu verfügen.

Bei solcher Schärfe der Bestimmungen ist es erklärlich, daß der Rundfunk sich bei der Behandlung politischer Fragen, namentlich im ersten Stadium seiner Entwicklung, größte Zurückhaltung auferlegte. Aber je mehr er sich seiner Aufgabe bewußt wurde, ein Spiegelbild der Zeit zu sein, war er gezwungen, aus seiner Zurückhaltung herauszutreten. Denn die politischen Kämpfe und Entscheidungen gehören zu den wichtigsten Geschehnissen der Gegenwart. Sie beeinflussen die Wirtschaft, die Kunst, die Wissenschaft und das Leben des einzelnen in einem Maße wie nie zuvor. Sie unbeachtet zu lassen, war weder mit dem Streben des Rundfunks nach Aktualität noch mit seinen oben gekennzeichneten erzieherischen Aufgaben vereinbar. So sah er sich vor ein Problem gestellt, das gelöst werden mußte, aber nur unter Einhaltung des Hauptgrundsatzes der Richtlinien, also der Überparteilichkeit, zu lösen war. Überparteilichkeit besagt, daß der Rundfunk nicht zu einem Organ der Parteipolitik werden soll, sie besagt aber nicht, daß er sich von der Politik als solcher fernzuhalten hat. Die Überparteilichkeit ist gewahrt, wenn der Rundfunk die sich bekämpfenden politischen Meinungen in gleicher Weise und ohne Werturteil zur Darstellung bringt.

Dieser Aufgabe dienen zwei Einrichtungen. Die Vortragsfolge »Gedanken zur Zeit« und die »Presseumschau des Drahtlosen Dienstes«.

Rundfunk-Jahrbuch 1930, hg. v. d. Reichs-Rundfunk-Gesellschaft, Berlin, S. 105–115

5. Siegfried Kracauer: Wochenschau-Theater, 1931

In einem neu eröffneten Wochenschau-Theater sieht man jetzt eine knappe Stunde lang nur Wochenschauberichte, die genau so von der Wirklichkeit abstrahieren wie jenes Lächeln, obwohl sie Ereignisse aus aller Welt publizieren. Eingeborenentänze, Überschwemmungen, Rennen, militärische Rüstungen, Babys und See-Elefanten: das übliche ununterrichtete Durcheinander, das den Einblick in die Welt nicht erleichtert, sondern verhindert. Interessanter als diese Darbietungen selbst ist ein Äußerung über sie, die ich in der Abendausgabe des »Vorwärts« finde. Dort heißt es, nachdem der Wochenmischung, die übrigens zum mindesten schneller wechseln müßte, um durch ihre Aktualität eine Wirkung zu erzielen, Beifall gezollt worden ist: »So mannigfaltig das Programm ist, eins fehlt darin: die Arbeiterschaft. Wenn die Foxtheater auf die breiten Massen rechnen, müssen die Bilder aus ihrem Leben, ihre machtvollen Aufmärsche und Olympiaden bringen.« Wie sehr wird in dieser Bemerkung das eigentliche Gebrechen der Wochenschau verkannt. Gewiß, die Arbeiterschaft ist wie so vieles andere in ihr nicht enthalten; aber wäre sie damit heraufbeschworen, daß man ihre Olympiaden und Aufmärsche zeigte? Ich glaube, daß die Wochenschau solche Begebenheiten getrost einbeziehen könnte und doch genau das bliebe, was sie jetzt ist: ein Mittel der Abblendung. Sie sagt nicht mehr über die Zusammenhänge aus, die uns betreffen, wenn man zu ihren Luftschiffen und Volksfesten noch eine Arbeiterdemonstration hinzuaddiert; sie füllte sich nur dann mit Inhalt, wenn man ihre Konstruktion entscheidend veränderte. Wichtiger beinahe als die Aufnahme belangvoller Vorgänge ist der Wandel ihres Arrangements. Wird das sinnlose Geplausch durch eine Anordnung ersetzt, in der ein Bild das andere zu kommentieren vermag, so muß die Arbeiterschaft unter Umständen gar nicht immer selber auftreten, um gewissermaßen zwischen den Zeilen zu erscheinen.

Frankfurter Zeitung, 22.9.1931 (Nachdruck in: Ders., Kino. Essay, Studien, Glossen zum Film. Hg. v. Karsten Witte, Frankfurt a.M. 1974, S. 15)

6. Claire Goll: Amerikanisches Kino, 1920

Noch immer hat der Kontinent nicht begriffen, daß Kino nicht verwandt ist mit Theater. Während Berlin von Schauer-Serien anachronistischer Geschichtsfilme trieft, werden in Paris die Sentimentalitäten der Bernstein und Bataille für das Kino photo- und pornographiert. Während Berlin Balzac, Strindberg, Dostojewski verfilmt und in Gelatine verwandelt, wird in Paris Zolás »Travail« gemetert! Hier: »Morel, der Meister der Kette«, dort: »Houdini, der Meister des Geheimnisses«. Schlechte, stumpfsinnige Sensationen: Detektiv, Revolver, Maske. Hier: »Kohlhiesels Töchter« für Humor oder echte bayerische Alpengefühle, dort Rigadius fade Komikerfratze. Die Schauspielerinnen drücken das psychologische Moment durch Kleiderwechsel aus und der Schauspieler durch Zigarettenanzünden und Worte!

Während die alte Welt diesen Kitsch erduldet, hat der gesunde Wille Amerikas den wahren Film geschaffen. Im guten amerikanischen Film fällt zuerst einmal jeder literarische Einschlag fort. Das, was auf der Leinwand vor sich geht oder vielmehr vor sich rast, kann man nicht mehr Handlung nennen. Es ist eine neue Dynamik, ein atemloser Rhythmus, Aktion im unliterarischsten Sinn. Es wird auch nicht im Glashaus, sondern in freier Luft erfunden und gespielt.

Der Amerikaner nennt den Film: »Moving Picture«, und nicht umsonst vergleicht man in Paris die Lichtbilder von drüben mit Manet, Cézanne etc.

Eine fortgeschrittene Mechanik und Technik, vor allem auch ein Fundament im größten Stil (in Los Angeles wurde z.B. ein ganzes Kinodorf mit Saloons, Ranchs usw. gebaut) haben wahre Wunderwerke erzeugt. Die großen Leinwandstars Amerikas arbeiten ausschließlich für den Film, nie für das Theater. Sie erfinden ihre Stücke selbst und verzichten fast vollständig auf das Wort, das sie durch konzentriertere Bewegung und Pantomime ersetzen.

Die drei weltberühmtesten und weltgefeiertsten Mimen Amerikas: Douglas Fairbanks (Doug), Charlie Chaplin (Charlot) und Sessue Hayakawa (der Japaner). Das Genie unter ihnen ist Charlot, der Molière dieses Jahrhunderts. In der Maske des Clowns, unter vollständigem Verzicht auf eigene Schönheit (welcher unsrer Schauspieler würde allein auf seine gute Bügelfalte verzichten!) hat er im Laufe von 5 Jahren fast jede menschliche Schwäche geprägt. Seine exzentrischen, mathematisch konstruierten Bewegungen, die seelischen und die körperlichen, enthalten immer eine tragische Komik. Denn das tiefe, wissende Lachen, das nicht nur an der Oberfläche klebt, wird aus Melancholie und Leid geboren. Die Unwiderstehlichkeit Charlots liegt aber nicht nur in seinem explosiven musikalischen Rhythmus, sondern vor allem in seinem Gesicht, das zwanzig Nuancen in der Sekunde zeigt. Jeden Abend wandern die Seelen der Pariser Künstler aus nach Amerika, hin zu Charlot, dessen Schatten lebendiger ist wie die Körper aller Mimen der Seinestadt.

Charlot, wie den meisten Amerikanern, ist keine körperliche Leistung unmöglich. Er ist Akrobat, Athlet, Jongleur und das erhöht noch den Effekt seiner Films.

Hierin wird er nur von Douglas Fairbanks überboten, der in jedem Film sein Leben aufs Spiel zu setzen scheint. Er führt die übermenschlichsten Dinge spielend aus: Springt mit dem Pferd aus rasendem Express oder aus einem Rennauto ins andere. Klettert eine steile Kirche oder einen Wolkenkratzer hinauf, hüpft von einem Dach über die Straße hinweg aufs andere. Aber das sind nur Illustrationen für den Inhalt seiner Films. (Bei uns wäre es der Film selbst und hieße: »Todessprung« von Fern Andra.) Er imitiert spöttisch die ethisch-sozialen Inhalte der fünfaktigen rührseligen Lichtspiele. Er vertritt das amerikanische Prinzip, nichts ernst, nichts eng zu nehmen. Wie ein Jaguar lauert er im Klubsessel immer bereit, aus der sogenannten Handlung heraus- und hineinzuspringen in den Witz, in das Ungewöhnliche. Das amerikanische Kino hat sein Publikum bereits an vieles gewöhnt. Tanks fahren in die Häuser, drei Autos rasen ineinander oder ins Meer, in 2000 m Höhe turnt ein Mann von einem Aeroplan auf den andern und läßt sich mit dem Fallschirm herunter, über dem Ozean und New York, ohne zu wissen, ob und wo er ankommen wird. Douglas Fairbanks aber schlägt den Rekord. Er ist der Ausdruck einer granitenen Energie, des herzklopfenden Lebens einer unverbrauchten Welt.

Ganz seelische Wirkung ist der große Japaner: Sessue Hayakawa. Keine Gefühlchen, sondern Urempfindung. Keine von Zivilisation geschändete Kunst.

Wenn er die Trauer spielt, ist sein Schmerz von antiker Größe. Wenn er den Liebenden spielt, hat sein Lächeln Grazie und Duft der Lotos- und Kirschblüte. Wenn er Rächer ist, explodiert sein Körper in exotischer Wildheit. Wer ihn sieht, weiß alles von Japan, von der Schönheit des mystischen Ostens.

Diese drei Menschen haben den Film nach allen Richtungen ins Grandiose gesteigert. Von ihnen wird der Kontinent für die Zukunft zu lernen haben.

Die neue Schaubühne 2, H. 6 (Juni 1920), S. 164 f. (Nachdruck: Kino-Debatte. Texte zum Verhältnis von Literatur und Film, 1909–1929. Hg. v. Anton Kaes, Tübingen 1978, S. 146 ff.)

7. Schlager, 1932

Wenn ein Tanzliedchen blitzartig »einschlägt«, so daß alsbald die Leute lichterloh entbrennen und die feurige Musik sich mit Windeseile verbreitet, dann ist es ein richtiger »Schlager«. Sogar der Oberregierungsrat summt ihn auf dem Wege zum Amtszimmer, obwohl er keine Tanzdielen besucht und selber vielleicht keine Ahnung hat, was er summt und woher ihm die Kenntnis kam. Er summt die Melodie von »Das gibt's nur einmal, das kommt nicht wieder«, die ihm – seit der Filmvorstellung »Der Kongreß tanzt« anhängt, die er mit seiner Gattin ausnahmsweise besucht hat. Richtig: die Waschfrau hat neulich in der Küche dasselbe Liedchen geträllert. Und im Rundfunk ist es ertönt. Und der Türsteher im Ministerium hat es gepfiffen. Natürlich: auch die Tochter des Oberregierungsrates, die zur Zeit sich auf die spanische Dolmetscherprüfung vorbereitet, hat in einer Arbeitspause diesen Schlager über die Klaviertasten gejagt. Und beim Austeilen des Puddings am vorigen Sonntag hat die Gattin mit schalkhaftem Mundspitzen erklärt: »Das gibt's nur einmal, das kommt nicht wieder!«

Sehen Sie, das ist Popularität! Und heute macht sie in erster Linie der Film. Der frühere »Einzelschlager« hat Konkurrenz bekommen. Die Masse im Film schlägt durch. Früher kaufte man sich im Laden die neuen Noten. Heute schmettert sie der Film in 1400 deutschen Lichtspielhäusern ins Volk. Welche Reklame! Da kommt der alte »Einzelschlager« nur noch schwer mit. Aber auch er läuft und hat Erfolg. [...]

Heute ist die Ufa der größte Schlagerverleger Deutschlands. Sie hat Ende 1929 ihren Ufa-Ton-Verlag begründet und Anfang 1931 den schon lange auf gleichem Gebiete tätigen Wiener Bohème-Verlag übernommen, damit zugleich auch deren Leiter Otto Hein, der – wie Dr. Eckener bekanntlich Wind und Wetter auf seinen Luftschiffahrten schon vorher riecht – einen ganz fabelhaften Riecher für erfolgreiche Schlager hat. So besitzt die Ufa jetzt die Verlagsrechte von den alten Tanzliedchen »Oh Katharina«, »Ich hab' mein Herz in Heidelberg verloren«, »Valencia«, »Veronika, der Lenz ist da«, »Ausgerechnet Bananen«, »Ein spanischer Tango« usw. angefangen bis zu den neueren wie »Das ist die Liebe der Matrosen«, »Liebling mein Herz läßt dich grüßen«, »Ich bin von Kopf bis Fuß auf Liebe eingestellt«, »Das gibt's nur einmal« und den allerneuesten, die noch im Werden sind; alljährlich beträgt der Zugang etwa 60 Nummern, und wenn sie in einem zugkräftigen Film erscheinen, dann stehen tags darauf die Leiter der Tanzorchester bis auf den Korridor hinaus Schlange in der Kochstraße, um alsbald für ihre Publikum in Kaffeehäusern oder Tanzdielen das Modernste heimzubringen. [...]

Rumpelstilzchen (d.i. Adolf Stein), Nu wenn schon!, Berlin 1932, S. 154 f., 158 (Nachdruck: Deutsche Sozialgeschichte 1914–1945, S. 171)

8. Neue Tanzrhythmen, 1922

[...] Es gibt vier Gesellschaftstänze: Onestep, Boston, Foxtrott, Tango. [...] Daß die Namen der neuen Tänze durchweg französischen, angloamerikanischen oder – horribile dictu – gar Niggerdialekten entstammen, gibt besonders hier in Deutschland sehr schlecht gewachsenen männlichen und weiblichen Barden reichliche Gelegenheit, jene fremdstämmischen Tänze in den Höllenpfuhl zu verdammen und statt dessen das Hohelied vom deutschen Reigen nebst Mondbeleuchtung auf blumiger Heide, Jungmädchenschneckenfrisur und grünem Laubgewinde anzustimmen. Diesen Herrschaften irgend etwas auf ihre lärmenden Tölpelhaftigkeiten, die sie in Zeitungen und Broschüren großspurig veröffentlichen, zu erwidern, hieße sie ernstnehmen. [...]

Pollak, Die Revolution des Gesellschaftstanzes, Dresden 1922 (Nachdruck: Schrader/Schebera, Kunstmetropole, S. 109)

9. Ergebnisse einer sozialwissenschaftlichen Untersuchung zu der Frage: Lieben Sie Jazzmusik? (1929)

Ähnlich wie bei anderen Fragen, so waren auch die Reaktionen auf Jazzmusik nicht ausschließlich vom persönlichen Geschmack oder von ästhetischen Maßstäben bestimmt; sie reflektierten ideologische Faktoren zumindest ebensosehr wie die Einstellung zu musikalischen Werten. Die weitgestreute Kritik am Jazz umfaßte im allgemeinen Kommentare wie »seelenlos«, »undiszipliniert«, »unmoralisch«, »fremdartig«, »Negermusik«, »dekadent«, und »undeutsch«. Bei den Vertretern einer strengen Sexualmoral mußten vor allem auch die erotisch-stimulierenden Elemente der Jazzmusik auf scharfe Ablehnung stoßen; die Ablehnung wurde zum Teil noch dadurch gesteigert, daß sich viele trotz ihres offenkundigen Abscheus unbewußt vom Jazz angezogen fühlten. Liebhaber einer sentimentalen und romantischen Musik attakkierten den Jazz wegen seines fremdartigen Charakters und seiner scharfen Synkopen, welche ihre musikalische Empfindung verletzten.

Die Befürworter der Jazzmusik entstammten meist jenen Kreisen der unteren Mittelklasse, die mit der Mode gingen und »auf dem laufenden« sein wollten oder sich selbst als exklusiv begriffen. Der Jazz wurde durch das Werk von Komponisten wie Kurt Weill und Hanns Eißler in Arbeiterkreisen populär und ist auf politische Lieder angewandt worden. Die scharfe Verurteilung der Jazzmusik durch reaktionäre Kreise führte zu einer wachsenden Zahl von Anhängern in den linken Arbeitergruppen, aber sie wurde auch von denjenigen unterstützt, die im Jazz eine neue Dimension der musikalischen Ausdrucksmöglichkeit erblickten [...].

40% der Befragten bejahten den Jazz, 50% äußerten sich ablehnend und 10% antworteten nicht. Eine positive Korrelation ergab sich vor allem bei einer Analyse der Antworten in Abhängigkeit vom Alter: Die über 30jährigen gaben signifikant häufiger negative und signifikant seltener affirmative Antworten. Der Hauptgrund scheint darin zu liegen, daß eine Generation, die mit den konventionellen Walzerklängen und sentimentalen Operettenliedern aufgewachsen ist, den neuen Stil kaum mehr begreifen kann.

Die Verteilung der Antworten nach den politischen Typen zeigte, daß Kommunisten im Vergleich zu Sozialdemokraten und Bürgerlichen signifikant öfter positiv und signifikant seltener negativ antworteten. Eine zusätzliche Analyse des Alters der Probanden ergab dabei, daß diese Differenz durch die Altersvariation nicht überlagert wird. Trotz der offiziellen Ablehnung durch ihre Partei ist der Prozentsatz der Nationalsozialisten, die sich für den Jazz aussprachen, nahezu so groß wie jener der Kommunisten, aber aufgrund der kleinen Anzahl von Nationalsozialisten in unserer Stichprobe kann diese Differenz zu anderen politischen Parteien nicht als valide angesehen werden.

Erich Fromm, Arbeiter und Angestellte am Vorabend des Dritten Reiches. Eine sozialpsychologische Untersuchung. Hg. v. Wolfgang Bonß, Stuttgart 1980 (amerik. Originalausgabe 1929), S. 106

10. Wolf Zucker: Kunst und Reklame. Zum Weltreklamekongreß in Berlin, 1929

In diesen Tagen versammeln sich in Berlin die Reklamefachleute der ganzen Welt zu einem großen Kongreß, den sie, wie es ihrem Beruf zukommt, vorbereitet haben wie einen Feldzug, für den sie mit ihren Mitteln geworben und für den sie die Aufmerksamkeit der ganzen Welt gewonnen haben. Man wird sich über Fragen der Berufsausbildung, des Interessen- und Urherberschutzes unterhalten, man wird Vorträge über die Psychologie, Soziologie und Metaphysik der Reklame zu hören bekommen, und zuweilen wird man ganz vergessen, daß es sich bei der Reklame eigentlich nur um die besten Mittel handelt, die großen Gelder zu verdienen, sondern wird glauben, auf einem philosophischen oder kunsttheoretischen Kongreß zu sein. Und so hat es wohl auch seinen Sinn, wenn an dieser Stelle auf diesen Kongreß eingegangen wird. Denn es ist ja festzustellen, daß keine Erscheinung der modernen Kultur eine sachlich wie ideell so begründete Beziehung zur Kunst hat wie gerade die Reklame.

Was zunächst das Materielle angeht, so darf man ruhig sagen, daß die Institution der Reklame zur Erhaltung und Förderung der Kunst mehr getan hat als alle kulturellen Hilfsorganisationen zusammen. Nehmen wir etwa den Film: Hier ist die Reklame mutiger und entschiedener in der Durchsetzung des nicht naturalistischen Sehens gewesen als die meisten Spielfilme. Und oft sind die kurzen Werbefilme, die vor dem eigentlichen Programm bei nur halb verdunkeltem Raum laufen, interessanter und auch künstlerisch ergiebiger als dieses selber. Man hat so ausgezeichnete Bildmontagen, Trickfilme, Überblendungskunststücke zu sehen bekommen, daß man bei der Vorführung des eigentlichen Spielfilms nachher gelangweilt dasaß und nur mühsam dem Rückfall in eine konventionell-langweilige Optik standhielt. Die Reklame hat vielen jungen mutig experimentierenden Photographen, Schriftzeichnern und Graphikern den Schritt in die Öffentlichkeit ermöglicht, und hat sie auch materiell erhalten.

Gerade dieses Beispiel ist sehr bezeichnend. Der reine Kunstbetrieb mit seinen Ausstellungen und materiell sehr begrenzten Aufführungs- und Veröffentlichungsmöglichkeiten ist die Angelegenheit einer verschwindend kleinen und nur in Ausnahmefällen mit irdischen Gütern gesegneten Schicht. Es wird niemals etwa einen rein privaten Auftrag auf einen absoluten Film geben. Aber da ist die Reklame eingesprungen, hat auf der ewigen Suche nach etwas Neuem, Noch-nicht-Dagewesenem die Jungen entdeckt und ihnen Aufträge sozusagen in modernstem Kunstgewerbe erteilt. Hunderte von Organisationen zur Rettung des Handwerks, zur Durchsetzung einer angeblich notwendigen gewerblichen Betätigung der Künstler sind nach Verlust bedeutender

Summen verkracht und haben weder den Künstlern noch der Kunst geholfen. Die Reklame hat keine charitativen, sondern praktische Aufgaben. Sie hat die Künstler eingeladen, dabei mitzutun, und es sind nicht die Schlechtesten, die diesem Ruf gefolgt sind. Man hat klare Zwecke gesetzt: »Eßt mehr Fisch« oder »Kauft fertige Anzüge«, und die Wirkung einer solchen Parole in Bild oder Wort war allemal die beste.

Es wäre natürlich Unsinn, die Aufgaben der Kunst ausschließlich in praktischen Zielen zu sehen. Aber wo diese sachlichen Aufgaben dazu beigetragen haben, Stil zu bilden, zu neuem Sehen und Hören zu erziehen, da sind sie begrüßenwerter als die künstliche Konservierung eines romantisch weltfremden Künstlertyps. Die Wohnungsnot ist die beste, wirksamste Anregerin für den neuen Baustil gewesen. Genau ebenso hat die Reklame den Künsten und nicht zuletzt der Sprachkunst die Aufgabe gestellt, mit den einfachsten Mitteln die größtmögliche Wirkung zu erzielen. Dabei hat die Reklame das Gute, daß sie ihre Mittel stets verändern, stets erneuern muß. Nirgendwo wird ein Phrase, eine konventionelle Wirkung so schnell verbraucht wie in der Werbetechnik. Und so meine ich: es könnte auch der Schriftsteller von dieser angewandten Kunst Beträchtliches lernen. Wieviele Leitartikler wären weniger langweilig, wenn sie das, was sie sagen wollen, wofür sie werben wollen, vielfältiger sagen könnten. Wieviel Zeitungen wären lebendiger, überraschender, spannender, wenn ihre Redakteure den Reklamefachleuten ihre Tricks ablauschen wollten.

Man sollte in der Reklame, und besonders auch in der Sprache der Reklame, Kunstgewerbe sehen; Ausdrucksmöglichkeiten, die ganz konkreten Zielen dienen. Ein gut geschriebener Werbeprospekt ist wertvoller als ein durchschnittliches Feuilleton. Man sollte auch nicht vergessen, daß viele literarische Meisterwerke ihre Entstehung einer Art Reklameauftrag verdanken. Und so bedeutet der Weltreklamekongreß für uns eine Veranstaltung, die mit anderen Mitteln und auf andern Gebieten dieselben Aufgaben verfolgt, um die auch wir uns bemühen: Arbeit am Ausdruck, an der Sprache, an der Kunst.

Die literarische Welt 5 (1929), Nr. 32 (Nachdruck: Manifeste und Dokumente, Nr. 88)

11. Programm der Veranstaltung »Berlin im Licht«, 1928

Zu den Vorzügen, die die deutsche Reichshauptstadt im Vergleich zu den anderen Weltstädten auszeichnen, ist im Laufe der letzten Zeit ein neues Plus gekommen: Berlin ist die Stadt der ästhetischen Lichtreklame geworden.

Gerade die Lichtreklame gibt der Weltstadt am Abend erst die prägnante individuelle Note. Die deutsche Reichshauptstadt hat es dabei vermieden, ihr Nachtbild durch schreiende, grell leuchtende Lichtplakate, die sich gegenseitig in roher Lichtkraft zu überbieten versuchen und mit Gewalt dem Straßengänger Empfehlungen oder Kaufanregungen aufzwingen wollen, zu verunstalten. Der durch die Wandlung neuzeitlicher Plakatreklame erzogene und verwöhnte Geschmack des Großstädters stellte auch an diesen Reklamezweig solche Ansprüche, daß das heutige abendliche Bild Berlins zwar eine mannigfaltige Fülle aller Lichtreklamearten aufweist, die sich aber zu einer großen Lichtgesamtheit vereinen. [...]

Es ist der Vorzug der Reichshauptstadt, in ihren Straßen besonders viele Beispiele von einwandfreien Lichtreklameausführungen zeigen zu können. Wer diese auf abendlichem Rundgang auf sich hat wirken lassen, den wird es nicht wundernehmen, daß Stimmen im In- und Auslande laut geworden sind, die *Berlin als die neue Lichtstadt Europas* bezeichnen.

Berlin im Licht. Festprogramm mit Lichtführer durch Berlin, 1928, S. 21–23 (Nachdruck: Schrader/Schebera, Kunstmetropole, S. 138)

12. Rudolf Kayser: Amerikanismus, 1925

Amerikanismus ist das neue europäische Schlagwort. Es geht ihm wie den meisten Schlagworten: je mehr man sie gebraucht, desto weniger weiß man, was sie bedeuten. Sicher ist, daß hier der Bedeutungsbereich ungeheuer groß ist, daß er über einzelne kleine Erscheinungen weit hinausreicht, daß er den Grundcharakter unseres Zeitalters betrifft. Es besteht also die merkwürdige Situation, daß wir zur Bezeichnung des recht radikalen Wandels unserer äußeren und inneren Lebensformen in den letzten Jahrzehnten keinen andern Ausdruck haben als den Namen des fremden Erdteils, der uns bisher nicht nur in geographischer Beziehung unendlich fern zu sein schien.

Was ist es also mit dem Amerikanismus?

Sicher hat er nichts oder nur wenig mit dem Amerikaner zu tun, den wir ja weniger kennen als irgendeinen anderen nationalen Typus. Auch als literarischer Typus ist er uns weit weniger vertraut als die Typen Europas und des Orients. Der französische Bürger, der englische Lord, der russische Muschik, der östliche Weise... sie sind uns durch ihre Literaturen zu greifbarer Wirklichkeit geworden, mit Perspektiven in den seelischen und gesellschaftlichen Aufbau ihrer Nationen. Doch besitzen wir die literarische Gestalt des Amerikaners? Was kennen wir von seinem Schrifttum? Wer liest bei uns die Hergesheimer, Dreiser, Sinclair Lewis, Mencken...? In Eugene G. O'Neill lernten wir den ersten amerikanischen Dramatiker kennen, und – seien wir ehrlich – er blieb uns fremd.

Aber wir haben anderes: Trusts, Hochhäuser, Verkehrspolizei, Film, Technikwunder, Jazzband, Boxen, Magazine und Regie. Ist das Amerika? Vielleicht. Da ich nicht da war, fehlt mir jedes Urteil. Aber ich weiß, daß die Vorbilder hiervon uns von Amerika gekommen sind. Aber ist dies alles auch schon – Amerikanismus? Sind diese Erscheinungen nicht vielmehr nur die äußeren und geheimnislosen Symptome eines viel heimlicheren, geistigen, seelischen Wesens? Ist Amerikanismus nicht eine neue Daseinshaltung, erwachsen und gestaltet aus unserem europäischen Schicksal? Dies ist eine Frage, die als erster der (vor einem Jahre gestorbene) Wiener Schriftsteller Robert Müller gestellt und so beantwortet hat: »Amerikanismus ist also eine Methode oder eine Schwärmerei.« Und damit sind wir seinem Charakter und seinem Europäertum weit näher gerückt.

In der Tat: Amerikanismus ist eine neue europäische Methode. Wieweit diese Methode von Amerika selbst beeinflußt worden ist, das scheint mir recht gleichgültig zu sein. Sie ist eine Methode des Konkreten und der Energie und völlig eingestellt auf geistige und materielle Realität. Ihr entspricht auch das neue (amerikanisierte) Aussehen des Europäers; bartlos mit scharfem Profil, zielstrebigem Blick, schmalem stählernen Körper; und der neue Frauentypus (der sexuologisch allein nur wenig erklärt ist): knabenhaft, linear, beherrscht von lebendiger Bewegung, vom Schreiten, vom Bein. Überhaupt gehört es zur Methode des Amerikanismus, daß er sehr stark im Körperlichen sich ausprägt, daß er Körperseele besitzt. Das bedeutet keineswegs Äußerlichkeit, sondern nur deutliche Abwendung vom Abstrakten und vom Sentimentalen und Umsetzung auch unserer edelsten Vermögen in jene Konkretheit und wache Lebendigkeit, die der Körper am stärksten offenbart (Sport ist also auch nur ein einzelnes Symptom dieser neuen inneren Spaltung). Unabstrakt und unsentimental, also in einem positiven Sinne naiv: so ist die Methode des Amerikanismus, und zwar im seelischen und geistigen Leben ebenso wie im praktischen. Keinerlei Bildungslasten beschweren diese Methode. Sie ist jung, barbarisch, unkultiviert, willenshaft. Sie hat jenen freien und starken Atem, den wir in den Gedichten Walt Whitmans spüren, und der schon Baudelaire bezauberte. Sie folgt keinem abstrakten oder geschichtlichen Ideal, sondern dem Leben. Amerikanismus ist Schwärmerei für das Leben, für seine Diesseitigkeit und seine heutigen Formen.

Damit tritt der Amerikanismus als stärkster Gegner jeder Romantik auf, die ja die Diesseitigkeit zu fliehen sucht. Er ist der natürliche Feind aller Abkehr von der Gegenwart: sei es durch rückwärtsschauende Geschichtsbetrachtung, sei es durch Mystik, sei es durch Intellektualismus. Der Amerikanismus ist sehr nordisch, klar, sicher, erfüllt von Seewind. Er hat ein starkes und direktes Verhältnis – nicht nur zur Exaktheit von Maschine, Organisation, Wirtschaft, sondern auch zur Natur, die er nicht als Symbol subjektiver Gefühle, oder als Rousseauisches Idyll erlebt, sondern als mächtigste und blühendste Wirklichkeit, der der Mensch nicht gegenübersteht, sondern in und mit der er lebt. In den Büchern von Knut Hamsun wirkt wohl am stärksten dieses neue Natur-Erlebnis, wie überhaupt das Skandinavische – man denke auch an Johannes V. Jensen – dem Amerikanismus nahe ist (was ebenfalls Robert Müller bereits betonte). Er ist aber auch preußisch in seiner nüchternen technischen Methode und greift ins Romanische hinab, soweit die Formklarheit und der Rationalismus des Lateiners in Frage kommen. Nichts aber ist dem Amerikanismus ferner und vergangener als der alte russische Osten, seine Müdigkeit und Passivität. Der Amerikanismus haßt unfruchtbare Leidenschaften, die nicht mehr auslotbaren Abgründe der Seele und eine dumpfe, stumpfe Religiosität. Die einzig menschliche Bewährung liegt ihm in der Welt der Wirklichkeit.

Wenn Marcel Proust erklärte: *»Toute action de l'esprit est aisée, s'il n'est pas soumise au réel«* – so ist diese Bemerkung dem Amerikanismus sehr verständlich (übrigens auch im Sinne der amerikanischen Philosophie des Pragmatismus). Aber auch wenn Paul Valéry die Architektur zu seinem Ideal erhebt – nicht im Sinne der klassischen Formgesetze, sondern aus dem Erlebnis des Bauens und der statischen Kräfte – so liegt, trotz aller Formstrenge und Musikalität des Dichters, auch hierin eine Anerkennung der Wirklichkeit. Aber vielleicht läßt sich über die Nähe dieser beiden Franzosen zum Amerikanismus streiten. Deutlicher werden seine literarischen Wege bei Dichtern, die bewußt sich von der Tradition abkehren und aus dem radikalen Erlebnis jüngster Gegenwart eine neue Welt in neuer Form schaffen wollen: etwa bei den Epikern Alfred Döblin und Ilja Ehrenburg. Ihre Romane sind getragen vom Erlebnis des Kollektivismus, sind von Lebendigkeit berstende Visionen, sind monumentale Legenden der Gegenwart. Elektrische Zentren zucken auf und senden ihre Kräfteströme durch die mechanisierte Welt. In der jüngsten Pariser Literaturmode, dem *»Surréalisme«*, wird versucht, dieses neue Erlebnis der Realität – es steht fast im Gegensatz zum alten biologisch-romantischen Naturalismus – auf seine theoretische Formel zu bringen.

Aber die Literatur ist dem Amerikanismus ja erst sehr wenig gefolgt. Noch ist ihr seine Lebendigkeit zu übermächtig und zu unkultiviert, so daß man ihn geradezu als antiliterarisch empfindet. Seine geistigen Möglichkeiten sind noch allzu problematisch. Vielleicht bedeutet er in der europäischen Kulturgeschichte ein Ende oder eine Pause; vielleicht aber stehen wir bereits morgen schon vor einer überraschenden neuen Blüte. Es ist sehr unfruchtbar, hier Rätsel aufzugeben und zu lösen. Es wäre aber andererseits verkehrt, die Zeit nur in den äußeren Erscheinungen von Wirtschaft und Verkehr erkennen zu wollen und so die neuen geistigen Einstellungen zu übersehen. Die Gegenwart hält sich an die Realität als der stärksten schöpferischen Substanz, als Energie, als Herrschaft der Welt.

Sollen wir nun über den Amerikanismus klagen oder jubeln? Beides nicht. Wir spüren seine Lebendigkeit und dürfen seine Erscheinungen nicht mit falschen Maßstäben messen.

Auch die Jazzband ist Kraft und Klang, zauberisch in dem wilden Glanz ihres Rhythmus, freudige Bejahung einer naiven Lebendigkeit. Aber warum beim Stampfen ihrer Instrumente von klassischer Musik sprechen?

Vossische Zeitung, 27.9.1925 (Nachdruck: Manifeste und Dokumente, Nr. 89)

C. Gegenströmungen

1. Kritik am mangelnden »Deutschtum« der Berliner, 1928

Die Einwohner von Dinkelsbühl oder Oldesloe werden empört auffahren und fragen: etwa nicht? Und ich bin gern bereit, zu erklären, daß ich an sie bei meiner Frage nicht gedacht habe. Es geht auf »meine lieben Berliner«, auf die Reichshauptstädter und Weltstädter, die mit ihrer klotzigen Zahl von vier Millionen das Zünglein an der Waage abgeben. Schließlich lebt ja doch jeder sechzehnte Deutsche in Berlin. Wie steht es aber mit dem Deutschtum der *Berliner*?

Faul steht es damit. Wie sie sich kleiden, wie sie reden und schreiben, und wie sie sich vergnügen. Vom Deutschtum ist da nicht mehr viel zu spüren. Sie reden sich mit dem »kosmopolitischen Charakter der Weltstadt« heraus. Aber Paris und London sind doch auch gewiß »Weltstädte«: sind die deswegen so abhängig vom Ausland, laufen sie so den Fremden nach wie ihr »Balina«?

Bei der Mode fängt es an. Die Mode ist ja überhaupt ein kultureller Gradmesser. Haben wir noch eine einzige deutsche Bezeichnung für ein weibliches Kleidungsstück? Unsere Frauen tragen »Jumper« und »Complet« und »Combinations« und »Pyjamas«. Die »Dessous« sind ihnen sehr wichtig. Nicht allein Frankreich ist Trumpf, sondern neuerdings auch England und Amerika. Vor zwei Jahren kam die sinnige und geschmackvolle Form des englischen Militärmantels auf, der »Trench-Coat«. Unsere jungen Mädchen laufen seither mit Achselklappen herum, und, wenn sie es ganz genau nehmen, mit einem auf der einen Seite verstärkten Schultereinsatz. Der war im Kriege notwendig als Schutz gegen das Scheuern des Gewehres. Wird aber gewissenhaft beibehalten von unseren englischen Amazonen. Jetzt ist zum »Trench-Coat« noch etwas Neues gekommen, die kleine weiße Leinenmütze der amerikanischen Matrosen. Sie nennt sich »Bobby-Cap« und ist der höchste Ehrgeiz aller badenden »Girls« und »Gents« – »Jungen« und »Mädchen« sind längst unmodern.

Wie ist das bei euch, ihr Dinkelsbühler und Oldesloer, hat das bei euch nicht auch schon angefangen mit dem Nachäffen englischer Feldsoldaten und amerikanischer Matrosen bei eurer hoffnungsvollen Jugend?

Wenn du über den Kurfürstendamm gehst, verehrter Zeitgenosse, kannst du deine französischen Sprachkenntnisse erweitern. Immer wieder bleibt das Auge an einer französischen Aufschrift hängen. Nicht allein Putzgeschäfte, die meinen, eine deutsche Firma könnte sie in Mißkredit bringen und sich also »Maison Angèle« oder »Salon Marguerite« nennen oder »Maison de Paris« – die Inhaber solcher Häuser sind nicht etwa Franzosen, sondern Deutsche (soweit man davon reden darf): sie heißen Rixrath, Landeck und Friedmann, diese Krampfpariser, und »La Corsetière« hört auf den nicht eben gallischen Namen »Wanda Seifert« – es gibt auch eine »Maison du livre« und eine Fabrik elektrischer Kühlanlagen, die keinen passenderen Namen gefunden hat als »Frigidaire«. Habt ihr es erlebt, daß sich Engländer und Franzosen in ihrer Heimat *deutsche* Firmenschilder zugelegt hätten? Kaum ... Sind uns etwa die Franzosen so weit voraus? Kennt ihr Pariser Warenhäuser? Die Leute haben seit dreißig Jahren nichts dazugelernt. Und trotzdem wollen sie am Potsdamer Platze eine »Galerie Lafayette« eröffnen. Es ist zum Lachen.

Bleiben wir noch ein bißchen bei der *Sprache*. Unser Zeitungsdeutsch ist ja so herzerquickend! Wenigstens das in den Berliner »Boulevardblättern«. Die »mondäne« Dame geht nachmittags in ihrem »Trotteur«-Kleidchen Einkäufe machen? – nicht doch: sie geht »shopping«. Sie hat entweder ein »Faible« oder einen »Penchant« für diese Beschäftigung. Zum »Five o clock« betritt sie ein »fashionables« Café, über dessen Türen man liest »Confiserie« und »Patisserie«. Dann, nach dem Genuß einiger »Sandwiches« und nach der Lektüre der neuesten »Communiqués« (oder »Kommuniqués« oder »Kommuniquees«) telephoniert sie, der Chauffeur möge den Chrysler aus der »Box« holen. Diese Frau ist »charmant«: »soigniert« vom Kopf bis zur Zehenspitze. Rechtzeitig fällt ihr noch ein: sie muß noch einige »Accessoires« besorgen. Keine »Zutaten«, o nein: »Accessoires«. Lauter Ausdrücke, die aus Berliner »Boulevardblättern« stammen – es ist kein einziger frei erfunden. Wir werden, wenn wir uns so weiterentwickeln, bald bei der Sprache des späten siebzehnten Jahrhunderts angelangt sein.

Was ist uns denn überhaupt noch geblieben? Statt des deutschen Buches haben wir die »Reportage«, statt unserer Musik den »Jazz«, statt unsrer einheimischen Tänze »Tango«, »Foxtrott«, »Charleston«. Wo man früher Kammermusik machte, da quäken jetzt Niggersänger. Ein großes Weinrestaurant kündigt als »dernier cri« eine Schnellmahlzeit zu Mittag an; aber die muß unbedingt »quick lunch« heißen. »Tempo«!

Ein Beispiel möge für viele hier stehen, um die *grauenhafte Geschmacksverwilderung* zu kennzeichnen, in die wir hineingeschliddert sind. Vor kurzem wurde ein herrliches Kino eröffnet. Das Eröffnungsprogramm bestritten: das Rosé-Quartett, das zwei Sätze aus einem reifen Beethoven, dem Rassumoffsky-Quartett, spielte, ferner ein Organist, der die Vorzüge der riesenhaften Orgel an einer – Phantasie über einen amerikanischen Gassenhauer zeigte, und eine argentinische Jux-Kapelle, die im wesentlichen aus Ziehharmonikas bestand und Solonummern auf einer mit Lautsprecher versehenen Geige und einer Säge von sich gab. Dazu wurde furchtbar gebrüllt. Diese Pöbelei folgte unmittelbar auf ein Beethovensches Streichquartett. Und die ganze Berliner Presse war davon begeistert. Wieder die – »Boulevardpresse«. Auf deutsch: »Rinnsteinpresse«.

So weit haben wir's gebracht ...

Christoph Langmut, Sind wir noch Deutsche?, in: Deutsches Volkstum. Monatsschrift für das deutsche Geistesleben 12 (1928) II, S. 951f.

2. Beitrag des Abg. Schreiber (Zentrum) zur Frage der Bekämpfung der »Schmutz- und Schundliteratur«, 2.4.1925

[...] Wir haben in der Tat in der Nachkriegszeit nicht bloß die großen wirtschaftspolitischen und finanzpolitischen Erschütterungen hinter uns; in der Nachkriegszeit ist zu allem noch manches am Zarten und Feinen der deutschen Volkskultur erschüttert worden. Man trage überhaupt den Gedanken der Volksgemeinschaft in diese brennenden Kulturfragen hinein, man fasse das

Volk als einen Organismus auf, der beseelt ist als ein Ineinandergreifen von Kräften und Energien, von Geist und von Herz: erst dann versteht man so recht die Verpflichtung, die Erkrankungen dieses Volksorganismus nachzuprüfen und in eine Bilanz unserer Kultur und in eine Diagnostik unseres Kulturlebens einzutreten. [...]

Meine Verehrtesten! Wir legen größten Wert auf das, was uns aus dem Lande und aus der Landschaft an Mitteilungen aus seelischen Erlebnissen zufließt. Das ist gerade das Einseitige in unserer deutschen Kulturentwicklung vielfach in den letzten Jahrzehnten gewesen, daß zu viel in Berlin sich zusammendrängte, daß ferner die Berliner Verwaltung einseitig mit der Ausführung einer Gesetzgebung betreut wurde, die als Schutzmaßnahmen bei Erkrankungen des Volkskörpers dienen sollte. Diese Kritik an Berlin ist keineswegs zu hart. Sind wir doch in der eigenartigen Lage, daß hier diese Metropole in vielem internationalisiert ist, daß sie in vielem kosmopolitisch steht, und jenes andere ist ebenso gewiß: wenn wir in den letzten Jahrzehnten in Deutschland eine wundervolle Heimatkunst, eine Heimatkultur entwickelt haben, wenn wir die Dichtungen von Theodor Storm, von Fritz Reuter, Klaus Groth und anderen Heimatkünstlern schätzen, so ist es nicht bloß wegen der dichterischen Schönheit und Kraft. Darüber hinaus haben wir das Empfinden: Dort strömt in diesen Landschaften Niedersachsens, ebenso aber auch in anderen deutschen Landschaften köstlicher Jungbrunnen deutscher Kultur, dort liegt noch viel Urkräftiges, vieles an ungebrochener gesunder Volkskraft. Und wenn es darauf ankommt, diese deutsche Volkskraft in ihrer landschaftlichen Eigenart zu erhalten und zu fördern, dann werden wir nicht bloß auf Berlin und auf die Entscheidungen der Filmoberprüfstelle hier achten, sondern werden unsere Maßstäbe für die Beurteilung auch finden in dem kernigen Volke des Schwarzwaldes, in den sittlichen Maßstäben, die man auf der westfälischen Heide anlegt und in den Wäldern Schlesiens, ebenso im bayerischen Gebirge. Wir brauchen dringender denn je diesen Rückblick auf die seelische Feinnervigkeit der deutschen Landschaft, um uns Kultureinflüssen hier in Berlin zu erwehren, die unser Volk nicht weiter bringen, sondern in der Volkspflege und in der Volkskultur zurückwerfen. [...]

Derartige kulturelle Leitmotive wollen wir in die deutsche Legislative mit hineinnehmen und so die Einseitigkeiten eines Zentralismus auf dem Gebiete der Volkskultur, soweit es die Berliner Metropole betrifft, vermeiden. Wir wollen nicht ein Zurückdrängen diese Kapitale um jeden Preis, aber wir verlangen den harmonischen Zusammenklang zwischen unserer Hauptstadt und den Kräften der deutschen Volksseele, die in der deutschen Landschaft entwickelt werden. [...]

Niemals ist die Sorge, daß wir von düsteren Erscheinungen unseres Volkslebens überflutet werden, so aktuell gewesen wie heute und wie jetzt. Es steht in unserem Volke so, daß die Verbreitung von Schmutz und Schund mit einer Zügellosigkeit und auch mit einem gewissen Zynismus so verteidigt worden ist wie in den letzten Jahren, wie in den schweren Erlebnissen der Nachkriegszeit. Es sind leider Kräfte in unserem Volke vorhanden, die die Macht des Erotischen von allen Schranken und sittlichen Hemmungen befreien wollen. Wer so handeln will – das sprechen wir offen aus –, versündigt sich am Wesen des deutschen Geistes und am Wesen deutschen Volkstums. Es sind leider Kreise in unserem Volke, die das Naturhafte so stark in den Kult und in den Kultus nehmen, daß diese Einseitigkeit den Niedergang der geistigen Charakterbildung bedeutet. Der tiefste Sinn der Gesamterziehung wird aber stets die Schaffung des geistigen Charaktermenschen bedeuten. Wir legen gegen diese und andere bedauernswerten Verirrungen in unserem Volke Verwahrung und Einspruch ein. Wir betrachten das ganze düstere Kapitel von Schmutz und Schund als eine Schwächung der deutschen Willenskraft und als abträglich für die deutsche Lebensenergie. [...]

In bezug auf § 1 des Lichtspielgesetzes, wonach in einer ganzen Reihe von Fällen die Genehmigung versagt wird, verlangen wir eine Präzisierung der Verbotsgründe. Wir fordern, daß die sogenannte entsittlichende Wirkung schärfer herausgearbeitet wird. Mit demselben Nachdruck verlangen wir, daß der Verletzung des religiösen Empfindens gesteuert wird, und daß die Legislative in dieser Hinsicht eine deutliche Umschreibung jenes Schutzes findet, auf den wir nie und nimmer verzichten können. Es ist doch nicht zu leugnen, daß bei manchem guten Willen doch in einer Reihe von Filmen eine Verletzung des religiösen Empfindens stattgefunden hat, die in den Prüfstellen Berlins auf die leichte Schulter genommen wurde, die aber in den Teilen der Landschaft, die uns nahesteht, auf das schmerzlichste berührt hat. [...]

Es kann nicht bestritten werden, daß trotz des gesetzlichen Schutzes des religiösen Empfindens, der im vorliegenden Lichtspielgesetz zum Ausdruck kommt, immer noch zahlreiche Bildstreifen die Genehmigung der Zensur finden, welche die positivchristlichen Kreise aufs schwerste verletzen. Wir werden Ihnen deshalb mit dem praktischen Vorschlag kommen, statt des dehnbaren Begriffes »religiöses Empfinden« die Worte zu setzen »die Achtung vor der Religion und religiösen Gebräuchen, vor den Religionsgemeinschaften und ihren Dienern«. [...]

Wir kommen mit weiteren Anregungen und schlagen Ihnen eine Änderung in der Zusammensetzung der Prüfkammern vor [...].

Auch bei der Oberprüfkammer sprechen wir den Wunsch und die Anregung aus, daß ihre Zusammensetzung zweckmäßiger und sinnvoller erfolgt. Wir verlangen statt der fortwährend wechselnden Beisitzer ständige Beisitzer. Wir wollen, daß an einer der großen Stellen – sagen wir mal: an einem ethischen Areopag unseres Volkes – Tradition vorhanden ist, die sich fortsetzt, und daß dort langsam ein kulturell wertvolles Empfinden wächst und sich verdichtet und ein organisches wird; es geht um heilige Volksgüter. Deshalb wünschen wir nicht, daß Zufälligkeiten in der Besetzung erfolgen, sondern wollen eine kontinuierliche Linie und eine feste und stetig ausreifende und sich entwickelnde Erfahrung. [...]

Wir wollen, daß vieles an frischem und unverdorbenem Sinn in unserer Jugend sich mitregt, um Ungesundes und Krankes beiseite zu schieben. Aber gleichzeitig empfinden wir um so mehr die Notwendigkeit, einen gesteigerten und starken Jugendschutz nun unsererseits in dem Gesetz Ihnen vorzuschlagen. Es hat sehr viel für sich, eine Erwägung darüber anzustellen, die Jugendlichen ihrerseits in dem Alter von 6 bis 18 Jahren nun näher zu schichten und zu differenzieren. Wenn man Kinderfilme für Jugendliche im Alter vom 6. bis zum 14. Lebensjahre schaffen würde, so würden wir das als Fortschritt bezeichnen. Wenn weiterhin eine zweite Klasse und Kategorie von Jugendfilmen sich auftäte für Jugendliche im Alter von 14 bis 18 Jahren, so würde auch das sinnvoll erscheinen, und wir wünschen auch, daß uns in dieser Hinsicht die Regierung mit Vorschlägen kommt, um der Jugend und damit der Kulturpolitik des Films zu dienen. [...]

Die deutsche Bühne, wie sie heute vor uns steht, hat die lebendigen Zusammenhänge mit großen kulturellen Überlieferungsreihen unseres deutschen Volkes zerrissen. Es ist etwas Verhängnisvolles, meine Verehrtesten, daß diese starke Spannung zwischen Theater und Christentum nun schon seit Jahrzehnten eingetreten ist. Wir können ebenfalls nicht übersehen, daß heute in das Theater neben ernsten Besuchern große Menschenmassen einströmen, die auf jeden Kulturwillen verzichten, die im besten Sinne lediglich eine ästhetische Einstellung zum Theater mitbringen. Daß die Gedanken, die die besten Klassiker unseres Volkes doch vor allem auch in Theorie und Dramaturgie gebracht haben, daß das Theater eine Kulturstätte sei, das den Menschen erhebt und erschüttert, das ihn erlebet, daß die großen Gedanken der aristotelischen Tragödie und auch so manches, was Gustav Freytag und andere niedergeschrieben haben, wirklich macht, daß also das Theater eine Stätte der Vertiefung und Lebensbereicherung bedeute, – daß diese Gedanken so stark zurückgetreten sind in unserem Volke, ist aufs tiefste zu bedauern. Es wäre zu wünschen, daß diese Spannung zwischen Theater und Christentum sich mildert. Bestehen doch viele natürliche Zusammenhänge. Es ist doch das eigenartige, daß nach wie vor das Christentum eine ungeheure Fülle der Motive für Großes und Tiefes an Bühnenstücken liefert. Ich erinnere Sie an Wagners Parzifal, an so vieles andere Köstliche von deutscher Bühnenkultur. [...]

Vom Reichstheatergesetz fordern wir erstens, daß es eine genaue Unterscheidung zwischen gemeinnützigem und privatem Theater schafft, zweitens eine in dem künstlerischen Charakter und in den volksbildnerischen Leistungen begründete verschieden geartete Behandlung durchführt. [...]

Wir wollen, daß das künstlerische Laienspiel auch vom Reich und von der Reichsgesetzgebung seine Förderung erfährt. Es ist zu unterscheiden – und auch das Gesetz muß diese Unterscheidung anstellen – zwischen dem Dilettantentum der Vereinsbühne auf der einen Seite und dem künstlerischen Laienspiel auf der anderen Seite. [...]

Und noch eins. Das Laientum im Theater, ein künstlerisch hochstehendes Laienspiel erschließt in allem neue Quellen für die deutsche Heimat, und wenn wir wieder etwas für den deutschen Wiederaufbau brauchen, so ist es ein starkes und ein tiefes deutsches Heimatgefühl. [...]

Verhandlungen Reichstag, Bd. 385, S. 1329–1335

3. Bericht über das Verbot der Remarque-Verfilmung »Im Westen nichts Neues«, 12.12.1930

In der vierten Nachmittagsstunde verkündete gestern der Vorsitzende der Filmoberprüfstelle, Ministerialrat Seeger, das Urteil, wonach der Film »Im Westen nichts Neues« geeignet ist, das deutsche Ansehen zu gefährden und das deutsche Gefühl zu verletzen, und darum die Zulassung des Films in Deutschland widerrufen wird. Die weiteren Fragen, ob der Film auch geeignet ist, die öffentliche Ordnung und Sicherheit zu gefährden, entsittlichend oder verrohend zu wirken, hat die Oberfilmprüfstelle nicht näher nachgeprüft, da der erste Grund völlig für das Verbot ausreicht.

Zur Begründung des Spruches führte der Vorsitzende mündlich etwa folgendes aus: Das Urteil sei nicht unter dem Druck der Straße gefällt worden. Ebensowenig habe das Gericht sich durch die Ausführungen des Vertreters der Universal Pictures Corporation, des Rechtsanwalts Dr. Frankfurter, beeinflussen lassen, daß die amerikanische Industrie sich nach einem Verbot dieses Films aus Deutschland zurückziehen könnte. Die Filmoberprüfstelle hat sich im Gegensatz zu Rechtsanwalt Dr. Frankfurter auf den Standpunkt stellen müssen, daß die Behauptung eines Landes, die Anwendung des Filmgesetzes durch die Filmprüfungsstelle sei irrig, genügt, damit sich die Filmoberprüfstelle damit befassen müsse. Das entspreche auch dem Sinn des Gesetzes nach seiner Entstehungsgeschichte. Die Filmoberprüfstelle soll die Möglichkeit haben, auch die Wirkungen zu erfahren, die die Aufführung eines Filmes gehabt hat. Hiernach betrachte die Filmoberprüfstelle die Anwendung des Paragraphen 4 des Gesetzes als gegeben. Die Filmoberprüfstelle hat sich weiter auf den Standpunkt des Rechtsanwalts Frankfurter gestellt, daß der Film eine pazifistische Weltanschauung verkörpere. Dann könnte er aber nicht, wie der Verteidiger behauptet habe, das Schicksal von neun Freiwilligen allein kennzeichnen. Handele es sich um Weltanschauungsfragen, dann seien die im Film spielenden Personen Typen. Diese dargestellten Typen haben das Ansehen der Kriegsteilnehmer auf das empfindlichste verletzt. Es ist unbestritten, daß in diesem Film nur deutsche Soldaten in den Unterständen jammern und schreien, daß aber die gegen den Stacheldraht anrennenden Franzosen schweigend sterben. Die Filmoberprüfstelle ist der Ansicht, daß dieser Film der Gemütsverfassung der Teilnehmer an dem Weltkrieg in keiner Weise gerecht wird. Sie schließt sich ferner dem Standpunkt des Reichsinnenministeriums an, daß der Film ein Film nicht des Krieges, sondern der deutschen Niederlage ist, und ich möchte das Volk sehen, das sich die Darstellung der eigenen Niederlage gefallen läßt.

Deutsche Tageszeitung, 12.12.1930 (Nachdruck: Schrader/Schebera, Kunstmetropole, S. 260)

D. Urbanes Leben – Welt der Technik

1. Ende der privaten Sphäre? Kontroverse zwischen Martha Maria Gehrke und Rudolf Arnheim, 1930

Der große Krieg hat, wie jeder Krieg, die Vereinzelung aufgehoben und der Masse zu einer seit langem unvorstellbar gewordenen Wichtigkeit verholfen. Die blieb ihr erhalten, auch als der Krieg zu Ende war; die Masse hat ihr Gewicht erkannt und ist aktiv geworden. Sowjetrußland ist nur das durchgeführteste Beispiel des Kollektivismus; die große Linie ist überall die gleiche.

Wir erleben heute nicht die erste Reaktion der Geschichte auf den Individualismus, erleben nicht zum ersten Mal die Präponderanz der Masse; aber zum ersten Mal geht ihr parallel eine Entwicklung, die sie von außen her in bisher nicht vorstellbarem Maße unterstützt: die Entwicklung der Technik.

Bevor es Städte gab, war die Isolierung und als deren innere Form und Folge der Individualismus das Naturgegebene. Je mehr und enger die Menschen zusammenkamen, desto stärker wurden die äußeren Voraussetzungen des Kollektivismus. Fast jede neue technische Erfindung bedeutete und bedeutet aber auch eine stärkere Zusammendrängung von Menschen. Man erinnere sich des Unterschiedes von Werkstatt und Fabrik; man vergegenwärtige sich, was es heißt, in der Sänfte, zu Pferde und allenfalls in der Postkutsche oder aber in einem zwanzig Wagen langen Eisenbahnzug zu reisen – nächstliegende Beispiele, die jeder beliebig vermehren mag.

Soweit die Entwicklung vor 1914. Seit dem Kriegsende hat sich die Technisierung des Lebens mit betäubender Schnelligkeit entwickelt. Da ist der Rundfunk, durch den nicht mehr ein paar Hundert oder selbst Tausend Besucher eines Theaters das gleiche Erlebnis haben, sondern der Tag für Tag, Abend für Abend, Zehntausende, Hunderttausende von Hörern zum gleichen Programm zwingt.

Zwingt? Aber niemand ist doch gezwungen, ein Rundfunkabonnement zu nehmen! Gewiß nicht. Aber – ganz abzusehen von der unwägbaren Beeinflussung der Massenhaftigkeit an sich – hat es der Nachbar, das Gegenüber, die Partei unter, über, neben mir. Alle haben Lautsprecher, alle öffnen bis in den Herbst hinein ihre Fenster, und sind die im Winter geschlossen, so dringt der vorzüglich reproduzierende Lautsprecher durch alle Wände alter und neuerbauter Häuser in das Zimmer, das einmal meine Burg gewesen ist. Unentwegt höre ich schwarz, obgleich ich nicht im Geringsten die Absicht dazu habe. Schweigt das Radio, so tönt das Grammophon; kein Mietshaus, in dem es nicht in mehreren Exemplaren vertreten wäre, und kein Eigentümer, der nicht das altruistische Bedürfnis hätte, die Umgebung an der Vollkommenheit seiner Platten teilnehmen zu lassen. Denn der Kollektivismus findet einen seiner deutlichsten Niederschläge in der heutigen Vergnügungsform. Vergnügen und Geselligkeit waren für die Mehrzahl von jeher wechselseitig voneinander bestimmt; ist es ein Zufall, daß heute auf Rummelplätzen und in Tanzbars Gesellschaftsklassen vertreten sind, von denen früher höchstens die Männer an solchen Plätzen zu finden waren, und auch die nur heimlich? Ist es ein Zufall, daß heute jeder die verständnisvolle Teilnahme der ganzen Straße an seinen Vergnügungsgeräuschen voraussetzt und daß in jeder solchen Straße immer nur ein Einzelner existiert, der Lautsprecher und Grammophon, Hundegeheul und das Knattern nicht abgestellter Motoren als Eingriff in die private Sphäre auffaßt, aber nicht verhindert, weil er als Einzelner nicht den Mut hat, die spärlichen polizeilichen Verbote zu seinen Gunsten in Anspruch zu nehmen? Eine Mehrheit aber, die sich gestört fühlte und geschlossen gegen die Unruhestifter vorginge – die gibt es bezeichnenderweise nicht.

Es wäre töricht, von einem Ende der privaten Sphäre zu reden, wenn weiter nichts vorläge als die kollektivistische Reaktion auf ein individualistisches Jahrhundert. Erst die Parallelentwicklung der Technik berechtigt dazu. Und angesichts der neuesten Entwicklung mehr denn je. Das Problem des Fernhörens ist so gut wie restlos gelöst, nun halten wir beim Fernsehen. Es ist keine Frage, daß wir auch hier der Praxis bereits recht nahe sind. Schon ist ein Allgemeiner Deutscher Fernseh-Verein gegründet, der »die Förderung des Fernsehens und die Vertretung aller damit zusammenhängenden Interessen...« bezweckt. Er wird seine Ziele erreichen, und die Menschheit wird um eine wundervolle Erfindung reicher sein. Aber wird es möglich werden, diese Erfindung so anzuwenden, daß sie der Allgemeinheit dient, ohne die Sphäre des Einzelnen zu stören?

Es wird kaum möglich sein. Schon darum nicht, weil es kaum und jedenfalls nicht genügend Einzelne geben wird, die diese Störung als solche empfinden. Niemand wird gezwungen werden dürfen, sich einen Fernsehapparat anzuschaffen, und wenn er ihn hat, so wird er ihn jederzeit ausschalten können? Aber wer garantiert uns, daß nicht Wellen entdeckt, Apparate erfunden werden, die das Fernsehen ausschließlich in den Willen des, sagen wir einmal: Senders stellen, gegen den sich der Empfänger so wenig schützen kann wie heute ein Kirchtum gegen einen Fernstecher? Utopie? Das Wort hat nach Ergebnissen des letzten Jahrhunderts keine Gültigkeit mehr.

Abwehrmaßnahmen? Sie haben keine Aussicht auf Erfolg, da die Allgemeinheit keine Abwehr will. Schlußfolgerungen? Schlußfolgerungen sollen keine gezogen werden. Es wurde nur versucht, den Beweis zu erbringen, nicht für eine Behauptung sondern für noch nicht ganz bekannte Tatsachen, mit denen wir uns abzufinden haben, jeder auf seine Art.

Antwort an M.M. Gehrke von Rudolf Arnheim

M.M. Gehrke betont, daß sie sich jeder Stellungnahme enthalte und nur konstatiere, aber sie spricht nur vom Unangenehmen, nur von den Geräuschen der Terrier, Taubers und Auspuffe, die einem im Zeitalter eines von den Ingenieuren konstruierten Kollektivismus der liebe Nachbar auf den Hals jage. Als ob nicht auch liebenswürdigere Geräusche von Mensch zu Mensch dringen. Sie tritt in unsre Zeit, wie jemand, der lange unter Dach und Fach geborgen gewesen ist, in einen Platzregen; sie spannt den Schirm auf und befürchtet von der Zukunft, sie werde ihr auch noch den Schirm nehmen.

»Kollektivismus« ist ein gefährlicher, weil changierender Begriff. Kollektivismus ist nicht ein Erzeugnis der Technik oder des Zusammenlebens in Städten, er findet sich vielmehr in reinster Form am ersten Anfang der Kultur, bei den Naturvölkern und bei den Tieren. Die Entwicklung und Spezialisierung der menschlichen Geistesarbeit, die zunehmende Arbeitsteilung, der Zerfall der Gemeinschaft in Klassen verschiedener Bildungs- und Einkommensstufen zerstörte den Kollektivismus, und gerade die von Gehrke zitierte Fabrikarbeit, die äußerlich betrachtet gegenüber dem Werkstättenhandwerk die Zusammenrottung großer Massen bringt, hat einen echten Kollektivismus, eine Zusammenarbeit vernichtet, die zur Zeit der Zünfte selbstverständlich waren.

Denn Kollektivismus ist nicht gleich Zusammenrottung. Die Großstädter, die einander auf den Leib und auf die Seele rücken, führen nicht mehr Gemeinschaftsleben als die Sardinen in der Büchse. Sie leben nicht miteinander, sie stören sich, Kollektivismus ist das nicht, sondern der wäre nur die schönste und zweckmäßigste Manier, sich mit diesem Übelstand abzufinden.

Im übrigen gibt es stärkere Angriffe auf das Privatleben als die Rabitzwand und das Boschhorn. Es wäre hier von der allgemeinen Vertrustung unsrer Kulturproduktion zu sprechen, von der Normierung der Gebrauchsgegenstände und der Nahrung, vom Unterhaltungsmonopol der Fernhör- und Fernseh-Zentralen, gegen die man sich nicht nur, was Gehrke betont, wird wehren müssen, sondern auf die man angewiesen sein wird ... wer weiß, ob man in zwanzig Jahren am Abend nicht nur ein einziges Theaterstück, dies aber in allen Wohnungen des Reiches wird hören können, es sei denn, daß ein Kommerzienrat seine Freunde in sein Privattheater einladet. Wie sich damit abfinden?

Der Widerstreit zwischen Individuum und Gesamtheit hatte zuletzt eine Lösung gefunden, die sehr zum Nutzen unsrer Arbeit war, aber eine Verärmlichung des Lebens gebracht hatte. Tapezierte Mauern und ein Bankkonto boten genügend Schutz für Studien, die im Treibhaus prächtig gediehen, Wissenschaften und Künste auf den Gipfel führten. Aber die Mehrzahl der Volksgenossen lebt ohne Bildung und Kultur, bis ebendieselbe Wirtschaftsform, die dies Analphabetentum hervorgerufen, nun durch die Vertrustung alles Bedarfs die Wände niederreißt und die Gesamtheit der Volksgenossen sei es zur Kultur, sei es zum Plebejertum führt. Wer bisher in aller Privatruhe sich selbst mit guten Dingen und damit eben diese guten Dinge gepflegt, sieht sich gezwungen, auf die Bedürfnisse der Allgemeinheit Rücksicht zu nehmen, weil ihm die individuellen Bezugsquellen sachte abgeschnitten werden. Und er sieht sich aus Eigennutz auf einen Altruismus angewiesen, der höchst nützlich werden kann. Denn da nun gleiches Brot für alle gebacken wird, liegt es in seinem eigenen Interesse, auf die Besserung des Gebotenen zu sinnen und die Aufnahmeorgane der Masse zu veredeln, damit die allgemeine Kost auch bei mehr Gehalt noch bekömmlich sei. Diese Notwendigkeit wird allerdings der Kulturarbeit auf lange hinaus gewaltigen Schaden bringen, und es ist kein Vergnügen zu sehen, wieviel Barbarei und Vergröberung zum Beispiel das Sowjetsystem in die Kunst und die Wissenschaft hineinträgt. Aber sie weckt zugleich – vom egoistischen Standpunkt des Individuums aus gesehen – die verkümmerten Freuden am Leben in der Gemeinschaft, am Helfen, am Austausch. Sie wird den geistig Produktiven das Vergnügen des Lehrens, des Schenkens gewähren, eine gute Beigabe zu dem unfrohen Fanatismus, den die Einsamkeit der Studierstube so häufig mit sich bringt. Und sie wird, wie an unsern Zeitgenossen deutlich zu sehen, die Verlockung bringen, den Geist zu verraten und sich im Schutze wohliger, einschläfernder Kameradschaftlichkeit Vergnügungen hinzugeben, auf die der Massenmensch heute noch angewiesen ist, die aber den Kultivierten depravieren. Eine nützliche Aufstörung: die allzu gefestete Position der Verwöhnten wird erschüttert werden, sich unter erschwerten Umständen bewehren und nicht nur für die Sache sondern auch für den Nebenmenschen fruchtbar werden müssen. Und in den mit Entengrütze bedeckten Weiher, in dem eine wimmelnde Masse ihr Leben führte, werden Sonnenstrahlen und die aufregenden Düfte neuartigen, gefährlichen Futters fallen. Es lohnt das Unbehagen!

Die Weltbühne 26 (1930) I, Nr. 2, S. 61–64 (Nachdruck: Manifeste und Dokumente, Nr. 68)

2. Alfred Döblin: Berlin Alexanderplatz, 1929

Rumm rumm wuchtet vor Aschinger auf dem Alex die Dampframme. Sie ist ein Stock hoch, und die Schienen haut sie wie nichts in den Boden.

Eisige Luft. Februar. Die Menschen gehen in Mänteln. Wer einen Pelz hat, trägt ihn, wer keinen hat, trägt keinen. Die Weiber haben dünne Strümpfe und müssen frieren, aber es sieht hübsch aus. Die Penner haben sich vor der Kälte verkrochen. Wenn es warm ist, stecken sie wieder ihre Nasen raus. Inzwischen süffeln sie doppelte Ration Schnaps, aber was für welchen, man möchte nicht als Leiche drin schwimmen.

Rumm rumm haut die Dampframme auf dem Alexanderplatz. Viele Menschen haben Zeit und gucken sich an, wie die Ramme haut. Ein Mann oben zieht immer eine Kette, dann pafft es oben, und ratz hat die Stange eins auf den Kopf. Da stehen die Männer und Frauen und besonders die Jungens und freuen sich, wie das geschmiert geht: ratz kriegt die Stange eins auf den Kopf. Nachher ist sie klein wie eine Fingerspitze, dann kriegt sie aber noch immer eins, da kann sie machen, was sie will. Zuletzt ist sie weg, Donnerwetter, die haben sie fein eingepökelt, man zieht befriedigt ab.

Alles ist mit Brettern belegt. Die Berolina stand vor Tietz, eine Hand ausgestreckt, war ein kolossales Weib, die haben sie weggeschleppt. Vielleicht schmelzen sie sie ein und machen Medaillen draus.

Wie die Bienen sind sie über den Boden her. Die basteln und murksen zu Hunderten rum den ganzen Tag und die Nacht.

Ruller ruller fahren die Elektrischen, Gelbe mit Anhängern, über den holzbelegten Alexanderplatz, Abspringen ist gefährlich. Der Bahnhof ist breit freigelegt, Einbahnstraße nach der Königstraße an Wertheim vorbei. Wer nach dem Osten will, muß hinten rum am Präsidium vorbei durch die Klosterstraße. Die Züge rummeln vom Bahnhof nach der Jannowitzbrücke, die Lokomotive bläst oben Dampf ab, grade über dem Prälaten steht sie, Schloßbräu, Eingang eine Ecke weiter.

Über den Damm, sie legen alles hin, die ganzen Häuser an der Stadtbahn legen sie hin, woher sie das Geld haben, die Stadt Berlin ist reich, und wir bezahlen die Steuern.

Loeser und Wolff mit dem Mosaikschild haben sie abgerissen, 20 Meter weiter steht er schon wieder auf, und drüben vor dem Bahnhof steht er nochmal. Loeser und Wolff, Berlin-Elbing, erstklassige Qualitäten in allen Geschmacksrichtungen, Brasil,

Havanna, Mexiko, Kleine Trösterin, Liliput, Zigarre Nr. 8, das Stück 25 Pfennig, Winterballade, Packung mit 25 Stück, 20 Pfennig, Zigarillos Nr. 10, unsortiert, Sumatradecke, eine Spezialleistung in dieser Preislage, in Kisten zu hundert Stück, 10 Pfennig. Ich schlage alles, du schlägst alles, er schlägt alles mit Kisten zu 50 Stück und Kartonpackung zu 10 Stück, Versand nach allen Ländern der Erde, Boyero 25 Pfennig, diese Neuigkeit brachte uns viele Freunde, ich schlage alles, du schlägst lang hin.

Neben dem Prälaten ist Platz, da stehen die Wagen mit Bananen. Gebt euren Kindern Bananen. Die Banane ist die sauberste Frucht, da sie durch ihre Schale vor Insekten, Würmern sowie Bazillen geschützt ist. Ausgenommen sind solche Insekten, Würmer und Bazillen, die durch die Schale kommen. Geheimrat Czerny hat mit Nachdruck darauf hingewiesen, daß selbst Kinder in den ersten Lebensjahren. Ich zerschlage alles, du zerschlägst alles, er zerschlägt alles.

Wind gibt es massenhaft am Alex, an der Ecke von Tietz zieht es lausig. Es gibt Wind, der pustet zwischen die Häuser rein und auf die Baugruben. Man möchte sich in die Kneipen verstecken, aber wer kann das, das bläst durch die Hosentaschen, da merkst du, es geht was vor, es wird nicht gefackelt, man muß lustig sein bei dem Wetter. Frühmorgens kommen die Arbeiter angegondelt, von Reinickendorf, Neukölln, Weißensee. Kalt oder nicht kalt, Wind oder nicht Wind, Kaffeekanne her, pack die Stullen ein, wir müssen schuften, oben sitzen die Drohnen, die schlafen in ihre Federbetten und saugen uns aus.

Aschinger hat ein großes Café und Restaurant. Wer keinen Bauch hat, kann einen kriegen, wer einen hat, kann ihn beliebig vergrößern. Die Natur läßt sich nicht betrügen! Wer glaubt, aus entwertetem Weißmehl hergestellte Brote und Backwaren durch künstliche Zusätze verbessern zu können, der täuscht sich und die Verbraucher. Die Natur hat ihre Lebensgesetze und rächt jeden Mißbrauch. Der erschütterte Gesundheitszustand fast aller Kulturvölker der Gegenwart hat seine Ursache im Genuß entwerteter und künstlich verfeinerter Nahrung. Feine Wurstwaren auch außer dem Haus, Leberwurst und Blutwurst billig.

Das hochinteressante ‚Magazin' statt eine Mark bloß 20 Pfennig, die ‚Ehe' hochinteressant und pikant bloß 20 Pfennig. Der

Ausrufer pafft Zigaretten, hat eine Schiffermütze auf, ich schlage alles.

Von Osten her, Weißensee, Lichtenberg, Friedrichshain, Frankfurter Allee, stürmen die gelben Elektrischen auf den Platz durch die Landsberger Straße. Die 65 kommt vom Zentralviehhof, der Große Ring Weddingplatz, Luisenplatz, die 76 Hundekehle über Hubertusallee. An der Ecke Landsberger Straße haben sie Friedrich Hahn, ehemals Kaufhaus, ausverkauft, leergemacht und werden es zu den Vätern versammeln. Da halten die Elektrischen und der Autobus 19 Turmstraße. Wo Jürgens war, das Papiergeschäft, haben sie das Haus abgerissen und dafür einen Bauzaun hingesetzt. Da sitzt ein alter Mann mit einer Arztwaage: Kontrollieren Sie Ihr Gewicht, 5 Pfennig. O liebe Brüder und Schwestern, die ihr über den Alex wimmelt, gönnt euch diesen Augenblick, seht durch die Lücke neben der Arztwaage auf diesen Schuttplatz, wo einmal Jürgens florierte, und da steht noch das Kaufhaus Hahn, leergemacht, ausgeräumt und ausgeweidet, daß nur die roten Fetzen noch an den Schaufenstern kleben. Ein Müllhaufen liegt vor uns. Von Erde bist du gekommen, zu Erde sollst du wieder werden, wir haben gebauet ein herrliches Haus, nun geht hier kein Mensch weder rein noch raus. So ist kaputt Rom, Babylon, Ninive, Hannibal, Cäsar, alles kaputt, oh, denkt daran. Erstens habe ich dazu zu bemerken, daß man diese Städte jetzt wieder ausgräbt, wie die Abbildungen in der letzten Sonntagsausgabe zeigen, und zweitens haben diese Städte ihren Zweck erfüllt, und man kann nun wieder neue Städte bauen. Du jammerst doch nicht über deine alten Hosen, wenn sie morsch und kaputt sind, du kaufst neue, davon lebt die Welt.

Die Schupo beherrscht gewaltig den Platz. Sie steht in mehreren Exemplaren auf dem Platz. Jedes Exemplar wirft Kennerblicke nach zwei Seiten und weiß die Verkehrsregeln auswendig. Es hat Wickelgamaschen an den Beinen, ein Gummiknüppel hängt ihm an der rechten Seite, die Arme schwenkt es horizontal von Westen nach Osten, da kann Norden, Süden nicht weiter, und der Osten ergießt sich nach Westen, der Westen nach Osten. Dann schaltet sich das Exemplar selbsttätig um: Der Norden ergießt sich nach Süden, der Süden nach Norden. Scharf ist der Schupo auf Taille gearbeitet. Auf seinen erfolgten Ruck laufen über den Platz in Richtung Königstraße etwa 30 private Personen, sie halten zum Teil auf der Schutzinsel, ein Teil erreicht glatt die Gegenseite und wandert auf Holz weiter. Ebenso viele haben sich nach Osten aufgemacht, sie sind den andern entgegengeschwommen, es ist ihnen ebenso gegangen, aber keinem ist was passiert. Es sind Männer, Frauen und Kinder, die letzteren meist an der Hand von Frauen. Sie alle aufzuzählen und ihr Schicksal zu beschreiben, ist schwer möglich, es könnte nur bei einigen gelingen. Der Wind wirft gleichmäßig Häcksel über alle. Das Gesicht der Ostwanderer ist in nichts unterschieden von dem der West-, Süd- und Nordwanderer, sie vertauschen auch ihre Rollen, und die jetzt über den Platz zu Aschinger gehen, kann man nach einer Stunde vor dem leeren Kaufhaus Hahn finden. Und ebenso mischen sich die, die von der Brunnerstraße kommen und zur Janowitzbrücke wollen, mit den umgekehrt Gerichteten. Ja, viele biegen auch seitlich um, von Süden nach Osten, von Süden nach Westen, von Norden nach Osten. Sie sind so gleichmäßig wie die, die im Autobus, in den Elektrischen sitzen. Die sitzen alle in verschiedenen Haltungen da und machen so das außen angeschriebene Gewicht des Wagens schwerer. Was in ihnen vorgeht, wer kann das ermitteln, ein ungeheures Kapitel. Und wenn man es täte, wem diente es? Neue Bücher? Schon die alten gehen nicht, und im Jahr 27 ist der Buchabsatz gegen 26 um soundsoviel Prozent zurückgegangen. Man nehme die Leute einfach als Privatperson, die 20 Pfennig bezahlt haben, mit Ausnahme der Besitzer von Monatskarten und der Schüler, die nur 10 Pfennig zahlen, und da fahren sie nun mit ihrem Gewicht von einem Zentner bis zwei Zentner, in ihren Kleidern, mit Taschen, Paketen, Schüsseln, Hüten, künstlichen Gebissen, Bruchbändern über den Alexanderplatz und bewahren die geheimnisvollen langen Zettel auf, auf denen steht: Linie 12 Siemensstraße DA, Gotzkowskistraße C, B, Oranienburger Tor C, C, Kottbuser Tor A, geheimnisvolle Zeichen, wer kann es raten, wer kann es nennen und wer bekennen, drei Worte nenn ich dir inhaltschwer, und die Zettel sind viermal an bestimmten Stellen gelocht, und auf den Zetteln steht in demselben Deutsch, mit dem die Bibel geschrieben ist und das Bürgerliche Gesetzbuch: Gültig zur Erreichung des Reiseziels auf kürzestem Wege, keine Gewähr für die Anschlußbahn.

Sie lesen Zeitungen verschiedener Richtungen, bewahren vermittels ihres Ohrlabyrinths das Gleichgewicht, nehmen Sauerstoff auf, dösen sich an, haben Schmerzen, haben keine Schmerzen, denken, denken nicht, sind glücklich, sind unglücklich, sind weder glücklich noch unglücklich.

Rumm rumm ratscht die Ramme nieder, ich schlage alles, noch eine Schiene. [...]

Alfred Döblin, Berlin Alexanderplatz. Die Geschichte von Franz Bieberkopf (Ausgewählte Werke in Einzelbänden. Hg. v. Walter Muschg, Bd. 5, Olten und Freiburg 1964, S. 179–183)

3. Auto-Suggestion: Heinrich Hauser, 1928

Ich hörte ihn, ehe ich ihn sah, ich stand in der großen, ziemlich dunklen Garage, über deren Steinfliesen sich die roten Gummischlangen der Spritzschläuche wanden, und sprach mit dem Meister der Einfahrabteilung. »Da kommt Ihr Wagen.« Von draußen kam ein kurzer Hupton, der Pförtner beugte sich aus seinem kleinen Fenster heraus und drückte auf einen Knopf, die schweren Eisentüren glitten fast geräuschlos auseinander. Da schlich er mit leisem Atem, lautlos beinahe wie sein Schatten um die scharfe Kurve der Einfahrt. Er war langgestreckt und niedrig, einen Augenblick lang glitt seine Silhouette an der Türöffnung vorbei, dann sah ich geradewegs in sein Gesicht, sah die geriffelten Scheiben seiner Scheinwerfer größer werden, die breite niedere Stirn des Kühlers wuchs gegen meine Schulter herauf, die Nickelteile, mit staubiger Ölhaut überzogen, glänzten matt. Unter den mächtigen Bogen der Kotflügel standen, breit auseinandergestellt, die dicken Wulste der Ballonreifen, das flimmernde System der Drahtspeichen sprang, konisch gestellt, nach außen vor, weiter innen saßen die großen gerieften Trommeln der Vorderradbremsen staubbedeckt an der Vorderachse, deren hohes Profil sich hohl unter dem Leib des Motors wölbte. Die Kristallglasplatte der Windschutzscheibe flimmerte im Vibrieren des Motors, rechts und links wuchsen breite Schultern der Karosserie über die Kühlerfläche hinaus, weiter war von dem Wagen nichts zu sehen, er lag hinten niedriger als vorn. Geradewegs kam er auf mich zu, und weil man nicht gewohnt ist, in einem geschlossenen Raum Automobilen auszuweichen, blieb ich ruhig und erstaunt so lange stehen, bis die Wulste der Vorderreifen über meine Füße hinausgewachsen waren. Da, mit einem kleinen Knirschen der Handbremse, blieb der Wagen stehen, die vibrierende Scheibe stand still, die hallende Stille der Garage war noch hallender geworden, der Motor stand.

Heinrich Hauser, Friede mit Maschinen, Leipzig 1928, S. 38 f.

4. Luftschiff oder Flugzeug, 1929

Während ich diese Zeilen schreibe, legt das Luftschiff »Graf Zeppelin« den letzten Teil seiner Weltreise zurück. Wenn ihm das Glück treu bliebt, wird es wohlbehalten in Friedrichshafen landen, sein Führer Dr. Eckener wird drei Tage lang in dem Gefühl schwelgen können, der gefeiertste Mann in Deutschland zu sein, und gewisse unserer Volksgenossen werden sich furchtbar darüber entrüsten, daß die begeisterten Amerikaner aufgrund dieser Leistung des deutschen Volkes nicht zum mindesten die sofortige Annullierung des Young-Planes betreiben. Nur die eine Frage wird jetzt noch seltener gestellt werden als je: Hat der Luftschiffbau überhaupt eine Zukunft?

Auf die Gefahr hin, als Nörgler und Schwarzseher betrachtet zu werden, muß ich diese Frage auch nach der neuesten Rekordreise verneinen. Ich denke nicht daran, die Erfindung des Grafen Zeppelin zu verkleinern oder die Leistungen der Erbauer und der Führer des jüngsten oder der früheren Luftschiffe herabzusetzen. Aber die Erfindung des lenkbaren Luftschiffes ist von einem Schicksal ereilt worden, das auch schon andere vortreffliche Erfindungen getroffen hat: sie ist mitten in ihrer Entwicklung von einer besseren überholt worden, von der des Flugzeuges. Ein kurzer Vergleich soll das nochmals klarmachen.

1. Luftschiffe von der Bauart des »Grafen Zeppelin« sind, zumal für deutsche Verhältnisse, außerordentlich teuer. Was ein solcher Koloß eigentlich kostet, haben wir nie genau erfahren.

Auf jeden Fall lassen sich für die aufgewendeten Millionensumme Dutzende von recht stattlichen Flugzeugen bauen. Diese sind imstande, Hunderte von Fahrgästen zu befördern, und zwar mit einer Besatzung von wenigen Leuten. Der Flugriese dagegen faßt bekanntlich kaum zwanzig Reisende, für die ein Stab von rund 50 Mann Besatzung notwendig ist. Schon aus diesem Grunde muß das Luftschiff immer ein ausgesprochenes Luxusfahrzeug bleiben.

2. Das moderne Metallflugzeug ist ein ziemlich widerstandsfähiges Ding. Es läßt sich in jedem Schuppen unterbringen, kann fast ohne fremde Hilfe starten und auf jedem Sturzacker landen. Es hat sich von Wind und Wetter in staunenswertem Maße unabhängig gemacht. Benzin und Öl, seine einzigen Betriebsstoffe, sind in den Kulturländern in jedem Dorfe zu haben. Der unbeholfene und zerbrechliche Luftriese braucht zu seiner Unterbringung ungeheure, kostspielige Hallen, die womöglich noch drehbar sein sollen. Start und Landung sind nur bei ganz günstiger Witterung möglich und erfordern auch da Hunderte von geschulten Mannschaften und dementsprechend riesige Flugplätze. Geradezu ans Kindesalter der Technik erinnert der Zwang, vor jeder Landung erhebliche Mengen des teuren Füllgases einfach in die Luft zu blasen.

3. Wer auch auf der Luftreise Bequemlichkeit und Eleganz wünscht, kommt in einem modernen Großflugzeug ebenso gut auf seine Rechnung wie im Luftschiff. An Schnelligkeit bleibt der Zeppelin hinter größeren Flugzeugen zurück. Nicht einmal an Fahrsicherheit übertrifft er das moderne Flugzeug. Eine Reise über den Ozean ist vorerst für beide noch ein Wagnis. Der einzige Vorzug, den ich gegenwärtig noch am Luftschiff entdecken kann, liegt in seinem größeren Aktionsradius. Aber ehe der Luftschiffbau dazu gekommen sein wird, diesen Vorteil mehr als ein paar Dutzend bevorzugten Zeitgenossen zugute kommen zu lassen, wird ihn vielleicht das Flugzeug auch hierin überholt haben.

Diese Überlegungen, die sich ja von Jahr zu Jahr stärker aufdrängen, müssen natürlich auch schon in Friedrichshafen angestellt worden sein. Was treibt die Herren dazu, so unentwegt ihre Kuren an dem toten Patienten fortzusetzen? Neben der Furcht vor dem »Abbau« vor allem ein Gespenst, das auch sonst im deutschen Lande genug Unheil anrichtet: die Tradition, die um jeden Preis fortgesetzt werden muß.

Ich bin neugierig, was Dr. Eckener, der unbestrittene Reklame-Weltmeister, anstellen wird, wenn auch die Begeisterung über seine neueste Leistung abgeflaut sein wird. Nun, es ist seine Sache. Ich glaube es aber trotz meiner 40 Jahre bestimmt noch zu erleben, daß man, wenn nicht schon mit diesem, dann aber mit einem der nächsten Luftschiffe das tun wird, was man mit einem wohlerhaltenen Kadaver eben noch tun kann: ausstopfen und ins Museum stellen.

Mit anderen Augen. Hg. v. Erich Schairer, 1929, S. 230 f. (Nachdruck: Deutsche Sozialgeschichte 1914–1945, S. 190 f.)

Dritter Teil:
Krise und Untergang

A. Arbeitslosigkeit und Zusammenbruch des Sozialstaates

1. Marie Hirsch: Zur sozialen und geistigen Lage der Arbeitslosen, 1931

In dem Augenblick, in dem der Arbeitslose aus dem Arbeitsprozeß herausgeschleudert ist, fehlt dem politischen Angriffs- und Gestaltungswillen der Ansatzpunkt. Der Hilfsbedürftige tritt denjenigen gesellschaftlichen Institutionen, die ihm die notwendigen Mittel zum Lebensunterhalt gewähren, als isolierter einzelner gegenüber. Der organisierte Arbeiter, der im Betriebe steht, kämpft durch seine Organisation oder durch seine Funktionäre im Betrieb. Auch dem unorganisierten Arbeitnehmer im Betriebe verbleiben die Möglichkeiten zum politischen Kampf, z.B. der Streik. Dem Arbeitslosen fehlen diese Möglichkeiten in weit größerem Umfange. Er kann zwar auf der Straße demonstrieren, er kann auch auf der Stempelstelle oder auf dem Wohlfahrtsamt allein oder gemeinsam revoltieren, aber er kann einen sinvollen politischen Einsatz nicht leisten; es sei denn, man erklärte die Barrikadenkämpfe als den allein entscheidenden Akt der sozialen Revolution. Die Barrikaden freilich stehen allen offen.

Das Herrschaftsverhältnis, dem der ausgesteuerte Arbeitslose unterworfen ist, ist weniger greifbar als dasjenige Herrschaftsverhältnis, das durch das Arbeitsverhältnis entsteht. Es tritt für das Bewußtsein des Hilfsbedürftigen nur jeweils in bestimmten Momenten in Erscheinung: wenn er beispielsweise den Unterstützungsantrag stellt, wenn er Sonderunterstützungen, vor allem Unterstützungen, die in Sachleistungen (Kleidung) gewährt werden, beantragt. Für alle derartigen Erfordernisse müssen häufige Gänge gemacht werden; es muß stundenlang bei großem Andrang auf überfüllten Korridoren gewartet werden. Dazu kommt, daß die Zusammenarbeit der verschiedenen Organe, die sich in die Bewältigung der Aufgaben bei der Prüfung und Bearbeitung der Unterstützungsanträge teilen, im Bewußtsein des Hilfsbedürftigen häufig eine schnelle und reibungslose Erledigung seines Anliegens erschwert. Wenn bestimmte Arten von Anträgen nur bei den ehrenamtlichen Organen, den Leitern der freiwilligen Helferkommissionen (Wohlfahrtskommissionen), zunächst gestellt werden müssen, andere Anträge direkt beim Wohlfahrtsamt zu stellen sind, so geschieht es häufig, daß die betreffenden Hilfsbedürftigen zwischen den verschiedenen Stellen hin- und hergeschickt werden. Kommt noch dazu – was die Regel ist –, daß der betreffende Arbeitslose zum Zwecke der Vermittlung den Arbeitsnachweis aufsuchen muß, so sind es mindestens drei oder vier Stellen, die mit der Aufnahme und Prüfung der Anträge oder mit der Gewährung der Voraussetzungen für Unterstützung, nämlich Prüfung der Arbeitswilligkeit, befaßt sind.

Ein weiteres Moment tritt hinzu: die psychologische Wirkung der Bedürftigkeitsprüfung, der alle Unterstützten von dem Augenblick an unterworfen sind, wenn ein Rechtsanspruch auf Arbeitslosenunterstützung nicht oder nicht mehr besteht. Bedürftigkeitsprüfung ist ja auch bereits Voraussetzung für den Bezug der Krisenunterstützung. Der Anwendungsbereich der Bedürftigkeitsprüfung wird sich noch erweitern, je mehr sich die Finanzlage des Reiches und der Gemeinden verschlechtert und je mehr sich das reine Versicherungsprinzip bei der gegenwärtigen Krise aus finanziellen Gründen als untragbar erweist. Hier soll nicht die finanzielle und ökonomische Notwendigkeit einer Bedürftigkeitsprüfung bei der Gewährung öffentlicher Mittel verkannt werden; es soll lediglich ihre soziologische Wirkung gezeigt werden. Die Bedürftigkeitsprüfung unterwirft den Menschen in bestimmter Hinsicht einer stärkeren öffentlichen Kontrolle als sie sonst gegeben ist; denn sie macht die Gewährung von Einkommen aus Unterstützungsmitteln von ganz bestimmten Voraussetzungen abhängig: von dem Begriff des Existenzminimums, der jeweils in ökonomischer und rechtlicher Beziehung gültig ist, von der Einkommenshöhe der übrigen im gemeinsamen Haushalt lebenden Familienmitglieder und sonstiger rechtlicher zum Unterhalt verpflichteter Angehöriger. […]

Neue Blätter für den Sozialismus 2 (1931), S. 119–125 (Nachdruck: Familienleben in der Krise, S. 254 f.)

2. Verlorene Zeit: Die Arbeitslosen von Marienthal, 1933

Wer weiß, mit welcher Zähigkeit die Arbeiterschaft seit den Anfängen ihrer Organisation um die Verlängerung der Freizeit kämpft, der könnte meinen, daß in allem Elend der Arbeitslosigkeit die unbegrenzte freie Zeit für den Menschen doch ein Gewinn sei. Aber bei näherem Zusehen erweist sich diese Freizeit als tragisches Geschenk. Losgelöst von ihrer Arbeit und ohne Kontakt mit der Außenwelt, haben die Arbeiter die materiellen und moralischen Möglichkeiten eingebüßt, die Zeit zu verwenden. Sie, die sich nicht mehr beeilen müssen, beginnen auch nichts mehr und gleiten allmählich ab aus einer geregelten Existenz ins Ungebundene und Leere. Wenn sie Rückschau halten, über einen Abschnitt dieser freien Zeit, dann will ihnen nichts einfallen, was der Mühe wert wäre, erzählt zu werden.

Viele Stunden stehen die Männer auf der Straße herum, einzeln oder in kleinen Gruppen; sie lehnen an der Hauswand, am Brückengeländer. Wenn ein Wagen durch den Ort fährt, drehen sie den Kopf ein wenig; mancher raucht eine Pfeife. Langsame Gespräche werden geführt, für die man unbegrenzt Zeit hat. Nichts mehr muß schnell geschehen, die Menschen haben verlernt, sich zu beeilen. [...]

Doppelt verläuft die Zeit in Marienthal, anders den Frauen und anders den Männern. Für die letzteren hat die Stundeneinteilung längst ihren Sinn verloren. Aufstehen – Mittagessen – Schlafengehen sind die Orientierungspunkte im Tag, die übriggeblieben sind. Zwischendurch vergeht die Zeit, ohne daß man recht weiß, was geschehen ist. Die Zeitverwendungsbogen zeigen das drastisch. Ein 33jähriger Arbeitsloser schreibt:

6–½7	stehe ich auf,
7–8	wecke ich die Buben auf, da sie in die Schule gehen müssen,
8–9	wenn sie fort sind, gehe ich in den Schuppen, bringe Holz und Wasser herauf,
9–10	wenn ich hinaufkomme, fragt mich immer meine Frau, was sie kochen soll; um dieser Frage zu entgehen, gehe ich in die Au,

10–11 einstweilen wird es Mittag,
11–12 (leer),
12–13 1 Uhr wird gegessen, da die Kinder erst aus der Schule kommen,
13–14 nach dem Essen wird die Zeitung durchgesehen,
14–15 bin ich hinunter gegangen,
15–16 zum Treer gegangen,
16–17 beim Baumfällen im Park zugeschaut, schade um den Park,
17–18 nach Hause gegangen,
18–19 dann nachtmahlten wir, Nudeln mit Gries geröstet,
19–20 schlafen gehen.

Das Aufwecken der Kinder hat gewiß keine volle Stunde in Anspruch genommen. Der Kaufmann Treer (15–16) ist 3 Minuten vom Wohnort dieses Arbeiters entfernt, und der Weg vom Park nach Hause, den er zwischen 17–18 zurücklegt, ist 300 Schritte lang. Was ist also in der fehlenden Zeit geschehen? Und so wie dieser Bogen sind alle ausgefüllt. So schreibt ein 31jähriger ehemaliger Hilfsarbeiter:

6–7 geschlafen,
7–8 das Kind in die Schule geführt,
8–9 einen Spaziergang zur Bahn,
9–10 zu Hause gewesen,
10–11 an der Ecke des Hauses gestanden,
11–12 gegessen,
12–13 geschlafen,
13–15 nach der Fischa spazieren,
15–16 beim Treer gewesen,
16–17 um die Milch gegangen,
17–18 ich spielte mit dem Kind,
18–19 habe ich das Nachtmahl gegessen,
19–20 bin ich schlafen gegangen,

Es ist immer dasselbe: nur an wenige »Ereignisse« erinnert sich der Marienthaler Arbeitslose, wenn er den Bogen ausfüllt. Denn was zwischen den drei Orientierungspunkten Aufstehen – Essen – Schlafengehen liegt, die Pausen, das Nichtstun ist selbst für den

Beobachter, sicher für den Arbeitslosen schwer beschreibbar. Er weiß nur: Einstweilen wird es Mittag. Und wenn er versucht, dieses »einstweilen« zu beschreiben, dann entstehen die seltsamen Verzeichnungen in dem Zeitbogen: daß Beschäftigungen, die nicht mehr als 5 Minuten gedauert haben, eine ganze Stunde füllen sollen. Diese Art, die Zeitbogen auszufüllen, beruht keinesfalls auf einer geringeren intellektuellen Begabung der Bevölkerung; die viel schwierigere Aufgabe der Führung von Haushaltsbüchern wurde gut gelöst. Der Arbeitslose ist einfach nicht mehr imstande, über alles, was er im Laufe des Tages getan hat, Rechenschaft zu geben. Nennen und aufzählen lassen sich außer den Orientierungspunkten nur die wenigen noch sinnerfüllten Handlungen am Tag: Buben waschen, Hasen füttern usw. Alles was sonst geschieht, steht mit der eigenen Existenz nicht mehr in sinnvollem Zusammenhang. Zwischen den wenigen wirklichen Beschäftigungen, dort, wo im Bogen steht: »Einstweilen wird es Mittag« – liegt das Nichtstun, der völlige Mangel einer sinnvollen Zeitausfüllung. Alles, was geschieht, geschieht gleichsam unabsichtlich. Irgendeine geringfügige Kleinigkeit bestimmt die Beschäftigung in der nächsten halben Stunde. Sie ist so geringfügig, daß sie kaum ins Bewußtsein tritt, und soll sie nachher berichtet werden, ist sie längst dem Gedächtnis entschwunden. Man hört draußen auf der Straße ein belangloses Geräusch, man tritt hinaus, und schon einen Augenblick später ist das Geräusch vergessen. Aber man steht nun draußen, bis irgendeine andere geringfügige Sinneswahrnehmung wieder ein Stück weiterführt. [...]

Marie Jahoda, Paul F. Lazarsfeld, Hans Zeisel, Die Arbeitslosen von Marienthal. Ein soziographischer Versuch über die Wirkungen langandauernder Arbeitslosigkeit, 1933 (Nachdruck Frankfurt a.M. 1975, S. 83–86)

3. Gertrud Staewen-Ordemann: Jugendarbeitslosigkeit, 1933

Wissen wir, was das heißt, daß nach der Statistik vom Januar 1932 sich unter den Millionen Arbeitsloser 900 000 Jugendliche unter 21 befinden? Wissen wir, daß wir erst nach Jahren dieses nationale Unglück ganz werden ermessen können und erst dann ganz erfahren und erleben werden, was es heißt, daß da ein Heerhaufen steht, in Abhängigkeit und Hilflosigkeit einer gesellschaftlichen Katastrophe gegenüber, die ihn zwingt, kaputt zu gehen. Kaputtzugehen nicht nur wirtschaftlich, auch in jeder anderen Beziehung, weil es weit über die seelischen und geistigen Möglichkeiten jedenfalls der jungen Ungelernten geht, untätig dazustehen und Herr über die unbegrenzte Freiheit in der Verwendung der freien Zeit zu bleiben.

»Wie schrecklich, nicht zu wissen, wozu man da ist«, sagt ein Mädchen über ihre Arbeitslosigkeit und trifft damit ganz genau, was ungezählte ihrer Kameraden auch meinen. Die ungelernte Arbeit an sich ist auch Schicksal, aber da wußte man doch wenigstens, daß sie zum Geldverdienen da war; aber die Arbeitslosigkeit ist ganz unverstandenes Schicksal, aus der Gesellschaft hereinbrechendes blindes Schicksal, das nur noch zerstört. Es entspricht dem Typus des jungen Ungelernten, daß er nur selten in der Lage ist, Ursachen und Gründe für dieses Schicksal Arbeitslosigkeit angeben zu können. Ein gescheites Mädchen sagt einmal: »Arbeitslosigkeit, das ist für die meisten heute nur ein Schlagwort, das jeder kennt.« Da, wo man sich einmal Gedanken macht über Ursachen der Arbeitslosigkeit – und das ist bei den Jungen häufiger der Fall als bei den Mädchen –, kann von einem Versuch, die Materie etwa soziologisch zu durchdenken, gar keine Rede sein. Die häufigsten Gründe, die für wachsende Arbeitslosigkeit angegeben wurde, sind: die brotlos machende Maschine, die Frauenarbeit, der Zuzug von »Fremden«, Rationalisierung und Überstunden. Übrigens fand ich weder bei Ungelernten noch bei Gelernten jemals ein Nachdenken darüber, ob nicht das werktätige Volk sich den entscheidenden Schlag und eine schwere Schädigung der Solidarität selbst beigebracht hat dadurch, daß es nicht alle ihm zur Verfügung stehenden Machtmittel aufgeboten hat, um von unten her, von jedem Betrieb, von jedem Büro ausgehend, zu verhindern, sich auseinanderspalten zu lassen in zwei Klassen: in Noch-Erwerbende einerseits und in Erwerbslose und Abgebaute andererseits. Hier soll weder die ungeheure Schwierigkeit unterschätzt noch auch untersucht werden, was der Durchführung solcher Tat im Wege gestanden hätte. Es soll nur versucht werden, darauf hinzuweisen, daß es immerhin verwunderlich ist, sofern man den proletarischen Solidaritätsgedanken ernst nimmt, daß nicht einmal in Kreisen der Jugend, wo diese Fragen noch ganz anders zwingend sind als auf späteren Lebensstufen, der Gedanke auch nur erwogen wird, ob nicht Solidarität darin hätte bestehen können, alles dranzusetzen, alle in der Arbeit zu belassen, wenn auch bei verkürzter Arbeitszeit und verkürztem Lohn, anstatt die Solidarität aufspalten zu lassen durch die Schaffung zweier Klassen, die notgedrungen verschiedene Interessen zu vertreten haben. Lohnfragen hätten niemals ausschlaggebend werden dürfen auf Kosten der Solidarität. Aber davon fand sich niemals ein Gedanke weder in Gesprächen noch in Aufsätzen. Nur einmal schien ein Ansatz in folgender Aussage zu liegen, die etwas von der gewöhnlichen individualistischen Behandlungsweise solcher Probleme abwich: »Ich wurde arbeitslos, weil ich keine Überstunden machen wollte. Ich tat es mit der Überzeugung nicht, weil ich mir sagte, er könnte noch einen Menschen einstellen. Als ich dies dem Meister sagte, wurde er grob, und gab mich die Papiere. Würde jeder Arbeitende so handeln, so wäre ein großer Teil Arbeitslose weniger.« An Stelle solcher Gedanken taucht immer wieder eine tiefe Resignation auf: »Hat denn der Arbeiter noch eine Zukunft? Auf was kann denn der heutige Jungarbeiter noch hoffen?« Oder: »Wer hilft endlich dem arbeitenden Volk?«

Wenn man auch nicht imstande ist, die Dinge zu durchdenken, oder gar Solidaritätsprobleme neu aufzunehmen, so empfindet man doch aufs tiefste, daß die Arbeitslosigkeit dem Ungelernten seine Klassenlage noch krasser zum Bewußtsein bringt als die Arbeit selbst. Die Arbeitslosigkeit wird von den meisten als ein großes Unglück angesehen. Während man noch vor 2–4 Jahren manchen begegnete, die sich zunächst mal ganz ungehemmt ihrer Freiheit freuten, wenn sie einmal arbeitslos waren, so sind schon seit geraumer Zeit alle zu stark mit dem Ernst der Arbeitsmarktlage vertraut, als daß sie sich diese für das Leben des jungen Arbeiters nicht vorgesehene Freude zu leisten wagten. Der Ausspruch eines Mädchens: »Wenn der Mensch arbeitslos wird und die daraus entstehende Not sieht, das ist furchtbar, denn der Mensch ist richtig gebrochen. Alles andere ist nicht so schlimm, aber dies macht uns mutlos und verzweifelt«, – ist allgemein der

Ausdruck auch ganz Junger für die Situation. Denn Arbeitslosigkeit bringt ihn ja um das Einzige, wofür er arbeitet, um das Geld. »Es ist viel schöner, wenn man Arbeit hat, dann verdient man doch wenigstens und braucht Mutter nicht um alles zu fragen, wenn man mal was für sein Vergnügen braucht. So wird man bloß faul und es wird einem ganz schwül zumute, wenn man die anderen arbeiten sieht«, sagt sehr bezeichnend ein Mädchen.

Es ist selbstverständlich, daß in dieser Schicht junger Menschen die wirtschaftliche Not vor allen anderen Zerstörungen der Arbeitslosigkeit gesehen wird. Man gebe sich aber keinem Zweifel darüber hin, daß es sich bei der Arbeitslosigkeit Jugendlicher, besonders wenn sie zur Dauererwerbslosigkeit ausartet, außerdem um die Erschütterung viel entscheidenderer Sicherungen handelt. Obgleich die Bindung an proletarische oder gar bürgerliche Tradition in diesen Schichten weithin gelockert ist, hat sich doch ein verborgenes Wissen davon erhalten, daß elementares Gebot für den Menschen ist, sich sein Brot durch Arbeit zu verdienen und daß die zur Selbstachtung des Menschen als notwendig erkannte Vollwertigkeit des Menschen damit zusammenhängt, daß er sich an seinem soziologischen Ort eingereiht vorfindet. Verliert er die Arbeit, verliert er somit nur allzuoft allen äußeren und inneren Halt, den die Gebundenheit an Arbeitsstelle, Arbeitskollegen, an Gewerkschaften und an seine Familie ihm geboten hat.

Gertrud Staewen-Ordemann, Menschen der Unordnung. Die proletarische Wirklichkeit im Arbeitsschicksal der ungelernten Großstadtjugend, Berlin 1933, S. 81–84

4. Siegfried Kracauer: Wärmehallen, 1931

Die Natur in ihrer Güte behandelt alle Menschen trotz ihres ungleichen Einkommens gleich, und so müssen bei sinkender Temperatur auch die Armen frieren. Da wir nicht die segensreiche Einrichtung des Winterschlafs kennen, sind jetzt vor allem die aus dem Arbeitsprozeß ausgeschalteten Personen in eine schwierige Lage versetzt. Sie empfinden bittere Kälte, ohne die Mittel zu ihrer Abhilfe zu haben. Um die gröbste leibliche Not zu lindern, unterhalten die verschiedenen Berliner Stadtbezirke und auch private Wohltäter Wärmehallen, die von Oktober bis April in Betrieb sind. Der Gedanke an ihr Vorhandensein mag gerade denen zum Trost gereichen, die in Gegenden mit Zentralheizung wohnen. Übrigens funktionieren noch nicht einmal alle Zentralheizungen richtig; was vermutlich mit dem Zwang zum Sparen und der allgemeinen Verarmung zusammenhängt. Zum Glück werden wir in Bälde ein prächtiges Rundfunkhaus besitzen.

In der Ackerstraße liegt die große Wärmehalle des Wohlfahrtsamts Mitte, die jedermann ohne Ausweis betreten kann. Ursprünglich war sie ein Depot, in dem statt der Menschen Trambahnen aufbewahrt wurden. Man sieht es dem tiefen Raum noch heute an. Er hat Oberlicht und enthält lauter sachliche Stützen – eine fachmännische Innenkonstruktion, die der Gleise bedürfte, um vollkommen zu sein.

Wo einst die Wagen geputzt wurden, wimmelt es jetzt von Menschen, die schon lange nicht mehr geblinkt haben. Trübe und Armut sind bis auf weiteres Geschwister. Wieviele Leute sich hier täglich versammeln? »Ungefähr 1800 bis 2500«, bedeutet mir der Hallenleiter, ein wohlmeinender Mann, der sein Stammpublikum kennt und mit den Besuchern anscheinend auf gute Art fertigwird. Sie stehen – junge Burschen, Männer und Greise – in Gruppen zusammen, sitzen wie in den Arbeitsnachweisen auf Wartesaalbänken und genießen die Wärme, die eine Voraussetzung nackten Lebens ist, als besondere Wohltat. Gespendet wird sie von einem in der Mitte des Raumes untergebrachten Ofen, dessen Rohr sich beflissen an den Stützen vorbeizieht und rein durch seine unermeßliche Ausdehnung den Hauptzweck der Halle versinnlicht. Die Überdeutlichkeit der Wärmevorrichtung ruft mir jene Ofenanlage ins Gedächtnis zurück, die wir während unserer Militärzeit dazu benutzten, um dünne Kartoffelscheiben zu rösten. An die Kasernen erinnern nicht zuletzt auch die Aborte, deren Türen fehlen, weil man es sonst, wie mein Führer erklärt, vor Geklapper nicht aushalten könnte. In dieser vielbenutzten Örtlichkeit waltet ein Schuhputzer seines Amtes. Eine andere Stube, die an die Halle grenzt, ist der Arbeitsraum des Friseurs. Sein Schönheitssalon unterscheidet sich von denen des Westens nicht nur durch die billigen Preise – Rasieren 10 Pfennige, Haarschneiden 30 Pfennige –, sondern auch durch den Umstand, daß er ein ausgeräumtes Zimmer ist, in dem die Klienten vor spiegellosen Wänden sitzen. Aber schließlich geht es ja so, und wer wollte gern das eigene Elend bespiegeln?

Der Müßiggang, der sicher auch dort, wo er zwangsweise herrscht, aller Laster Anfang ist, erzeugt ein Geflüster, das die Halle genau so erfüllt wie das Ofenrohr. Aus diesem Raunen heben sich nach und nach immer wiederkehrende Gespräche heraus, die sich auf Rauchwaren, Schuhe, Sweater und andere Objekte beziehen. Obwohl auf den Wänden geschrieben steht: »Handeln strengstens verboten«, wird eben doch in gewissem Umfang gehandelt, und die Verwaltung tut recht daran, daß sie die Leute stillschweigend gewähren läßt. Denn die paar Dinge, die hier von Hand zu Hand gehen, sind schlechterdings lebensnotwendig. [...]

Ausgesteuerte und Leute, die in der Wohlfahrt sind, bilden das Gros. Auch Doktoren seien unter ihnen zu finden, betont der Leiter nicht ohne einen Anflug von Trauer und Stolz ...

»Wie leben diese Leute?« erkundige ich mich beim Leiter. »Viele von ihnen«, erwidert er, »verbringen hier die Zeit zwischen 7 und 3; so lange ist die Halle täglich, auch sonntags, geöffnet. Um 5 Uhr suchen sie das Asyl auf, wo sie schlafen können und verköstigt werden. Das Asyl schließt um 6 Uhr in der Frühe und dann kommen sie wieder zu uns.« – – –

Nach einer Pause: »Arbeit zu finden ist schwer. Und wenn sie gefunden wäre, müßten die Leute erst noch eine Zeit lang unterstützt werden, um sich wieder an ein menschenwürdiges Dasein zu gewöhnen.«

Geboten wird den Besuchern ein halber Liter Kaffee für 5 Pfennige und vier Brötchen zu 10 Pfennigen. Eine Kostprobe überzeugt mich davon, daß der Kaffee anständig schmeckt. Die mehr geistigen Ansprüche werden durch einen Radioapparat und eine Bibliothek zu befriedigen gesucht. Das Lesebedürfnis soll kurioserweise an den eigentlichen Sonntagen größer sein als an den werktägigen; vielleicht aus dem Wunsch heraus, die Erinnerung an jene Feierzeit zu bannen, die mit dem Einerlei des notgedrungenen Feierns nichts gemein hat. Ich durchstöbere die sogenannte Bibliothek, eine Zufallskollektion abgelegter Werke, die wer weiß wo ihren Weltlauf begann, dann vielleicht in ein Krankenhaus gekommen ist, und nun in einem Schrank von mittlerer Größe ihre letzte Ruhestatt gefunden hat. [...] Die Unterhaltung, die sie liefern, ist den Interessen der Gegenwart nicht minder entrückt wie die Halle selber und ihre Besucher.

Frankfurter Zeitung, 18.1.1931 (Nachdruck: Deutsche Sozialgeschichte 1914–1945, S. 343 f.)

5. S. Wronsky: Die Aspekte der Wohlfahrtspflege um die Jahreswende 1932/33, Januar 1933

Deutschland ist in bezug auf alle Lebensverhältnisse im letzten Jahr ein Krisenherd erster Ordnung gewesen. Überall haben sich Lösungen alter Bindungen vollzogen, und ein keimhaftes Entstehen neuer Formen hat sich erst unsicher und in den ersten Anfängen bemerkbar gemacht. Eine ziellose Bewegung hat die gesamte Bevölkerung ergriffen. Millionen wandern umher auf der Suche nach Arbeit, Kenntnissen, Heim, Familie, Gemeinschaft. Arbeitswille, Familiensinn und Gemeinschaftssinn finden keine Auswirkungsmöglichkeiten. Auch in der Wohlfahrtspflege sind diese Linien ersichtlich. Selten machte sich eine sinnvolle Ordnung, selten organisches Wachsen und Werden bemerkbar. Es ist charakteristisch für die Atmosphäre in der Wohlfahrtsarbeit, daß im Goethejahr 1932 in ihrem Kreise immer wieder das Lied des Harfners: »Wer nie sein Brot mit Tränen aß ...« mit seinem passiven, resignierten und gefühlsbetonten Charakter zitiert wurde und nirgends das aktive, handelnde, willensbetonte Wort: »Eröffn' ich Räume vielen Millionen, nicht sicher zwar, doch tätig-frei zu wohnen« gehört wurde.

Unterdessen hat sich die Not in Deutschland in diesem Jahr in immer weiterem Maße in allen Teilen verbreitet. In einzelnen Bezirken: im Fichtelgebirge, im Ems-Land, in Waldenburg und Thüringen, hat die Unterbefriedigung auch der primitivsten Lebensbedürfnisse einen nicht mehr zu unterschreitenden Tiefstand zur Folge gehabt, und in den großen Städten hat sich vor allem die

Jugendnot, die im Cliquen- und Bandenwesen ihren sichtbarsten Ausdruck findet, und die Wohnungsnot, die zur Abwanderung in die Laubenkolonien und Zeltstädte führt, ausgewirkt.

Die äußere Entwicklung der Wohlfahrtspflege im letzten Jahr ist ausschließlich durch die politischen und wirtschaftlichen Einflüsse bestimmt worden. Der häufige Regierungs- und Parlamentswechsel hat auf Organisation und Umfang der Leistungen unausgesetzt gewirkt. Die Organisationsprobleme wurden in den verschiedenen Notverordnungen hauptsächlich durch eine Verschiebung der Verantwortlichkeit der einzelnen Träger (Staat, Gemeinden, Sozialversicherung, freie Wohlfahrtspflege) berührt, wobei die finanzielle Entwicklung des einzelnen Trägers zuungunsten anderer, die alle aus den Mitteln der Volksgemeinschaft gespeist wurden, in der Gesamtwirkung ohne wesentlichen Effekt bleiben mußte; daneben wurde der Umfang der Leistungen durch zahlreiche Kürzungen auf allen Gebieten wesentlich eingeschränkt.

In dieser Entwicklung ist auf eine Schwächung des Ansehens der Wohlfahrtspflege hinzuweisen, die durch eine Herabsetzung des Staates als Wohlfahrtsanstalt bzw. Wohlfahrtsstaat durch Programmerklärungen der letzten Regierung gegenüber dem deutschen Volk ausgesprochen wurde. Die Verkennung des eigentlichen Charakters eines Wohlfahrtsstaates, die ihn als den unverantwortlichen Träger von Maßnahmen zur Verkümmerung der Arbeits- und Willenskräfte kennzeichnet, geht an den tiefsten Grundlagen seines Wesens als verantwortlicher Träger zur Entwicklung der im Volksganzen vorhandenen Kräfte zu seiner eigenen Wohlfahrt vorbei und spricht ihm seine stärksten Wirkungsmöglichkeiten ab. Die Erschütterung des Rechtsbegriffes durch die Schmälerung der Rechte der Beitragszahler in der Arbeitslosenversicherung (Einführung der Hilfsbedürftigkeitsprüfung nach sechswöchiger Leistung bei der Gesamtheit der Versicherten und Sonderprüfung für verheiratete Frauen und Jugendliche) hat dazu beigetragen, das Vertrauen in die Wohlfahrtspflege zu erschüttern. Eine weitere Gefährdung ihres Ansehens wurde ihr aus eigenen Kreisen bereitet durch Zusammenbrüche einiger größerer Einrichtungen. [...]

Die geistige Entwicklung in der Wohlfahrtspflege hat sich im letzten Jahr vielfach an den Werken Fröbels und Goethes orientiert, deren Jubiläen auf allen sozialen Fachtagungen des Jahres Beachtung fanden. Dabei erwies sich, daß die Gedanken Fröbels, der der Idee von der Bedeutung der Erhaltung der Kleinstkraft im einzelnen Menschen, besonders im Kleinkind, seine Lebenskraft zugewendet hatte, starken Boden in der deutschen Wohlfahrtspflege gefunden hatten; während die sozialen Ideen Goethes von der Bedeutung der Erhaltung der Gemeinschaftskraft als Grundlage aller kulturellen Gestaltung kaum einen wirksamen Ausdruck fanden. Und doch scheinen die Ansätze des letzten Jahres zu zeigen, daß die geistige Linie in der Wohlfahrtspflege sich in einer Richtung entwickeln wird, die von einer Lockerung der Isolierung dieses Gebietes zu seinem Einbau in die Gesamtkultur finden wird.

Deutsche Zeitschrift für Wohlfahrtspflege 8 (1932/33), H. 10, S. 309–313

B. Von der Großen Koalition zur Regierung Brüning

1. Aufzeichnung des Staatssekretärs Pünder über ein Telefongespräch mit Brüning: DVP will Regierung sprengen, 1.3.1930

[…] Die telefonische Unterhaltung mit Herrn Dr. Brüning war aus verschiedenen Umständen sehr interessant. Zunächst teilte er mir, allerdings streng vertraulich, mit, daß er auf Wunsch des Herrn Reichsfinanzministers mit diesem heute vormittag im Zusammenhang mit seinem Besuch beim Herrn Reichspräsidenten eine Besprechung gehabt habe. In dieser Besprechung habe sich Herr Minister Moldenhauer sehr positiv hinsichtlich der Frage des Notopfers geäußert, und sie beide hätten bereits die verschiedenen Modalitäten des Planes durchgesprochen. Abschließend hätte Herr Minister Moldenhauer noch gesagt, er müsse nun noch hoffen, daß er auch bei seinem Fraktionsvorstand heute mittag Glück haben werde.

Im weiteren Verlauf meiner Besprechung mit Herrn Dr. Brüning teilte mir dieser für mich persönlich – dann aber auf meinen ausdrücklichen Wunsch hin auch zur Weitergabe an den Herrn Reichskanzler – mit, daß nach seinen recht intimen, aber völlig zuverlässigen Orientierungen die Deutsche Volkspartei seit kurzer Zeit ganz klar auf eine Sprengung des Kabinetts hinarbeite; ihr Ziel sei eine Minderheitsregierung der bisherigen Regierungsparteien ohne die Sozialdemokratie. […]

Politik und Wirtschaft in der Krise, Nr. 25

2. Aufzeichnung des Legationsrats Redlhammer für Reichsminister Curtius: Bildung eines Hindenburg-Kabinetts unter Brüning wahrscheinlich, 20.3.1930

Aus absolut zuverlässiger Quelle höre ich, daß mit einem Scheitern der Finanzverhandlungen gerechnet wird. Bei der dann zu erwartenden Kabinettskrise soll nach den Absichten des Herrn Reichspräsidenten der Abgeordnete Brüning mit der Kabinettsbildung beauftragt werden. Die Vorarbeiten für die Bildung dieses sogenannten Hindenburg-Kabinetts sollen bereits so weit gediehen sein, daß mit einer raschen Bildung der neuen Regierung gerechnet werden könnte. Als Koalitionspartner wurden mir genannt: Demokraten, Volkspartei, Wirtschaftspartei, Zentrum, Bayerische Volkspartei, Volkskonservative Vereinigung.

Ich habe diese Information nachgeprüft und habe keine Veranlassung, an ihrer Richtigkeit zu zweifeln. Der im Zusammenhang mit [der] Innenpolitik immer wieder genannte General* hat vor Zeugen erklärt, die sogenannte Hindenburg-Regierung würde bis zum 26. dieses Monats, und zwar sofort nach dem Parteitag der Volkspartei, gebildet werden. [...]

* vermutl. v. Schleicher

Politik und Wirtschaft in der Krise, Nr. 39

3. Rudolf Hilferding: Der Austritt aus der Regierung, Mai 1930

[...] Die Frage der Arbeitslosenversicherung war als Frage der Beseitigung des Defizits der Arbeitslosenanstalt gestellt. Um die Art der Beseitigung ging der Kampf und die Sozialdemokratie mußte alle Bestrebungen abwehren, die auf einen allgemeinen Abbau der Leistungen abzielten. Andererseits mußte auch sie die endgültige Bereinigung des Defizits fordern, da sonst die Aufgabe der Sanierung der Finanzen ungelöst blieb. Der Kampf um die Finanzreform selbst war außerordentlich erschwert worden durch die Forderung Schachts, in einem einzigen Jahr und noch dazu in einem Jahr schwerer wirtschaftlicher Depression 450 Millionen aus laufenden Einnahmen zur Deckung schwebender Schulden zu verwenden, eine Forderung, deren Wucht noch vermehrt wurde, als das Finanzministerium weitere rund 160 Millionen zur Deckung des Defizits der Länder zur Verfügung stellen mußte. Die finanzielle Situation war aber gerade durch die unerwartet hohen Zuschüsse des Reiches zu den Kosten der Arbeitslosenversicherung verschärft worden. Die Hoffnung, nach Überwindung des strengen Winters des Vorjahres würde die außerordentliche Arbeitslosigkeit, die damals mit außerökonomischen Gründen zu erklären war, zurückgehen, hatte getrogen. Der Winter 1929/30 steigerte die Zahl der Arbeitslosen noch über die des Vorjahres hinaus.

Der Kampf um die Arbeitslosenversicherung war im Sommer 1929 mit großer Schärfe geführt worden. Es wird stets einer der wichtigsten Erfolge der Sozialdemokratie bleiben, daß es ihr gelang, den Kampf im Herbst 1929 zunächst zu beenden ohne irgendeinen wesentlichen Schaden für die Versicherung, und es kann kein Zweifel darüber bestehen, daß der siegreiche Ausgang ohne ihre Teilnahme an der Regierung nicht erzielt worden wäre. Aber natürlich hinterließ der Kampf selbst bei allen Beteiligten eine Stimmung, sei es der Unbefriedigtheit oder des Mißtrauens. Und dieses Mißtrauen der Sozialdemokratie mußte außerordentlich gesteigert werden, sobald angesichts der wachsenden Arbeitslosigkeit und damit wachsender neuer Zuschüsse der Ruf nach Reform erneut aufgenommen wurde und infolge der Depression und der Finanznot außerordentlich starkes Echo fand.

Trotzdem schien auch jetzt eine Lösung gefunden, die von allen Beteiligten akzeptiert werden konnte. Das Kabinett hatte Finanzreform und Sanierung der Versicherung verbunden. Die Sozialdemokratie war zuletzt wie auch die übrigen Regierungsparteien bereit, das Finanzprogramm anzunehmen, eben weil damit die Sanierung der Versicherung verbunden war. Die Arbeitslosenversicherung sollte neben einem Notstock von 50 Millionen einen Zuschuß von 150 Millionen erhalten; ferner sollte der Verwaltungsrat der Anstalt, wenn er durch Maßnahmen der Verwaltung, die aber keinen Leistungsabbau bringen dürften, nicht zum Ziel käme, eine Beitragserhöhung von 3½ auf 4 Proz. beschließen. Zu dem Beschluß war eine Mehrheit sowohl der

Unternehmer- als der Arbeitergruppe erforderlich. Die Darlehenspflicht des Reiches blieb erhalten. Änderungen der Leistungen hätten nur auf dem Wege der Gesetzgebung erfolgen können. Käme die Anstalt nicht zu einem solchen Beschluß, so ginge die Entscheidung über die Beitragserhöhung auf das Kabinett über. Die Beitragserhöhung auf 4 Prozent hätte ausgereicht, um die 70 Millionen, die für das Jahr 1930 über die aus dem Etat zur Verfügung gestellten Mittel hinaus noch fehlten, zu decken. Die Sozialdemokratie akzeptierte diese Lösung und stellte sich damit hinter das Kabinett. Die Lösung stieß aber bei der Deutschen Volkspartei auf Widerstand, und um diesen zu überwinden, schlug Dr. Brüning ein Kompromiß vor. Es bestand im wesentlichen darin, daß es die endgültige Entscheidung hinausschob. Notstock und Etatzuschluß blieben unverändert. Der Beitrag von 3½ Proz., der zunächst bis Juni beschlossen war, sollte zunächst für das ganze Etatsjahr gelten. Die Reichsregierung sollte aber alsbald ein Gesetz vorlegen, das entweder durch Beitragserhöhungen die Rückzahlung der Darlehen über den Zuschuß des Reiches hinaus ermöglichte, oder durch eine Reform des Gesetzes den Ausgleich zwischen Einnahmen und Ausgaben herstellte oder zur Deckung der Darlehen dem Reich die notwendigen Mittel zuführte.

Es kann keinem Zweifel unterliegen, daß die Regierungsvorlage den Vorzug vor dem Kompromiß verdiente. [...]

Die sozialdemokratische Fraktion hat den Kompromiß abgelehnt. Die Mehrheit ließ sich von der Erwägung leiten, daß durch das Kompromiß die Sanierung, die die Beitragserhöhung bringen sollte, wieder hinausgeschoben war. Die Zustimmung zu den indirekten Steuern des Finanzprogramms war aber gerade auch zur Sicherstellung der Sanierung nicht nur des Haushalts, sondern auch der Arbeitslosenversicherung erteilt worden. Dazu kam die Befürchtung, daß die Zustimmung zum Kompromiß als Zustimmung zu den drei vorhergesehenen Alternativen also auch zum Leistungsabbau ausgelegt werden könnte und psychologisch war dies Argument vielleicht das ausschlaggebende. Jedenfalls vertraten die Anhänger der Mehrheit die Meinung, nach der Zustimmung würde im Herbst der Leistungsabbau nicht mehr zu verhindern sein.

Uns scheint diese Argumentation nicht überzeugend. Der Kampf um die Arbeitslosenversicherung im Vorjahr hat jedenfalls bewiesen, daß ein Leistungsabbau gegen die Sozialdemokratie auch für das Zentrum große Schwierigkeiten bietet. Es ist in keiner Weise sicher, daß das Zentrum seine Stellung auch nach Annahme des Kompromisses hätte ändern können, wenn die Sozialdemokratie ihr Veto gegen den Leistungsabbau aufrechterhalten hätte, was keinem Zweifel unterlag und ihr in keiner Weise verwehrt war. Sicher ist aber, daß der Austritt aus der Regierung, die Bildung eines von Rechts so stark abhängigen Kabinetts, die Abwehr nicht erleichtert hat. Die Stellung der Regierungsfrage, deren Aufwerfung durch die sozialdemokratischen Minister bei einem neuen Abbauversuch ja nicht zweifelhaft gewesen wäre, hätte jedenfalls die sozialdemokratische Position weitaus stärker gemacht als sie jetzt ist, wo das Zentrum in Abhängigkeit gerade von den stärksten Gegnern der Arbeitslosenversicherung geraten ist. Den Preis der Sprengung der Regierung nur zum Zweck einer Verschlechterung der Arbeitslosenversicherung hätte das Zentrum nicht zahlen können, ohne sich bei seinen Gewerkschaften unmöglich zu machen. Gerade vom Standpunkt der Sicherung der Arbeitslosenversicherung erscheint der Austritt aus der Regierung zumindesten als kein Gewinn. Die Befürchtung, im Herbst wäre es doch zur Verschlechterung gekommen, erscheint für einen so schwerwiegenden Schritt nicht ausreichend; es ist nicht gut, aus Furcht vor dem Tode Selbstmord zu verüben.

So außerordentlich wichtig aber die Frage der Arbeitslosenversicherung ist, so muß die Entscheidung der Fraktion doch auch von dem allgemeinen Gesichtspunkt der politschen Situation aus geprüft werden, in der sie erfolgt ist. Es ist sicher richtig, daß die Republik in der gegenwärtigen Situation von einem gewaltsamen Umsturz kaum mehr bedroht ist. Hier liegt nicht die Gefahr. Das besagt aber durchaus nicht, daß die Zukunft des deutschen Parlamentarismus und der Demokratie nicht in anderer Weise gefährdet werden kann. Die deutsche Reichsverfassung weist einen zwiespältigen Zug auf. Hugo Preuß glaubte gewisse Vorzüge der parlamentarischen Verfassung mit solchen des amerikanischen Systems verbinden zu können, bei dem der vom Volk gewählte Präsident zugleich der Chef der Regierung und Verwaltung ist. So steht bei uns neben der durch das Vertrauen des Parlaments eingesetzten Regierung der Reichspräsident mit an sich weitgehenden Vollmachten, die zudem nicht immer juristisch ganz zweifelsfrei gefaßt sind und deshalb der Interpretation unterliegen. Aber wichtiger für eine Verfassung als ihr Wortlaut und ihre Interpretation ist die tatsächliche politische Entwicklung. Und es unterliegt keinem Zweifel, daß, wenn das Parlament in seiner grundlegenden und wichtigsten Funktion versagt, nämlich eine Regierung zu bilden, die Macht des Reichspräsidenten sich auf Kosten und durch Schuld des Parlaments erweitert und der Reichspräsident Funktionen ausüben muß, die zu erfüllen sich der Reichstag versagt. Nimmt man hinzu, daß diese Lähmung des Parlaments von sehr starken Gruppen direkt gewünscht und gefördert wird, so wird man verstehen, daß die eigentliche Gefahr für die Zukunft des deutschen Parlamentarismus nicht von außen, nicht von einem gewaltsamen Putsch her droht, sondern von innen her; Ajax fällt durch Ajax' Kraft. Gerade diese Gefahr zu vermeiden, war ja stets ein zwingendes Moment für die Sozialdemokratie, in den schwierigsten und für sie abträglichsten Situationen die Verantwortung zu übernehmen.

Und diese Situation war gegeben, als die Fraktion ihren Beschluß faßte. Die Haltung der Deutschnationalen ist unter Hugenbergs Führung eine ausgesprochen antiparlamentarische, auf die Sprengung des Systems gerichtete. Zerfiel die große Koalition, so war die Bildung einer rein parlamentarischen Regierung im Reichstag zunächst überhaupt unmöglich. Und in der Tat trat die Regierung Brüning als antiparlamentarische Regierung ins Leben. Nicht in dem Sinne, daß sie etwa das Parlament und das parlamentarische System unter allen Umständen beseitigen wollte. Aber die Situation war so, daß sie auch ohne und gegen das Parlament regiert hätte. Sie war nicht aus dem Vertrauen einer parlamentarischen Mehrheit entstanden, sondern auf Wunsch des Reichspräsidenten zur Durchsetzung bestimmter Maßnahmen auch ohne das Parlament gebildet worden. Sie verfügte nicht nur über das Recht der Auflösung – ein Recht innerhalb des parlamentarischen Systems –, sondern auch über die Anwendungsmöglichkeit des Artikels 48, der in diesem Falle an Stelle des Steuerbewilligungsrechts, eines Grundrechts jedes Parlaments, funktionieren sollte. Die beiden entscheidenden Rechte, auf denen das parlamentarische System beruht, das Recht, die Regierung durch Entziehung des Vertrauens abzuberufen, und das Budgetrecht, waren außer Kraft. Daß schließlich sich im Parlament eine Zufallsmehrheit von vier Stimmen fand und dadurch die Anwendung des Artikels 48 wegfiel, war eben ein Zufall, allerdings einer von historischer Bedeutung. Denn er rettete zunächst den deutschen Parlamentarismus vor einer schweren Erschütterung, deren weitere Konsequenzen niemand hätte voraussehen können. Denn wenn einmal eine so weitgehende Anwendung des Artikels 48 wie die Einführung neuer Steuer- und vielleicht neuer Zollgesetze erfolgt ist, so bleibt auf alle Fälle eine langdauernde Schwächung des Parlaments zurück. Und man weiß zwar beim Artikel 48, wie es anfängt, nicht aber wie es fortgeht und endigt. [...]

Der antiparlamentarische Charakter der gegenwärtigen Regierung läßt noch einer anderen Erwägung Raum geben. Das normale parlamentarische Mittel, eine parlamentarische Regierung zu stürzen, ist das Mißtrauensvotum. Aber das Mittel versagt gegenüber einer nicht parlamentarischen Regierung. Die Annahme des Mißtrauensvotums schafft einer solchen Regierung erst freie Bahn. Das Parlament wird aufgelöst und der Artikel 48 wird angewendet. Ist die Situation nicht so beschaffen, daß der Sturz der Regierung durch außerparlamentarische Mittel der Opposition oder durch das Resultat der Neuwahlen mit Sicherheit zu erwarten ist, so versagt das Mißtrauensvotum nicht nur, sondern wird schädlich. Denn dann ist es das Interesse der Opposition, den Kampf auf dem parlamentarischen Boden zu führen, die inneren Widersprüche der Regierung zur Entfaltung zu bringen und sie dann bei einer sich bietenden Gelegenheit zu Fall zu bringen, ohne ihr die Möglichkeit zu geben, von ihren außerparlamentarischen Mitteln Gebrauch zu machen. Daß die sozialdemokratische Fraktion, nachdem sie das Kompromiß abgelehnt und den Austritt aus der Koalition vollzogen hatte, psychologisch die Stellung des Mißtrauensvotums nicht vermeiden konnte, kann zugegeben werden. Aber das macht die prinzipielle Überlegung nicht überflüssig, daß der Kampf in einer Situation, wo eine Regierung außerparlamentarische Machtmittel zur Verfügung hat und zu ihrer Anwendung entschlossen ist, nicht nach den einfachen Regeln der parlamentarischen Geschäftsordnung, deren Gefangene zu werden vielmehr vermieden werden muß, geführt werden kann.

Es ist klar, daß diese kritische Stellungnahme in keiner Weise eine Entschuldigung der anderen Koalitionsparteien in sich schließt. Gerade wenn man den Unterschied zwischen Regierungsvorschlag und Kompromiß nicht allzu hoch veranschlagt, bleibt die Verantwortung der Parteien, die den Regierungsvorschlag abgelehnt haben, besonders groß. Sie haben eine Krise herbeigeführt in einem Moment, wo sowohl der Zustand der Wirtschaft als die allgemeine politische Situation ihre Vermeidung gebieterisch forderten, und sie haben es getan, ohne die Gewißheit, schwere Erschütterungen und kostspielige Lösungen zu vermeiden. [...]

Die Regierung Brüning erschien als starke Regierung, solange ihr Auflösung und Anwendung des Artikel 48 zur Verfügung standen. Die Nachgiebigkeit des Parlaments, wenn man will seine Vergewaltigung, hat zugleich die Kraft dieser Regierung aufgezehrt. Für die Anwendung des Artikels 48 ist kaum mehr eine Möglichkeit gegeben, die auch bei weitester Auslegung der Verfassung noch zulässig wäre. Die Auflösung ist, staatspolitisch gesehen, kein vernünftiges Mittel in der gegenwärtigen Lage, aber andererseits, da sie jetzt nicht mehr außerparlamentarische Lösungen in sich schlösse, überhaupt von sekundärer politischer Bedeutung. Die Regierung Brüning ist eine schwache Regierung, aber gerade deshalb von jeder Einzelgruppe abhängig. Erst der Hinzutritt der deutschnationalen Partei würde diese Regierung wirklich regierungsfähig machen. Ob dies eintritt, wird die Fortentwicklung der Konflikte innerhalb der Deutschnationalen zeigen. Dann erst werden die jetzigen Regierungsparteien, namentlich das Zentrum, vor die endgültige politische Entscheidung gestellt sein. Sie wird schwerer sein als die der Sozialdemokratie, für die die Opposition gegen diese Regierung die allein mögliche Haltung geworden ist.

Die Gesellschaft 7 (1930), H. 5, S. 385–392

4. Erklärung des Reichskanzlers Brüning, 1.4.1930

Das neue Reichskabinett ist entsprechend dem mir vom Herrn Reichspräsidenten erteilten Auftrag an keine Koalition gebunden. Doch konnten selbstverständlich die politischen Kräfte dieses Hohen Hauses bei seiner Gestaltung nicht unbeachtet bleiben. Das Kabinett ist gebildet mit dem Zweck, die nach allgemeiner Auffassung für das Reich lebensnotwendigen Aufgaben in kürzester Frist zu lösen. Es wird der letzte Versuch sein, die Lösung mit diesem Reichstage durchzuführen. Einen Aufschub der lebensnotwendigen Arbeiten kann niemand verantworten. Daher erwarten Sie von mir heute nicht ausführliche Erklärungen über die beabsichtigten Maßnahmen im einzelnen.

Die neue Regierung wird Deutschlands Lebensinteressen in organischer Weiterentwicklung der bisherigen Außenpolitik aktiv vertreten. Nationales Selbstbewußtsein, Vertrauen in die innere Kraft des eigenen Volkes sind die Grundlagen ebenso wie die Erkenntnis, daß der Wiederaufstieg Deutschlands nur im friedlichen Zusammenwirken mit allen Völkern erreichbar ist. Loyale Durchführung der internationalen Vereinbarungen, Klärung und weiterer Ausbau unseres Verhältnisses zu allen Staaten, zu denen wir in freundschaftlichen, vertraglichen und wirtschaftlichen Beziehungen stehen, Förderung internationaler Zusammenarbeit, insbesondere auf wirtschaftlichem Gebiete, zur Erleichterung der schwierigen Lage der eigenen mit der Weltwirtschaft eng verknüpften Wirtschaft, das sind die Grundlinien dieser Außenpolitik. [...]

Alle infolge der langwierigen Verhandlungen über den Young-Plan noch nicht erledigten finanziellen und wirtschaftlichen Maßnahmen müssen sofort durchgeführt werden. Sanierung der Finanz- und Kassenlage, Unterstützung der Länder und Gemeinden in ihrer schwierigen finanziellen Lage ist das dringendste. Ohne eine schnelle Ordnung der Kassen- und Finanzlage fehlt die Gewähr der dringend notwendigen Entlastung der Wirtschaft und Milderung der Arbeitslosigkeit.

Durch Übernahme des von dem jetzigen Herrn Reichsfinanzminister aufgestellten Entwurfes eines Reichshaushaltsgesetzes für das Rechnungsjahr 1930 können die Arbeiten des Reichsrats in den festgesetzten Fristen durchgeführt werden. Die Reichsregierung übernimmt das zu diesem Haushaltsplan gehörende Deckungsprogramm. Diese Deckungsvorlagen sind in der Form des letzten Vermittlungsvorschlages der bisherigen Regierungsparteien mit der finanziellen Sicherung der Arbeitslosenversicherung, der gesetzlichen Festlegung der Steuersenkung und der Ausgabenersparnis ein einheitliches Ganzes. Neue Steuerlasten zur Sanierung der Kassenlage sind nur tragbar, wenn sie im Rahmen eines auf weite Sicht gestellten, Schritt für Schritt durchzuführenden Gesamtprogramms stehen. Eingehende Sparvorschläge auf allen Gebieten des öffentlichen Lebens werden in kürzester Frist seitens der Reichsregierung den zuständigen Körperschaften unterbreitet werden. Diese Sparmaßnahmen werden nicht von einem antisozialen Geist getragen sein. [...]

Sie haben lediglich den Zweck, ihrerseits zur Senkung der Steuern, zur Hebung der Produktivität der Wirtschaft, zur Stärkung der Kreditwürdigkeit Deutschlands beizutragen. Sie sollen Raum schaffen für die Senkung der auf dem Handwerk und dem gesamten städtischen und ländlichen Mittelstand besonders schwer lastenden Realsteuern.

Die Regierung ist von ernster Sorge erfüllt über die Notlage des gewerblichen Mittelstandes; sie wird alle Kräfte einsetzen, dem Artikel 164 der Reichsverfassung entsprechend den gewerblichen Mittelstand für Landwirtschaft, Handel und Gewerbe zu fördern, vor Überlastung und Aufsaugung zu schützen.

Die Notwendigkeit der planmäßigen, auf Wirtschaftlichkeit und Ersparnisse gerichteten Vereinfachung auf allen Gebieten der öffentlichen Verwaltung schaffen die Garantie und die Voraussetzung für die Weiterverfolgung der Sozialpolitik, die als eine staatliche Notwendigkeit von der neuen Reichsregierung unbedingt anerkannt wird. Finanzielle, soziale und wirtschaftliche Aufgaben müssen von einheitlichen Gesichtspunkten aus angefaßt werden.

Gerade von diesem Standpunkt aus ist das Rettungswerk unserer in schwerstem Ringen um die Existenz kämpfenden Landwirtschaft vordringlich. Die Agrarkrise hat in besonders bedrohten Landesteilen den Charakter einer allgemeinen Volks- und Staatskrise angenommen. Die Landwirtschaft hat wie jeder andere Stand, der unverschuldet ins Elend und in Lebensgefahr geraten ist, das Recht auf die Hilfe des Staates. [...]

Deshalb ist die Regierung entschlossen, in Fortführung und Erweiterung der von dem bisherigen Herrn Reichsernährungsminister bis in die letzten Tage getroffenen Maßnahmen ein umfassendes, durchgreifendes Hilfsprogramm für die Landwirtschaft zu verwirklichen. Sie scheut dabei angesichts der ernsten Lage nicht vor außergewöhnlichen Mitteln zurück. Die Reichsregierung ist davon überzeugt, daß nur auf diesem Wege der drohende Zusammenbruch der Landwirtschaft aufzuhalten, eine wesentliche Besserung der gegenwärtigen Krise und dadurch eine Wendung der Lage dieses Berufsstandes herbeizuführen ist. So wird auch dem deutschen Bauern der Mut zu lebendigem Schaffen aus eigener Kraft wieder erwachsen.

Die Regierung hat bereits mit der Ausarbeitung der notwendigen Gesetzesvorlagen begonnen.

Diese Maßnahmen schaffen allein nicht die Gewähr, um das deutsche Volkstum in der Ostmark wieder fester mit seiner Heimat und seiner Scholle zu verbinden. Durchgreifende und umfassende Osthilfe, Zug um Zug mit dem allgemeinen Agrarprogramm, ist hier eine besondere Notwendigkeit.

Umschuldung und Entschuldung, Zins- und Lastensenkung, Ordnung der Kreditverhältnisse stehen im Vordergrund. Festigung und Erhaltung der bestehenden wirtschaftlichen Betriebe schaffen erst die Möglichkeit einer zielbewußten Bauern- und Arbeitersiedlung. Zur Deckung dieser notwendig werdenden Ausgaben wird die Reichsregierung, ohne den Steuerzahler neu zu belasten, eine besondere Vorlage unterbreiten. In Übereinstimmung mit dem Herrn Reichspräsidenten hat sich die Reichsregierung zu diesem Vorgehen entschlossen. Gesundung der östlichen Landwirtschaft ist die Grundlage nationaler und volkspolitischer Rettung des deutschen Ostens.

Die Reichsregierung wird an diesen Vorschlägen und an ihrer schnellsten Durchführung unter allen Umständen festhalten. Sie ist gewillt und in der Lage, alle verfassungsmäßigen Mittel hierfür einzusetzen. Das Werk des versöhnenden Ausgleichs zwischen den einzelnen Berufsständen und Schichten der Bevölkerung verträgt keinen Verzug. Diesem Gedanken muß auch der Reichstag in seiner Stellungnahme zur neuen Reichsregierung Rechnung tragen. Parteipolitische Erwägungen müssen in dieser Stunde in den Hintergrund treten. [...]

Verhandlungen Reichstag Bd. 427, S. 4728–4730

5. Kritik des Abg. Breitscheid (SPD) an der Anwendung des Art. 48 durch die Regierung Brüning, 1.4.1930

[...] Niemals haben außerdem die Urheber der Reichsverfassung daran gedacht, daß mit Hilfe des Artikels 48 beliebige Gesetze oktroyiert werden können. Gewiß, man weist darauf hin, daß auch in der Vergangenheit der Artikel 48 angewendet worden ist; nur war es eine andere Zeit. Es war vor allen Dingen die gefährliche Zeit des Überganges von der Inflation zur Stabilisierung unserer Währung. Wenn damals Verordnungen auf Grund des Artikels 48 erlassen wurden, so im wesentlichen deshalb, weil man wegen der drängenden Zeit nicht alle Instanzen der normalen Gesetzgebung durchlaufen wollte und mit der Zustimmung einer Mehrheit des Hauses eine schnellere Gesetzgebungsprozedur anzuwenden beabsichtigte. Das ist heute nicht der Fall, und wir stellen mit allem Nachdruck fest, der Artikel 48 der Reichsverfassung ist da, um unter Umständen dem Staat zu helfen und den Staat zu schützen, nicht aber um einer einzelnen Regierung aus ihrer Verlegenheit zu helfen, die die Mehrheit nicht findet, die sie sich selbst vorgestellt hat, die die Gesetze mit der Mehrheit und in der Gestalt nicht durchbringen kann, die sie sich nun einmal in den Kopf gesetzt hat. Es handelt sich um den Staat, und wir erklären es offen: Wir sind die staatspolitische Partei, nicht die Parteien der Regierung, jener Regierung, die von ihren Anhängern als die eigentlich staatspolitische gerühmt wird. Der Staat wird nur dann gefährdet, wenn seine verfassungsrechtliche Basis erschüttert wird, wie es jetzt den Anschein hat, und wie es die Absicht der Regierung ist.

Deshalb ist es selbstverständlich, daß, wenn der Artikel 48 in Anwendung gebracht wird, und wenn die Verordnungen auf diesem Wege verkündet werden, die Sozialdemokratische Partei sofort den Antrag stellen wird, wie es ihr nach dem Artikel 48 ebenfalls gestattet ist, diese Verordnungen aufzuheben. Es liegt dann bei den anderen Parteien, es liegt insbesondere bei der deutschnationalen Partei, ob sie mit uns gemeinsam eine Mehrheit für die Aufhebung der Verordnungen schaffen will.

Ach nein, zu einer Koalition zwischen Ihnen und uns fehlt noch viel. Aber Sie und wir stehen in der Opposition, Sie von rechts und wir von links. Nun kommt es nur darauf an, daß Sie beweisen, ob Ihnen die Opposition gegen das Kabinett Brüning wichtiger ist, oder ob Ihnen die Genugtuung wertvoller ist, daß das Kabinett Brüning mit dem von Ihnen geliebten Artikel 48 regiert. Es hängt ausschließlich von Ihnen ab, ob der Antrag auf Aufhebung von Gesetzen, die Sie aus anderen Motiven als wir genau so bekämpfen wie wir, und die auf dem Wege der Verordnung auf Grund des Artikel 48 erlassen sind, eine Mehrheit findet oder nicht.

Weil wir diesen Weg gehen wollen, stimmen wir nicht für den Antrag der Wirtschaftspartei, den Reichstag jetzt aufzulösen. Denn dieser Antrag läuft einfach darauf hinaus, den Reichstag aufzulösen und dann erst die Verordnungen zu verkünden, während wir die Gelegenheit haben wollen, bei präsentem Reichstag jetzt unmittelbar nach Verkündung der Verordnungen ihre Aufhebung zu verlangen und nicht zu warten, bis der Reichstag irgendwann wieder einmal zusammentritt.

Meine Damen und Herren! Der Herr Reichskanzler hat gestern gesagt, wir ständen in einer ernsten Stunde. Wir wissen den Ernst dieser Stunde vollauf zu würdigen. Wir wissen die Bedrohungen, die aus der Anwendung des Artikels 48 für den Staat, vielleicht für die gesamte Arbeiterschaft kommen, ebenfalls zu erkennen und in Rechnung zu stellen. Wir wissen, daß hier ein erster Versuch gemacht wird, die demokratischen Grundlagen der Republik zu erschüttern und zu unterminieren. Wir wissen, daß hier ein erster Schritt gemacht wird zu einer deutschen Abart des Faschismus. Aber es handelt sich nicht darum, daß wir uns etwa als Partei, als Arbeiterbewegung vor einem solchen Vorstoß fürchten. Wir werden auch das überstehen. Die Sozialdemokratie wird auch aus diesem Sturm siegreich hervorgehen. Aber das eine versichere ich Ihnen: Wir werden, wo immer sich die Gelegenheit dazu bietet, eine Regime bekämpfen, das mit den verfassungmäßigen Rechten des Parlaments und der Wähler in leichtfertiger und frevelhafter Weise umgeht.

Verhandlungen Reichstag Bd. 428, S. 6401–6401

6. Verordnung des Reichspräsidenten über die Auflösung des Reichstages, 18.7.1930

Nachdem der Reichstag heute beschlossen hat, zu verlangen, daß meine auf Grund des Artikels 48 der Reichsverfassung erlassenen Verordnungen vom 16. Juli außer Kraft gesetzt werden, löse ich auf Grund von Artikel 25 der Reichsverfassung den Reichstag auf.

Reichsgesetzblatt 1930 I, S. 299 (Nachdruck: Ursachen und Folgen 8, Nr. 1670)

C. Aufstieg der NSDAP 1929–1931

1. Bericht der Nachrichtensammelstelle beim Reichsinnenminister über Gewalttätigkeiten der SA, insbesondere anläßlich des Nürnberger Parteitages, August 1929

[...] Die Folgen einer derartig planmäßig betriebenen und mit zugkräftigsten Schlagworten geförderten Bürgerkriegsstimmung sind, wie zu erwarten, nicht ausgeblieben. In steigendem Maße haben sich die fanatisierten Anhänger der NSDAP dort, wo sie in der Überzahl sind, terroristischer und brutaler Kampfmittel bedient. Die Erweckung der überaus rohen, ja verbrecherischen Instinkte ließ die Nationalsozialisten in reicher Fülle Gewalttätigkeiten gegen Personen, Sachen, leichte und schwere Körperverletzung und solche mit tödlichem Ausgange begehen. Die Polizeiberichte der meisten größeren Städte beweisen, daß fast ausnahmslos bei jedem öffentlichen Auftreten der Nationalsozialisten oder ihrer Sturmabteilungen mit Zusammenstößen und Schlägereien zu rechnen ist. Die in jüngster Zeit, in den letzten drei Monaten begangenen Ausschreitungen zeigen aufs eindeutigste das zügellose, mit keiner irgendwie gearteten politischen Agitation in Einklang zu bringende Verhalten der Nationalsozialisten. In ihnen liegt, wie oben ausgeführt, System; sie sollen bewußt Unruhe in die Bevölkerung tragen, um so ihrem endlichen Ziele den Weg zu bereiten. [...]

Gelegentlich des diesjährigen, in der Zeit vom 1. bis 4. August d. Js. abgehaltenen Nürnberger Reichsparteitages der Nationalsozialistischen Deutschen Arbeiterpartei kam es zu mehrfachen Zusammenstößen, bei denen in nachfolgenden Fällen den Angehörigen der NSDAP ein schuldhaftes Verhalten zur Last gelegt werden mußte.

a) Am 2. August stürmten 20 – 30 Nationalsozialisten die vordere Plattform eines Straßenbahnwagens und schlugen auf den Führer und mehrere Fahrgäste ein. Der Straßenbahnwagen bewegte sich hinter einem etwa 100 Mann starken Zuge der NSDAP, der

der polizeilichen Aufforderung, die Fahrbahn freizumachen und sich auf die linke Straßenseite zu begeben, nicht nachkam.

b) Am 3. August drangen die Nationalsozialisten in Stärke von 20 Mann in das Wirtschaftsgebäude des Gewerkschaftshauses ein und verlangten von dem Wirt die Einziehung der an dem Gebäude angebrachten schwarz-rot-goldenen Fahne. Als diesem Verlangen nicht nachgekommen wurde, wurden verschiedene Einrichtungsgegenstände zerschlagen und der Wirt mißhandelt.

c) Am gleichen Tage zertrümmerten Mitglieder einer nationalsozialistischen Abteilung des Fackelzuges die Fensterscheiben eines Sonderwagens der Straßenbahn, der diese Abteilung überholen wollte. Der durch Hineinwerfen brennender Fackeln in den Wagen entstandener Schaden war nicht unerheblich.

d) Am 4. August nahm eine größere Anzahl von Nationalsozialisten gegen ein häufig von Kommunisten besuchtes Café eine drohende Haltung ein und versuchte mit Gewalt in dieses einzudringen. Sie schlugen die untere Füllung der schnell verschlossenen Haustür ein und machten den Versuch, durch die so entstandene Öffnung in das Lokal einzudringen. Von nationalsozialistischer Seite fielen 4 Schüsse.

e) An dem gleichen Tage kam es in einer Wirtschaft zwischen mehreren Nationalsozialisten und Andersdenkenden – einem anwesenden Gaste soll ein gewerkschaftliches Abzeichen abgenommen worden sein – zu Tätlichkeiten, in deren Verlauf die Nationalsozialisten mit Biergläsern und Flaschen warfen. Schnell herbeigeeilte nationalsozialistische Truppe eröffnete von außen gegen das Lokal ein Bombardement mit Bierflaschen. Fensterscheiben und Einrichtungsgegenstände wurden zertrümmert.

f) Am gleichen Abend versuchten mehrere hunderte Nationalsozialisten aus unbekannten Gründen eine Gastwirtschaft zu stürmen. [...]

g) Etwa zur gleichen Zeit wurden ein das Abzeichen des Radfahrerbundes »Solidarität« tragenden Mann und eine andere Zivilperson von Nationalsozialisten überfallen und mißhandelt. [...]

h) Gegen 21 Uhr des gleichen Tages flüchtete eine von mehreren Nationalsozialisten verfolgte Zivilperson durch den Gang einer Wirtschaft in eine Nebenstraße. Mehrere Nationalsozialisten drangen zur Auffindung des Verfolgten in die Wirtschaft ein und verursachten durch ihr gewalttätiges Vorgehen – sie kamen mit den Gästen ins Handgemenge – erheblichen Sachschaden. Die Angriffe der Nationalsozialisten richteten sich auch gegen zwei einschreitende Polizeibeamte. Ein Oberwachmann der Schutzmannschaft, dem der Säbel entrissen wurde, wurde von Nationalsozialisten überwältigt und erhielt drei Stiche in den Rücken und mehrere Verletzungen am Kopfe. Auf einen Schuß des Beamten wurde von nationalsozialistischer Seite dreimal geschossen. Ein anderer Polizeibeamter, der die ins Lokal stürmenden Nationalsozialisten zurückzudrängen versuchte, wurde mit harten Gegenständen geschlagen und erhielt ebenfalls einen Stich in den Rücken. [...]

Bundesarchiv Koblenz R 134, Reichskommissar für Überwachung der öffentlichen Ordnung und Nachrichtensammelstelle im Reichsministerium des Inneren, Lageberichte (1920–1929) und Meldungen (1929–1933), veröffentlicht als Mikrofiches-Edition, hrsg. v. Ernst Ritter, München usw. 1979

2. Denkschrift des Generalinspekteurs der SA über die Stimmung innerhalb der Sturmabteilungen, 17.12.1931

Die Stimmung in der SA hat sich gebessert. Dies ist in erster Linie auf die Siegeszuversicht der Bewegung zurückzuführen. Umso unheilvollere Folgen kann aber ein unerwarteter Rückschlag haben. Viele Mitglieder glauben, es könne sich nur noch um Tage handeln, bis wir im Besitze der unumschränkten Macht seien. Auch ist die Überheblichkeit hierdurch stark gestiegen. Viele SA-Männer und -Führer glauben, mit dem Regierungsbeginn der NSDAP seien sie besoldete Offiziere und Unteroffiziere, jeder SS-Mann behauptet, daß er vom Tage der Machtergreifung an höherer, bezahlter Polizeibeamter, der SS-Führer, daß er Polizeipräsident sei, und Ortsgruppenleiter und deren Amtswalter halten sich für Regierungspräsidenten und Landräte von Beginn der nächsten Reichstagswahlen an. Es herrschen hier allen Ernstes ganz verwirrte Begriffe. Es muß durch entsprechende Aufklärung einer Enttäuschung vorgebeugt werden. Diese Erscheinungen, ebenso die oft unbegründeten Angriffe auf den Stahlhelm und Deutschnationale, betreffen fast nur Mitglieder, die nach dem 14.9.30 oder gar erst seit kurzem der Partei beigetreten sind; sie wollen durch »Aktivismus« ihre bisherige Unentschlossenheit wiedergutmachen. Das Vorenthalten der für die SA bestimmten Gelder seitens der polit. Leitung in vielen Gauen trübt immer den guten Geist in der SA. Von dem Gruppenführer angefangen bis herab zum letzten SA-Mann ist in den betreffenden Gauen die Erbitterung hierüber sofort herauszuhören, wenn das Gespräch auf die Geldfrage kommt. [...] Auch bei vielen anderen Punkten (z. B. Verteilung des Kampfschatzes, geringe Anerkennung der SA) bringen stellenweise die polit. Leiter nicht das geringste Verständnis für die SA auf. Das Wort »Verbonzung« ist daher noch nicht ausgestorben. Sehr oft kann man in den letzten Wochen hören: »In der SA kannst du so lange dienen wie du willst, du kommst zu nichts. Wenn Du aber zum Gauleiter gehst und dich Dr. nennst, das Maul ordentlich aufreißt, dann bist du gleich Landtagsabgeordneter.« [...] Die Stimmung ist aber noch nicht gefestigt, daß bei der jetzigen Not und den zahlreichen Opfern ein Rückschlag als ausgeschlossen gelten kann.

Durch weiteren Ausbau der Fürsorge muß die gute Stimmung gefestigt werden. Die bisher gegebenen Richtlinien reichen bei weitem nicht aus. Jeder einzelne Führer muß sich immer noch seine eigenen Erfahrungen sammeln. Auch aus den Vierteljahresberichten sowie bei den Besichtigungen konnte man feststellen, daß an vielen Stellen immer noch die gleichen Versuche gemacht werden, die sich in anderen Bereichen bereits als ungeeignet erwiesen haben. So z.B. Fürsorge für SA-Männer ohne Mitarbeit der SA-Führer, Fürsorge ohne Gegenleistung, das Fehlen von Helfern in der SA und SS. Eine einheitliche, zielsichere Führung könnte hier sehr viel Gutes schaffen, Zeit und Geld sparen. [...]

Gerade jetzt, wo eine gehobene Stimmung in der SA ist, muß alles darangesetzt werden, um sie zu festigen, zu erhalten und wenn möglich auch zu heben. [...]

Staatsarchiv München, Polizeidirektion 6822

3. Beeidete Aussage Hitlers vor dem Reichsgericht, 25.9.1930

[...]

Vors.: Kennen Sie die »Nationalsozialistischen Briefe«?

Hitler: Sie sind kein offizielles Parteierzeugnis, sondern sie sind mit die Ursache geworden für den Ausschluß Otto Strassers.

Vors.: Da ist mir aufgefallen, daß ein Schriftsteller Reinhold Muchow über das »Problem der Führung« geschrieben hat. Kennen Sie diesen Muchow?

Hitler: Es ist möglich, daß er mir einmal vorgestellt worden ist.

Der Vorsitzende zitierte daraufhin einige Sätze aus einem Artikel in den »Nationalsozialistischen Briefen«, in dem Muchow ausgeführt hatte, daß die »politisch älteren Völker« (England und Frankreich) schon ihre Revolution gehabt hätten, Deutschland dagegen jetzt am Vorabend »seiner geschichtlichen Stunde« stehe, die nur nationalsozialistisch sein könnte:

Vors.: »Über die Schwere des Kampfes läßt uns Adolf Hitler nicht im geringsten im unklaren, wenn er sagt: ›Köpfe werden in diesem Kampfe in den Sand rollen, entweder die unseren oder die anderen. Also sorgen wir dafür, daß die anderen rollen.‹« Das wird Ihnen in den Mund gelegt. Das kann man auffassen als Hinweis auf eine gewünschte Revolution. Was für eine Bewandtnis hat es mit diesem Zitat?

Hitler: Ich glaube, der Verfasser Muchow hat hier die große geistige Revolution im Auge gehabt, in der wir uns heute befinden. Ich darf Ihnen aber versichern: Wenn unsere Bewegung in ihrem legalen Kampfe siegt, wird ein deutscher Staatsgerichtshof kommen, und der November 1918 wird seine Sühne finden, und es werden auch Köpfe rollen.

Der letzte Teil der Ausführungen Hitlers wurde von einem lebhaften Bravo-Rufen der Zuhörerschaft begleitet, das der Vorsitzende sofort energisch rügte. [...]

Vors.: Noch ein Aufsatz ist mir aufgefallen in den »Nationalsozialistischen Briefen« vom 1. Oktober 1929: »Bemerkungen zur Lage«, G. St. gezeichnet. Das ist wohl Gregor Strasser? Darin heißt es: »Wenn jetzt von einer nahe bevorstehenden Reichstagsauflösung die Rede ist, ist dies ebenfalls ein Symptom. Ein neuer

Reichstag oder eine neue Regierung wären noch keine Lösung. Denn die Lösung heißt: ›Deutsche Revolution‹! Revolution ohne Gewalt gibt es nicht. Wie deuten Sie das Wort ›deutsche nationale Revolution‹?

Hitler: Erstens sind die »Nationalsozialistischen Briefe«, ich wiederhole das, nicht parteioffiziell, und Gregor Strasser hat manchen Artikel unterschrieben, den er nicht gekannt hat. Der Begriff »nationale Revolution« wird immer als innerpolitischer Vorgang aufgefaßt: Für die Nationalsozialisten ist es aber eine allgemeine geistige und völkische Erhebung des deutschen Volkes, eine Erhebung des geknechteten Deutschtums.

Vors.: Meinen Sie eine selbständige Bewegung oder eine von der Partei geförderte?

Hitler: Eine Bewegung, die diese Erhebung repräsentiert, wird aber nicht mit illegalen Mitteln vorbereitet. Wenn in Deutschland noch zwei bis drei Wahlen stattfinden, wird die NSDAP in der Mehrheit sitzen. Dann muß es zur nationalsozialistischen Erhebung kommen, und wir werden den Staat so gestalten, wie wir ihn haben wollen. Diese Bewegung wird kommen, es sei denn, man gibt dem deutschen Volk seine Lebensmöglichkeit.

Vors.: Sie behaupten, daß Sie die geistige Bewegung des deutschen Volkes vorbereiten. Wie denken Sie sich das so? Und wenn man darunter etwas anderes versteht, dann sagen Sie: »Dafür können wir nicht«.

Hitler: Deutschland ist durch die Friedensverträge geknebelt. Die gesamte deutsche Gesetzgebung ist nichts anderes als eine Verankerung der Friedensverträge. Wir aber sehen diese Verträge nicht als ein Gesetz an, sondern als etwas Aufgezwungenes. Wir erkennen unsere Schuld am Kriege nicht an, vor allem nicht für die kommenden Geschlechter. Wenn wir gegen diese Verträge mit allen Mitteln Stellung nehmen werden, befinden wir uns in einer Revolution.

[...]

Der Reichswehrprozeß. Der Hochverrat der Ulmer Reichswehroffiziere 1929/30. Hg. v. Peter Bucher, Boppard a. Rh. 1967, S. 259–262

4. Procurator (d. i. Robert Kempner) über den Prozeß gegen die Ulmer Reichswehroffiziere und Hitlers Legalitätseid, 1930

Das Reichsgericht hat am 4. Oktober 1930 den Leutnant Richard Scheringer, den Leutnant Hans Ludin, und den Oberleutnant a.D. Hans Friedrich Wendt durch Urteil des 4. Strafsenats wegen gemeinschaftlicher Vorbereitung eines hochverräterischen Unternehmens nach § 86 StGB je zu einer Festungsstrafe von einem Jahr und sechs Monaten kostenpflichtig verurteilt [...]. Dieser eine Hochverratsprozeß gegen die drei nationalsozialistischen Offiziere hat mit einer milden Strafe geendet, ganz im Gegensatz zu den schweren Strafen, die in zahlreichen Prozessen gegen Links verhängt wurden. Die Linie der Reichsanwaltschaft in diesen politischen Prozessen muß als höchst bedenklich angesehen werden.

Zunächst berührt es peinlich, daß die Reichsanwaltschaft die drei Offiziere allein angeklagt hat – wegen Vorbereitung eines hochverräterischen Unternehmens, Erregung von Mißvergnügen, Aufforderung zur Gehorsamsverweigerung usw. Juristisch und politisch ergab sich dadurch ein vollkommen schiefes Bild. Denn ihr Tun und Treiben hatte nur einen Sinn im Zusammenhang mit der hochverräterischen Tätigkeit der Nationalsozialisten. Durch dieses Ausschnittverfahren ist es dazu gekommen, daß die Nationalsozialistenführer Hauptmann a.D. Dr. Wagner, Hauptmann a.D. von Pfeffer und Weiß nur als Zeugen vernommen wurden, obwohl in der Anklageschrift selbst immer wieder darauf hingewiesen wurde, daß die drei angeschuldigten Offiziere erst nach einem Besuch dieser Zeugen – »Herzensstärkung« nannte es der Vorsitzende, Reichsgerichtsrat Baumgarten –, erst nach einer »Fühlungnahme« mit ihnen, wie die Angeklagten in der Hauptversammlung selbst bekundet haben, in der Reichswehr für die Nationalsozialisten tätig geworden waren. Das Unmögliche solchen Verfahrens wurde vollends klar, als die Reichsanwaltschaft auf Senatsbeschluß plötzlich den gleichen Hitler als Zeugen vor sich sah, gegen den sie ein Hochverratsverfahren eingeleitet hat, weil er durch nationalsozialistische Propaganda in der Reichswehr Hochverrat begehe. (Es kam niemals zur Anklage!)

In der zweistündigen Propagandarede, die der Senat dem Führer der Nationalsozialisten gestattet hat, war von einer Zeugenbekundung auch noch nicht während fünf Minuten etwas zu finden. Was Hitler vor Gericht aussagte, war nicht eine Bekundung über die Geschehnisse, sondern es war eine Rede über Gesinnungen, Pläne, Ziele. Er agierte als ein parteiischer »Sachverständiger«.

Die Mängel des Verfahrens wurden durch den Hinweis des Staatssekretärs im Reichsinnenministerium Zweigert klar: Der Reichsanwaltschaft, dem Reichsgericht sei das Material über die hochverräterische Tätigkeit der Nationalsozialisten aus der überreichten Denkschrift des Reichsinneniministeriums, aus einer preußischen Denkschrift, aus dem Prozeß über die Thüringer Polizeigelder bekannt. Und was es mit den Legalitätsbeteuerungen Hitlers auf sich habe, gehe zur Genüge aus folgendem hervor: unmittelbar vor dem Münchner Putsch 1923 habe Hitler ebenfalls feierlich seine Legalität gegenüber den amtlichen bayerischen Stellen beteuert:

Hitler zum Innenminister Schweyer im November 1923: »Herr Minister, ich gebe Ihnen mein Ehrenwort, ich werde nie in meinem Leben einen Putsch machen.«

Oberst Seißer zu Hitler am 8. November 1923: »Sie haben das Versprechen, das Sie mir gegeben haben, keinen Putsch zu machen, nicht gehalten.«

Hitler: »Ja, das habe ich getan, aber im Interesse des Vaterlandes. Verzeihen Sie mir.« [...]

In den Annalen der republikanischen Justizgeschichte verdient auch, festgehalten zu werden:

Hitler unter Eid in Leipzig: »Wenn unsere Bewegung siegt, dann wird ein neuer Staatsgerichtshof zusammentreten, und vor diesem soll dann das Novemberverbrechen von 1918 seine Sühne finden, dann allerdings werden Köpfe in den Sand rollen.«

Der Reichsanwalt hat hierzu geschwiegen; bis heute ist er noch nicht mit den zuständigen Stellen darüber in Verbindung getreten, ob hierin nicht Vergehen gegen das Republikschutzgesetz, Vorbereitung zum Mord, Bedrohung liegen. [...]

Und dann weiter:

Verteidiger Hans Frank, auf den soeben vernommenen Staatssekretär Zweigert deutend: »... dann muß die Reichsanwaltschaft unseren Tatzeugen andere Tatzeugen entgegenstellen und nicht bezahlte Vertreter eines absterbenden Systems!«

Präsident unterbrechend: »Ich bitte, derartige schwerbeleidigende Äußerung zu unterlassen.«

Verteidiger Frank: »Ich werde dann nicht sagen: ›absterbenden Systems‹, sondern einfach ›dieses Systems‹.«

Die Reichsanwaltschaft: schweigt (Sitzungsvertreter: Nagel und Weyersberg). – Sie hat diesen widerlichen dreisten Vertoß gegen das Republikschutzgesetz, hat diese schwere Beleidigung des Staatssekretärs Zweigert auf sich beruhen lassen.

Wo blieb der in vorderster Reihe zum Schutz der Republik berufene Oberreichsanwalt Werner, der doch nach dem Vorbilde seiner Vorgänger seinen Stolz darein hätte setzen müssen, in einem derart höchstpolitischen Prozesse persönlich die Anklage zu vertreten?

Mit Bitterkeit nimmt der Beobachter auch davon Kenntnis, wie in der Republik eine Verhaftung der Hochverräter von rechts vor sich geht, die sich noch darüber beschweren, daß der Untersuchungsrichter sich ihnen nicht vorstellt: Die verdächtigen Offiziere waren nicht in der Kaserne, sie waren auf dem Exerzierplatz. Der Abteilungskommandeur ging zum Regimentskommandeur, Oberst Beck, und machte ihm Mitteilung von den Haftbefehlen gegen Ludin und Scheringer. Und wie reagierte Oberst Beck darauf? Hören wir ihn selbst:

»Der Untersuchungsrichter trat an mich heran. Ich fragte ihn, um was es sich handle. Er sagte, das dürfe er nicht sagen. – Was, mir als Regimentskommandeur dürfen Sie nicht sagen, weshalb Sie zwei Offiziere vor versammeltem Offizierskorps verhaften wollen? – Er sagte, es bestehe Verdunklungsgefahr. Darin lag auch gegen mich der Vorwurf, daß ich mitverdunkle. Ich hielt dem Richter vor, welchen unheilvollen Einfluß die Verhaftung auf mein Offizierskorps machen würde. Darauf sagte mir der Untersuchungsrichter, der Haftbefehl sei ergangen auf Veranlassung des Reichswehrministers nach Vortrag beim Reichspräsidenten.«

Trotz eines »Einspruchs« von Oberst Beck wurde sodann die Verhaftung der Offiziere durch den Untersuchungsrichter Braune durchgeführt.

Tatsächlich hatte die militärische Spitze der Reichswehr das gesamte Verfahren vor dem Reichsgericht zu sabotieren versucht: Generaloberst Heye wollte einen »Strich« unter den in Wahrheit hochverräterischen Vorgang ziehen und sich mit einem Stubenarrest der Offiziere wegen dienstlicher Verstöße begnügen. Auch der Reichswehrminister hatte anheimgestellt, von einer Verhaftung möglichst Abstand zu nehmen. Erst der Reichspräsident von Hindenburg mußte bemüht werden, damit der pflichtgemäß erlassene Haftbefehl gegen hochverräterische Offiziere auch vollstreckt werden konnte.

Dabei ging es in dem Verfahren um einen organisatorischen Zusammenhang zwischen Nationalsozialistischer Partei und nationalsozialistisch gesinnten jungen Offizieren, um Gehorsamsverweigerung und um Erregung von Mißvergnügen gegen höchste Vorgesetzte, die bei den Angeklagten und der NSDAP in Verdacht standen, nicht gleich ihnen nationalsozialistisch zu denken. Das beweist dieser Prozeß, das beweisen auch die Vorgänge, die sich allabendlich im Anschluß an die letzten Herbstmanöver abgespielt haben.

Die Justiz VI (1930), H. 1 (Nachdruck: Sling, Richter und Gerichtete. Eingel. u. kommentiert v. Robert M.W. Kempner, München 1969, S. 317–320)

5. Carlo Mierendorff über die nationalsozialistische Gefahr, Juni 1930

[...] Gibt es eine nationalsozialistische Gefahr? Eine gegnerische Partei vom Charakter der Nationalsozialisten ist auch dann eine Gefahr, wenn ihr putschistischer Charakter umstritten ist. Bei den Nationalsozialisten besteht ja in dieser Hinsicht keineswegs Eindeutigkeit. Die putschistischen Bestrebungen in ihren eigenen Reihen sind stark gelähmt durch den großen inneren Gegensatz, der sich neuerdings immer deutlicher geltend macht. Einerseits der das »Sozialistische« betonende Flügel, der von Gregor Strasser geführt wird. Er ist, regional betrachtet, vor allen Dingen in Norddeutschland vertreten, gruppiert um die »Nationalsozialistischen Briefe« und ist stark »proletarisch« orientiert mit interessanten Anklängen an anarcho-syndikalistische Regungen.

Er repräsentiert also den eigentlichen Pseudosozialismus der Bewegung. Ihm steht gegenüber der von Hitler geführte süddeutsche Flügel, dessen politisches Handeln sichtlich unter dem Zwang der konservativen Tendenzen des immer stärker wachsenden Parteiapparats steht. Die Nationalsozialisten machen ja in diesem Punkte trotz ihrer Jugend bereits heute die Erfahrungen durch, die keiner Partei erspart bleiben: daß der Apparat zwar ein Schutzpanzer ist, aber wie jeder Panzer, auch den geschützten Körper bis zur Erstarrung schwerfällig macht.

Der Hinweis auf eine nationalsozialistische Gefahr kann aber auch nicht mit dem Hinweis darauf abgetan werden, daß die sozialdemokratische Wählerschaft von der NSDAP bis jetzt noch keineswegs tangiert worden sei. So sehr das auch im großen ganzen wohl zutrifft, so wenig kann mit Sicherheit gesagt werden, daß es auf die Dauer zutrifft. Jedenfalls läßt sich soviel sagen, daß es heute auch um den sozialdemokratischen »Grenzwähler« geht, d.h. um denjenigen Teil der sozialdemokratischen Wähler, der bereits nicht mehr ausschließlich aus politischer Einsicht, sondern schon mehr aus gefühlsmäßigen (und gewohnheitsmäßigen!) Beweggründen sozialdemokratisch gewählt hat. Viel unmittelbarer ist in der Tat die nationalsozialistische Gefahr für die bürgerlichen Parteien, wie sich bei den Kommunalwahlen gezeigt hat, wo die Dezimierung der Deutschnationalen zugunsten der Nationalsozialisten geradezu sensationell gewirkt hat. Gerade diese Entwicklung bedeutet aber auch eine Gefahr für die Sozialdemokratie und die Gewerkschaften. Zunächst gewiß nur eine indirekte, insofern als durch eine starke Nationalsozialistische Partei das ohnehin politisch sehr unsichere, immer schwankende Bürgertum unter einen moralischen Druck geraten würde, dem es auf die Dauer nicht standzuhalten vermöchte. Auf die Dauer wäre aber auch das eine sehr große Gefahr. Denn so betrachtet, wäre das haargenau die gleiche Situation wie in Österreich zu Beginn der Verfassungs»reform«.

Im Augenblick ist diese Entwicklung durch den Start des Kabinetts Brüning etwas in den Hintergrund getreten. Sie wird aber sofort nach dem Zerfall des Kabinetts Brüning wieder in höchstem Maße aktuell werden, denn es ist anzunehmen, daß bei einem erneuten Mißerfolg der bürgerlichen Rechte auf dem

Boden des Parlamentarismus ideologisch sich ein höchst radikaler Rückfall in faschistische Tendenzen vollzieht. Dann wäre der Zeitpunkt gekommen, wo sehr wahrscheinlich die augenblicklich in den Ruhestand versetzte Tendenz Hugenberg (bewußte Förderung der Nationalsozialisten als derjenigen bürgerlichen Gruppe, die im Kampf gegen Republik und Sozialdemokratie einzig und allein über einen ansehnlichen und schlagkräftigen Parteiapparat verfügt), das Feld im ganzen bürgerlichen Lager wieder beherrschen würde, und ebenso wahrscheinlich dann mit stärkerem Erfolg als vor dem Experiment Schiele-Brüning. Sieht man unter diesen Gesichtspunkten die Situation, so muß man zu dem Ergebnis kommen, daß die Bekämpfung der nationalsozialistischen Bewegung auch heute schon für die Sozialdemokratie eine wichtige politische Aufgabe bildet. Gewiß weist diese Bewegung geistig und politisch, programmatisch und organisatorisch so starke innere Widersprüche auf, daß ihr Auseinanderfallen nur eine Frage der Zeit ist. Wer garantiert jedoch dafür, daß dieser Zeitpunkt des Zerfalls eintritt, bevor der Nationalsozialismus praktisch-politisch (direkt oder indirekt) zum Zuge gekommen ist. Die Sozialdemokratie wird gut daran tun, sich in diesem Falle nicht auf die Zeit, sondern nur auf sich selbst zu verlassen.

Carlo Mierendorff, Gesicht und Charakter der nationalsozialistischen Bewegung, in: Die Gesellschaft 7 (1930), H. 6, S. 489–504

1. Rede Manns 1923 im Beethoven-Saal: erstes Bekenntnis zur Republik

6. Reaktion Thomas Manns auf den nationalsozialistischen Wahlerfolg, 17.10.1930

[…] Der Ausgang der Reichstagswahlen, meine geehrten Zuhörer, kann nicht rein wirtschaftlich erklärt werden. […] Das deutsche Volk ist seiner natürlichen Anlage nach nicht radikalistisch, und wäre das Maß von Radikalisierung, das nun wenigstens für den Augenblick zutage getreten ist, nur eine Folge wirtschaftlicher Depression, so wäre damit allenfalls ein Anwachsen des Kommunismus, aber nicht der Massenzulauf zu einer Partei erklärt, die auf die militanteste und schreiend wirksamste Weise die nationale Idee mit der sozialen zu verbinden scheint. Es ist nicht

Mann!
- Rede gehalten für gutsituiertes Bürgerpublikum
- " beruht auf genauer Beobachtung der politischen Stimmung

richtig, das Politische als ein reines Produkt des Wirtschaftlichen hinzustellen; sondern um einen Seelenzustand zu deuten wie den, den unser Volk jetzt auf eine verblüffende Weise an den Tag gelegt hat, ist es notwendig, die politische Leidenschaft, zutreffender gesagt, das politische Leiden heranzuziehen, und wenn es nicht klug und nicht würdig wäre, auf das Ergebnis vom 14. September stolz zu sein und vor dem Auslande darauf zu trumpfen, so mag man es immerhin schweigend seine Wirkung nach außen tun lassen als eine Warnung, ein Sturmzeichen, eine Mahnung, daß einem Volk, welches zum Selbstgefühl soviel Anlaß hat wie irgendeines, nicht auf beliebige Zeit das zugemutet werden kann, was dem deutschen in der Tat zugemutet worden ist, – ohne aus seinem Seelenzustand eine Weltgefahr zu machen. Auf den materiellen und geistigen Riesenkomplex von Ursachen einzugehen, aus denen die Kriegskatastrophe erwuchs, ist dies nicht der Augenblick. Geführt wurde Deutschland in diesen Krieg von einem Herrschaftssystem, das auf die historisch naivste Weise sein eignes Lebensinteresse mit dem des Volkes gleichsetzte und in dem Kampf um sein Fortbestehen es mit dem Volke, dem Lande zum Äußersten kommen ließ. Gegen dies Herrschaftssystem, das sich in der Welt verhaßt gemacht hatte, richtete sich angeblich und nach Überzeugung der Völker in der Tat der kriegerische Tugendmut unserer Gegner, ein demokratischer Tugendmut, dessen Propagandamittel überwältigend waren und der, von aller materiellen Überlegenheit abgesehen, die deutsche Widerstandskraft im Laufe der Jahre erdrückte. Diese demokratische Moralität, die während des Krieges den Mund so voll genommen hatte und den Krieg als Mittel zu betrachten schien, eine neue, bessere Welt zu schaffen, hat bei Friedensschluß nur sehr bruchstückweise Wort gehalten und sich durch die Wirklichkeit, die psychischen Nachwirkungen der Kriegswut und durch den Machtrausch des Sieges in einem Grade verderben lassen, daß es dem deutschen Volke aufs äußerste erschwert war, an den moralischen und historischen Sinn seines Unterliegens und an die höhere Berufung der anderen zum Siege zu glauben. Der Versailler Vertrag war ein Instrument, dessen Absichten dahin gingen, die Lebenskraft eines europäischen Hauptvolkes auf die Dauer der Geschichte niederzuhalten, und dieses Instrument als die Magna Charta Europas zu betrachten, auf der alle historische Zukunft sich aufbauen müsse, war ein Gedanke, der dem Leben und der Natur zuwiderlief und der schon heute in aller Welt kaum noch zum Schein Anhänger besitzt. Das Leben und die Vernunft selbst haben die Unantastbarkeit dieses Vertrages schon heute widerlegt, und wenn man französische Nationalisten klagen hört, er sei nach zwölf Jahren durchlöchert wie ein Sieb, so beweist das eben nur die Unmöglichkeit des Unmöglichen und spricht für die Mittel, die von deutscher Seite angewandt worden sind, um diese natürliche Unmöglichkeit zu erweisen. Daß er für die Weltvernunft bei weitem noch nicht durchlöchert genug ist, wird auch außerhalb Deutschlands von Einsichtigen unterderhand kaum bestritten; aber das deutsche Volk wird solcher Einsicht nicht gewahr, es hält sich notwendig an die Tatsachen, von denen es umgeben ist, und fühlt sich als Hauptopfer ihres Widersinns. Fast müßig schon, es auszusprechen, und doch notwendig, es immer wieder zu sagen: es ist kein haltbarer Zustand, daß inmitten von lauter bewaffneten und auf ihren Waffenglanz stolzen Völkern Deutschland allein waffenlos dasteht, so daß jeder, der Pole in Posen, der Tscheche auf dem Wenzelsplatz, ohne Scheu seinen Mut daran kühlen kann; daß die Erfüllung des Versprechens, die deutsche Abrüstung solle nur der Beginn der allgemeinen sein, immer wieder ad calendas graecas vertagt wird und jede Unmutsäußerung des deutschen Volkes gegen diesen Zustand als eine zu neuen Rüstungen auffordernde Bedrohung aufgefaßt wird. Diese Ungerechtigkeit ist die erste, die man nennen muß, wenn man dem deutschen Gemütszustand gerecht werden will; aber es ist nur zu leicht, fünf, sechs andere aufzuzählen, die sein Gemüt verdüstern, wie die absurden Grenzregelungen im Osten, das niemandem heilsame, auf das vae victis stumpfsinnig aufgebaute Reparationssystem, die völlige Verständnislosigkeit des jakobinischen Staatsgedankens für die deutsche Volksempfindlichkeit in der Minderheitenfrage, das Problem des Saargebietes, das keines sein dürfte, und so fort.

Das sind die außenpolitischen Reizungen und Leiden, von denen der deutsche Gemütszustand bestimmt ist. Es kommen tiefe, wenn auch unbestimmte und ratlose Zweifel innerpolitischer Art hinzu, Zweifel also daran, ob die im westeuropäischen Stil parlamentarische Verfassung, die Deutschland nach dem Zusammenbruch des feudalen Systems als das gewissermaßen historisch Bereitliegende übernahm, seinem Wesen vollständig angemessen ist, ob sie seine politische Sittlichkeit nicht in gewissem Grade und Sinne entstellt und schädigt. Diese Sorgen einer volkspersönlichen, politischen Sittlichkeit sind um so quälender, als im Grunde niemand konkrete Vorschläge zum Richtigeren und Angemesseneren zu machen weiß und vorderhand kein Schluß übrigbleibt als der, daß, solange es dem Deutschtum nicht gelingt, aus seiner eigensten Natur in politicis etwas Neues und Originales zu erfinden, man genötigt sei, aus dem Historisch-Überlieferten das Persönlichste und damit Beste zu machen [...].

Es gehört nicht viel psychologische Kunst dazu, meine geehrten Zuhörer, um diese außen- und innenpolitischen Leidensmotive als die Ursache zu erkennen, die neben der wirtschaftlichen Mißlage die sensationelle Wahlkundgebung des deutschen Volkes bestimmt haben. Es hat sich eines grell plakatierten Wahlangebotes zum Ausdruck seiner Gefühle bedient, des sogenannten nationalsozialistischen. Aber der Nationalsozialismus hätte als Massen-Gefühls-Überzeugung nicht die Macht und den Umfang gewinnen können, die er jetzt erwiesen, wenn ihm nicht, der großen Mehrzahl seiner Träger unbewußt, aus geistigen Quellen ein Sukkurs käme, der, wie alles zeitgeboren Geistige, eine relative Wahrheit, Gesetzlichkeit und logische Notwendigkeit besitzt und davon die populäre Wirklichkeit der Bewegung abgibt. Mit dem wirtschaftlichen Niedergang der Mittelklasse verband sich eine Empfindung, die ihm als intellektuelle Prophetie und Zeitkritik vorangegangen war: die Empfindung einer Zeitwende, welche das Ende der von der Französischen Revolution datierenden bürgerlichen Epoche und ihrer Ideenwelt ankündigte. Eine neue Seelenlage der Menschheit, die mit der bürgerlichen und ihren Prinzipien: Freiheit, Gerechtigkeit, Bildung, Optimismus, Fortschrittsglaube, nichts mehr zu schaffen haben sollte, wurde proklamiert und drückte sich künstlerisch im expressionistischen Seelenschrei, philosophisch als Abkehr vom Vernunftglauben, von der zugleich mechanistischen und ideologischen Weltanschauung abgelaufener Jahrzehnte aus, als ein irrationalistischer, den Lebensbegriff in den Mittelpunkt des Denkens stellender Rückschlag, der die allein lebenspendenden Kräfte des Unbewußten, Dynamischen, Dunkelschöpferischen auf den Schild hob, den Geist, unter dem man schlechthin das Intellektuelle verstand, als lebensmörderisch verpönte und gegen ihn das Seelendunkel, das Mütterlich-Chthonische, die heilig gebärerische Unterwelt, als Lebenswahrheit feierte. Von dieser Naturreligiosität, die ihrem Wesen nach zum Orgiastischen, zur bacchischen Ausschweifung neigt, ist viel eingegangen in den Neo-Nationalismus unserer Tage, der eine neue Stufe gegen den bürgerlichen, durch stark kosmopolitsche und humanitäre Einschläge doch ganz anders ausgewogenen Nationalismus des neunzehnten Jahrhunderts darstellt. Er unterscheidet sich von diesem eben durch seinen orgiastisch naturkultischen, radikal humanitätsfeindlichen, rauschhaft dynamistischen, unbedingt ausgelassenen Charakter. Wenn man bedenkt, was es, religionsgeschichtlich, die Menschheit gekostet hat, vom Naturkult, von einer barbarisch raffinierten Gnostik und sexualistischen Gottesausschweifung des Moloch-Baal-Astarte-Dienstes sich zu geistigerer Anbetung zu erheben, so staunt man wohl über den leichten Sinn, mit dem solche Überwindungen und Befreiungen heute verleugnet werden, – und wird zugleich des wellenhaften, fast modisch-ephemeren und, ins Große gerechnet, bedeutungslosen Charakters eines solchen philosophischen Rückschlages inne.

Vielleicht scheint es Ihnen kühn, meine geehrten Zuhörer, den radikalen Nationalismus von heute mit solchen Ideen einer romantisierenden Philosophie in Zusammenhang zu bringen, und doch ist ein solcher Zusammenhang da und will erkannt sein von dem, dem es um Verstehen und Einsicht in den Zusammenhang der Dinge zu tun ist. Es findet sich mehr zusammen, um die politische Bewegung, von der wir sprechen, die nationalsozialistische, vom Geistigen her zu stärken. Dazu gehört eine gewisse Philologen-Ideologie, Germanisten-Romantik und Nordgläubigkeit aus akademisch-professoraler Sphäre, die in einem Idiom von mystischem Biedersinn und verstiegener Abgeschmacktheit mit Vokabeln wie rassisch, völkisch, bündisch, heldisch auf die Deutschen von 1930 einredet und der Bewegung ein Ingrediens von verschwärmter Bildungsbarbarei hinzufügt, gefährlicher und weltentfremdender, die Gehirne noch ärger verschwemmend und verklebend als die Weltfremdheit und politische Romantik, die uns in den Krieg geführt haben.

Gespeist also von solchen geistigen und pseudogeistigen Zuströmen, vermischt sich die Bewegung, die man aktuell unter dem Namen des Nationalsozialismus zusammenfaßt und die eine so gewaltige Werbekraft bewiesen hat, vermischt sich, sage ich, diese Bewegung mit der Riesenwelle exzentrischer Barbarei und primitiv-massendemokratischer Jahrmarktsroheit, die über die Welt geht, als ein Produkt wilder, verwirrender und zugleich nervös stimulierender, berauschender Eindrücke, die auf die Menschheit einstürmen. Die abenteuerliche Entwicklung der Technik mit ihren Triumphen und Katastrophen, Lärm und Sensation des Sportrekordes, Überschätzung und wilde Überbezahlung des Massen anziehenden Stars, Box-Meetings mit Millionen-Honoraren vor Schaumengen in Riesenzahl: dies und dergleichen bestimmt das Bild der Zeit zusammen mit dem Niedergang, dem Abhandenkommen von sittigenden und strengen Begriffen wie Kultur, Geist, Kunst, Idee. Entlaufen scheint die Menschheit wie eine Bande losgelassener Schuljungen aus der humanistisch-idealistischen Schule des neunzehnten Jahrhunderts, gegen dessen Moralität, wenn denn überhaupt von Moral die Rede sein soll, unsere Zeit einen weiten und wilden Rückschlag darstellt. Alles scheint möglich, scheint erlaubt gegen den Menschenanstand, und geht auch die Lehre dahin, daß die Idee der Freiheit zum bourgeoisen Gerümpel geworden sei, als ob eine Idee, die mit allem europäischen Pathos so innig verbunden ist, aus der Europa sich geradezu konstituiert und der es so große Opfer gebracht hat, je wirklich verlorengehen könnte, so erscheint die lehrweise abgeschaffte Freiheit nun wieder in zeitgemäßer Gestalt als Verwilderung, Verhöhnung einer als ausgedient verschrienen humanitären Autorität, als Losbändigkeit der Instinkte, Emanzipation der Roheit, Diktatur der Gewalt. [...]

Der exzentrischen Seelenlage einer der Idee entlaufenen Menschheit entspricht eine Politik im Groteskstil mit Heilsarmee-Allüren, Massenkrampf, Budengeläut, Halleluja und derwischmäßigem Wiederholen monotoner Schlagworte, bis alles Schaum vor dem Munde hat. Fanatismus wird Heilsprinzip, Begeisterung epileptische Ekstase, Politik wird zum Massenopiat des Dritten Reiches oder einer proletarischen Eschatologie, und die Vernunft verhüllt ihr Antlitz. [...]

Thomas Mann, Deutsche Ansprache. Ein Appell an die Vernunft, in: Von deutscher Republik. Politische Schriften und Reden in Deutschland. Gesammelte Werke in Einzelbänden. Hg. v. Peter de Mendelssohn, Frankfurt a. M. 1984, S. 294-314

7. Entschließung der »Nationalen Front«, 11.10.1931

[...] Die Nationale Opposition hat seit Jahren vergeblich gewarnt vor dem Versagen der Regierungen und des Staatsapparates gegenüber dem Blutterror des Marxismus, dem fortschreitenden Kulturbolschewismus und der Zerreißung der Nation durch den Klassenkampf, vor der planmäßigen Ausschaltung der nationalen Kräfte aus der Leitung des Staates, vor einer Politik, die in der politischen, wirtschaftlichen und militärischen Entmannung Deutschlands noch über das Diktat von Versailles hinausgeht, vor einer Politik, die die heimische Wirtschaft zugunsten weltwirtschaftlicher Utopien preisgibt, vor einer Politik der Unterwürfigkeit dem Ausland gegenüber, die weder die Gleichberechtigung Deutschlands gebracht hat, noch den zerrissenen Osten vor einem kriegerischen Einbruch bewahrt.

Entschlossen, unser Land vor dem Chaos des Bolschewismus zu bewahren, unsere Politik durch wirksame Selbsthilfe aus dem Strudel des Wirtschaftbankrotts zu retten und damit der Welt zu wirklichem Frieden zu verhelfen, erklären wir: Wir sind bereit, im Reich und in Preußen in national geführten Regierungen die Verantwortung zu übernehmen. Wir stoßen keine Hand zurück, die sich uns zu wirklich ehrlicher Zusammenarbeit anbietet. Wir müssen es aber ablehnen, die Erhaltung eines falschen Systems und Fortsetzung eines falschen Kurses in einer nur national getarnten Regierung der bisherigen Kräfte irgendwie zu stützen. Jede Regierung, die gegen den Willen der geschlossenen Nationalen Opposition gebildet werden sollte, muß mit unserer Gegnerschaft rechnen.

So fordern wir den sofortigen Rücktritt der Regierungen Brüning und Braun, die sofortige Aufhebung der diktatorischen Vollmachten für Regierungen, deren Zusammensetzung nicht dem Volkswillen entspricht und die sich nur noch mit Notverordnungen am Ruder halten; wir fordern sofortige Neuwahl der überalterten Volksvertretungen, vor allem im Reich und in Preußen.

Im vollen Bewußtsein der damit übernommenen Verantwortung erklären wir, daß die in der nationalen Opposition stehenden Verbände bei kommenden Unruhen wohl Leben und Eigentum, Haus, Hof und Arbeitsstelle derjenigen verteidigen werden, die sich mit uns offen zur Nation bekennen, daß wir es aber ablehnen, die heutige Regierung und das heute herrschende System mit dem Einsatz unseres Blutes zu schützen.

Wir verlangen Wiederherstellung der deutschen Wehrhoheit und Rüstungsausgleich.

Einig stehen wir zu diesen Forderungen. Geächtet ist jeder, der unsere Front zersetzen will.

Wir beschwören den durch uns gewählten Reichspräsidenten v. Hindenburg, daß er dem stürmischen Drängen von Millionen vaterländischer Männer und Frauen, Frontsoldaten und Jugend entspricht und in letzter Stunde durch Berufung einer wirklichen Nationalregierung den rettenden Kurswechsel herbeiführt.

Die Träger dieser Nationalregierung wissen um die Wünsche und Nöte des deutschen Volkes aus ihrer blutmäßigen Verbundenheit mit diesem. Sie haben die Entwicklung der letzten Jahre vorausgesagt. Der Ablauf der Geschehnisse hat die Richtigkeit ihrer Vorschläge und Forderungen erwiesen. Darin sehen wir in tiefstem Sinne die Berechtigung zur Übernahme der Regierungsgewalt. Nur der starke nationale Staat kann Wirtschaft und Arbeitsplatz schützen, nur der starke Staat kann das Leistungsprinzip in jeder Form verwirklichen und die zur Herbeiführung einer wahren Volksgemeinschaft notwendigen sozialen Maßnahmen durchführen. Wir verlangen von allen Volksgenossen Pflichterfüllung und Opfer. Wir glauben an die Erfüllung unserer Aufgabe, weil wir auf die deutsche Kraft, auf die Zukunft unseres Volkes vertrauen.

Der Stahlhelm, 18.10.1931 (Nachdruck: Ursachen und Folgen 8, Nr. 1784c)

8. Sonderzüge für die NSDAP: Korrespondenz des Reichsverkehrsministers, 1931

a) Der Reichsminister des Innern an den Reichsverkehrsminister, 12.5.1931

Der Herr Preußische Minister des Innern teilt mir soeben folgendes mit:

»Wie mir der Regierungspräsident in Osnabrück soeben fernmündlich berichtet, veröffentlicht die Reichsbahndirektion Odenburg heute in der ›Osnabrücker Zeitung‹ ein Inserat folgenden Inhalts: ›Billiger Sonderzug nach Cloppenburg am Himmelfahrtstage, 40 % Ermäßigung‹.

Hierzu ist zu bedenken, daß am 14. Mai 1931, dem Himmelfahrtstage, in Cloppenburg eine Versammlung der NSDAP stattfindet, zu der als Hauptredner der Parteiführer Adolf Hitler angemeldet ist. Es kann nicht verkannt werden, daß mit der Ankündigung eines billigen Sonderzuges mit einer Fahrpreisermäßigung von 40 % gerade nach Cloppenburg und nur dorthin eine unverhüllte Propaganda für die NSDAP und Hitler gemacht wird. Dieses befremdliche Verhalten der Reichsbahndirektion Oldenburg wirkt um so peinlicher, als eine ähnliche Ankündigung für den Besuch des Herrn Reichskanzlers, der am Montag, dem 11. Mai 1931, in Cloppenburg in einer großen politischen Versammlung gesprochen hat, nicht erschienen sind. [...]«

Ich bitte um tunlichst umgehende Nachprüfung des Sachverhalts. Sollte es sich, wie nach dem Schreiben des Herrn Preußischen Ministers des Innern kaum bezweifelt werden kann, bestätigen, daß die Reichsbahndirektion Oldenburg in dieser Weise eine Versammlung einer staatsfeindlichen Partei unterstützt und vor einer Versammlung des Herrn Reichskanzlers bevorzugt behandelt, so muß ich mich dem Ersuchen des Herrn Preußischen Ministers anschließen, hier Abhilfe zu schaffen. Die mit der Aufrechterhaltung der öffentlichen Sicherheit und Ordnung betrauten Ministerien des Reiches und der Länder müssen von den Stellen der Deutschen Reichsbahngesellschaft erwarten können, daß sie ihre ohnehin schweren Aufgaben nicht durch Unterstützung staatsfeindlicher Bestrebungen erschweren.

Der Reichsverkehrsminister an die Deutsche Reichsbahn-Gesellschaft, Hauptverwaltung, 13.5.1931

Abschrift übersende ich mit dem ergebenen Ersuch um Stellungnahme zu den in dem Schreiben berührten Fragen. Insbesondere bitte ich um Äußerung, ob der durch den Besuch der Cloppenburger Versammlung der NSDAP aufkommende Verkehr nicht durch Bedarfszüge (Vor- oder Nachzüge zu den fahrplanmäßigen Zügen) ohne Gewährung einer Fahrpreisermäßigung zu bewältigen gewesen wäre.

b) Deutsche Reichsbahn-Gesellschaft, Hauptverwaltung, an den Reichsverkehrsminister, 15.5.31

Bei Gelegenheit der im Bezirk Oldenburg stattgehabten Versammlung in Cloppenburg war ein größerer Verkehr zu erwarten, die die Reichsbahndirektion Cloppenburg pflichtgemäß auf sich zu ziehen versuchen mußte. Da die fahrplanmäßigen Züge aller Voraussicht nach nicht ausreichen würden, sind Sonderzüge eingesetzt worden, für die eine tariflich zulässige Fahrpreisermäßigung von 40 % vorgesehen wurde, weil andernfalls der ganze Verkehr auf Kraftwagen übergegangen wäre. Durch Führung von Vor- und Nachzügen zu planmäßigen Zeiten ohne Fahrpreisvergünstigungen hätte die Reichsbahn den Verkehr niemals erhalten können. Es bedarf wohl keiner besonderen Erwähnung, daß die Reichsbahndirektion Oldenburg politische Zwecke nicht verfolgt.

Die gefahrenen Verwaltungssonderzüge sind als Sonderzüge für den öffentlichen Verkehr in den Zeitungen des jeweiligen Fahrbereichs ohne Zusatz bekannt gemacht worden. [...]

Wie am Donnerstag, den 14. Mai, bei Gelegenheit der Versammlung Hitler in Cloppenburg sind auch am Montag, den 10. Mai, aus Anlaß der Anwesenheit des Herrn Reichskanzlers Dr. Brüning in Cloppenburg solche Verwaltungssonderzüge mit 40 % Ermäßigung gefahren worden, und zwar [...]

Bundesarchiv Koblenz, R 43 I (Reichskanzlei), Nr. 2682

9. Schlußfolgerungen einer Ausarbeitung der Polizeidirektion München betr. den hochverräterischen Charakter von SA und SS, 25.9.1931

Wie schon eingangs dieser Betrachtungen erwähnt, ist es widersinnig, als Hauptzweck der SA und SS den Schutz der Versammlungen und der Propaganda zu bezeichnen. Eine Organisation, in der der militärische Geist und der militärische Dienst so ernsthaft gepflegt werden, kann sich nicht nur mit Versammlungsschutz befassen. Ihr oberstes Ziel muß ein anderes sein. Daß in den Köpfen der SA-Leute tatsächlich andere Gedanken wohnen, geht aus zahllosen Äußerungen hervor. In allen SA-Appellen und überhaupt bei allen möglichen Gelegenheiten wird von den führenden Persönlichkeiten immer wieder den SA-Leuten eingehämmert, daß die NSDAP in der allernächsten Zeit das Ruder in Deutschland ergreifen würde und daß infolgedessen die SA und SS trachten müsse, dann bereit zu sein. Es mag ohne weiteres an den Legalitätsbeteuerungen Adolf Hitlers nicht zu zweifeln sein. Sie können aber nicht, so aufrichtig sie vielleicht von ihm gemeint sind, für ihn bindend sein, weil die Gefahr besteht, daß die von den fanatisierenden Führern verhetzte und aufgeputschte Masse der SA-Leute Adolf Hitler aus den Händen gleitet.

Wie sehr den SA-Leuten der baldige Sieg eingehämmert wird, geht aus verschiedenen Äußerungen prominenter SA-Führer hervor, die an dieser Stelle nicht unerwähnt bleiben können: Leutnant Heines am 17.7.1930 beim Sturm 62 ... es mache nichts, wenn die Burschen der SA das Braunhemd ausziehen, denn es würde die Zeit kommen, wo die SA diesen Burschen die Röcke ausziehen werde. Die Regierung könne ihn kreuzweise am ...

Am 30. April 30 von Sturmführer v. Kloeber beim Sturm 18: ... Die SA des Sturmes 18 sei bei Errichtung des Dritten Reiches stark in Anspruch genommen, weil in deren Bereich die meisten staatlichen Gebäude liegen, die bei einem Umsturz alle durch die SA-Leute des Sturmes 18 besetzt werden müßten.

Am 11. September 31 erklärte der Gausturmführer Kallenbach, daß die Zeit nicht mehr fern sei, wo der jetzige Staat zusammenbreche. Wenn dann die Nationalsozialisten die Macht im Staate ergreifen, sei zuerst für die SA 24 Stunden Freizeit. Während dieser Zeit könne dann jeder SA-Mann den von ihm notierten Grünbaum erledigen. (Gemeint waren damit Leute, die sich bisher an der Bewegung vergangen haben.) Wenn auch die Regierung glaubt, im Notfall die SA als Notpolizei zu benützen, so möge sie sehr vorsichtig sein. Über den Ausgang dieser Sache wäre sie sicher sehr erstaunt, denn die SA würde das Heft so schnell nicht mehr aus der Hand geben. [...]

Ist schon die SA und SS ganz allgemein genommen eine Organisation, die mit ihrem vorgeschützten Zweck (Versammlungsschutz, Propagandatätigkeit) sich nicht zufriedengibt und jetzt schon eine rein militärische Organisation darstellt, so muß das größte Bedenken die Aufstellung der schon erwähnten Reiterstürme, Marinestürme, Motorstürme, Sanitätsabteilungen, Sanitätskurse und die Verwendung von Feldküchen erregen. Denn in normalen Zeiten gibt es für diese Abteilungen fast kein Betätigungsfeld. Ihre Aufstellung in so großer Zahl muß also für Zeiten des Umsturzes gedacht sein.

Dazu kommt die Ausarbeitung eines ausgedehnten Alarmplanes, der es ermöglicht, mit Hilfe des Relaisdienstes selbst dann die Verbindung unter den SA-Abteilungen aufrechtzuerhalten, wenn vielleicht von staatswegen aus die öffentliche Benutzung der allgemeinen Nachrichtenmittel (Telephon, Telegraph, Eisenbahn, Post) unterbunden wird. Das Alarmsystem ist gründlichst ausgebaut und wurde schon wiederholt erprobt. Daß in diesen Fällen sogar an umfangreiche SA-Transporte gedacht ist, geht aus Anlage 11 hervor, sowie aus einem Fragebogen, der sich über die Erfahrungen bei Kraftwagentransporten befaßt [...]. Solche Bereitschaften sind in erhöhtem Maße sicherheitsgefährlich, und da sie auf den Umsturz zugeschnitten sind, vorbereitende Handlungen des Hochverrats. Wenn schon die Partei nach einem Urteil des Reichsgerichts, 4. Strafsenat, vom 10. Febr. 31 den hochverräterischen Charakter der NSDAP als Partei festgestellt hat [...], so muß dies noch viel mehr gelten für die eigentliche Kampftruppe der Partei, die, wie in der ganzen Abhandlung erwähnt, durchwegs Vorbereitungen trifft, die auf den Umsturz zugeschnitten sind.

Staatsarchiv München, Polizeidirektion 6819

10. Auseinandersetzung des Abg. Kurt Schumacher (SPD) mit der Propaganda der Nationalsozialisten, 23.2.1932

Meine Damen und Herren! Es hat keinen Zweck, gegen die Ungeheuerlichkeiten, die aus dem Munde der Herren Goebbels und Strasser kamen, mit einem formalen Protest anzugehen. Diese Dinge sind ja nur Teile eines ganzen Systems der Agitation. Wir wenden uns dagegen, auf diesem Niveau moralischer und intellektueller Verlumpung und Verlausung zu kämpfen.

Das deutsche Volk wird Jahrzehnte brauchen, um wieder moralisch und intellektuell von den Wunden zu gesunden, die ihm diese Art Agitation geschlagen hat. Als Vertreter der marxistischen Arbeiterbewegung betone ich mit Stolz, daß System und Politik des Marxismus derartige persönliche Schmutzigkeiten immer ausgeschlossen haben. Eine Auseinandersetzung ist schon darum nicht möglich, weil wir in dem Nationalsozialisten nicht das gleiche Niveau achten können. Wir sehen keinen Gegner, mit dem wir die Klinge kreuzen könnten. Außerdem lehnen wir es gerade bei dieser Frage grundsätzlich ab, die sozialdemokratische, durch Opfer an Gut und Blut erhärtete Politik in nationalen Fragen vor solcher Art Kritikern zu rechtfertigen. Den Herren fehlen die politischen Kenntnisse, denn die meisten von ihnen beschäftigen sich erst zwei oder drei Jahre mit der Politik, so daß ihnen das alles fern liegen muß. Die Herren bringen auch keinerlei Voraussetzungen mit, um ein kritisches Urteil über uns abgeben zu können. Die ganze nationalsozialistische Agitation ist ein dauernder Appell an den inneren Schweinehund im Menschen.

Wenn wir irgend etwas beim Nationalsozialismus anerkennen, dann ist es die Tatsache, daß ihm zum erstenmal in der deutschen Politik die restlose Mobilisierung der menschlichen Dummheit gelungen ist. [...]

Verhandlungen Reichstag, Bd. 446, S. 2254

D. Regierung Brüning

1. Aufzeichnung des Staatssekretärs Pünder: Tolerierung der Regierung Brüning durch die Sozialdemokraten, 30.9.30 u. 10.10.1930

Sehr arbeitsreiche Tage – und Nächte – liegen hinter uns. Wir haben das Wirtschafts- und Finanzprogramm der Regierung Brüning fertiggestellt. Letzten Sonnabend war es soweit; über Sonntag wurde dann alles sauber zu Papier gebracht und gestern, Montag abend, bis Mitternacht wurde dann alles endgültig verabschiedet. Hierzu hatte ich in der Reichskanzlei alle Beschlüsse genau niederschreiben lassen und dafür gesorgt, daß auch der Entwurf eines Kommuniqués vorlag. Nachdem wir dann heute morgen nochmals in einem kleinen Komitee in der Reichskanzlei zusammengesessen hatten, konnte die Veröffentlichung heute nachmittag erfolgen. Es ist ein riesiges Dokument. Wenn es gelingt, es durchzuführen, ist ein großes Stück Arbeit getan. Aber wird es gelingen?

Wie nun alles politisch geschafft werden soll, weiß heute eigentlich noch so recht niemand. Auch der Kanzler und ich nicht. Eine Ergänzung des Kabinetts durch Eintritt von Sozialdemokraten wird leider unmöglich sein, da es rechts nicht geduldet und von links nicht erbeten wird. Was aber vielleicht möglich wäre, ist eine Unterstützung des Kabinetts und seiner Arbeit durch die Sozialdemokratie. Hierzu hatte ich dem Herr Reichskanzler vorgeschlagen, eine Besprechung mit den beiden sozialdemokratischen Parteiführern Wels und Müller ganz unauffällig bei mir in der Gärtnerstraße von Lichterfelde herbeizuführen. Dr. Brüning war sehr einverstanden, und ich habe dann beide heimlich eingeladen. Wir waren nur zu viert zum Kaffee und nachher zum Glas Wein mit Zigarren. Es war eine zweifellos sehr wertvolle Aussprache. Ich hatte das Gefühl, daß es sich um historische Augenblicke handelt. Meine Frau, die natürlich nicht dabei war, sagte mir eben noch, ich solle die Zusammenkunft nur ja in diesen Blättern festhalten. Nach der heutigen Aussprache scheint es mir tatsächlich nicht ausgeschlossen, daß zur Vermeidung einer Rechtsdiktatur die Sozialdemokratie das Kabinett Brüning unterstützt. Die nächsten Wochen werden das Ergebnis zeigen. [...]

Der Reichskanzler und ich empfingen heute nachmittag in der Reichskanzlei nochmals meine »Kaffeegäste«, die sozialdemokratischen Unterhändler Müller und Wels, die diesmal in Begleitung des Fraktionsführers Dr. Breitscheid erschienen. Eine günstige Aussprache! Ich glaube, mit einem Tolerieren seitens der Sozialdemokratie ist zunächst durchaus zu rechnen, so daß Mißtrauensvotum, Aufhebungstendenzen betr. Notverordnung und Überbrückungskredit ganz in unserem Sinne erledigt werden dürften. Dann kann der Reichstag am besten noch einen Monat in die Ferien gehen, um dem Reichsrat Zeit für die Bearbeitung des Sanierungsprogramms zu geben. [...]

Hermann Pünder, Politik in der Reichskanzlei. Aufzeichnungen aus den Jahren 1929–1932. Hg. v. Thilo Vogelsang, Stuttgart 1961, S. 62 u. 66

2. Rundfunkansprache Brünings nach Verkündung des Hoover-Moratoriums, 23.5.1931

Alle Völker der Erde stehen unter dem tiefen Eindruck des historischen Schrittes, den am Sonntag der Präsident der Vereinigten Staaten unternommen hat, um der ungeheuren Krise, die über fast alle Völker hereingebrochen ist, zu steuern und um Hilfe zu bringen denen, die ihr zu erliegen drohen. Das deutsche Volk und die deutsche Regierung haben mit herzlicher Dankbarkeit die Vorschläge des Präsidenten Hoover angenommen.

Eine neue Hoffnung für Europa und Deutschland sehen wir aus diesem Vorschlage erwachsen. Er bringt Deutschland eine Hilfe in einem entscheidenden Augenblick seiner Geschichte, in dem Schwierigkeiten bis zum äußersten sich aufgetürmt haben. Der erste wirksame Anfang für eine bessere Zukunft ist erfolgt.

Aber warnen muß die Reichsregierung vor dem Glauben, als ob durch diesen Vorschlag des amerikanischen Präsidenten, wenn er von allen in Frage kommenden Nationen angenommen wird, wir über die Gesamtheit der uns bedrängenden Nöte hinweg seien [...].

Das vorgeschlagene Feierjahr soll nach der Proklamation des Herrn Präsidenten der Vereinigten Staaten nicht nur der Wiederherstellung des internationalen Vertrauens auf wirtschaftlichem Gebiet und damit dem wirtschaflichen Wiederaufbau der Welt dienen, es verfolgt gleichzeitig den Zweck, die politischen Beziehungen zwischen den Ländern von störenden Spannungen zu befreien und eine auf Zusammenarbeit der Staaten beruhende friedliche Weiterentwicklung zu fördern und zu festigen. Beides steht in einem notwendigen Wechselverhältnis. Ohne Gesundung der Wirtschafts- und Finanzbeziehungen ist keine Beruhigung der politischen Lage, ohne außenpolitische Beruhigung keine Beseitigung der Wirtschaftsnot denkbar.

Das Gedeihen Europas und der Welt hängt davon ab, daß diejenigen, die ein tragisches Geschick im Weltkrieg zu Feinden werden ließ, nunmehr entschlossen und weitsichtig auf beiden Seiten sich zu den Entschlüssen aufraffen, welche die beklemmende Not der Stunde von allen Regierungen und Völkern fordert. [...]

Zu glauben, daß nach Annahme des Vorschlages des Präsidenten Hoover alle Nöte in Deutschland beseitigt wären, wäre die gefährlichste Illusion, in die sich das deutsche Volk hineinwiegen könnte. Die Reichsregierung hat die harten Maßnahmen zur Rettung der Finanzen ergreifen müssen und muß an ihnen festhalten, weil das Durchhalten ohne Reparationszahlungen in den nächsten anderthalb Jahren außerordentliche Anforderungen stellen wird. Sie hat erklärt und hält daran fest, daß sie bereit sei, Härten und besonders drückende Maßnahmen der Notverordnung abzuändern. Sie ist aber nicht in der Lage, irgendwie an dem gesamten finanziellen Ergebnis der Notverordnung rütteln zu lassen. Nur unter Sicherung ihres finanziellen Gesamtergebnisses wird bei Annahme der Initiative des Präsidenten Hoover es möglich sein, die oben erwähnten weiteren Einnahmeausfälle des Jahres 1932 auszugleichen.

Das deutsche Volk würde sich um jedes Verständnis der Welt und um jedes Vertrauen bringen, wenn es nicht festhalten würde an dem Grundsatz einer absoluten, auch unter Opfern durchzuführenden Sanierung unserer öffentlichen Finanzen. Die Gesundung der Finanzen ist eine der wichtigsten Voraussetzungen für die Schaffung des Vertrauens. Der Vertrauensbeweis, der in dem weltgeschichtlichen Schritt des Präsidenten Hoover liegt, kann nur Früchte tragen, wenn das deutsche Volk fest entschlossen ist, aus eigener Kraft den Weg der größten Sparsamkeit auf allen Gebieten weiterzugehen.

Ursachen und Folgen 8, Nr. 1703d

3. Aufzeichnung des Reichswirtschaftsministers zur Arbeitsbeschaffung v. 5.2.1932

Den äußeren Anlaß zur Abhaltung der Besprechung bot die Tatsache, daß der Reichswirtschaftsrat den Fragenkomplex der Arbeitsbeschaffung neuerdings in einem besonderen Ausschuß behandelt. Im Zusammenhang hiermit ist die öffentliche Diskussion des Problems wieder sehr lebhaft geworden. So hat z.B. bei den freien Gewerkschaften eine starke Bewegung zugunsten einer Arbeitsbeschaffungspolitik eingesetzt, wobei ein von Wladimir Woytinsky skizzierter Plan im Vordergrund steht. Der Plan ist unter dem Titel: Wann kommt die aktive Wirtschaftspolitik? im Januarheft »Die Arbeit« veröffentlicht worden. Gegenstand ist ein Programm von öffentlichen Arbeiten in einem Ausmaß, um 1 Million Menschen für die Dauer von einem Jahre zusätzlich zu beschäftigen. Über die direkte Entlastung des Arbeitsmarktes hinaus, die unmittelbar durch die Ausführung der öffentlichen Arbeiten erfolgt, wird eine starke mittelbare weitere Entlastung durch Ankurbelung der Konjunktur (Initialzündung) erwartet. Außerdem wird in den Gewerkschaftskreisen der neuerdings auch von Lederer aufgegriffene und im einzelnen entwickelte Gedanke, die Erwerbslosen mit der Herstellung von Produkten zum gegenseitigen Austausch untereinander zu beschäftigen, erörtert.

Es erscheint unter diesen Umständen angebracht, die Frage auch innerhalb der Reichsregierung zwischen den zuständigen Stellen zu erörtern und zu klären. Vorläufig kann es sich dabei jedoch nur darum handeln, die Möglichkeiten der Arbeitsbeschaffungspolitik ausschließlich unter wirtschafts-, konjunktur- und kreditpolitischem Gesichtswinkel zu betrachten und zu prüfen. Wenn man die Frage stellt, ob und in welcher Form Arbeitsbeschaffungspolitik heute wirtschaftlich betrachtet, rationell erscheint, ob die Methode der Finanzierung kredit- und währungspolitisch verantwortet werden kann, so ist damit das Problem keineswegs erschöpft. Dies alles sind nur Vorfragen, die geklärt werden müssen, die aber, wenn sie vollbefriedigend gelöst werden können, bei der Gesamtentscheidung nicht den Ausschlag geben können. Übergeordnet und absolut entscheidend bleibt immer die Frage, ob die Arbeitsbeschaffung in dem Ausmaß und in der Form, wie sie sozial- und wirtschaftspolitisch wünschenswert und rationell erscheint, im Rahmen unserer Gesamtpolitik vertretbar ist, insbesondere mit Rücksicht auf die Linie der Außenpolitik und unsere finanziellen Beziehungen zum Auslande [...]. Aber selbst wenn unter diesem Gesichtswinkel betrachtet eine Arbeitsbeschaffungspolitik zur Zeit nicht in Erwägung gezogen werden könnte, wäre eine genaue Prüfung und Klärung des Problems nach der rein wirtschafts- und finanzpolitischen Seite hin nichtsdestoweniger erforderlich, um für den Fall gerüstet zu sein, daß die politische Konstellation sich ändert.

Für die Erörterung des Problems in der so eingeschränkten Fragestellung empfiehlt sich folgende Gliederung:

I. Arbeitsbeschaffung erfordert unter allen Umständen den Einsatz erheblich höherer Mittel als für die Unterstützung der Arbeitslosen benötigt werden, die unmittelbar durch die Arbeitsbeschaffung Beschäftigung erhalten. Da aber bereits jetzt die Wirtschaft über das erträgliche Maß hinaus belastet ist, dürfen die zusätzlich erforderlichen Mittel unter keinen Umständen der übrigen Wirtschaft entzogen werden, und zwar weder im Wege der Steuer noch im Wege der Kreditverknappung.

II. Ist die Erschließung neuer absolut zusätzlicher Finanzquellen somit schon geboten, weil der übrigen Wirtschaft jede neue Belastung unbedingt erspart werden muß, so ist sie auf der anderen Seite auch Voraussetzung dafür, daß die Arbeitsbeschaffung sich konjunkturpolitisch günstig auswirkt. Das ist der Gedanke der Initialzündung, also der Gedanke, daß die von der neu in Angriff genommenen Produktion ausgehende Nachfrage nämlich unmittelbar nach Materialien, mittelbar nach Konsumgütern, die die neu eingestellten Arbeiter mit ihrem Lohn kaufen, Absatz und Produktion der übrigen Industrie belebt.

Diese Grundvorstellung führt zu folgenden weiteren Fragen:

1.) Wann ist wirtschaftlich der richtige Zeitpunkt für einen Versuch der Konjunkturankurbelung auf dem Wege der Arbeitsbeschaffung?

Unterfrage:

a) nationalwirtschaftlich gesehen: ist, wenn man die Krise als Reinigungsprozeß betrachtet, dieser so weit fortgeschritten, daß die Voraussetzungen für einen Konjunkturanstieg gegeben sind (Tiefpunkt)

b) weltwirtschaftlich gesehen: steht eine ansteigende Konjunkturbewegung bei uns im Einklang mit der Weltkonjunkturbewegung. Welche Folgen hätte eine Konjunkturankurbelung bei uns, wenn die übrige Welt weiter versackt, also Produktion und Absatz weiter drosselt und Preise weiter sinken läßt.

2.) Bewegungsspielraum. Er ist materiell bestimmt durch folgende Momente:

a) Größe der vorhandenen Kapazitätsreserven in Gestalt brachliegender Anlagen, brachliegender Arbeitskräfte und ungenutzter Warenvorräte (realer Betriebsfond), wozu die Subsistenzmittel gehören, die die neu eingestellten Arbeiter für ihren Lohn kaufen.

b) Devisenbilanz, Einwirkung ansteigender Konjunktur auf die Handelsbilanz, Steigerung der Einfuhr, Einwirkung auf die Ausfuhr, nicht eindeutig bestimmter Einfluß auf die Kapitalbewegungsbilanz: gewisse Devisenreserven können erschlossen werden durch bessere Ausnutzung der Kreditlinien unter dem Stillhalteabkommen, durch Beschäftigung neuer Rohstoff-Finanzierungskredite und unter Umständen durch Rückfluß von Fluchtkapital, wenn sich die wirtschaftspolitische Lage sichtbar bessert.

Abträgliche Momente: die neu in Bewegung gesetzten zusätzlichen Geldmittel erzeugen größere Geldflüssigkeit und erhöhen demzufolge den Druck auf die Devisenbilanz, weil unter Umständen noch mehr als bisher Firmen, die dem Auslande verschuldet sind, in den Stand gesetzt werden, ihre Auslandskredite abzudecken. Das Bestreben, die Valutakredite abzuschütteln, würde erheblich gesteigert werden, wenn Inflationsfurcht bestünde.

III. Methoden der Finanzierung. Unter den gegenwärtigen Umständen können im normalen Anleihewege erhebliche Mittel nicht beschafft werden. Es bleibt daher nur die Möglichkeit der kurzfristigen Finanzierung. Auch diese ist nur möglich, wenn die Reichsbank die Rückendeckung gibt. Und zwar muß diese Rükkendeckung für den Gesamtbetrag ohne Einschränkung gewährt werden, wenn die Finanzierung reibungslos und mit dem Erfolg, die Liquidität im Gesamtkreditsystem zu steigern, sich vollziehen soll. [...]

IV. Gegenstand der Arbeitsbeschaffung: Es ist unter allen Umständen ratsam, nur solche Arbeiten durchzuführen, die voraussichtlich in jedem Falle in den nächsten Jahren vorgenommen würden und weiter möglichst auch nur solche Aufgaben, die herkömmlicherweise in das Betätigungsfeld der öffentlichen Hand fallen.

Akten Regierung Brüning II, Nr. 664

4. Aufruf des preußischen Ministerpräsidenten Otto Braun für die Wiederwahl Hindenburgs zum Reichspräsidenten, 10.3.1932

[...] Den Wählern bleibt daher nur die Alternative: Hindenburg oder Hitler. Zwischen beiden haben die Wähler zu entscheiden. Kann die Wahl schwerfallen? Man sehe sich die beiden Männer an. Hitler, dieser Prototyp des politischen Abenteurers, der durch eine aus dunklen Geldquellen gespeiste demagogische Agitation alle Desperados, Massen Verzweifelter und Hoffnungsloser, wie alle jene Kreise, die aus kapitalistischer Profitgier und reaktionärer Gesinnung oder politischem Unverstand dem heutigen Volksstaat todfeindlich gegenüberstehen, um sich geschart und für sein nebelhaftes Drittes Reich gewonnen hat, das allen Volksgenossen alles, was sie wünschen, und zwar immer auf Kosten des anderen Teiles, verspricht. Demgegenüber Hindenburg: die Verkörperung von Ruhe und Festigkeit, von Mannestreue und hingebender Pflichterfüllung für das Volksganze, dessen Leben klar vor aller Augen liegt, der nicht zuletzt auch durch seine siebenjährige Amtsführung als Reichspräsident bewiesen hat, daß sich alle auf ihn verlassen können, die Deutschland vor dem Chaos bewahren und in friedlicher, schicksalsverbundener Zusammenarbeit aller Volkskreise aus dem jetzigen Wirtschaftselend aufwärtsführen wollen. [...]

Mich trennt in Weltanschauung und politischer Einstellung eine Kluft von Herrn von Hindenburg. Doch hat das Menschliche, das heute in unserem öffentlichen Leben leider kaum noch Geltung hat, eine Brücke über die Kluft geschlagen, die uns zusammenführt und eint in dem Bestreben, jeder nach seiner Überzeugung, das Wohl des Volkes zu fördern. Ich habe den Reichspräsidenten kennengelernt als einen Mann, auf dessen Wort man bauen kann, als einen Menschen reinen Wollens und abgeklärten Urteils, erfüllt von Kant'schem Pflichtgefühl, das ihn auch veranlaßt hat, trotz seines Alters und seiner begreiflichen Sehnsucht nach Ruhe erneut sich dem deutschen Volke zur Verfügung zu stellen und die schwere Bürde seines verantwortungsvollen Amtes auf sich zu nehmen.

Die Wahl Hitlers würde das wirtschaftliche Elend bis zur Unerträglichkeit steigern, Staatsstreiche, politische Unterdrückung und Bürgerkrieg zur Folge haben und schließlich die Gefahr des Zerfalls des Reiches heraufbeschwören. Deshalb muß Hitler eine Niederlage bereitet, Hindenburg gewählt werden. [...] Ich wähle Hindenburg und appelliere an die Millionen Wähler, die vor sieben Jahren für mich gestimmt, und an alle, die darüber hinaus mir und meiner Politik Vertrauen entgegenbringen: Tut desgleichen, schlagt Hitler, wählt Hindenburg.

Vorwärts, 10.3.1932 (Nachdruck: Ursachen und Folgen 8, Nr. 1799)

5. Brüning und die deutschen Juden: Korrespondenz des Staatssekretärs in der Reichskanzlei, 1931/1932

a) Vermerk des Staatssekretärs in der Reichskanzlei v. 30.3.1931

Ich empfing heute Herrn Blumenfeld, einen sehr angesehenen Führer des deutschen Judentums, der mir aus gemeinsamer langjähriger Arbeit im Pro-Palästina-Komitee als dessen Geschäftsführer gut bekannt ist. Herrn Blumenfeld führten im wesentlichen nur ideale Gesichtspunkte zu mir. Unter Bezugnahme auf die letzten Reichstagswahlen und die zunehmende Verhetzung des Volkes durch die Opposition der Rechts- und Linksradikalen werde auch das deutsche Judentum stark erfaßt. Das deutsche Judentum habe in den vergangenen Dezennien mehr oder weniger bei dem Liberalismus gestanden. Der Liberalismus in seiner überkommenen Form sei aber, wie wohl nirgends bestritten werden, nicht mehr lebensfähig, so daß der größte Teil des deutschen Judentums, zumal es in seiner wirtschaftlichen Struktur vielfach entwurzelt sei, schon dazu übergehe, sich nach ultra-links oder ultra-rechts hin zu orientieren. Schon aus politischen Gründen empfehle es sich, einer solchen Bewegung Einhalt zu tun. Viel sei hierzu nicht nötig. Wenn der Versuch gemacht werde, das Judentum auf einer verständigen politischen Linie zu erhalten, so sei hierzu niemand mehr berufen als der gegenwärtige Reichskanzler Brüning. Das Judentum, soweit es überhaupt noch als solche gelten könne, sei ebenso wie die katholische Kirche eine ökumenische Bewegung. Nach einigen Jahrhunderten gegenseitigen Hasses sei erfreulicherweise seit langem eine Periode gegenseitigen vollsten Verständnisses eingetreten. Nach dieser Richtung hin sei ja auch bemerkenswert, daß bei der letzten Reichstagswahl ein gläubiger jüdischer Zionist auf der Zentrumsliste kandidiert hätte.

Eine starke Wirkung auf eine zukunftsfrohe und praktische Einstellung des Judentums sei dann zu erzielen, wenn dem Judentum die Ansicht entzogen werde, daß in Deutschland eine neue Periode eines starken Antisemitismus heraufgezogen sei. Es sei kein Zweifel, daß in der ganzen Welt gegenwärtig Deutschland als der Hort des Antisemitismus gelte. Wenn vielleicht auch eine nationalsozialistische Regierung nicht sehr wahrscheinlich sei, wirke die mehr unterirdische dauernde nationalsozialistische Propaganda im Volk aufreizend und gegenüber dem Judentum ruinös. Man brauche nur einmal einen jüdischen Landarzt oder angesehenen jüdischen Geschäftsmann in einer kleinen Mittelstadt danach zu fragen. Es gelte nunmehr, der Welt gegenüber nachzuweisen, daß die Auffassung über die antisemitische Grundeinstellung des deutschen Volkes falsch sei, und es gelte ferner, den deutschen Juden den Glauben an die Gerechtigkeit des politischen Geschehens zurückzubringen.

Herr Blumenfeld überbrachte mir als praktische Nutzanwendung des Vorhergesagten, nachdem wir uns vor einigen Wochen über diese Dinge schon einmal unterhalten hatten, den anliegenden Entwurf eines kleinen Redeteiles, der bei Gelegenheit einmal in dieser oder ähnlicher Form in eine politsche Rede des Herrn Reichskanzlers Brüning eingeschaltet werden möchte. Sollte eine prinzipielle Geneigtheit des Herrn Reichskanzlers vorhanden sein, so würde Herr Blumenfeld mit einigen Freunden gern Gelegenheit nehmen, etwa um den 15. Juni herum, diesen Wunsch dem Herrn Reichskanzler nochmals mündlich zu unterbreiten. Ob es zur Erfüllung letzteren Wunsches kommen werde, habe ich Herrn Blumenfeld gegenüber sehr zweifelhaft gelassen. Ich habe ihm gegenüber aber deutlich ausgeführt, daß der gegenwärtigen Reichsregierung, und insbesondere dem Herrn Reichskanzler, nichts ferner läge, als ein blöder Antisemitismus. [...]

Anlage

Bei dieser Gelegenheit erwähne ich auch die hemmungslosen Angriffe gegen die in unserer Mitte lebenden Juden, die wiederholt zu bedauerlichen Excessen geführt haben und die Ordnung im Staate gefährden. Es handelt sich um eine Erscheinung, deren Ausdrucksformen und deren mögliche Folgen bei der Regierung wachsende Beunruhigungen hervorrufen. Es darf kein Zweifel darüber bestehen, daß in unserem Staate alle Bürger ohne Unterschied der Religion und der Abstammung gleichberechtigt sind und daß die Regierung für diese Gleichberechtigung nicht nur deshalb eintritt, weil sie in der Verfassung garantiert ist, sondern weil sie ein echter und notwendiger Ausdruck der deutschen Auffassung vom Wesen und von den Aufgaben des wahren Volksstaates ist, der von den vorhandenen Differenzierungen seiner Mitbürger eine innere Bereicherung erwartet und sich nicht selbst so schwach fühlt, daß er darin eine Belastung erblickt. Für unsere jüdischen Mitbürger liegt kein Grund zu der Befürchtung vor, daß ihre Rechtssituation erschüttert werden könne und es sollte in der Welt kein Zweifel bestehen, daß die große Mehrheit des deutschen Volkes Unduldsamkeit und Ungerechtigkeit gegenüber konfessionellen oder nationalen Minderheiten, die in seiner Mitte leben, nicht zulassen wird.

b) Notiz des Staatssekretärs in der Reichskanzlei, Pünder, 16.4.1931

Im Auftrag des Ministerialdirigenten Prüfer suchte mich heute Herr Legationsrat Sobernheim auf, um folgendes vorzutragen: Gemäß dem beiliegenden Brief des Herrn Botschafters von Prittwitz kommt von Amerika die Anregung, ob nicht von maßgeblicher deutscher Seite in irgendeiner Form gegen die antisemitische Propaganda des Nationalsozialismus Stellung genommen werden könne, da diese den deutschen Interessen in den Vereinigten Staaten sehr abträglich sei. In amerikanischen jüdischen Kreisen wird dabei besonders an ein Interview des Herrn Reichskanzlers gedacht. Das Auswärtige Amt befürwortet eine derartige Stellungnahme des Reichskanzlers in irgendeiner Form. [...] Ich erzähle Herrn Sobernheim von den in gleicher Richtung laufenden Anregungen des Herrn Blumenfeld. Herr Sobernheim glaubte, daß ein Empfang beim Herrn Reichskanzler etwa von 3 Herren, von denen ja dann einer auch Herr Blumenfeld sein könne, vielleicht eine noch größere Wirkung haben würde als die Erwähnung dieser Frage in einer Rede. [...]

c) Schreiben des Vorsitzenden der Zionistischen Vereinigung für Deutschland, Kurt Blumenfeld, an den Staatssekretär in der Reichskanzlei, Pünder, 17.4.31

Die Entwicklung der Verhältnisse, insbesondere Nachrichten von unseren Freunden aus Amerika und England, veranlassen mich Sie darum zu bitten, den uns in Aussicht gestellten Empfang beim Herrn Reichskanzler möglichst bald stattfinden zu lassen.

[...] Wenn wir die Möglichkeit haben, gestützt auf eine offizielle Erklärung, der Weltjudenheit zu versichern, daß an eine Erschütterung der Rechtssituation der deutschen Juden nicht zu denken ist, so wird an der Ernsthaftigkeit einer solchen Stellungnahme im Ausland nirgends ein Zweifel bestehen bleiben. [...]

d) Der Staatssekretär in der Reichskanzlei, Pünder, an den Vorsitzenden der Zionistischen Vereinigung für Deutschland, Blumenfeld, 21.4.31

[...] Auf ihr freundliches Schreiben möchte ich Ihnen nun vorläufig nur Auskunft über den Stand der Angelegenheit geben. Der Herr Reichskanzler steht grundsätzlich den Wünschen der von Ihnen vertretenen Kreise sehr wohlwollend gegenüber und ist geneigt, dem auch öffentlich Ausdruck zu geben. In welcher Form der Herr Reichskanzler dies tun wird, ob bei Gelegenheit einer Rede vor einer größeren Zuhörerschaft oder anläßlich eines Empfanges, wie Sie es vorgeschlagen haben, steht noch nicht ganz fest [...]

e) Schreiben des Staatssekretärs z. D. Julius Hirsch an den Staatssekretär in der Reichskanzlei, Pünder, 20.12.31

Im Auftrag des Central-Vereins Deutscher Staatsbürger jüdischen Glaubens e.V., Berlin, der Ihnen als die stärkste politische Vertretung der Interessen der deutschen Juden bekannt sein wird, spreche ich die Bitte aus, daß dem Vorstand möglichst bald Gelegenheit gegeben wird, dem Herrn Reichskanzler Beschwerden und Wünsche, die sich aus der gegenwärtigen politischen Lage ergeben, vorzutragen.

f) Schreiben Pünders an Hirsch, 9.1.32

[...] Der Herr Reichskanzler ist zu seinem Bedauern wegen seiner außerordentlichen Arbeitsbelastung nicht selbst in der Lage, die Herren vom Zentralverein Deutscher Staatsbürger jüdischen Glaubens zu empfangen. Er hat daher ihren Wunsch dem Herrn Reichsminister des Inneren zugeleitet [...]

g) Schreiben des Centralvereins Deutscher Staatsbürger jüdischen Glaubens e.V. an Pünder, 14.1.32

Der unterzeichnete Verein, der sich als Vertretung des überwiegenden Teiles des deutschen Judentums bezeichnen kann, hat das Bedürfnis, den Herrn Reichskanzler über die Lage und Wünsche des deutschen Judentums zu unterrichten. Die Herren Reichstagsabgeordneten Staatssekretär a.D. Oscar Mayer und Dr. August Weber hatten die Freundlichkeit, uns mitzuteilen, daß der Herr Reichskanzler grundsätzlich bereit wäre, den Besuch der Leitung des unterzeichneten Vereins entgegenzunehmen. [...]

h) Staatssekretär Pünder an den Zentralverein, 16.1.32

[...] Der Herr Reichskanzler, der gemäß seiner Mitteilung an die Herren Staatssekretäre Meyer und Dr. August Weber grundsätzlich gern bereit ist, die Leitung des Centralvereins Deutscher Staatsbürger jüdischen Glaubens zu empfangen, kann zur Zeit wegen der Vordringlichkeit anderer Dienstgeschäfte einen Zeitpunkt dieses Empfangs leider noch nicht festlegen. Er möchte zunächst abwarten, inwieweit in den nächsten Wochen die auswärtige Politik ihn in Anspruch nehmen wird.

i) Vermerk des Staatssekretärs in der Reichskanzlei, 20.1.32

Staatssekretär a.D. Hirsch brachte am 18. d. Mts [...] vor, daß nunmehr nicht nur der Zentralverein deutscher Staatsbürger jüdischen Glaubens, sondern auch der Preußische Landesverband jüdischer Gemeinden, also die Zusammenfassung der öffentlichrechtlichen Vertretungen des deutschen Judentums, dringend eine Audienz beim Herrn Reichsminister erbäten. Er habe versucht auf Grund des Schreibens vom 9. Januar d. Js. den Zentralverein zu veranlassen, zunächst den Herrn Reichsminister des Innern aufzusuchen, sei dabei aber auf Widerstand gestoßen. [...]

Bundesarchiv Koblenz, R 43 I (Reichskanzlei), Nr. 2193

6. Ministerbesprechung betr. das SA-Verbot, 13.4.1932

Nach Eröffnung der Sitzung führte der *Reichskanzler* aus, daß es sich um die Entscheidung einer wichtigen politischen Angelegenheit handle. Das Treiben der sogenannten militärischen Organisation der Nationalsozialistischen Partei habe Formen angenommen, die vom Standpunkt des Staates aus nicht mehr vertreten werden könnten. Die Wahlversammlungen, die er in der letzten Zeit für den Herrn Reichspräsidenten von Hindenburg abgehalten habe, hätten ihn klar erkennen lassen, daß durch das Verhalten der SA und der SS im Lande Zustände eingetreten seien, die als staatsgefährlich bezeichnet werden müßten. Aus diesen Erwägungen heraus seien die Regierungen der größten Länder entschlossen, Verbote zu erlassen. Würde von seiten des Reichs nichts gegen die SA und SS unternommen, so müsse damit gerechnet werden, daß zunächst Bayern im Wege der Notverordnung allein vorgehen werde. Einem solchen Vorgehen Bayerns werde sich nach seiner Kenntnis ohne weiteres Preußen anschließen. Es würde für das Reich eine unangenehme Lage entstehen, wenn von Reichsseite nichts geschehe. Der Herr Reichspräsident würde dadurch in eine Situation gebracht werden, die der Leiter der Reichsregierung glaube nicht verantworten zu können. Im Hinblick auf diesen Tatbestand habe er gestern dem Herrn Reichspräsidenten Vortrag gehalten. Der Herr Reichspräsident habe sich entschlossen, eine Verordnung, die das Verbot der SA und SS bringe, zu unterschreiben. Allerdings müsse er zugeben, daß für den Herrn Reichspräsidenten diese Unterschrift nicht leicht gewesen sei, zumal der Herr Reichspräsident gerade in dieser Woche erneut das Volk in seiner Kundgebung zur Einigkeit und Mitarbeit aufgerufen habe.

Im Anschluß an diese Ausführungen verlas der Reichskanzler den Entwurf der Verordnung des Reichspräsidenten zur Sicherung der Staatsautorität sowie die Ausführungsverordnung zur Durchführung der Verordnung des Reichspräsidenten zur Sicherung der Staatsautorität und ferner ein von ihm ausgearbeitetes Pressekommuniqué.

Das *Kabinett* erklärte sich mit der Verordnung des Reichspräsidenten zur Sicherung der Staatsautorität sowie mit der Verordnung zur Durchführung der Verordnung des Reichspräsidenten zur Sicherung der Staatsautorität *einstimmig* einverstanden. [...]

Akten Regierung Brüning II, Nr. 716

7. Artikel General Groeners über das SA-Verbot und den Hintergrund seiner Verabschiedung, 18.10.1932

[...] Schon 1931 habe ich geplant, alle Wehrverbände, wie Stahlhelm, SA und Reichsbanner, in einer Dachorganisation zusammenzufassen. Wir wollten dadurch die Gegensätze mildern und die gegnerischen Verbände an vaterländische Zusammenarbeit gewöhnen. Um diese wichtige Organisation zu schaffen, übernahm ich im Oktober 1931, als Minister Dr. Wirth zurücktrat, auch dessen Ressort. Aber die Ausführung verzögerte sich. Der damalige Reichsfinanzminister wollte die Mittel für diesen Zweck erst festlegen, nachdem die Reichspräsidentenwahl vorüber war. Als nach dem ersten Wahlgang an der Wiederwahl Hindenburgs kein Zweifel mehr bestand, griff ich meinen Plan wieder auf. Aber es schien mir unmöglich, die Verbände zusammenzufassen, solange nicht die SA verschwände. Ich wollte die SA von ihren Auswüchsen befreien, ihren guten Kern aber retten.

Die Länder Bayern und Preußen, denen Württemberg, Baden, Hessen und auch Sachsen Gefolgschaft leisteten, hatten die Absicht, ihrerseits SA-Verbote zu erlassen. Hätten wir diesen Bestrebungen freien Lauf gelassen, so wären in dieser ernsten Frage innerhalb des Reiches Gebiete verschiedenen Rechts entstanden, ein für die Autorität des Reiches unerträglicher Zustand. Ein Hinausschieben der Entscheidung wäre schon aus diesem Grund unverantwortbar gewesen.

Ich kann es nicht leugnen, daß mein Amtsnachfolger, General von Schleicher, und auch der Reichspräsident im Mai die Überzeugung gewannen, durch eine Wiederherstellung der SA in der alten Form und Neuwahlen die Nationalsozialisten zur Unterstützung eines Kabinetts Papen verpflichten zu können. Ich wünschte, sie hätten damit besseren Erfolg gehabt. Jedenfalls wurde diese Hoffnung zum unmittelbaren Anlaß für die Verabschiedung Brünings. Solange Parteien mit Verbänden ausgestattet sind, die eine Truppe für bürgerkriegsähnliche Befehdungen darstellen, ist die geordnete Staatsführung immer bedroht.

Dortmunder Generalanzeiger, 18.10.1932 (zit. nach: Dorothea Groener-Geyer, General Groener. Soldat und Staatsmann, Frankfurt a.M. 1955, S. 406)

8. Goebbels-Tagebücher, 23.4.–16.6.1932

23.4.32 […] Wir müssen in absehbarer Zeit an die Macht kommen. Sonst siegen wir uns in Wahlen tot. […]

26.4.32 […] Graf Helldorf war bei Schleicher. Der will eine Kursänderung vollziehen. Natürlich kommt in Preußen ein Wechsel nur in Frage, wenn er zur gleichen Zeit auch im Reich stattfindet. Man spricht davon, daß das Zentrum uns in Preußen tolerieren wolle. Ich glaube nicht daran. Aber wir werden sie wohl in Kürze alle durchschaut haben. Ziel der Gegenseite scheint zu sein, den Führer allmählich von der Partei abzubiegen; ein kindliches Unterfangen, das nur der planen kann, der unsere Partei nicht im mindesten kennt. […]

29.4.32 […] Der Führer ist abends bei uns zu Hause, und wir sprechen noch einmal die ganze Situation durch. Er ist stark gegen das Zentrum eingestellt. Das wirkt sehr erfrischend, wenn wir auch im Augenblick noch keinen Ausweg aus den Schwierigkeiten sehen. Wer fest bleibt, der kommt am Ende doch zum Ziel. Die Prälaten sollen ruhig etwas zappeln. Das wird nur ernüchternd auf sie wirken. […]

4.5.32 […] Aus Berlin kommt die Meldung, daß Hitlers Minen zu springen beginnen. Das ist sehr erfreulich und erweckt bei uns allgemeines Schmunzeln und Händereiben. Als erster muß Groener und nach ihm Brüning fallen. […]

6.5.32 Die Bombe ist geplatzt. Der Reichswirtschaftsminister hat seinen Rücktritt erbeten, Groener und Brüning wackeln; also ist es aus mit der Ruhe. Der Führer muß gleich nach Berlin zurück. […]

8.5.32 Am Sonnabend kommen Sendboten und berichten, was los ist. Der Führer hat eine entscheidende Unterredung mit General Schleicher; einige Herren aus der nächsten Umgebung des Reichspräsidenten sind dabei. Alles geht gut. Der Führer hat überzeugend zu ihnen geredet. Brüning soll in den nächsten Tagen schon fallen. Der Reichspräsident wird ihm sein Vertrauen entziehen. Der Plan geht dahin, ein Präsidialkabinett zu installieren; der Reichstag wird aufgelöst, alle Zwangsgesetze sollen fallen, wir bekommen Agitationsfreiheit und liefern dann ein Meisterstück der Propaganda. Eine Woche haben wir nötig für die Vorbereitungen. Der Wahlkampf muß ganz kurz sein, wir arbeiten mit Flugzeuggeschwadern und beackern eine Provinz nach der anderen. So wenigsten ist es von uns geplant. Beglückend das Gefühl, daß noch kein Mensch etwas ahnt, am wenigsten Brüning selbst. Wir sind gespannt, aber doch immer noch mißtrauisch. Wenn's gelingt, dann haben unsere Unterhändler, an ihrer Spitze Stabschef Röhm, ein Meisterstück gemacht. [...]

9.5.32 Ein farbloses Übergangskabinett wird uns den Weg freimachen. Möglichst nicht zu stark, damit wir es um so leichter ablösen können. Hauptsache ist, daß unsere Demonstrationsfreiheit wiederhergestellt ist. [...]

13.5.32 Wir bekommen Nachricht von General Schleicher: die Krise geht programmgemäß weiter. [...]

18.5.32 [...] Brüning wird von unserer Presse und Propaganda auf das schärfste attackiert. Er muß fallen, koste es, was es wolle. Die geheimen Aktionen gegen ihn gehen unentwegt weiter. Er ist bereits vollkommen isoliert. [...]

25.5.32 [...] Alvensleben berichtet: Aktion steht gut. Am Sonnabend soll Herr Brüning auffliegen. Meißner gestern nach Neudeck. Daumen halten! Schleicher arbeitet gut. Alvensleben hat seine Ministerliste mit: Kanzler v. Papen. Außen Neurath. Dann noch eine Reihe unbekanntere Namen. Hauptsache der Reichstag wird aufgelöst. Das Weitere wird sich dann finden. Wir sollen gleich in Preußen herankommen. [...]

30.5.32 Die Bombe ist geplatzt. Brüning hat um 12 Uhr dem Reichspräsidenten die Gesamtdemission des Kabinetts überreicht. Das System befindet sich im Fall. Der Reichspräsident hat die Demission angenommen. [...] Der Führer erwartet mich schon zu Hause. Die Unterredung mit dem Reichspräsidenten ist gut verlaufen. Das SA-Verbot wird fallen. Uniformen sollen wieder erlaubt sein. Der Reichstag wird aufgelöst. Das ist das Allerwichtigste. v. Papen ist als Reichskanzler vorgesehen. Aber das interessiert uns nicht so. Wählen, wählen! [...]

31.5.32 [...] Der Führer kommt mit einer Unterredung mit Papen zurück. Alles ist klar. An das SA-Verbot will man noch nicht richtig heran. Noch weniger an die Auflösung des Reichstages. Aber da dürfen wir nicht nachgeben! [...]

1.6.32 Nachrichten aus Berlin: Papen kommt mit seinem Kabinett zu Rande. Reichstagsauflösung steht nun fest. Wir wünschen, daß die Wahlen bereits am 3. Juli stattfinden. Je früher, desto besser. [...]

2.6.1932 Wir warten den ganzen Vor- und Nachmittag auf Nachrichten aus Berlin. Um 4 Uhr kommen sie an. Die Gegenseite verlangt, daß der Führer einen Brief schreibe des Inhalts, er werde Papen auch nach der Wahl tolerieren. Das ist natürlich unmöglich. [...] Er [Hitler], hat die Absicht, weder einen Brief noch eine Denkschrift zu schreiben. Hauptsache ist, daß aufgelöst und gewählt wird. Wir müssen ohne Verantwortung in die Wahl gehen, sonst mißlingt sie. Auch auf der Gegenseite steht eine Reihe von Männern, die mit Vorsicht zu genießen ist. Es wird hin- und herintrigiert, daß es nur so eine Art hat. Gewiß spielen wir ein gewagtes Spiel. Aber um so mehr muß die Auflösung des Reichstages als eine conditio sine qua non angesehen werden. [...]

4.6.32 [...] Der Führer trifft mit General Schleicher auf einem benachbarten Gut zusammen. [...] Als der Führer zurückkommt, strahlt er vor Zufriedenheit. Alles ist in Ordnung gegangen. Der Reichstag wird aufgelöst und das SA-Verbot aufgehoben. [...]

6.6.1932 [...] Bei einer Unterredung mit Papen stellt einer unserer Unterhändler fest, daß die preußischen Finanzen sich in einem katastrophalen Zustand befinden. Wir sollen also die Suppe auslöffeln, die die anderen eingebrockt haben. Dann schon lieber in der Opposition bleiben, bis wir die ganze Macht bekommen, um durchgreifend handeln zu können. So ist des Führers Meinung. Also wird eine Absage erteilt. In einem Leitaufsatz stelle ich schon unseren Zwischenraum zu Papen fest. [...]

8.6.32 [...] Preußenfrage. Röhm da. Wir wollen Minister- und Landtagspräsidenten, um auflösen zu können. Das gibt das

Zentrum nicht zu. Ein Staatskommissar und dadurch vielleicht Auflösung. Der kürzeste Weg. Ich bin einverstanden. [...]

16.6.32 [...] Das SA-Verbot ist gefallen. Nun muß das Demonstrationsverbot noch aufgehoben werden. Das ist so typisch bürgerlich, alles halb oder zu spät tun. [...]

Die Tagebücher von Joseph Goebbels. Sämtliche Fragmente. Hg. v. Elke Fröhlich, München etc., 1987, Bd. 2

9. Aufzeichnung des Staatsekretärs Pünder über die Ablösung Brünings, 29.5.1932

Es ist etwa 11 Uhr morgens. In diesem Augenblick beginnt der denkwürdige Vortrag des Reichskanzlers beim Reichspräsidenten, der heute früh aus Neudeck zurückgekehrt ist. Die Presse ist voll von Nachrichten über dieses Ereignis. Im allgemeinen glaubt die Presse und die weitere Öffentlichkeit an einen positiven Ausgang der Besprechung. Ich bis gestern mittag auch. Augenblicklich bin ich aber doch sehr skeptisch. Die Auffassung, daß Brüning versäumt hätte, den Anschluß nach rechts zeitig zu finden, scheint sich beim alten Herrn doch sehr festgesetzt zu haben. Gestern nachmittag war Meißner noch einmal beim Kanzler und hat ihm stimmungsmäßig allerlei Einzelheiten erzählt, wie es insbesondere im Kopf des Sohnes Hindenburg aussieht. Letzterer ist eine recht gefährliche Figur, wohl kein Intrigant, aber recht töricht und von ziemlichem Einfluß auf den Vater. Er hält offensichtlich nichts von den »Gewerkschaftlern« Brüning und Stegerwald. Es sind auch zu wenig Adelige im Kabinett. Ihm schwebt anscheinend ein Kabinett mit dem Grafen Westarp oder dem früheren Landrat von der Osten als Kanzler vor. In diesem Kabinett soll Herr von Hassell als Außenminister, Herr von Krosigk als Finanzminister und Schleicher als Wehrminister sitzen. Angeblich soll mit Krosigk schon diesbezügliche Fühlung genommen worden sein, was kein angenehmes Licht auf Krosigk werfen würde. Durch solche Nachrichten war der Kanzler sehr deprimiert und wurde nur noch bestärkt in der Auffassung, daß er keine Basis mehr habe. Er hat es eben satt und will dann auch von sich aus Schluß machen. Eben vor wenigen Minuten war ich nochmals zur Vorbereitung seines Vortrages beim Reichspräsidenten bei ihm. Er geht wenig angriffsfreudig und wenig zuversichtlich in diese entscheidende Besprechung. In einigen Stunden werden wir vielleicht schon Sicheres wissen.

4 Uhr. Der Vortrag hat stattgefunden. Das Spiel ist aus! Nach dreiviertel Stunden kam Reichskanzler Brüning zurück und berichtete das Ergebnis sofort Herrn Prälaten Kaas, der gleichfalls hergekommen war, und mir. Offiziell wird morgen mittag um 12 Uhr die Besprechung beim Reichspräsidenten fortgesetzt. In Wirklichkeit ist aber die Trennung heute schon vollzogen. Das Gespräch scheint sich ungefähr folgendermaßen entwickelt zu haben: Zunächst berichtete der Reichskanzler auf Wunsch des Herrn Reichspräsidenten über die gesamte politische Lage nach außen und innen. Dieser Vortrag nahm den längsten Teil der ganzen Aussprache ein. Auf Einzelheiten des Vortrages ging der alte Herr anscheinend überhaupt nicht ein, sondern zog unvermittelt ein Blatt Papier aus der Tasche, auf dem (anscheinend von seiner eigenen Hand) zwei Punkte notiert waren. Er sagte ungefähr, zunächst wollten sie also feststellen, was jetzt zu geschehen habe. Zunächst solle dieses Kabinett überhaupt keine Notverordnung mehr vorlegen und zweitens sollte an der personellen Zusammensetzung dieses Kabinetts nichts mehr geändert werden. Als der Reichskanzler darauf erklärte, daß damit also ganz deutlich die von ihm für nötig gehaltenen Garantien verweigert seien, soll der Reichspräsident wohl den Kopf in die Hand gestützt und mit Tränen in den Augen gesagt haben: »Ich muß jetzt endlich nach rechts gehen, die Zeitungen und das ganze Volk verlangen es. Aber Sie haben es ja immer abgelehnt.«

Der Kanzler bestritt dies unter Hinweis darauf, daß er noch vor wenigen Wochen dem Herrn Reichspräsidenten seine Auffassung über die Entwicklung in Preußen dahin entwickelt habe, daß Oberbürgermeister Goerdeler Mininsterpräsident einer von ihm gebildeten und geförderten Rechtskoalition werden solle und daß auf dieser Grundlage schon sehr wertvolle Vorbesprechungen im Gange seien. Ferner wies er den Präsidenten darauf hin, daß er doch in den zwei Jahren mehrfach mit Hitler und den übrigen Führern der Rechtsopposition Verhandlungen eröffnet habe, aber stets ergebnislos. Der Reichspräsident scheint hierauf recht schroff geantwortet zu haben: »Das wird aber von den anderen anders dargestellt.« Auf den Hinweis auf Goerdeler als Kandidat für den Ministerpräsidenten antwortete er überhaupt nicht; das hatte er offensichtlich vergessen! Hieran scheint sich die Äußerung des Wunsches des Reichspräsidenten angeschlossen zu haben, Brüning sollte in dem kommenden Rechtskabinett das Auswärtige Amt übernehmen. Brüning lehnte dies unter Darlegung verschiedener außen- und innenpolitischer Gründe sofort ab. Der Reichspräsident drängte dann auch in gar keiner Weise nach, schien diese Ablehnung erwartet und sich schon vorher durchaus damit abgefunden zu haben! Auf die Bedenken Brünings, daß ein solches Kabinett es sehr schwerhabe, eine gute Außenpolitik zu treiben, antwortete er bloß mit dem Hinweis, das würde gar nicht so schwierig werden, man müsse nur fest bleiben. (O Welt, wüßtest du, mit welchem Unverstand du regiert wirst! Jetzt wird auch mal unser armes deutsches Volk Objekt dieses Satzes!) Anknüpfend sagte der Reichskanzler noch, daß er nie gegen eine Rechtsentwicklung im Reiche gewesen wäre, er hätte sich bloß für seine Person die Teilnahme vorbehalten müssen. Einstweilen sei für ihn eine solche Beteiligung auch schon im Hinblick auf die Wähler des Reichspräsidenten ein Ding der Unmöglichkeit. Er sagte, die Treue und Dankbarkeit gegen diese Wählerschaften dürfte sich nicht schon nach wenigen Wochen in dieser Weise zeigen. Diesen recht deutlichen Hinweis schien der Reichspräsident völlig zu überhören. Die nicht sehr lange, etwa halbstündige Aussprache endete schließlich damit, daß sie formell morgen mittag fortgesetzt werden sollte, wobei der Reichspräsident so leichthin abschließend bemerkte: »Sie können mir dann ja das Demissionsgesuch des Kabinetts mitbringen.«

Ich brauche in diesen Zeilen kaum darauf hinzuweisen, daß der Reichskanzler, ohne sich das deutlich merken zu lassen, über diese kaltschnäuzige Art des Präsidenten mit Recht innerlich äußerst empört war. Nachher orientierte er dann noch in meinem Beisein den Staatssekretär von Bülow und mußte dann noch ein diplomatisches Frühstück geben.

Hermann Pünder, Politik in der Reichskanzlei. Aufzeichnungen aus den Jahren 1929–1932. Hg. v. Thilo Vogelsang, Stuttgart 1961, S. 127 ff.

E. Papen – Schleicher – Hitler

1. Reichskanzler v. Papen teilt preußischen Ministern ihre Amtsenthebung mit, 20.7.1932

Der *Reichskanzler* eröffnete die Besprechung und führte aus, daß er aus Anlaß der Entwicklung der innenpolitischen Zustände in Preußen den Herrn Reichspräsidenten um den Erlaß einer Verordnung, betreffend die Wiederherstellung der öffentlichen Sicherheit und Ordnung im Gebiete des Landes Preußen habe bitten müssen.

Sodann verlas der Reichskanzler die Verordnung des Reichspräsidenten, betreffend die Wiederherstellung der öffentlichen Sicherheit und Ordnung im Gebiete des Landes Preußen vom 20. Juli 1932 [...].

Der Reichskanzler gab weiter bekannt, daß er auf Grund des § 1 der Verordnung den preußischen Ministerpräsidenten Dr. Braun und den preußischen Minister des Innern Dr. Severing ihrer Ämter enthoben habe.

Staatsminister Dr. e.h. *Severing* erklärte, daß er gegen diese Maßnahmen energisch protestiere. Er halte die Verordnung vom 20. Juli für verfassungswidrig. Die Voraussetzungen des Art. 48 Abs. 1 und 2 der Reichsverfassung seien bestimmt nicht erfüllt. Die Sicherheit und Ordnung sei in Preußen nicht geringer als in den anderen deutschen Ländern. Wenn es in Preußen vielleicht häufiger zu Zusammenstößen gekommen sei als in anderen deutschen Ländern, so liege das daran, daß in Preußen sich am meisten Unruheherde befänden. Kein anderes deutsches Land habe Industriegebiete nach Art des Ruhrreviers aufzuweisen.

Er werde nur der Gewalt weichen oder dann gehen, wenn er durch eine ausdrückliche Anordnung des Reichspräsidenten oder durch einen Beschluß des Landtages abgesetzt werde. Wer Wind säe, werde Sturm ernten. Er befürchte einen Bürgerkrieg infolge des Vorgehens der Reichsregierung.

Der *Reichskanzler* betonte, daß es den preußischen Ministern nicht verwehrt werden könne, den Staatsgerichtshof anzurufen. Der Staatsgerichtshof müsse dann über die Rechtmäßigkeit der erwähnten Verordnung des Reichspräsidenten vom 20. Juli d.Js.

entscheiden. Ein Bürgerkrieg werde nur entstehen, wenn er von Minister Severing hervorgerufen werde. Gründe der Staatsräson hätten die Reichsregierung zu den getroffenen Maßnahmen genötigt.

Er richtete sodann an Staatsminister Severing die Frage, was er unter Anwendung von Gewalt verstehe.

Staatsminister Dr. e.h. *Severing* erwiderte, daß er nur der Brachialgewalt weichen werde. Er betonte nochmals, daß die Verordnung vom 20. Juli 1932 verfassungswidrig sei.

Im übrigen habe der Herr Reichskanzler soeben einen völlig anderen Grund für die getroffenen Maßnahmen angeführt, nämlich die Staatsräson.

Staatsminister Dr. h.c. *Hirtsiefer* betonte, daß es sich um ein ganz ungewöhnliches Vorgehen gegen das größte deutsche Land handle. Weshalb habe die Reichsregierung nicht Preußen gegenüber gemäß Art. 15 der Reichsverfassung die Mängel gerügt, die nach seiner Ansicht zu rügen seien? Weshalb habe insbesondere der Reichsminister des Innern nicht mit dem Preußischen Innenministerium in dieser Hinsicht Fühlung aufgenommen? Wie würden die anderen Länder über diesen Schritt des Reiches denken?

Der *Reichskanzler* wies nochmals darauf hin, daß der Staatsgerichtshof über die Rechtmäßigkeit der Verordnung vom 20. Juli entscheiden werde. Er bat Minister Severing, keine Schwierigkeiten zu machen und sein Amt freiwillig zu verlassen. Wenn er jedoch nur der Gewalt weichen wolle, so könne er vielleicht angeben, was er unter Gewalt verstehe.

Staatsminister Dr. *Severing* erklärte, er werde sich jetzt sofort in sein Amtszimmer begeben und dem Kommissar des Reichs erklären, er werde das Amtszimmer nur räumen, wenn er verhaftet werde. [...]

Akten Regierung v. Papen, Nr. 69a

2. Ministerbesprechung nach der Unterredung des Reichskanzlers und des Reichspräsidenten mit Hitler, 15.8.1932

Der *Reichskanzler* berichtete über die Ereignisse vom Sonnabend, dem 13. August 1932. Herr Hitler habe sich am Vormittag des Tages zunächst mit dem Reichswehrminister ausgesprochen. Anschließend sei er in der Reichskanzlei gewesen, wo er mit ihm 1½ Stunden verhandelt habe. Hitler habe an der Tätigkeit des jetzigen Kabinetts starke Kritik geübt, insbesondere habe er erklärt, daß die Art und Weise, wie die Regierung das alte System bekämpfe, grundfalsch sei. Infolgedessen sei es möglich gewesen, daß die marxistischen Parteien bei der Reichstagswahl einen Stimmenzuwachs von 3 Millionen erzielt hätten. Man müsse diese sogenannten Systemparteien mit Feuer und Schwert ausrotten und dürfe dabei auch nicht vor Blutvergießen zurückschrecken. Das lehre die Geschichte. Er selbst habe sich die Vernichtung der marxistischen Parteien zum Lebensziel gesetzt. Darum müsse er auch die Führung der Regierungsgeschäfte in vollem Umfange für sich beanspruchen. Denn er könne nur nach seinen Methoden regieren. Er habe insbesondere auf das italienische Beispiel Bezug genommen und erklärt, der König von Italien habe Mussolini nach seinem Marsch auf Rom auch nicht nur den Vizekanzlerposten angeboten, habe ihm vielmehr die ganze Macht überantwortet. Um Hitler von seinen Gedankengängen abzubringen, habe er seine ganze Überredungskunst angewandt. Er habe ihn an die früheren Zusicherungen erinnert, das jetzige Kabinett auch nach den Wahlen tolerieren zu wollen. Hitler habe aber wiederholt erklärt, daß eine Tolerierungspolitik seitens der Nationalsozialisten nicht in Frage kommen könne, vielmehr komme für die Nationalsozialisten nur die Übernahme der ganzen Macht in Frage. In der weiteren Aussprache sei er mit seinem Entgegenkommen über die ihm vom Herrn Reichspräsidenten erteilten Vollmachten sogar noch hinausgegangen. Der Herr Reichspräsident habe ihn nämlich nicht autorisiert gehabt, Hitler den Vizekanzlerposten anzubieten. Er habe dies Angebot an Hitler auf eigene Verantwortung gemacht, in der Hoffnung, dies dem Herrn Reichspräsidenten gegenüber nachträglich rechtfertigen zu können. Schließlich sei er sogar so weit gegangen, Herrn Hitler zu erklären, daß er keineswegs zögern würde, den Kanzlerposten freizumachen, sofern sich nach einigen Wochen Vizekanzlerschaft Hitlers herausstellen sollte, daß er wirklich der Mann sei, den wesentlichsten Teil der Staatsführung in die Hand zu nehmen. Als er auf diesem Wege mit Hitler nicht weitergekommen sei, habe er ihm nahegelegt, dem Kabinett selbst fernzubleiben, dafür aber andere Männer seiner Bewegung in das Kabinett zu tolerieren. Darauf habe Hitler geantwortet, daß keiner seiner Leute dazu bereit sein würde. Nach dem negativen Abschluß der Besprechung habe Hitler gemeint, daß es wohl überflüssig sei, daß er noch zu dem Herrn Reichspräsidenten gehe. Es habe doch wenig Sinn, sich mit dem Herrn Reichspräsidenten noch zu zanken. Darauf habe er aber nachdrücklich erwidert, daß eine solche Unterlassung vor dem deutschen Volk nicht vertreten werden könne. Zudem sei er, der Reichskanzler, auch gar nicht in der Lage, das letzte entscheidende Wort zu sprechen. Dies könne nur der Herr Reichspräsident selbst tun. Von diesem müsse Hitler die Entscheidung selbst hören. Darauf habe Hitler sich dann entschlossen, am Nachmittag bei dem Herrn Reichspräsidenten zu erscheinen. Unmittelbar nach diesem Besuch habe Hitler ihm, dem Reichskanzler, große Vorwürfe gemacht und gemeint, es sei doch unnötig gewesen, ihn in diese Situation zu bringen.

Der Herr Reichskanzler schilderte sodann auch kurz den Verlauf der Aussprache, die am Nachmittag des 13. zwischen dem Herrn Reichspräsidenten, ihm, dem Reichskanzler, Staatssekretär Meissner einerseits, Herrn Hitler, Herrn Reichstagsabgeordneten Frick und Herrn Hauptmann a.D. Röhm andererseits stattgefunden habe. [...] Erwähnen wolle er nur noch, daß der Herr Reichspräsident Herrn Hitler nachdrücklich erklärt habe, daß er irgendwelche illegalen Akte, die sich in Zukunft ereignen sollten, mit den staatlichen Machtmitteln rücksichtslos niederschlagen werde. Von seiten der Nationalsozialisten sei am Abend des 13. August eine Führertagung veranstaltet worden. Durch vertrauliche Mitteilung sei bekannt geworden, daß etwa 90 % der Versammlungsteilnehmer sich für sofortiges Losschlagen ausgesprochen hätten. Herr Hitler und Herr Röhm hätten sich diesen Beschlüssen aber widersetzt. Hitler selbst sei noch am Sonnabend [13.8.] aus Berlin abgereist.

Der Ausgang der Besprechung vom 13. August sei ein Ergebnis von großer Tragweite. Es bleibe nach wie vor notwendig, die nationalsozialistische Bewegung als tragenden Faktor an den Staat heranzubringen. Aber den Nationalsozialisten den Staat ohne Möglichkeit einer Kontrolle auszuliefern, sei unmöglich und Hitler, der in seiner Partei stets nur die Rolle des Osaf [d.i. Oberster SA-Führer] gespielt habe, werde eine Kontrolle auch kaum noch ertragen können. Ebenso würde er sich auf die Dauer von der Wehrmacht unabhängig gemacht haben. Die Entscheidung sei nunmehr gefallen. Das Kabinett müsse die geschaffene Lage unter allen Umständen meistern. Das überparteiliche Präsidialkabinett müsse nach unten, d.h. nach dem Volke hin, verankert werden. Dieses Ziel könne und müsse gelingen. Wenn die Reichsregierung planmäßig an dieser Linie festhalte, werde sie auch daran denken, die Jugend zu erfassen. Vielleicht werde es nötig sein, auf dem Wege zur Arbeitsdienstpflicht noch etwas weiterzugehen. Ferner dürfe man auch hoffen, daß von seiten des Stahlhelms eine willkommene Unterstützung geleistet werde. Diese Organisation habe sich von der Politik freigemacht und sei jetzt in Wahrheit überparteilich. Ferner werde es für ein erfolgreiches Arbeiten der Regierung unerläßlich sein, die Presseabteilung der Reichsregierung zu reorganisieren und sie zu einem erstklassigen Institut nicht nur zur Verteidigung, sondern auch zur positiven Förderung der Regierungsarbeit auszugestalten. Die Kernfrage der Regierungsaufgabe bleibe die Wiedereinstellung von 2 Millionen Arbeitslosen in den Arbeitsprozeß. Das Motto der Regierung müsse lauten: Handeln, Handeln, Handeln. [...]

Er halte es auch für besonders wichtig, daß auch die deutsche Außenpolitik sich stark nach den innerpolitischen Bedürfnissen richte. Außenpolitisch dürfe nichts geschehen, was vom Volk als nicht rational empfunden werde. Eine derartige Außenpolitik werde allerdings sehr schwierig sein. Er halte es für wichtig, daß die Außenpolitik im Kabinett mehr erörtert würde als es bisher der Fall gewesen sei.

Der *Reichsminister des Innern* schloß sich hinsichtlich der Beurteilung der historischen Bedeutung der Besprechungen vom 13. August der Auffassung des Reichswehrministers an. Darum müsse das Kabinett an dem eingeschlagenen Weg tatkräftig festhalten. Mit dem Parlamentarismus sei es auf absehbare Zeit vorbei. Dem Reichstag gegenüber müsse das Kabinett sich zunächst auf den Standpunkt stellen, daß es auf eine Mehrheitsbildung, die ihm ständig zur Verfügung steht, keinen Wert legt. Gleichwohl halte er es für nötig, alsbald mit den Fraktionsführern

Fühlung aufzunehmen. Man müsse ihnen sagen, welche großen gesetzgeberischen Aufgaben die Reichsregierung vorhabe und welche Vorlagen zu diesem Zweck in Vorbereitung seien. Über den wesentlichen Inhalt dieser Vorlagen müsse man die Vertrauensleute der Parteien sobald als möglich unterrichten, damit möglichst frühzeitig eine Klärung der Auffassung der Parteien herbeigeführt werde. Damit werde man alles getan haben, um in Zukunft weiterarbeiten zu können. Der Bevölkerung müsse man durch die Vorverhandlungen vordemonstrieren, daß ein ersprießliches Zusammenarbeiten der Regierung mit dem Parlament unmöglich sei, daß die Regierung mit den Parteien nicht auskommen könne. Über die Frage etwaiger Neuwahlen wolle er jetzt nicht sprechen. Der nationalsozialistischen Politik begegne man am besten dadurch, daß man den Teil der nationalsozialistischen Wünsche, die berechtigt seien, erfülle. Dazu gehöre insbesondere das Gebiet des Abbaus der überhöhten Zinsen (Abbau der Zinsknechtschaft). Ferner müsse man der Landwirtschaft einen erhöhten Schutz angedeihen lassen. Auch nach dieser Richtung gäbe es noch eine Reihe von Möglichkeiten. Die Bemerkungen des Herrn Reichskanzlers über die Notwendigkeit einer Reorganisation der Presseabteilung unterstütze auch er. Darüber hinaus müsse man auch die Reichszentrale für Heimatdienst aktiver für die Politik der Reichsregierung nutzbar machen. […]

Akten Regierung v. Papen, Nr. 104

3. Goebbels-Tagebücher, 19.7.–13.8.1932

19.7.32 […] Wir warten auf den Führer, der im Flugzeug kommt, um in Cottbus zu reden. In einer kurzen Besprechung wird die ganze Situation überprüft. Es bleibt nichts anderes übrig, als daß in Preußen ein Staatskommissar eingesetzt wird. Dr. Bracht aus Essen ist dafür ausersehen. Zwar eine halbe Lösung, aber immerhin etwas. […]

20.7.32 Alles rollt programmgemäß ab. Bracht wird als Reichskommissar eingesetzt. Severing erklärt, nur der Gewalt weichen zu wollen. Ein leiser Druck mit dem Handgelenk genügt. […]

13.8.32 Mittag ist der Führer bei Schleicher und Papen. Man redet ihm zu, mit der Vizekanzlerschaft zufrieden zu sein. Es besteht also die Absicht, ihn und die Partei abzunutzen. Ein unmögliches Ansinnen. Geht der Führer darauf ein, ist er verloren. [...] Der Führer fährt mit Dr. Frick und Stabschef Röhm zur Unterredung mit dem Reichspräsidenten. Peinvolles, gequältes Warten. In knapp einer halben Stunde ist er wieder da. Also fehlgeschlagen. Alles abgelehnt. Papen soll Kanzler bleiben, der Führer sich mit der Vizekanzlerschaft zufriedengeben. Eine Lösung, die zu keinem Ergebnis führen kann. [...] Im hinteren Zimmer versammeln sich unter dem Stabschef die SA-Führer. Sie werden von ihm und dem Führer orientiert. Für sie ist es am schwersten. Wer weiß, ob ihre Formationen gehalten werden können. Nichts ist schwieriger, als einer siegesgewissen Truppe zu sagen, daß der Sieg aus den Händen geronnen ist. Eine bittere Aufgabe, aber auch die muß gelöst werden. [...]

Die Tagebücher von Joseph Goebbels. Sämtliche Fragmente. Hg. v. Elke Fröhlich, München etc. 1987, Bd. 2

4. Die Morde in Potempa: a) Polizeibericht, 10.8.1932; b) Telegramm Hitlers an die verurteilten Täter, 23.8.1932

a) In der Nacht zum Mittwoch wurde in Potempa (Landkreis Gleiwitz) der kommunistisch gesinnte, 35 Jahre alte Arbeiter Konrad Pietrzuch ermordet.

Gegen 11.30 drangen mehrere uniformierte SA-Leute, die in einem Personenkraftwagen nach Potempa gekommen waren, in das unverschlossene Zimmer ein, in dem Konrad Pietrzuch, sein Bruder Alfons und seine Mutter schliefen. Mit dem Ruf: »Raus aus dem Bett, ihr verfluchten Kommunisten! Hände hoch!« zerrten sie Konrad Pietrzuch, der zusammen mit seinem Bruder Alfons in einem Bett schlief, von seinem Lager und mißhandelten ihn schwer. Konrad Pietrzuch flüchtete in eine Kammer neben dem Zimmer. Sein Bruder Alfons erhielt einen mächtigen Schlag auf den Kopf und trug eine stark blutende Wunde davon. Einer der Täter stieß die Kammertür auf und gab aus seiner Pistole einen Schuß in die Kammer ab. Darauf verließen die Täter das Haus. Die Mutter Pietrzuch begab sich darauf in die Kammer und fand ihren Sohn in einer Blutlache liegend tot auf. Einer der Täter wurde gleich nach der Tat festgenommen.

Deutsche Allgemeine Zeitung, 11.8.1932 (Nachdruck: Ursachen und Folgen 8, Nr. 1890a)

b) Angesichts dieses ungeheuerlichen Bluturteils fühle ich mich Euch in unbegrenzter Treue verbunden. Eure Freiheit ist von diesem Augenblick an eine Frage unserer Ehre. Der Kampf gegen eine Regierung, unter der dieses möglich war, unsere Pflicht.

Völkischer Beobachter, 24.8.1932 (Nachdruck: Ursachen und Folgen 8, Nr. 1890c)

5. Rundfunkrede v. Papens v. 12.9.1932

Meine deutschen Landsleute! Ich spreche heute durch den Rundfunk zum deutschen Volk, weil der soeben aufgelöste Reichstag es nicht einmal für notwendig befunden hat, eine Erklärung der Reichsregierung über das von ihr verfolgte Programm entgegenzunehmen. Auf der Tagesordnung des heutigen Reichstages stand die Entgegennahme einer solchen Erklärung. Bevor in die Tagesordnung eingetreten wurde, stellte der kommunistische Abgeordnete Torgler den Antrag, über die von der Kommunistischen Partei eingebrachten Mißtrauensanträge gegen die Reichsregierung auf Aufhebung der Notverordnung vom 4. September abzustimmen. Ein Widerspruch gegen diesen Antrag des kommunistischen Abgeordneten erfolgte nicht. Aber auf Antrag der Nationalsozialisten wurde der Reichstag auf eine halbe Stunde vertagt. Nach Ablauf dieser Pause erklärte der Reichstagspräsident, daß er nunmehr über den Antrag Torglers, d.h. also über die gegen die Regierung eingebrachten Mißtrauensanträge sowie über die Ablehnung der Notverordnungen, abstimmen lassen werde. Ich, der Reichskanzler, erhob mich und verlangte das

Wort zu einer Erklärung der Reichsregierung. Nach Artikel 33 der Verfassung war der Präsident verpflichtet, mir als Vertreter der Regierung das Wort zu erteilen. Entgegen dieser Verpflichtung hat er mir das Wort nicht erteilt. Ich erbat es ein zweites Mal, was wiederum abgelehnt wurde. Hierauf überreichte ich dem Reichstagspräsidenten das Auflösungsdekret des Herrn Reichspräsidenten, da ich nicht die Möglichkeit hatte, es dem Reichstag selbst zu verlesen. Mit dem Augenblick der Übergabe dieses Dekrets war nach den Bestimmungen der Verfassung der Reichstag aufgelöst. Die Abstimmungen, die der Reichstagspräsident danach hat stattfinden lassen, sind verfassungswidrig und damit rechtsungültig. [...]

Aber ich möchte schon an dieser Stelle betonen, daß die Reichsregierung, die ein unteilbares Ganzes bildet, fest entschlossen ist, den Weg weiterzugehen, den sie mit ihren bisherigen Handlungen beschritten hat: den Weg einer neuen unabhängigen Staatsführung, zu der der Herr Reichspräsident sie berufen hat und zu deren Durchführung wir uns ohne Zögern, aber auch ohne Überstürzung ans Werk gemacht haben. Die Tätigkeit der Regierung, über die ich jetzt dem deutschen Volke Rechenschaft zu legen habe, besteht in dem Abschluß einer alten und der Eröffnung einer neuen Epoche. [...]

Nachdem länger als ein Jahrzehnt der ungeheure Druck der Reparationen auf unserem Lande gelastet hat, ist in Lausanne unter dieses unselige Kapitel unserer Geschichte endlich ein Strich gezogen worden. Das System der Reparationen und seine letzte Verkörperung, der Young-Plan, ist tot und wird niemals wieder lebendig werden. Die Erkenntnis, daß die wirtschaftswidrigen Reparationszahlungen die Hauptursache der gegenwärtigen Weltkrise gewesen sind, hat sich endlich auch bei unseren Hauptverhandlungspartnern durchgesetzt. Die Politik hat den unabänderlichen Wirtschaftsgesetzen Rechnung getragen und tragen müssen. Schon in Lausanne habe ich den Anspruch Deutschlands vor der ganzen Welt angemeldet, als Volk mit gleichen Rechten und gleichen Pflichten in der Welt behandelt zu werden. Die Beseitigung dieser Diskriminationen steht seither auf der Tagesordnung der internationalen Politik und darf nicht wieder davon verschwinden. Die Herstellung der vollen Souveränität des Reichs, seiner Freiheit und Gleichberechtigung ist das grundsätzliche Ziel unserer Außenpolitik. Das ist eine Sache der Ehre und Selbstachtung Deutschlands und zugleich die einzig mögliche Grundlage seiner Zusammenarbeit mit dem Ausland. Aus diesem Grunde haben wir jetzt die zweite Frage unserer Gleichberechtigung in Angriff genommen, die Frage der Abrüstung. [...]

Nur die endgültige Beseitigung der Reparationen durch das Lausanner Abkommen macht es uns möglich, den Wiederaufbau der deutschen Wirtschaft in Angriff zu nehmen. Erst jetzt wissen wir, daß wir wieder für uns selbst arbeiten, daß nicht jeder Zuwachs an Volkseinkommen und Volksvermögen dem Ausland zufallen wird. [...]

Diesen Augenblick hat die Reichsregierung für den rechten gehalten, um mit dem Ihnen ja bekannten Wirtschaftsprogramm den Angriff zu beginnen. Sie hat dabei den bisher immer gegangenen Weg der Vergebung öffentlicher Arbeiten nicht außer acht gelassen. Insgesamt 3/4 Milliarden RM werden in den nächsten Monaten für öffentliche Aufträge zur Verfügung gestellt werden. Beträchtliche Erfolge sind auf diesem Gebiet schon jetzt erzielt.

Zu den 135 Millionen Reichsmark für öffentliche Arbeiten des alten Beschaffungsprogramms treten neue Reichsmittel für die vorstädtische Kleinsiedlung und den Bau von Eigenheimen. Die Hemmungen, die bisher den freiwilligen Arbeitsdienst an seiner Entwicklung gehindert haben, sind von uns beseitigt worden. Die Zahl von 50 000 Arbeitswilligen, die wir bei unserem Amtsantritt vorfanden, ist inzwischen auf rund 200 000 gestiegen. [...]

Die Reichsregierung hat die Leistungsfähigkeit der Sozialversicherung bei Übernahme ihrer Amtsgeschäfte zum Teil in schwergefährdetem Zustande vorgefunden. Wir sind zu Reformen gezwungen, denn die Sozialversicherung muß, wenn sie lebensfähig erhalten werden soll, nicht nur nach sozialen, sondern auch nach wirtschaftlichen Gesichtspunkten geleitet werden. Leistungen, die selbst über die Kräfte einer gesunden Wirtschaft hinausgegangen wären, müssen wir preisgeben. Nur dadurch können wir die Zahlung der Renten sichern.

Bei den kommenden Reformen der Gesamtverwaltung der öffentlichen Hand werden die sozialen Einrichtungen nicht ausgenommen sein. Wir müssen sie so vereinfachen und verbilligen, wie es der wirtschaftlichen Not unserer Zeit und dem Gebote der Sparsamkeit entspricht. Niemand in der Reichsregierung denkt daran, die wohlerworbenen Rechte des öffentlich-rechtlichen Versicherungsschutzes zu beseitigen, den Arbeiterschutz aufzuheben oder die begrifflichen Merkmale des Tarifvertrages zu zerstören. Das Mißtrauen, das in dieser Hinsicht der Ermächtigungsverordnung entgegengebracht wird, ist grundlos. Wir werden vor dem Erlaß der Vollzugsverordnungen alle Beteiligten hören. Wir wissen, daß es nicht populär ist, diesen Teil des Wirtschaftsprogramms durchzuführen, aber wir wissen auch, daß wir nur dadurch Deutschlands soziale Einrichtungen retten können. [...]

Neben dem Neuaufbau der Wirtschaft wird die Hauptaufgabe der Reichsregierung der Umbau unseres staatlichen Lebens sein. Es gilt heute, klar zu erkennen, daß wir am geistigen Wendepunkt einer Epoche, am geistigen Wendepunkt des liberalen Jahrhunderts stehen, und es gilt, ebenso klar zu begreifen, daß es höchste staatspolitische Pflicht ist, die Nation aufzurufen, die daraus folgenden Konsequenzen für die Neugestaltung unseres staatlichen Lebens zu ziehen. Als letzter der europäischen Staaten hat Deutschland nach dem Zusammenbruch des Jahres 1918 sein staatliches Leben auf den Doktrinen einer rein formalen Demokratie aufgebaut. 14 Jahre sind seitdem ins Land gegangen und haben uns gezeigt, daß der Notbau von Weimar Konstruktionsfehler aufweist, die das staatliche Gefüge des Reiches und der Länder in entscheidenden Punkten lebensgefährdend bedrohen.

Die Reichsregierung hat seit dem ersten Tage betont, daß sie ihre historische Mission in der Beseitigung dieser Konstruktionsfehler erblickt. Sie wäre völlig fehl am Platze, wenn sie etwa zugeben wollte, daß nach dem demokratischen Pendelgesetz wechselnder parlamentarischer Mehrheiten ihre Nachfolgerin wieder eine irgendwie zusammengesetzte Parteien-Koalition sein könnte. Damit wäre für eine grundlegende Umstellung nichts gewonnen. Ebenso verfehlt würde es sein, an die Stelle wechselnder Partei-Koalitionen die Diktatur einer Partei zu setzen – eine Staatsreform, die möglicherweise den Bedürfnissen anderer Länder, niemals aber denen des deutschen Volkes entspricht. Haben deshalb Millionen jahrelang den Kampf gegen das »System« geführt, nämlich das System der Parteiherrschaft, das die Beamtenschaft politisierte, die Stellen des Staates und der öffentlichen Verwaltung zu Pfründen herabwürdigte, das die Hoheit des Staatsgedankens untergehen ließ in dem Morast selbstsüchtiger Interessen? Haben Millionen diesen Kampf geführt, damit er ausmündet in eine neue Parteiherrschaft, nur mit umgekehrten Vorzeichen, in ein neues System von Parteibuchbeamten, in neue Koalitionen, neue Kompromisse, neue Halbheiten? Die Reichsregierung ist der Ansicht, daß das System der formalen Demokratie im Urteil der Geschichte und in den Augen der deutschen Nation abgewirtschaftet hat und daß es nicht mehr zu neuem Leben erweckt werden kann. [...]

Meine Damen und Herren! Die grundsätzliche Beseitigung der Schäden, die aus der Staatsführung der letzten 13 Jahre entstanden sind, kann folgerichtig nur in einer Reform der Verfassung gefunden werden. Wir werden diese Frage nicht übereilen und nur in Übereinstimmung mit den Ländern der Lösung zuführen. Wir beabsichtigen, dem deutschen Volk nach sorgfältiger Prüfung einen Entwurf vorzulegen, der aufgrund der Erfahrungen der Geschichte und der Eigenart unserer Heimat für lange Zeit die Grundlage unseres staatlichen Lebens sichern soll. Ich kann heute keine Einzelheiten geben. Nur auf wenige Punkte will ich hinweisen.

Das Wahlrecht – das ist die Auffassung fast aller politischen Parteien – bedarf eines Umbaues. Die Heraufsetzung des Wahlalters wird Schule und Universität in weitem Maße von politischer Radikalisierung befreien, der sie heute zum Opfer zu fallen drohen. Es wird geprüft werden, ob und wie der Aufbau der Volksvertretung in Zukunft organisch mit den Selbstverwaltungskörpern verbunden werden kann. Ich möchte mir versagen, heute versagen, auf Einzelheiten einzugehen. Nur auf einen Punkt will ich hinweisen: auf das Verhältnis zwischen Reich und Preußen.

Die Verhältnisse in Preußen haben den Herrn Reichspräsidenten dazu veranlaßt, die geschäftsführende preußische Regierung ihres Amtes zu entheben und den Reichskanzler als Reichskommissar dort einzusetzen. Daß ein solcher Schritt notwendig geworden ist, ist ein untrügbares Zeichen für die Dringlichkeit einer Lösung der Frage Reich–Preußen. Es muß in Zukunft ausgeschlossen sein, daß im Reich und in seinem größten Lande gegeneinander und nebeneinander regiert wird. Es muß auch ausgeschlossen sein, daß, wie bisher, das Reich der Exekutive seines größten Landes machtlos preisgegeben ist. Die Frage Reich–Preußen wird im Rahmen der Verfassungs- und Reichsreform gelöst werden. Wir werden den geschichtlich gewordenen preußischen Staat nicht zerschlagen, weil seine historische Mission der Verklammerung des Ostens mit dem Westen auch in Zukunft für den Reichsbau nicht entbehrt werden kann. Notwendig ist aber eine organische Verbindung der preußischen Regierung mit der des Reichs. Auf diesem Gebiet liegt die Möglichkeit einer durchgreifenden Verwaltungsreform und Verwaltungsverbilligung, die die Stunde von uns verlangt. [...]

Akten Regierung v. Papen, Nr. 135

6. Alexander Schifrin: Die Krise der deutschen Gegenrevolution, November 1932

[...] Während die Krise des Obrigkeitsstaates die Gegenrevolution in ihrem machtpolitischen Gefüge trifft, wird durch die Krise der NSDAP ihre entscheidende Massengrundlage aufgelockert. Es ist der dritte Rückschlag seit September 1930, der die NSDAP jetzt erwartet. Ihren ersten Rückschlag erlitt sie im Frühjahr 1931. Sie hat damals den Reichstag verlassen, weil gegen sie vorübergehend eine breite Front gebildet wurde, sie hat ferner im Februar 1931 ihren geringsten Stimmenzuwachs im Jahre 1930–31 bei den Gemeindewahlen in Braunschweig erhalten; im April erfolgte der Sturz Fricks in Thüringen, und gleichzeitig entbrannte die Stennes-Krise. Der zweite Rückschlag kam im März 1932 bei dem ersten Reichspräsidentenwahlgang, als die NSDAP hinter dem durchschnittlichen Ergebnis ihrer Wahlerfolge von 1931 zurückblieb. In beiden Fällen waren zwei Momente für den Rückschlag maßgebend: die Isolierung der NSDAP durch die Abkehr eines Teils des Bürgertums und die gesteigerte Widerstandskraft der Sozialdemokratie – Frühjahr 1931 die große Versammlungsoffensive, Frühjahr 1932 das Auftreten der Eisernen Front. Beide Male hat die NSDAP den Weg aus dem Engpaß gefunden, weil sie damals zur Nutznießerin einer Verschärfung der politischen und der Wirtschaftskrise werden konnte.

Die Krise, in die die NSDAP jetzt eintritt, wird ihre beiden früheren Rückschläge an Intensität und Tiefe weit übertreffen. Diese Krise wird zum erstenmal seit 1930 den Weg aufzeigen, auf dem die Liquidierung der NSDAP als der führenden Kraft der deutschen Gegenrevolution möglich sein wird. Bis 1930 war in Deutschland die Liquidierung des Faschismus mit den Administrativmitteln des Staates möglich, mit denen etwa in der Tschechoslowakei und in Lettland der demokratische Staat die faschistische Gefahr im Keime erstickte. Seit 1930 war es die Aufgabe des Staates, neben der direkten Abwehr durch eine auf Bekämpfung der Wirtschaftskrise zweckmäßig gerichtete Wirtschafts- und Außenpolitik die Quellen des faschistischen Aufstiegs zu verstopfen. Das Kabinett Brüning hat diese Aufgabe nicht wahrgenommen, hat diese Chance verpaßt. Nach dieser Richtung hin ist die Tolerierungspolitik der Sozialdemokratie fruchtlos geblieben. Aber sie hat in dem Sinne ein positives Ergebnis erzielt, als sie dem Faschismus seinen Machtkampf erschwert hat. [...]

Die Tolerierungspolitik ließ die inneren Gegensätze im Lager der Gegenrevolution ausreifen, sie hat den politischen Katholizismus in den scharfen Gegensatz zum Faschismus gebracht und der sozialistischen Arbeiterschaft die Möglichkeit gegeben, den faschistischen Feind kennenzulernen und die Abwehrmittel zu schaffen, solange der Faschismus nicht im Besitz der staatlichen Machtmittel war. Damit aber waren die Möglichkeiten der Tolerierungspolitik auch erschöpft, weil sie das Maß der für die Sozialdemokratie selbst noch mögliche Opfer zu überschreiten drohten.

Die große Chance des deutschen Antifaschismus kommt erst jetzt, da die entscheidende Krise der NSDAP nach dem Ablauf der Tolerierungspolitik einsetzt, also nachdem die Sozialdemokratie ihre volle Bewegungsfreiheit erhalten hat. Die NSDAP steht heute vor der Gefahr einer rapiden sozialen Zersetzung. Sie befindet sich zwischen dem Hammer des proletarischen Sozialismus und dem Amboß des bürgerlichen Obrigkeitsstaates. Die grundsätzlich neue und ungünstige Situation der NSDAP wird durch die Steigerung der Widerstandsfähigkeit und der Angriffskraft der Sozialdemokratie einerseits, durch die besitzbürgerliche Sammlung um den Obrigkeitsstaat anderseits bestimmt. Nachdem dem Nationalsozialismus der Einbruch in die marxistische Front mißlungen ist, ist er nicht mehr imstande, seine bürgerlich-klassenbewußte Wählerschaft zu halten. Der NSDAP fehlt jedes Gewicht der sozialen Interessenvertretung. Sie erhält mindestens zwei Drittel aller evangelischen Mittelstands- und Bauernstimmen, ist aber deshalb weder zu einer Bauern- noch zu einer Mittelstandspartei geworden. Der deutsche Faschismus ist mit der sozialen Interessensphäre seiner Wählerschaft nicht verbunden. Der bevorstehende Rückschlag wird diesen ursprünglichen Mangel der NSDAP bloßstellen, und die Tiefe ihrer kommenden Krise wird von dem Ausmaß dieses Rückschlages abhängen. Das, was bei dem Aufstieg die Stärke der NSDAP ausmachte und das stürmische Tempo ihres Vordringens ermöglichte – die Beherrschung des frei schwebenden politischen Treibholzes –, muß bei dem Abstieg zu ihrem Verhängnis werden. [...]

Aber auch bei den nationalsozialistischen Führern selber erwacht heute Angst vor der drohenden Auflösung der sozialen Massengrundlage der Partei. Prinzipienlos wie sie sind, versuchen sie, dieser Abstiegsentwicklung nach beiden Richtungen Halt zu bieten. Während der als Führer des sozialradikalen Flügels gefeierte Gregor Strasser seine hundertprozentige Kapitulation vor dem unverwässerten und liberalistischen Kapitalismus proklamiert, beeilt sich der typische Vertreter des bürgerlich-reaktionären Flügels der NSDAP, Göring, zu erklären, daß die NSDAP zwar die bürgerlichen Mitläufer verlieren werde, daß sie dafür aber neue proletarische Gefolgschaft erobern, eine neue Expansion nach links einschlagen solle.

Zum verlogenen Doppelspiel kommt noch die völlige Vertauschung der Fronten innerhalb der Partei hinzu. Die politische Mogelei, die eine innere Unsicherheit ohnegleichen verrät, kann die einmal begonnene rückläufige Entwicklung nicht mehr aufhalten. Der Rückschlag der NSDAP ist auch organisatorischer und massenpsychologischer Natur. Die NSDAP wird nunmehr versuchen, die Gefahr der sozialen Zersetzung durch starke Anspannung der Organisation und Steigerung ihrer massenpsychologischen Wirkung zu bannen, aber sie hat keine zweite Verteidigungslinie, wie sie die Sozialdemokratie im dichten Netz der proletarischen Massenorganisationen, das Zentrum in dem mannigfaltigen Leben des deutschen Katholizismus besitzt. Und der faschistische Appell an die Massenpsychologie und Massenpsychopathologie findet seine Grenzen in der Erschöpfung, in der Ermüdungs- und Enttäuschungsreaktion der Wählerschaft, die das Schweben zwischen Bürgerkrieg und Parlamentarismus, zwischen Putsch und Koalition nicht mehr ertragen kann. So wird das Schicksal der NSDAP nach dem 6. November davon abhängen, ob sie nach dem Rückschlag einen geordneten Rückzug vorzunehmen imstande sein wird. […]

Die Gesellschaft 9 (1932), H. 11, S. 387–405

7. Schreiben des Reichswehrministers an v. Papen betr. Ertüchtigung der Jugend, 17.10.1932

Die Erziehung der heranwachsenden Jugend zu tätiger Staatsgesinnung ist zweifellos eine der wichtigsten Voraussetzungen nationaler Gesundung und unabhängiger Staatsführung.

Aus dieser Erkenntnis erwachsen der Reichsregierung im Rahmen ihrer allgemeinen politischen und wirtschaftlichen Notstandsmaßnahmen Aufgaben von besonderer Dringlichkeit und weittragender Bedeutung. Ich nenne nur die Fragen der Erweiterung des Grenz- und Landesschutzes, des Aufbaus des Reichskuratoriums für Jugendertüchtigung, der Weiterentwicklung des freiwilligen Arbeitsdienstes, der Verbindung der Technischen Nothilfe mit Arbeitsdienst und Wehrerziehung, der Umbildung der preußischen Jugendpflege im Sinne ihrer Erziehung in die Gesamtplanung für Jugendertüchtigung, der Festlegung pflichtmäßiger Leibesübungen in den Schulen, der Ausgestaltung des akademischen Werkjahres, Unterbringung jugendlicher städtischer Erwerbsloser auf dem Lande durch eine freiwillige Bauernhilfe, und der Unterstützung von freiwilligen Kameradschaften der Erwerbslosenhilfe, die als Notwerk der deutschen Jugend mit der Einrichtung von Gemeinschaftsküchen bestimmte Leistungen sportlicher Übung, handwerklicher Beschäftigung und geistiger Fortbildung zu vereinigen haben.

Alle diese teils in der Durchführung und teils in der Vorbereitung befindlichen, teils noch der Prüfung bedürfenden Fragen stehen für mich in zwingendem Zusammenhang mit der Sicherstellung der Landesverteidigung durch eine gesunde leistungsfähige und einsatzbereite junge Mannschaft.

Wenn auf irgend einem Gebiete staatlicher und staatlich geförderter Tätigkeit, so ist es auf diesem Gebiete erforderlich, die vorhandenen Kräfte möglichst zweckmäßig zusammenzufassen, um dadurch den höchsten Nutzen für die Allgemeinheit zu erzielen. Ich halte darum die Herstellung einer planvollen Zusammenarbeit der verschiedenen, mit der Durchführung dieser Aufgaben betrauten Amtsstellen für unerläßlich.

Zu diesem Zweck schlage ich unter Vermeidung umständlicher Neu- und Überorganisation die Einsetzung eines Sonderausschusses der Reichsregierung für Jugendfragen vor. Dieser Sonderausschuß wäre aus sachkundigen Vertretern der zuständigen Reichsbehörden (Reichsarbeitsministerium, Reichsministerium des Innern, Reichsernährungsministerium und Reichswehrministerium) und einem Vertreter der preußischen Staatsregierung (dieser mit Rücksicht auf die Umbildung der preußischen Jugendpflege) zu bilden. Als Vorsitzender wäre eine tatkräftige und angesehene Persönlichkeit zu bestimmen, die mit dem Streben der jungen Generation vertraut ist und über die nötigen praktischen Erfahrungen verfügt. Seine besondere Aufgabe würde es sein, aus allen auf den in Frage kommenden Gebieten tätigen Bünden und Verbänden geeignete Kräfte zur Mitarbeit heranzuziehen.

K. Schützle, Reichswehr wider die Nation, Berlin 1966, Anhang

8. Eingabe führender Persönlichkeiten aus Wirtschaft und Industrie sowie großagrarischer Kreise an Hindenburg für die Berufung Adolf Hitlers, Mitte November 1932

Ew. Exzellenz, Hochzuverehrender Herr Reichspräsident!

Gleich Eurer Exzellenz durchdrungen von heißer Liebe zum deutschen Volk und Vaterland, haben die Unterzeichneten die grundsätzliche Wandlung, die Eure Exzellenz in der Führung der Staatsgeschäfte angebahnt haben, mit Hoffnung begrüßt. Mit Eurer Exzellenz bejahen wir die Notwendigkeit einer vom parlamentarischen Parteiwesen unabhängigeren Regierung, wie sie in dem von Eurer Exzellenz formulierten Gedanken eines Präsidialkabinetts zum Ausdruck kommt.

Der Ausgang der Reichstagswahl vom 6. November d.J. hat gezeigt, daß das derzeitige Kabinett, dessen aufrechten Willen niemand im deutschen Volke bezweifelt, für den von ihm eingeschlagenen Weg keine ausreichende Stütze im deutschen Volk gefunden hat, daß aber das von Eurer Exzellenz gezeigte Ziel eine volle Mehrheit im deutschen Volke besitzt, wenn man – wie es geschehen muß – von der staatsverneinenden kommunistischen Partei absieht. Gegen das bisherige parlamentarische Parteiregime sind nicht nur die Deutschnationale Volkspartei und die ihr nahestehenden kleineren Gruppen, sondern auch die Nationalsozialistische Deutsche Arbeiterpartei grundsätzlich eingestellt und haben damit das Ziel Eurer Exzellenz bejaht. Wir halten dieses Ergebnis für außerordentlich erfreulich und können uns nicht vorstellen, daß die Verwirklichung des Zieles nunmehr an der Beibehaltung einer unwirksamen Methode scheitern sollte.

Es ist klar, daß eine des öfteren wiederholte Reichstagsauflösung mit sich häufenden, den Parteikampf immer weiter zuspitzenden Neuwahlen nicht nur einer politischen, sondern auch jeder wirtschaftliche Beruhigung und Festigung entgegenwirken muß. Es ist aber auch klar, daß jede Verfassungsänderung, die nicht von breitester Volksströmung getragen ist, noch schlimmere wirtschaftliche, politische und seelische Wirkungen auslösen wird.

Wir erachten es deshalb für unsere Gewissenspflicht, Eure Exzellenz ehrerbietigst zu bitten, daß zur Erreichung des von uns allen unterstützten Zieles Eurer Exzellenz die Umgestaltung des Reichskabinetts in einer Weise erfolgen möge, die die größtmögliche Volkskraft hinter das Kabinett bringt.

Wir bekennen uns frei von jeder engen parteipolitischen Einstellung. Wir erkennen in der nationalen Bewegung, die durch unser Volk geht, den verheißungsvollen Beginn einer Zeit, die durch Überwindung des Klassengegensatzes die unerläßliche Grundlage für einen Wiederaufstieg der deutschen Wirtschaft erst schafft. Wir wissen, daß dieser Aufstieg noch viele Opfer erfordert. Wir glauben, daß diese Opfer nur dann willig gebracht werden können, wenn die größte Gruppe dieser nationalen Bewegung führend an der Regierung beteiligt wird.

Die Übertragung der verantwortlichen Leitung eines mit den besten sachlichen und persönlichen Kräften ausgestatteten Präsidialkabinetts an den Führer der größten nationalen Gruppe wird die Schlacken und Fehler, die jeder Massenbewegung notgedrungen anhaften, ausmerzen und Millionen Menschen, die heute abseits stehen, zu bejahender Kraft mitreißen.

In vollem Vertrauen zu Eurer Exzellenz Weisheit und Eurer Exzellenz Gefühl der Volksverbundenheit begrüßen wir Euer Exzellenz.

Ursachen und Folgen 8, Nr. 1909

9. Tagebuchaufzeichnung des Reichsfinanzministers Schwerin v. Krosig über den Verlauf der Ministerbesprechung v. 2.12.1932

[...] Dann dramatische Sitzung. Zunächst Bericht *Schleichers* über die von ihm geführten Verhandlungen mit dem Ergebnis, daß er von keiner Seite irgendwelche Zusicherungen erhalten hatte für eine Duldung oder gar Stützung des Kabinetts, daß aber Zentrum und Gewerkschaften einem Kabinett Schleicher gegenüber eine erfreulich mildere Haltung in Aussicht gestellt hätten und daß auch die Verhandlungen mit den Nazis noch liefen; Strasser sei zwar bisher noch nicht gekommen, würde aber für Sonnabend erwartet. Er sei der Ansicht, man solle die Nerven behalten und keine überstürzten Beschlüsse fassen; er habe daher dem Reichspräsidenten geraten, vor seiner endgültigen Entscheidung das Ergebnis dieser Verhandlungen abzuwarten. *Meissner* erklärte, der Reichspräsident sei in einem seelischen Zustand, der einen Aufschub nicht mehr zulasse, das vertrüge im übrigen auch seine Autorität nicht mehr. Der Kanzler sagte, daß der Reichspräsident ihn mit der Bildung des Kabinetts betraut habe und bat die Minister um Äußerung zu der gesamten Lage. Als zunächst alle schwiegen, gab ich *Neurath* ein Zeichen mit den Augen, er müsse jetzt sprechen.

Er sagte dann in seiner schweren, stockenden Art ein paar Worte, daß er gegen die Möglichkeiten eines zweiten Kabinetts *Papens* sehr skeptisch eingestellt sei, daß der daher vor der erneuten Betrauung *Papens* warnen müsse. Als sich danach niemand meldete, ergriff ich das Wort und führte aus, daß die Darlegungen *Schleichers* über seine politischen Verhandlungen bestätigen, was ich in den letzten Tagen *Papen* wiederholt gesagt hätte; ich könne allerdings *Schleicher* darin nicht beistimmen, daß man noch das Ergebnis der Besprechungen mit Strasser abwarten solle. Wir würden von den Nazis nur weiter hingehalten, auf ein günstiges Ergebnis rechnete ich nicht, aber gerade deswegen müßte ich mich gegen eine Ernennung *Papens* aussprechen. Ich legte dann nochmals alle bekannten Argumente dar und bat Papen, den Reichspräsidenten von dieser Anschauung, die meinem Wissen nach die meisten, wenn nicht alle Kabinettsmitglieder teilten, in Kenntnis zu setzen. *Papen,* dem man die starke innere Erregung anmerkte, fragte nun, ob irgend jemand im Kabinett anderer Ansicht sei. [...] *Papen* sagte, daß er die Gefahren von Streiks und inneren Unruhen nicht so schwer ansehe, daß er aber den Reichspräsidenten von der Stellungnahme des Kabinetts unterrichten werde. *Meissner* bemerkte, daß das seiner Ansicht nach den Reichspräsidenten von seinem gestern nach schwerem Ringen gefaßten Entschuß nicht abbringen werde. *Gürtner* erklärte, man müsse sich doch über die Richtlinien und Gesamtpolitik eines künftigen Kabinetts zunächst klarwerden, und richtete an *Schleicher* die Frage, ob für alle kommenden Eventualitäten die Reichswehr sicher sei. Auf Vorschlag *Schleichers* berichtete der in die Kabinettssitzung hineingerufene

Major *Ott* über ein Kriegsspiel, das in den letzten Wochen die Reichswehr mit Vertretern von Reichsbahn, Post, Polizei usw. für den Fall größerer Streitigkeiten abgehalten hätte. Der ausgezeichnete Vortrag legte plastisch die mit Waffengewalt nicht zu erledigenden Schwierigkeiten eines solchen Vorgehens dar und schloß, alle Teilnehmer hätten unter dem erschütternden Eindruck gestanden, die Reichswehr müsse und würde zwar jedem Befehl Folge leisten, aber sie könnten nur bitten und wünschen, daß dieser Kelch an ihnen vorübergehen möge. Wenn *Schleicher* auch das Letzte etwas abzuschwächen suchte, indem er sagte, ein Kriegsspiel müsse sich grundsätzlich auf den schlimmsten Fall einstellen, man brauche aber praktisch keineswegs mit dem schlimmsten Fall zu rechnen, der tiefe Eindruck der Ott'schen Ausführungen auf das Kabinett, auch auf den Kanzler, der sich während des Vortrages immer wieder die Augen wischte, war unverkennbar. *Papen* erhob sich nun und erklärte, er würde jetzt den Reichspräsidenten von der Sachlage unterrichten. Da wir den Eindruck hatten, daß trotz allem *Papen* innerlich nicht überzeugt sei und daß daher sein Vortrag nicht den gewünschten Eindruck auf den alten Herrn hervorrufen werde, baten *Popitz* und ich *Neurath, Papen* nochmals zu sagen, er müsse von sich aus den Reichspräsidenten bitten, von seiner Berufung Abstand zu nehmen. *Neurath* tat es im Hinausgehen; wir blieben im Kabinettszimmer und besprachen, ob es nicht doch richtig sei, daß *Neurath* als der Älteste des Kabinetts gleich selbst zum Präsidenten gehen sollte, als *Papen* nach einigen Minuten zurückkam und in großer Bewegung sagte, der alte Herr sei doch ein ganz großer Mann, nun solle aber auch *Schleicher* sofort hingehen, damit der alte Herr von der Qual des Wartens und der Ungewißheit erlöst würde. *Schleicher* zierte sich etwas, nach einer halben Stunde war er Kanzler. […]

Akten Regierung v. Papen, Nr. 239b

10. Rundfunkrede des Reichskanzlers v. Schleicher, 15.12.1932

[...] Zunächst werde ich schon zufrieden sein, wenn die Volksvertretung, der ich für diese Zeit gern eine starke Dosis gesunden Mißtrauens zubillige, der Regierung ohne Hineinreden und ohne die hinlänglich bekannten parlamentarischen Methoden Gelegenheit gibt, ihr Programm durchzuführen. Dieses Programm besteht aus einem einzigen Punkt: »Arbeit schaffen!« Alle Maßnahmen, die die Reichsregierung in den nächsten Monaten durchführen wird, werden mehr oder weniger diesem einen Ziel dienen. [...] Ich habe deswegen dem Herrn Reichspräsidenten die Ernennung eines Reichskommissars für die Arbeitsbeschaffung vorgeschlagen. Seine Aufgabe wird es sein, jeder Arbeitsmöglichkeit nachzuspüren, ein großzügiges Arbeitsbeschaffungsprogramm aufzustellen und seine Durchführung zu überwachen, wobei er bürokratischen und sonstigen Hemmungen gegenüber die Rolle des Schäferhundes übernehmen muß. Fraglos ist eine solche Arbeitsbeschaffung volkswirtschaftlich betrachtet mit größeren Risiken behaftet als eine auf natürlichem Wege eintretende Arbeitsvermehrung. Luxus-Aufwendungen scheiden daher aus dem Arbeitsbeschaffungsprogramm vollkommen aus. Das Programm muß in erster Linie auf die Instandsetzung der vorhandenen Produktionsgüter und auf ihre Verbesserung abgestellt werden, und die Vergebung der Arbeiten an Unternehmer ist der Ausführung in eigener Regie vorzuziehen. Außerdem wird sichergestellt werden, daß die bereitgestellten Geldmittel ausschließlich für die Finanzierung dieser Arbeiten verwendet werden. Entscheidend wichtig war es, daß für diese Finanzierung eine Lösung gefunden wurde, die jede Inflation vollkommen ausschließt. [...]

Mit der Frage der Arbeitsbeschaffung hängt die Siedlung eng zusammen. Über die Notwendigkeit zu siedeln, und zwar so schnell und so viel wie möglich, sind wir uns alle einig. Aber wir wollen uns nichts vormachen. Mit dem Vollbringen des Guten hat es bislang arg gehapert. Ich will die Gründe dafür nicht untersuchen; aber die vielen, die den verlorenen Krieg dafür verantwortlich machen wollen, möchte ich doch darauf hinweisen, daß der große König nach einem siebenjährigen Kriege, der an Preußen beispiellos wirtschaftliche Anforderungen gestellt hatte, in kurzer Zeit blühende Provinzen durch Siedlung geschaffen hat. Gerade auch als Wehrminister muß ich auf die Besiedlung unserer Ostmark den größten Wert legen. Denn letzten Endes sind es noch immer die Menschen auf eigener Scholle gewesen, die den besten Grenzwall gegen das Vordringen fremden Volkstums abgeben. Um in der Siedlungsfrage zukünftig schneller vorwärtszukommen, ist innerhalb des Reichskabinetts dem Reichskanzler und in seiner Vertretung dem Reichskommissar für die Arbeitsbeschaffung, ein besonderer Einfluß auf das Siedlungwesen eingeräumt. [...]

Der tiefere Grund für die Not Deutschlands und der Welt liegt darin, daß zuviel Menschen die Verbindung mit dem Boden verloren haben, in Großstädten zusammengeballt leben und damit von jeder Wirtschaftsveränderung stärker getroffen werden als der Mann auf eigener Scholle. Es wird der Arbeit einer Generation bedürfen, die Fehler dieser Entwicklung auszugleichen.

Aber gerade deshalb muß schon heute die Wirtschaftspolitik über die augenblicklichen Notmaßnahmen hinaus die Grundlagen für eine solche Entwicklung schaffen und festhalten.

Das bedeutet in erster Linie die stärkere Ausnutzung unseres dünn bevölkerten Ostens im Sinne der inneren Kolonisation Friedrichs des Großen.

In zweiter Linie erfordert es ein Auflockern der Großstädte und ein Seßhaftmachen eines möglichst großen Teiles auch der städtischen Arbeiterschaft im Sinne südwestdeutscher Bevölkerungsstruktur. [...]

Es ist etwas viel verlangt, in dieser schweren Krisenzeit freudige – ich unterstreiche das Wort »freudige« – Mitarbeit zu verlangen und doch weiß ich, daß beim deutschen Volke auch dies möglich ist, wenn bei allen notwendigen Anordnungen der soziale Gesichtspunkt berücksichtigt wird. Also ein sozialer General, höre ich manchen meiner Zuhörer mit zweifelndem oder sogar spöttischem Achselzucken sagen: Ja, meine Damen und Herren, es hat in der Tat nichts Sozialeres gegeben als die Armee der allgemeinen Wehrpflicht, in der arm und reich, Offizier und Mann in Reih und Glied zusammenstanden und in den Wundertaten des

Weltkrieges eine Kameradschaft und ein Zuammengehörigkeitsgefühl bewiesen haben, wie es die Geschichte nicht seinesgleichen kennt. [...]

Eine Frage, die dem Wehrminister besonders am Herzen liegen muß, ist die körperliche und geistige Ertüchtigung der Jugend. Ich gehöre allerdings nicht zu den Leuten, die der Jugend jeden Tag einmal erzählen, daß sie das Salz der Erde und die Blüte der Nation sei. Das führt nur zu einer Überheblichkeit und zu einer äußerlichen und innerlichen Disziplinlosigkeit, die uns in den vergangenen Jahren die Jugend manchmal ungenießbar machte. Wieviel Väter, Mütter und Erzieher haben in diesen Zeiten sorgenvolle Briefe an den Wehrminister gerichtet mit der dringlichen Bitte, die allgemeine Wehrpflicht wieder einzuführen. Und in der Tat gibt es keine bessere Schule für die Jugend, um Selbstdisziplin, äußere und innere Bescheidenheit und Kameradschaft zu lernen. Das ist auch ein Hauptgrund, warum ich mich wieder und wieder für die allgemeine Wehrpflicht im Rahmen einer Miliz einsetze. Solange das Diktat von Versailles uns diese wirkliche Lösung unmöglich machte, mußten andere Mittel gefunden werden. Zunächst erschienen die verschiedenen Bünde auf dem Plan und nahmen sich der Erziehung der Jugend an. Dafür soll man ihnen Dank wissen, auch wenn man Auswüchse bekämpfen mußte. Dann hat sich der Staat der Dinge selbst angenommen. Das Kuratorium für Jugendertüchtigung und die Organisation des freiwilligen Arbeitsdienstes sind neben den staatlich unterstützten Sportvereinen aller Art die Früchte dieser Bemühungen. Das Erfreuliche an diesen Einrichtungen ist die Überwindung des Parteigeistes in einem Maße, daß Parteihäupter und Verbandsgrößen schon anfangen, unruhig zu werden und um die Seelen ihrer Schäfchen zu fürchten. [...]

An Verbände, Gruppen und Parteien möchte ich aber in dieser Stunde die Mahnung richten, daran zu denken, daß sie nicht Selbstzweck sind und ihre Daseinsberechtigung verlieren, wenn sie sich der Mitarbeit am Staate entziehen. Das deutsche Volk hat ein sehr feines Gefühl für ein Versagen auf diesem Gebiet und wird sich enttäuscht von denjenigen abwenden, denen es im reichsten Maße sein Vertrauen geschenkt hat, weil es große positive Leistungen von ihnen erwartete und nicht Taktik und Negation. Denen aber, die da meinen, eine autoritäre Staatsführung könne des Rückhalts im Volke entbehren, die darüber hinaus sogar jede Zusammenarbeit mit einem Parlament ablehnen, möchte ich entgegenhalten, daß auch Verständnis für das Empfinden des Volkes und das Erkennen des psychologischen Moments dazu gehören. Deshalb wird die von mir geführte Reichsregierung für ihre Arbeit den besten Moltke-Spruch »Erst wägen, dann wagen« zur Richtschnur nehmen.

Akten Regierung v. Schleicher, Nr. 25

11. Beschluß des Politbüros der KPD v. 21.1.1933

Die Anweisungen des Sekretariats an die Berliner Bezirksleitung betr. Massenaufmarsch gegen die Nazi-Demonstration am 22.1. werden bestätigt, Einheitsfronttaktik gegenüber sozialdemokratischen Arbeitern, Reichsbannerarbeitern und Gewerkschaftsmitgliedern soll verstärkt werden. Mit größerer Initiative sich an untere Organisation wenden zwecks gemeinsamer Kampfmaßnahme. Stärker herausarbeiten die Rolle der KPD als einzige antifaschistische Partei. Stärker die Mobilisierung zum politischen Massenstreik durchführen. Bei Verstärkung des Massenselbstschutzes gleichzeitig schärfste ideologische Offensive zur Zersetzung in der NSDAP. Dabei folgende Hauptfragen stellen:

1. Frage der Machteroberung und die Rolle der NSDAP als Systempartei.

2. Versailles, internationale private Schulden, Militarismus und Interationalismus.

3. Kennzeichnung der Politik der NSDAP als Politik des Großkapitals, der Großagrarier und Fürsten.

4. Entlarvung des Arbeitsbeschaffungsbetruges der NSDAP, ihrer Politik des Streikbruches, der Zerschlagung der Sozialversicherung und der Arbeitsdienstpflicht.

Dienstag Massenaufmarsch am Bülowplatz.

Archiv der PDS (Institut für die Geschichte der Arbeiterbewegung), Zentrales Partei-Archiv, I 2/3, 13

12. Rudolf Hilferding: Zwischen den Entscheidungen, Januar 1933

[...] Die Präsidialregierungen sind in Deutschland nur möglich, weil das Parlament durch die Diktaturparteien, die Nationalsozialisten, Deutschnationalen und Kommunisten, außer Funktion gesetzt ist. Der Kampf gegen die Präsidialregierung muß also verbunden sein mit dem Kampf um ein arbeitsfähiges Parlament und das erfordert Kampf gegen die Diktaturparteien. Denn die Präsidialregierungen sind das Sekundäre, das Primäre ist die Lahmlegung des Parlaments.

Für die Sozialdemokratie handelt es sich dabei um eine grundsätzliche Auseinandersetzung mit den Kommunisten. Deshalb versagt jetzt die Einheitsfrontparole, die in den ersten Nachkriegsjahren zur Zeit der Übermacht der Sozialdemokratie und der unerschütterten Autorität der Gewerkschaften noch ihren Sinn haben konnte, aber jetzt nur Verwirrung stiften kann. Die Kommunisten suchen eine Einheit der Arbeiterbewegung auf unmittelbar revolutionärer Basis zur revolutionären Aktion der sofortigen Machtergreifung. Dazu brauchen sie die Unterordnung der Arbeiter unter die Führung der revolutionären Avantgarde, der kommunistischen Leitung. Die Einheit setzt also die Unterwerfung der sozialdemokratischen Massen unter ihre Führung, die Zerstörung der Sozialdemokratie, ihres Wesens, ihrer organisatorischen Selbständigkeit voraus. Wenn wir Sozialdemokraten von Einheit sprechen, so denken wir an die Einheit einer Arbeiterbewegung in ihrem Kampfe für die von ihr selbst, in demokratischer Selbstbestimmung jeweils gesetzten Ziele. Dieselben Worte bezeichnen ganz verschiedenen Inhalt. In der gegenwärtigen Situation aber sich auf pseudo-revolutionäre Aktionen einzulassen, hieße dem Faschismus zum sicheren Siege im Bunde mit der Staatsmacht verhelfen – ein Spiel, dem wir uns von Anfang an versagen müssen, denn es endete nicht in der Revolution, sondern in der Konterrevolution.

Die Aufgabe ist nicht leicht. Es widerstrebt dem Arbeiter, den Kampf gegen die eigenen Klassengenossen zu führen, und dies erst recht angesichts der faschistischen Gefahr, die nichts dringender erforderte als die Einheit der proletarischen Aktion. Aber die Erfüllung der Aufgabe ist unerläßlich, weil die Taktik der kommunistischen Führung zugleich die parlamentarische wie die außerparlamentarische Aktionskraft der Arbeiterklasse lähmt. Denn der immer erneute Versuch, die »Einheitsfront« zur Entlarvung der sozialdemokratischen Führung, zur Abtrennung der sozialdemokratischen Massen auszunutzen, die »echt revolutionäre Haltung« der Kommunisten mit dem »Verrat der Sozialdemokraten« zu kontrastieren, verwandelt naturgemäß jede außerparlamentarische Aktion in ein putschistisches Abenteuer. Deshalb ist der grundsätzliche Kampf gegen die kommunistische Führung, das Ringen um den kommunistischen Arbeiter nur die andere Seite des Kampfes gegen die Präsidialregierung, des Kampfes um die Zurückeroberung der Demokratie, die, neu erobert und neu gesichert, erst wirklich der Kampfboden wird, auf dem die Arbeiterklasse ihre Ziele erreichen kann.

Unterdessen bleibt die politische Situation labil und ungewiß. Die Wirtschaftskrise stellt die Regierung Schleicher vor Probleme, bei deren Lösungsversuchen sie ebenso ihre Position verlieren kann wie ihre Vorgängerin, und die Gefahr, die schon bei der Regierung Papen gegeben war, kann aufs neue erstehen, die Rettung zu suchen in dem Abdanken, in die Hände des Faschismus. Es ist ja überhaupt das Charakteristische der Zeit, daß zwischen dem Lauf der Wirtschaftskrise und dem Ablauf der rebellischen Auflehnung, die sie auf dem politischen Feld erzeugt hat, eine Art Wettlauf stattfindet, und es im Ungewissen bleibt, ob die Krise zu Ende geht, bevor die Rebellion ihren Weg genommen hat.

So stehen wir zwischen den Entscheidungen. Die faschistische Bewegung ist in Deutschland aus der Staatsmacht, deren Ergreifung so unmittelbar bevorzustehen schien, ferngehalten worden dank der Taktik der Sozialdemokratie, die durch ihre Tolerierungspolitik den Zusammenschluß des Bürgertums zu einer reaktionären Masse unter faschistischer Führung vermieden und den Eintritt der Faschisten in die Regierung während ihres Aufstiegs verhindert hat. Dieselbe Taktik hat das Zentrum in seiner Opposition gegen die Regierung der Restauration festgehalten und damit diese der Stütze der einzigen festgefügten bürgerlichen Partei beraubt. Die Nationalsozialisten aber sind in die Legalität gebannt, die ihnen nur die Wahl läßt, als dienendes Glied in einem Bürgerblock den beginnenden Abstieg zu beschleunigen oder ihm in einer Opposition erst recht nicht zu entgehen, die ihre ungeduldig auf Rettung wartenden Anhänger enttäuscht. Es ist dieser beginnende Abstieg, der die Gefahr des Kompromisses zwischen Hitler und Schleicher verringert, denn die absteigende Partei hat die Chance, die Alleinmacht durch die Verdrängung ihrer Regierungspartner doch noch zu erobern, in verschwindend geringerem Maße als die aufsteigende.

So sind die bisherigen Entscheidungen gegen den Faschismus und gegen die Restauration gefallen. Ihre endgültige Gestalt wird aber die politische Entwicklung erst von den wirtschaftlichen Ereignissen erfahren.

Die Gesellschaft 10 (1933), H. 1, S. 1–9

13. Eröffnungsrede des Gewerkschafts-Vorsitzenden Theodor Leipart auf der Betriebsrätekonferenz des ADGB und des Afa-Bundes, 22.1.1933

Wir als Gewerkschaften müssen aber mit jeder Regierung rechnen, auch wenn sie gar nicht unser Vertrauen hat. Wir müssen, wie wir auf dem Posten an der Spitze der Gewerkschaftsbewegung sprechen, mit jedem Arbeitsminister über die Interessen der Arbeiterschaft verhandeln. Wir müssen mit jedem Wirtschaftsminister über unsere wirtschaftlichen Auffassungen verhandeln, um sie [...] zu machen und durchzusetzen. Und wenn das nicht genügt, mit diesen Ressortministern zu verhandeln, dann müssen wir auch zum Reichskanzler gehen, er mag heißen wie er will! [...]

Es wird leider auch zum Teil in den eigenen Reihen jetzt von einem Gegensatz zwischen Partei und Gewerkschaften gesprochen. Es wird darauf hingewiesen, die Partei befände sich in schärfster Opposition, die Gewerkschaften nicht. Ich habe es gestern bereits in der Sitzung des Bundesausschusses ausgesprochen: die Gewerkschaften stehen zu jeder Regierung in Opposition, die Gewerkschaften führen mit jeder Regierung dauernd

Krieg, Kleinkrieg, die Gewerkschaften können sich und werden sich kaum an eine Regierung binden. [...]

Jawohl, die Arbeit der Gewerkschaften ist Dienst am Volk im Gegensatz zu den Großagrarien, zur Schwerindustrie, zu den Hausbesitzern usw., die in ihrer Tätigkeit, in ihren Organisationen und Verbänden stets nur das eigene Interesse kennen und vertreten. Ich habe gesagt: Wir sind so gute Deutsche wie ihr anderen. Und wenn Gregor Strasser und andere Nazis dazu sagen: gut, also ihr habt euch damit uns angenähert, aber ihr müßt dann auch der Internationale entsagen, so werdet ihr alle mit mir darauf antworten: Nicht wir haben uns den Nazis angenähert, wir sind Jahrzehnte früher aufgestanden als jene, die Nazis haben sich uns angenähert, und wir sagen den Nazis, wenn sie verlangen, daß wir der Internationale entsagen: [...], dann sagt den Unternehmern zunächst, sie sollen auf ihre internationalen Aktien usw. verzichten, sie sollen darauf verzichten, sich international zu verbinden, um auf diese Weise leichter die Arbeiterschaft der ganzen Welt ausbeuten zu können!

Gewerkschaftszeitung, 28.1.1933

14. Eidesstattliche Erklärung des Bankiers Kurt Freiherr von Schröder über die Unterredung vom 4. Januar 1933

Am 4. Januar 1933 trafen sich Hitler, von Papen, Heß, Himmler und Keppler in meinem Hause in Köln. Hitler, von Papen und ich gingen in mein Arbeitszimmer, wo wir uns während einer etwa zwei Stunden dauernden Unterredung einschlossen. Heß, Himmler und Keppler nahmen an dieser Besprechung nicht teil, hielten sich aber im nächsten Zimmer auf. Keppler, der dazu beigetragen hatte, dieses Treffen zu vereinbaren, reiste aus Berlin an; von Papen kam allein von seinem Wohnsitz an der Saar. Hitler brachte Heß und Himmler mit, da sie anläßlich des Wahlfeldzuges mit ihm nach Lippe fuhren. Die Aussprache fand nur zwischen Hitler und Papen statt. Ich selbst hatte im Verlaufe der Unterhaltung nichts zu bemerken. Das Treffen begann um etwa 11.30 Uhr. Hitler stellte die erste Frage, ob es wirklich nötig gewesen wäre, gegen die beiden Nationalsozialisten mit Strafe vorzugehen, die den Kommunisten in Schlesien umgebracht hatten. Von Papen erklärte daraufhin Hitler, daß es unvermeidlich gewesen wäre, diese beiden Nationalsozialisten der Strafe zuzuführen. Wenn sie auch nicht zum Tode veruteilt wurden, so mußten doch um des Gesetzes willen diejenigen, die dagegen verstoßen hatten, eine Bestrafung erwarten.

Er führte Hitler gegenüber weiter aus, daß es durchaus im Bereiche der Möglichkeit liege, vom Präsidenten Hindenburg eine Begnadigung zu erlangen und zog dann ernsthaft in Betracht, daß man damals anläßlich des Treffens Hindenburg–Hitler–v. Papen, Hitler hätte ernennen können. Er hätte es so verstanden, daß Hindenburg durchaus willens war, damals diese Angelegenheit mit Hitler zu besprechen. Er sagte, daß es für ihn eine große Überraschung und ein Ärgernis bedeutete, als Hindenburg es ablehnte, dies zu tun. Er hätte das Gefühl, daß irgendjemand, vermutlich von Schleicher, für den Wandel von Hindenburgs Gesinnung verantwortlich war.

Dann erzählte von Papen Hitler, daß es ihm als Bestes erschiene, die Konservativen und die Deutschnationalen, die ihn unterstützt hätten, mit den Nationalsozialisten zu vereinigen, um eine Regierung zu bilden. Er schlug vor, diese neue Regierung solle, wenn möglich, von Hitler und von Papen auf der Grundlage der Gleichberechtigung geleitet werden.

Darauf hielt Hitler eine lange Rede, in der er erläuterte, wenn er zum Kanzler ernannt würde, sei es für ihn unbedingt notwendig, an der Spitze der Regierung zu stehen, aber die Anhänger Papens könnten in seine (Hitlers) Regierung als Minister eintreten, wenn sie einwilligten, mit ihm eine Politik zu verfolgen, durch die vieles geändert würde. Diese Änderungen, so erläuterte er damals, würden die Ausschaltung der Sozialdemokraten, Kommunisten und Juden aus den führenden Stellen in Deutschland und die Wiederherstellung der Ordnung im öffentlichen Leben einschließen. Von Papen und Hitler erzielten ein grundsätzliches Übereinkommen, so daß viele Punkte, die sie miteinander in Konflikt gebracht hatten, ausgeschaltet wurden und sie einen Weg zueinander finden konnten. Sie stimmten darin überein, weitere Einzelheiten auszuarbeiten.

Dies könne in Berlin oder einem anderen passenden Ort erledigt werden.

Soviel ich weiß, trafen sie später mit von Ribbentrop zusammen und arbeiteten Einzelheiten aus.

Ursachen und Folgen 8, Nr. 1941d (Übersetzung)

15. Aufzeichnungen Joachim v. Ribbentrops über die abschließenden Verhandlungen zur Bildung des Kabinetts Hitler (in der von seiner Witwe erstellten Fassung von 1953)

Sonnabend 28.1. Ich bin gegen 11 Uhr bei Papen, der mich mit der Frage empfängt: »Wo ist Hitler?« Ich sage ihm, daß er wahrscheinlich schon abgereist ist, vielleicht noch in Weimar erreichbar. Papen erklärt, man müsse ihn sofort zurückholen, da ein Wendepunkt eingetreten sei, und er die Kanzlerschaft Hitlers nach seiner langen Aussprache mit Hindenburg für möglich halte. Ich gehe sofort zu Göring und höre, daß Hitler noch im Kaiserhof ist. Göring ruft an, Hitler bleibt in Berlin. Dann kommt eine neue Schwierigkeit auf: Die Preußenfrage. Lange Aussprache und Auseinandersetzung mit Göring. Ich erkläre ihm, daß ich sofort niederlege, wenn nochmals Mißtrauen gegen Papen vorgebracht wird. Göring lenkt ein und erklärt sich restlos einig mit mir und verspricht nunmehr mit Hitler zusammen alles zu versuchen, um die Sache zum guten Ende zu führen. Göring will Hitler überreden, die Preußenfrage im Sinne Papens zu erledigen. Ich fahre sofort mit Göring zu Hitler. Habe Hitler lange allein gesprochen und nochmals klargemacht, daß die Sache nur mit Vertrauen zu machen sei und die Kanzlerschaft nicht mehr unmöglich scheine. Ich habe Hitler gebeten, noch nachmittags zu Papen zu kommen. Hitler will jedoch wegen der Preußenfrage noch überlegen und erst Sonntag vormittag zu Papen gehen. Diesen Entschluß habe ich Papen überbracht, der erneut in große Sorge geriet. Er sagte: »Ich kenne die Preußen.« Dann wird eine Besprechung Hitler–Papen für Sonntag 11 Uhr morgens verabredet.

Sonntag 29.1. Um 11 Uhr lange Aussprache Hitler-Papen. Hitler erklärt, daß im großen ganzen alles im klaren sei. Es müßten aber Neuwahlen angesetzt werden und ein Ermächtigungsgesetz müsse kommen. Papen begibt sich sofort zu Hindenburg. Ich frühstücke im Kaiserhof mit Hitler. Die Frage der Neuwahlen wird besprochen. Da Hindenburg nicht wählen lassen will, bittet er mich Hindenburg zu sagen, daß dies die letzten Wahlen seien. Nachmittags gehen Göring und ich zu Papen. Papen erklärt, daß alle Hindernisse beseitigt seien und daß Hindenburg Hitler morgen um 11 Uhr erwartet.

Joachim v. Ribbentrop, Zwischen London und Moskau. Erinnerungen und letzte Aufzeichnungen. Aus dem Nachlaß hg. v. Annelies v. Ribbentrop, Leoni a. Starnberger See 1953, S. 41 f.

16. Amtliche Mitteilung über die Ernennung der Regierung Hitler am 30.1.1933

Der Reichspräsident empfing heute vormittag den Führer der Nationalsozialistischen Partei, Hitler, sowie Reichskanzler a.D. von Papen zu einer längeren Besprechung. Der Reichspräsident hat Herrn Hitler zum Reichskanzler ernannt und auf dessen Vorschlag die Reichsregierung wie folgt neu gebildet:

Reichskanzler a.D. von Papen wurde zum Stellvertreter des Reichskanzlers und Reichskommissar für das Land Preußen,

Freiherr von Neurath zum Reichsminister des Auswärtigen,

Staatsminister a.D. M.d.R. Dr. Frick zum Reichsminister des Innern,

Generalleutnant von Blomberg zum Reichswehrminister,

Graf Schwerin von Krosigk zum Reichsminister der Finanzen,

Geheimer Finanzrat M.d.R. Dr. Hugenberg zum Reichswirtschaftsminister und zum Reichsminister für Ernährung und Landwirtschaft,

Franz Seldte zum Reichsarbeitsminister,

Freiherr von Eltz-Rübenach zum Reichspost- und Reichsverkehrsminister und

Reichstagspräsident Göring zum Reichsminister ohne Geschäftsbereich und gleichzeitig zum Reichskommissar für den

Luftverkehr ernannt. Reichsminister Göring wurde mit der Wahrnehmung der Geschäfte des Preuß. Ministeriums des Innern betraut.

Reichskommissar für Arbeitsbeschaffung Gereke wird in seinem Amt bestätigt.

Die Besetzung des Reichsjustizministeriums bleibt vorbehalten. Der Reichskanzler wird noch heute Verhandlungen mit dem Zentrum und der Bayrischen Volkspartei aufnehmen. [...]

Vorwärts, 30.1.1933 (Nachdruck: Ursachen und Folgen 8, Nr. 1954)

Quellen- und Literaturverzeichnis

Quellen

a) Große Dokumenten- und Quellenwerke

Akten der Reichskanzlei, Weimarer Republik. Hg. v. Karl-Dietrich Erdmann und Hans Booms, 14 Teile, Boppard 1968–90

Deutscher Reichsanzeiger und Preußischer Staatsanzeiger, Berlin 1918–1933

Dokumente zur deutschen Verfassungsgeschichte. Hg. v. Ernst Rudolf Huber, Bd. 3: Dokumente der Novemberrevolution und der Weimarer Republik 1918–1933, Stuttgart etc. 1966

Dokumente und Materialien zur Geschichte der deutschen Arbeiterbewegung, Reihe II, Berlin (O) 1958 ff.

Materialien betr. die Friedensverhandlungen, 5 Teile, Berlin 1919

Quellen zur Geschichte des Parlamentarismus und der politischen Parteien, Düsseldorf 1959 ff.:

Erste Reihe. Von der konstitutionellen Monarchie zur parlamentarischen Republik, 9 Bde., 1959 ff.

- darunter Bd. 6: Die Regierung der Volksbeauftragten, von 1918/19. Bearb. v. Susanne Miller unter Mitw. v. Heinrich Potthoff, Düsseldorf 1969

Zweite Reihe. Militär und Politik, 4 Bde., 1970 ff.

- darunter Bd. 2: Zwischen Revolution und Kapp-Putsch. Militär und Innenpolitik 1918–1920. Bearb. v. Heinz Hürten, Düsseldorf 1977

Dritte Reihe. Die Weimarer Republik, 6 Bde., 1970 ff.

- darunter Bd. 4: Politik und Wirtschaft in der Krise 1930–1932. Bearb. v. Ilse Maurer und Udo Wengst, 2 Bde., Düsseldorf 1980

Quellen zur Geschichte der Rätebewegung in Deutschland 1918/19, 3 Bde., Leiden/Düsseldorf 1968–80

Reichsgesetzblatt (ab 1922 Teil I u. II), Berlin 1918–1933

Reichskommissar für Überwachung der öffentlichen Ordnung und Nachrichtensammelstelle im Reichsministerium des Innern, Lageberichte (1920–1929) und Meldungen (1929–1933), veröffentlicht als Mikrofiches-Edition, hg. v. Ernst Ritter, München usw. 1979

Schulthess' Europäischer Geschichtskalender, 1918–1933, München 1923 ff.

Ursachen und Folgen. Vom deutschen Zusammenbruch 1918 und 1945 bis zur staatlichen Neuordnung Deutschlands in der Gegenwart. Hg. u. bearb. v. Herbert Michaelis u. Ernst Schraepler u. Mitw. v. Günter Scheel, Bd. 2–8, Berlin 1958–1963

Verhandlungen des Deutschen Reichstages, 1920–1933, Berlin 1920 ff.

Verhandlungen der Verfassunggebenden Deutschen Nationalversammlung, Stenographische Berichte, Berlin 1920

b) Sonstige Dokumentationen

Allgemeiner Kongreß der Arbeiter- und Soldatenräte Deutschlands. Vom 16. bis 21. Dezember 1918 im Abgeordnetenhaus zu Berlin, Berlin 1919

Bericht über den Gründungsparteitag der Kommunistischen Partei Deutschlands (Spartakusbund) vom 30.12.1918 bis 1.1.1919, Berlin 1919

Die deutsche Revolution 1918/1919. Dokumente. Hg. v. Gerhard A. Ritter u. Susanne Miller, 2. Aufl. Hamburg 1975

Die deutsche Revolution, 2 Bde., Berlin 1920

Deutsche Sozialgeschichte 1914–1945. Ein historisches Lesebuch. Hg. v. Werner Abelshauser, Anselm Faust, Dietmar Petzina, München 1986

Familienleben im Schatten der Krise. Dokumente und Analysen zur Sozialgeschichte der Weimarer Republik. Hg. v. Jens Flemming u.a., Düsseldorf 1988

Führer befiehl ... Selbstzeugnisse aus der »Kampfzeit« der NSDAP. Dokumentation und Analyse. Hg. v. Albrecht Tyrell, Düsseldorf 1969

Poetzsch, Fritz: Vom Staatsleben unter der Weimarer Verfassung, in: Jahrbuch des öffentlichen Rechts der Gegenwart 13 (1925)

Protokolle der Sitzungen des Parteiausschusses der SPD 1912–1921, Nachdrucke. Hg. v. Dieter Dowe, 2 Bde., Berlin/Bonn 1980

Die Republik von Weimar. Hg. v. Jens Flemming, Claus-Dieter Krohn, Dirk Stegman, Peter-Christian Witt, 2 Bde., Königstein/Düsseldorf 1979

Schrader, Bärbel; Schebera, Jürgen: Kunstmetropole Berlin 1918–1933, Berlin/Weimar 1987

Die ungeliebte Republik. Dokumente zur Innen- und Außenpolitik Weimars 1918–1933. Hg. v. Wolfgang Michalka u. Gottfried Niedhart, München 1980

Weimarer Republik. Manifeste und Dokumente zur deutschen Literatur 1918–1933. Hg. v. Anton Kaes, Stuttgart 1983

Literatur

a) Gesamtdarstellungen

Bracher, Karl Dietrich: Die Auflösung der Weimarer Republik. Eine Studie zum Problem des Machtverfalls in der Demokratie, Villingen 1955, 7. Aufl. Königstein/Düsseldorf 1984

Broszat, Martin: Die Machtergreifung. Der Aufstieg der NSDAP und die Zerstörung der Weimarer Republik, München 1984

Heiber, Helmut: Die Republik von Weimar, 15. Aufl. München 1982

Kolb, Eberhard: Die Weimarer Republik, München 1984

Möller, Horst: Weimar. Die unvollendete Demokratie, München 1985

Mommsen, Hans: Die verspielte Freiheit. Der Weg der Republik von Weimar in den Untergang 1918 bis 1933, Berlin 1989

Peukert, Detlev J.K.: Die Weimarer Republik. Krisenjahre der klassischen Moderne, Frankfurt a.M. 1987

Schulz, Gerhard: Aufstieg des Nationalsozialismus. Krise und Revolution in Deutschland, Frankfurt a.M. 1975

Schulze, Hagen: Weimar. Deutschland 1917–1933, Berlin 1982

b) Übergreifende Sammelbände

Industrielles System und politische Entwicklung in der Weimarer Republik. Hg. v. Hans Mommsen, Dietmar Petzina, Bernd Weisbrod, 2 Bde., Düsseldorf 1974, 2. Aufl. Kronberg/Düsseldorf 1977

Die nationalsozialistische Machtergreifung. Hg. v. Wolfgang Michalka, Paderborn etc. 1984

Social Change and Political Development in Weimar Germany. Ed. by Richard Bessel and E.J. Feuchtwanger, London 1981

Von Weimar zu Hitler, 1930–1933. Hg. v. Gotthard Jasper, Köln 1968

Weimar. Selbstpreisgabe einer Demokratie. Eine Bilanz heute. Hg. v. Karl Dietrich Erdmann u. Hagen Schulze, Düsseldorf 1980

Die Weimarer Republik. Belagerte Civitas. Hg. v. Michael Stürmer, Königstein 1980

Die Weimarer Republik – Demokratie in der Krise, in: Tel Aviver Jahrbuch für deutsche Geschichte 17 (1988), 1–342

Die Weimarer Republik 1918–1933. Politik, Wirtschaft, Gesellschaft. Hg. v. Karl Dietrich Bracher, Manfred Funke, Hans-Adolf Jacobsen, Bonn 1987

c) Spezielle Themen

Die Anpassung an die Inflation. Hg. v. Gerald D. Feldman, Carl-Ludwig Holtfrerich, Gerhard A. Ritter, Peter-Christian Witt, Berlin/New York 1986

Bähr, Johannes: Staatliche Schlichtung in der Weimarer Republik. Tarifpolitik, Korporatismus und industrieller Konflikt zwischen Inflation und Deflation 1919–1932, Berlin 1989

Borchardt, Knut: Wirtschaftliche Ursachen des Scheiterns der Weimarer Republik, in: Wachstum, Krisen, Handlungsspielräume der Wirtschaftspolitik, Göttingen 1982, 183–205

Die deutsche Inflation. Eine Zwischenbilanz. Hg. v. Gerald D. Feldman, Carl-Ludwig Holtfrerich, Gerhard A. Ritter, Peter-Christian Witt, Berlin 1982

Diehl, James M.: Paramilitary Politics in Weimar Germany, Bloomington 1977

Die Erfahrung der Inflation im internationalen Zusammenhang und Vergleich. Hg. v. Gerald D. Feldman, Carl-Ludwig Holtfrerich, Gerhard A. Ritter, Peter-Christian Witt, Berlin/New York 1984

Falter, Jürgen: Hitlers Wähler, München 1991

Flechtheim, Ossip K.: Die KPD in der Weimarer Republik. Mit e. Einl. v. Sigrid Koch-Baumgarten, Hamburg 1986

The formation of the Nazi constituency 1919–1933. Ed. by Thomas Childers, London 1986

Fromm, Erich: Arbeiter und Angestellte am Vorabend des Dritten Reiches. Eine sozialpsychologische Untersuchung. Bearb. u. hg. v. Wolfgang Bonß, München 1983

Gay, Peter: Die Republik der Außenseiter. Geist und Kultur der Weimarer Zeit 1918–1933, Frankfurt a.M. 1987

Geiger, Theodor: Die soziale Schichtung des deutschen Volkes. Soziographischer Versuch auf statistischer Grundlage, Stuttgart 1932, Neudruck Stuttgart 1967

The German Unemployed. Experiences and Consequences of Mass Unemployment from the Weimar Republic to the Third Reich. Ed. by Richard J. Evans and Dick Geary, London 1987

Gessner, Dieter: Agrardepression, Agrarideologie und konservative Politik in der Weimarer Republik, Wiesbaden 1976

Gessner, Dieter: Das Ende der Weimarer Republik. Fragen, Methoden und Ergebnisse interdisziplinärer Forschung, Darmstadt 1978

Geyer, Michael: Aufrüstung oder Sicherheit. Die Reichswehr in der Krise der Machtpolitik 1924–1936, Wiesbaden 1980

Heinemann, Ulrich: Die verdrängte Niederlage. Politische Öffentlichkeit und Kriegsschuldfrage in der Weimarer Republik, Göttingen 1983

Hentschel, Volker: Weimars letzte Monate. Hitler und der Untergang der Republik, Düsseldorf 1978

Hermand, Jost; Trommler, Frank: Die Kultur der Weimarer Republik, München 1978

Historische Prozesse der deutschen Inflation 1914 bis 1924. Ein Tagungsbericht. Bearb. u. hg. v. Otto Büsch u. Gerald D. Feldman, unter Mitarbeit v. Monika Wölk u. Wolfgang Wölk, Berlin/New York 1978

Horn, Wolfgang: Der Marsch zur Machtergreifung. Die NSDAP bis 1933, Düsseldorf 1972, Neudruck Königstein 1980

James, Harold: The German Slump. Politics and Economics 1924–1936, Oxford 1986

Jasper, Gotthard: Die gescheiterte Zähmung. Wege zur Machtergreifung Hitlers 1930–1934, Frankfurt a.M. 1986

Jung, Otmar: Direkte Demokratie in der Weimarer Republik. Die Fälle »Aufwertung«, »Fürstenenteignung«, »Panzerkreuzerverbot« und »Youngplan«, Frankfurt a.M. 1989

Kluge, Ulrich: Die deutsche Revolution 1918/19. Staat, Politik und Gesellschaft zwischen Weltkrieg und Kapp-Putsch, Frankfurt a.M. 1986

Konsequenzen der Inflation. Hg. v. Gerald D. Feldman, Carl-Ludwig Holtfrerich, Gerhard A. Ritter, Peter-Christian Witt, Berlin/New York 1989

Krüger, Peter: Die Außenpolitik der Republik von Weimar, Darmstadt 1985

Krüger, Peter: Versailles. Deutsche Außenpolitik zwischen Revisionismus und Friedenssicherung, München 1986

Lepsius, Rainer M.: Parteiensystem und Sozialstruktur. Zum Problem der Demokratisierung der deutschen Gesellschaft, in: Deutsche Parteien vor 1918. Hg. v. Gerhard A. Ritter, Köln 1973, 56–80

Longerich, Peter: Die braunen Bataillone. Geschichte der SA, München 1989

»Mit uns zieht die neue Zeit«. Der Mythos Jugend. Hg. v. Thomas Koebner, Rolf-Peter Janz, Frank Trommler, Frankfurt a.M. 1985

Möller, Horst: Parlamentarismus in Preußen, 1919–1932, Düsseldorf 1985

Die Nachwirkungen der Inflation auf die deutsche Geschichte, 1924–1933. Kolloquium des Historischen Kollegs München, 6. bis 9. Juni 1983. Hg. v. Gerald D. Feldman u. Mitarbeit v. Elisabeth Müller-Luckner, München 1983

Neebe, Reinhard: Großindustrie, Staat und NSDAP 1930–1933. Paul Silverberg und der Reichsverband der deutschen Industrie in der Krise der Weimarer Republik, Göttingen 1981

Neumann, Sigmund: Die Parteien der Weimarer Republik, 4. Aufl. Stuttgart 1977 (zuerst Berlin 1932 u. d. T.: Die politischen Parteien in Deutschland)

Orlow, Dietrich: The History of the Nazi Party 1919–1933, Pittsburgh 1969

Peukert, Detlev J.K.: Jugend zwischen Krieg und Krise. Lebenswelten von Arbeiterjungen in der Weimarer Republik, Köln 1987

Prinz, Michael: Vom neuen Mittelstand zum Volksgenossen. Die Entwicklung des sozialen Status der Angestellten von der Weimarer Republik bis zum Ende der NS-Zeit, München 1986

Ritter, Gerhard A.: Kontinuität und Umformung des deutschen Parteiensystems 1918–1920, in: Ders., Arbeiterbewegung, Parteien und Parlamentarismus, Göttingen 1976, S. 116–157

Rosenhaft, Eve: Beating the Fascists? The German Communists and Political Violence 1929–1933, London etc. 1983

Schildt, Axel: Militärdiktatur mit Massenbasis? Die Querfrontkonzeption der Reichswehrführung um General von Schleicher am Ende der Weimarer Republik, Frankfurt a.M. 1981

Sontheimer, Kurt: Antidemokratisches Denken in der Weimarer Republik. Die politischen Ideen des deutschen Nationalismus zwischen 1918 und 1933, München 1962, 4. Aufl. München 1968

Stürmer, Michael: Koalition und Opposition in der Weimarer Republik 1924–1928, Düsseldorf 1967

Turner, Henry A.: Die Großunternehmer und der Aufstieg Hitlers, Berlin 1985

Unemployment and the great depression in Weimar Germany. Ed. by Peter D. Stachura, Houndswills 1986

Weber, Hermann: Hauptfeind Sozialdemokratie. Strategie und Taktik der KPD 1929–1933, Düsseldorf 1981

Die Weimarer Republik als Wohlfahrtsstaat. Zum Verhältnis von Wirtschafts- und Sozialpolitik in der Industriegesellschaft. Hg. v. Werner Abelshauser, Wiesbaden 1987

Weisbrod, Bernd: Schwerindustrie in der Weimarer Republik. Interessenpolitik zwischen Stabilisierung und Krise, Wuppertal 1978

When Biology Became Destiny. Women in Weimar and Nazi Germany. Ed. by Renate Bridenthal, Atina Grossmann, Marion Kaplan, New York 1984

Winkler, Heinrich August: Arbeiter- und Arbeiterbewegung in der Weimarer Republik, Berlin/ Bonn, Bd. 1: Von der Revolution zur Stabilisierung. 1918 bis

1924, 1984; Bd. 2: Der Schein der Normalität, 1924 bis 1930, 1985; Bd. 3: Der Weg in die Katastrophe, 1987

Winkler, Heinrich August: Mittelstand, Demokratie und Nationalsozialismus. Die politische Entwicklung von Handwerk und Kleinhandel in der Weimarer Republik, Köln 1972

Rechtenachweis

Wir danken folgenden Verlagen für die freundlich erteilten Abdruckgenehmigungen:

C.H. Beck Verlag, München (S. 81 f.);
Deutsche Verlagsanstalt, Stuttgart (S. 241–246);
S. Fischer Verlag, Frankfurt/Main (S. 79–81; 437–442);
Rogner & Bernhard, München (S. 432–435);
Rowohlt Verlag, Hamburg (S. 355 f.);
François Genoud, Genf (S. 328; S. 465; S. 476);
Verlag für Demoskopie, Allensbach (S. 401–403);
Walter Verlag, Olten (S. 387–392).

Bei einigen Texten war es nicht möglich, die Rechteinhaber zu ermitteln. Sie werden gebeten, sich beim Verlag zu melden.